Franz Knothe

Wörterbuch der schlesischen Mundart in Nordböhmen

Franz Knothe

Wörterbuch der schlesischen Mundart in Nordböhmen

ISBN/EAN: 9783743329447

Hergestellt in Europa, USA, Kanada, Australien, Japan

Cover: Foto ©Andreas Hilbeck / pixelio.de

Manufactured and distributed by brebook publishing software
(www.brebook.com)

Franz Knothe

Wörterbuch der schlesischen Mundart in Nordböhmen

Wörterbuch

der

schlesischen Mundart

in Nordböhmen.

Von

Franz Knothe,

k. k. Professor an der Lehrerbildungsanstalt in Eger.

Sonderabdruck
der in der Zeitschrift „Das Riesengebirge in Wort und Bild" von
demselben Verfasser unter dem Titel „Die schlesische Mundart
in Nordböhmen" veröffentlichten Artikelreihe.

Hohenelbe, 1888.
Herausgegeben und im Verlage des Oesterr. Riesengebirgs-Vereines.
Buchdruckerei G. Pohl, Hohenelbe.

Vorwort.

Im Folgenden habe ich versucht, eine Sammlung von Dialectwörtern aus dem Sprachvorrathe der deutschen Bewohner in den Gebirgen des nördlichen und nordöstlichen Böhmens zu veranstalten und durch dieselbe **eine** jener Grundlagen zu bieten, auf denen allein nach meiner Ansicht an eine genaue Erforschung der Herkunft der Bewohner unserer Gebirge aufgebaut werden kann.

Auf eine erschöpfende Vollständigkeit kann die Arbeit allerdings keinen Anspruch machen, da mir aus einzelnen Theilen des Gebietes, das sich von Reichenberg bis an das Südende des Adlergebirges erstreckt, entweder nur unzulängliche oder auch wohl gar keine Einsendungen zu Gebote standen. Dies gilt im engeren Bezirke des Riesengebirges namentlich von dem Thale der oberen Elbe, der kleinen Elbe, von den Gebirgsdörfern, welche zwischen der oberen Elbe und oberen Iser liegen.

Was die den mundartlichen Ausdrücken beigegebene etymologische Erklärung betrifft, so möchte ich selbst am wenigsten für deren unbedingte Richtigkeit und Unumstößlichkeit einstehen; denn nirgends gelangt man leichter auf Abwege und falsche Fährten, als auf diesem Gebiete.

Dagegen kann ich für das wirkliche Vorkommen der einzelnen Wortobjecte bürgen, da ich dieselben in zahlreichen, anstrengenden mündlichen Besprechungen mit den Einsendern selbst und mit andern der Mundart vollkommen kundigen und vertrauenswerten Personen genau geprüft habe. Das Auftreten eines und desselben mundartlichen Ausdruckes in räumlich weit auseinander liegenden Gegenden muß gleichfalls als ein sicheres Zeichen gelten, daß derselbe nicht das künstliche Product eines phantasievollen Einsenders ist, sondern ein lebendiger Organismus im Sprachschatze des Volkes.

Schließlich sage ich den zahlreichen Einsendern und Förderern des Werkes, namentlich ehemaligen Zöglingen der Lehrerbildungsanstalt zu Trautenau, nunmehrigen Lehrern, für ihre rege Theilnahme und ihren unverdrossenen Sammelfleiß meinen besten Dank.

Eger im Juni 1888.

Der Verfasser.

Einleitung.

Dieses Thema erscheint auf den ersten Blick für den Rahmen einer Zeitschrift, wie „Das Riesengebirge in Wort und Bild," deren Tendenzen auf die Durchforschung des heimischen Riesengebirges gerichtet sind, etwas zu weit aus= gedehnt. Ich habe selbst einige Zeit geschwankt, ob ich in diesen Blättern lediglich mit der Bearbeitung der Mundart der Bewohner des Riesengebirges mich begnügen solle, oder ob es nicht angezeigt wäre, auch den Dialect der übrigen Gebirge des nördlichen Böhmens zu berücksichtigen. Endlich aber bin ich zu der Ueberzeugung gelangt, daß es ein Glied von dem gesammten lebendigen Körper der einen schlesischen Mundart ausscheiden hieße, wollte ich nur den Riesengebirgs= dialect im engsten Sinne behandeln. Daher habe ich mich zur Wahl des obigen Titels und zur Darstellung der Mund= arten des ganzen Nordböhmens, soweit sie zum schlesischen Sprachstamme gehören, entschlossen. Dieses Gebiet erstreckt sich aber von der Görlitzer Neiße (Isergebirge, Reichenberg, Friedland und Umgebung) in südöstlicher Richtung über das Iser=, Elbe und Aupathal (das eigentliche Riesengebirge) ins Braunauer Ländchen, von da durch das Adlergebirge bis in die Gegend von Grulich und Landskron, südlich von der Landesgrenze bis in die deutschen Ortschaften des Königinhofer Bezirkes.

1

Innerhalb dieses Gebietes herrscht der sogenannte schle=
sische Dialect in zahlreichen Unterarten. Nur in wenigen
Orten läßt sich aus der Sprache der Bewohner eine so
charakteristische Abweichung von der herrschenden sofort ent=
decken und die Abkunst der eingewanderten Bewohner auf
bestimmte Gegenden zurückführen. Die Mundart hat ihren
Namen nach der benachbarten (jetzt größtentheils preußischen)
Provinz Schlesien, woselbst, namentlich in Oberschlesien, der
Grafschaft Glatz und dem an das Riesengebirge stoßenden
Theile von Niederschlesien dieselben Sprachverhältnisse herrschen,
wie in dem angedeuteten Sprachgebiete in Nordböhmen, was
einerseits seinen Grund in dem lebhaften Verkehre der deutschen
Bewohner Nordböhmens mit dem benachbarten Schlesien seit
der mit dem XII. Jahrhunderte beginnenden Germanisation
des letzteren Landes hat, andererseits aber auch auf eine
zahlreiche deutsche Einwanderung aus dem regermanisierten
Schlesien nach Nordböhmen schließen läßt. Diese den reinen
schlesischen Dialect Sprechenden bilden den Hauptstamm des
Sprachgebietes. Die Sprache dieses Stammes ist ein Zweig
des sogenannten mitteldeutschen Dialectes, der in einem breiten
Streifen von Ost nach West Deutschland durchzieht und nach
Süden hin den Uebergang zu den oberdeutschen Mundarten,
der bairischen, österreichischen, schwäbischen, nach Norden hin
den Uebergang zu der nieder= oder plattdeutschen Mundart
Norddeutschlands bildet. Schon in der althochdeutschen
Periode der Entwicklung unserer Sprache nahm die Mundart
des im allgemeinen längs des Maines seßhaften Stammes
der Franken eine ähnliche vermittelnde Stellung zwischen der
Sprache der im Norden wohnenden Germanen, der Sachsen,
und der im Süden hausenden Baiern und Schwaben (Alle=
manen) ein. Auf diesem fränkischen Dialecte beruhen denn
auch unsere mitteldeutschen Mundarten, und somit auch die
schlesische. Ich habe überraschende Uebereinstimmung sowohl
in der Form als auch in den Ausdrücken des schlesischen und
benachbarten sächsischen Dialectes in Böhmen mit den von
Weigand in seinem Wörterbuche häufig citierten Wörtern
und Wortformen, wie sie in der oberhessischen Wetterau
vorkommen, gefunden. In Böhmen gehören zum mitteldeutschen
Dialecte außer dem schlesischen noch die Mundarten, die in
der böhmischen Lausitz, am Erzgebirge (obersächsische Mundart)
und im Egerlande (fränkische Mundart) gesprochen werden.

Letztere aber nähert sich als Uebergangsmundart mehr der Sprache der oberdeutschen Stämme, namentlich der Baiern.

Den schlesischen Dialect Nordböhmens möchte ich in folgende drei größere Gruppen eintheilen: 1. In den Dialect des Isergebirges (Reichenberg, Friedland, Tannwald); 2. in den des eigentlichen Riesengebirges; 3. in den des Adler=gebirges (Braunauer Ländchen bis Grulich, Landskron). 1 und 3 bieten in Hinsicht des Vocalismus einige Aehnlichkeit, namentlich entspricht hier wie dort hochdeutsches e vielfach einem âi z. B. knecht = knaicht 2c.

Im Gebiete des Riesengebirges unterscheidet sich die Mundart des eigentlichen Gebirges von der dem niederen Lande angehörenden. Eine besondere Stelle nimmt die Rochlitzer Mundart im Riesengebirge, ferner die in Hil'= betten bei Grulich im Gebiete des Adlergebirges, endlich die in Deutsch=Bielau (Bez. Politschka) ein. Denn hier zeigen sich deutliche Spuren von Einwanderung aus sprachlich ganz bestimmt zu ermittelnden Gegenden. Mit einer zahlreichen Zuwanderung auswärtiger deutscher Elemente hat man über= haupt zu rechnen.

Denn selbst den Fall angenommen, daß nach dem Abzuge der Markomannen (im 6. Jahrhunderte), den nach= weislich ältesten deutschen Bewohnern unserer Gebirge, und der Einwanderung der Slaven in das benachbarte nördlich gelegene Schlesien und Böhmen einige Reste markomannischer Bevölkerung zurückgeblieben wären, die bei der historisch festgestellten Umflutung unserer Gebirge durch die Slaven eine räumlich sehr beschränkte, an Kopfzahl keineswegs bedeutende Sprachinsel gebildet hätten, läßt sich doch nicht annehmen, daß die obige Bevölkerung von jenen Resten abstamme, obwohl die Existenz einiger Hundert, hochgerechnet tausend zurückgebliebener Markomannen in den unwirtlichen Wal= dungen, Thälern des Gebirges vielleicht nicht gefährdet wurde in einer Zeit, da der sprachlich nationale Gegensatz nicht ein maßgebender Grund zur Ausrottung einer andersssprachigen Nationalität war, in einer Zeit, in welcher die Ernährungs= verhältnisse der Masse des Volkes allein ausschlaggebend waren in Bezug auf die Art und die Ausdehnung der Be= siedelung, und es sich auch wohl denken ließe, daß die an Ackerbau und gesellige Wohnungsverhältnisse gewöhnten Slaven

wenig Luft verspürt haben werden, einer in den Bergen angesie=
delten Urbevölkerung den sterilen Besitz streitig zu machen.
Ich kann mich mit einer Autochthonie der Bevölkerung unserer
Gebirge im strengsten Sinne daher nicht befreunden. Es ist
aber auch nicht anzunehmen, dass die Slaven unsere Gebirge
vollständig besetzt haben, aus den eben angeführten Gründen.
Doch dort, wo Flussthäler ein Eindringen in das Gebirge
ermöglichten, oder Pässe einen Uebergang ins benachbarte
Schlesien zuließen, dort finden sich auch heutzutage noch die
meisten Anklänge an eine vordem daselbst sesshaft gewesene
slavische Bevölkerung. So schiebt sich im Iserthal noch heutigen
Tages das slavische Element am weitesten flussaufwärts ins
Gebirge vor, nämlich bis Jablonetz; erst Harrachsdorf und
Neuwelt oder Neuwald sind rein germanische Ansiedelungen
späterer Zeit. So erinnern im Aupathal bis an den Fuß
des Brunnberges slavische Namen, z. B. Aupa selbst (von Upa,
upadnouti), Petzer = Kretscham (krčma = Gasthaus) an
slavische Ansiedelungen. Sicherlich haben auch die Slaven
den bequemsten Uebergang nach Schlesien, durch das Litschen=
thal (litsche von louka = Wiesenbach) und über Goldenöls *)
(slavisch Ološna von olše = Erle) occupiert.

Wenn wir aber in unseren Tagen, trotzdem eine ganz
deutsche Bevölkerung in den genannten Flussthälern und
Uebergängen sowohl, als auch im eigentlichen Gebirge finden,
so müssen wir, den damaligen Verhältnissen Rechnung tragend,
annehmen, dass das Gebirge von den Slaven gar nicht, die
erwähnten Flussthäler und Uebergänge, weil auch zu gebirgig
und unwirtlich für den Ackerbau, in unzureichender Menge besetzt   .
worden sind, und also ein weites Gebiet für die Zuwanderung
deutscher Colonisten übrig blieb. — Dem steht auch nicht entgegen,
was Weinhold (Dialectforschung p. 16) sagt, dass urkundlich
im Anfange des 13. Jahrhunderts das Gebirge „völlig slavisch"
war, da das von schlesischer Seite nicht nur möglich, sondern

---

*) Ich bin ganz der Ansicht, die von E. R. Petrak im 3. Hefte
der Zeitschrift „Das Riesengebirge in Wort und Bild" S. 26 ausgesprochen wird, dass die Herleitung, die Lippert (Geschichte der Stadt
Trautenau p. 3) in Bezug auf Goldenöls (von lesni = Waldbewohner)
anstellt, nicht zutreffend ist. Denn wer Goldenöls durchwandert, findet
noch jetzt längs des Bächleins fast bis zur Höhe des Ueberganges links
und rechts den Uferrand mit Erlen besetzt.

ganz wahrscheinlich ist. Denn dieses bis zum eigentlichen Riesengebirge mehr hügelige als bergige Terassenland ist noch vollständig anbaufähig, und dorthin wird der slavische Ackerbauer sicherlich vorgedrungen sein. Anders verhält es sich mit der böhmischen Seite des Gebirges. Denn hier findet sich kein Hügelland, sondern ein waldreiches Bergland vorgelagert, das die Slaven südlich des Riesengebirges schwerlich zur Besiedelung eingeladen haben wird. Wie im benachbarten Schlesien (Polen im Mittelalter, unter Fürsten aus dem polnischen Hause der Piasten stehend) seit dem 12. Jahrhunderte (1163) die Germanisation begann, indem die einzelnen polnischen Fürsten auf germanischer Grundlage ihre Gebiete einer staatlich culturellen Entwicklung zuzuführen begannen, so haben auch die Přemyslidischen Könige Böhmens im 13. Jahrhunderte daran gedacht, ihrem Lande erhöhten Wohlstand, sich selbst bessere Einnahmen zu verschaffen, dadurch, daß sie deutsche Einwanderer in's Land riefen. — Wenn aber die Regermanisation Schlesiens seit dem 12. Jahrhunderte nach urkundlichen Quellen (s. Weinhold, Dialectforschung p. 16) langsam genug vor sich gieng, mag dies auf böhmischer Seite nicht ebenso gewesen sein. Denn in Schlesien erklärt sich das langsame Vorschreiten der Germanisation aus dem Widerstande einer seit Jahrhunderten angesessenen zähen Landbevölkerung; dort war es eine Regermanisation im eigentlichen Sinne des Wortes. Auf der böhmischen Seite des Gebirges hatte man einen solchen Widerstand nicht, denn dort war überhaupt eine dichte slavische Bevölkerung nicht vorhanden. Und so ist auch festzustellen, daß die heutige Bewohnerschaft, speciell des Riesengebirges nicht eine regermanisierte slavische Bevölkerung ist, sondern urdeutschen Stammes aus den culturell höher entwickelten Theilen Deutschlands durch Einwanderung zugeführt.

Man kann unter den Eingewanderten 3 Kategorien unterscheiden. Die erste bildete den Grundstock der Begründer städtischer Gemeinwesen auf Grundlage eines geordneten Handels- und Gewerbewesens. Die zweite begriff in sich den Bauernstand, der in waldigen Berggegenden angesiedelt wurde, also auf Strecken, die von den Slaven nicht occupiert worden waren, weil sie einen größeren Aufwand an Mühe und Beharrlichkeit erforderten als das für die Landwirtschaft besser geeignete südliche Vorland. Auch dieser Stand war,

wie die Bürgerschaft der Städte, nebst bedeutendem Grund=
besitz mit Privilegien ausgestattet. Wie im Böhmerwalde die
künischen (königlichen) Freibauern, so erinnern im nordöstlichen
Böhmen die „Erbschölzereien" an derartige Gründungen und
Ansiedelungen von Bauern, ebenso die Namen vieler Dörfer
an die eigentlichen Führer und Gründer der Bauerncolonien
(Bernsdorf = Bernhardsdorf, Burkersdorf = Burkharddorf
an Stelle einer alten slavischen Ansiedelung, deren Name
sich in der čechischen Benennung des Ortes Citeř noch erhalten
hat). — Natürlich eigneten sich zu derartigen Colonien weniger
die Gegenden des eigentlichen Riesengebirges, weshalb daselbst
die traditionellen Erbschölzereien wenig oder gar nicht vor=
kommen, während sie jenseits des Goldenölser Passes, z. B.
schon in Welhotta, Petersdorf und Quallisch, dann aber
namentlich im Braunauer Ländchen, das einen cultivierbareren
Boden hatte, in größter Anzahl sich finden, ebenso land=
einwärts, z. B. in der Nähe von Trautenau, in Burkersdorf,
Deutsch = Prausnitz; nur das fruchtbarere Aupathal zwischen
Freiheit und Trautenau besitzt eine Schölzerei in Jungbuch.
Eine dritte Kategorie waren die Bergleute, die gleichfalls ein
bedeutendes Contingent unter den Eingewanderten gebildet
haben müssen und die besonders das eigentliche Gebirge
occupiert haben, was vielfach historisch nachgewiesen und
aus manchen noch jetzt ersichtlichen Andeutungen geschlossen
werden kann. Es erinnern die Namen: Schatzlar, Freiheit,
sonst Berg Freiheit genannt, das „goldene" Rehorn daran.
Ebenso war Schwarzenthal eine Bergstadt. In Rochlitz und
bei Hohenelbe finden sich Spuren des im Mittelalter und
auch in späteren Jahrhunderten mit mehr oder weniger Erfolg
betriebenen Bergbaues. Der Name des Herrn Christof von
Gendorff ist im 16. Jahrhunderte mit dem Bergbaue in
unserem Gebirge eng verknüpft. —

Für den Bezirk des Riesengebirges sind wohl die einge=
wanderten Bergleute der wichtigste Bestandtheil der Bevölkerung
geworden. Woher dieselben kamen, ist im allgemeinen leicht
zu beantworten. Aus Deutschland jedenfalls, wo schon im
Mittelalter der Bergbau auf einer hohen Stufe der Ent=
wicklung sich befand. In Deutschland selbst wieder sind
es die Gegenden in Obersachsen am nordwestlichen Abhang
des Erzgebirges, die Harzgegend und Franken, also Mittel=
deutschland, wo der Bergbau blühte. Von da sind jedenfalls

Bergleute eingewandert, denen auch andere Gewerbsleute folgten. Faßt man den charakteristischen Zug des fränkischen Stammes, einen gewissen Stolz, der ihnen heute noch eigenthümlich ist, und einen gewissen beharrlichen Trotz gegen alles ihnen Widerstrebende ins Auge, so ist es wohl keine müßige Vermuthung, wenn man gemäß diesen Eigenschaften, die (s. Lippert, Geschichte der Stadt Trautenau S. 68) z. B. den Trautenauern seinerzeit zukommen, letztere ihrer Abstammung nach für den fränkischen Stamm requiriert. Einen sicheren Führer durch das Gewirr der von verschiedenen Seiten Eingewanderten muß aber besonders die vergleichende Sprachwissenschaft bieten, und es ist daher der Sprache der Bewohner unseres Gebirges eine bis ins genaueste Detail gehende Forschung zu widmen. Dazu soll auch der von mir in den folgenden Ausführungen dargestellte Dialect der Gebirgsbewohner des nördlichen Böhmens einigermaßen die Grundlage bieten. Ich muß gestehen, daß, obwohl ich mich seit Jahren mit den Mundarten des nordöstlichen Böhmens befasse, ich noch nicht dazu gekommen bin, genauere Forschungen in dieser Richtung anzustellen und ich will nicht leugnen, daß gerade die Masse des Materials es ist, die mich einigermaßen noch befangen macht, wie einen, der den Wald vor lauter Bäumen nicht sieht. Es gehört eben dazu eine sorgfältige Durchdringung des Stoffes, eine gewissenhafte Vergleichung mit den verschiedenen Mundarten Deutschlands, um einen mehr als hypothetischen Erfolg zu erzielen. Aus dem Vocalismus wie zum Theile aus dem Consonantismus geht hervor, daß auch niederdeutsche Sprachelemente vorhanden sind. Namentlich müssen Flämen zahlreich eingewandert sein (vgl. im alphabetischen Verzeichnisse die Ausdrücke flämsch, flämschen und flamänder); doch gehört jedenfalls die Hauptmasse der Eingewanderten den fränkischen und thüringischen Gegenden an, wie im benachbarten preußischen Schlesien. Außerdem möchte ich vorläufig nur noch zwei specielle Behauptungen in Bezug auf die Herkunft der Bewohner einzelner Orte in unseren Gebirgen aufstellen: 1. Rochlitz hat vorwiegend sächsische (obersächsische), 2. Hilbetten bei Grulich und Deutsch-Bielau (Bez. Politschka) haben bairisch-fränkische Einwanderung gehabt.

Was den Rochlitzer Dialect anbelangt, so unterscheidet er sich wesentlich von dem des übrigen Riesengebirges und zwar in folgenden Punkten:

1. Während sonst im schlesischen Dialecte die hoch=
deutsche Infinitivendung en durchgängig, aber doch meistens
als a auftritt, ern, eln als an, fehlt diese Eigenthümlichkeit
in der Rochlitzer Mundart vollständig. Dort heißt es zum
Beispiel: wërken = weben; zerschenten = verderben, zer=
brechen; schmolchrn = schmieren; tschullern = in schwachem
Strahle fließen; rumpeln = stark reiben; pölfern = unnütz
etwas verbrennen; — welche Ausdrücke im rein schlesischen
Dialecte wërka, zerschënta, schmolchan, tschullan,
rumpan, pölfan heißen müßten.

2. Die Aussprache des e, ä selbst ö und des aus ü
entstandenen ë ist breit und hell, wie man sie in Dresden oder
Meißen in Sachsen hört z. B. drände = drehend, schwind=
lich; prächln = durch Erhitzen flüssig machen; das bärchel =
kleiner Bohrer; schärch(e)n = schürgen d. i. schieben.

3. Doppelte Diminutivbildung, d. h. Verkleinerung
durch Verbindung zweier Elemente, von denen das eine, ch,
dem niederdeutschen ken, hochdeutsch chen, das andere, l,
dem oberdeutschen lein entspricht, und deren Vereinigung so
recht die innige Verbindung des oberdeutschen und nieder=
deutschen Charakters unserer Mundarten zum Ausdrucke
bringt; wie ja auch Luther seine Sprache auf obersäch=
sische Mundart basierte, die ober= und niederdeutsche Elemente
in sich schloß. Als Beispiel diene das schon angeführte
Wort: das bärchel = bör—ch—l.

4. Eine überraschende Uebereinstimmung von Wörtern,
die sonst im Riesengebirge nicht gang und gäbe sind, mit
denen, die in dem Dialecte, der an der sächsischen Grenze
in der Elbgegend, also wohl auch im angrenzenden Sachsen
gesprochen werden. Solche sind: das rampfl = erster An=
schnitt vom Brote; die pfuckn = Wergabfälle beim Spinnen;
das tschippl = Hühnchen; der goltschn = radförmiges
Gebäck; bi = sei; sonst bis im Riesengebirge; äfftn =
spuken.

5. Dazu stimmt auch, was W. Pohl im 2. Heft
S. 23 unserer Zeitschrift „das Riesengebirge in Wort und
Bild" in seinem Aufsatze über Rochlitz schreibt, nämlich, daß
der im 16. Jahrhundete eingewanderte Begründer der
nordböhmischen Glasindustrie, Paul Schürer, dessen Nach=
kommen auch in Rochlitz eine Glashütte errichteten, ein

Meißner war. Dieser sowie seine Nachkommen werden sicher=
lich zum Betriebe ihrer Gewerkschaften Leute aus ihrer
meißnisch=sächsischen Heimat herbeigezogen haben.

Was Hilbetten, Deutsch=Bielau und Deutsch=
Lichwe anbelangt, so ergeben sich für die aufgestellte Be=
hauptung folgende sprachwissenschaftliche Momente:

1. Tritt auch hier nicht das a zur Bildung der Nenn=
form auf, sondern n, was freilich nach obigem noch kein
Beweis für den bairisch=fränkischen Dialect dieser Gegend
ist; doch stimmt hierin die erwähnte Mundart mit der bairi=
schen überein, die wenig oder gar keine Infinitive auf a besitzt.

2. Entscheidender aber ist folgendes Moment. Im
schlesischen Dialecte werden die mhd. Lautverbindungen age
im Stamme in organischer und unorganischer Weise zusammen
gezogen, je nach der Gegend in ô, ê, oj, ej z. B. sagen
in sôn, sên, sojn, sejn. Eine solche Zusammenziehung
kennt der bairische Dialect grundsätzlich nicht, ebenso wenig
die Mundart in Hilbetten, wo es sogn, der wogn —
Wagen ꝛc. heißt.

3. Eine Anzahl Ausdrücke, die in Hilbetten gebraucht
werden, steht ganz vereinzelt da unter der Masse schlesischer
Dialectformen; man findet sie nur unter den dem bairischen
Stamme angehörigen Bewohnern des Böhmerwaldes, in
Baiern, Oesterreich und Steiermark wieder. Es sind
folgende, die mir zu Gebote stehen: die gredl, grejdl
(Deutsch=Lichwe), was im Riesengebirge sonst saspe, naspe
(slavisch) heißt = gepflasterter Raum vor dem Hause —
bairisch die gred; die ôgl = holzige Abfälle beim Brechen
des Flachses, im Schlesischen enne oder anne — bairisch
ôgn mhd. agene; der bâmhackler = Specht — bairisch
bâmhackl; der tôtr, tûtr (Deutsch=Bielau) = männlicher
Taufpathe, die tôtfra tûtfra (Deutsch=Bielau) = weiblicher
Taufpathe — bairisch der dêd und die dôd; die gâsl =
Peitsche; im Böhmerwalde goisl; der jacker = kurze Män=
nerjacke — bairisch janker; das aufreden = Verlobung;
net = nicht, im Schlesischen nê; jauken = jagen — bai=
risch jaukng; die kop = Mütze — bairisch koppe; die
rôtscheib = Schubkarren — bairisch scheiben = schieben;
das schmeckla = Sträußchen zum Riechen — bairisch

schmeckn = riechen. Bei specieller Forschung an Ort und Stelle würde vielleicht die Anzahl solcher Wörter noch erweitert werden können.

In Deutsch-Bielau finden sich folgende charakteristische Ausdrücke und Wortformen: der bäub = Bube. (Egerländisch bäu; die kiou = Kuh; egerl. kou; im Schles. die kûe; gout = gut, wie egerl.; die flejg = Fliege, wie egerl.; der môdr = Marder, egerl. môdra; der wîtig = Schmerz. Egerl. und bair. wäiding; der firtig = Schürze. Sübl. Böhmerwald und Baiern firta; das kloădla = Kleidchen. Südböhm. bair. kloăd; im schlef. Dial. klêdla; der stuă = Stein, südböhm. bair. stoă; die kronâgn (Deutsch-Lichwe) = Tollkirsche. Südböhm. kronäugl. In Lichwe kommt auch wie in Hilbetten grejdl = südböhm. bair. grêd vor.

Es ergibt sich demnach daraus Folgendes: Es finden sich in den genannten Orten (Hilbetten, Deutsch-Bielau, Deutsch-Lichwe) Ausdrücke und Wortformen, wie sie nur dem bairischen Dialecte des südlichen Böhmerwaldes und dem fränkischen Dialecte in der Egerer Gegend zukommen. Daraus läßt sich schließen, daß diese Orte Einwanderung entweder sowohl aus Baiern als auch aus Franken erhalten haben, oder daß die Einwanderung aus einer Gegend erfolgt ist, in welcher der bairische und fränkische Dialect sich mischen.

Noch wäre Einiges über die Schreibung, die Bezeichnung der Laute zu sagen. Bezüglich der Mitlaute sind die Schwierigkeiten nicht so bedeutend, denn diese entsprechen im allgemeinen den hochdeutschen Bezeichnungen. Nur bei r findet sich zweierlei vor. Organisches r wird nasaliert, es ließe sich durch ein kleineres, oben angesetztes ^{r} bezeichnen z. B. hd. morgen = mo^{r}gen (Hilbetten), fast gesprochen wie mojgen; er harrt (wartet) = hoă^{r}t. Das r wird wenig accentuiert. Unorganisch tritt es für ein g in den Zusammenziehungen des mhd. age: mô^{r}t (Freiheit) = Magd sô^{r}n (Freiheit und Gradl) = sagen. In diesen Fällen hört sich ô^r fast wie oă (einsilbig) an. Ob eine derartige Bezeichnung richtig ist, bleibt dahingestellt; ich kenne keine bessere.

Noch größere Schwierigkeiten müßte eine ganz genaue Bezeichnung der Selbstlaute verursachen. Um nur einige

Beispiele anzuführen, wechselt die Aussprache des a in verschiedenen Gegenden sehr bedeutend, von der hellsten breiten
Klangfarbe bis zur dumpfen, fast mit dem hd. Vocal o
identischen; ebenso zeigt das e mehr oder weniger Hinneigung
zu i, das i zu e. Für beide brauche ich das Zeichen ë.
Dazu bedürfte es aber eines vollständigen neuen Alphabetes,
um allen diesen Klangformen gerecht zu werden. Schmeller
hat in seinem bairischen Wörterbuche eine derartige Bezeichnung versucht, es haben sich gewichtige Stimmen dagegen
erhoben, da ein solcher Versuch das Lesen der Wortformen
vielfach ungenießbar macht. Es gehört zudem ein außer-
ordentlich geübtes Ohr dazu, die feinen Lautunterschiede zu
bemerken, und endlich müßte man unter dem Volke selbst
leben, welches die Mundart spricht, um aus eigener Anschauung
die Lautverhältnisse kennen zu lernen, was aber nicht jeder-
mann möglich ist. Endlich liegt es ja gar nicht im Interesse
der Sprache, der minutiös genauen Bezeichnung der Laute ein
so überwiegendes Augenmerk zu widmen. Denn welchen
Sinn hat denn eigentlich das Sammeln von Dialectausdrücken?
Keinen andern, als die starr gewordene neuhochdeutsche
Sprache, die immer mehr scheinbar abgenützte Elemente
abstößt, durch Wiedereinführung und Auffrischung alter guter
Ausdrücke zu regenerieren, die dann eben in das Gewand der
nhd. Sprache gesteckt, gewissermaßen wieder salonfähig werden.

Diesem Principe gemäß gedenke ich auch den Wortformen eine möglichst hochdeutsche Form zu geben, die
Dialectformen aber daneben anzusetzen. Nur wo das Cha-
rakteristikon des Dialectes in der Form beruht, wird diese
zuerst angegeben sein. Dies läßt sich auch daraus recht-
fertigen, daß es in dem Sprachenschatze einer Landschaft
Wörter gibt, welche die Schriftsprache kennt, denen sie aber
andere Bedeutung gibt, und andere, die nur mundartlich sind.
Die größte Zahl der unten angeführten Dialectwörter
sind dem noch jetzt lebendigen Wörterschatze des Volkes ent-
nommen. Nicht unberücksichtigt durfte bleiben, was der
Chronist Simon Hüttel von der in Trautenau im 16.
Jahrhunderte herrschenden Mundart bietet.

Hauptwörter des Dialectes werde ich nach historischer
Analogie mit kleinen Anfangsbuchstaben schreiben. Unter
der Menge von Dialectausdrücken finden sich gar manche,

zu denen sich nur schwer eine Verwandtschaft mit einem älteren mhd. oder nhd. Stamme finden läßt, oder wo die Zeit so verändernd, ja entstellend eingewirkt hat, daß nur sehr kühne Annahmen diesen historischen Zusammenhang herzustellen vermöchten. In solchen Fällen unterlasse ich lieber jede Conjectur und werde ganz einfach den dafür geltenden hochdeutschen Ausdruck nebenan setzen.

Unter die Dialectausdrücke habe ich auch einige Kinderreime, meist Spottverse auf gewisse Taufnamen, aufgenommen. Sie können nebenbei als Dialectproben gelten.

Endlich erscheint es rathsam, die am häufigsten wiederkehrenden nothwendigen Abkürzungen im vorhinein zu erwähnen. Es sind folgende:

A. = Adlergebirge.
ags. = angelsächsisch.
ahd. = althochdeutsch.
Arn. = Arnau.
Arns. = Arnsdorf bei Arnau.
Barz. = Barzdorf bei Braunau.
Batz. = Batzdorf im Adlergebirge.
Bdf. = Bernsdorf.
BM. = Mittelhochdeutsches Wörterbuch von Benecke, Müller und Zarnke.
Br. = Braunau.
Busch. = Buschullersdorf, Bezirk Friedland.
D.-B. = Deutsch-Bielau, Bezirk Politschka.
D.-L. = Deutsch-Lichwe bei Landskron.
Drb. = Dreiborn bei Adersbach.
Frb. = Friedland.
Freih. = Freiheit.
Gab. = Gabersdorf.
Gießh. = Gießhübel an der hohen Mense im Adlergebirge.
Gö. = Goldenöls.
Grab. = Grablitz.
Grimm = Jakob Grimms Wörterbuch.
Gr.-A. = Groß-Aupa.
Hbr. = Hohenbruck bei Trautenau.
Henn. = Hennersdorf bei Hohenelbe.
Hilb. = Hilbetten bei Grulich.
Hmf. = Hermannseifen.
Hoh. = Hohenelbe.
Isgb. = Isergebirge.
Jäg. = Jägersprache.

Joh. = Johannisbad.
Kl.-A. = Klein-Aupa.
Kn. = Der Frankensteiner Dialect v. Knötel. Rübezahl, Schlesische Provincialblätter, 1870, 1871.
Lamp. = Lampersdorf.
Laut. = Lauterwasser.
Lex. = Mittelhochdeutsches Wörterbuch v. Lexer.
Lbskr. = Landskron.
Mark. = Markersdorf, Bezirk Tetschen für den obersächsischen Dialect.
Marsch. = Marschendorf.
mhd. = mittelhochdeutsch.
nd. = niederdeutsch.
nhd. = neuhochdeutsch.
Ott. = Ottendorf bei Braunau.
Parsch. = Parschnitz.
Petz. = Petzer.
Pop. = Popowitsch, Vereinigung der Mundarten.
Ra. = Raatschendorf.
Rb. = Reichenberg.
Rgtz. = Alt-Rognitz.
Ritschka bei Senftenberg im Adlergebirge.
Ros. = Rosenthal bei Braunau.
Schöd. = Schödewoy im Adlergebirge.
S. H. = Simon Hüttels Chronik der Stadt Trautenau, herausgegeben von Schlesinger.
Schmid = Schwäbisches Wörterbuch.

Schmell. = Andreas Schmellers bairisches Wörterbuch.

Stald. = Stalder, schweizerisches Idiotikon.

Ta. = Tannwald im Isergebirge.

Tr. = Trautenau.

Tsch. = Tschermna bei Arnau.

Wich. = Wichstabtl bei Grulich.

Weig. = Weigelsdorf bei Trautenau.

Wgd. = Weigand, neuhochdeutsches Wörterbuch.

Whd. Btr. = Weinhold, Beiträge zu einem schlesischen Wörterbuche.

Whd. Df. = Weinhold, Dialectforschung.

Die Lautverhältnisse der schlesischen Mundart.

Die Selbstlaute.*)

Die Selbstlaute des schlesischen Dialectes neigen sich dem Niederdeutschen zu. Namentlich ergibt sich das aus dem Bestreben, einerseits die Zwielaute in einfache, bald kurze, bald lange Selbstlaute zusammenzuziehen z. B. hd. er beißt == a bĕsst (Hbr.); hd. er läuft = a lêft (Tr.); anderseits aber die Kürzen zu dehnen. hd. fass = fôß (Grab.); hd. sack = sôk (Grabl.); hd. topf == tôp (Grab.); hd. schmetten == schmêta (Grab.) Wenn für nhd. kurz i in der Mitvergangenheit der starken Zeitwörter der 3. ablautenden Classe ein ê erscheint, so ist diese Dehnung eigentlich aus einer Zusammenziehung des mhd. Zwielautes ei zu erklären, z. B. mhd. Geg. ich rîte, Mitvergangenheit ich reit, heißt im Dialecte ich rêt (Rg.) nhd. ich ritt, mhd. Gegenw. ich bîze, Mitvergangenheit == ich beiz; im Dialecte — bêß (Rg.); nhd. biss. Im Einzelnen läßt sich über die Selbstlaute Folgendes sagen:

---

*) Die Kürze des Selbstlautes bezeichne ich mit einem über denselben gesetzten ˘, die Länge durch ^; also kurz a ˘... ü; lang a == â ꝛc.

ä erſcheint zuweilen heller als das hd. ä; z. B. die hätte = Hühnerpferch (Schöb.); der flächs (Tr.), die nächt (Tr.); neigt aber meiſt in ſeiner Klangfarbe dem o zu z. B. marne (Arn.) = morgen; man könnte faſt morne ſchreiben; â tritt breit auf und verbindet ſich mit einem folgenden i nicht zu einem Zwielaut, ſondern wird gedehnt ausgeſprochen, worauf das i kurz nachfolgt. Es iſt das eine Eigenthüm= lichkeit des Dialectes im Adlergebirge und um Reichenberg z. B. âida (Batz.) = Egge; nâichtn (Batz. Rb.) = geſtern Abend; der knâicht (Batz. Rb.) = Knecht. Sehr hell und breit klingt â in om tâche (Tr.) = am Tage.

ê wird ſelten rein ausgeſprochen, ſondern erhält ſchwachen Anklang an ej z. B. die ſejlo (Tr.) = Seele; rejda (Tr.) = reden.

i iſt meiſt dumpf wie in hd. Wörtern vor r und fol= genden Stummlauten rb. rp, rd, rt, rg, rk in: wirbt, wird, der Wirt, wirken ꝛc. Daſſelbe iſt der Fall, wenn ſtatt i der Umlaut ü eintritt, z. B. der gilda (Tr.) = Gulden. In vielen Gegenden des Rieſengebirges nähert ſich dieſes i oder ü faſt dem e, weshalb die in dieſer Mundart Aufge= wachſenen dieſen Laut in der Regel mit e bezeichnen, obwohl es keineswegs ein helles e iſt. Ich folge zwar dieſem Vor= gange in der Bezeichnung, doch pflege ich in ſolchen Fällen zwei Pünktchen über das e (ë) zu ſetzen, um an die zwiſchen i und e ſtehende Ausſprache zu erinnern, z. B. der përdl (Freih.) = großer Hammer; der stërdl (Ott., Hbr.) = Stange zum Stören; wërka (Grabl. Hbr.) = wirken. das geſëcht (Grabl.); der rëssl = Rüſſel (Grabl.) Um Reichenberg und in Deutſch=Bielau findet ſich der merkwürdige Fall vor, daß ein i namentlich dem ê und â vorgeſchlagen wird, alſo iê, iâ, was einſilbig zu leſen iſt, und wobei der Selbſtlaut faſt wie j ausgeſprochen wird.

Man nennt dieſen Vorgang Präjotierung. Z. B. das iê (Rb.) = Ei; giälichn (Rb.) = gählings; der bioub (D.=B.) = Bube; die kiou = Kuh (D.=B.)

o zeigt als Laut keine beſonderen Abweichungen vom hd.

u erſcheint 1. hell wie im hdſ; die stunde, das hunt= schel (Ta.) = eine Art Erdäpfel.

2. Dumpf wie im hd., wenn es vor r und folgendem Stummlaute auftritt (ähnlich wie das dumpfe i. (Vergl. oben). Ich bezeichne es mit û z. B. vûl (Rg.) = voll; rût (Laut.) = roth.

Als im nhd. nicht vorkommender Zwielaut ist ou zu erwähnen, z. B. a stound (Grabl.) = er stand; ar krouch (Grabl.) = er kroch.

Umlaute.

Dieselben sind in der schlesischen Mundart fast gar nicht im Gebrauch und es entsprechen ä, ö, ü, äu im allgemeinen e, i und ei; nur tritt für äu im Adlergebirge und um Reichenberg oi ein, z. B. hoisr (Batz. Rb.) = häuser. ä erscheint ausnahmsweise als breit ausgesprochener Umlaut, (obersächsische Aussprache) in Rochlitz, wo aber auch hd. e und sogar ö eine gleiche Behandlung erfährt, z. B. påkn (Rz.) = schreien, mhd. bägen; prächln (Rz.) = durch Erhitzen flüssig machen; bärchl (Rz.) = kleiner Bohrer. Sogar ein aus ü entstandenes e ist gleich ä; schärchn = schürgen = schieben. Aehnliches zeigt sich im Reichenberger Dialect gälchn. Auch einigen Gegenden im Adlergebirge (Gießhübel, Rokitnitz) ist diese Aussprache eigen. In der Reichenberger Mundart findet sich auch eine lautrichtige Hervorhebung des Umlautes ö z. B. zwöpplich = verdrießlich; die tötte = Ofenröhre; römorbrn = geräuschvoll, geschäftig sein, welches ö aber durchgängig einem aus i oder ü entstandenen ë entspricht. Denn zwöpplich entspräche einem hochdeutschen zwipplich (von Zwiebel), tötte = düte; röm = rüm (herum.) Um übrigens eine Uebersicht zu bieten, wie sich die Laute des Dialectes zum Hochdeutschen verhalten, will ich eine vergleichende Zusammenstellung folgen lassen. Wissenschaftlich wäre es zwar angezeigter, überall die mhd. Form als Ausgangspunkt für die Vergleichung mit der Dialectform zu wählen; doch erscheint es für unsere Zwecke praktischer, weil verständlicher, die neuhochdeutsche Wortform voranzusetzen. Allerdings muß ich trotzdem auf mhd. Wortformen zurückgreifen in Fällen, wo eine dem Dialectworte entsprechende nhd. Form mangelt.

A. Die Laute im schlesischen Dialect.

I. Die Vocale.

1. Reinlaute.

a.

nhd. ä entspricht in der schlesischen Mundart

1. einem ä mhd. die vlarre = flarre (A. Baß.) breites Gesicht; sachte = sachte (Kl.-A), leise.

Ist 2. = â: mhd. marren = mârn (Rg. allgem.) langsam arbeiten;

3. = ĕ: zanken = zĕnka. (A. Baß.)

4. = ŏ: die almer = ölmer (Freih. Hbr.), Schrank zu walken gehört wolcharn (A. Baß. Hbr.); die banse = der bonsm (Rg. Br.)

5. = ô: der bach = die bôch (Henn.); das blatt = blôt (Br.)

6. = ŭ (kurz): mhd. der barch = bŭrg (Arn.), männliches verschnittenes Schwein; mhd. die vlans = flŭntsche (Rb.), verzerrtes Maul.

7. = ŭ (lang): er hat = a hŭt (Laut.)

8. = ou: er stand = stound (Grabl.); begann = begoun (Grabl.); lass (imperat.) = louß (Freih.)

9. = oͣa (einsilbig); die katze = koͣatz (Busch).

10. Stammhaftes age wird schon mhd. in ei zusammengezogen, (maget in meit); nhd. erscheint meist ai (die maid). Auch die Mundart folgt dieser Zusammenziehung, die, soweit sie eine Analogie im mhd. hat, organisch genannt wird. So erscheint age (mhd. maget = nhd. magd und maid), in der schlesischen Mundart folgendermaßen zusammengezogen: 1. in ej: die mejt (Henn.) 2. in oj: die mojt (A., Br., Rb.); 3. in ê: mêt (Weig., A., Schöb.); 4. in oͣa (einsilbig: moͣat (Sav.); 5. in ô, worauf ein nasaliertes r (ôʳ) folgt: môʳt. (Freih., Grabl., Rgß.)

Noch häufiger tritt unorganische, weil mhd. nicht gestattete Zusammenziehung des age auf in Wörtern wie klagen, sagen, der wagen in den fünf aufgeführten Formen: also z. B.: sejn, sojn, sên, sŏan, sŏrn.

Eine Ausnahme macht nur die Mundart in Hilbetten bei Grulich, die ganz nach Vorgang des bairischen Dialectes eine Zusammenziehung verschmäht. Hier heißt es also: klogn, sogn, wogn ꝛc.

Zu ĕ wird ausnahmsweise age im Adlergebirge, zu ä in Trautenau. mhd. die agene = holzige Abfälle beim Brechen des Flachses, heißt im A. enne, in Tr. änne (meist brechenne, brechanne). Doch ist hier weniger an eine Zusammenziehung als an eine Lautanähnlichung (Assimilation) nach Auswerfung des inlautenden e zu denken; aus agene wird zunächst agne und g assimiliert sich dem folgenden n; also anne oder enne.

hd. â (lang a) erscheint in der Mundart

1. = â: mhd. âber = âwer (Rg. allg.), schneefrei.

2. = ŏ (kurz o): die nadel = nölde (Rz. Tr.)

3. = ŏ: mhd. der âdel = ŏdl (Rg.), ŏtl (Lbskr.); er kâm — quŏm (Rz. Hbr.); mhd. die lâmel = lôml (A. Batz.), Messerklinge; mhd. die wâte — wôte (Ott.), eine Art Zugnetz zum Fischfang; die schar — schŏr (Hbr.), Pflugschar; mhd. ich târ = tôr (Hbr.), ich darf.

4. = û (lang): mhd. die wât — wût (Rz.), Kleidung; mhd. der râm — rûm (Rz.), Ruß.

5. = ou: die alkirsche = oulkërsch (Laut.) Trau-benkirsche; der trâm = troum (Freih.), Balken.

e.

hd. ĕ (kurz) erscheint im Dialecte

1. = ĕ: hd. herrlich = herrlich (A. Br. Rb. Tschermi.), wählerisch.

2. = ä: In der Nennform der Zeitwörter leben = lâwä (Rg. allg.); ĕrn u. ĕln = än: fördern

= fĕdän (A. Baß.), eilen; grächeln = grâchän
(A. Baß.), langsam gehen.

In Stammsilben: helfen = halfa (Tr.); melken =
malka (Tr.); betteln = battln (Henn.)

3. = â: gelb, mhd. gel = gâl (Rg.); die grenze = grânz
(Laut); der keller = kâler (Roß.); der treff =
trâf (Freih. Ta.) Stoß, Schlag; das bret =
brât (Busch.). Durch Zusammenziehung entstanden
aus mhd. gëben = gân (Rg.)

4. = âi: das geflecht = die flâichte (A. Baß.); der
Knecht = Knâicht (Frb. A.); blechen = blâi-
chen (Ta.)

5. = ī: berg = wrich in Zusammensetzungen wie
Schmiedeberg, Hirschberg = Schmidwrich, Hirsch-
wrich (Kl.-A.)

6. = ŏ: die ferse = fösche (Roß.).

hd. ĕ ist

1. = ĕ: die gehre = gĕre (Br.), Rockschoß.

2. = â das wehr = wâr (A. Baß,); dĕm = dâm (Rg.)

3. = ī: die zehe = zinn (Laut.)

4. = î: gehen = gîn (Baß.); stehen = stîn (Rg.)
Diese Formen beruhen auf Zusammenziehung, wie
schon althochdeutsch aus gangan (gehen) ein gân, aus
stantan (stehen) ein stân entstand; quêren = quîan
(Br.), das Feld in der Quere eggen; der schnee =
schnî (Rg.)

i.

hd. ĭ (kurz i) steht im Dialecte

1. = ī: mhd. risch, rasch = risch (Arnau), frühe.

2. = î: die rippe = rîwe (Br. Roß.); das kinn =
kîn (Grabl.)

3. = ë: krimmern = krömman (Baß); der iltis =
das ëltnis (Baß.); das ëlznet (Hilb); das ëlster
(Rg.) dorch dëck ond dënn, (Busch.), = durch Dick
und Dünn.

2*

4. = ö: nach Abfall auslautender Consonanz: nicht = nö (Rg.)

5. = ej: der himmel = hejmel (D.=B.); der tisch = tejsch (D.=B.)

î ist

1. = î: mhd. bîsen = bîsa (Baß. Rg.), wie toll umherrennen; kriegen = krîcha (Baß.)

2. = ë: mhd. hînte = hent (Arnau), heut Abend.

3. = ö: mîr = mör (Rb.)

4. = ej: die fliege = flejg (D.=B.); hier = hej (D.=B.); der stiefel = stejfl. (D.=B.)

5. i erscheint endlich als Präjotierung in zahlreichen Wörtern des Reichenberger Dialectes: der Liäzl (Bu=schullersdorf), roher Mensch; der liätschen (Rb.), hohler Cylinder beim Leinwandweben; kriäln (Rb.), kratzen mit den Krallen; stiäbern (Rb.), stauben; wiär (Rb.), würde, das iê (Rb.), Ei; die biêre (Rb.), Beere; giälche (Rb.), plötzlich.

Dieselbe Erscheinung findet sich wieder in Deutsch=Biclau, Bezirk Politschka: der flious, Fluss; die hiommel, Hummel; die kiou, Kuh; der bioub, Bube, Knabe ꝛc.

o.

hd. ŏ (kurz o) ist:

1. = ā: morgen, mhd. morne = manne (Arn.)

2. = ë: die hornisse = hërnse (Schöb.), große Wasser=jungfer.

3. = ŏ: mhd. oht = ock (Rg. allg.), nur, doch.

4. = ŭ: er mochte – a mücht (A.): sommer = sümmer (Rg.); die zotte = zütt (Laut.); der koffer = kupfer (D.=B.); die wolken = das gewulk (D.=B.)

5. = û: der (lang u) topf = tûp (Laut.); der kropf = krûp (Henn.); das loch = lûch (D.=B.)

hd. ô

1. = ô: mhd. dônen, dehnen — gedône (Hbr.), ſtraff, geſpannt.

2. = ou: die hosen = housa (Frh.)

3. = û (lang und hell); roth = rût (Batz); bosheit = bûst (A.); mhd. der bôze = bûßa (Batz), Gebinde gebrechten Flachſes; die hôse = hûse (D.-B.)

4. = û (lang) roth = rût (Batz.) großmutter = grûße (Frh.)

u.

hd. ŭ (hell)

1. = ŭ (hell): in Wörtern wie tschusch (Tr.), nedender Zuruf der Kinder; hd. gucken — tschucken (Tr.), verſtohlen ſchauen; das huntschel (Ta.), krumme Kartoffel.

2. = û: (dumpf) die suppe = sûpp (Laut.)

3. = ŏ: der burnus = bornes (Batz.); gurgeln = gorchan (A.); die kluft = kloft (Schöb.), Kleidung; hurtig = hortsch (Rb.); und = ond (Buſch).

4. = I: die ulme = ilm (Laut.); ahd. der luni = lin (Batz.), eigentl. lün, Achsnagel; der gulden = gilda (Tr.), (eig. Gülden).

5. = ä: hurtig — hättich (Schöb.); ahd. die hurt = hätte (Br, Schöb.), Geflügelpferch.

6. = ou: der fluss = flious (D.-B.); gut = gout (D.-B.)

2. Zwielaute.

ai.

hd. ai entſpricht im Dialect ej: der mai = mej (Rb.); meja (Tr.); das aus age entſtandene ai (ei) vgl. unter Vocal a.

au.

hd. au

1. $=$ ǎ: baummeln $=$ bamman (Weig.); kaupeln $=$ kappan (Hbr.), Tauſchhandel treiben (von Kindern).
2. $=$ â: die frau $=$ frâ (Batz.); raufen $=$ râfa (Weig.) die haue $=$ hâ (Hilb.) breite Hacke.
3. $=$ ô: grau $=$ grô (Kl.-A.); der baum $=$ bôm (Frb., Buſch.) Buſch. $=$ Buſchullersdorf, Bezirk Friedland.
4. $=$ û (hell): plaudern $=$ plûdan (Weig.); die baude $=$ bûd (Frb.)
5. $=$ ů (dumpf): die raufe $=$ rûf (Rz.), Futterleiter.

ei.

hd. ei iſt

1. $=$ âi: die reise $=$ râise (Batz.); beißen $=$ bâißn (Langenau, Niederhof); durch Zuſammenziehung aus egi entſtanden: ahd. egisam $=$ âism (Batz.), eigenthümlich im Benehmen; mhd. die egide $=$ âide (Batz.), Egge.
2. $=$ öi: öisn (Rb.) $=$ âism (aus egisam, eism).
3. $=$ ě: keinen $=$ kěnn (Rg. Grabl.); in einem $=$ ai ěm (A.); er beißt $=$ a běsst (Hbr.); reiteln $=$ retteln (Hbr. Rb.); der zeisig $=$ zeske (Henn. Hbr.); die deichsel $=$ dechsel (Buſch.)
4. $=$ ě: das ei $=$ jě (Rb.); der seiger $=$ sěchr (Kl.-A.), Wanduhr; das zeichen $=$ zěchn (Br.); die heimat $=$ hěmrt (Kl.-A.); die neige $=$ něche (Rz.); der meister $=$ městr (Batz.); einmaleins $=$ êmoês (Buſch.); der stein $=$ stên (Buſch.)
5. $=$ ej: mhd. die eide (aus egide) $=$ ejte (Br.), Egge; die kleidung $=$ klejdung (Henn.); beißen $=$ bejßa (Henn.); keine $=$ kejne (Rb.)
6. $=$ â: das leitseil $=$ lâtsejl (Grabl.); die geisel $=$ gâsl (Hilb.), Peitſche.
7. $=$ ôā: das fleisch $=$ flôāsch (D.-B.); das kleid $=$ klôād (D.-B.)

eu.

hd. **eu** (mhd. iu) ift

1. = oi: das **feuer** = foier (Bat.); die **keule** = koile (Bat.); das **zeug** = zoig (Bat.)
2. = ĕ: **beuteln** = betteln (Henn.); der **stôrbettel** = beutel (Br.)
3. = ê: die **spreu** = sprê (Freih.)

3. Trüblaute.

ä.

hd. **ä** ift

1. = â: der **mähder** = mâder (Bat.); der **bär** = bâr (Bufch.)
2. = âi: **nächten** (mhd. nechten) = nâichtn (Bat.), geftern Abend.
3. = ĕ: die **wärme** = wĕrmte (Rof.)
4. = î: mhd. **schraeme** = schrîme (Rz.), fchief.

ö.

hd. **ö** ift

1. = ĕ: die **hölle** = helle (Ta.), auch mhd. helle, Raum hinter dem Ofen.
2. = ä (lang): das **bärchl** (Rz.), kleiner Bohrer (müfste hd. böhrerlein heißen).
3. = ê: das **getöse** = getêse (Rg.)

ü.

hd. **ü** ift

1. = ĕ: die **strüppen** = strĕppa (Barz.); die **stülpen** = stĕlpa (Br.); das **gemülle** = gemĕlle (Bat.), feiner Staub; **ĕm** (Schöb.) = um, entfpricht eigentlich

üm, z. B. ëmzechig (Schöb.), abwechselnd, eigentlich
== ümzechig, denn üm entspricht als Umlautform
genauer dem ahd., auch bair. umi; ebenso verhalten
sich die Formen: rëm (Br.) = herum, z. B. rëmorbrn;
bëmma, dëmma, hier um, dort um.

2. == î: die rütsche (von rutschen) == rîtsche (Kl.=A.),
kleiner Bretterschlitten der Kinder; mürbe == mîre (Batz.)

3. == î: hübsch == bisch (Kl.=A.)

ü ist

1. == î: die rüben == rîwa (Kl.=A.); mhd. der rüde ==
rîdl (Arn.)

2. == î: die hühner == hinner (A.), hindr (Henn.); die
bühne == binne (Freih.)

3. == ui: früh == frui (D.=B.); die hühner == huiner
(D.=B.); das büchlein == buichla (D.=B.)

äu.

hd. äu ist

1. == ë: er säuft == er sëfft (Tr.)

2. == ê: läukeln (hd. läugnen) == lêkan (Kl.=A.); läufeln
== lêfan (Arns.), Erbsen aushülsen; räufen == rêfa
(Weig.)

3. == ei: anträuen == ôtrein (Kl.=A.)

4. == ej: der bräutigam == brejtmich (Henn.)

5. == oi: das häuslein == hoisla (A.); der läufer ==
loifa (Schöb.); käulich (von kaule) == koilich
(Schatzlar).

II. Die Consonanten.

Auch bezüglich der Mitlaute finden sich im Dialecte
nicht unerhebliche Abweichungen von der hd. Sprache vor,
sowohl in der Reihe der flüssigen, als auch der stummen
Laute. —

1. Die flüssigen Mitlaute (l, m, n, r).

In der Mundart findet Auswerfung des l statt: asû (Rg.) — also (ich hö's gröd asû g'mocht); siebe (Rg.) — solche: âtern (A. Br.) — altern (Grad., Henn.), Getreide- garben aufschichten. Eigenthümlich ist dem Friedländer Dialecte (Buschullersdorf) die Vocalisierung des l zu einem freilich nicht ganz hellen u, sowohl eines inlautenden (stammhaften), als auch eines auslautenden (ableitenden): aubern — albern; auder — Alter; Apreu — April; zwippu — Zwiebel; tippu — Töpfel (Töpfchen). Doch findet sich dieser Vorgang nicht mehr allgemein vor, indem sich diese Aussprache des l auf gewisse Ortschaften (z. B. Buschullers- dorf) beschränkt und in diesen mehr von den älteren Leuten gebraucht wird.

Abfall des auslautenden l findet statt: êmô (Busch.) = einmal.

l wechselt mit n: der klîdl (Frbl.) = Knödel.

l wechselt mit r: das summerkerwla (Arnš.) = sommerkälblein, siebenpunktierter Kugelkäfer.

Auslautendes m erleidet Abschwächung zu n: ôdn (Rg.) = Athem, Odem.

Dagegen ist m alterthümlich bewahrt in: der bâsum (A.-Desch.) = Besen; der bôdem (Grabl.) = Boden; das bêdumla (Grabl.) = kleiner Bodenraum.

Unorganisch erscheint m in: der bonsem (Rg., Br.) = die Banse, womit eine Veränderung des Geschlechtes verbunden ist.

mt wird zu nt: das grunt (Ta.) = Grummet.

Auslautendes n fällt ab: der lû (Busch.) = Lohn; schî (Rg.) — schön (schî wâtr, schönes Wetter); klê (Rg.) = klein.

Dagegen tritt es unorganisch vor in: der nâser (Rg.) = Schultasche; mhd. âser und êser (BM. I. 443; Lex. I. 710) — Speisesack; ein Vorgang, wie er sich namentlich im bair. Dialecte wiederholt, wo der nast — Ast, nê^{n}l — ê^{n}l (d. i. ähnl von ahne), Großvater — steht.

n tauſcht mit l: malcher = mancher. In einem alten
Sommerliede (Rg.) heißt es: blümlein malcher zweigelein;
tauſcht mit r: nengeln (Altſt.) = nergeln:
wechſelt mit s: die sâspe (Rg. allg.) und naspe
(Rokitniß), gepflaſterter Raum vor dem Hauſe.

Euphoniſches n erſcheint nach den Vorwörtern zu, bei
vor den perſönlichen Fürwörtern ihr und euch: zûnra oder
zûnr = zu ihr (a gît zûur o die heirot; Deſchn.) beinch
= bei euch.

Unorganiſche Einſchiebung zeigen die Wörter: die kleine
(Rz.) = Kleie; ênder (Arn.) = eher; das brinkala (Rg.) =
ein bißchen (von bröcklein).

nt wird zu mp unter Einfluß eines folgenden b oder
w: die himpelbeer (Rg.) = Himbeere (aus mhd. hint-beere);
ähnlich die Form himpferbeer (Hilb.); l und r erſcheinen
nachträglich unorganiſch eingeſchoben, wie in hd. Formen
gängelband, leserlich; das hamprich (Ta., Henn.) =
Handwerk.

Beliebt iſt bei r zunächſt die Ausſtoßung: die âde
(Weig.) = Erbe; das hatze (Br.) = Herz; die âpena (Tr.)
= Erdbirnen, Kartoffeln.

Abfall des auslautenden r findet ſtatt in: der schusta,
schneida, loifa = Läufer (A., Schöd.)

Aſſimilation findet ſich in: jerr (Rb.) = jener; der
kall (Hbr.) = Kerl.

r zeigt Annäherung an g; daher wechſelt es mit dem=
ſelben: sô'n (Grabl., Frh.) = ſagen; die mô'rt (Grabl.,
Frh.) = Magd.

r erſcheint unorganiſch ſtatt u: die hâr (Freih.) =
Haue, Hacke; ich hâr, du hârst (Grabl.) = ich haue, du hauſt.

2. Die Stummlaute.

a) Die Lippenlaute.

Im Anlaute findet ſich vielfach der harte Lippenlaut
p ſtatt des weichen b: der pûsch (Grabl.) = Buſch, Wald;

pêka (Hbr., Abersbach), poikn (Frbl.) = mhd. bägen, laut schreien; panseln (Henn., Hbr.) = banseln, unwichtige Arbeiten verrichten; der pauer (Grabl.) = Bauer; der putze (Br.), kleiner Mensch; mhd. butze, Schreckgestalt; der pûßa (Barz.), Bündel gebrechten Flachses, mhd. der bôze.

b wechselt mit d: ôdr (Rg.) = aber; erweicht sich zu w: die rodwer (Br.) = radbare, Schubkarren; glêwa (Rg.) = glauben; das kläwala (Rg.) = kleberlein, erster Anschnitt vom Brote; bekleiwa (Baßd., Hbr.) = bekleiben, Wurzel fassen; nokwer (Rg.) = Nachbar; zeigt Uebergang zu m: die schwolme (Rg.) = Schwalbe;

fällt aus im Inlaute: a bleit (Rg.) = er bleibt; bekleit (A., Rg.) = bekleibt; gît (Rg.) = gibt;

fällt ab im Auslaute: gloj (Baß.), gli (Rz.) = glaub' (ich);

tritt unorganisch ein für h in êb (Rg.) = ehe;

erleidet unorganische Verhärtung und Verdoppelung in: uppich (Rg.) = obig, oben; druppich (Rg.) = drobig, droben; die zwippu (Frbl.) = Zwiebel;

assimiliert sich mit folgendem m: gimmr (Rg.) = gib mir; hammr = haben wir, wenn nicht aus mhd. hân wir (haben wir) entstanden.

p erscheint organisch im Auslaute nach m, wo es im nhd. sich mit m assimilirt: dump (Rg.) = dumm; krump (Rg.) = krumm; schlimp (Rg.) = schlimm, schief.

pf erweicht sich im Anlaute zu f: das fannla (Henn.) = kleine Pfanne; nach niederdeutscher Analogie tritt statt pf im Inlaute Doppel-p: der oppl (Rg.) = Apfel; das tippla (Rg.) = Töpfchen; — im Auslaute einfaches p ein: der tûp (Laut.) = topf; der krûp (Henn.) = kropf. Dabei wird der nhd. kurze Stammvocal im Dialect gedehnt.

f wird zu b in borbs (Rg.) aus bar = fuß.

w verhärtet zu b: der fibich (Rg. Lbskr.) = viehweg.

v wird vom Volke in eingebürgerten Fremdwörtern wie f ausgesprochen: fexirn (Parsch.) = vexieren; das falke (Freih.) = veilchen (viola).

b) Die Zahnlaute.

Abfall des d findet statt anlautend in der verstümmelten Form a (Tr.) = den z. B. ai a pûsch = in den Wald; inlautend: em wâle (Frbl. Rb.) = im Walde; âla (Rg.) = alder, hd. alter; bâle (Rg.) = balde, nhd. bald; die nôle (Gießh.) = Nadel; auslautend: on (A. Br. Rg.), an (Grabl.), un (Rgß.) = und; d ist unorganisch eingeschoben in: die hindr (Henn.) = hühner; der stërdel (Rg. Br.), zu stören = Stab, mit dem man stört (z. B. Fische); der quërdel (Rg.) = quirl; ënder (Rb.) eher. Steht unorganisch im Anlaut in: drwacha = erwachen. Anlautendes t geht über in d: das drîmla (Rb.) von trûm, trum = Span; die drulle (Br., Hbr.) = hd. trulle, alberne Weibsperson; wechselt mit g: erbärmtlich (Wcig.) = erbärmiglich, mhd. erbarmeclich; die herbrt (Hilb.) = herberge; tritt unorganisch auf im Inlaute: die amstel (Rg.) = Amsel; im Auslaute volt (Rg.), vollends; schont (Rg.), schon; wird ausgeworfen in hâla (Br.) = halten; spâla (Rg.) = spalten.

s wird euphonisch eingeschoben in: wenn-s-te (Rg. Br.), wenn du; êb-s-te (Rg.), ehe du; ob-s-te (Rg.) ob du. In den Wörtern: frîsa, verlîsa = frieren, verlieren ist alterthümliches s erhalten, während es nhd. in r übergieng.

s wechselt mit z bei eintretender Lautumstellung (Metathesis): das ëltnis (Baßd.) = ëlzent (Hilb.), der Iltis.

sch ist bald weich auszusprechen, besonders nach langem Vocale: nûscheln (Ta. Frb. Rb.); der mërschl (Tr.), Mörser; der bërschl (Rg.) Kopf (mit wirrem Haar); bald hart (scharf); prescha (Hbr.), treiben, jagen; auskrescha (Tr. Arn.) ausbraten; es tritt unorganisch vor in: schwurbeln (zu wirbeln); schmorchst (A. Ritschna); schmarst (Rz.), des Morgens; wechselt mit g in scholoster (Rg.) = mhd. (a)gelaster, Elster; hortsch (Frbl.) = hurtig.

st (untrennbares) vergröbert sich zu scht: der fërscht (Rg.) Fürst; ebenso trennbares: Dinsch-t-sch (Frbl.) = diens-tag; dornsch-tsch (Frbl.) = Donnerstag.

tsch tritt ein für sch in tschachtel (Tr.) = Schachtel; für g in tschucken (Tr.) = gucken, mit dem Nebenbegriff

„neugierig, verstohlen" schauen. Statt zw erscheint qu in: die quetscho (Tr.), die quatschke (Br., Ros.) = hd. zwetschke; das quirgl (D.-B.) = hd. das Zwerglein; vgl. Quargelsteine im Rsg. u. Quarglöcher, Höhlen an der mähr. Grenze bei D.-B., daselbst übrigens Quirglöcher genannt, so viel als Zwergsteine, Zwerglöcher; der Quetschenstein auf dem Rehorn, bei S. H., Ziwitschkenstein genannt.

c) Die Kehllaute.

g verhärtet sich zu k: ai de kêne (Rg.), mhd. enkegne. Inlautend und auslautend wird es zu ch: der machn (Rg.), Magen; der kênich (Rg.), König; ebenso ist îbich behandelt, obwohl bich auf ein selbständiges Wort „weg" zurückgeht.

Am Ende einsilbiger Wörter fällt g ab: sej, soj sê 2c. = sage. Dieser Vorgang beruht eigentlich auf Contrac=tion; vgl. die Nennformen sejn, sojn, sên 2c.

Ausfall des g findet statt in manne (Baß.), murne (Kl.-A.) = morgen. Schon mhd. morne, engl. morning, = der Morgen. Unorganisch steht g in: der flug (Rb. Rg.) = floh.

g tritt ein für d in: der rîgl (Hilb.), sonst rîdel, hd. rüde = männlicher Hund.

k wird in Fremdwörtern wie g ausgesprochen: die gutsche = Kutsche; der goltsch (Rz.), v. slav. kolo = Rad, radförmiges Gebäck.

Statt k tritt alterthümlich qu (Lw.) ein: a quôm (Br., Rb.) = er kam.

Verhärtet aus ch erweist es sich in: der nokwer (Rg.), Nachbar. In blûfalka (Freih.), Blauveilchen tritt nd. (niederdeutsches) k ein. Denn ka ist = ken, welches das nd. Verkleinerungselement für hd. chen ist.

ch erscheint bald gelind bald rauh. Gelind ist es zu sprechen in: prächln (Rz.), schärchn (Rz.), schieben. Abfall des auslautenden ch findet statt in: glei (Rg.) = gleich. h steht unorganisch im Anlaute, wo es hd. fehlt in: die hodaixe (Baţ.), hêdax (Arn.) — Wassermolch, Eidechse: neuniederländ. hagedis u. haagdis, dagegen schon ahd. egidehsa: mhd. egedehse u. eidehse; verschärft sich zu ch in: bicher (Rg.), böcher; vîcher (Rg.), Mehrzahl zu vîch, Vieh; rauch (Rg.), rauh.

j wechselt mit g: gehonstichwärmla (Hbr.), Johanniswürmchen; gjälchn (Frbl.), jählings; dagegen ist bei Fremdwörtern beliebt, j statt g zu sprechen: jeneral = General.

B. Die Wortbildung.

Innere Wortbildung.

Ich will von einer systematischen Darstellung der Wortbildung innerhalb der schlesischen Mundart absehen und nur das Charakteristischeste derselben zur Darstellung bringen. Doch scheint es mir unerläßlich, der allgemeineren Verständlichkeit halber einige erklärende Bemerkungen beizufügen.

Ein sehr wichtiger Theil der Wortbildung beruht auf der lautlichen Nachbildung gewisser Schallerscheinungen, der Onomatopoesie, die noch heutzutage ein sehr bedeutendes Element der Dichtung ist und auch bleiben wird. Auch in der gewöhnlichen Sprache und namentlich im Dialecte kann man die Spuren der Thätigkeit des dichtenden Volksgeistes wahrnehmen. Allerdings hat diese Thätigkeit vorerst nicht das Angenehme, sondern vielmehr das Nützliche, Praktische im Auge.

Viele solcher Wörter sind ins Hochdeutsche übergegangen, doch nicht alle.

Der Schall ist entweder hell, minder hell oder dumpf. Diesen drei Abarten entsprechen die drei Grundvocale: i, a, u. So ahmen einen hellen Ton nach die Wörter: quitschen, gickern, gicksen, hickern, hd. kichern; einen minder hellen: quätschen (quôtschen), quatschern, gackern (gôckern); einen dumpfen: mummeln, mummern (Ritschka) — hd. murmeln (vgl. die Mummel, Bach, der in zahlreichen „dumpf" rauschenden Fällen zur Iser geht). Auf diesem Wechsel stammhafter Vocale im Inlaute der Wörter beruht ein Theil der sogenannten „inneren" Wortbildung. Für i kann auch e, für a auch o eintreten. So steht in manchen Dialecten geckern (stotternd sprechen) statt gickern und gockern statt gackern. Eine solche Schallnachahmung findet sich namentlich, wie schon theilweise angedeutet, in den Laut= verbindungen 1. gick, 2. gäck, 3. gâk, 4. guck. Die erste mit dem kurzen Vocal i bedeutet einen hellen, kurz abgebrochenen Schall. Demgemäß heißt gickern oder mit einiger Veränderung der Consonanten hickern und kichern soviel als: kurze, weil unterdrückte Lachlaute hervorbringen; wiehern (hd.), rîchern (Dialect) = Laut, den das Pferd hervorbringt; wegen der Aehnlichkeit mit diesem Naturlaute heißt das schluchzende, weinende Klagen des Menschen wiehern (Rb.); das unterdrückte Lachen auch hichern; gicksen heißt man den hellen Ton hervorbringen, wie er z. B. beim Billardspiel entsteht, wenn der Queu nicht die Kugel voll trifft, sondern abglitscht; ferner auch das abgebrochene Stottern eines Menschen (er kann weder gicksen noch gacksen).

Die zweite Lautverbindung mit dem kurzen, weniger hell klingenden a bedeutet gleichfalls einen kurz abgebrochenen, aber dumpferen und kräftigeren Schall. Hieher gehören gackern = 1. einen Schall hervorbringen, wie die Eier legende Henne, 2. schlecht, d. h. stotternd reden. In dieser Bedeutung erscheint im Dialect die Form gôkern und gacksen (vgl. das vorige gicksen und gacksen).

Die dritte mit dem langen â bedeutet einen nicht hellen, langgezogenen Schall, z. B. das Geschrei der Gans, der Krähe, weshalb diese beiden Vögel auch gäke heißen. gäke wird aber auch dann in übertragener Weise das Organ genannt, vermittelst dessen dieser Laut hervorgebracht wird, also = kehle (Rg.) In den Märchen heißt der Hahn gokel.

Die vierte Lautverbindung mit kurzem u stellt den kurzen, dumpfen Ruf des bekannten Vogels dar, dessen Name eigentlich demgemäß guckguck heißen sollte.

Aehnlich sind folgende Wörter aufzufassen: fischpern (leise reden), pîpsen, das pîperla, knipsen, schnipsen, patschen, knatschen, râtschen, plâtschen, pfûzen (zu pfauchen, eig. pfuchzen), der Laut, den eine gereizte Katze hervorbringt; tschullern, das mûzla (Kalb), nûschln ꝛc.

Eine zweite Art der inneren Wortbildung, welche der Dialect gleichfalls kennt, beruht auf dem Wechsel der stammhaften Vocale in zwei Zeitformen (Gegenwart und Einzahl und Mehrzahl der Mitvergangenheit) der starken Zeitwörter. hd. entspricht z. B. dem Präs. ich binde das Haupt= wort, die binde. Man nennt den Stammvocal der Gegenwart Laut. Es ist demnach die binde eine Lautbildung. Der Mit= vergangenheit Einzahl ich band entsprechen die Hauptwörter: der band, das band; der Mitverg. Mehrzahl mhd. wir bunden die Hauptwörter das bund und der bund. Man nennt die Vocale in dem Stamme der Mitvergangenheit Einzahl und Mehrzahl Ablaut. Es sind also der, das band, der und das bund Ablautbildungen. Aehnliches finden wir im Dialect, wo gitter und gatter, bimmeln und bammeln, titschen und tatschen, natschen und knütschen, schwippern, schwappern und schwuppern, wischen und wuschen als Belege dieser Bildung dienen können.

Eine dritte überaus ergiebige Quelle der Wortbildung ergibt sich durch consonantischen Lautansatz an, oder Lautein= schiebung in die Wurzel. Diese Theorie der Wortbildung, die von der Basis der Schallerscheinung ausgeht und die lautliche Nachahmung desselben durch consonantische Zusätze erweitert und die ich im Folgenden durch ein praktisches Beispiel erläutern will, dürfte sich einmal als der sicherste Wegweiser ergeben in dem Labyrinthe etymologischer Erklärungen, und man wird in vielen Fällen nicht stehen zu bleiben brauchen mit der Erklärung: „Herkunft dunkel.“

Diese Theorie baut sich auf der Erkenntnis auf, daß die Sprache der Menschheit einen organischen Entwicklungs= proceß durchgemacht von dem Stammeln und der unvoll= kommenen Sprache des Menschen auf niedrigster Stufe der Cultur bis zum Höhepunkte seiner Ausbildung. Die Sprache ist also eine Pflanze, ein Baum, der aus der Wurzel hervorsprosst, wächst und sich verzweigt. Eben dieses Wachsthum, das innerliche Starkwerden wird in dem Wortstamme durch den inneren Lauteinsatz repräsentiert. Ableitungen in Zusammen= setzungen bilden dann schon die Aeste und Zweige des Sprach= baumes. Doch nun ein Beispiel selbst. Nehmen wir die vermittelst der Urvocale i, a, u und t gebildeten Wurzeln: ti, ta, tu. Ihr Sinn ist vor allem hinweisend. Es beruhen darauf unsere hinweisenden Fürwörter: der, die, das — dieser, diese, dieses; — das lat. is-te, is-ta, is-tud; die adverbialen Demonstrativa da, dort, slav. tu, hier. Erweitert durch p ergeben sich die Schallnachahmungen tip, tap, tup, welche entstehen, indem der zeigende (hinweisende) Finger der Richtung des Zeigens folgt und den Gegenstand selbst berührt. Man nennt diese Thätigkeit dann: tippen, tappen, tupfen.

Sämmtliche bedeuten zunächst die Nachahmung eines Schalles, dann die Thätigkeit, die ursprünglich den Schall veranlaßt, endlich die bloße Thätigkeit, und zwar das Stoßen mit dem Finger oder mit einem Gegenstand gegen einen andern. So heißt tippen, antippen, leicht anrühren, tappen, mit Geräusch (namentlich mit den Füßen im Finstern) den Boden berühren; tupfen, eben nur mit kurzabgesetzten Stößen etwas berühren.

Welcher Veränderungen nun die Wurzel noch fähig ist unter Aufrechterhaltung der Grundbedeutungen: 1. Geräusch machen; 2. eine Bewegung machen, die allenfalls ein solches Geräusch hervorbringen könnte (also Thätigkeit der Bewegung als Ursache des Schalles); 3. Bezeichnung einer Person, einer Sache, welche diesen Schall, die Bewegung hervorbringt, diene folgende durch consonantische Erweiterung der Wurzel entstandene Wortreihe:

1. tippen, leise mit dem Finger berühren; tappen, tasten (bei Luther); davon die tappe, Spur eines Thierfußes (Wgb. II. 877); der taps, täppischer Mensch; tapsen, plump auftreten; der fuß-tapfe, Spur des Fußtrittes; taffen (toffa, Rg., Henn.), langsam und schwerfällig einherschreiten; tupfen, gelinde spitz niederstoßen.

2. Erweiterung von tip und tap im Inlaute durch r: trippeln, mit kurzen schnellen Schritten gehen; trappen, traben, in kurzen Schritten laufen. Davon die trappe (Wetterauisch), Fußspur (Wgb. II. 920); der trabsch (NBM.) = alberner Mensch, eigentlich plump auf= tretende Person = der taps; der trabsch (trobsch, (Rb.) und tribsch (Rb.), Tropfen; man vergleiche hd. tropfen (von einer Flüssigkeit) = in kleinen Partien schallend niederfallen, und der tropfen, daher mit Schall niederfallendes Wasserkügelchen. Dazu hd. der

tropf (nach Weigand II. 934), ein armseliger Mensch, eigentlich ein vom Schlagflusse „getroffener" (also berührter) Mensch.

3. Erweiterung von **tap** im Inlaute durch **m**: **tamp**-ern; mit Assimilierung **tammern**, umgelautet **tämmern** (NBM.) = mit den Füßen abwechselnd auf den Boden treten, um z. B. den Boden, die Lehmtenne festzutreten. In der bairischen Oberpfalz **dampern** = klopfen, mit den Fingern tippen (Schmeller I. 370).

4. Erweiterung von **tap** durch **r** und **m**: **trampeln** = schnell wiederholt derb auftretend sich bewegen; der **trampel** = ungeschickt und plump auftretende Person (Wgd. II. 918).

5. Erweiterung von **tap** durch **s** im Anlaute: **stap**. Davon **stappig**, **stapplich** (blatterstapplich, mit eingedrückten Blatterspuren versehen; **fuß-stapfe**, Abdruck des Fußes im Boden; **stapfen**, fest auftretend schreiten (Wgd. II. 798); **staffel**; von **tup** durch **s** erweitert **stup**, davon **stufe**.

6. Erweiterung von **stap** im Inlaute durch **r**: **strap**. Davon **strabeln** (ströbln, NB. schlesisch, Whd. Btr. 95; bair., Schmell. III. 688; schweiz. Stald. II. 403) = mit Händen und Füßen um sich stoßen. Hieher gehört auch **straff**, stark angespannt oder ausgedehnt (Wgd. II. 828).

7. Erweiterung von **stap** im Inlaute durch **m**: **stamp**. Davon mundartlich die **stampe**, der **stampf** oder die **stampfe**, Werkzeug zum Aufstoßen; mundartlich **stampen**, hd. **stampfen**, fest und eindringlich aufstoßen; (NB.) der **stamper** und schlesisch auch die **stampe** (Whd. Btr. 93) = kleines Glas mit dickem Fuß, der kräftiges Aufstampfen aushält; NBM. **stampern**, jemanden (stoßend) jagen; der **stempel**, eigentlich **stämpel**, Werkzeug zum Stampfen, zum Prägen (Wgd. II. 811).

8. Erweiterung von **stap** durch **r** und **m**: **stramp**. Davon **strampeln** = zappelnd die Füße schnell eingezogen und wieder schnell spannend ausgestreckt bewegen. Hieher auch **stramm**, stark gespannt, steif sich dehnend (Wgd. II. 830); **strampfen** = einen Fuß oder die Füße

eingezogen und wiedergespannt ausgestreckt auf den Boden mit Heftigkeit treten. —

Erweitern wir die Wurzeln ti, ta, tu anderweitig, so bleibt in modificierter Art immer noch die Bedeutung des „Berührens" aufrecht erhalten. Ich begnüge mich hier mit der Anführung einiger Beispiele ohne systematische Ordnung: ta-st-en = berühren; der da-st-rich (Grab.) = Schlag mit lautem Schalle verbunden; die ta-sche = klatschender Schlag (Wgd. II. 878); die tatsche = Hand als Werkzeug zum Berühren; tatschi (Kindersprache) = Schläge.

tatschen und tätschen = mit wiederholtem leisem Schlage berühren. Der linktatsch (linktôtsch) = Linkshänder, ungeschickter Mensch; die ta-chtel = Schlag mit der Hand.

Zu ti, erweitert durch t und s (sch) gehört titschen, leise schlagend berühren. In NB. (M.) das titschichl = leichter Schlag mit der Hand; das titschkerle (Rg.) = bekanntes Kinderspielzeug, von titschen, berühren ꝛc.

Erweiterung durch vorgesetztes s: s-ti-ch — s-ta-chel.

Erweiterung von tu durch r im Inlaute: trûtsch (Trb., Henn.) = alberne Weibsperson (vgl. tropf). Dazu die Formen troutsch, trutsche, trôtsch, u. s. w.

Aeußere Wortbildung.

a) Ableitung.

Auch die äußere Wortbildung ist in nicht minderer Ausdehnung, wie im hd. im Gebrauch. Sie besteht darin, daß bald Vocale, bald Consonanten an einen Wortstamm angefügt werden. Man nennt diese Art der Wortbildung Ableitung. Am häufigsten tritt vocalische Ableitung mit e auf, namentlich bei Hauptwörtern sächlichen Geschlechtes in auffallender Häufigkeit. Sie werden aus Zeitwortstämmen mit Vorsetzung von ge- gebildet: das gemach-e, gethu-e, gealb-e, das geschejch-e (Rb.), Gespenst; das gezê-e (A.), Webstuhl. Auch ohne ge: die mache (jemanden in die mache kriegen).

In gewissen Gegenden (Grädl., Henn., Adlergeb.)
fällt das Ableitungs-e ab und es erhält dadurch die Sprache
eine gewisse prägnante Kürze: die tunk, Brühe; die schürg
(Hilb.), Schubkarren; die pejs (Henn.) = Schwere; die
bait (Grad.) = Beute, d. i. Brett, auf welchem der Bäcker
den Teig zurecht macht und in Brote formt.

Eigenschaftswörter behalten ableitendes e alterthümlich
bei: gehalle (Hbr.) — hd. hell: schîne == hd. schön; ebenso
Hauptwörter: der ochse, die bäche, die banke.

Die consonantische Ableitung ist im Dialecte ebenso
ausgedehnt, wie im hd. Es sollen hier nur die charakteristischesten,
weil vom hd. abweichenden Erscheinungen dargestellt werden.

Unter den Consonanten haben die flüssigen, namentlich
l und r, die meiste ableitende Kraft.

Für unseren Dialect ist besonders l wichtig. Denn
einmal dient l wie im hd. zur Bildung von Hauptwörtern:
der hibl, mörschl, sterál, querdl, die löml, das strensel
2c.; von Eigenschaftswörtern: gehäkl; von Zeitwörtern, deren
hd. Nennform eln im Dialect mit einigen Ausnahmen als
„an" erscheint: förtseln (Rb.), hin und herfahren; fitscheln
(Frb. Hbr.), schlecht geigen; flescheln (Frb., Hbr.), lächeln;
reffan (Weig.) rüsseln. Dann aber ist l das in allgemeinster
Anwendung stehende Element zur Bildung von Verkleinerungs-
formen, indem der Dialect das niederdeutsche ken, hd. eben
nahezu ganz verschmäht und nur sporadisch in einer ganz
eigenthümlichen Weise benützt. In Zeitwörtern stellt l auch
den Begriff der öftern Wiederholung dar: bîsan (Rg.) ==
bîseln, mhd. bîsen, wie toll umherrennen; reffan (Rg.) ==
rüffeln (zu raufen).

l als Verkleinerungselement erscheint allein besonders
im Reichenberger und Isergebirgsdialect. Im Friebländer
Bezirk wird, wie schon angegeben, das l vocalisiert: das
tippu = Töpfchen, von Topf. Sonst: der blîzl (Rb.), dummer
Mensch; der Grütl (Rb.), Gottfried; Flûrl (Ta.), Florian;
Kottl (Ta.), Katharina. Im Riesengebirge, Braunau,
Adlergebirge erscheint la. Dieses entspricht hochdeutschem
lein, das nach Analogie des schwäbischen und fränkischen
Dialectes zunächst in le verkürzt wurde, worauf dieses le
in dem Munde der zu behaglich breiter Aussprache neigenden
Gebirgsbewohner zu la wurde. Demnach heißt es hier: das

tippla, das süppla, das tschipperla (Rg.), das hoisla
(A., Br.), Seffla, Annla, Marilla ꝛc.

Der vereinzelte Fall, daß nd. chen, verkürzt ch zur
Verkleinerung benützt wird, ist mir nur im Rochlitzer Dialecte
aufgestoßen, und zwar in der eigenthümlichen Art, daß sich
dem ch noch das zweite Verkleinerungselement l anfügt.
Wir haben es hier also mit einer doppelten Verkleinerung
zu thun (ch-l), wie ich sie nur im obersächsischen Dialecte
wiedergefunden habe. In Rochlitz heißt kolchl was sonst
im Rg. kella = Knödel. Weinhold (Df. 33) leitet das
kella von kohle her, so daß kella gleich wäre köhleben.
Von kohle müßte sprachlich auch kolchl hergeleitet werden,
obwohl mir der Zusammenhang zwischen den Begriffen kohle
und knödel nicht klar ist. Sprachlich und sachlich ist die
doppelte Verkleinerung klar in dem Worte: das bärchl
(= bör-ch-l), kleiner Bohrer.

m hat sich als ableitendes Element erhalten in: der
bāsum (Desch.) = Besen, mhd. der beseme, ahd. besamo;
der bodem (dimin. bědumla, Grabl.) = Boden, ahd. und
mhd. bodem; der fodem (Grab), fodum (Gießh.) =
Faden; der busom (Rgtz) = Busen. Dagegen ist das m
in der bonsem (Rg., Br.) = die Banse, unorganisch.

hd. ing zeigt sich im Dialecte mit Ausfall des n
und Aspiration des g zu ch: der klnich (Rg.) = König
(ahd. kunine); der fäulich (Altstadt) = fauler Mensch
(eig. fäuling); der tritlich (A., Schöb.) = Stufe, (eig. trittling); ebenso verhalten sich: der sitlich (Tr.) = Gewohn=
heitssäufer; der rillich (Rg.) = Eierschwamm (eig. rehling);
der teflich (Deschn.) = Täufling.

hd. ung zeigt sich in der Form che oder iche: die
auslödche (Ta.) = Ausladeraum im Scheuerdach (eig. ausladung); die simmriche (Ott.) = Sommersaat (eig. söm-
merung).

Mit t (ahd. ida) hat sich eine Ableitung erhalten, die
nhd. verschwunden ist: die hicht (Rg.) = Höhe; die grissl
(Rg.) = Größe; die krankt (Rg.) Krankheit; die ebt (Rz)
= Ebene; die wermte (Br.) = Wärme.

Beliebt sind auch Ableitungen mit s im Dialecte,
namentlich zur Bildung von Hauptwörtern: der schlumps

(Tr., Grabl.) = Rothstreifen am Saume des Kleides (zu
schlumpen, schlampen); der schlorps (Rb.) = langsamer
Mensch; (Tr.) = Tropfen, Schluck (in beiden Bedeutungen
zu schlürfen gehörig); der töps (Rb.) = Lärm; der schwips
(Rg.) = Rausch.

ke = nd. ken, hd. chen erscheint in: die tilke (Rg),
obersächs. telle, thalförmige Vertiefung; der zeske (Rg.)
= Zeisig.

ig wird im Dialect zu ich, ch u. vergröbert zu sch
(Letzteres im Rb. Dialect): hattich (Schöb.) = hurtig;
hortsch (Rb.) = hurtig. Mit ch sind abgeleitet die Hauptwörter: das krottich (Rz.) = von Kraut; die schnörch
(Ta.) = Schnur, Schwiegertochter.

b) Zusammensetzung.

Hier ist namentlich die Partikelzusammensetzung mit
ge, der, dr = hd. er, rëm (rüm) = herum und mit
alterthümlichem ur = hd. aus charakteristisch.

Die Zusammensetzungen mit ge sind sehr beliebt und
leicht hergestellt. Der unveränderte Zeitwortstamm wird mit
einem vorgesetzten ge und einem ableitenden e (siehe das.) zu
einem sächlichen Hauptworte, das in der Regel die Zusam-
menfassung (das collectivum), Wiederholung oder längere
Dauer der Thätigkeit bedeutet: das ge-lauf-e das ge-mär-e
(Rg.) = langsames Arbeiten; das ge-bräch-e (Rz.) = das
Wirrdurcheinanderliegen von Gegenständen; das geläber (e)
(Rb.) = albernes Geschwätz; das ge-reck-e (Rb., Ta.) =
Froschlaich; das ge-frieß-e (Ta.) = Gesicht 2c.

der, dr = hd. er bedeutet die bis zum endlich er-
reichten Ziele fortgesetzte Thätigkeit. Es sind namentlich
Zeitwörter: dr-matsch-kern (Rb. Hbr.) = durch Erquetschen
tödten; ähnliche Bedeutung haben dr-murksn (Ta., Rg.)
dr-metzln (Trb.); dr-machn (Rg.) = das Ziel erreichen 2c.

rëm, rüm = herum in Verbindung mit einem Zeitworte dient dazu, die Thätigkeit ohne Rücksicht auf ein
bestimmtes Ziel auszubrücken, oder eine Thätigkeit darzu-
stellen, durch deren Ausübung man nicht an das Ziel kommt

(weil die Thätigkeit gleichsam wie im Kreise sich dreht)
rëm-morksa (Hbr.) = arbeiten, ohne daß man die Arbeit
zu Ende bringt; rëmmärn (Br. Hbr.), albern reden, d. h.
reden, so daß man nicht erkennt, wo hinaus der Redende
will; römbisen (Frdl. Hbr.) = herumlaufen ohne Zweck
und Ziel (bes. von Kindern); rëm-olba (Hbr.) = zwecklos
umhergehen bes. nächtlicher Weile.

ur = hd. aus in Verbindung mit Thätigkeiten bedeutet,
daß die Thätigkeit bis ins Ziel fortgesetzt wird.

Hieher gehören: ur-bern, urwan (Henn.), orwan
(Grabl.), eigentlich von einem Grundstücke einen Ertrag
durch emsige Thätigkeit zuwege bringen, dann überhaupt
geräuschvoll, geschäftig sein. urschen (urschan = urscheln,
Hbr.) = vergeuden. ur-assen, bairisch, Schmeller I. 100,
ur-ezen, österreichisch, Höfer 3, 262, or-etten, ags.; etten
gehört zu goth. itan, ahd. ezzan, mhd. ezzen = nhd.
essen; also eigentlich: herausessen, dann wählerisch essen,
vergeuden.

Der zweite Theil der Zusammensetzung wird durch
Verkürzung oft bis zur Unkenntlichkeit entstellt: die rôpr
(Rg.), rad-bare, Schubkarren; die atscht (Arnś.), ètscht
(Tsch.) = Ortscheit; der kîrt (Frdl.) = Kuhhirt; hampfl
(Rg.) = handvoll; hamprich (Rg.) = Handwerk; der
simmet (Tr.) = Sonnabend; die leimt (Rb.) = Leinwand.

An anomalen Zusammsetzungen mag der Dialect
wohl auch keinen Mangel haben, indes ist mir nur der
Ausdruck: rut-macht-gäl = Safran aus Hilbetten, Hohenelbe
und Deutsch-Bielau bekannt.

C. Bemerkungen zur Wortbiegung.

Das Hauptwort.

Eine dem Dialecte überhaupt eigene Erscheinung ist,
daß das Geschlecht der Hauptwörter von dem Hochdeutschen
häufig abweicht.

Ein anderes Geschlecht als im hd. findet sich in den Hauptwörtern: hd. der bach = die bâche (Henn.); hd. der dienst — das dienst (Henn.); hd. der karpfen — die karpe (Rg.); hd. der lohn — das lohn (Rg.); hd. die bohle — der bohl (poul, Rg.); hd. das rohr — die röhre (Rg.); hd. der rahmen — die rahme (Rg.); hd. die banse — der bansem (Rg.); hd. der iltis — das eltnis (Baß.); das elzent (Hilb., D.-B.); das ëlster (Rg.); hd. die wange — das wange (Rg); der fink — die finke (Rg.) ꝛc.

In der Biegung des Hauptwortes ist hervorzuheben die Bildung der Mehrzahl sächlicher, meist durch Verkleinerung entstandener Hauptwörter, welche die Mehrzahlendung ich annehmen. Dieser Gebrauch scheint sich auf die Gegenden um Grulich, Landskron, Hilbetten, Deutsch-Lichwe und Deutsch-Bielau zu beschränken.

Dort heißt es: Einz. das madle, Mz. die madlich (Lbsf.); Einz. das spissie, Mz. die spisslich (Lbsf.); Einz. das schaffle, Mz. die schafflich (Lbsf.); Einz. das tipple, Mz. die tipplich (Lbsf.); Einz. das annala, Mz. die annalich (D.-L.) = Vergißmeinnicht; ferner sind Mehrzahlsformen: die kiongalich (D.-B.) = Kügelchen; die paterkapplich (Einz. paterkappla, D.-L.) = Wiesenküchenschelle; die steignelperlich (D.-L. und D.-B.) = Mauerpfeffer; die pruschlich (Einz. das pruschla, Hilb.) — junge Kälber ꝛc. Wir dürften es in diesen Fällen mit einer doppelten Diminution zu thun haben, indem das zweite Verkleinerungselement „ch" erst in der Mehrzahl auftritt, wobei die eigentliche Biegungssilbe der Mehrzahl (es müßte e oder en sein) entfällt. Ich erinnere hier an den analogen, wenn auch umgekehrten Vorgang im Rochlitzer Dialecte.

Während im Rg. Dialecte das Verkleinerungselement ch (= chen, ken) dem l vorangieng, folgt es hier nach. Es müßte z. B. im Rz. Dialecte das hd. Wort „mädchen" gemäß der doppelten Diminution „mädchl" heißen, was in der Landskroner Gegend „mädlich" heißt. Jene mir aus Rz. selbst nicht bekannte und nach Analogie von bärchel (s. Ableitung) construierte Form „mädchel" kommt thatsächlich im obersächsischen Dialecte an der böhmisch-sächsischen Grenze vor).

Von der hünlig (Hilb.) = Eierschwamm wird die Mehrzahl durch Einschiebung von n: die hünling, gebildet.

Eigentlich tritt in der Mehrzahl nur die volle Form der Ableitungssilbe ing wieder hervor, die schon in der Einzahl (bünling) stehen sollte.

Die Mehrzahlform die schirbma von der schirbm = Scherben (Lbst. Geg.) erinnert ganz an den bairischen Dialect mit seinen Pluralbildungen (der schetze = Schöps, Mz. die schetzna; der schütze, Mz. die schützna ꝛc.)

Das männliche Hauptwort garten bildet die Mz. garte (Rg., A.)

Das Hauptwort die nacht hat in der Mehrzahl: nachten; in der Verbindung mit alle: oll nachta (Rg.);

kraft biegt in der Mz. schwach: die kräften = hd. die kräfte, z. B. a hot kêne kreftn.

Das sächliche Hauptwort das vieh bildet die Mz. die vicher; das bett, die Mehrzahl die bette (Tr.) — hd. betten; auch die männlichen und sächlichen Hauptwörter auf el haben in der Mz. an = eln statt hd. el, z. B. der stiefel Mz. stifan = stifeln, hd. stiefel; von mutter hört man im Dialect auch den gen. sing. mutters.

Das Eigenschaftswort.

Das Eigenschaftswort zeigt nachstehende Eigenthümlichkeiten: Attributiv gestellt hat das sächliche stark biegende Adjectiv keine Biegungsendung, z. B. schî wâtr (Tr.) = schönes Wetter; a bîs kind (Rg.) = ein böses Kind.

Unregelmäßige Steigerung haben:

schwer — schwerner — om schwernsta.
mehr — mêra — om mêrsta oder mêrschta.

Das im hd. nicht steigerungsfähige Adverbium sehr hat serner — om sernsta. (Rg.)

Auch liebt es die Mundart, durch „zu" zu steigern, wobei „zu" zwischen den doppelt gesetzten unbestimmten Artikel (a) zu stehen kommt: a zu a guder môn.

Das Zeitwort.

Das Hilfszeitwort der Zeit sein hat die alte Befehlsform bis — „fei" beibehalten; haben wird in hôn (mhd. hân) zusammengezogen.

Unter den Hilfszeitwörtern der Art und Weise hat sich das ahd. und mhd. vorkommende Wort ich târ, im Dialect tôr (Rg., Frbl.) = ich „darf" erhalten. mhd. târen hat noch den Begriff „wagen;" lassen wird zusammengezogen in lôn (mhd. lân).

Statt des sogenannten „scheinbaren Infinitivs" (eigentlich der starken Form des 2. Particips) können, müssen gebraucht der Dialect in Verbindung mit dem Infinitiv des Hauptzeitwortes auch die schwache Form der genannten Hilfszeitwörter z. B. a hett kunt ênder kumma (Rg, Grab., Henn., A, Gießh.) = er hätte können eher kommen; a bôt musst worta (Grab.) = er hat müssen warten.

Beim Hauptzeitworte wäre zunächst die Nennform zu berücksichtigen.

Als Endung der Nennform (hd. en) erscheint a: lâwa, fôra ꝛc. Dieses a erklärt sich aus dem Abfall des n nach Analogie des fränkischen und schwäbischen Dialectes (lebe, fahre), worauf das e sich zu a erbreitete. Diese Infinitivendung a findet sich im Reichenberg = Friedländer und Isergebirgsdialect (Ta.) gar nicht, und findet auch im Dialecte des Riesengebirges, Braunauer Ländchens, des Adlergebirges und der Landskroner Gegend einige Einschränkung. In Rochlitz, in den Ortschaften in dem oberen Thale der eigentlichen und der kleinen Elbe kommt nicht a als Infinitivendung vor, sondern en. Für eln und ern tritt an ein: grachän = grächeln; âtan = atern. Eine Ausnahme davon machen die erwähnten Gegenden, namentlich Hennersdorf und Grablitz (ätrn, stêrdln).

Auch in jenen Gegenden, wo sonst a als Infinitivendung herrscht, tritt n auf:

1. nach vocalisch auslautenden Stämmen, z. B. brîn (brüen = brennen), stîn, gîn; bei gân, geben, und schlôn,

schlagen, tritt Zusammenziehung auf (Br.) Als Specialität müssen die Formen gîa, stîa (Hilb.) angesehen werden; dieselben müssen auf Rechnung der bairischen oder fränkischen Mundart geschrieben werden, deren Spuren sich hier finden. Im Egerlande heißen diese Formen gleichfalls mit Weglassung des n: stäi, gäi;

2. nach stammhaftem r, sowohl bei kurzem als langem Stammvocale: wärn (Weig.), langsam arbeiten; rûrn (S. H. 133), zum zweitenmale ackern; scherrn (Rg.) anrichten, z. B. eine Mahlzeit; flerrn (Weig.), flarrn (Batz.), 1. weinen, 2. die Zähne fletschen.

Das tritt auch ein, wenn r nasaliert ausgesprochen wird: jô n (Rg.), jagen; oder wenn r vocalisiert wird: quian (Br., Ros.), in die Quere eggen.

Abfall der Infinitivendung tritt ein:

1. nach nn: flenn (Tr.), weinen; renn (Br., Rgtz.) = regnen; senn (Ritschka), auf geheimnisvolle Weise heilen.

2. nach mit el abgeleiteten Zeitwörtern. Diese Erscheinung zeigt sich in Klein-Aupa: stirdal = stirdeln (sonst stirdan), stüreln; rispal = rispeln; ebenso in Hilbetten: nûschal = nûscheln, durch die Nase, also unverständlich reden. —

Unter den Zeitformen ist vornehmlich die Mitvergangenheit hervorzuheben. Allerdings bedient sich der Landbewohner selten der umschriebenen Form, sondern er setzt lieber thun mit der Nennform des Zeitwortes: a tôt schreiba, seltener: a schrêb oder schrîb. In der Erzählung mischt er in zahlreicher Fülle mênt ich, sôrt, sejt ich u. a. ein.

In der Mitvergangenheit haben die Verba jener (3.) Classe, deren stammhaftes i der Gegenwart im Praeteritum des mhd. als ei erscheint (bîze, beiz, snîde, sneit), dieses ei im Dialecte derart bewahrt, daß ei zu ê contrahiert wird, oder als ej erscheint, während in der nhd. Sprache kurzes oder langes i (ie) eintritt, z. B.

mhd. Mitv. ich beiz; Dial. bêß (Weig.), bejß (Grabl.); nhd. biss.

mhd. Mitv. ich meit; Dial. mêd (Weig.) — mejd; nhd. mied.

Bemerkenswert ist das Wort hauen, 1. schlagen, 2. mähen, mhd. houwen. Dieses mhd. w, das im nhd. nur in der Mitverg. als b (ich hieb) erhalten ist, kennt der Dialect auch noch in der 2. und 3. Person Einz. der Gegenwart: du hëbst, a hëbt (Weig., Tr., Gab.); du hoibst, a hoibt (Br., A.)

Außerdem kennt die Mundart von diesem Zeitworte eine sowohl schwach, als auch stark biegende Form; die starke hat die Bedeutung von „mähen," die schwache von „schlagen." In Weig. unterscheidet man schon ich hau = ich schlage, und ich hä = ich mähe.

Ferner hat die Mundart die veraltete Form der 2. und 3. Person Einz. Gegenwart bei den Wörtern jener Classe bewahrt, die durch die Laute und Ablaute: ië für die Geg., ou für die Mitverg. (biege, bouc) charakterisiert sind, und die altenhochdeutsch und dichterisch in den erwähnten Personen eu haben: ich biege, du beugst, er beugt, kreucht, fleugt ꝛc. Im Dialecte sind solche Formen ganz gewöhnlich: a flaicht, kraicht (Rg.); floicht, kroicht (Br., A.); ebenso biegt hd. lügen (mhd. liëgen): du laichst (Rg.), du loichst (A. Br.) = hd. du lügst.

Das Particip der Gegenwart erweitert sich durch ig (ich), wobei das d des Particips wegfällt; z. B. stînich (stehendig) = stehend; liegnich = liegend; krîchnich, knînich = kniend; assnich = essend.

Solche Formen kennt auch der bair.-österreichische und thüringische Dialect.

Das Fürwort.

Für das hinweisende Fürwort hat die Mundart andere Formen als das hd. Für hd. dieser erscheint: der delle (Freih.), der dillo (Kl.-A.), der dilte (Hbr., A., Gießh.), der dëche, dëchte (Br.), der diche (Br., Kl.-A.), der dichte (Hbr), der doichtche, dotte (Ta.), der lichtje (Frb.)

Für hd. solcher: der delle (A., Rg.), selle (Rg., Freib., Ta.), soichte (Ta.); der sailiche (Großborowitz) = hd. jener, damalig.

Hieher gehört auch noch das sowohl temporal als local gebrauchte Demonstrativadverb salt (Rg.) = damals, 2. (zuweilen auch) dort.

hd. jener und jenes verkürzen sich in jerr und jess.

Das persönliche Fürwort. Zur Bezeichnung der 3. Person Einz. dienen: à, àr, hà, hàr = er; sî = hd. sie; die volleren Formen hâ und hâr (von mhd. her = nhd. herr) dienen zur Bezeichnung des „Herrn" katexochen; sî zur Bezeichnung der Frau des Hauses; ferner zur Bezeichnung des Geschlechtes gewisser Thiere: der hâr (Rg.), männliches Kaninchen; die sîne (Rg.) = weibliches Kaninchen; die sedin (D.-B.), das Weibchen vom Hasen.

Für die 1. Person Mz. erscheint mir oder m'r = wir.

Statt uns steht (wohl nach slav. Analogie) sich: mir setzn sich. Dagegen tritt für reflexives sich nach mhd. Analogie das persönliche Fürwort ein: a wêß'n kenn rôt (Tr.); a wêß'um (A), wejß'm (Grabl.) kenn rôt. n, m und um sind gleich ihm, also: er weiß ihm (d. h. hd. sich) keinen Rath; off dam rênge drkennt die jumpfr Honsa 'n heirott'rn = heirathet ihr (= sich) ihn (Großborowitz).

Das unbestimmte Fürwort jeder hat die alter-thümlichere Form jedam (Desch., A.) im 3. Falle der Einz. männlichen und sächlichen Geschlechtes.

Die sächlichen: eines, keines (ês, kês) werden zur Bezeichnung einer Person gebraucht, die an sich unbestimmt ist: s'is ês (jemand) gesturba.

Das Zahlwort.

Das Grundzahlwort zwei zeigt im Rochlitzer Dialecte vollständige Uebereinstimmung mit den ahd. Formen, indem die Formen für die verschiedenen Geschlechter wechseln:

Rochlitz:	männl. zwîne,	weibl. zwu,	sächl. zwê;
ahd.:	„ zwêne,	„ zwa,	„ zwei;
bair. Dial.:	„ zwên,	„ zwo, zwue,	„ zwai.

Die Partikel.

Interessant gestalten sich die Bejahungs= und Ver=
neinungspartikeln in der Rochlitzer Mundart durch ihre
Mannigfaltigkeit und die feinen Unterschiede in ihrer An=
wendung.

Zum Ausdrucke der Bejahung braucht man folgende
Wörtchen: jô, jû, hô, hû; zum Ausdrucke der Verneinung:
nê, hê.

Zum bessern Verständnisse mögen folgende Fragen und
Antworten dienen:

1. Auf eine positive Frage antwortet man mit jô oder
hô, und zwar entspricht der bestimmt gestellten Frage jô,
der als Vermuthung aufgestellten Frage hô, z. B.

a) bestimmt gestellte Frage:

Frage: Bêst du ält? Antwort: jô.
      Ës dös wërklich wôr? — jô.

b) Als Vermuthung aufgestellte Frage:

Fr.: Mächst du dös machn? Antw.: hô.
    Wërds sû gutt sein? Antw.: hô.

jû und hû sind vollständig analog dem jô und hô,
nur dass sie nach vorausgegangener negativer Frage zur
Antwort kommen. Dabei wird stets die Frage vollständig
wiederholt, z. B.:

a) Fr.: Es wërd wull nê wôr sein?
      Antw.: jû, s'ës wôr.

    A wërd wull nê vîl geld hôn?
      Antw.: jû, a hôt 'sn vîl.

b) Fr.: A werd's wull nê brêtn? (Vermuthung).
      Antw.: hû, a werd's schun brêtn.

Oder: Fr.: A wërd's wull nê drlôfn? (Vermuthung).
      Antw.: hû, a werd's schun drlôfen.

So erfolgt auch die Negation nê auf eine bestimmt
gestellte Frage, hê als Antwort auf eine Vermuthung, z. B. Ës
a grûß? Antw.: nê; oder: Hoste geld: Antw.: nê. Da=
gegen: S ës glî sêr schîne? Antw.: hê.

Im allgemeinen bedeuten die Wörtchen ho, hû, hô: natürlich, warum nicht gar, was denkst du denn, das wäre so etwas.

Als fragende Partikeln sind beliebt: wullock, gellock, hauocka — nicht wahr.

Zur Verstärkung und Betheuerung dienen: nô hallich (Freih.) = fürwahr; nu âwa (allg.) — freilich; mailatich und salatich (Tr.) (eigentlich mein Lebtag, sein Lebtag) — ja, gewiß (es war stets so).

Fremdwörter.

Nicht unbedeutend ist die Zahl der Fremdwörter, die in die Sprache des Volkes sich eingedrängt haben, wenn das letztere auch nicht in einem so überwiegenden Maße der Sucht nach fremden Ausdrücken huldigt, wie leider die gebildeten Stände. Dafür sind diese Ausdrücke in der Regel um so entstellter.

Es ist leicht einzusehen, daß bei der nahen Berührung der Deutschen unserer Gebirge mit den benachbarten Slaven namentlich zahlreiche slavische Ausdrücke häufig in deutsche Form gesteckt auftreten, z. B. die saspe (Rg. allg.) und naspe (Rokitnitz), slavisch násep von zasipati und nasipati, aufschütten = der gepflasterte Vorraum (Aufschüttung) vor dem meist an einer Berglehne gelegenen Hause der Gebirgs= bewohner; der druschbe (Hoh.), druschma (Rg., Grul., Br.), auch druschemôn (Rz.) = Brautführer, Hochzeitsbitter, auch Anführer des Hochzeitszuges, Lustigmacher (von slavisch družba, Gefährte, Geselle); die dlutsche (Henn.) = dickes Weib, von slavisch tlustý, dick; der kretscham (z. B. Petzer-kretscham) von slavisch krčma, Gasthaus; kriwôtschich (Henn.) = krumm, von slavisch křivý; pomalich (Tr.) = langsam, slavisch pomalu. Daneben hört man auch mälich, wobei es unentschieden bleibt, ob dies eine Abkürzung des erwähnten pomalich, oder ein rein deutscher Stamm (zu hd. mählich = allmählich) ist; die nautsch (Henn.) = Messer, von slavisch nuž. Dazu gehört auch: das nuschefickl (Rb.) = Messer; die wuschinka (Henn.) = Festmahlzeit der Schnitter, zu flaviſch obžinky = Erntefeſt, Schnitterfeſt, Schnitterſchmaus; léſln (Arnzb.) = Erbſen von den Hülſen befreien, flaviſch lupina = Hülſe; schebas (Freiß., Tr.) = meinetwegen, flaviſch třebas; der zøker (Rg.) = Schultaſche. Nach Schmeller, von flaviſch cek, čech, alſo eine bei den flaviſchen Böhmen gebräuchliche Taſche. (Vgl. mosche).

Hieher gehören auch die Redensarten: ich bin gern = ich bin froh, flaviſch já jsem rád; sich spielen, flaviſch hráti si; wir setzen sich (my si sedneme) u. ſ. w.

Ebenſo müſſen die romaniſchen Sprachen herhalten, den Sprachvorrath des Volkes zu erweitern. Auch hier finden ſich zahlreiche Entſtellungen pàlan und palären (Pr.) = laut und großſprecheriſch reden, franzöſiſch parlér, italieniſch parliare = reden; die schwitte (Ta., Ott.) = Schar, von franzöſiſch la suite, die Begleitung; allört (Rb.), froh, franzöſiſch allerte, lateiniſch alertus; die fure (Rb.), Ver= wirrung, von lateiniſch furor, eigentlich Wuth; das golert (Hbr, Wichſt.), Gallerte, aus romaniſch galatina; die almer, Schrank, aus mittellateiniſch almaria; die pėse (Rg.), Gewicht, pêsen, aufs ungefähre die Schwere prüfen, mittelat. und italieniſch pesare, franzöſiſch peser, ſpaniſch pesar = wägen, lateiniſch pensare; benedeien (Schöd.) und bene= denzen (Grab., Tr., Henn.), quälen, ärgern; benedeien ſcheint zu lateiniſch benedicere, urſprünglich Gutes wünſchen, zu gehören; benedenzen erinnert mehr an Poenitönz = Bußübung, Strafe, Pein, von lateiniſch poenitere; ausforkeln (Rb.), jemandem durch Ausfragen eine Antwort zu entlocken ſuchen, von furkel, lateiniſch furcula = Gabel; furkeln heißt alſo: etwas gleichſam mit der Gabel herausſchütteln; die schkandare (Rb.), langes Frauenzimmer, hd. standarte, eigentlich „Reiterfahne,“ entlehnt aus franzöſiſchem estendard, jetzt etendard, italieniſch stendardo und dieſes vom lateiniſchen extendere = entfalten, ꝛc.

Jüdiſchdeutſch iſt wahrſcheinlich der schabesdeckel (Arns.) = Cylinderhut, von schabbes = Sabbath, alſo eigentlich Sabbaths= oder Sonntagshut; die klott (A. Schöd.) = Kleidung. Im liber vagatorum das claffot = Gewand. Aus dem Jüdiſchen (Hebräiſch) chaliphôt = Wechſelkleider (Wgd. I. 955); überdöbern (îwrtėwan, Tr.)

— jemandem zuvorkommen. Eigentlich jemanden durch Reden zum Schweigen bringen. Denn jüdisch-deutsch dibbern, hebräisch dibber heißt „reden".

Auch die Gaunersprache wird ihre Vertreter im Dialecte haben, indes sind mir nur wenige bekannt, z. B. mackern (Einf.) = in der Gaunersprache reden; schileti (Einf.) = Flinte; galeiter (Einf.) = Gitter.

Syntaktische Eigenthümlichkeiten.

Die Rede des gewöhnlichen Volkes neigt sich überall zu behaglicher Breite hin. Man gebraucht im allgemeinen mehr Hauptsätze als Satzgefüge. Erzählt der gewöhnliche Mann etwas, worin er seine Rede oder die eines andern wiederholt, so pflegt er es nicht an zahlreich eingeschalteten sört ich, sört a, ment ich oder ment a fehlen zu lassen.

Sonstige charakteristische Eigenthümlichkeiten des eigentlichen Riesengebirgsdialectes wären in syntaktischer Beziehung noch folgende: Die hd. Ausdrücke es gibt, es ist, es sind vermeidet die Mundart vollständig und setzt dafür es hat, z. B. hd. es ist viel schnee heißt in der Mundart s' hôt vil schnî; hd. es sind viele leute da = s'hôt vil leute.

Statt „nicht mehr, keine mehr" setzt die Mundart „weiter nicht, weiter keine" (wettr nê, wettr kêne), z. B. s'hôt wettr kenn schnî = hd. es ist kein schnee mehr vorhanden; oder: dô hôt's wettr nischt = da gibt es nichts mehr.

Den Nachsatz der hypothetischen Periode leitet der Gebirgsbewohner mit „und" ein statt mit hd. so, z. B. wenn se wella, und dô gî ich mit = hd. wenn sie wollen, so gehe ich mit.

Geringschätzige Bejahung (Zugeständnis) wird durch die Satzellipse: mogs' oder mogs doch — mag es immer so sein, ausgedrückt.

Alphabetisches Wörter-Verzeichnis.

A.

Der Vocal **a** spielt im schlesischen Dialecte eine so charakteristische Rolle, daß er denselben geradezu vor andern kenntlich macht. Indem der Vocal vielfach an Stelle des nhd. ton- und farblosen e auftritt, verleiht er der Mundart einen volleren, energischeren Klang, was (nach Whd. Dialectforschung 19) schon Friedrich den Großen, der die Mundart gerne hörte, auf den Gedanken gebracht haben soll, dieses a der Schriftsprache wiederzugeben.

a tritt ein für e in Stamm- und Nebensilben; in ersteren sowohl als â (lang a) = hd. ê: lâwa = leben; nâma = nehmen; 2. = hd. ê (kurz e): gâl = gelb; wie auch als ä = hd. ê: assa = essen; in Nebensilben meist als ä: âidä (Baß. Br.) = Egge.

Ferner steht ä als Verkürzung von en, in Nachsilben sowohl in Bildungssilben: der bolka = balken, wie auch in Biegungssilben: gaiwa (Senn. Parsch.) = gaiben, gierig nach etwas sein) die râsa = die rosen; 2. in Vorsilben als erster Theil einer Partikelzusammensetzung: ahindr (Rz.J = nach hinten, afür (Rz.) = nach vorne; anouch (Rg.) = nach. Dieses ä = en findet Beleg durch die Form énhinder bei Luther 2. Mof. 3. 1. — hinhinter; mhd. hinhinder = zurück, rückwärts. Wetterauisch ёhinner (Wgd. I. 445).

ä steht in der Nachsilbe lä als Verkürzung von hd. lein in den beliebten, daher zahlreichen Verkleinerungswörtern: das fassla = hd. fässlein; das bênla — hd. beinchen; das tschipperla — ein wenig von einer Flüssigkeit. Den Uebergang zu dieser starken Abkürzung von lein vermitteln die in ober= und mitteldeutschen Dialecten (besonders dem schwäbischen) vorkommenden Diminutiva auf le: Schwäb. das knöpfle = kneppla (Rg.); Schwäb. das fässle = fassla (Rg.)

a steht für den unbestimmten Artikel ein, männlichen und sächlichen Geschlechtes: a junge, a mêdla.

a steht an Stelle des acc. sing. „den“ des männl. Artikels: ai a pûsch = in den Wald.

a steht für er (3. sing.) des männlichen persönlichen Fürwortes: â hôt = er hat.

a verdient auch in folgender Redensart Beachtung. Auf die Frage: Wie viele waren ihrer beiläufig? erhält man zur Antwort: a fünfe oder en a fünfe (Gießh.); an oder and a fünfe (Gab., Rgb., Henn.); ern a fünfe (Grab.) „en, an, and, ern“ bedeuten „beiläufig, etwa.“

Ich halte dieses a für den partitiven genetiv „ihrer“ — es waren „ihrer“ fünfe; denn ihrer, mhd. îr verkürzt sich zunächst in ёr und dieses schwächt sich zu ä ab. Diese Verkürzung findet sich im bair. D. bei Schmell. 1. 91.

an, Infinitivendung, = eln oder ern, s. beim Infinitiv; ob elnober ern zugrunde liegt, ist stets aus der 3. sing. praes. ersichtlich. Dieselbe heißt zu grâchan = er grâchlt; zu atan = er âtrt (A., Br.)

abc. Kinderreime:

ABC., Schallamannla D,
Schallamannla Buttrföß,
Gî ai de Schul on lann dr wos.

(Trautenbach, Lauterwasser ꝛc.)

abend, der. Bemerkenswert sind folgende im Rg. vorkommende Formen: ouwat, ouat, ôёrt, ôёt; abends heißt: sôstas (Rgb.); z'owert (Laut.); s'owest. (A., Ritschka).

âber (âwa Rz., Rb.) âwern (Hoh.); âwan (Hbr., Joh., Hmf.) = schneefrei, nicht mit Schnee bedeckt, (vom Erdboden, wenn er im Winter nicht mit Schnee bedeckt ist; im Frühjahr wird es „âwa"); âwa gfriste (mhd. gevrüste = Frost, "Ler. 967) sind Fröste, die bei schnee= freiem Boden im Winter eintreten, und vom Landmanne nicht gerne gesehen sind. Dieses Wort ist in den md. und obd. Dialecten allgemein verbreitet und verdiente wohl, in die nhd. Sprache wieder aufgenommen zu werden. Weigand führt es in seinem Wörterbuche nicht an. Es erscheint in der Form: âber, âber (bair. schweiz.); êber (schwäb.); âper (tyrol.); âfer (fränk.); aber (mhd. BM. 4). Die Herkunft ist dunkel, Schmell. I. 125, stellt es zu lat. apricari = sich sonnen und apricus = sonnig und weist auf eine Stelle in den Münchener Glossen des Prudentius hin, wo die Form aprico mit apirin übersetzt erscheint. Ebenso erklärt es Grimm I. 31, der ahd. âpar = serenus, apricus = heiter, sonnig setzt, mhd. âber, aber erinnert übrigens an das Verb. âben = deficere, weg sein, fehlen, schwinden (vielleicht gehört hieher auch „ebbe"?), so daß unsere Form âber gleich stünde „ab, weg seiend" und eine ähnliche Bildung wäre, wie inner = innen seiend; äußer, ober, unter ꝛc.

ablessig, (S. H. 121) = nachlässig, träge.

abraum, der (S. H. 170.) = Schutt, Erde, überhaupt etwas, was wegzuräumen ist.

abreiten (Isgb., Jägerspr.) — sich erheben und wegfliegen (vom Federwild). Dieselbe Bedeutung haben: abstreichen, auf=stehn.

äbsch (Br.) = kalt, abstoßend, (vom Benehmen eines Menschen). In ganz Mitteldeutschland gebräuchlich. Schles. äbsch, eppisch = albern, albern hochmüthig (Whb. Btr. 5). In derselben Form auch mittelrheinisch (Wgb. I. 7). äbsch müßte hd. äbich heißen. Dieser Form steht zur Seite ein ahd. abich, apich; mhd. abec, ebic (BM. I. 3); bair. abech abechig (Schmell. I. 11) = verkehrt; ferner ein ahd. Verb. abahon = aversari, sich abkehren, abwenden. Aus der Bedeutung „abgekehrt, abgewendet" entwickelt sich die von „abgeneigt, abstoßend."

âbsche, die (Grab., Br.); auch âdschbe (Hbr.) = Eberesche, Vogelbeerbaum (Sorbus aucuparia);

abschbeere, die, bie Frucht babon. Dasselbe bedeutet der awischbaum, bie awischbeere (S. H. 235), was in Schlesingers Glossar mit „Eibischbaumbeere" übersetzt wird. Schlef. der êbschbeerbaum (Fromann's Zeitschr. IV. 166).

abzucht, die (ôzucht, Rg., Br., Grab.) = Abzugscanal, durch welchen bie Jauche aus bem Stalle abgeleitet wird.

âchadistl, die (Arns.) = Eberwurz (Carlina vulgaris) wahrscheinlich augendistel. Die Pflanze gilt als heilkräftig.

achselstück, das (Rg.), buckelstück (Gab.) = ein Stück von bem Stamme eines Walbbaumes, das ein Mann auf ber Achsel zu tragen im Stanbe ist.

achtche, die ochtche (Ta.); ochtiche (Grab.); ochtich (Henn.) = Achtung, Aufmerksamkeit. ochtiche gàn = Acht geben, aufmerksam sein. hd. Ableitungselement ung tritt hier als che unb iche auf.

ackerhaken, der (ackerhôka Rg.) = mit hakenförmiger Schar versehener Pflug.

âdel, der (ôdls, ôdlt, Rg. Grabl; ôdlich, Tr. Rgb.; ôdlicht, Br.; ôdlst, ôdlitz, Tr.; ôtl Lbskr.) = Mistjauche, Mistwasser; ôdlichschuffe, die (Hbr.) = Gefäß zum Ausschöpfen der Düngerjauche; ôtlrûs, die (Lbskr.) = Pfingstrose. Die ursprüngliche Bedeutung dieses weitverbreiteten, auch im Böhmerwald vorkommenden Wortes ist = Harn. Im schwedischen Gothland heißt ko-adel nach Schmell. 1. 26, so viel als Kuhharn; bei den Dalekarlen ist adla, ala = harnen; niederrheinisch unb bair. ist adel = Sumpf, Pfütze. Das Wort taucht also in sehr entlegenen Gegenden sporabisch auf, was sein hohes Alterthum verbürgt. (Vgl. auch Grimm I. 177).

âd, die (Rg.) = Erbe. Zusammensetzungen sinb: âd-oppl, der (A. Schöb. Gießh.) = Erdapfel; adpun, bie, plur. (Ott.); âpana, âprna, âpona, die (Tr.) àpena (Freih., Arnsb.); âpern, bie (Henn., Grabl) sing; âpun, auch bloß bunn, bie, plur. (Br.); arbun, bie, pl. (Frb.) = Erdbirne, Kartoffel.

Adam. Dazu kennen die Kinder folgende Reime:

Adam on Eva
Gienga mit anondr nuch Hëta;
Adam hût a Krug zerschlejn,
Musst de Scherwlan heimtrejn.

(Hennersdorf).

Zusatz: Adam kruch ins Mäuseloch,
Eva schmiess'm de Scherwe noch.

(Weckersdorf, Braunau, Altfreblowitz).

âdschbe, die (Hbr.) = Eberesche, vgl. äbsche.

affe, der (Rg.), gänoffe = Mensch, der mit weit gähnendem Munde alles angafft, alberner Mensch. Westfälisch gienop (Whd. Btr. 5); der teigaffe = Mensch, der zu nichts zu brauchen ist. Nach Whd. Btr. 5, Spottname der Bäcker; ursprünglich wohl ein Gebäck in Affengestalt; affig (offieb Rg.) = affenartig.

äfften (Rz.) = spuken. Von unheimlichen Erscheinungen; (Rb.) = ärgern. In beiden Bedeutungen gehört üfften als Nebenform zu äffen = äffisch nachahmen und dadurch entweder erschrecken oder ärgern.

after, das (Tr. Rgb.) = Spreu. Schlef. = was vom Getreide und anderen Sachen beim Abhülsen und Dreschen sich loslöst. Whd. Btr. 5 im bair. D. begegnet dieses Wort als Eigenschaftswort: afternes getreide = Abfall vom — oder schlechteres Getreide.

aftermehl, das (oftamäl Tr.) = schlechteres Mehl, namentlich vom Weizen, aus welchem man die afterstriezel, (oftastrîzalan Tr.) bäckt. Das Wort after gehört zu dem ahd. und mhd. Stamme after, praep. = hinter, nachher. (Vgl. der after = podex). Wurzel ist af (ab) = weg von — entfernt; also das after = das Entferntere, in der Qualität Schlechtere, das Abfallende.

âgel, die (ôgl, Mz. ôgal Hilb.) = Abfälle beim Brechen des Flachses. Vgl. das folgende anne und enne. Die nicht zusammengezogene Form ôgl weist auf Zugehörigkeit des Wortes zum bair. Dialect; denn südböhm. bair. die ôgn (Stubenbach im Böhmerwald).

ágelaster, die (ögeloster Ldstr.) = Elster. ahd. agalastra. Diese Form zerlegt Grimm in a-gal-astra; a ist Negation, gal gehört zu ahd. gilan, mhd. und nhd. gellen = schreien, laut singen. (Vgl. nachtigall = Nacht= sängerin); astra ist Ableitungselement. Daher heißt agalastra der nicht singende, sondern „kreischende" Vogel. Die Form aglaster kommt auch in Schlesien (Wh d. Btr. 5) und im Anhaltischen (Pop.) vor. Andere Ausdrücke für „Elster" sind noch: scholoster (Rg., Frb.) und olcherte (Br., A., Schöb.) (s. am betreff. Orte).

ai (Rg.), liebkosendes Wort kleiner Kinder; ai machen = streicheln (bes. die Wange); aien (aia Tr., Rgh.) = liebkosen. Auch schles. bei Wh d. Btr. 5. Vgl. die haie (Rg.); die aia oder haia (kärnth.) = Wiege, Bett; ferner haian (Rg.) = schlafen (Kindersprache.)

âide, die (Br., A., Baţ.) = Egge, rein mhd. eide aus ahd. egida.

âism (A. Baţ.); êsum (Hbr. Hoh.); êßm (Grul.); eißn (Ta.); öisn (Rb. Frb.) = 1. garstig, empfindlich (vom Benehmen eines Menschen); êsum thun (Trb.) = ein gar= stiges Benehmen zeigen; der êsom (Marsch.) = Sonderling. 2. geizig; ein êsumer mensch (Hbr.) = geiziger Mensch; Schles. êsm = 1. schrecklich, 2. mürrisch, wunderlich, 3. furcht= sam, schüchtern. Grundbedeutung ist „schrecklich." Denn die Formen gehen zurück auf altes egisam, contrahiert in eism und êsm; jenes egisam aber ist abgeleitet von ahd. egi, agi = Furcht, Schrecken.

Alba, die (Desch.) = Bach, an welchem Deschnay liegt. Derselben Wurzel wie Elbe; sehr alt, auf keltische Abstammung hinweisend. (Vgl. Albion, wie Britannien wegen der Kreideformation der Südküste von den Kelten Galliens benannt wurde). Die Wurzel alb, auch lat. in albus, in ahd. alf = weiß, licht, ist den indoeuropäischen Sprachen gemeinsam. Elbe und Alba bedeuten demnach zunächst „Weißbach," wie z. B. der elbsch, mhd. elbiz, ahd. albiz (Wgd. I. 433) = der weiße Vogel, der Schwan.

Albendorf, Dorf im Rg. Wenn die Abstammung dieses Namens von Albrechtsdorf nicht historisch ganz sicher gestellt werden kann, so würde ich lieber annehmen, daß der in einer Gegend mit zahlreichen Kalksteinbrüchen gelegene Ort seinen Namen von alben, (der und die) herzuleiten habe, was im bair. (Schmell. 1. 46) „loser Kalkgrund" unter der Dammerde bedeutet; dieses alben aber gehört zur Wurzel alb (s. vorigen Artikel).

a l c h e r t e , die (olcherte, Br., A., Schöb.) = Elster. Mit algarte (bei Pop. 34) bezeichnet der Naturhistoriker Schwenkfeld diesen Vogel.))

ä l k i r s c h e , die (oulkérsch Henn, Gab., Rgb. = Traubenkirsche, die traubenförmige Frucht des Aalbaumes. äl erscheint gekürzt aus alant. Der Baum ist so benannt nach der Aehnlichkeit der Frucht mit der Aal= oder Alant= beere. Diese ist die schwarze, der Alantwurzel ähnlich schme= ckende Beere. Alant aber ist eine wild wachsende Pflanze mit gewürzhafter, bitter schmeckender Wurzel, die als magen= stärkendes Arzneimittel dient. (Wgb. I. 2).

a l l e (olle Rg.) = 1. ganz. In einem Hirtenliede, das von Kindern zu Weihnachten im Rg. gesungen wird, heißt es:

Schäfer: Setze mich zum kühlen Born,
　　　　Trink mich olle söt. （Altstadt).

a l l e v o l l (olle vůl Rg.) = ganz voll. dr krug is olle vůl.

2. a l l e s e i n = nicht mehr sein, aufgebraucht sein, z. B. das bier ist alle. Diese Verbindung ist wohl elliptisch aufzufassen, nämlich: das bier ist alle (= ganz, zur Gänze) ausgetrunken.

3. Redensartliche Frage: wer war alles da? — wo alles in allen Wendungen unverändert bleibt, denn man sagt auch wem alles und wen alles; z. B. wen hast du alles gesehen. Dieses alles ist als partitiver Genetiv aufzufassen, abhängig von wer, wem, wen.

wer allos war da? heißt also: Wer d. h. welche Einzelnen unter der Gesammtheit waren da; nenne mir aus der Gesammtheit (dem „all") die Einzelnen.

4. Zusammengesetzt mit ende: allend oder allenden (ollenda Rg.) = überall; entstanden aus dem absolut ge= brauchten gen. plur. aller enden. (Vgl. aller orten).

allermannsharnisch, der (Rb.) = Stechginster; (Allium victorialis). Der Name entspringt dem Aberglauben, daß der, der diese Pflanze bei sich trug, unverwundbar blieb. (Vgl. Gottfried Graf von Maine, Anjou und Touraine, dessen Haus den Namen Plantagenet (= Planta Genista, d. h. Ginsterpflanze) davon erhielt, daß Gottfried die erwähnte Pflanze am Helme zu tragen pflegte).

allert (Rb.) = froh, aus dem franzöf. alerte, dieses aus lat. alertus, munter, beweglich.

allgemein Redensart. ais ollgmejne (Rb.) gît d'jrede = im Volke (vulgo) geht die Rede; man erzählt sich „allenthalben."

allich (Rg.); einlich (A, Schöb.); âinlich (A., Batz.) = (von den Zähnen) schmerzend, eigenthümliches, unangenehmes Gefühl erregend, (namentlich dann, wenn die Zähne mit einer starken Säure in Berührung kommen), stumpf. Sonst in Nordböhmen (Markersdorf), eilch, vereilen = die Zähne in einen solchen Zustand bringen. Diese Form eilch ist entstanden aus mhd. eislich mit Elision des s. Bei einlich tritt n unorganisch auf. In allich erleidet der Anlaut eine weitere Verdunkelung. Die Grundbedeutung ist wohl: eine schreckliche, furchtbare, (abgeschwächt) „unangenehme" Empfindung hervorbringend. Denn mhd. eislich und egeslich = schrecklich, furchtbar, welches egeslich auf ahd. egi = Schrecken, Furcht zurückgeht.

almer, die (olmr, Rg., A., Desch., D.-B.; S. H. 163 234) = Brotschrank, Kasten sowohl für Kleider, als für Speisen. Aus mittellat. almaria = Schrank zu Geräthe; dieses mit Uebergang eines r zu l aus dem gleichbedeutenden lat. armarium von lat. arma = Geräth, Zeug. (Wgb. I. 38).

Aloys, Volksreim:
Aloys, Aloys, Schlenkerbên,
gieng aim Derfla nondr;
a hott dos föle Reckla ô
on dos Geichla drondr.
Geich ock, geich ock, wie du wellst,
kumm of a Oët wiedr,
zieh dei föles Reckla aus,
on lê dich zu mr niedr.

alp, der (olp Rg.) = 1. der bekannte böse Neck= und Nachtgeist; 2. dummer Mensch.

alpen (olpa Henn.); alpern, alwern (remolpan, remolwan Tr.); alben (Rb.); olwa (B., Schöd.) = nächtlich, oder ohne Ziel und Zweck umherschweifen. Gewöhnlich rëm-olbn oder olpan. Bezieht sich wohl auf die abergläubische Vorstellung, daß man durch Hersagen eines Spruches den Alp zwingen kann, nächtlich umherzuschweifen, wodurch er von seinem Ziele, den Menschen zu beängstigen, abgelenkt wird. Der Spruch lautet:

> Olp, Olp, ich sage dir,
> Kumm mr heute nê zu mir;
> Olle Wosser wôta,
> Olle Bême blôta,
> Olle Berche steicha,
> Olle Gottshäusr meida,
> Sollst a heute vo mr scheida. (Welhotta).

Deutlicher noch ist ein bei Grohm. A. u. G. 23 aus Bodenbach angeführter Spruch:

> Alp, Alp, du bist geboren wie ein Kalb.
> Alle Wasser musst du waten,
> Alle Bäume musst du blaten,
> Alle Kirchen musst du meiden,
> Und ob (= ehe) du das wirst thun,
> derweile werde ich gut ruhn.

das gealbe = zielloses Umherschweifen. Schlef. herumalben. Whd. Vtr. 6 hält das Wort nicht zu Alp, sondern zu alber, albern = thöricht.

alt (äl Rg., Br.) in Verbindung mit Hauptwörtern:

1. **altes fass.** Auf die Frage: wesst wôs, oder bloß wôs, antworten die Kinder neckend: a äl's föß, auch schlef. (Whd. Vtr. 6).
2. **alter Kerl** (äla kalle). Kinder nennen so jede, auch jüngere männliche Person, die ihnen nicht sympathisch ist.
3. **alter Knecht** (äla knächt) = a) alter Junggeselle; b) Wachtelkönig (Vogel).
4. **alte magd** (äle môd, mŏrt, mêd); a) = ältere unverheiratete Weibsperson, alte Jungfer (Tr., Rgb.);

b) = Kleidermotte (Ta., Tr., Rgb.); c) = Wachtelkönig. Schlef. faule magd (Wbb. Btr. 19); d)
gewöhnl. plur. àla mède (Trb.) = eine Art Birnen.

5. die alt wiese (Rg.) = eine Wiese in der Region der
Baudenwirthschaft, die nur einmal des Jahres gemäht
werden kann, im Gegensatz zur Grund-(= Grummet-)
wiese, die zweimal gemäht wird.

6. altfränkisch (oltfranksch, Arns.; ält-frentsch, A.,
Batz.) = altmodisch, z. B. altfranksch tanza = veraltete Tänze aufführen oder nach der Art der Alten
tanzen. Zur 2. Form vgl. mhd. altfrensch = veraltet aus alt und fränkisch = aus Franken, Fran-
kenland. Jedenfalls ist altfränkisch = veraltet deshalb, weil der fränkische Stamm zäher als jeder andere
am Alten, Althergebrachten hielt.

7. altmelk, von Kühen, die sich dem Ende ihrer Melk-
barkeit nähern, im Gegensatze zu neumelk = von
neuem wieder Milch gebend.

8. Redensart: ich werde heute nicht alt werden =
ich werde nicht lang wach bleiben, ich werde bald
schlafen gehen.

altarherr, der (S. H. 25, 36) = Geistlicher,
der von einer auf einen bestimmten Altar gestifteten Messe lebt.

altern (Grad., Henn.); mit Ausfall des l: ätern
(A, Batz., Br.) = Getreidegarben im Banfenraume aufschichten. (Die untersten Garben werden aufrecht gestellt,
die andern dann quer übergelegt). In der Form altern
auch schlef. bei Wbb. Btr. 6 und oberlausitzisch. Wbb. a. a.
O. führt auch noch die alter = eingebaute Getreideschicht
an und leitet das Wort von der Wurzel al (lat. alere =
nähren) ab, wonach alter gleich wäre „die Masse des
Nährenden und Raum für dasselbe." Meiner Ansicht nach
könnte man vielleicht ungezwungener an das lat. alter =
der eine, der andere und an das modernere alternieren =
abwechseln denken, wegen der „wechselnden," sich kreuzenden
Lage der einzelnen Getreidegarben.

amacht, das (S. H. 152) = Amt. Die Form entspricht bei Auslassung eines b oder p dem ahd. ambaht,
ampaht, mhd. ambet, nhd. amt, goth. and-bahti = „Dienst"

gibt den Schlüssel zur Erklärung; denn and bedeutet „gegen"; bahti enthält den im angelsächs. vorkommenden Stamm bac = Rücken. Darnach heißt das Wort ursprünglich so viel als „das im Rücken oder hinter einem Stehen", was einem Diener zukommt, also „Dienst".

ämße, die = das bekannte Insect, Ameise. Im Dialect treten folgende Formen auf: oumße (Rg.); oumß (Henn., Grad.); ömße (A., Desch.); ömes (Lbskr.) Bei Wieland (Wasserkufe) heißt es die ämsen. In der vulgären Sprache heißt die Ameise gewöhnlich seeßoumße, wegen der ätzenden Flüssigkeit, die sie von sich gibt.

amstel, f. die (omstl, Rg., A.) = Amsel.

än, die (Arns.) = von einem Bache durchflossene Wiese, Au. Die Form weist auf obd. Ursprung hin, wo weibliche Hauptwörter vielfach auf en, oder n ausgehen, z. B. die mülln, (bairisch, österreichisch) = Mühle ꝛc. Dem entspräche die auen oder aun, zusammengezogen „än."

ander; auf die andere woche (Rg.)= die nächste Woche: auch neue woche.

anfahen (S. H. 268) = anfangen, beginnen. Von mhd. vahen, ahd. fahen. Im nhd. ist mehr die md. Form fangen gebräuchlich. (Doch auch bei Goethe antiquierend) fahen und binden (Rein. Fuchs).

anfahl, das (S. H. 53) = das Erbe (Anfall), was jemandem erblich zufällt. ehe dan er ein münich war worden . . . . hat der obbemelte Schwert Hans all sein vaeterlichs „anfahl" verkauft. (S. H. 53).

anfürdern (S. H. 53) = vor Gericht laden.

angebärlich, der (Tr.) = kleiner, an einen größeren Apfel angewachsener, wie aus diesem hervorwachsend, gewissermassen „geboren."

angel, der = Einhängehaken für Thür, Fenster ꝛc. Eine Thür steht „mangelweit" offen, (Hbr.) d. h. so weit offen, als es die Thürangeln erlauben. Das m in mangelweit findet seine Erklärung im bairischen Dialecte. Da heißt es: die Thür steht im oder am angel offen (Schmell. I. 78). Aus am angel ist dann mangel entstanden und dieses, weil durch den Wegfall von am verdunkelt noch mit weit verbunden worden. Der bairischen Redensart steht auch jene im sonstigen Nordböhmen (Marterisdorf) gebräuchliche zur Seite, wo es heißt: die Thür stît an angl uffe.

Angeline = Angelika, Kinderreim:
Angeline,
Recks Bain vo dr Bühne,
on ne zu weit,
doss's ne hänga bleit. (A., Ritschka.)

angemenge oder bloß gemenge, das (Rg., Rgh.) = gemengtes Viehfutter.

anlangen (S. H. 86) = bitten. Zur Seite steht südböhmisch-bairisch die Form belangig = begehrlich und altsächsisch langôn = verlangen.

anlesen, sich (olàsn, Ta.) = sich tüchtig anessen.

anludern (Jsgb. Jäg.) = mit Aas als Köder auf Füchse und Marder stellen. Von das luder = Lockspeise, Lockaas, md. ludern = anlocken.

annala, das (Mz.) die annalich (D.-L.), Vergißmeinnicht.

Anne (Ros.) = Anna, Volksreim:
Anne, Pfanne, Rechastiel,
Trej a Sàk ai di Ewermühl (obere Mühle).
(Die zwei folgenden Verse sind unästhetisch).

anne, die (Rg., Hbr.); gewöhnlich zusammengesetzt **brech-anne** (Tr.); auch **brechon** (Hbr.); eine zweite Form ist **enne, die** (A., Batz.); **brachenne** (Arns.); eine dritte **enge, die brachenge** (Br.) = der holzige Abfall von den gebrochenen Stengeln des Flachses, Stengelsplitter. anne und enne weisen eine unorganische Verkürzung, enge eine Lautumstellung für egne aus; denn mhd. die agene, südböhmisch, bairisch und Hilb. ôgn; bairisch die agen (Pop. 5); ahd. agana, goth. ahana. Das Wort findet sich auch noch in anderen germanischen Sprachen. Die Wurzel ist ag, die dem lat. ac in acus = Nadel, Spitze entspricht und also überhaupt etwas Spitziges, Stacheliges bedeutet, daher auch einer Wurzel mit äh-re, letztere wegen der stacheligen Grannen so benannt (Wgb. I. 27. Grimm I. 189).

annehmen (Jsgb. Jäg.) Vom Wild „angenommen" werden, sagt man, wenn das angeschossene Hochwild, anstatt zu flüchten, auf den Jäger losgeht.

Annla, das = Ännchen, Volksreime:

1. Annla mët um Fannla (Pfännlein)
   hôts Tippla zerschlejn,
   Muß di Scherwlan
   am Scherzla hejmtrejn. (Henn.)

2. Annla, moch's Thörla zu,
   's këmmt a Zigôn!
   Häst' es ock ofgelôn,
   's wòr a Spielmòn.
   (Henn., Traut., Altstadt, Rogniß, Hbr.)

3. Annla, Mariannla,
   Gî mët mër ëms Dorf,
   Dat sënga die Vôchl,
   Dat klopprt dr Storch;
   Dat hoppt dr Flû zom Fanstr naus,
   A hoppt of a Stên,
   Har brôch a Bên,
   Har hoppt übr die Brêcke,
   A brôchs Genecke;
   A gieng zum Docter
   On ließ sich besahn,
   A musste hunderttausend Golda gân;
   Hâr hotte kê Geld,
   Har gienge ëms Feld,
   Der Doctor gieng 'm anôch
   on schûß 'm ais Lôch. (Gießhübel.)

In etwas anderer Form:

   Annla, me'm Pfannla,
   Gieng mët mër durchs Dorf;
   Dort klopprt der Storch
   [Dort lëft de Maus,
   Dort tonzt de Gons,]
Dafür: Dû geicht die Maus,
   Dû tanzt die Laus, (Ritschka,)
   Dort houpt dr Flug zum Fenstr naus;

A bröch a Bên,
[A kunnt në hêm;
A houpt ais olde Glouckahaus
on jët de olda Mêda raus.]

(Weigelsdorf. Aehnlich in Rettendorf, A. Ritſchka.)

Statt der eingeklammerten Verſe erſcheinen auch
folgende:

A hoppt of di Ohle (Able)
Zor Jompfr Krestôle;
A hoppt of'n Pfriemr (Pfriem)
Zor Jompfr Krestine;
A hoppt ais âle Gluckahaus,
Dat jôrt a die âla Weiwr naus.
Ene lief hî, die andre lief ha
On di drëtte sotzt'n Topfl Lehmsuppe zu.

(Altrognitz.)

4. Annla, Pfannla, Schlenkerbên,
Këmmt die ganze Nacht në hêm;
Këmmt gerîta, këmmt gesonga
Mit dêm alda Schusterjonga. (Alt-Rognitz.)

5. Annla, Fannla, Pfaffrnüssl,
Meine Kindr frassn viel;
Olle Tôche Bier on Brût,
Nimm a Hommr on schlû se tût.

(Lauterwaſſer.)

anreimen (ôreíma, Rg.) = ſich mit anreim (ôram)
= Reif überziehen. Die Bäume ſind „angereimt“ (auch
ſüdböhmiſch, bairiſch); im übrigen Nordböhmen auch „bereimt.“
Die Form reim = Reif weißt direct zurück auf das ahd.
rîm (mhd. ſchon der rîf) und altnordiſch hrîm (hrimthursen
heißen in der Edda die Reifrieſen); nl. rijm.

anschieblich, der (ôschiblich Gab.) = der ge-
ſtoßene Rand eines Brotes, der entſteht, wenn im Backofen
zwei Brote zu nahe aneinander „geſchoben“ werden. Vgl.
das klawala, das ſtißl ꝛc., die dasſelbe bedeuten.

Ansche, (Grabl.) **Anschke,** die; **Anschla,** das (A.)
= Aenncken. Die Diminution von Eigennamen durch k iſt
dem Dialecte des Adlergebirges charakteriſtiſch. So Jusker
von Joſef, Franzker von Franz.

Ansche findet sich in folgendem Kinderreim:
Ês, zwô, dreie,
Picka, packa, neue,
Picka, packa Howerkorn,
Der Mëller hot sei Weib verlorn,
De Ansche hot se fonda;
De Kotza kehrta de Stawe aus,
De Rotta trucha a Kehrich naus.

(Grablitz.)

anschweißen (Jsgb. Jäg.) = anschießen. Von schweiß, in der Jägersprache = Blut.

ansichtig (S. H. 268, 269) = sichtbar, deutlich. von solchem stain anzufahen bis zun dem ersten grenitzsteine sind in suma acht große „ansichtige" grenitz und kreizsteine aufgerichtet worden (S. H. a. a. O.)

ansper — ansper (Ta.); ansper — odr (Arns., Henn.); asper — asper (Ta.), zweitheiliges Bindewort = entweder — oder. ansper gist mr ai di fabrik, oda kannst mr a homprich. (Henn.) asper scheint eine Verstümmlung aus ent- (ans) und weder, das zunächst in wer zusammengezogen ward, und dessen w sich nach t in b und p verhärtet, also antper. Endlich gieng t in s über. Eine lautrichtigere Veränderung des ant in am vor p findet sich im sonstigen Nordböhmen: ampersch — ôdr (Leipa); amster — amster Karslthal bei Leipa). Bemerkenswert ist besonders noch die zweimalige Setzung derselben Form des Bindewortes: ansper-ansper und amstr-amstr. asper entstand durch Wegfall des n aus ansper.

ansprechen (Jsgb., Jäg.) = nach der Spur, Fährte bestimmt die Gattung, Größe, das Alter eines Hochwildes angeben.

ansprechig und ansprüchig (S. H. 95) = angefochten, angeklagt. dieweil die gemelten güter zu ansprechig sind oder noch ansprüchig werden mochten..., also Güter, auf die man „Ansprüche" erheben könnte. mhd. anspræche (Lex. I. 78).

anstecklein, die (östecklan; nur Mz.; A., Br., Rg.) = Pulswärmer. Von anstecken.

ant (Br., Hoh.); ernt (Rg.); erne (Ta., Rb., Frb.); ern (Grab.); ent und ant im übrigen Nordböhmen; Partifel zur Hervorhebung und Verstärkung (meist bei Fragen) dienend = irgend, etwa, doch, doch wohl. Hôt dr ant dr fuchs âne gons gestohla (Br., der Bauer und der Gänsejunge). Sämmtliche Formen sind md. Entstellungen aus mhd. iergen = nhd. irgend, etwa.

Anton. Kinderreime:
Anton, schmêr a Brâtwôrn,
Doss mr könna zo der Kermes förn.
(Alt=Seblowitz).
Anton, Panton, Töpprgeselle,
Krich aia Ufa obr fohr ai de Helle.
(Alt=Seblowitz).

antrisch s. entrisch.

anwand, die (Rg.); anewand im übrigen Nord=
böhmen = der äußerste Theil eines Feldes an den Enden der Beete, wo beim Pflügen „umgewendet" wird. ahd. anawanta = versura, mhd. anewande und anewant (Grimm I. 513); bairisch gewand (Schmell. 4, 102 und 103).

anwenden (S. H. 205, 212, 271) = angrenzen.

anwerdung, die (ôwâr'che, Rg.), Obst, das am Wege steht, krêcht ôwâr'che; ô entspricht an; wâr ist bequemere Aussprache für ward, werd; che entspricht im schlesischen Dialecte der hd. Bildungssilbe ung. Das Wort gehört zu anwerden = an Mann bringen, z. B. eine Waare.

anzeichen, das (ôzechen, Rg.) = geheimnisvolles, ein kommendes, gewöhnlich unglückliches Ereignis (Tod) ver=
kündendes Zeichen. Wenn jemand sterben soll, so gibt es nach dem Glauben des Volkes ein „Anzeichen."

arb, die (Rgb., Tr.) = die zwei auseinandergehenden Arme am hintern Theile der Deichsel, die durch das Reibscheit auseinandergehalten werden. die ärben bei Pop. 596. Südböhmisch=bairisch heißt arb das bewegliche Eisen, das auf den unbeweglichen Kloben paßt, in den das Vorlegschloß gehängt ist. Dieses arb steht statt narb und ist einer Wurzel mit nhd. die narbe = kleine Vertiefung als sichtbares Zeichen einer dagewesenen Verletzung. arb und narbe haben das

Gemeinſame einer durch Zweitheilung (dort der Deichſelarme, hier des Fleiſches) entſtandenen Vertiefung.

arbeiß, die, arbes, erbeiß, erbes (S. H. an vielen Stellen); die **arß** (Rg.); **erß** (Grab.); **erweß** (Hoh.) = Erbſe. Unter den angeführten Formen ſind arbeiß und erbeiß die älteſten. ahd. araweiz, mhd. areweiz, erweiz, erbeiz, nhd., bei H. Sachs und Luther, erbeiß. Die Formen arß und erß ſind durch Auswerfung von b oder w entſtanden, was im Gebirgsdialecte zahlreiche Analogien hat (vgl. er bleit ſtatt bleibt; oet ſtatt abend ꝛc. Aus arbeiß, erbeiß wird zunächſt arbes, erbes oder arwes, erwes, aus letzterem arws, erws, durch Eliſion des w endlich ars und ers.

arbeiten (arbta, Henn.) = auf dem Webſtuhle arbeiten.

arche, die (S. H. 84, 185) = 1. Befeſtigung des Ufers gegen das Reißen des Stromes. 2. (S. H. 231) = Vorbau, Erker an einem Hauſe. 1. gehört zu ahd. archa, arke = Geldkaſten; altnordiſch örk = Kaſten überhaupt. Die Arche Noah's war ein Schiffskaſten. Man muſs ſich alſo einen kaſtenartigen, hölzernen Vorbau am Ufer eines Fluſſes vorſtellen, der im Innern mit Erde, Steinen aus= gefüllt war. Oder könnte man an einen Zuſammenhang mit lateiniſch arc-ere = abwehren denken? In 2. ſcheint es zweifelhaft, ob man ſich unter dem Vorbau einen kaſten= artigen Erker vorſtellen, oder ob man mehr an einen Zuſammenhang mit dem lateiniſchen arc-us = Bogen, bogenartiges Zimmer als Vorbau, denken ſoll.

ârd, die (Hilb.) = Fußboden, auch der gedielte Boden.

ârdfôr, der (Ta.) = Erdfahrer, Maulwurf; im Rg. auch noch der **schliffl** (ſ. daſelbſt), im übrigen Nordböhmen der **fahrer** genannt. Das Volk hält ihn für eine beſondere Art des Maulwurfes, da er grau iſt und hart unter der Oberfläche des Erdbodens wühlt.

arsch, der. Zuſammenſetzung: der **kaularsch** (Rg.) = 1. Kaulquappe (noch unentwickelter Froſch). 2. geſtutztes Huhn. 3. kleines, quappeliges (rundes, dickes) Kind. 4. rundes (weil wohlgenährtes) Pferd. 1. und 2. auch ſchleſiſch bei Wbd. Btr. 6. Vgl. kaule = Kugel und kaulicht = kugelig, woraus ſich die Erklärung von ſelbſt ergibt.

arschbelle, die (A., Desch.) = Hinterbacke. mhd. arsbelle, ahd. arspelli. Der 2. Theil belle gehört wohl zu ball = kugelrunder Körper.

ärschlich (Rg.) = ärschlings, rückwärts, verkehrt, unglücklich; dem geht's ärschlich = es läuft für ihn unglücklich ab. die ärschliche seite ist die umgekehrte Seite. Von Menschen: das ist ein ärschlicher = mit dem ist nicht gut Kirschen essen, vor dem muß man sich hüten. mhd. erslingen, bei Goethe ärschlings. Das Wort ist in Ober=, Mittel= und Niederdeutschland zu finden.

ârtlich (ôrtlich, Rg., uôrtlich, Rb.) = sonderbar, auffallend, eigenthümlich. bis ock nê ôrtlich = sei doch nicht so eigenthümlich. Also ôrtlich sein = sich merkwürdig, sonderbar benehmen. mir is ne ôrtlich = mir ist nicht wohl, besonders wenn man die Art des Unwohlseins nicht recht definieren kann. ôrtlich gehn = nicht wie andere Menschen, also anders und zwar auffällig gehen. Das Wort gehört zu hd. die art = Gesammtheit dessen, was sich durch seine Eigenthümlichkeit von anderem unterscheidet.

arxa, eigentlich ârch-sa (A., Schöb.); ôrxa (Br.) = mit einer Sache, besonders Speise verschwenderisch umgehen. (Vgl. urschen und ürscheln, wozu es gehört).

âs, das (ous, Rg.), wie hd. Aas. Sehr beliebtes Schimpfwort im Gebirge; als Dimin. âßla in mehr wohlwollender Weise gebraucht.

asch, der (S. H. 123) = forellenähnlicher Flußfisch (thymallus). Auch bairisch der asch, sonst die äsche. Vermuthlich so benannt nach seiner aschgrauen Farbe (Wgb. I. 80).

asch, der (ôsch, Rg., Dim. das âschla (Br., Ott.) = tiefe, irdene Schüssel mit einem verspundeten Loche an der tiefsten Stelle. In einer größeren Wirtschaft hat man mehrere solcher Gefäße, die in den runden Oeffnungen eines bankähnlichen Gestelles aufliegen. Hebt man den Spund bis an die Oberfläche der mit Rahmmilch gefüllten Schüssel, so fließt die dünnere Milch in ein darunterstehendes Gefäß ab. Hierauf schließt man die Oeffnung wieder und man hat die Sahne allein im asch. In der Braunauer Gegend hört man häufiger das Diminutiv das âschla; der asch erscheint auch im schlesischen Dialecte bei Whd. Btr. 7. Als nur mundartlich führt es Wgd. I. 80 an. Pop. 1 kennt asch als den Namen eines Gartengeschirres in Sachsen. Vermuthlich waren solche Schüsseln ursprünglich aus „Eschenholz." Denn mhd. asch bedeutet sowohl „Esche," als auch „Schüssel, Becken" (GM. 1, 65, Lex. 1, 90).

äschern (Tr., Rgb.) = rasch laufen; (Rb.) = lärmend geschäftig sein; (Arns.) = geräuschvoll spielen (von Kindern); (Lbsk.) = tüchtig herumhauen (bei einer Wirtshausschlägerei). Meist in Verbindung mit rëm- (Rg.), röm- (Rb.), rüm- (Lbsk.) äschan. In Nordböhmen kennt man auch noch sich dar (= er) -äschan = durch geräuschvolle Geschäftigkeit, auch durch Laufen, sich in Hitze bringen und ermüden. Dazu das Hauptwort:

äscherment (äschament, Arns.) = das mühevolle und unruhvolle Ueberwinden in den Weg tretender widerwärtiger Hindernisse. Grimm I. 35 und Wgd. I. 5 leiten diese Wörter von „Asche" her: sich in Staub und Asche abarbeiten. Grundbedeutung ist „ruhelose und geräuschvolle Bewegung." Daher erscheint mir die von Petters, Leitmeritzer Gymnasial-Programm 1858, versuchte Erklärung natürlicher. Petters findet, daß in gewissen deutschen Dialecten (im Hennebergischen) die Formen eschern und œschpern, œspern nebeneinander und gleichbedeutend auftreten. Im Koburgischen heißt das Wort sich abäschpern (Fromann's Zeitschrift III. 133, IV. 5); er setzt, darauf gestützt: escho = espe, ahd. aspa, nhd. Esche. Die „unruhvoll zitternde Bewegung" der Blätter dieses Baumes ergibt dann die Bedeutung von äschern. Auch Grimm I. 587 vermuthet übrigens in escho und espe dieselbe Wurzel. äscherment zeigt romanische Ableitung mit ment, lateinisch mentum.

aspe, die (ospe, Rg.) = Espe. Auch ahd. aspa, mhd. aspe.

aspich (Rg.) = auswendig. Wohl auch daraus entstellt. aus wurde in as gekürzt, wendig in wich zusammengezogen. w verhärtete sich zu p nach vorausgehendem s. Der Form aspich steht ganz parallel zur Seite die gleichfalls im Rg. gebräuchliche Form immich = inwendig, ursprünglich inwich, dann impich, endlich assimiliert immich (wie dump in dumm, krump in krumm).

äsû (Rg.) = so. Mit Ausfall des l aus also (a hôt's grôd äsû gemacht). Schon mhd. asso. Auch schlesisch bei Whd. Btr. 7.

aster (Rb.) = desto; entspricht der mhd. Form dester (die eine comparativische Weiterbildung von deste ist), mit Abfall des anlautenden d.

geäß, das (Jsgb., Jäg.) = Maul des Hirsches. Von essen, wie gefräß und gefriß (von fressen). Vgl. äsen.

äße, adj. (Rg., Hbr., Trb., Jsgb., Ta.) = zart, gut, fein. s'is nê vil äßes drô (Hbr.) = es ist nicht viel Besonderes, Gescheidtes dran.

äßich (Rgb.) = 1. nicht viel essend; 2. schüchtern thuend. In Verbindung mit der Partikel un:

unäße (Rgb.) = 1. ungenügsam im Essen; 2. un= geheuer groß, z. B. ein unäßes fuder = ein sehr großes, übergroßes Fuder.

unäßich (Tr.) = beim Essen unbescheidene Gier zeigend. Sämmtliche Ausdrücke gehören zum Zeitworte essen (historisch richtig eßen, von gothisch itan, ahd. ezzan, mhd. ezzen), beziehungsweise zum Ablaut âß. äße und äßich (äßig) heißen ursprünglich „eßbar,“ z. B. äßes brot = wohlschmeckendes, d. h. eßbares Brot. In Schlesien geht diese Bedeutung in die Vorstellung von „schön, angenehm, anmuthig“ über (ein äßes gesicht, analog der Redensart das bier schmeckt schön). Daher auch die Bedeutung „zart, fein“ in Tannwald. Dazu gehört auch ßich = schüchtern beim Essen thuend, was auf dem Lande als empfehlend, weil „schön, anmuthig,“ gilt, und zum „feinen“ Tone gehört.

âtern s. altern.

ätsch (Tr.), Ausruf der Kinder bei neckender Ver= spottung.

atscht, die (Arn.) = das Holz an jeder Seit. der Zugwage, an welchem die Stränge des Geschirrs der Zugthiere befestigt sind. die atschte, schlesisch bei Pope 421. Sonst in Nordböhmen ûotscht; verstümmelt aus ortscheit.

aufhocken (D.-L.) = sich „hockend" auf den Rücken eines Andern setzen. Im Volksaberglauben gibt es gespenstische „Aufhockmännlein."

aufreden, das (Hilb.) = die Verlobung. Im südböhmisch-bairischen Dialecte erscheint die Redensart: sich einen, eine aufreden = sich einen Anbeter, eine Geliebte einbilden.

aufzelern (Tr.) = jemand aufreden, durch Zureden zu etwas zu verführen suchen.

äugen (Jsgb., Jäg.) = scharf nach einer Richtung sehen (vom Wilde).

aus. Redensarten (Rg.): 1. aus sein, z. B. die kirche ist aus = der Gottesdienst ist zu Ende. 2. das wäre nicht aus (scil. der weise, art) = das wäre recht, schön, annehmbar. 3. ironisch: das ist nicht aus = das hat noch gefehlt.

ausbintlich (S. H. 137) = vorzüglich, ausgezeichnet. Wie nhd. ausbündig = musterhaft, höchst; von der „ausbund" = das zur Probe für den Käufer „herausgebundene" Schaustück als das vorzüglichste Stück (Wgb. I. 105).

ausfelligwerden (S. H. 17) = nicht zustimmen, der Zusage untreu werden. wo wier benenten hern Sch. ausfellig und solchen zins nicht bezalen würden, als dane geben wier ime macht und gewalt... S. H. a. a. O.

ausladung (S. H. 124); auslödche (Ta.); auslödiche (Grab., A., Schöb.) = über der senkrechten Linie eines Hauses hinausgehender, über die Straße vorspringender Bau, gewöhnlich zur Aufnahme des eingeheimsten Futters dienend. che oder iche entspricht hd. ung. Vgl. achtche = Achtung.

aussteben (Rg.) = leiden, dulden.

äußern; unpersönlich: es äußert mich (Tr., Rgtz.) = es ist mir unheimlich; ich fürchte mich. Dazu:

äußerlich (Rz.) = schauerlich, nicht recht geheuer. Im Schlesischen sich vor etwas äußern = „außer" sich gerathen, erschrecken (Whd. Btr. 7). Das Wort würde wohl richtiger eisern und eiserlich geschrieben. Denn mhd. eisen contrahiert aus egesen, ahd. egisôn = Schrecken

empfinden; mhd. mir eiset. Ebenso kommt mhd. eislich
(aus egeslich) = schrecklich, furchtbar vor.

auszüglein, das (auszîchla, Br.) = Rechnung,
„Auszug" aus dem Contobuche.

auter, das (Henn.) = 1. Geschlecht, 2. Gesichtszug.
ma erkennt'n schun om autr. Sonst in Nordböhmen
(Markersdorf) = Gattung. andr auta = eine andere
Gattung. Die Etymologie ist schwierig. Möglich, daſs eine
Lautumstellung die Dialectform vermittelt hat. Demnach
wäre es aus art herzuleiten, aus welchem zunächst ätr,
àta und autr, auta wird. Eine Analogie böte sich in der
Form quilla, aus quillr = hd. quirl (Nordböhmen, Markers=
dorf), oder der modra (egerländisch) = marder.

auweh, der (auwî, Rb.) = kranker Finger. In
Nordböhmen das wîlei (Markersdorf) = wehe Stelle am
Körper. Egerländisch und bairisch wüiding = Schmerz.

âwa (Rg.), gewöhnlich nu àwa, Versicherungs= und
Zustimmungspartikel = nun eben, ja freilich, gewiſs.

azöte gîn oder sein (Tsch., Tr., Rgh., Joh.) =
sichtbar werden, in oder unter großer Menge, in großen
Haufen gehen, überhaupt herumgehen, z. B. A. Hast du
den N. schon gesehen? B. Ne. A. A watt ock wu
azöte gîn. Oder: Will denn dr Nëckl (hl. Nicolaus)
ne kumma? B. Ne! a gît ne azöte; zu sicha gorschticha
junga kömmt a ne (also er wird sich nicht zeigen). Leute
gehen „azöte," wenn sie auf einer belebten Promenade hinter,
neben und durcheinander im buntesten Gewühle gehen. Im
schlesischen heißt „zu zarte gehn" = vorgehen, sich ereignen,
z. B. es gehn schöne dinge zu zarte (Whd. Btr. 107).
Vielleicht soll es zu garte gehn heißen. Dies gäbe den
Schlüssel zur Erklärung der Redensart. Im Rollwagen=
büchlein des Jörk Wickram (sprachlich erneuert von Karl
Pannier, Reclam Leipzig) heißt es Seite 39 von einem
entlassenen Landsknechte: und wie er also bis heim „garten"
und betteln musste, kam er vor eines Bauern Haus.
Auf Seite 53: Es haben die frommen Landsknechte
— einen Brauch im Land und sonderlich im Lande
Schwaben und im Schwarzwald, dass sie zur Winterszeit
auf der „gart" umherziehn. Als Anmerkung findet sich

Seite 39: **garten** ist das „Herumstreifen" herrenloser Landsknechte. Sie zogen von Dorf zu Dorf und erbettelten oder erzwangen sich alle Lebensbedürfnisse. Die „Gart"knechte wurden allmählich eine wahre Landplage. Auch bei Schmid (Schwäbisches Wörterbuch) heißt **garten** oder z'garten gehn (= zu zarte, azôte gîn?) s. v. a. müßig sein, umherschwärmen. Der Etymologie nach könnte dieses garten zu mhd. der gart, gothisch gazds, lateinisch hasta = Lanze, gehören.

B.

Bâba, bâbe, die (Hilb.) = Großmutter; **bâbe, die (Rg.)** = altes Weib. Von dem slavischen baba = altes Weib. Hieher gehört auch noch:

bâwa und bâwe, die (Br., A., Deschnay, Ritschka) = Mehlspeise überhaupt; in Kl.-A. = Buchte; und

bôwe und bôc, die (Grab.) = gleichfalls Buchte. Das Wort erscheint auch schlesisch, wo die babe, bäbe = Aschkuchen, Napfkuchen (Whd. Btr. 7). Im slavischen, woher auch dieses Wort entlehnt ist, bedeutet baba, besonders aber semmelbaba (Prag, auch Rg.) in Milch geweichte, mit Aepfelschnitten untermischte und gebackene Semmelschnitten. Nach Trganski's polnisch-deutschem Wörterbuche stünden baba, „altes Weib" und baba, die erwähnte Speise in engster Beziehung, indem der 2. Name durch Vergleichung des furchichten Gebäckes mit den Runzeln eines alten Weibes entstanden wäre.

Bâbe (Tr., Rgb.) = Barbara. Auch sonst in Nordböhmen gebräuchlich.

bâche, die (Tr., Hbr.); bôch, die (Henn.) = der Bach. Das weibliche Geschlecht von bach findet sich in ganz Mitteldeutschland und bei Schriftstellern des 16., 17., selbst noch des 18. Jahrhunderts, zumal den schlesischen (Opitz). Wgd. I. 123.

bacht; die bôcht (Ta.); das bôcht (A., Baß.);
die bocht (Rz.); boucht (Grul., Gießh., Br.); das bâcht
(Henn.); bochat (Hoh.); das bôchtich (A., Schöb.); die
bucht (Leipa) = Streu, Lager (meist schlechtes) aus Stroh,
gewöhnlich auf den Dielen; auch das Bett als Lagerstätte.
Von mhd. das bâbt = Unrath, Kehricht, Mist (Ler. I. 113).
Weitverbreitet: Bairisch bôht, bêht, Schmell.; schwäbisch
baht, Schmid 34; schweizerisch bäht, Stalber I. 123;
schlesisch bacht, Whd. Btr. 11. Hieher gehört auch noch:
bocht, das (Rb., Frb.) = 1. Nachlese auf ab=
geernteten Getreidefeldern; 2. spreuartige Reste beim Dreschen.
Zu vergleichen wäre hiemit das (noch in NB. (M.) =
Nordböhmen, Markersdorf und auch sonst vorkommende)
Zeitwort bechten und verbechten = vergeuden, ver=
schwenderisch umgehen, d. h. eigentlich etwas zu becht machen.

backablästerich, der (Trb., Hbr.) = Mensch
mit recht dicken Wangen, Pauspack; eigentlich einer, der die
Backen aufbläst; denn blästerich heißt auch sonst im Rg.
bausbackig, und kommt her von mhd. der bläst = Blasen,
Schnauben, und blästern = schnauben (Ler. I. 298);
blästern aber ist ein Intensiv zu blasen, woran auch der
sonst vorkommende Ausdruck „blasengel" anklingt. Auch
schweizerisch blästerig = aufgebunsen, und blast = Athem
(Stalb. I. 181); im fränkischen Dialecte blast = Wehen,
Säuseln des Windes (bei den Pegnitzschäfern).

backe, die (A., Schöb.) = das Backen. Obst
auf die backe (of de backe) geben = Obst backen. Auch
schlesisch, Whd. Btr. 7. In Schödewitz lautet ein Kinder=
sprüchlein:

Hons, Hons von Polon (ein Dorf),
Kêmmste do dô rô;
Wôs host'n ai dâm Sacke?
A pâr â'e Mâide (Birnenart, vgl. âle Môd) of de Backe.

bäcke, der, oder bäck, Gen. des bäcken (Rg.) =
der Bäcker. Die Form ist veraltet und nur mehr mundartlich.
Noch bei Musäus (Volksmärchen) heißt es: sie lief zum
becken; mhd. der becke, ahd. der broth-becco (11. Jahrh.)

vorback, der (Tr.) = eine Art Kuchen aus Brotteig,
auch rauchkuchen genannt.

ge-bäcke, die (Rg.) = eine Anzahl auf einmal gebackener Mehlspeisen (Brote, Semmeln). Ein Collectivum, daher richtiger mit sächlichem Geschlechte, wie im schlesischen bei Wh b. Vtr. 7. In NB. (M.) kommt die Form die bäcke in gleicher Bedeutung vor.

back-pfeife, die (Tr.) = Schlag auf den Kopf, Kopfstück. Eigentlich wohl zunächst Schlag auf die Backe, die Wange, also Backenstreich.

bademutter, die (bôdrmuttr, Rb.; bödemutter, A., Desch.) = Hebamme.

baffen und paffen (Tr., Rgh.); **baffzen** (baffza, Tr.) = den Tabakrauch mit Geräusch ausstoßen. Ein Schallwort, dessen eigentliche Bedeutnng ist, „die Lippen geräuschvoll bewegen." Auch schlesisch bei Wh b. Vtr. 7). Verwandt mit der hd. Bedeutung von baffen und baffzen = in schwachem, kurzem Tone bellen (Wgb. I. 128), d. h. also baff, baff machen.

bäken, päken (Rz.) = aus Leibeskräften schreien; **pêka** (Rg., Hbr., Br., Abersb.) = schreien, wie Kinder; sehr schreien. In NB. (M.) heißt es bejkn. Im Egerer Dialecte bäigen und bejgn. Bairisch bägen, bejgng, Schmell. I. 157. Auch mhd. bâgen, Lex. I. 112, wo noch die Nebenbedeutung „streiten" erscheint. Die Wortform beruht jedenfalls auf einer Schallerscheinung und heißt eigentlich den Schall bäh hervorbringen, wie ihn die Schafe und Kälber ausstoßen; daher auch dann besonders von dem lauten schreienden Weinen kleiner Kinder. Collectiv das gebejke, gepêke = das Geschrei.

bakon, der (Rg.) = Waggon. Durch Verhärtung der Spirans w zu b (vgl. dazu das folgende balgen) und der Media g zu k entstanden.

bald (bâl, Rg.) = fast, beinahe. Wie schlesisch, Wh b. Vtr. 7: das kind ist bald (fast) so schwer wie ein großes.

balgen (bolcha, Rg.) = drücken, kneten, knittern (z. B. Tuch, Papier). zusammenbalgen, verbalgen ꝛc. = zerdrücken, zerknittern. Auch sonst in NB. (M.) gebräuchlich. Zusammenhängend mit walgen (Wechsel von w und b, vgl. bakon = Waggon oben) und walken, nd. balgen, nhd.

sich balgen = ringend und „zerrend" die Leibeskraft an einander versuchen.

balken, der (bolka, Rg, bolkn im übrigen NB.) = der oberste Theil der Scheuer unter dem Dache, häufig als Aufbewahrungsort für Futter verwendet, daher auch futterbalken, auch scheunenbalken (Gr.-Aupa). balken vertritt die Stelle des Collectivs das „gebälk," weil dort das Sparrenwerk des Daches, „das Gebälk" beginnt. In diesem Dachraume der Scheuer unterscheidet man einen noch höher, unmittelbar unter dem Firste, liegenden Raum, durch einen Längsbalken, der in der Mitte von einem Giebel zum andern läuft, und einige Querbalken gebildet. Der Längs=balken heißt auch:

hahnenbalken (hônabolka, Arnsd., Hoh.) Auch mhd. hanenbalke oder hanboum, Lex. I. 1165 und 1168. Hier der oberste Querbalken unter dem Dach, „wo der Haushahn seinen nächtlichen Sitz zu nehmen pflegt." Bairisch heißt hanbaum (Schmell. II. 198) die Aufsitzstange für die Hühner in der Steige.

Balle (Br, Ott.) = Barbara. Schwäbisch Belle (Schmid 54).

ballen, der (bolla, Rg.) = 1. Ball, kugelrunder Körper. 2. Fußballe. In ballen ist die ältere mhd. und nhd. schwache Form erhalten, noch bei Goethe (Wgb. I. 134). Auch sonst erscheint die schwache Form in NB.: bolm (M.), bollam (Leitmeritz).

ballig (bollig und pollig, Rg, Tr), vom Brote, das schliffig, nicht recht ausgebacken ist, daher leicht „geballt" werden kann. Oder gehört es zu die bolle, was überhaupt etwas Rundes, Knopf= oder Knotenartiges (Wgb. I. 243; schwäbisch die bolle = Klumpen, z. B. rossbolle und bollicht, bollet = wulstig, Schmid 84) bedeutet, also gleichsam mit ballähnlichen Kügelchen versehen. Vgl. übrigens pollmehl.

ein-, zwei-ballig (Tr., Rgb.), von Stiefeln, je=nachdem die Form jedem einzelnen Fußball angepaßt ist, oder für beide Füße bloß eine Form hat In NB. (M.) balmig und balmicht.

Balzer (Rg.) = Balthasar. Gewöhnlich ist einer der hlg. 3 Könige gemeint, die Kaspr, Malchr, Balzr im Rg. heißen.

bâmen (Lbsk.) = sich dehnen. Eigentlich „bäumen." Vgl. der bâm = baum. Verwandt damit sind die Formen: bèma (Weig., Gab., Grab.), boima (A, Schöb) = bäumen.

bammeln (bomman, Weig.) = hin und herschwanken, baumeln; bammlich = unsicher hin und her schwankend. bammeln, nhd. bambeln, pampeln findet sich in dieser Bedeutung bei Wieland, Goethe.

bamstig (bomstig, Tr) = holzig, von rübenartigen Früchten, auch von Birnen

bande (Rb.), bonde (Rg., Weig.) = bange. Wechsel zwischen d und g.

banke, die (Rg.) = die Bank. Diese Form findet sich besonders in Preußisch = Schlesien (Whd. Btr. 7).

bankert, der (Henn.) = kleines ausgelassenes Kind. Eigentlich uneheliches Kind, d. h. (nicht im Ehebette, sondern) auf der Bank erzeugtes Kind. In einem Fastnachtspiele aus dem 15. Jahrhundert heißt es: mein vater machet mich auf einer penk. Der 2. Theil ert ist entstanden aus hart, also ursprünglich bank-hart, welches hart wie in den Namen Rein-bart, Geb-hart aufzufassen ist (Wgb. I. 139).

banseln (bansan, Tr., Rgtz., Weig.) = langsam sein bei der Ausführung einer Arbeit, tändelnd dieselbe verrichten, auch kleine nicht ernste Arbeiten verrichten. In Arnsdorf erscheint die specielle Bedeutung: etwas langsam aneinanderfügen, aber nicht fest. Somit ist banseln ein verkleinerndes bansn (nd.) = schichten, schichtweise aufeinander-legen (Wgb. I. 141). Aus dieser speciellen Bedeutung entwickelt sich dann die allgemeine von „langsam sein."

bansem, der (bons'm, Rg., A., Batz.; bonsum, Br.) = die Banse, d. i. Scheunenraum zum Aufbewahren der Getreidegarben. Bei dieser Form ist zweierlei zu berück-sichtigen: 1. das vom hd. abweichende Geschlecht. Dieses läßt sich historisch belegen. Thüringisch der banse oder bans; nd. und gothisch der bansts = Scheune (Wgb. I. 141). 2. die Ableitung mit m, wie in odem, athem, besem ꝛc Diese historisch nicht belegbare Ableitung ist also eine falsche Analogie der erwähnten Wörter und hat das männliche Geschlecht zuwege gebracht, da die Ableitungen mit m männliche Hauptwörter bilden. Eine Zusammensetzung ist:

banſenmahlzeit, die (bonsmmôlst, vgl. môlst) = letztes, festliches Essen nach beendetem Ausdrusch des gesammten Getreides bei einem Bauer.

bär, der (D.-B.) = das Männchen vom Hasen. In der Bedeutung „männliches Schwein, Zuchteber" kommt das Wort auch im südböhmischen (bairischen) Dialecte, auch mhd., ahd., selbst gothisch und ags. vor.

barake, die (Rg.) = 1. ein altes, schlechtes, baufälliges Haus (A., Schöb.); auch 2. die etwas erhöhte Schlafstelle des Knechtes im Stalle. Aus dem französischen baraque = Feldlagerhütte.

barbs (barbs, Rb., borbs, Tr, borwos, borwes, Weig., borwis, Gab., Grab.) = barfuß, an den Füßen bloß. In borbs ist bs das Resultat einer Auswerfung des Vocals aus fuß und b ist durch einen Wechsel mit f entstanden.

barmen (Gab. bŏama, Weig. barma) = winſeln, wehleidig thun, klagen. Von gothisch barms, ahd. param = Schoß, Busen. barmen heißt ursprünglich im Busen, im Innersten (zum Mitleid) bewegen. Im nhd. besteht nur noch die Zusammensetzung er-barmen. Hieher gehört:

dr-bärmdlich (Weig.) = zum Erbarmen, zu bejammernd. Mit Wechsel von d mit e aus mhd. barmec-lich (BM. I. 59);

barmherzig = Erbarmen erregend (Weig., Henn.) in der Redensart: barmherzig dreinschaun.

bart, der (Rg, Grab.) = Kinn. Eigentlich Kinn und Backenhaar; dann dem herabhängenden männlichen Kinnhaar Aehnliches.

Bartholomäus (Bŏrtlmê, Gab., Henn, Weig.) Bauernregel: Bŏrtlmê, bauer sä'!

Barwer (Borwr, Br.) = Barbara.

bäse, die (bejs, Henn., Trb.; pêse, Kl-A.) = die Schwere, das Gewicht, die Last. Von

bäsen (Rg.) = einen Gegenstand, den man in der Hand hält, in Bezug auf sein ungefähres Gewicht prüfen. Auch schlesisch pêsen = wiegen, wägen, und die pêse = Gewicht, Wucht (Whd. Btr. 69); auch Wetterauisch prese (Wgb. II. 320). Diese Ausdrücke gehören zu lateinisch und mittellateinisch pensare; italienisch pesare; französisch peser = wägen.

basseln (Tr., Rgtz) = siehe bastełn.

bast, der (Jsgb., Jäg.) = Haut über dem neuen Geweih des Hirsches.

Bastel (A, Desch.) = Sebastian. Sonst meist **Wastel** (siehe daselbst).

bastełn (Rg) = kleine niedliche Arbeiten ausführen (besonders in Holz). Dazu die Nebenform basseln (Tr., Rgtz.), schweizerisch bäschełn (Stald. 139); schwäbisch bäschełn, bästełn (Schmid 45); bairisch baschełn und bastełn (Schmell. I. 213) = kleine Schnitz-, Schreiner-, Dreher-Arbeiten machen, ohne ein professionsmäßiger Arbeiter zu sein. der bastler, bassler = Mensch, der sich mit bastełn, basseln abgibt. Das Wort ist eins mit bosseln (französisch bosseler) = halb oder ganz erhabene Arbeit machen, künsteln (Wgb. I. 249).

bāsum (A., Desch.) = Besen. Aelterneuhochdeutsch besem, mhd. beseme, ahd. besamo. Die Mundart hat also alterthümliches, ableitendes m bewahrt (vgl. bodem).

batschken, die (Mz., Rg.) = warme Hausschuhe, auch Batschkoren. Von slavisch baĉkory; schwäbisch botschen, niedergetretene Pantoffeln (Schmid 88). botschuhe bei Scherz, Glossarium medii ævi. Diese Form auch in NB. (M.) Vielleicht auch von bôtschen, pötschen = schwerfällig gehen.

battala, das (Rg, Tr.) = kleines Kind, Wickelkind, solange es noch im Bettchen (battala) eingewickelt ist.

1. **batzen** (Rg., Tr.) = schlagen (von Kindern). Jedenfalls eine Nebenform zu patschen, womit eine Schall-erscheinung, durch Zusammenschlagen der Handflächen hervorgebracht, bezeichnet wird.

2. **batzen, der** (botza, Rg.) = Klumpen weicher klebriger Materie.

lehmbatzen, Stück nassen Lehms, auch ungebrannter Lehmziegel.

batzenhänsl, ein aus letzteren gebautes Häuschen.

rasenbatzen, ein durch Fasern und Wurzeln des Rasens zusammenhängendes Stück ausgehauener Erde.

be-batzen, sich (bebotza, Grab., Henn.) = sich mit einer klebrigen Masse (z. B. Brotteig) beschmieren.

ver-batzen = durch Schmieren oder sonstige Ungeschicklichkeit etwas verderben (wie älterneuhochdeutsch batzen = kleben, dicht und fest aneinanderhängen, was nach Wgb. II. 316 ein backzen, nhd. bach-zen voraussetzt, also mit backen zusammenhienge). Ich möchte lieber Ableitung von batzen = batz oder batsch machen annehmen, da beim Aufwerfen einer klebrigen Masse ein ähnlicher Schall hervorgebracht wird. Hieher gehören noch die Ableitungen:

batzer, der (Tr., Rgb.) = ungeschickter, alles verderbender Mensch.

batzig (Tr.) = derbmassig und klebrig (bairisch batzet).

3. batzen, wovon der batzer = keck auftretender, großthuerischer Mensch); batzig thun, sich batzig (potzig, Rg.) machen = großthuerisch auftreten.

Ich halte dieses batzen für entstanden aus bar-zen (mit Ausfall des r) = mhd. strotzen, hervordrängen (Lex. I. 133), schweizerisch (Stalb. I. 138) = hervorragen, bairisch (Schmell. I. 204) = eigentlich hervorstehen machen, sich bar-zen (SB. bedeutend) = sich emporheben, in großthuerischer prahlender Weise sich brüsten, welches barzen zu der indogermanischen Wurzel bar, ber, lateinisch und griechisch fer, „tragen, heben" gehört und mit z abgeleitet ist.

baude, die (Rg.), Haus des Wiesenbauers in den hochgelegenen, dem Ackerbaue nicht mehr zugänglichen Regionen des Riesengebirges. Man unterscheidet „Sommer- und Winter-Bauden." Erstere sind nur von Georgi bis Michaeli, letztere auch während des Winters bewohnt. Eine daselbst bereitete Käseart heißt baudenfatzer.

baudemann, der = Besitzer und Bewohner einer solchen Baude.

bauen (Rg.) = anbauen, säen, pflanzen.

bauer.

1. groß-bauer, der, ist ein Besitzer zweier ganzer Wirtschaften. Eine ganze Wirtschaft hat 120 Strich im Ausmaß. Außer diesem gibt es noch folgende nach dem Besitze gegliederte Classen der Dorfbewohner:

2. der bauer (Rg., Hbr.) = Besitzer einer ganzen oder halben (60 Strich messenden) Wirtschaft.

3. der gärtner = Besitzer eines Gartens (s. garten) oder Stelle (s. stelle), d. i. einer kleinen Wirtschaft im Ausmaße von etwa 10—20 Strich Grundes.

4. der häusler, häuslamön = Besitzer eines Hauses ohne Feld.

5. Inwohner (hausännmön, Hbr., hausänne, (Henn.) = Leute, die zur Miethe wohnen, gewöhnlich Handwerker, Weber, Taglöhner 2c.

bauerbrocken, gewöhnlich Mehrzahl (bauerbrockn, Rg.) = eine Art Lebkuchen.

bauerlümmel (pauer-l., Gab.) — Geschwulst der Ohrspeicheldrüse.

bauerrath, der (baurût, Rb.; baurôt, Hbr., Gab., Weig.) := Brautfuder, d. i. die der ländlichen Braut mitgegebene Einrichtung, Ausstattung, die sonst in der Regel in festlichem Aufzuge aus dem Hause der Braut auf Wagen in das des Bräutigams geführt wurde. mhd. rât = Zurichtung, Vorrath (Lex. II. 347). Also bäuerliche Zurichtung, Ausstattung.

baumeln. Dazu die Formen: bimmeln (Rgb.); bammeln (Tr., s. oben) und bummeln (bumman, Rg.) = (herabhangend) hin= und herschwanken (Gab.); auch von Betrunkenen, die einen schwankenden Gang haben. bammeln, ohne Zweck und Ziel spazierend umhergehen.

Wgb. (I. 156) nimmt bei baumeln Abstammung von baum und verweist bei bammeln (I. 137) auf eine Abstammung von nd. bampeln, pampeln und leitet dieses Wort von pampel = Rebranke (lateinisch pampinus, mittellateinisch pampilus) her. Ich halte das dem Worte baumeln und seinen Verwandten bimmeln, bammeln, bummeln

6

zugrunde liegende bim, bam, bum, baum für eine Nach=
ahmung 1. von Schallerscheinungen, wie sie namentlich beim
Geläute von Glocken zutage treten. Ein Geläute dreier
Glocken mit hohem, minder hohem und tiefem Klang bezeichnet
man schallnachahmend mit bim, bam, bum. In einem
canonartigen Liede heißt es:

Bruder Martin! Bruder Martin!
Schläfst du noch? Schläfst du noch?
[:Sie läuten in die Mette.:]
Bim, bam, bum.

Das schrille, rasche Klingeln einer Signalvorrichtung
auf Bahnhöfen bezeichnet man mit „Gebimmel." Der
Ausdruck bummel-Zuchtstier in gewissen Gegenden erklärt
sich aus der Nachahmung eines dumpfen, brummenden Schalles
(bum), wie bremmer (s. daselbst) von mhd. bremen =
brummen. Will man den langgezogenen dumpfen Ton einer
Glocke nachahmen, so sagt man in meiner Heimat NB. (M.):
baum, baum.

2. wird durch die von bim, bam, bum, baum ab=
geleiteten Wörter zugleich eine Hin= und Herbewegung, eine
schwankende Bewegung angedeutet. So besonders in einem
Liede:
Und der Vater mit dem Sohne spazieren gieng,
Und da kamen sie zu einem, der am Galgen hieng,
Und der wollte wieder runter und er konnt' ja nicht ꝛc.

Jeder Zeile folgt der im Chore gesungene Refrain:
Bimml, bamml, bimml, bamml, bimml, bamml, bum.

Diese Bezeichnung der Bewegung findet sich in den
Wörtern bammeln, bummeln (studentisch = hin= und her=
schleudern, ohne Zweck und Ziel und baumeln. Das tertium
comparationis zwischen der Schallerscheinung und dem Hin=
und Herschwanken bildet der Glockenschwengel, der hin= und her=
schwingend die bezeichneten Schallerscheinungen zuwege bringt.
Demnach ist die ursprüngliche Bedeutung eine Schallnachahmung;
der Begriff des Hin= und Herschwankens ist erst der zweite,
übertragene.

baumhackler, der (bāmhackler, Hilb.) = der
Specht. Ein Ausdruck, der im Oberdeutschen (bairisch=öster=
reichischer Dialect) gang und gäbe ist. In SB. bāmbackl

(Böhmerwald); ebenso bairisch, Schmell I. 174 = Picus major. Oesterreichisch baumhacker, Pop. 544; auch steirisch in Rosegger's Schriften. Scheint auch im Rg. vorzukommen, doch wurde es mir nicht gemeldet. (Vgl. meine Vorbemerkung über den Dialect von Hilbetten). Der Name kommt dem Vogel natürlich deswegen zu, weil er mit seinem Schnabel in die Baumstämme Löcher hackt.

bawerlan, die (Mz., Henn.) = Backwerk aus Pfefferkuchen, das die Form eines Kindes hat.

bechlitze, die (Rb.); erfolgt zuweilen als Antwort auf eine Bitte um etwas, z. B.; Gib mrs ock! Antwort: Ejne âle bechlitze, d. h. nichts. Das Wort erinnert an schwäbisch fechezle = Zuckerbrot für Kinder, und bochezer (Schwarzwald) — eine Gattung Brot, beides von die vochaz = weißes Kreuzerbrot (Schmid 198). Schm. meint, es stamme dieses Wort von lateinisch vocatio, weil die Armen in den Hospitälern ehemals per vocationem zur Brot-Aus-theilung aufgerufen wurden. Dergleichen lateinische oder lateinischlautende Wörter giengen aus den Klöstern öfter in das Volk über.

1. bechten und das becht s. bacht.

2. bechten (Frb.) = trinken. Nebenform zu pichen = trinken.

3. bechten (aibechtn, Arns.) — jemandem etwas mit Mühe beibringen, eindrillen, daß er sich's merkt. Ich halte es für eine Intensivform zu pochen = klopfen, schlagen, im Hinblick auf die zahlreichen Synonyma für ein schweres Auffassen und Lernen: jemandem etwas ein-keil-en, d. h. wie mit einem Keile hinein-treiben; eindremmeln = wie mit einem dram oder tram, trum, d. h. Balken, hineinstoßen 2c.

beere, die, schwarze (Hilb.), blaubeere (Marsch.) = Heidelbeere.

beeren (Rg.) = Beeren abklauben (besonders von Trauben).

voll-beeren (Rettendorf) = mit Beeren füllen. Kinderreim:

Die Töpplan hom'mer „vûlgebeert,“
Dr Pauer hôt a Wörn geschmêrt,
A hôt a gor zerbrocha,
De Jompfer hôt a troffa.
Jeidel, jeidel, juch, juch, juch. (Rettendorf).

beigel, das (Diminutiv bêgla, Tſch.; boichala,
A., Schöb.) = ringförmiges Gebäck (für die Schmeckoſter=
jungen). Gehört zu beuge — Krümmung, und beugen;
daher beſſer beugel. Auch bei S. H. 137, 138.

beigurt (Arn., Hbr.) = 1. Geldgurt der vermögenden
Landleute, der um den Bauch gebunden wird und häufig mit
Verzierungen verſehen iſt. Sonſt ein wichtiges Stück der
jetzt immer ſeltener werdenden Bauerntracht. In SB. (bairiſcher
Dialect) heißt er baugurt, d. i. Bauchgurt. 2. beigort (Rb.)
= Nebengurt am Riemenzeuge des Zugviehes.

beikaſtel, das (Rb., Rg.) = Beikäſtchen, d. i. ein
kleines, beſonderes Fach, gewöhnlich an der oberen Seitenwand
einer Truhe.

beinwelle, die (bênwall, Arnô., Hbr., Trb.) =
Bein= oder Schwarzwurz, auch Wallwurz. Frühmittelhoch=
deutſch beinwelle, wo welle = Sich=Walzendes, Walze.
Vom Wiederrundmachen, d. i. Zuſammenheilen der Knochen
bei Knochenbrüchen. Daher heißt die Pflanze auch Beinheil.

b'eißen (bâißa, Br.; bejßa, Henn., Hbr.; bêßa,
Trb.; beißn und bäißn, Langenau) = zanken, ausſchelten,
drohen, ermahnen. Die Bedeutung dieſes beißen, gothiſch
beitan, altſächſiſch bitan, das vom „Einſchneiden oder ſcharfen
Durchdringen“ des Schwertes gebraucht wird, iſt alſo „mit
Worten wie mit einem ſcharfen Schwerte verwunden.“ Man
vgl. dazu das ſonſt in NB. (M.) gebräuchliche „herzbeißlich
reden,“ was ganz dem homeriſchen *kertomea epê*, „herz=
zerſchneidende Worte,“ entſpricht; ebenſo der Redensart
bissig reden.

beitler, der (S. H. 50) = der Beutel macht, Riemer,
Lederarbeiter.

bella, das (pella, Parſch., Gab.) = 1. das Beilchen.
Ein Diminutiv zu beil, d. i. beilelein. Wenn die Knaben
im Frühjahre aus Haſelruthen Pfeiſchen ſchneiden, klopfen

sie auf die Rinde mit einem Messergriffe und begleiten das Klopfen mit folgenden Versen:

Pfeiffla, Pfeiffla gimmer Soft;
Wenn du mer kenn Soft gest,
Schmeiß ich dich ai a Growa,
Frassa dich de Rowa.
De Rowa ne allêne,
De Kotze mit em Bêne.
Kêmmt der Schmied mim Pella
Hackt a dich ai's Zella. (Parschniß).

(Mit einigen Abänderungen und mit Ausfall der letzten zwei Zeilen auch in Großbock und Rettendorf).

2. Gewöhnlich Mz. bellan (Weig., Drb.) == dünne Baumstämme, die zur Herstellung eines Bachsteges, oder quer gelegt zur Ueberbrückung eines Sumpfes dienen. Eine Diminutivform zu die bohle (böhlelein).

bella, die (Rof.) == die Hinterbacken, Arschbacken; mhd. arsbelle, ahd. arspelli. Der Ausdruck backe erst nbd. (arspachk um 1429).

dr-bellen (Rg., Br., A.) == durch Stoß, Erschütterung eine Geschwulst in den fleischigen Theilen des Körpers, namentlich des Beines hervorbringen. mhd. erbellen, mhd. und bairisch verbellen == den Ballen der Hand oder des Fußes verdrehen, verstauchen, den Fuß vertreten. Lex. I. 611; Schmell. I. 167; BM. I. 118.

beller, der (Henn., Hbr.) = 1. Schufs aus einem Mörser. Eigentlich der böller == kleiner Mörser zum Schießen, von mhd. boln, ahd. bôlon — schleudern. 2. (Gö.) == (lediges) festes, dralles Frauenzimmer. In 1. und 2. Bedeutung ist die Wurzel ball („runder" Körper) und wal (wälzen) unverkennbar.

bembern (Ta.); in NB. auch pempern; bimba (Rg.); bimman == bimmeln (Rgß.) == schlecht läuten; so läuten, dass der Schwengel nur an einer Seite der Glocke anschlägt. Gehört zu der oben (bei baumeln) erwähnten Schallnachahmung.

bemeldtlich (S. H. 126) == angeblich, d. h. wie be- oder ge-meldet wurde.

Bemmel (Tr., Rgß.) == Emilie.

benamen (benôma. Rg., Ta., Rgb.), sich = sich zu etwas bekennen; transitiv = jemanden benennen, mit Namen belegen.

Bêne, Dim. Bênla (Br.) = Benedict. Namentlich in Braunau und der Braunauer Gegend als Taufname sehr beliebt wegen des in Braunau bestehenden Klosters des hlg. Benedict.

benedeien (A., Schöb.) = quälen; Rgb. = ärgern. Unzweifelhaft von benedicere, das aber wie mhd. beuedien (Lex. I. 179) = segnen. Ebenso wie

benedenzen (benedenza, Grad., Tr., Henn.) = quälen.

benüigikmachen (S. H. 67) = zufriedenstellen, befriedigen. mhd. benüegec, genügsam, zufrieden (Lex. I. 182).

beräumen (bereima, Rg., Grad., Gab., Weig.) = abräumen, leermachen, z. B. die binn (Bienenstöcke) bereima = den Honig herausnehmen. Wiesen werden im Frühjahre beräumt, wenn sie mit dem Rechen gereinigt werden von halbverwesten Substanzen; ausgerodete Stöcke werden beräumt, wenn die Wurzeln von daranhangendem Boden befreit werden. Auch NB. (M.)

bereits (Rg.) = beinahe, fast. der dialect wechselt bereits (= fast) mit jedem dorfe.

I beren, mhd. bern, ahd. berjun, lateinisch ferio = klopfen, schlagen.

1. bêren (A., Baß.) = mit Gewalt werfen, z. B. beim Kegelschieben: dr bêrt die kaule naus; schweizerisch bären prügeln, schlagen. Stald. 1. 151.

2. aufbêren, anbêren (Rg., Henn., Grad., Tr.) = jemanden, etwas aufhauen, aufwerfen, z. B. jemanden an die Wand an-, auf den Fußboden auf-bêren (Rgb.) = jemanden eins ins Gesicht schlagen. Hiezu gehört:

3. tenn·bêr, der (Gab.) = a) ein Instrument zum Plätten der Lehmtenne oder Kegelbahn, bestehend aus einem krummen Stiele mit einem daran

befestigten ziemlich schweren flachen Brette, mit welchem man auf den Lehm ûf-bêrt. b) grober, ungeschickter Mensch.

4. **berl**, der; auch **perl** und **pirl** (Ta., Frb., Nb.); **përdl** (Rg., Trb., Br., A., Gießh.) = langstieliger, schwerer Hammer, mit welchem z. B. der Steinklopfer die großen Steine zerschlägt. Davon auch **perlen** (pörlen, Ta.) = hämmern. Formen wie **pirln, perln, pirdeln, perdeln** = verderben, verpfuschen; auch schlesisch, Whb. Btr. 70. Derselbe nimmt **perd** als Stamm an nnd bezieht denselben auf lateinisch **perdere** = vernichten, verderben. Ich halte aber dafür, daß die anlautende tenuis p nur auf eine local härtere Aussprache zurückzuführen ist, das d in perd aber ein euphonisches, also unorganisch eingeschobenes ist. Man vergleiche nur die gleichfalls in unserem Dialecte vorkommenden Wörter **stërdel**, eigentlich **stürl** von stören, stüren; **quërdel**, hd. quirl, um zu erkennen, daß nicht pêrdel, sondern perl oder berl die eigentliche und richtigste Form ist, die durch Ableitung vermittelst el von berem, mhd. **bern** (Ler. 1. 195) = kopfen, schlagen, entstand, wie man von schlag-en — der schlägel oder von klopfen — der klöpfel bildet. Setzen wir ber-en = schlag-en, so heißt also ber-el (oder berl, perl) soviel als Schläg-el. Eine andere Veränderung erleidet das Wort berl durch Metathesis: **beller**. In NB. (M.) = Hammer. Davon das im Rg. (Henn.) vorkommende **bellern** = schlagen, durchprügeln, fortwerfen, z. B. einen Stein.

II. **beren**, mhd. bërn, ahd. peran, gothisch bairan, lateinisch fero = tragen, hervorbringen, Frucht hervorbringen.

1. die **bere**: In rad-bere (rôpr, Rg., Gab., Schaßlar, Henn.; rôdwr und rôtwr, Grad., Rgß.) = Schubkarren, d. i. ein mit Rad versehenes Traggestell.

2. **bern**, die (S. H.) mhd. bern = Abgabe, Steuer. Auch ins slavische eingedrungen; verbehren (S. H. 193) = mit einer Abgabe belegen.

3. **bǒrschen**, auf-börschen, sich. Rg. perschan = perscheln (Rgb.); sich drpörschen, aufperschn (Hbr., Henn.) = sich zornig „auflehnen," zornig werden, aufbrausen. In der Bedeutung „auflehnen" ist es der mildere Ausdruck für „em-pör-en." Schlesisch perschen = sich brüsten, aufblähen (Whd. Btr. 69).

4. **berschel**, der (Grad.) = Kopf; (Hbr.) = Kopf mit wirrem Haar. Auch in NB. (M.) versteht man darunter einen Kopf mit wirrem oder „empor= gesträubtem" Haar.

bierbörschel, der (Frb.) = abendliche Tanz= unterhaltung bei einer Hochzeit;

börschel (Ta.) = ein Baumwipfel ohne Blätter (besonders Birke), dessen einzelne Reiser, mit Leim beschmiert, zum Vögelfangen dienen. Schlesisch baumpörschel =: Wipfel (Whd. Btr. 69).

5. **bǒr** (Rg. bûr, pûr) in den Zusammensetzungen:

pǒrstube (S. H. 148, 236) = hochgelegene Stube, zu der eine Treppe führt; im Rg. noch jetzt pûrstübla, das bei manchen Häusern der Gebirgsbewohner von hölzernen Säulen getragene Stübchen, das als Vorbau vor den übrigen Räum= lichkeiten des 1. Stockwerkes hervorragt. Im Gebirge die sogenannte „schöne Stube."

pörschnee (pürschnî, Rg, Tr.) = tragender Schnee, d. i. wenn die Schneedecke derart gefroren ist, daß sie die Last eines Darüberhinschreitens zu tragen im Stande ist.

pörkirche, pürkirche, (S. H. 36; auch noch jetzt im Rg.: Arns, Gr.=A. und anderweitig ge= bräuchlich) = Emporkirche. Auch bairisch, Schmell. I. 192.

berisch (Rg, Tr.) = ungeheuer groß. Meist von der Kälte: eine berische kälte. Vgl. bärenkälte, welcher Ausdruck sonst gebräuchlich ist.

berschtan (berschta, A., Wich, Hbr.) = schnell laufen. Ein Intensiv zu birschen (hd. auch wohl pürschen geschrieben) = (eigentlich mit Spürhunden) jagen. mhd.

birsen, altfranzöisch berser == mit Bolzen und Pfeil jagen und schießen. Aus romanisch (italienisch) berciare == treffen, durchbohren (Wgd. I. 222).

bersten (bersta, Baß., Ott) .= 1. transf. treiben: ich wa dich naus bersta. 2. Subj. laufen (do bëst de wul hattich geberst?) Eine Nebenform zu dem vorigen berschten und mhd. birsen.

beruglichen (S. H. 92); daneben auch noch die Formen: gerüchlichen, gerüglichen, geruglich und gruglich := in Stille, ruhig. mhd. geruoweliche von geruowen == ruhen (Ler. I. 801).

bescheißen (Rg.) .= betrügen. beschissen: 1. betrogen. 2. betrügerisch (ein beschissener kerl). 3. schmutzig, sowohl in natürlicher (beschissene kleider), als auch in übertragener Bedeutung, z. B. a is b'schissn wie a Huxt-hund (Frb.)

bestandt, der (S. H. 94) == Miethe, Pacht. Auch mhd. in derselben Bedeutung (Ler. I. 224).

bestehen (S. H. 120) == als Miether ein Gut antreten, übernehmen.

bett, das (Rg) Mz. die betto .= hd. die Betten. bett biegt auch mhd. stark, wie im Dialecte noch heutzutage.

bettelmann. Sprichwort: Wëba em hause schmesst dr battlmoun 'n stouk nê weg (Henn.)

bettelvogt, Rg. (battlvocht, Hbr) == Amtsperson, Polizist und Nachtwächter, zunächst zur Ueberwachung des Bettelunwesens aufgestellt in Dörfern, wo das Armeninstitut eingeführt, daher das Betteln und Fechten verboten ist. In SB. (bairischer Dialect) heißt er bettelrichter.

bettrpatzl, das (Rb.) == Backwerk von runder Gestalt (vielleicht Butterpätzlein). Vgl. batzen 2; bei Jarisch Heimatskl. Seite 204 sind butterprätzeln == Bretzel.

bettstätla, das (Rg.) == Bettstelle. mhd. bettestat (Ler. I. 243). Uebrigens weit verbreitet.

beute, die (Rg., Rz, Hbr., Br., Grad. die bait) == Backtisch der Bäcker, auf welchem sie den Teig zu Broten oder sonstigem Gebäck wirken. mhd. biute, ahd. biut ==

Tisch, von bieten. Daher ursprünglich ein Opfertisch (Altar), auf welchem man den Göttern die zu opfernden Gegenstände darbot, darbrachte. Auch kurhessisch heißt beute = Backtrog, doch nürnbergisch = Bienenkorb. An letztere Bedeutung schließt sich bait, die (Weig.) = Brett hinten an einem aus einem hohlen Baumstamme bestehenden Bienenkorbe als Verschluß desselben. Ferner êwerbait (Oberbeute) = oberer leerer Raum und niederbait = unterer Hohlraum im Bienenstocke.

beutel (bettl, Rg.) = 1. wie hd. Säckchen. 2. Hodensack.

beuteln (Rg.) = schütteln. Jemanden beuteln = beim Schopfe zausen; es beutelt jemanden (vor Kälte) = er zittert vor Kälte. Die Bedeutung von beuteln = schütteln entwickelt sich aus der beutel = Vorrichtung zum Durchstäuben des Mehles in Mühlen. Auch bairisch Schmell. I. 219.

bevüren, das (S. H. 180) = das letzte Reinmachen des Maurers beim Gypsen. Auch bei Schmid, Schwäbisches Wörterbuch 209.

bîdsche, die (Rabowenz) = Blechtopf, den die Theerstreicher brauchen. Im bairischen Dialecte die bidschen = Kanne zu Wasser oder Bier (Schmell. 1. 226). Im bairischen Dialecte (SB.) gleichfalls Gefäß als Trinkgeschirr. Eigentlich bütsche von but, verwandt mit hd. butte = Faß. Schwäbisch die bitsch = großer Bierkrug (Schmid 66).

bierabend (bieroubd, Ta.) = Tanzunterhaltung am Hochzeitsabend. Vgl. bierbörschel unter beren II.

bierplamp, der (Weig.); bierplempler (Br.) = Mensch, der viel und oft Bier trinkt, b. i. wer nicht mit einer geringen Quantität sich begnügt, sondern eine große Menge einer Flüssigkeit (plampe, plempe, plumpe) braucht. Schwabisch das plämpel, geplämpel = schales Getränke (in Menge genossen). Schmid 72.

bies. Dazu folgende Composita:

1. biesmilch (Gr.- und Kl.-A., Lbsk.) - die erste, dicke, unreine Milch der Kuh unmittelbar nach dem Kalben.

2. biesfüllsel (Gr.-A., Lbsk.) = Speise, Auflauf aus dieser Milch bereitet.

Der Ausdruck bies ist weitverbreitet. Im bairischen Dialecte Südböhmens, in Baiern, in der Schweiz: biest und briest (Schaffhausen) Stalb. I. 170; bairisch der briester = Kuchen von der ersten Milch (Schmell. I. 267). Schon mhd. der biest, ahd. biost. Den Schlüssel zur Erklärung des Wortes geben die schweizerische Form briest und die bairische briester. Diese sind mit altsächsisch brustian = sprossen, ahd. priostan (vgl. brust) verwandt. Daher heißt briest oder biest ursprünglich nichts anders als die nach dem Trockenstehen der Kuh wieder „sprossende," zuerst wieder „hervorbrechende" Milch. In SB. (bairischer Dialect) finden sich die Formen bies = die Milch; der bachene bies und bieswacker = die Speise.

binne, die (Rg.) = Dachboden; s. bühne.

birkener Hans (birka Hansl, Rb., Rgb.) = Birkenruthe zum Züchtigen kleiner Kinder. Auch sonst in NB. (M.)

birzl, der (Jsgb, Jäg) = Schwanz des Wild- schweines. Gehört zu dem bairischen barzen (Schmell. I. 204) = hervorstehend machen, eigentlich hervorstehen.

bis (Rb, Rg., A.); bi (Rz, Frb, Grul, Lbsk.) = sei (Imperativ zu sein). bis erscheint auch mhd. (Lex. I. 277; schwäbisch, Schmid 69; bairisch nach Wbd., bairische Grammatik § 298).

bîs, die (Henn); bîse (Br., Grab., Rb.) = Schnur am Spinnrade; scherzweise auch Saite auf der Geige:

Sachs galla (Geigen) hinga ö dr Wond,
Die worn mit „Bisa" iwersponnt. (Henn)

Eine nd. Form für binse, niederländisch bies, nd. böse: denn für Spinnradschnur wird auch noch sende (hd. simße) gebraucht, das ursprünglich ebensoviel als binse heißt (Wbd. Btr. 51).

bischper, der (Tr., Rgb) = 1 kleiner Hund; 2. Lockruf für denselben. Daneben auch die Form wischper (Hbr.) und wischperla.

bîsen (bisa, Rg, A, Gießh.); bîseln (bisan, Trb., Rb., Tsch.); bîsln (Grab., Henn) = wie toll hin- und herrennen; zunächst vom weiblichen Rindvieh in seiner

Brunſt, dann vornehmlich bei großer Hitze, wenn es, von
Bremſen geplagt, mit aufgehobenem Schwanze umherrennt.
Auch ſchweizeriſch (Stald. I. 174), ſchwäbiſch biſern (Schmid
70) = geſchwind laufen; tiroleriſch und bairiſch (SB.) in
dieſer Bedeutung. mhd. bisen. In NB. (M.) wird rimbisn
(herumbisen) von Kindern gebraucht, die recht ausgelaſſen
„umherſpringen.“

1. bissel, das (Einſ.) = Stückchen, z. B. äpplbissl,
   ſonſt im Rg. äpplspâla; namentlich auch „Tanzſtück,“
   Weiſe, Melodie (a tanzbissl); Nebensart: jemand auf’s
   bissl bringen = ihn reizen zur Gewaltthat; of’m
   bissl sein = in der richtigen Stimmung ſein, das
   Rechte nach langem Bemühen getroffen haben; dos is
   gród sei bissl = das iſt, was er gerne hört, ſein
   Lieblingsthema.

2. bissl, Adv. = ein wenig, ein Stückchen (örtlich und
   zeitlich). Schwäbiſch beschele, bitzeli, Schmid 70.
   Das Subſt und Adv. von mhd. biz = das Beißen,
   der Biſs.

bittl, der (Hbr.) = gutmüthiger Menſch, der ſich
alles gefallen, eigentlich der ſich bitteln läſst. Von

bitteln (Henn.) = ſchlagen, miſshandeln, peinigen;
(Hbr.) = von Kindern, durch Herumſpielen mit einem Thiere
daſſelbe quälen. Man kann in dieſem Falle wohl zwei
Abſtammungen annehmen. Das eine bitteln mit dem Begriffe
„ſchlagen“ ſcheint zu ſlaviſch biti = ſchlagen zu gehören.
Das andere mit dem Begriffe „quälen, peinigen“ zu hd. bitten,
deſſen Iterativ es iſt, weshalb die eigentliche Bedeutung =
durch wiederholtes „Bitten“ jemandem läſtig fallen. Hieher
ſcheint auch zu gehören:

bittrich, der (pettrich, Rb., Hbr.) = der Bauch.
Vielleicht ſcherzhaft: der durch Hunger den Menſchen Plagende,
Quälende.

bittnor, der (Rg.) = der Binder, Böttcher, Küfer.
Beſſer geſchrieben büttner. Von die butte oder bütte;
mhd. der butenaere oder bütener, von die büten, ahd.
putina = Faſs, Daubengefäß. Nach Pop. 114 beſonders
in Niederſachſen, Franken, Thüringen gebräuchlich.

bitzeln (Rg., A., Ta., Rb.) = zerſtückeln. Auch
in NB. (M.) = allerlei kleine Schnitzarbeiten machen. Vgl.
basteln. In beiden Bedeutungen auch bairiſch bützeln bei
Schmell. I. 230; ſchweizeriſch, Stalb. I. 176. zer-bitzeln
(bitzan, Weig.) = zerkleinern; verbitzeln (vom Schneider)
= ein Kleidungsſtück durch Verſchneiden verpfuſchen. Redensart
(Henn.): du kannſt dich zerbitzeln (d. h. du kannſt es
anfangen, wie du willſt), ſo triffſt du es doch nicht.

bitzlor, der (Rg.) = Menſch, der gerne Holz
ſpielend zu kleinen Spändchen, Schnitzchen ſchneidet.

bitzlein, das (Rg. bitzala) = ein kleines Stückchen,
entſpricht ganz der ſchwäbiſchen Form bitzeli. Es iſt wohl
ſchwer zu entſcheiden, ob dieſe Wörter von mhd. der biz
= Biſs, Stückchen (vgl. bissl) abzuleiten ſind, oder von
mhd. biezen, ſchlagen, ſtoßen. Die erſtere Annahme liegt
näher wegen der Bedeutung = in kleine „Biſschen" zertheilen.

blacht, blachte, die (Grab., Henn., Rgb.) =
ein Stück roher Leinwand, über einen Fuhrmannswagen
geſpannt. Bairiſch die blahen, Schmell. I. 235; ſchwäbiſch
die blabe, bläne, Schmid 71. In SB. (bairiſcher Dialect)
die blachn und pläna; mhd. die blahe und plane =
überhaupt großes Leintuch (Lex. I. 294). Vielleicht Zuſammenhang mit lateiniſch plaga = Jagdnetz, ausgeſpanntes
großes Tuch, Teppich, Bettvorhang (Lex. I. 294). In der
heſſiſchen Wetterau heißt blähe = Fenſtervorhang (Wgd.
I. 225). In SB. (bairiſcher Dialect) blachn auch noch
eine viereckig geformte Schürze, und das ſonſt gleichbedeutende
die plane ſoviel als plaid, Umhängtuch der Männer.

bladerwisch, der (Rb.) = Gänsflügel zum Ab-
wiſchen. Wohl eigentlich pladerwisch, und p für hd. aspirata
f in flederwisch. Dieſes fleder iſt zuſammenhängend mit
hd. flattern, bairiſch fledern (Schmell. I. 585).

bläichen (Ta.) = zahlen; ſ. blechen.

blasen (Rg.) Redensart: ich wa dr wos blôsa, d. i.
(ironiſch) etwas aufſpielen = daraus wird nichts. Auch
ſchleſiſch (Whd. Btr. 10).

anblasen (NB. M.) = ein Ständchen bringen, wie
ſchwäbiſch = durch Muſik die Ankunft eines Fremden an-
zeigen (Schmid 72).

blästerich, Adj. plesterich (Rg.) = pausbackig. Eigentlich „au'geblasen" von blasen und dessen Ableitung mhd. blästern = schnauben. mhd. blæstic, Adj. = aufgeblasen (Ler. I. 298). Vgl. backablästerich (s. oben); ferner b'asenhans (NB. M.): er sieht aus wie ein blasenhans, d. h. ist pausbackig; endlich blasengel, wie man die mit runden Backen dargestellten Engel nennt.

blästerback, der (Tr.) = pausbackiger Mensch.

blasse, die (blosse, Rg., Rb., Einf.) = Kuh mit weißem Fleck. Bairisch die blässe = Kuh mit Streif und die blassen = weißer Fleck an der Stirne der Pferde, Rinder (Schmell. I. 238); auch mhd. blasse = weißer Stirnfleck. Von blass = weißlich.

bläten (biöta, Rg. und auch sonst in NB. M.) = die Blätter der Bäume, aber namentlich des Krautes abpflücken. In der schon unter „Alp" citierten Beschwörungsformel dieses Nachtgespenstes muß der Alp

> Olle Wossr wöta,
> Olle Bäme blöta . . .

blatt, das (Jsgb., Jäg.) = Schulter des Hirsches.

blatter, die (Ta.) = Blase. eine guto blatter (ironisch) = ein unartiges, entartetes Kind. das blatterla (Rg.) = Kosename für ein kleines Kind.

blatterstäpfig (blottrstappig, Rg.) = blatternarbig. stappig, stäpfig von der stapfe = ursprünglich Abdruck des Fußes im Boden, dann überhaupt „Spur," durch Vertiefung hervorgebracht. Zu blatter scheint auch zu gehören:

1. fischblätterlein (fischblättala, Arn., Freih.); ferner flischblittala (A.), vielleicht fleischblätterlein; endlich fritfettala (A., Ritschka) = Eidechse (lacerta agilis).

2. fressblatter (fressblutta, Rg., Gr.-A.) = Blindschleiche. Der Aberglaube, daß das Thier die Leute „anbläst". und ihnen dadurch Schaden zufügt, macht eine Abstammung von blatter sehr wahrscheinlich. Denn blatter hängt zusammen mit „Blase," und wird in SB. (bairischer Dialect blodr = Blatter und Blase)

ganz gleichbedeutend gebraucht. Natürlich hat blatter
mit die blase und blasen dieselbe Wurzel (lateinisch
fla-re). fleischblätterlein wäre demnach ein Thier,
welches durch „Anblasen" auf der Haut des Menschen
„Blasen" oder überhaupt geschwollene Glieder (Finger)
erzeugt. Die übrigen Formen weiß ich vorderhand
nicht zu erklären.

blattkäfer, der (blûkäfa, Hbr.) — Maikäfer.

blattkleber, der (blô- und blûklawer, Gab.,
Grab.) — Maikäfer.

blaubeere, die (Marsch.) — Heidelbeere.

blauveilchen (die blôfalke, Rg.; das blôvella.
Henn.; das blövelken, Rb.) — Märzveilchen. Vgl. valke
und vella als Diminutivformen zu lateinisch viola.

blechen (Rg.); bläichen (Ta.) — zahlen. Schwäbisch ausblechen — Geld hergeben (Schmid 75). Bairisch
blech — Geld (Schmell. I 234). Von blech, scherzweise
— Geld.

aus-blecheln (ausblechan, Hbr.) — auszählen,
auslosen (bei Kinderspielen). Zu diesem Behufe gibt es
eine große Anzahl von Kindersprüchlein. Indem eines der
im Kreise stehenden Kinder das Sprüchlein hersagt, berührt
es bei Nennung jeder Hauptsilbe, manchmal auch jeder Silbe,
eines der Kinder der Reihe nach. Welches Kind bei Nennung
der letzten (Haupt=) Silbe berührt wird, tritt in der Regel
aus der Reihe. Das währt so lange, bis sämmtliche bis
auf zwei, den Auszähler und noch ein Kind, den Kreis
verlassen haben. Nun entscheidet sich's, wer von den Beiden
frei wird. Wer übrig bleibt, ist z. B. beim Fangenspiel
Fänger. Ein solches Auszählsprüchlein lautet:

> Eniche, deniche, Tintenglas,
> Sag mir doch, was ist denn das?
> 's ist Johannes von der Freit,
> Der de will de Messe lesen:
> Ich oder du
> Puff, Stutz, Fengerhut.   (Hohenbruck).

blechenes bier (blechas bier) — Bier im Blech=
gefäß. Vielleicht besser

blechatsch bier. Von blechatsch = Blechgefäß.
Eine slavisierende Bildung von Blech. In einem im Rg.
und A. coursierenden (von einem Bauer Hieronymus
Brinke aus Tanndorf im Adlergebirge herrührenden) Gedichte
„Tanzunterhaltungen im Stadtsalon und in der Dorfschenke"
heißt es:
Odr bei dam Tanze krîgt ma Dorscht,
On Dorscht leida, dos will ich ne hoffa!
A blechas (Hbr.) — blechatsch (A.) Bier, dos is ock Worst,
Do werd halt recht tüchtig gesoffa.

bleiben (Rg.); blei' aь Gitts nôma (Rg., A.)
sagen die Gebirgsbewohner, wenn sie sich verabschieden.
Auch sonst in NB. (M.) und schlesisch (Whd. Btr. 10).

blêkfüllsel (Hilb.); bläkfüllsel (Tr., Rgb.,
Grab.) = aus der Colostrummilch erzeugter Auflauf. Vgl.
unter bies die sonst dafür vorkommenden Ausdrücke. Der
Ausdruck blêkmilch (analog biesmilch) ist mir nicht aufgestoßen, muß aber vorausgesetzt werden. Wenn bies-milch
= die nach dem Trockenstehen der Kuh zuerst wieder „hervorbrechende" Milch ist, so ist blêk-milch die zuerst wieder
„erscheinende, sichtbar werdende" Milch. Denn blek ist
herzuleiten von mhd. blecken = sichtbar werden (Lex. I.
301). (nhd. meist trans.; also blecken = sichtbar machen
z. B. die zähne blecken). Zusammenhängend mit bleich
= weißlich.

blèn (A., Gießh.) = weinen. ich blè, du blèst,
er blèt; lateinisch fle-o, fles, flet; mhd. blæjen und blen
= blöken. Bairisch pleben Schmell. bei Fromann I. 319.

blenzen, ver-blenzen (Rg.); plenzen (Rb.) =
Licht, Tabak unnöthiger Weise verbrennen. Dafür im Rg.
häufiger prenzen und prenzeln (s. daselbst). Jenes blenzen,
jedenfalls zu mhd. blenken und dessen Intensiv blenkezen
= blank machen, auch hin- und herschweben (Lex. I. 203);
südböhmisch (bairischer Dialect) und bairisch blinkezen =
schimmern, flimmern, glänzen (Schmell. I. 237).

bleschen und pleschen (Rg.) = 1. trans. schlagen,
daß es schallt, prügeln. 2. Subj. fallen, daß es schallt,
erschallen von einem Schlag, Fall oder wiederholten Schlägen.
3. regnen (aus 2. hervorgegangen); es blescht = regnet

mit ſchallendem Geräuſch. mhd. blesten, bletschen, platschen = platſchen, klatſchend auffallen (Ler. I. 394). In NB. (M.) hat plessen eine ähnliche, die Schallerſcheinung nach= ahmende Bedeutung. Bairiſch blaschen und plesehen (Schmell. I. 238); einen durchbleschen (Schmell. I. 239).

bletschen (bledschen, Lböf.) = weinen, ſchreien. Derſelben Wurzel bla, pla, wie blæjen, blên (ſ. oben); doch abgeleitet mit z. mhd. blâzen = blöden (Ler. I. 300). Wie mhd. auch noch in NB. (M.) mhd. z geht nhd. vielfach zunächſt in sch und vergröbert in tsch über.

bletz und bletze, die (Rg., Hbr., Br., A., Gießh., Grul.) = Fleiſchtheil über der Schulter beim Schlachtvieh. Gehört wohl zur Wurzel pla, die Wörtern zugrunde liegt, welche etwas Breites bedeuten (lateiniſch pla-nus, griechiſch *pla-tys*, gothiſch plats, hd. platt ꝛc.) und bedeutet ein unförmiges breites Stück Fleiſch. Vgl. übrigens mhd. der blez = Lappen, Fetzen (Ler. I. 305).

bliezel, der (Rb.) = dummer Menſch.

blinzen (blênzen, Br., Ra.) = die Augenlider ſchließen um nicht zu ſehen (von ſpielenden Kindern). Dazu das Iterativ

blinseln (Rg., Henn., Hbr.) und blinzeln (Grad., Henn.) = mit halbgeſchloſſem Auge blicken. Ziemlich ver= breitet. Oeſterreichiſch und bairiſch blinzeln (Pop. 25; Schmell. I. 237); ſüdböhmiſch blinseln; in NB. (M.) blinzen. Da in NB. (M.) auch noch die Formen blinzkuhe = das bekannte Spiel „Blindekuh“ und blinzlich = wie blind, d. h. mit geſchloſſenen Augen (z. B. umhergehen) vorkommen, ſo möchte ich mich eher, was die Etymologie des Wortes anbelangt, für die Anſicht Grimm's (Wörterbuch 2, 128) und BM. (mhd. Wörterbuch) zuneigen, die Abſtammung von mhd. blint, blindezen annehmen. Dagegen leiten Ler. I. 309 und Wgd. I. 233 das Wort von blinkezen, einem Iterativ zu blinken, ab.

blinzlich = mit abſichtlich geſchloſſenen Augen; ſchweizeriſch blinzlingen (Stald. I. 185).

blîslich, der (Rb.) = junger Menſch, der ſich (vorwitzig) in alles, namentlich in die Angelegenheiten älterer Menſchen mengt.

7

blitz, der (Rg.) = plötzlicher Schlag; schlesisch plitz = Schlag auf den nackten Hintern (Kn. 233).

Führ' mr a blënda Kuh zom Mark.
Wos soll' mr a denn zom frassn gân?
Hofestrûh on Roggnstrûh
On en derbn „Blitz" dazu. (Hoh.)

Gehört zu blëtzen, pletzen, plessen; bairisch bleschen = schlagen, daß es schallt.

blix, der (S. H. 179) = Blitz; und blixen (S. H. 61, 168) = blitzen. mhd. blicz (Lex. I. 306) und bliczen (Lex. I. 307).

blume, die (Rg., Weig., Gab.); blüme (blîme, Henn.) = Name einer Kuh, die an der Stirn einen weißen Fleck hat. Auch sonst in NB. (M.) blüme; schweizerisch blneme (Stald. l. 188).

blume, die (Isgb., Jäg.) = Schwanz des Hasen.

blümel, der (Kl.-A.) = grober Mensch; (Gr.-A.) = dummer Mensch.

blut, die (Rg.) = 1. das Blühen (der Bäume); 2. die Blüte selbst. Auch in NB. (M.); schwäbisch = Blüte (Schmid 78); Wetterauisch das blut = Gesammtheit der Blüten (Wgb. I. 236); bairisch die blüe = Blüte (Schmell. I 233); mhd. der bluot (Lex. I. 316).

blütel, das (Rg. blîtla, Hbr. und NB. M.) = loses Kind. Vgl. das gleichfalls ironische: ein gutes früchtel.

blutplümpel, Gen.? (Br.) = Blutwurst, zumal eine starke, dicke. plümpel gehört zu plump = roh, ungefügig, stark, massenhaft.

blutwampel, Gen.? (Rb.) = junger Weißfisch. wampel, Diminutiv zu wampe, wamme = Bauch. Also Fisch, dessen Bauch wohl mit blutrothen Flecken oder Streifen versehen ist.

bock, der (Isgb., Jäg. und überhaupt weidmännisch) = 1. Männchen vom Hirsch, Reh. 2. bonk (Rb., Einf.) – Schimpfwort, meist zur Bezeichnung eines lüsternen Menschen dienend (du âler bonk). 3. Redensart: der bock stößt mich – ich habe heftiges Schlucken. Auch schlesisch (Pop. 510). 's böckla rëckt mich (Grab.)

bocken (Rg. bûcka, Henn.) — 1. von gewissen Thieren (Ziegen), nach Begattung, d. h. nach dem Bocke, dem männlichen Thiere, verlangen. 2. Von Menschen, sich widerspenstig, widerstrebend zeigen (Vergleich mit einem stößigen Bocke). 3. von Kindern, ausgelassen umherspringen, umhertreiben. Auch schweizerisch bocken = springen (Stald. 1. 196).

bockhörnelsaft, der (Rg.) — Johannissäftchen (als Schlaftrunk für kleine Kinder gebraucht). bockshörndl (österreichisch) = Johannisbrot, wegen der Aehnlichkeit des Johannisbrotes mit dem Horne eines Bockes.

bockstolle, der (S. H. 170) = Baugerüst, hölzernes Gestell. Von mhd. boc = hölzernes Gestell (Lex. 1. 320) und der stolle = Pfosten.

bodem, der (bodm, A., Batz.; bodom, Rg.; bodum. Grad.) = 1. Boden überhaupt. Die Ableitung mit m ist in den Dialectformen erhalten, indes hd. Abschwächung zu n eintrat. mhd. bodem, ahd. podum. 2. besonders der Dachboden, Raum unter dem Dache. In dieser Bedeutung finden sich alterthümliche Formen:

Es köm a Bittner vom „Bodeme" gerannt,
A zält im seine Hînlan;
Dr erste wor a Kopon,
Dr zwête wor a Hausmon? (Haushohn)
On a drětta wammer nausjŏrn.

(Auszählreim Altrogniß).

In Bernsdorf findet sich die Mehrzahlform auf den bödemen in einer öffentlich angeschlagenen Verordnung des Gemeinderathes: Es wird Kund gemacht, daß das Tabak Rauchen . . . auf den „Bödemen" Ganz und Gänzlich verboten ist.

bödumlein, das (bědumla, Grad., Weig.) kleiner Bodenraum.

boden (Rg.), als Verstärkungspartikel bei Eigenschaftswörtern, z. B. boden-bös = ungemein böse. Auch bairisch (Schmell. 156); schwäbisch (Schmid 81) und in NB. (M.)

bodendeck (Abersbach) = den Boden gedeckt. Beim Beerenplücken sagen die Kinder:

7*

Hîla, hêla, zîebaqueck,
Ich hou mei Tëppla bodendeck!
Hîla, hêla kolb,
Ich hou mei Tëppla holb.

bochacker, die (Grab.) = Frucht der Buchecker; md. die ecker — Eichel; niederländisch der aker; gothisch das akran, was Frucht überhaupt bedeutet. Wohl zusammenhängend mit gothisch akrs = Acker als „fruchttragender" Boden.

bohlen, der (bôla, A., Batz.; Rg. boula, Freib.) = hd. die Bohle, der Balken. Sonst in NB. (M.) der bohl (boul). Dazu gehört

bohlworf, der (Ta., Hbr., Rgtz.); Redensart: ein kleid „ai a bôlworf nâma," d. h. ein Kleidungsstück, das man sonst nur am Sonntage anzog, auch an Werktagen verwenden. Vielleicht von bohl und werfen, weil man die Werktagskleider abends nicht in einen Schrank zu hängen, sondern einfach über eine „Bohle" zu werfen pflegt.

böhmen, der (bîma, Rg.) = Groschen; (Wich.) = Zehnpfennigstück (deutscher Münze); bîm (NB. M.) = ehemaliger Groschen, d. i. 3 Kr. W. W. Hier im Gebirge und im Schlesischen (Whd. Btr. 11) = die ehemalige kleine preußische Silbermünze, Silbergroschen = 5 Pfennige). Vor dem Mittelalter, 14. Jahrhundert, seit der Regierung der luxemburgischen Kaiser, die in „Böhmen" geltende Silbermünze, der böhmische Groschen, der sich einer weiten Verbreitung erfreute. Spottvers:

Pëter stît ai der Trepp
Midum gâlen Hûsnknepp.
Ware wîl Pëtern sahn,
Muss en gudn „Bîma" gan.
(Henn., Laut.)

bôkrawr, der (Henn.) = Maikäfer.

bollmehl, das (pullmâl, A., Batz., Br.; auch sonst in NB. (M.) bôlmâl, Hoh.) = schwarzes Mehl. Bei Grimm II. = Aftermehl, das zuletzt aus den Mühlsteinen läuft. Wahrscheinlich bolliges mehl, d. h. mit knollenartig dicken Theilchen vermischtes Mehl. Daher bollig = lateinisch bulbosus von bulbus = Zwiebel, Wurzelknolle. Vgl. ballig.

In NB. (M.) heißt ein aus solchem Mehl verfertigter Wecken bullbackschl; in Tr. bollweck. Auch südböhmisch (bairischer Dialect); bairisch der poll = eine Brotform (Schmell. I. 280).

bonn (Frb.) = ausgelassen umherspringen; rembonn (Br.) = sich etwas zuthun machen, kramen. Von bannen? Schlesisch bonn = Unheil stiften. Rüb.*) 1871, S. 395. Kramende Kinder, Frauen „bannen." verbônt (Markausch, Ta.), verbannt, verlegt = verschmissa, daß es nicht zu finden ist.

born (speciell in Langenbruck bei Rb.) = brennen. Beruht auf einer Lautumstellung und ist historisch belegbar. mhd. burnen und bornen, ebenso in anderen mh. Dialecten statt „brinnen" brennen; bei J. Grimm II. 244 börnen. Wetterauisch es bornt = es brennt! (Feuerruf).

borste, die, F. (Rg., A., Deschnay) = eigentlich gesträubt, starr emporstehendes Haar; übertragen auf ein störrisches, widerhaariges Kind. Auch schlesisch (Whd. Btr. 11). Wurzel bar = tragen, emporstehen. Vgl. bérschel unter beren II. und bairisch barzen = hervorstehen machen.

bös. 1. Adj. (bîs, bîse, Rg.) = a) nichts wert, schlecht, untüchtig, verdorben. ein böses messer = ein nichts wertes Messer; eine böse hose = zerrissene, durchlöcherte Hose; böses geld (Grab.) = falsches Geld. Daher die Redensart: bekannt sein, wie ein böser kreuzer. b) = unrein, mit Ausschlag behaftet, grindig. ein böses maul = mit Ausschlag behaftetes Maul. c) überhaupt = krank, weh; ein böser finger. Verstärkungen von bös - feindlich gesinnt: bodenbös, grundbodenbös, erdbodenbös, spottbös. — 2. Adv. = unangenehm, widerlich, z. B. der apfel schmeckt bös.

ge-bote, das (Rg., Hbr.) = Frist zur Steuereinhebung. ai's gebôte gîn = Steuer zahlen gehen. mhd. bîten = vor Gericht laden. Vgl. der emgebitner.

bottamôn, der (A., Baß.) = Schreckgespenst. Mit: der bottamôn kimmt! schreckt man kleine Kinder. Eine viel ältere Form als das sonst vorkommende butzenmann (Grimm II. 595, Wgd. I. 290). mhd. blos der butze

---

*) Rübezahl. Schlesische Provinzialblätter (Breslau).

— Kobold, Poltergeist (Ler. I. 402). Da in anderen Gegenden popelmann (NB. M.) dasselbe bedeutet, so ist butzen = popel. Die gemeinsame Bedeutung beider ist etwas Dunkles, Schwarzes. Denn 1. der butzen (bairisch, Schmell. 230) = die schwarze Blütennarbe bei dem Kern= obste, und pöpel, im Rg. auch pêpel = schwarze Regen= wolke. 2. etwas durch Vermummung nicht Erkennbares, der bottamôn oder butzemann, popelmann wäre also dem Sinne nach eine verhüllte, schwarze Schreckgestalt. Jedoch hängt sprachhistorisch butze mit nd. butt, neuniederländisch bot = abgestumpft, stumpf, d. i. entweder „kurz und dick," oder „verkümmert" (vgl. verbutten und verbuttet) zusammen und ist von dem Plur. wir buzzen des mhd. Zeitwortes biezen = schlagen, stoßen, herzuleiten.

bräche n (Ta.) = die Nächte hindurchschwelgen, in Saus und Braus zubringen.

bräjehl n (Ta.) = sinnlos Vieles (laut) reden. Zu derselben Bedeutung erscheinen bräjehen (Ab., Frd.); broxa (Henn.); brejzln (Grab., Tr.) Zu der gemeinsamen Wurzel brach, prach gehören noch: das gebräch (Jsgb., Jäg.) = Rüssel des Wildschweines; das gebräjehe (Ab., Br., Rg.) = das wirre Durcheinanderliegen von Gegen= ständen; prechtig (S. H. 58) = lärmend, prahlerisch; die breche (Altstadt) = loses Maul. Die in allen diesen Wörtern sich wiederholende Wurzel brach, prach (auch im mhd. pracht) bedeutet „lärmenden Schall," wie er beim „brechen" vorkommt. Vgl. südböhmisch (bairischer Dialect) und bairisch bracken = schlagen, mit etwas Breitem, der flachen Hand (Schmell. I. 251); bairisch brachlen = sprechen, reden (Schmell. I. 250); mhd. der brach = Gekrach, Lärm (Ler. I. 337); mhd. brehten = rufen, schreien, lärmen (Ler. I. 347); schweizerisch prächten = laut reden, um andere überschreien, das prächt = lautes Gerede, Geschrei (Stald. I. 212).

broxa (Henn.), braxen (Leipa) sind Ableitungen mit z (brachzen). Am nächsten steht die Form des 16. Jahrhunderts prechtig (S. H.) der ursprünglichen Bedeutung von pracht = Lärm und Aufsehen erregendes Wesen (Wgd. II. 379).

das gebräch = Rüssel, als das Werkzeug, mit dem das Wildschein den grunzenden „Lärm" verursacht.

das gebräche = „das wirre Durcheinanderliegen von Gegenständen," erklärt sich aus dem „Brechen" dünner Holzstäbe, Reisig's, Aeste, die man wirr durcheinanderwirft. (So heißt dürres Reisig auch das gepresche (Rg., Hbr.) von prasseln, wie gebräche von brechen). Dann bezeichnet man auch die Gesammtheit anderer wirr durcheinanderliegender Gegenstände damit. Schweizerisch der prägel, brägel = Haufe, der aus vielen einzelnen Theilen, meist kleinen, geringfügigen Sachen besteht (Stalb. I. 214).

die breche = „loses Maul," bedarf keiner weitern Erklärung.

brack, der (A., Schöb.); der ausbrack (Grab., Henn.); brackwasser (Grab.) = schlechtes, abgestandenes Wasser;

ausbrack (Weig.); ausbracke (Tr.), die = Ausschuß, schlechtes Zeug;

brack, Adj. = minderer Qualität, schlecht, untauglich; letztere Bedeutung kommt namentlich in NB. (M.) vor. brack papier = Papier von schlechterer Qualität; eine ware, ein gegenstand, ein mensch ist brack = schlecht, (vom Menschen) physisch herabgekommen.

Von hd. das brack, nd. der wrak, schwedisch das vrak = jedes Untaugliche, (als untauglich) Ausgeschlossene; auch fehlerhafter Mensch; besonders aber durch Schiffbruch untauglich gewordener Schiffsrumpf (Wrak); brakwasser (neuniederländisch brakwater) bedeutet eigentlich „in einen Fluß eingebrochenes Seewasser, durch welches das süße Flußwasser verdorben wird (denn brak, nd. und niederländisch, heißt auch bittersalzig, salzig).

bräm, die (Grab., Henn., Weig.) = Bremse. Auch die bräms (Grab., Henn.); mhd. brême, brem (Lex. I. 348); ahd. der prëmo; Von mhd. bremen = brummen; schwäbisch die breme (Schmid 96).

bräm, der (Hilb.) = Verbrämung, Randbesatz. In SB. (bairischer Dialect) bräm = Schmutz am Saume eines

Kleides; bairisch das bräm = Streifen als Randbesatz eines
Kleides. In NB. (Leipa) das brämsel = Pelzeinfassung
an Mützen, Jacken ꝛc. Von mhd. bræmen = mit einem
Randbesatz versehen (Wgb. I. 253).

brand, der (Rg.)? = Rausch.

brandeln (Rg.) = (ein bekanntes Kartenspiel) spielen.
2. (Grulich) eine Art Kegelspiel (Kriegspartie?). Öster=
reichisch, schwäbisch = Kartenspielen (Schmid 91).

brandrète, die (Rg., Bernsdorf) = Vorrichtung
bei Oefen älterer Construction, um zu bewirken, daß das
aufgelegte Holz besser brenne. Die Vorrichtung besteht aus
einem eisernen Schragen mit vier Füßen, auf den man das
Holz legte, das dann vermittelst untergelegter Späne in Brand
gesteckt wurde. Dann wurde das Ganze in den großen
Heizraum des Ofens geschoben. Auch schlesisch brandraite;
sonst auch feuerbock genannt (Pop. 123). Sie waren auch
öfter mit aufrechten Stangen versehen; an diesen waren aus=
gebogene Haken angebracht, in denen die Bratspieße giengen.
mhd. brantreide, frühmittelhochdeutsch brantraite, ahd. die
prantreita aus prant = Brand, und die reita, altnordisch
reida = „Bereit"schaft, Zurichtung, Vorrichtung, welches
reit mit ahd. „bereit" zusammenhängt (Wgb. 1. 254).

branz, der (bronz, Ta., Rb., Frbl.; bruntsch, Rg.,
Hoh., Henn.) = Auflauf aus Mehl, Milch, Butter und
Eiern; auch eine aus Mehl mit Erdäpfeln oder Eiern
bereitete feste Speise, die man in Theile zerschneiden kann.
In NB (M.) bedeutet branz s. v. a. das Angebrannte an
einer Mehlspeise, oder auch die Kruste in dem Kopfe einer
Tabakspfeife, wie sie sich als Ansatz der Tabak=Asche bildet.
Abgeleitet ist das Wort mit z von dem Sing. Pract. bran
des Zeitwortes brinnen = in Flammen sein. Hiezu gehören
ferner:

bronzeln (Ta.); brunzln (Rb.); brontschln (A.
Batz.); = braten.

brenzeln (brenzan Rg., Hbr., Tr.) = 1. nach
Angebranntem riechen; 2. das Licht unnöthiger Weise anzün=
den und wieder auslöschen. prinzeln Lbskr.; bairisch

brinzen, brünseln. (Schmell. I. 264); schweizerisch
bränzeln (Stalb, I. 217); schwäbisch bränteln; wester=
wäldisch brensen, brenseln = nach Brand riechen.

brendreuzen (Gab.); brennrenza (Tr.) = nach
Brand riechen. Denn diese Zeitwortformen müssen voraus=
gesetzt werden bei dem Vorhandensein der Eigenschaftswörter,
brendrenzig (Gab.), brennrenzig (Tr.) und ·branden=
zich (Br.) = brandig riechend. Analogien zu solchen Ab=
leitungen auf enzen oder inzen bietet der schwäbische
Dialect. (bockenzen = wie ein Bock riechen, viele andere
Wörter), ferner der uns näher liegende Dialect in Preußisch=
Schlesien (Frankenstein), wo inzig dazu dient, um an Haupt=
wörter angehängt Adjectiva zu bilden, welche einen unan=
genehmen Geruch nach dem durch das Stammwort angedeuteten
Gegenstand ausdrücken. So führt Knötel „Die Mundart
in und um Frankenstein" folgende Formen an: buckinzich
= stinkend wie ein Bock; fettinzich, rauchinzich, wild-
linzich, wilderinzich.

brinzlich, brenzlich (Rg.) = (dem Geruche nach)
angebrannt, brandig. Auch schlesisch (Whb. Btr. 12); mhd.
bremzelich statt brenzelich. Die Abstammung aller dieser
Wörter von brinnen, brennen liegt auf der Hand. Ob
hieher die Ausdrücke:

brenzeln, brenzan (Rg.) = die Augenlider fast
oder ganz schließen (von spielenden Kindern); ferner brinzlich
in der Verbindung mit augen (z. B. brinzliche augen =
in Folge einer Entzündung mit festgewordenem Augenschleim
verpichte Augen NB (M.) — gehören — will ich nicht
entscheiden. Bei brenzan scheint ein Wechsel des r mit l
eingetreten zu sein. Vgl. blinzen und blinseln. Dagegen
scheint brinzlich eher zu dem Stamme brennen zu gehören.

breinz, der (Rg. Marsch.) = Spießbranz, d. h.
Auflauf aus der Colostrummilch (s. branz).

Brassl (Prassl Rg.) = Breslau. In Trautenbach
fangen sonst die Knaben, wenn sie am vierten Fastensonntage
eine Strohpuppe, den sogenannten Tod, durch das Dorf
trugen, um ihn vor demselben an dem noch heute so
benannten „Todtensteine" zu vernichten, folgendes Liedchen:

Treiwa mir a Tŭd du naus,
Da âla Mêda ai a Bauch,
Da jonga ai a Rĕcke,
Dos wor a Ungelĕcke;
Hätta mir a ne ausgetrîba,
Wär a 'm Dorfe sĕtza geblîba.
Mir hŏn a getrîba,
Mir hon a gejôrt
Zo „Prassel" em de grŭße Stôdt,
zo Prôche ëm de Lënde;
Dort donda wa ma'n schĕnda.

Man glaubt nämlich daselbst, die Ceremonie des Tod=
austreibens sei anläßlich einer Pest (schwarzer Tod) einge=
führt worden, um der Wiederkehr einer solchen Calamität
vorzubeugen. Daß natürlich der Tod den Winter vorstellt
und das ganze eine allegorische Darstellung des durch den
Sommer vertriebenen Winters ist, ist bekannt.

brât, das (Rg., Hbr., Grabl.); ewer brât (Tr.);
top brât (A. Desch.); töpp brât sonst in NB. (M.) =
Schrank, oder auch offenes hölzernes Fach zum Aufbewahren
des Küchengeschirres. Von nhd. das brett. Also Theil
für das Ganze, oder Brett für das aus demselben Gemachte.

brâten (brôta, Rg., A., Deschnay) = dunsten,
heiß werden, recht schwitzen. Feuchtes Heu, das lange Zeit
in Haufen steht, „tût brôta" infolge des sich im Inneren
entwickelnden heißen Dunstes. Auch schweizerisch braten =
in Gährung übergehen, verfaulen (vom Dünger). Stalb.
I. 218.

ge-brâte, das (A., Deschnay) = gebratene, ge=
dunstete Speisen, z. B. reisgebräte = gedünsteter Reis;
semmelgebräte = in Milch, Mehl, Eiern, Butter gedünstete
Semmeln; pilzgebräte = gedünstete Pilze.

brauen (bräuen, brein, Rg., Hbr.) = etwas
(Schlimmes) anstiften, anrichten, z. B. a hôt wôs gebraut
(gebreit) = er hat etwas angestellt. Die Form breuen
ist historisch berechtigter als brauen, was jetzt üblicher; denn
mhd. iu (briuwen) entspricht nhd. eu (breuen).

braunâle, die. (Trb., Hbr.); braunalle (Gab.); braunelle (Grab.); brunelle (Rg.) == die Pflanze Wiesen= knopf, Arzneipflanze, verwendet gegen Abweichen. Eigentlich Braunwurz oder Gottheil, Heilmittel namentlich gegen die Bräune. Aus mittellateinisch brunella, von ahd. brun = braun. Wegen der braunen Blüte einer Art sogenannt? (Wgb. I. 270).

braune, die (Rg.) = die Braue, Wimper, Augen= braue. Uebrigens auch älternenhochdeutsch die augenprân (Sing.) und altnordisch die brûn, bryn, wonach braune als eine historisch berechtigte Form erscheint.

bräune, die (Rg.) = braune Kuh; das bräunel = braunes Pferd.

brausch, der (Rg.) = Schaum.

brauschen (Br.) == brausen, schäumen. In einem Dialectgedicht (Braunau) „Das Gewitter" heißt es:

Mei, mei, wie's ai dam Bâme rauscht,
On hörch ock, wie dr Mühlbach prauscht.

In NB. (M.) bräuscheln = Schaum haben, erzeugen (von Milch, Bier). Neuniederländisch briusen = schäumen, Schaum haben, während nhd. brausen mehr den durch Schäumen erregten Schall bedeutet.

brechanne, brechenge, brechenne, brachenne, brachon, brechon. Siehe die anne.

breche, die (brach, Arns.) :— 1. Instrument zum Brechen des Flachses. 2. (S. H. 30, 183) = eine Vor= richtung, in welche Personen wegen gewisser Vergehen zur Strafe der öffentlichen Beschämung ausgestellt wurden. (In meiner Heimat (NB. M.) setzt man breche (= Flachsbreche) als ein Marterinstrument in den Zeiten, da die Gutsherrschaft eine nicht sehr gelinde Justiz ausübte. Man sagt, der zu Bestrafende wurde auf den Schneiderücken der Breche gesetzt und mußte rittlings auf derselben einige Zeit zubringen?)

breiorbr, der (S. H.) = Brauvertrag, Brauzins. Eigentlich breuur-bar. Von breuen = brauen (Bier) und das urbar = ursprünglich Rente oder Lebensabgabe von einem Grundstücke, hier von einem Bräuerträgnisse.

brejtmich, der (Rg., Henn.) = Bräutigam.

brême (A., Schöb., Rg., Gab.) = Bremse. Vgl. die bräm von mhd. bremen = brummen.

bremmer (Rg., Hbr., Trb.) = Stier, Zuchtstier (A., Baß.), junger Stier. Auch hier liegt die Ableitung von ahd. breman, mhd. bremen = brummen, brüllen nahe. Auch sonst in NB. (Erzgebirge) gebräuchlich, daselbst aber auch von dicken, fetten Thieren und Menschen.

bremmer, der, vierbremmer, brummer und brümer (Grab.) = Viertreuzerstück. Hier also auch von dicken, unförmlichen Geldstücken.

bremsen (Rg., Tr.); brenzen (Rb.) = ärgern, durch unaufhörliches Bitten oder Zureden lästig fallen. Ganz das südböhmische (bairischer Dialect) und bairische benzen der Bedeutung nach, doch nicht nach der Etymologie. Dieses brenzen hängt zusammen mit schlesisch brensten = quälen, ärgern (Whd. Btr. 12); mit schwäbisch und nd. prensen = drücken; mit neuniederländisch pramen = pressen. md. kommt prempzen = zwängen (lateinisch premere) vor, woraus obige Formen zu erklären sind.

brêten (brêta, brajta, Rg.); brejta (Henn., Hbr.); brejtn (Rb., Einf.); auch sonst in NB. (M. und anderwärts) = können, im Stande sein, treffen. Wenn jemand eine Arbeit aus Mangel an Kraft oder Geschicklichkeit nicht zu Stande bringen kann, so sagt er: ich brêt's ne. Whd. Btr. 12 hält eine Verkürzung der Partikel be für unzulässig (also nicht be-reiten) und leitet das Wort von hd. brëton = cædere, im Kampfe fällen, hinstrecken (dann „eine Arbeit überwinden, durchführen").

brich oder wrich (Rg.) In zahlreichen Zusammen-setzungen = Berg oder Werk, z. B. forbrich = Vorwerk, Schmidwrich = Schmiedeberg.

brich und wrich als 2. Theil der Zusammensetzung in stênbrich (Trb.), steinwrich (Raspenau) = Stein-haufen, steiniges Terrain. Gehört zu dem sonst im Rg. gebräuchlichen die rëcke (stênrëcke). Siehe das später zu behandelnde rëcke.

brichtrich, der (Rg., Trb.) = sumpfige Stelle.
Sonst aus dem Rg. mir nicht gemeldet. In meiner Heimat
NB. (M.) ist der brichtich = ein meist mit Erlen be-
standenes, ganz versumpftes Stück Boden. Jedenfalls zu
hd. der bruch = Sumpfwiese, Sumpfboden (Wgd. I. 268)
gehörig; man könnte also brüchterich schreiben.

brichtwerich, das (Rg.) = allerhand zerbrochenes
Holz. Von brechen und werk (werich) = durch Thun
Entstandenes (also brichtwerk = durch Brechen Entstandenes.

brief, der (Rg., Grab., Tr., A., Schöb.) = 1.
Blatt Papier, in welchem besonders Stecknadeln oder Knöpfe
reihenweise angesteckt verkauft werden. Bairisch, Schmell.
I. 255; schlesisch, Whd. Btr. 12. 2. = Kartenblatt zum
Spiel (Rg., A.)

bringen. 1. (elliptisch ꝛc. ein kind): die hebamme
bringt ein kind. 2. (Rg.) Redensart: ëtz brënga 's ën
gebrocht (z. B. einen Ausreißer); pleonastisch. 3. **aufbringen** einem etwas (Rg.) = eine nachtheilige Bemerkung über jemanden in Umlauf setzen. 4. **aufbringen**
etwas (Tr., Grab., Henn.) = zustande bringen, können,
treffen = brêta. 5. **einbringen** (etwas einzubringen
haben, Rg., A., Schöb.) = etwas (Geld) gut haben bei
jemandem. 6. **verbringen** (Rg., A., Schöb.) = aufführen,
hören oder sehen lassen, z. B. Lärm verbringen.

brinkl (brickl, Rb.; bröckel, Frb.; brinkala
brickala, Rg., A., Schöb.), **das** = 1. Subst. kleiner
Brocken, Bröcklein, Bröselein (vom Brot). das brinkl auch
in NB. (M.) und Warnsdorf. 2. Adv. ein wenig, ein
bischen, ein Weilchen.

brinkeln (Rg., auch in NB. (M.) = 1. bröseln.
2. fein regnen, schneien. Das n in brinkel ist unorganisch
eingeschoben, wie die Nebenformen brickl und brickala
beweisen. brickel ist also = bröckel. Auch schlesisch (Whd.
Btr. 12). Auch lateinisch und griechisch findet eine ähnliche
Einschiebung statt und zwar gerade bei einem Worte, mit
welchem unser brinkel urverwandt ist, nämlich bei dem
lateinischen St. frag-, wovon das Präf. frang-ere heißt.
Schon in gothisch brikan = brechen ist das n des lateinischen
frangere aufgegeben und brik stimmt der Lautverschiebung

gemäß ganz mit dem lateinischen Präteritalstamm freg. In deutschen Stämmen findet eine solche Einschiebung von n statt in bringen (Präf. brach-te); ebenso in denken, dünken. Verse:

Eva kêft a Tippla,
Adam kêft a Sippla;
Eva sîᵗt zum Fanster naus,
Adam frisst die Brênklan raus.

(Lauterwasser).

brîtala, das (Br.) = Licht (in der Sprache der Kinder). Zu brîn = brühen = brennen.

brîzeln (A.) = mit dem Lichte hin- und herfahren (vgl. brenzeln).

brödeln (brojdln, Rb., Frb.; brödln, A., Baß.) = 1. braten, d. i. sich erhitzen, dunsten, heiß werden (von feuchtem Heu). 2. (von der erhitzten Luft) vibrieren, in zitternder Bewegung sein (Rg., Henn., A., Schöb.); de hitz brödlt.

brodem, der (Gr.-A.) = Dunst, davon

brödmen (Gr.-A.) = dunsten. Das Wort brodem ist allerdings in hd. Wörterbüchern zu finden, wird aber so selten gebraucht, dass man es wenigstens in unseren Gegenden als Dialectwort ansehen kann. Und wer gebrauchte wohl viel das Wort brödmen, sei es in Wort oder Schrift?

brojchen (Rb.) = viel reden. Vgl. brächen.

bromst, die? (Rg.) = Aerger. bromstich = ärgerlich. Jedenfalls das nhd. und mhd. brunst, ahd. prunst, gothisch brunsts = ursprünglich verzehrendes Feuer, innere Glut, Zorn. Von brinnen.

hêrschabronst, die (Rg., Gab., Weig., Tr.), d. i. Hirschenbrunst = eine braune, fette, holzige Knolle, die zuweilen in hohlen Stöcken sich findet. Man schreibt ihr Heilkraft zu. Wunde Zehen, die damit bestrichen werden, heilen angeblich. Vielleicht hält man die Knolle für eine ausgeschiedene Substanz des Hirsches?

brontschla, das (Rg.) = angebrannte Stelle an einer Speise. Vgl. brenzln, branz von mhd. brinnen, nhd. brennen.

brühen (Rg. allg., brîn, Parsch., Br., A., Schöb.)
= brennen. Auch schlesisch, Whd. Ptr. 12, und in NB.
(M.) Hirtenlied:

Brî, Foirla brî!
Ich hüte ne ganne Küh,
Ich hüte ganne faule Zîcha,
Doss ich kön bem Foirla lîcha.
Brî, Foirla brî! (Schöbewy).

brühsiedheiß (Br.), **brühsiednichhêß** (NB. M.)
= brennend und siedend heiß, unsäglich heiß. Im Braunauer
Hirtenspiele spricht der sterbende Herodes:

Schon an meinem ganzen Leib
Wird mir so brühsiedheiß,
Mir bricht aus der Todesschweiß.

brûkafer, der (Rg., Weig., Gab.) = Maikäfer,
b. i. brachkäfer; denn **brouchkafer** (Rb., Frb., Ta., A.)
= Junikäfer; also ursprünglich der im Juni, dem Brach=
monate, erscheinende Käfer. Im Gebirge häufig genug, daß
der Maikäfer im Juni erst erscheint, weil der Mai oft zu
kühl ist. Uebrigens pflegt man einen Unterschied zwischen
Mai= und Junikäfer zu machen.

brummbär, der (Henn.) = (wohl scherzweise)
Maikäfer, wegen des schnurrenden, brummenden Geräusches,
das er mit den Flügeln verursacht.

brummen. Redensart: wôs weg is, brummt ne
mie (Rb., Eins., Hbr.) = kommt nicht mehr zum Vorschein.

brummer, der (Ta., Rb., A., Deschnay) = Vier=
kreuzerstück. Vgl. bremmer.

brunzel, das (Rb.) = angebrannte Stelle an einer
Speise. Vgl. branz.

brustfleck, der (brostfleck, Rg.; brustflâk, Tr.,
Krieblitz) = Weste; eigentlich was die Brust bedeckt. ahd.
brustflech.

bub, der = Knabe. Dafür kommen im Dialecte
von Deutsch=Biela die Formen der **hjoub** und **haub** vor.
bjoub zeigt die merkwürdige Erscheinung der Vorschlagung
eines j vor dem Stammvocale (Präjotation). Vgl. in der
vorangehenden Abhandlung die ähnliche Erscheinung im Rb.
Dialecte. baub erinnert an den Egerländer (fränkischen) Dialect.

büchsenschifter, der (S. H. 229) = der Büchsenschäfte macht. Daher auch büchsenschäfter bei Grimm II. 478.

buckel, der (Rg.) = jede wulstartige Erhebung auf der Haut oder Unebenheit auf einer Fläche. (Henn.) = oberster Theil der umfangreichen Oefen in Gebirgshäusern. Man pflegt auf dem buckel z. B. das Holz zu dörren.

bühne, die (Rg. binne, Freih.; binn, Henn.; büne, Tr., Gr.=A.) = Dachboden. Eigentlich jeder Boden von Brettern; so bairisch büne (Schmell. I. 179); dann Erhöhung des Fußbodens durch Bretter. So mhd. (Lex. I. 382), dann ein Brettergerüst. Daher bühnerbühne, die = das meist im Stalle angebrachte Brettergerüst, auf welchem die Hühner sitzen. Auch schlesisch bei Wbd. Btr. 13. In NB. (M.) ist die hausbühne = ein mit Brettern gebielter Raum im 1. Stockwerke, welcher dem ebenerdigen Hausflur entspricht. Schlesisch heißt bühne auch noch die hölzerne Gallerie am oberen Stockwerke der Bauernhäuser (Wbd. Btr. 13). Diesem entspricht im Rg. (Tr.), wenn statt büne auch sêler (Söller = ursprünglich Boden zum Aufenthalt über einem Gemache, Wgd. II. 733) gebraucht wird. Vgl. auch bühne = oberster Bodenraum als Kornspeicher (Hessen), was söller in Schwaben und Schlesien heißt (Pop. 278).

buitl, das oder botla (Arns., Hoh., Freih., Grulich) = ein ausgelassener Mensch.

bůkrawer, der (Henn.) = Maikäfer.

bulle, die, auch pulle (Ott., Hbr.) = kugelförmige, bauchige Flasche. Aus dem gleichbedeutenden nd. pulle (besonders = Branntweinflasche), neuniederländisch die pul, welche Formen durch Kürzung aus lateinisch ampulla = kleine Flasche, entstanden sind (Wgd. I. 280).

bumma, die (Grab.) = Bombe, dickes plumpes Mädchen.

bumme, die (Weig.) = dicker, unförmlicher Gegenstand. Beides zu bombe, eigentlich = große gefüllte Hohlkugel zum Schießen nach der Gestalt derselben (rund und dick). Auch schwäbisch bumme = dickes, rundliches Ding von besonderer Größe (Schmid 40).

bummel, die (Henn.) = Quaste. Verse:

> Dů důcht ich, 's is schůn olles aus,
> Dů köma erscut sax Karle raus,
> Die hotta lautr Tutta ai dr Hond,
> Dů hånga lautr Bammln drö.   (Henn.)

bummeln (Rg., Rb.) = unnütz umherstreichen, umhergehen. Gehört zu bammeln und bimmeln (siehe daselbst) und bedeutet ursprünglich unstet hin- und herschwanken. Hierher sind auch die studentischen Ausdrücke zu rechnen: der bummler: 1. Mensch, der unnütz ohne Zweck und Ziel umhergeht; 2. die beim Bummeln = Spazierengehen, überhaupt bei nicht festlicher Gelegenheit von dem Verbindungsstudenten getragene Kappe. Ferner die bummelblase = Verbindung von Studierenden, die nicht akademische Bürger sind (z. B. Gymnasiasten, Realschüler).

bummen (bumma, Weig.) - jemanden schlagen. Schallwort bum bum machen.

bummer, der (bumma, Weig.; wohl auch pumma), Schimpfwort = verstockter Mensch. Eigentlich der pommer = kurzer, langköpfiger und langhaariger Hund, aus Pommern stammend.

bumsknoten (bums- und pumsknota), Mehrzahl, die (Tr., Rgb.) = 1. Kuchen aus geriebenen Erdäpfeln, auf dem Herde gebacken. 2. der bumsknota = kleiner, dicker Mensch. Scheint zu bummo (Bombe) zu gehören. Denn schwäbisch bambel, bampel, bompel = dicke, unbehilfliche Weibsperson, und pompes = kleiner, dicker Kerl (Schmid 39 und 40); schweizerisch der bumpal und pumpel in derselben Bedeutung (Stalb. I. 242). Wahrscheinlich haben die erwähnten Erdäpfelkuchen gleichfalls eine rundliche, dicke Form?

bune, die (Br.) = Kartoffel. Verunstaltung aus apun? **bunnstatz** (Br.) der = Erdäpfel-sterz, Brei.

bůnichl, der (Trb., Hbr.) = Schelte auf kleine Kinder, etwa kleiner Knirps. Bei Grimm II. 226 heißt der bohnenegel = eine der Saubohne nachstellende Made. Auch sonst in NB. (M.) gebräuchlich.

8

bünkel, der (Rg.) = bauschige Masse, Bündel. Auch bairisch (Schmell. I. 287). In SB. (bairischer Dialect) heißt bünkel auch noch: 1. geschwulstartige Erhebung auf der Haut; 2. Person von kurzem, dickem Körperbau. Schwäbisch bankle = kleiner, dicker Mensch (Schmid 40), und benkel = Pack (Schmid 55). Nach Lexer, kärnthnerisches Wörterbuch 46, ist punggl oder punggel ein gedrungen aussehendes Kind. Ferner südböhmisch (bairischer Dialect) bunket = klein und dick. Sämmtliche Formen gehören zu punken, bairisch (Schmell. I. 287) und mhd. (Lex. II. 309) = schlagen, stoßen, und mhd. bunkel, punkel, Lex. a. a. O. = Schlag, Stoß; daneben auch „Beule."

bunnen, bunzen (bunna, Br.; bunnei, Grab.; bunza, Hbr.), von Kindern = schlafen, schlafen gehen.

buntüberecks (Rg.?) = verwirrt durcheinander. Auch schwäbisch (Schmid 106). In NB. (M.) buntüberecke.

Bunzel (Rg.) = Bunzlau. Sowohl die Orte gleichen Namens in Böhmen, wie auch in Schlesien; bunzltippla, bunzlgeschirr (Tr.) = Töpfergeschirr, besonders Töpfe, sobenannt nach der Stadt Bunzlau am Bober, das durch seine Töpferwaaren seit jeher berühmt ist. Auch schlesisch (Whd. Btr. 13).

bürde, die (bërde, Tr., Gab., Grab.) = 1. die Gesammtheit der Christgeschenke; daher gewöhnlich Christbürde. 2. (A., Schöb.) = soviel, als man auf einmal tragen kann, besonders Reisig, Holz. In letzterer Bedeutung auch in SB. (bairischer Dialect) bürdl. Bairisch die bürd = Bündel (Schmell. I. 195). Entspricht der Bedeutung von ahd. purdi, mhd. bürde = Hebe-, Traglast von ahd. peran = tragen.

burg, der (Weig., Arn.); Dimin. das bärchla (A., Schöb.); bërchla (Grab.) = männliches, verschnittenes Schwein. Ein weitverbreitetes Wort. Schlesisch borg (Whd. Btr. 11); schwäbisch bärgli = Spanferkel männlichen Geschlechtes (Schmid 43); auch österreichisch, kärnthnerisch, fränkisch; mhd. barch; ahd. parch, barg, borg; sanskrit waraha; lateinisch verres und porcus.

burk-, purkfried, der (S. H. 139) = das unmittelbare Gebiet einer Stadt, Weichbild. mhd. der burevride = das um die Burg, Stadt liegende Gebiet, binnen welchem der Friede gehalten werden mußte (Lex. I. 393).

bürsten (Rg.) lerschta = 1. viel trinken; 2. (A., Schöb.) = schnell laufen; 3. (Weig.) = jemanden schlagen, züchtigen. Auch bairisch bürsten = den lustigen Bruder machen (Schmell. I. 202). Vgl. die Redensart: trinken wie ein Bürstenbinder (NB. M.)

busch, der (Rg. pusch) = Wald.

buschweibel, das (Gab.) = Waldweib. Der wilde Jäger verfolgt das buschweibel. Schlesisch buschweiberle (Wbd. Btr. 13). Auch sonst in NB. unter dem Namen buschkäte (käte = Weibsperson) bekannt. In Siebenbürgen die bäschmotter.

buschmann, der (Henn.) = der wilde Jäger.

busch, der (Rg.) = 1. Büschel. Nach Grimm II. 559 besonders von Haaren und Federn gebraucht. 2. Blumenstrauß. In beiden Bedeutungen auch in NB. (M.) Bairisch der buschen (Schmell. I. 214); ebenso südböhmisch. Bei den schlesischen Dichtern isoppusch (Fleming), blumenpusch (Günther) (Grimm II. 559); schwäbisch busch = Blumenstrauß (Schmid 110). Im Rg. heißt buscheule soviel als in NB. (M.) büschlschädl; bei Wgb. I. 287 buschkopf = Kopf voll dicker wirrer Haare. In NB. (M.) auch ein büschlicher, verbüschelter kopf.

buschen, puschen (Rg., Tr., Gab.) = jemanden schlagen, prügeln: dän hon se ödr gepuscht (durchgeprügelt). Auch sonst in NB. (M.) Bairisch baschen, boßen, bauschen und buschen (Schmell. I. 32, 211, 214); schwäbisch baschen (Schmid 45). Von ahd. pôzan, mhd. bôzen = schlagen, klopfen (Lex. I. 336).

büst, die (Rg., Tr.) = Zorn. Davon büsten (büsta, Rz.) = bös, zornig (tückisch böse) sein. Ferner büstich (Rz.) = bös, zornig, schmollend. Auch in NB. (M.) gebräuchlich. Ist büst eine einfache Zusammenziehung aus bos-heit, oder eine Ableitung mit altem ida, wie in

die wermte, die hieht, grisst, eht — Wärme, Höhe, Größe,
Ebene? Dazu die Adjectiva: verbûst, drbûst in NB. (Leipa,
M.) == erboʃt.

bûßen, der (bûßa, pûßa, Hbr.; bußta; Dim.
bûßtla, Rg.) = Gebund Flachſes. Sonʃt in NB. (M.)
der bûßn = bûßa (Rg.) Weitverbreitet. der bôße (Wgd.
I. 250) := Gebund Stroheꞗ, Flachſeꞗ; bairiſch der boßen
(Schmell. I. 211) — Büſchel gerüſſelten Flachſeꞗ; ſchwäbiſch
der hauſen, boſen (Schmid 51); ahd. pôʒo; mhd. bôʒe
== Büſchel, dann ſ. v. a. Gebund Flachꞗ (Ler. I. 336).

bûßen (bissa, verbissa, Rg.) —. 1. verlieren, einbüßen.
Dieſeꞗ büßen iʃt ein Factitivum zur folgenden 2. Bedeutung
und heißt eigentlich „beʃſer machen,“ waꞗ einen Verluʃt,
Schaden vorauꞗſetzt. (Vgl. der lückenbüßer). 2. intr.
(Rb.) — beʃſer werden und zwar in Bezug auf die angegriffene
Geſundheit, alſo „wieder geſund werden.“ In Rb. herrſcht
der Aberglaube, daſꞗ man wahrnehmen könne, ob ein Kranker,
den man beſucht, wieder geſund wird oder nicht. Man
ſpricht ʃtill für ʃich folgende Verſe:

Mensch, willst du „büßen,“
Rühre deine Füße;
Willst du enden,
Rühre deine Hände!

Rührt er die Hände, ſo ʃtirbt er. Compoſita: verbüßen, zubüßen == zuſetzen von einem Capital, ſo daſꞗ eꞗ
immer kleiner wird.

büte (Tr.) = Röhrkaʃten; büt (Arnꞗ.) = hoheꞗ
Schaff ohne Henkel, in welchem Viehfutter abgebrüht wird;
(Lbʃt.) = überhaupt offeneꞗ Faſꞗ: die krautbüt. Verwandt
mit butte, mhd. büte und bütte == größereꞗ, oben offeneꞗ
Standgefäß auꞗ Dauben, ohne Handgriff (Wgd. I. 289).

I. butt, die (putt, Henn.) = Bottich. mhd. bute
== Faſꞗ.

butte (Einſ.) Redenꞗart: die butte kriegen =
im Kartenſpiel keinen Stich machen. Da hd. butte
— Rückentraggefäß, ſo könnte hier ein Parallelismuꞗ
mit der Redenꞗart einen korb bekommen, abgewieſen
werden, ʃtattfinden.

butterblume, die (Rg., Trb., Hbr.) = Sumpf=
dotterblume (Caltha palustris). Auch in NB. (M.)
gebräuchlich.

II. butt (Rg. put, Parsch.) = Lockruf auf Hühner.
Davon

buttlein, das (buttla, Rg.; putla, Br.) =
Henne. Bairisch buttel, oberpfälzisch budl = besonders
junges Huhn (Schmell. 226).

III. butt (niederdeutsch) = stumpf, kurz und dick; bot
(neuniederländisch) = stumpf, plump, dumm. Daraus
ins Oberdeutsche übergegangen in der Form butz
(bairisch, Schmell. I. 226). Letzteres aus dem Plur.
des Prät. wir buzzen von mhd. biezen = schlagen,
stoßen (Wgd. I. 210); butt und butz also = „ab=
geschlagen, abgestoßen," daher stumpf, plump, kurz und
dick. Zu diesen Stämmen gehören in unserm Dialecte
folgende Wörter:

1. butte, die (Rz.) = membrum virile.

2. ver-butten (Rg., A.) = im Wachsthume zurück=
bleiben, verkümmern. Auch in NB. (M.); bairisch
(Schmell. I. 226); schwäbisch verbuttet (wie auch
in NB.) = verkümmert (Schmid 110). In SB.
ist die butte = kleines, dickes Kind; bairisch der
butt = Person, Thier, Pflanze von kurzer, dicker
Gestalt (Schmell. I. 226). Vgl. auch das
butthünl (NB. M.) = siebenpunktierter Johannis=
käfer, nach der runden, dicken Gestalt seines Körpers.

3. buttelein, das (buttla, Henn.; putla, Trb.,
Hbr.) = kleines, dickes Kind. In NB. (Leitmeritz)
butterl = kleines, im Wachsthume zurückgebliebenes,
doch nicht mißgestaltetes Mädchen.

4. buttern (Rg., Henn., puttan Marsch.) = a)
mit kurzen Schritten eilen (wie ein butterl); b) im
Koth kneten. Dieser letzten Bedeutung liegt aber
der Vergleich mit dem Vorgange beim Erzeugen der
Butter (buttern) näher.

5. buttlich und boutlich, der (Rg.) = Mensch
oder Thier, im Wachsthume zurückgeblieben, ver=
kümmert.

6. **ver-buttlich, der** (Weig.) = verkümmertes Kind.

7. **butze, die** (Rb.) = Blutwurst. Nach ihrer runden dicken Gestalt.

8. **butze, der** (putze, Br.) = kleiner Mensch.

9. **ver-butzen** (oder verputzen) = Geld vergeuden.

10. **bûzel, der,** oder **bûzlich** (Hoh.) = kurzer, dicker Mensch. Auch in NB. (M.) Dazu das Adjectiv **bûzlich** (Arns.) oder **pûzlich** (Rb.) = kurz, dick, klein, unansehnlich.

11. **buzel, pûzel, die** (Allgem. Rg., Br., A.) Meist Plur. **pûza** (Br.); **pûzln, pûzala** (Grab.); **pûzan** (Hbr.); **putza** (Freib.) = grobe, kurze, verworrene Flachsfasern, die beim Hecheln von den langen, feinen Fasern getrennt werden. Auch schlesisch die **pitzel,** Plur., = Abfall von gekrempeltem Werg (Whb. Btr. 70). Zu mhd. **biezen** = stoßen, schlagen. Vgl. dazu auch das schon erwähnte **bitzeln.** Bairisch **bützeln** = in kleine Stücke schneiden; schlesisch das **pitzel** == abgeschnittenes Stück (Whb. Btr. 70). Beim Spinnen sangen die Mädchen folgende Verse:

Meine olde Schwëchermuttr
Mit da krumma Füßa,
Is sîwa Johr 'm Himmel gewast,
Etz wëtt se ründr müssa.
Wor dos ne a tümmes Weib,
Dass se ne 'm Himmel bleit;
Dua kunnt se heilich sënga,
Hünda muss se Putza spënna. (Weig.)

Zusammensetzungen mit **bûzel** und **bûz** sind:

bûzlgarn, das (pûzagorn, Abersbach) = Garn aus Werg.

bûzlhafer, der (buzlhöwa, Arns.) == verkümmerter Hafer.

bûzlhenne, die (Arns.) == Henne ohne Schweif, wodurch ihre Gestalt rund und dick erscheint. Vgl. **kaul-arsch.**

bûzmëller (pûzmäller, Rb.), d. i. butzmäuler = Kaulquappe (Maul für Kopf, eigentlich den ganzen Leib). Vgl. in Bezug auf die kugelig runde, kurze, abgestumpfte Gestalt die sonst vorkommenden Bezeichnungen: kaul-quappe, (hd.): kaularsch (Henn., NB. M.); kaulpatschka (Weig.); kaul-lëmmel (Gab.); pumpaschlëchala (A., Schöb.)

Dieses bûzl, pûzl scheint nur dem schlesischen Dialecte anzugehören, denn in NB. (M., Frb.) nennt man diese Abfälle pfucken. Im Rg. taucht letzterer Ausdruck nur in Rochlitz auf. buzl finde ich nur in der Zusammensetzung Buzabercht in Augsburg, worunter man ein Schreckgespenst versteht, das in Schlesien Holle heißt (Pop. 522), Spillaholle = Spindelholle bei Simrock, Deutsche Mythologie 381. Frau Holle ist in Mitteldeutschland, die Frau Berchta in Süddeutschland eine Göttin, die in den Zwölften ihren Umzug hält. Sie ist am aufmerksamsten für den Flachsbau und das Spinnen. Sie tritt in die Spinnstuben, oder schaut durch das Fenster; fleißige Spinnerinnen beschenkt sie, faulen besudelt sie den Rocken (Simrock a. a. O.) Daraus erhellen die Namen „Buza"-bercht und „Spilla"-holle.

P.

Im Dialecte zeigt sich Schwanken zwischen p und b, weshalb ich p gleich auf b folgen lasse.

Packs, der, Dim. das päcksel (Rz.); pocks, Dim. packsla (Rg., Hbr.) = ein gewöhnlich mittels eines Tuches hergestelltes Packet, Bündel. Das hd. der pack erscheint hier mit s abgeleitet. Vgl. têbs = Lärm zu toben, schlumps = zu schlumpen, trelps (Henn.) = Tölpel ɪc.

paiala, das (Hilb.) = breite Holzhacke. Noch älterneuhochdeutsch das beiel, wovon unsere Form Diminutivum.

paigern (Rb.) = Hunger leiden.

päken (Rz.) = weinen, schreien; s. bäken.

palâren (?) = großsprecherisch sein, plaudern. Dazu die (wohl) abgekürzte Form:

pälern (pâ'an, Br., Weig.) = laut reden; (A., Baß.) = plappern, Unsinn reden. Von französisch parler? = reden, sprechen.

paläster, die (Rg., Hmf.), auch po'ester und paxpaläster = Pritsche oder bloßer kurzer Knittel, mit welchem man beim Ballspiel den Ball schlägt. Griechisch pa'æstra bedeutet eigentlich einen Platz, wo Jünglinge im Ring= und Faustkampfe sich übten. Oder gehört es zu griechisch ballo = werfen, schwingen, schleudern?

pallament, das (Henn.) = Lärm. Offenbar das französische parlament = Unterredung, Versammlung.

palme, die (Rg.) = Weidenkätzchen, Ruthen mit diesen Kätzchen. Diese am Palmsonntage in der Kirche geweihten Ruthen werden in die Saat= und Flachsfelder gesteckt, um das Gedeihen der Früchte zu bewirken.

palmesel, der (polmesl, Gab., Grad.) Diesen Namen erhält der Letzte, der nach der Palmenweihe am Palmsonntage aus der Kirche geht. Ursprünglich ein noch am Ende des 18. Jahrhunderts am Palmsonntage in feierlicher Procession umhergeführter hölzerner Esel, auf welchem ein Darsteller Christi oder ein Bild Christi zur Vorstellung des Einzuges des Herrn in Jerusalem saß (Wgd. II. 294). Auch egerländisch (bawiəsl) und südböhmisch (Böhmerwald).

palvern (palvan, Rg., Bbf., Weig.) = schwatzen. Wohl dasselbe, was belfern (von bellen) ursprünglich = schnell wiederholt bellen; dann, sich in vielen Worten und wiederholt scheltend auslassen. In dieser Bedeutung bei Luther belvern (Wgd. I. 184).

pamhackler, der (Hilb.); pâmhacklich (Henn.); paumhacker (Gab.) = Specht (Picus major). Bairisch baumhackel (Schmell. I. 174).

I. pamper, der (S. H. 158) = der Schallende. Etliche haben diese neu glocken nur den „pamper" genannt. Gehört zu pempern, bembern (Ta.) = schlecht läuten, und dies zu den Schallnachahmungen bim, bam.

II. **pamper**, der (Rg.), gewöhnlich hem- oder hemd-pamper = Kind, das gern im Hemd herumläuft. In Schlesien der hosenpamper = Junge, der sich in den Hosen noch ungeschickt benimmt (Whd. Btr. 67). Aehnliche Bezeichnungen sind: im Erzgebirge hemmotz, d. i. hemdematz (Petters L. G.); im Holsteinischen hemsteit, d. i. hemdeschwanz (Schütze IV. 195); bairisch hemed-lenz (Schmell. II. 485). Unser hempamper ist verwandt mit dem Zeitworte:

I. **pampern** (pompau, Gießh.; pampau, ûfpampau, Wich.) = verzärtelnd pflegen, erziehen, z. B. schwächliche Kinder. In dieser Bedeutung auch schlesisch (Kn.) Vgl. das folgende päpern, ûfpapern und ûfpapeln. Ferner schlesisch pampern = weichlich sein, kläglich thun (Whd. Btr. 67).

II. **pampern** (Br., Rof.) = ungeschickt nähen. Auch in NB. (M.) überhaupt = eine Arbeit „ungeschickt" verrichten. „Ungeschickt" scheint Grundbedeutung zu sein. Ein Eigenschaftswort dazu könnte pampig oder pamplich heißen. Ein solches scheint zwar nicht vorzukommen, dafür begegnet in NB. (M.) die Form pumplich; der Name pumpelrose (Rg., Laut. und NB. M.) = Pfingstrose, wegen der unverhältnismäßig großen, nicht zierlichen Blüte, gehört jedenfalls auch hierher. Vgl. schweizerisch bampen, bampeln = ungeschickt sein (Stalb. I. 128); österreichisch bampel = dickes, unbehilfliches Weib.

pams, der (pom=, Gab., Hbr.) und pamst (Henn., Grad., Gießh.) = 1. dicke (klebrige?) Masse, dicker Brei. Schlesisch pamstr (Kn.) 2. (Br.) pômst = dicke Kleidung. (Vgl. poms).

pandal (Hilb.) = lange Zeit mit einer Arbeit zubringen, langsam arbeiten. Sonst rum-bandln (SB.) Vgl. das folgende:

panseln (Henn., Hbr., Br.) = eine Arbeit langsam, wie tändelnd, verrichten, nicht ernste Arbeiten vollführen. Vgl. banseln, basteln und passeln.

pantickla, das (Gab.); auch pandikla (Rg., Gö.) = kleine Pistole.

pantsch, der (pontsch, Rg., Weig., Gab., Br., A., Gießh.), von **pantschen** = 1. schlagen, besonders mit der flachen Hand (bairisch, bei Schmell. I. 228); 2. mit den Händen durch einander schlagen, mengen, mischen. Daher

pantsch, der (pontsch, A., Deschnay) = Muß. pflaumaponsch = was sonst in Böhmen powidl, in NB. (M.) klecke heißt. Sonst heißt pansch, pantsch in NB. (z. B. M.) auch s. v. a. eine schmierige Flüssigkeit, flüssiger Koth. Daher **pantschwetter** = Regenwetter, das den Boden in einen Morast umwandelt.

Pantsche, die (Rg.) = Bach, der von der **Pantschewiese** kommt, den **Pantschefall** bildet und sich mit der Elbe im Elbegrunde verbindet. Zu **pantschen** zunächst und dieses verwandt mit **patschen** (NB. M.) = hörbar durch Flüssiges gehen. Dieser Bedeutung, wie allen mit pantsch gebildeten Wörtern liegt zunächst eine Schallerscheinung zugrunde, die von dem vernehmbaren Auffallen einer Flüssigkeit herrührt.

pantschen (Rg.) = 1. im Wasser herumschlagen; 2. Flüssigkeiten mischen. Auch schlesisch, bei Whd. Btr. 67 und anderwärts.

I. päpern (Tr., Henn.) = albern reden. Eigentlich zunächst vom Sprechen kleiner Kinder, wenn sie sprechen lernen, also wie ein Kind reden, dessen erste Laute pa-pa zu sein pflegen. Zuerst im nd. babbeln, niederländisch babbelen; schwäbisch bappeln = plaudern (Schmid 34). Auch in Deutsch-Böhmen hört man öfter bappeln und das gebappel. In NB. (M.) pappern (poppan) = vieles (Alberne) schnell reden, und päpen (pöpn) = Albernes reden.

II. päpern (Rb.) = Kinder sehr verzärtelnd erziehen; verpäpern (Rg., Mohren); ûfpäprn, ûfpäpen (Ta.) Ist verwandt mit dem vorigen päpern = wie ein Kind reden, da besonders zärtlich sein wollende Eltern sich der Kindersprache anbequemen und dadurch die Kinder wenigstens in der Hinsicht verziehen, daß letztere eine schlechte Sprache lange beibehalten; ûfpäpern deutet aber mehr auf pappe = Brei (s. unten) hin, und würde demnach gleich sein: „ein Kind mit weichlicher Nahrung großziehen."

paperlein, das (pâpala, meift Mz. die papalan, Gö.) = Pfeffernüffe. Sonft im Rg. (in Henn. bawerlan, fiehe dafelbft) = Backfiguren, auch Pfefferkuchen in Form kleiner Kinder.

pappe, die (Rg.) = Mund, Maul, d. i. Organ, vermittelft deffen zunächft das Kind pappert oder pâpert. Gehört zu papern I.

pappe, die (Rg., Br., A.) = Brei (befonders als Kinderfpeife. Weitverbreitet. der bapp (füdböhmifch=bairifcher Dialect), fchwäbifch bei Schmid 34 = Kinderbrei. Aus lateinifch pappa = Kinderruf nach Speife. Diminut. pappla. So in einem Weihnachtsliede, wo die Hirten fagen:

> Wos soll mr denn dam Kënla schenka,
> Wenn mr su beisomma sein?
> Ich a Sëppla, du a Tëppla,
> Ich a Nappla, du a „Pappla;"
> Gan mr zomma Buttr un Brut,
> Half mr dam Kënla aus der Nuth.

(Huttendorf).

pappern (poppan, Br.) = albern reden. Vgl. pâpern, das eine Dehnung der urfprünglichen nieder= und oberdeutfchen Kürze ift, denn nicht nur nd. babbelen, fondern auch fchweizerifch bappelen = mit zahnlofem Munde oder, wie wenn man pappe (Mehlbrei) im Munde hätte (Stald. I. 134). Schwäbifch bäppern = unverftändlich, fchnell reden, zanken (Schmid 34). In diefer Form (poppan = pappern) auch in NB. (M.)

paps, der (pops, Br.) = Brei. Eine Ableitung mit s zu papp. Siehe das folgende:

papst, der (popst, Grulich, Wid.) = 1. Klets (tentapopst). 2. Satz, der fich in der Tinte bildet. Auch diefes Wort gehört noch zu pappe = Brei, klebrige Maffe. In NB. (M.) der pass und paspich (poss, pospich).

pardl, der (Drb.) = großer Schmiedehammer. Siehe berl von beren = fchlagen.

parte, die? = Abtheilung, Partei.

partiken, die, Mz. (Weig., Tr.) = Launen, böswillige Gesinnung. particken haben oder partickig sein = launisch, böswillig gegen jemanden sein. In NB. (M.) paticken = Liste, Ränke, und patick'eh = listig, betrügerisch.

pass. Redensart: pass geben (Weig.) = Acht geben. Gehört zu hd. aufpassen. Sonst auch z' acht geben. Auch in NB. (M.) poss gân von pass = Achtsamkeit. Auch nd., wetterauisch: keinen pass haben auf etwas (Wgb. II. 312).

pass. Redensart: zu passe kommen = zur rechten Zeit kommen. zu posse kumma (Hbr.) = sich zurecht finden. Zu hd. der pass = das zutreffende Maß, Angemessenheit; die rechte, die gelegene Zeit.

pass. Redensart: zu passe sein (Weig.) = gesund sein. Dafür auch zu zeuge sein. Beides auch in NB. (M.)

passeln (Henn., Hbr.) = nicht ernste Arbeiten verrichten. Von französisch bosseler = künsteln. Vgl. basteln.

passen (Rg., Br., A.) = (im Kartenspiel) nicht mitspielend ein Spiel überwarten.

passig, der (Hilb.) = Lärm.

Pater. Damit beginnt folgender Auszählreim:

> Pater, Pater, Hirtenstrich,
> Sieben Katzen schlugen sich
> In der dunklen Kammer
> Mit dem blanken Hammer.
> Ene kñgt en harten Schlag,
> Doss se hinter der Thüre lag.
> Piff, paff, piff, paff, ab.   (Anseith).

paterkäpplein, das (paterkappla, Hilb., D.-L.) = Wiesenküchenschelle.

pathengröschlein, das (pôtagreschla, (A., Sattel) = kleine Geschenke an Geld, welche bei einem Taufgange die Pathen an Personen vertheilen, von denen sie auf dem Wege zur Kirche oder im Wirtshause mit dem Rufe „pôtagreschla" angehalten werden.

I. **patsche, die** (Rb.) = Verlegenheit. Redensart: in die patsche kommen = in Verlegenheit gerathen. Ein Subst. zu der Nachahmung des Schalles patsch, der durch Schlag, Fall in Flüssiges entsteht; in der patsche sein ist zu vergleichen der Redensart: in der tinte sitzen, d. i. in einer schmutzigen Flüssigkeit, überhaupt in einer unsauberen, unangenehmen Lage sich befinden.

II. **patsche, die** (Rg., Dim. potschla) = Hand (Kindersprache). Schweizerisch batschen = in die Hände schlagen; der batsch = Handschlag (Stald. I. 142). Schwäbisch die batschhand, das batschel = Handschlag (Schmid 36). s' potschl = Händchen (NB. M.)

patschen (patschn, Hilb.) = schmatzend essen. Von patsch, Interjection des schallenden Schlages, und patschen = einen Schall hervorbringen, hier: durch den Mund beim Essen. Auch in NB. (M.) und schlesisch (Whd. Btr. 68)

patschenöß (Einf.) = durch und durch naß. Vgl. pfatschenoß.

patschlich. Adj. (A.) = naß und zusammengedrückt, besonders Heu. In NB. (M.) Sbst. der patschlich = (meist feuchte) zusammengepreßte Masse Heu, Gras, etwa soviel, als man mit einer Hand fassen kann.

patze, die (Rb.) = 1. Hündin. Auch in NB. (M.) 2. Unzüchtige Weibsperson. Sonst betze oder bätze. Bei Stieler: „Deutscher Sprachschatz" pätz und bätz 79, und in Vossen's Idyllen pez'.

pauau, die, Mz. (Br.) = Mücken?

pausterich, Adj. (Henn.) = a) kränkelnd (von Menschen und Thieren, namentlich Vögeln). Schlesisch puserig, von den Vögeln gebraucht, die ihr Gefieder aufblasen (Whd. Btr. 74). Von pusern = sich aufblasen; bei Rädlein (Europäischer Sprachschatz 695). b) pausen = dick angeschwollen sein; bei Luther pausten = mit starkem Hauche redend hervorstoßen. Vgl. pusten = stark hauchen und pausbackig = aufgeblähte Backen haben.

paxla, das = 1. (Hilb.) kleine Last. 2. (Tr.) in Zusammensetzungen mit Zahlen: zweipaxla, dreipaxla u. s. w., besonders von Haselnüssen, wenn zwei, drei ꝛc. Nüsse mit einander verwachsen sind.

pechblume, die (pâichblume, Groß-Borowitz) = Pechnelke. buschnelke (Henn.) Eine nelkenähnlich blühende Lychnis mit einem von einer harzig (pechartig) klebrigen Feuchtigkeit überzogenen Stengel (Wgd. II. 318).

peips, der (Rb.) = Beifuß, als Küchengewürz gebrauchte Wermutart. Die Form peips führt bis auf's ahd. zurück, denn mhd. bîvuoz; dagegen ahd. pîpoz, zusammengesetzt aus pi = bei und dem auch im ahd. anapoz — Ambos vorkommenden poz. Wgd. I. 176 erklärt es demnach „als Gewürz zu Speisen zu schlagendes oder stoßendes Kraut."

pêka — weinen; siehe bäken.

pella, oder bella, das (Rg.), Diminutivformen: 1. kleines Beil; 2. kleine dünne Bohlen (siehe bella I.); 3. Pella (Gab.) = Dimin. zu Paul = Paulchen; 4. = Schmiedehammer (siehe berl unter beren I.); 5. Mz. pellan = Arschbacken (siehe bella II.)

pelfern (pelfan, Rzb.) = unnützer Weise etwas (Licht, Tabak) verbrennen. palfan (Henn.), pelfan (Hbr., Br.) = qualmend rauchen (Tabak). In NB. (M.) pilfan, welch letztere Form auf pülvern von pulver hindeutet; daher pelfern, pilfern = wie pulver, d. h. rasch und daher ohne Nutzen verbrennen.

pelfern (palfan, Bdf., Lamp.) = schwatzen. Eigentlich belfern = schnell wiederholt bellen, dann sich wiederholt scheltend auslassen, ohne damit etwas auszurichten (Wgd. I. 184). Daraus die Bedeutung „unnütz reden, schwätzen."

pelverenzig, Adj. (A., Gießh.) = wild schmeckend. Vgl. brendrenzen.

pelzig (Rg., Br., A.) = schwammig, fehlerhaft porös (bei Rüben, Rettigen). Wohl nichts anders als pilzig von der pilz = eßbarer Schwamm. Auch in SB. (bairischer Dialect) gebräuchlich. Schwäbisch belzig = vertrocknet, „schwammicht" (Schmid 55).

pempern siehe bembern.

pêpel, der (Rg., Br., A.) = 1. schwarze dunkle Masse; 2. der schwarze vertrocknete Blütenkelch bei Birnen, Aepfeln; 3. dunkle Wolke; 4. Schimpfname für kleine Kinder; 5. kleine Person überhaupt; 6. Nasenschleim; 7. schwarze Höhlung in Erdäpfeln, herrührend von Würmern; 8. schwarzer zusammengeballter Rauch. In denselben Bedeutungen findet sich auch pöpel (siehe daselbst), weshalb wohl eigentlich pöpel zu schreiben wäre. So bairisch (Oberpfalz) der pöpel = 1. verhärteter Nasenschleim; 2. vermummte Gestalt, und einpöpeln = sich einhüllen (Schmell. I. 291). Hierher gehört auch:

peppel, der (Rz.) = kleines Kind. Den Bedeutungen von pêpel liegt größtentheils der Begriff einer „dunklen bis schwarzen Masse" zugrunde (1, 2, 3, 6, 7, 8 direct, 4, 5 und dem Worte peppel indirect). Wir haben es in letzterer Bedeutung „kleines Kind" mit einer Synekdoche zu thun (Theil für das ganze oder die auffallendste Erscheinung an einer Person für die Person selbst). Ich weise hin auf den sonst ganz gleichen Vorgang, wenn man einen kleinen, vorwitzigen, dreisten „Knaben" auch eine „rotznase" nennt. Spottreim:

> Die Muttr is vom Dêwala (Döberle?),
> Dr Vôtr is vom Kucks (Kukus).
> Ich bin a klennr Pêpl,
> Aus mir werd a niscßt gutt's.　　(Parschniß).

Peppla, Diminut. (Gab.) = Josef. Hierzu der Spottvers:

> Peppla, Peppla, Schlenkerbên,
> Kêmmt de gonze Nacht ne hêm;
> De Muttr wullt Kaffeela kocha,
> Peppla hot a Tôp zerbrocha.　　(Gab.)

perdl, der = Hammer (siehe berl unter beren II.)

perschka, der (Lbdstr.), poschke (Rg.), gewöhnlich kaulperschka (Freih.) = Kaulquappe; kaulporschka (Trb.) = Flußkrabbe; kaulpatschka (Br., A., Gießh.) = Fisch mit dickem Kopfe. Eigentlich kaulbarsch mit nd. Diminutivelement k. Der Name wegen des dicken „kaulenförmigen" Kopfes.

pèrschel, der (Gö.) = Dickschädel. (Hilb.) = Kopf mit gesträubtem Haar. Auch etwas Kopfähnliches kann „gepèrschlt" sein. Vgl. berschel unter beren II.

pèse, die (Kl.=A.) = das Gewicht, die Schwere. Von pèsen (pèsa, Kl.=A.) = 1. heben, um einen Gegenstand in Bezug auf sein Gewicht zu prüfen; 2. durchprügeln. Siehe bäse und bäsen.

Peter und Paul. Das bekannte katholische Fest dieser beiden Heiligen fällt auf den 29. Juni. An diesem Tage findet gewöhnlich der Auftrieb des Rindviehes in die Sommerbanden und auf die Weiden statt, weshalb die Namen „Peter und Paul" häufig in Hirtenliedern genannt werden, z. B.

> Peter on Paul,
> De Màide sein faul,
> De Jonga sein lustich,
> De Màide sein krustich.   (Rosenthal).

Ein anderer Vers lautet:

> Peter un Paul,
> De Bërna sein faul,
> De Aeppl sein grîn,
> De Mädlan sein schîn.
>
> (Raatschendorf).

petz, der (Rgb.) = Fleck, Klecks. Vielleicht zu batzen (siehe daselbst) gehörig.

pfaffenfelsterlich, der (D.=L.) = Bowist, Flockenstäubling.

pfaffenröslein, das (pfoffarisla, Gab.) = Seidelbast.

pfanka, pfanke, der (A., Batz., Deschnab) = Pfannkuchen. Auch schlesisch pfanke (Whb. Btr. 69).

pfanne (pfonne). Zusammensetzungen:

pfannenklößlein, das (pfonnaklißla, meist Mz., Ott.) = Knödel in der Pfanne gebacken.

pfannenstiel, der = 1. Bachstelze (Freih.); 2. Schwanzmeise (Rz.)

pfannentschisch, der (pfonnatschisch, Rg.) = Eierkuchen; ejertschisch (Weig.); siehe tschischen.

pfannenwaben (bei Jar. H. 146 pfonnewaben) == Pfannkuchen.

>Ai dem Himmel is a Laben,
>Frass mer nischt os Pfonnewaben.

Vgl. baba und bawe.

pfârblume (Br.) = Wucherblume; eigentlich Pferdeblume. Dasselbe, was anderwärts (Henn.) Gehonnsblume, (Gießh., Gab.) Gehonnstichblume heißt.

pfârnose (Rgb., Gab., Weig.) = großes Stück wovon (Fleisch, Brot). Eigentlich Pferdenase.

pfatschenôß (Rb.), patschenôß (Br., Gießh.), pfütschenôß (Tr.), pfîtschenôß (Tr.) = ganz naß. Auch sonst in NB. (M.) patschnôß; bei Wgb. II. 344 pfutschnass == naß wie in oder aus einer Pfütze; schwäbisch pfatschnass (Schmid 59). Vgl. patschen und pantschen. Also naß sein, daß die Kleider patschen. Wgb. II. 344 nimmt Ableitung von pfutsche, pfütsche == Pfütze.

pfeffern, hinpfeffern (hiⁿpfaffrn, (Hilb.) == hinwerfen. Vgl. bairisch pfeffern = fortjagen, treiben, schlagen, mit Ruthen hauen (Schmell. I. 306); schwäbisch = mit Wachholderruthen hauen (Sitte am Unschuldigenkindertage, ähnlich dem „Schmeckostern" beim schlesischen und dem „Fitzeln" beim bairischen Stamme. Jemandem eines „hineinpfeffern" heißt in NB. (M.) f. v. a. jemandem rasch einen Schlag versetzen. Die ursprüngliche Bedeutung ist also „schlagen," dann „werfen," wie auch bern (siehe daselbst) schlagen und werfen heißt.

pfeife, die (A., Schöb., Rg.) = Spule, d. i. walzenförmige, hohle, umlaufende Röhre zum Aufwickeln von (gewöhnlich) Garn. Wegen der Aehnlichkeit mit einem röhrenförmigen Blasinstrument so genannt.

pfeifla. Kinderreim siehe unter beila. Ferner:

>Pfifla, Pfeifla gimmer Soft.
>Wennte mr kenn Soft gäst,
>Schmeiß ich dich ai a hohla Growa,
>Dort frassa dich de schwarza Rowa,
>De Rowa ne allêne,
>De Kotza frassa de Bêne.   (Nettendorf).

pferdstecher (pfêrstechr, Lbsfr.) = Libelle.

pfingstlümmel, der (Rb., Gab., Gießh.) = grober, ungeschickter Mensch. Ursprünglich derjenige Hirt, der zu Pfingsten zuletzt austreibt; denn es gab sonst an vielen Orten (in der Gegend von Frankfurt am Main, Friedberg in der Wetterau, Wgb. II. 377) Gemeindeweiden, sogenannte pfingstweiden, die erst zu Pfingsten mit Vieh betrieben werden durften.

pfîpen und pfîpern (pfîpan, Gab., Tr., Weig., A., Gießh.) = 1. pfeifen: de mäuse pfîpan. 2. übertragen (Weig., A., Gießh.) = Schmerzenslaute ausstoßen, vor Schmerz jammern. Dafür gebraucht man in NB. (M.) geradezu pfeifen = vor Schmerz laut, heftig jammern. Die nd. Form pîpen erscheint in unserem Dialecte im Anlaute aspirirt; pîpen stammt vom lateinischen pipare = wie aus einer Röhre (pipa) sausend hervorspringen (Wgb. II. 335).

pfitschaklatschenöß oder pfëtscheklatschenöß (Br.) = ein intensiveres pfitschenass (siehe pfatschenöß). Also „naß, daß kein trockener Faden an einem ist." Von Gegenständen „durch und durch naß."

pfitschepfeil, der (Rz.) = Bogen und Pfeil als Spielzeug der Kinder. Ebenso in NB. (M.), bairisch (Schmell. I. 526) und schwäbisch (Schmid 63). Eigentlich bloß „pfeil," der beim Abschießen einen Laut verursacht, den man mit pfitsch nachahmt. Dieses pfitsch wäre nach Schmeller (a. a. O.) der Imperativ zu einem naturlautnachahmenden Verbum pfitschen. (In NB. (M.) pfîtschen = pfeifen).

pflanze, die (Rg., Henn.) = junge, meist im Hausgarten aus dem Samen gezogene Kraut- oder Rübenpflanze zum Versetzen auf das Feld.

I. pflaume, die (Hbr.) = Flaumfeder. Oberdeutsch aspirirt in f und pf; lateinisch pluma, französisch plume, mhd. die plûme = Flaumfeder.

II. pflaume, die (Ta.) = 1. die oberirdische Frucht der Kartoffel (areplpflaume). Sonst areplkailchl (NB. M.); aprnakellan (A., Baß.); aprnakleppalan (Rg., Trb., Arns., A., Gießh.); apanaknejkl (Gr.-A.) Man vgl. diese Wörter in Bezug auf den 2. Theil unter dem Buchstaben k. 2. (Parsch.) = cunnus.

pflöckl, das (Einf.) Redensart: a pflöckl zurück-
steckn = in seinen Forderungen zurückgehen, nachgeben.

pfucke, die (meist Mz. pfucken, Rz., Ta.) =
1. Wergabfälle beim Spinnen; 2. widerspenstiges Kind.
Etwas Aehnliches wie sonst im Rg. pûzl. pfucke auch in
NB. (M.) in beiden Bedeutungen.

kratzlpfucken (Rg., Rb., Frbl.) = die beim
Hecheln des Flachses vor dem Spinnen abfallenden Reste.

pfuckengarn = das aus diesen Abfällen gesponnene
Garn.

pfuckenleimt (Ta.) = grobe Sackleinwand (aus
diesem Garne gewobene Leinwand). Redensart (Rb., Frb.,
Ta.): Dôs is ma pfucke = das ist mir nichtsbedeutend,
nichts wert, gleichgiltig. Ferner: Dôs is pfuck = das ist
weg. (Sonst futsch und pfutsch).

pfuckig, Adj. = wie pfucke, also zerzaust, wirr
durcheinander aussehend. In NB. (M.); in Aufcha, J. H.
64 = wollig, vom Schafpelze. In dem Liede „der Zippelpelz" heißt es:

Vôtr, kejft mer og en Zippelpelz.
Vôtr, kejft mer og en Zippelpelz
Vu en rachten Stoor,
Dar racht pfuckich wor.

Der Etymologie nach scheint der Stamm pfuck eins
zu sein mit puz in puzel, mit welchem auch die Bedeutung
„Abfall vom Werg" sich deckt. In pfucke ist der Anlaut
aspiriert, also oberdeutsch, während puzel nd. Tenuis
behielt. Uebergang von k und z ist gleichfalls nachweisbar,
z. B. in quingen, d. i. kwingen = zwingen, in ficken
und fitzen, in pike und piz = erste Milch der Kuh nach
dem Kalben 2c.

pfudel (Geschlecht?) = Pfütze, Lache. Im Braunauer Hirtenspiel sagt der Hirt Misael:

Staffa, mach fort,
Ich ho mich schon gegort,
Mer wella nâma ensa Ranza,
Ueber Pfëtz on Pfudl tanza.

9*

Nach Whb., Btr. 69, heißt es „der pfudel." Davon
bann pfudelnass, woraus sich wohl auch unser sonstiges
pudelnass erklärt, nicht als nass wie ein pudel, sondern
nass, wie wenn man in einem pfudel = Pfütze gelegen
wäre. Pfudel scheint übrigens durch unorganische Einschiebung von „d" erweitert aus hd. pfuhl = Pfütze, das zum
lateinischen „palus" = stehendes Wasser, Sumpf, gehört.

pfup, die (Weig.) = eine aus dem Stengel des
Löwenzahns von Kindern hergestellte Vorrichtung, vermittelst
deren man durch Hineinblasen einen dumpfen, brummenden
Ton hervorbringt. Daher:

pfûpen (Weig.) = diesen brummenden Ton hervorbringen. Eine Nebenform zu pfîpen. Vgl. die innere
Wortbildung. i repräsentiert den hellen, (pfîpen); u den
dumpfen Ton, (pfûpen).

pfütze, die (Rb.) = scherzhaft das Meer. Ueber
der pfütze drüben = in Amerika.

pichen (picha Kl.-A.) = kleben. Von pech.

picklich (A., Schöb.), Nebenform zu bucklich. In
einem ganz an die vierzeiligen der bairischen Bewohner des
Böhmerwaldes oder an die Schnabahüpfel der Alpenbewohner
erinnernden Reime aus dem Adlergebirge (Schöbewh)
heißt es:

Zwe scheckiche Ochsa
On n „pickliche" Kuh,
Dos gët mr mei Voter,
Wenn ich heirota thu.

pickwericke, die (Rg.), pickericke (Gießh.)
= Nußschalenklapper; klappernbes Spielzeug der Kinder
aus einer halben Nußschale gefertigt. Schallnachahmendes
Wort, ähnlich wie man auch den Schlag der Wachtel nach-
zuahmen pflegt. In meiner Heimat (NB., M) heißt das
Instrument die Schnecker.

pik, der (Rg., A., Br.) = heimlicher Groll; der
hot en pik of mich (Wich.) Aus französisch pique.

pîke, die (A., Gießh., Lbskr.) = Coloftrummilch.
Vgl. bies.

pille, die (Parſch.) = männliches Glied (von Kin=
dern). Auch ſonſt in NB. (M.), wo es das pillhânl heißt.

pilzbürger, der (Marſch.) = ſpöttiſche Benennung
der Bürger des Städtchens Freiheit.

pimpernich (A., Gießh.) = verweichlicht. Schleſiſch
pimplich und pimpln = kränklich ſein. (Kn.) Zu pampern.

pink, die (Rg., Tſchermna), ſonſt meiſt pinke =
Geldcaſſe beim Spiel. Auch ſchleſiſch pinke = Geldſäckel,
Whd. Vtr. 69. Ferner ſlaviſch pinka (čechiſch), pek polniſch.
Ich glaube an eine Schallnachahmung, denn die beim Spiele
in eine meiſt blecherne Büchſe geworfenen Kupfermünzen
verurſachen einen Schall, davon:

pinken (Henn., A.) = mit Geld, Kreuzern ſpielen.
d. h. mit einem Geldſtück auf ein anderes klopfen, daſs es
klingt und ſpringt. Daher gehört auch hieher das folgende

pink, pank, onomatopoetiſche Nachahmungen der
Schläge des Schmiedes, wenn er das Eiſen hämmert. Von
einem vorauszuſetzenden, doch mhd. nicht vorkommenden
pinken = ſchlagen; in NB. (M.) kommt dieſes Wort vor
= 1. ſchlagen, von dem Schlag der Finken; 2. mit Feuer=
ſtein und Stahl Feuer ſchlagen. punken (die Ablautbildung)
kommt mhd. und ahd. vor. In den alten Volksſchauſpielen
hieß Pinkepank ein Teufel, der vor der Hölle ein Wirtshaus
hielt. In den Auszählreimen, wo „pinka, panka, du biſt
naus" den Schluß bildet, kann man dieſes Schallwort in
Verbindung mit mhd. bunge = Trommel und bungen =
trommeln, pauken, bringen. Man vgl. folgende Verſe:

> Eins, zwei, drei,
> 's stönd a Mannla ai de Thür,
> Schlug de „Trumml" bёnda naus,
> Pinka panka, du bёst naus. (Roſenthal).

pinkel, der (A., Vatz., Hilb.) = 1. Bürde, Laſt;
2. (D.=V.) = Geſchwür, Beule; mhd. heißt punkel, auch
punkelin ſo viel als Schlag, Stoß, Beule, woraus ſich die
Bedeutung „Bund, bauſchige Maſſe und Laſt in einem Bunde
oder Bündel entwickelt. So bairiſch bei Schmell. I. 287.
In SB. (bairiſcher Dialect) heißt pinkel geradezu ſo viel als

„Bündel, mit einem Tuch zugebundener Pack," was sonst in NB. (M.) hocke (hucke), Rg. pax und paxla, in Hilb. pox heißt. Spottvers:

> Annamirl dëck,
> Pinkl of 'n Rëck,
> Schwarn ö dr Seit',
> Bont im a Leib. (Deutsch=Bielau.)

piourowitzen, Mz. (D.=B.) == Löwenzahn. Jeden= falls zusammenhängend mit Päonie, mhd. pionie, lateinisch paeonia, griechisch paionia, obwohl das ursprünglich Pfingst= Gichtrose heißt. Vielleicht gilt der Löwenzahn ebenso, als Heilpflanze, wie die Gichtrose; denn der griechische Paion ist der Götterarzt, sowie der von Krankheiten befreiende Apollo.

pipala, das (Hbr.) und piperla. (Grabl., Henn., Rgb.) == ganz junges Hühnchen; gebildet von dem Lockrufe pi-pi auf kleine Hühner, der wieder entstanden ist aus den piependen Lauten, welche die jungen Hühner von sich geben. Auch schweizerisch das bibi Hühnchen (in der Kindersprache). (Stalb. I. 168).

I. pipe, die (allgemein) == Hahn am Faß. Schwäbisch pippe (Schmid 65). Die nd. Form unsers oberdeutschen „pfeife."

II. pipe, die (Gießh.) == Speise aus der Colo= strummilch.

pipel, der (Henn.) == 1. Knoten. 2. schwarze Regenwolke. 's piplt sich ein == das Gebirge umzieht sich mit Wolken. Siehe pëpel.

pipen (pipa, Gab.) == einen kurzen schwachen, feinen Ton hören lassen. Daher die Redensart nicht pip sagen können (Rg.) == nicht den geringsten Laut von sich geben können.

piperféllsl, das (Arn.) == Speise aus der Colo= strummilch. Vgl. pipe II.

pirdel, der (Freih.) == großer langstieliger Hammer. Diese und alle andern Formen wie: pirl (Rb.); perl, pörl (Ta.); përdl (Rg, A., Br.) siehe unter beren I. 3. des vorangehenden Wörterverzeichnisses.

pischpern (A., Baß., Rgß., Wich.) = in säuselnden leisen Tönen sich äußern, lispeln. Unsere Form entspricht, da p = b, dem hd. (bei Goethe vorkommenden) wispern, indem sich w verhärtet, und s zu sch vergröbert. Auch schlesisch pischprn (Kn.)

pîsla, das (Hilb.) = kleines Gebund Flachs. Eigentlich büßlein, Dim. zu büßen (siehe daselbst). zerpisseln (zů-pëssal, Hilb.) = zerkleinern, d. i. in Bißchen, Stückchen zertheilen, namentlich Holz.

pîsz siehe bies.

I. **pîter, der** (Frb., Ta.) = Männchen von kleinen Thieren.

II. **pîter, der** (Rz.) = Polster, der zwischen den Rückenkorb und den Rücken gelegt wird, um den Druck des Korbes zu vermindern.

pîterschfläk (Rgß.), **pîterschfleck** (Br.) = Stück von einem Stoffe (Tuch, Leinwand), das sich der Handwerker (Schneider, Weber) zurückbehält, d. h., dem Eigenthümer nicht zurückgibt. Wahrscheinlich hängt dieses Wort mit pîter II. zusammen, da man solche Abfälle wohl zur Herstellung von Tragpolstern verwendet?

pitlaker, der (Hbr., Henn.) = Wilddieb. Davon pitlâka = wildern. Aus dem slavischen pytlák = Wilderer und dies vielleicht von pytel = Sack.

pîtrich, der (Ta.), Schimpfname. Wohl zu pîter I. gehörig.

pîtsch, der (A., Deschnaß, Sattel) = Speise aus rohgeriebenen Kartoffeln, die mit Milch, Mehl und Eiern vermischt, gedünstet oder geröstet werden. In Eger kennt man dieselbe Mehlspeise, nur dass man hier statt Rahm Buttermilch verwendet.

pitterich, der (Rgß.) = dicker Bauch (siehe bitterich).

ge-pîwel, das (Henn.) = 1. kleines Frauenzimmer. Gehört es zu pîpel? (siehe daselbst). 2. das gepîwel (Gießh., Tr.) = Sippschaft, Gesellschaft. Scheint ein Collectiv zu pöbel, von lateinisch populus = Volk.

pîze, die (de pîze, A., Gießh., Rof.) == Mutter=
milch. Schlefisch pitze (Kn.)

pîzen (Rg., Br., A., Bah.) == saugen. Im Schlefischen
pitzen == saugen (von Kindern und Thieren gebraucht);
Whd. Btr. 70). Scheint zunächst an das Slavische sich
anzulehnen. Polnisch pic und čechisch piti == trinken.
In NB. (M.) heißen die pîzen - Brüfte, im Schlefischen
pitzen == Bruftwarzen (Whd. Btr. 70). Daher:

pîzbâwe, die (A., Defchnay) == Auflauf aus der
Coloftrummilch. Daffelbe bedeuten auch

pîz-füllsl, das (Rg., Hoh.) und pîzpfanka (A.)

pitzeln (Rg., Hbr., Rb.) == in kleine Stücke
(pitzalan) zerfchneiden. Ebenfo zer-pitzeln (zû-pitzal,
Hilb.) Siehe bitzeln.

rem-plachandern (an, Br.) == sich herumtreiben.
Auch schlefisch (Kn.)

plachte, die (Rg., Parfch.) == abgetragener Rock.
Zu plache == groblinnenes Jagdtuch zum Umftellen eines
Waldftückes, grobe Leinwand zum Packen, Ueberfpannen
(Wgb. II. 355).

pläderich, der (Rg., Arns.) == Platzregen.
Gehört zu nd. pladdern, richtiger plattern == hd.
plätfchern (Wgb. II. 356). Mit durchgeführter Lautver-
fchiebung das ge-flätzer (Rb.) == ftarker Regen.

pläderwäter und pläterwäter, das (Rg., Hbr.,
Frb.) == Geräusch, Spectakel, wie er durch das Zufammen=
reden Vieler entfteht. Dies Geräusch ift alfo verglichen
mit dem raufchenden „Plätfchern" (plädern) eines heftig
niedergehenden Regens.

I. plampâtsch, der (Rg.) == Brautführer und
Luftigmacher bei Hochzeiten. Auch in NB. (M.) plamplatsch
== der Hochzeitsbitter und bei der Hochzeit felbft Ceremonien=
meifter und Luftigmacher. Slavisch?

II. plampâtsch, der (Weig.) == ungefchickter
Menfch. Klingt an plump an, daher die Bedeutung; im
Uebrigen daffelbe Wort wie das voranftehende.

plampe, die (Rg., Hbr., Weig., A., Gießh.) =
alte Kuh, besonders mit tiefhangendem Bauch. Gehört zu
plampen = frei hangend sich langsam hin- und herbewegen.
Schweizerisch bei Frisius: „mit dem kopff plampen oder
hin und här gnepffen" (Wgb. II. 357).

plampern (plomprn, Hilb.) = albern reden.

ver-plampern, sich (Rgb. Ta.) sich verrathen
durch Reden. Nebenform zu plappern.

planet. Redensart: die plonéta lása (Gr.-Vor.)
= jemanden auszanken. Auch in NB. (Auscha) bei J. H. 65.

Voter: Junge du bist wull ej rachter Norra,
    Gieh und rejd mit unsern Herrn Pforra;
    Dou werscht schunt derfohr'n,
    Doss mer jitz muss spor'n,
    Dar werd dir schunt de Plonejten lasen.

                Jarisch: Der Zippelpelz.

plant, die (Henn., Weig.) = kurzer Rock aus
roher Leinwand. plant gehört zu sächsisch, schlesisch die
plane = groblinnene Decke als Ueberzug über die Lastwagen.
Dieses aus blächn (südböhmisch, bairisch), und dies aus
lateinisch plaga. Vgl. die plachte und das folgende die
plente. Volksreim:
    Olle Heilicha hŏn getanzt
    On unsr Hergŭt mitta drinna;
    Dr heiliche Petrus is hĭgefolla,
    On hŏt sich de Plant zerrissa.   (Henn.)

plantschen (Rg.) = schlagen, insbesondere mit der
flachen Hand. Nebenform zu panschen, pantschen und
prantschen.

I. plärre, die (Rg., Grulich) = Mund. Von
    plärren (Rg., Ta.) = viel reden, dummes Zeug
reden, schwätzen. Dieses, im 16. Jahrhundert blären,
blerren, im 15. Jahrhundert pleren, plerren, plarren
= blöken (vom Schafe, Kalbe, der Ziege); mhd. bléren
= blöken, dann schreien. Davon:
    ge-plärre, das (Rb.) = das Gerede, Geschwätz.
mhd. das geplerre.

II. plärre (die kuhplärre, A., Gieß.) = Kuhfladen.
Bairisch die plerren = breitere andersfärbige Stelle
an einer Fläche (Schmell. I. 337).

plässen (Ta.) = mit der Thür stark zuschlagen,
so daß es laut schallt. Nebenform (Factitivum) zu platzen
= schlagen, daß es schallend auffährt. plässen auch in
NB. (M.); dagegen platzen = mit der Peitsche knallen.
Verwandt auch mit ags. plätten = flach und mit Schall
ins Gesicht schlagen; nd. plattern (pladdern) = laut
aufschlagend niederfallen; ferner mit nhd. plätschern =
wiederholte Schläge ins Wasser thun.

platschen (plätscha, Grulich, Hbr.) = lange
breit und behaglich sitzen bleiben. Zur Wurzel pla (griechisch
platys, lateinisch planus). nhd. mit Verschiebung der Tenuis
zur Aspirata fla-ch. Verwandt damit ist:

platschen (platscha) = 1. mit der flachen Hand
oder mit einem flachen Gegenstande (platsche) schlagen.
Daher heißt auch in vielen Gegenden (z. B. NB. M.) die
Fliegenklappe, d. i. Stab mit „flachem" Lederfleck am Ende
zum Fliegenschlagen „fliegenplätsche." 2. (Weig., Rgb.)
= schmatzend (geräuschvoll) essen. 3. (Weig., Gab.) =
schwerfällig gehen. 2) erklärt sich aus dem „plätschernden"
Geräusch der Lippen; 3) aus dem mit schallendem Geräusch
auftretenden Füßen.

platsche, die (Abersbach), platsche und platzke
(A., Gießh.) = Kopftuch der Mädchen. Es wird vorn
um die Stirn geschlungen und hinten in eine Schlinge
zusammengezogen. In Gießh. selbst kommen derartige Kopf=
tücher nicht vor. Man nennt so die Kopftücher der Weiber,
die alljährlich aus der Iglauer Gegend als Wallfahrer über
Gießh. nach Maria Albendorf ziehen.

plätsche, die (Rz.) = niederer, flacher Topf;
(Rb.) = niedriges, flaches Gefäß überhaupt; (A., Schöb.)
= flaches Gefäß aus Thon; (A., Baß.) = irdener (wohl
flacher) Tiegel; (Ta.) plätschel, das = kleine Pfanne. Auch
in NB. (M.) = oben recht breites, irdenes Gefäß zum
Aufbewahren der Milch. Das Wort beruht auf der schon
oben angeführten Wurzel pla und dem Stamme plat =
breit, flach.

plätschisch, Adj. (Rg., Hbr.) = flach, breit. Auch in NB. (M.), woselbst auch plätschich.

I. platz, der (Mz. die plotza, A., Rof.) = Kuhfladen.

II. platz (Rg.), pläz (Henn.), der = Milchhaut, die eine „flache" Rinde bildet. Beides zur Wurzel pla = breit, flach.

platzka, der (Rg., Henn.) = aus Mehlteig und geriebenen, gekochten Erdäpfeln gebackener Kuchen; (Br.) = überhaupt Mehlkuchen. Da in NB. (M.) die Form platz-kuchen vorkommt, so ist ka in platzka aufzufassen, wie in pfanka = Pfannkuchen. Der erste Theil platz deutet wegen der Wurzel pla auf eine ganz flache Form des Kuchens hin, denn schwäbisch der platz = runder flacher Kuchen (Schmid 74). Vgl. auch lateinisch placenta, nhd. fladen. Uebrigens auch slavisch (polnisch) placek. Das Diminutiv platzla (Br.) = Mehlkuchen auf dem Herde gebacken.

plaue, die (Hbr., Rg.) = 1. Leinwandbecke über den Frachtwagen; 2. Regenguß, rasch vorübergehender Strich-regen, was man in NB. (M.) eine fluche nennt; daher Aprilplaue. In NB. (M.) nennt man plaue, auch in Hbr., was sonst im Gebirge plachte = linnene Wagendecke, heißt, weshalb wohl plane gleichfalls zu dem bairischen blahen oder blahe (Schmell. I. 236), mhd. blâhe, gehört (siehe plachte). Daher plaue = eine sich blähende Himmelsbecke (Whd. Btr. 71).

I. plauze (Rg., Br., A.) = Eingeweide, namentlich Lunge. a houts uf da plauze (Hbr.) = er ist „brust"krank; a redt, wie a's vo dr plauze nimmt (Hbr.) = er redet freimüthig. Auch in NB. (M.); schlesisch (Whd. Btr. 71); čechisch plíce = Lunge; polnisch pluca. 2. schlechtes, ärmliches Bett. Nach Whd. Btr. 71 würde sich die Bedeutung von Betten aus der Vergleichung derselben mit den Ein-geweiden der Bettstelle ergeben. (Gewöhnlich hört man das Dimin. pläuzla bette.

II. plauze, die (Ta.), roher Ausdruck für Mund.

plêder, die (Rg., Hbr., Br., A.); plejder (Ta.); pleuder und ploider (Br., A., (Sießh.) = Maschine zum Reinigen des Getreides. Von

plēdern, plejdern, pleudern, ploidern = wehen,
fächeln vom Wind. Auch regnen unter Sturm. Daher:
Petrus plēdert (Henn.) mhd. blödern = raufchen (Lex.
I. 312). Die Maschine heißt so von dem rauschenden,
klappernden Fegen (Whd. Btr. 71). Das Wehen des bewegten Windes, welcher die Spreu wegbläst, scheint aber
doch die eigentliche Urfache der Benennung des Instrumentes
zu fein. Denn plē-dern gehört zur Wurzel bla- in blä-hen,
bla-sen und fla-, lateinisch fla-tus, das Wehen; fla-ttern ꝛc.;
denn mit flat stimmt plēd nach dem Lautverschiebungsgesetze
vollständig.

plēken (plēka, Rg., Br., A.) = schreien. Bei
Luther bleken; ahd. plegan; mhd. blecken = bellen.
Nebenform zu bäken (siehe dafelbst).

plēkmelich (Hilb.) = die erste Milch einer
Kälberkuh.

plēkföllsel, Speise daraus. Siehe bläk-milch;
bläk-füllsel.

plempe, die (Rz.) = Pfütze, schmutzige Lache. Diefelbe Form auch in NB. (M.) Gehört zu plumpen,
wetterauisch plümpern (was in unferem Gebirgsdialecte
plēmpern lauten würde) = mit einer Stange das Bachwasser rühren, und ins Wasser schlagen.

plēmpel (Gen.?, Rg., Br., A.), blutplempel (Br.)
= 1. dicke Wurst, besonders die in den Magen gefüllte;
2. der Magen (Hbr.); 3. dicker Mensch. Eigentlich plümpel,
zu plump gehörig. Schwedisch und dänisch plump =
unförmlich, ebenso nbd.

plente, die (Rg., Br., A.) = Ueberrock, kurzer
Rock, Rock überhaupt. Dimin. das plentla. Vgl. die
plant. Auch schlefisch plente bei Holt. Ged.*); Kuhländchen:
plant.

plepp, die (Henn.) = böses, verzerrtes Gesicht.
Mit Auslassung des r aus plerpe oder plärpe (NB.) Vgl.
die plärre I.

plepperich, der (Rg., Rgt.) = Kuhfladen. Gleichfalls aus der Wurzel pla, die etwas Flaches bedeutet.

---

*) Holt. Ged. = Holtei, Schlefische Gedichte.

plesche, die, Mz. (Ldskr.) = Schläge, Hiebe. Auch in NB. (M.); bairisch blaschen, bleschen = schlagen, fallen, daß es schallt, wiederholt schlagen (Schmell. I. 238); einen durchbleschen = prügeln (1. 239). Auch in NB. pleschen (Leitmeriß) = schlagen.

plessen (Ta.) = schlagen. Ebenso in NB. (M.), z. B. die Thüre mit Heftigkeit schallend zuschlagen.

plĕtsche, die. Siehe plätsche.

plĕtsche, die (Rg.) = 1. Anwesen, bestehend aus weit auseinander liegenden Objecten, als Scheuern, Schupfen, Wohngebäuden ꝛc. 2. Haus mit einem ungewöhnlich hohen spitzigen Giebel und Dach.

pletz, die siehe bletz. In NB. (Leipa) plesse.

pletzen, auch **blëtzen** (Rg.) = schlagen, daß es schallt. Vgl. blitz und bletz. Wurzel pla- (siehe oben), weshalb der Schall herührt von einem flachen Instrumente.

plitschern (plitschan, Rg.) = plätschern.

ploåtsch (Rg., Tr., Hbr.) = dummer Mensch.

plompen (plompa, Rg., Br., A.) Redensart: ich plomp dr druf, wenn man mit Verachtung etwas zurückweist. In Henn.: ich plump dr drauf. Auch schlesisch (Kn.)

zer-plompern, sich (Henn.) = sich in der Rede verirren; ein Geheimnis durch Schwaßhaftigkeit wider Willen verrathen. In NB. (M.) = sich verplempern. Beide plompen und plompern zu plempe, plumpe = schmußige Lache, Pfüße (siehe plumpe). verplompern heißt daher eigentlich soviel als die Redensart: in die patsche kommen.

zer-plonsa (Hbr.) = aufgedunsen. Schweizerisch blan, blon = aufgedunsen (Stalb. 180). Auch blunschig. Bei H. Sachs bluntsch. Eine Nebenform zu aufge-bla-sen; von der Wurzel bla (in blähen, blasen, lateinisch fla-re). Vgl. die plunze und Aprilplaue, wobei die Wolke mit einem geblähten Segeltuche (blahen) verglichen wird.

plŏperich, der (Grab.) = Kuhfladen. Derselben Wurzel wie plepperich.

plötscha (Trb.) schlendernd einhergehen. Gehört zu platschen (von der Wurzel pla = breit) = breit und schallend auftreten.

plotze (Rg., Hbr., A., Batz.) = plötzlich, schnell. Auch schlesisch (Wtb. Btr. 72) und älterneuhochdeutsch statt plötzlich: komm zu mir plotz und flugs (Logau) = Knall und Fall, und der plotz = mit Schall aufschlagender Fall. Im 17. Jahrhundert auf den plotz = Knall und Fall. Vgl. dazu plötzen (Ta.) = schallend schlagen.

pluchze, die (Weig., Tr.) = 1. schlechtes Bett. Nebenform zu plauze (siehe daselbst). Ein Analogon zu schnuchze = schnauze. 2. (Tr.) = dummer Laffe. 3. (Tr., Weig.) = Person, die gern Possen treibt.

plûdern (Weig.) = plaudern.

I. plumpe, die (Rg., A.) = Pfütze, übertragen große Menge Flüssigkeit, Tümpel im Bache. Vgl. plempe.

II. plumpe, die (Rb.) = Pumpe.

plümpel, der (Br.) = 1. dicke Leberwurst, 2. einfältiger Mensch (siehe plémpel).

plûmpûtsch, der (Rb.) = Hochzeitsbitter. (Siehe plampatsch).

plunder, der (Tr.) = Brautausstattung, sonst bauerrath (baurôt, siehe daselbst) genannt. In NB. (M.) heißt das Brautfuder das plindich oder plinda = plünder. Schweizerisch plunder = Hausgeräth; mhd. plunder = Bettzeug, und schweizerisch plündern = das Hausgeräth aus dem Hause anderswohin bringen beim Retten oder bei einem Ueberzuge (Stald. I. 191).

plunzen, der (Lbskr.) = große Wurst; 2. (Rb.) plünze = Mensch mit aufgedunsenem Gesichte, auch dummer Mensch. Schwäbisch der blunz = dicke Blutwurst, dicker Mensch (Schmid 79); tirolisch der plunze = fetter unbeholfener Mensch (Hintner); schlesisch plunstrich = dick, aufgeschwemmt (Holtei). Wurzel bla oder p'a. Vgl. zer-plonsa.

plûtze, Adv. (Rg.) = plötzlich. Vgl. plotze. Dazu

plutzer, der — Fehler, der aus Uebereilung geschieht.

pôber, der (Hbr.) = eine Art Winterrock der Männer ohne Taille, besonders von Bauern jetzt noch getragen; von meist blauer Farbe und mit aufgenähten Borten auf dem Rücken. Auch in NB. (M.) pouwa und Drum pouwer. Wahrscheinlich aus französisch pauvre = arm, dürftig, obwohl die Bedeutungen nichts Auffälliges gemein haben. Wahrscheinlich ist die Mode aus Frankreich gekommen.

pochen (pocha, Br.) Redensart: imansam toir pocha = jemandem drohen, befehlen; pocha gîn = an die Heirat gehen, das fensterln in den Alpenländern; klënka schlôn (Rg., Parsch.)

pocken (Hilb.) = still halten. Eigentlich bocken (von bock) = vom Bocke besprungen werden.

pôdrei, die (Br.) = ein kleines gewölbtes Zimmer.

pôfel, der (Lbskr.) = schlechte Ware. Schwäbisch bafel, pofel (Schmid 37). Gehört es zu mhd. bovel, povel = gemeines rohes Volk, oder zu französisch pauvre = armselig, dürftig?

poikn (Frb.) = schreien (von Kindern). Vgl. bäken.

polak, der (A., Rot.) = kalter, trockener Nordostwind; so genannt, weil aus Polen, d. i. Schlesien (eigentlich aus den Steppen des inneren Rußland) kommend. Auch der pôlsche wind.

pôlex, der (Wich.) = Dickkopf.

pôlisch oder pôlsch (A.) = polnisch. pôlscher wind; pôlsche wirtschaft = liederliche Wirtschaft.

pollmehl (pullmâl, A., Baß., Br.) = schwarzes Mehl.

pollig (Tr.) = mit Klümpchen (Ballen) versehen. Vgl. bollmehl und bollig.

pöller, der (beller, Henn.) = Schuß (siehe beller).

polstertanz, der (A., Deschnay) = eine Art Tanz. Dabei bilden die Paare aufgelöst einen geschlossenen, aber sich bewegenden Kreis. Ein Tänzer, der in der Mitte dieses Kreises steht, hält einen Polster in der Hand und wirft diesen vor einer Tänzerin nieder. Darauf knien beide auf den Polster und der Tänzer erhält von der Gewählten einen Kuß. Der erste Tänzer verläßt nun den Kreis, und es wählt nun die Zurückgebliebene einen Tänzer in ähnlicher Weise, bis der Kreis ganz klein wird. Dann tanzen die Paare, die sich gewählt haben, einen Rundtanz.

pomälich (Rg.) = langsam, allmählich. Slavisch pomalu.

poms, der (Rg., Hbr.) = dicke Masse (siehe pams); **pomsknoten** (pomsknôta) = Speise aus rohen geriebenen, mit Mehl vermischten Erdäpfeln.

ponsch, der (A., Desch nay pflaumaponsch) = Pflaumenmus. Sonst powidl oder in NB. (M.) klecke. Von panschen, pantschen = durcheinander schlagen, mengen, mischen.

popanz, der (Rg., Br., A.) = Schreckgestalt. Schon im 17. Jahrhundert der popantz. Gehört zu folgendem:

I. **pöpel, der** (A., Desch.) = Schreckgespenst. NB. pouplmôn (Rb., M.) Auch schwäbisch kommt pöpel = Schreckgestalt vor (Schmib 80). Ebenso schlesisch (Whb. Btr. 72). Dazu

ein-pöpeln oder **-pöpeln** (Rg., Hbr.) = sich einhüllen, vermummen; mit Wolken sich überziehen. das gebirge pöpelt sich ein. Ferner

pöpela, das (Abersbach); **pöpala, das** (Rg., Henn., Rgb., Br., A., Gießh.) = Kopftuch der Mädchen, das unter dem Kinne zusammengebunden wird und den Kopf ganz verhüllt. Endlich

pöpel, der (Rg.) = 1. Kopf. 2. vereinzelte dunkle Regenwolke (vgl. plaue), oder auch in dichtem, zusammenhängendem Qualme emporsteigende Rauchwolke beim Brande. 3. Vorrichtung zum Verstopfen (Stöpsel), als oberster kopfähnlicher Theil einer Flasche. 4. Schimpfname: besonders Bezeichnung für ein Kind. Wird gewöhnlich hergeleitet von slavisch bubak = Schreckgespenst. Hat aber auch unverkennbare Verwandtschaft mit puppe = eingehüllte Gestalt, als Spielzeug für kleine Mädchen und „wickelkindähnliche Insectenlarve." sich einpuppen und einpöpela sind sicherlich etymologisch nahe verwandt und kommt von lateinisch pûpa, mittellateinisch puppa = eigentlich kleines Mädchen, dann zum Spielen gemachte Menschengestalt.

II. pôpel, die (Rg. allgem.) = Löwenzahn (Leontodon taraxacum). Der Name pôpel ist wohl gleich „pappel = Malve, schön blühende Pflanze" zu nehmen, obwohl Malve und Löwenzahn ganz verschiedene Pflanzen sind. Solche Verwechslungen zeigen sich namentlich in Bezug auf naturwissenschaftliche Objecte im Dialecte häufig.

poppen (poppa, Grad.) = stark rauchen. Nebenform zu baffen, paffen, baffzen.

fort-poshentan (Weig.); posentan (Rgÿ.) = fortjagen. Infinitiv an entspricht hier hd. ern.

potênichen (potenicha, Tr.) = Pfingstrosen sammeln. Es war in frühern Jahren Sitte, zur Schmückung der Altäre am Frohnleichnamstage im Orte Pfingstrosen sammeln zu gehen, was man potênicha nannte.

potêniche, die (Rg., Br.)'; patênich (Henn.); potênichrûse (Rg., Tr.); potênisblume (Rz.) = Pfingstrose, Paeonia.

pôtsch, der (Rg., Br., A., Hilb.) = dummer Mensch. pûtsch (Henn.) Verlängerte Form zum Stamm patsch, patschen = jedenfalls breit und mit hörbarem Schalle durch Flüssigkeit gehen. (Vergleiche dazu auch trôtsch). rimpôtschen (NB., Leipa) = herumgehen und poutschn (Rb.) = plump einhergehen. Die erste Bedeutung von pôtsch ist also: schwerfällig herumtappender, 2. alberner Mensch. Dazu gehört:

pôtschen, die (Rg. allgem.) = Tuchschuhe, abgetretene Hausschuhe, was man auch in potschne = potsch-schuhe umgewandelt hat.

poumerwetzich (Weig.) = keck, vorlaut. Sonst geschnappig, geschnatzig.

prächeln (Rz.) = etwas durch Erhitzen flüssig machen, wobei ein prasselndes Geräusch entsteht. Nebenform zu mhd. brahten = lautes Geräusch machen. Vom Stamme brach, altnordisch brak = Geräusch, Getöse. Wurzel pra wie in prasseln, brasteln, praschen 2c. Bairisch bregeln = ein Geräusch machen, wie etwas, das brät (Schmell. I. 256); schwäbisch brägeln = im Fette braten oder rösten (Schmid 90); ebenso schweiz. (Stalb. I. 213).

rëm-prâchln (Grab.) = bei einer Arbeit langsam sein; in NB. M. prägeln = auseinanderziehen (besonders Vogelleim, den man erhitzt hat). Gehört zu prächeln und bedeutet, die Arbeit in die Länge ziehen.

die pracht (de pracht, Rg., Br., A.), Ausdruck der Verwunderung.

rem-prädeln (Grab.) = die Arbeit in die Länge ziehen, indem man langsam und unbeholfen dabei umgeht. Nebenform zu prudeln und pragein, prächeln.

praicheln (Br.) = hageln. Auch schlesisch prageln = hageln, wenn die Schloßen rauschend nieder fallen. Zum Stamme brach, brak = Geräusch, Getöse. Vgl. prächeln.

prampelieren (rem-pramplian, Br.) = still murren. Dürfte bis auf die romanische Endung ieren zu dem deutschen Stamme bram (vgl. die bräme, hd. brem-se) gehören. Im bairischen Dialecte Südböhmens heißt brameln, brummig sein oder summen (vom Kopfe: der kopf brämelt mir).

pranseln (Henn.) = 1. verbrennen; 2. prasseln wie bratendes Fleisch. Eine Nebenform zu bra-ten, prasteln, pra-sseln 2c. Die Wurzel pra deutet auf die Geräusch verursachende Thätigkeit in pra-nseln hin. verpranselt = stellenweise angebrannt (von Mehlspeisen).

prantsch, der (prontsch, A., Baß.); pransch, Wich.) = Koth, besonders flüssiger Straßenkoth. Davon

prantschen (prontscha, Rg., A.; prontschn, Hilb.) = Flüssiges durch einander schlagen, mengen, mischen, Speisen verderben (wohl durch unrichtige Mischung). Nebenform (durch r im Inlaut erweitert), zu pa-ntschen.

praschen (Frb.) = unnütz (und laut) herumreden. Schwäbisch brätschen = plaudern (Schmid 90); schlesisch praschen = laut und prahlerisch reden. Daher (Rg.) a prascht sich ûf oder proscht sich ûf = er prahlt sich.

Oberlaufitz. präschen; fränkisch und nd. braschen; nd. auch brasen brassen := lärmen. In NB. (M.) heißt präßn: 1. lautschallen; 2. prahlen. Wurzel pra- wie in pracht, prasseln ꝛc.

prâz oder präz dich (Rg., Henn., A., Gießh.), dient zur Bezeichnung des Schalles, wenn Jemand oder etwas geräuschvoll zu Boden fällt.

präz und prâzerich, der (A., Gießh.) = mit Schall verbundener Fall.

prâzen (Frd., Ta.) = laut schallen. Nebenform zu präßen (Ta. und NB. M.), woselbst präßich = heftiger mit Prasseln verbundener Schall, namentlich ein heftiger Donner= schlag. Verwandt auch mit praschen, wie mit allen von der Wurzel pra gebildeten Wörtern: prâzen : praschen := pletzen : pleschen.

prechtig, Adj. (S. H. 58.) = lärmend prahlerisch. Von mhd. braht = Lärm, Geschrei.

prelle, die (Rg.) := Finte, hinterlistiger Anschlag. Von prellen (ursprünglich) in heftige Fortbewegung kommen machen. Die Bedeutung prollen = täuschen erscheint erst in der ersten Hälfte des 18. Jahrhunderts und scheint von dem Prellen des Fuchses ausgegangen zu sein, welche Jagd= belustigung darin besteht, daß ein auf ein Tuch oder Netz aufgelaufener gefangener Fuchs durch rasches Anziehen der Enden derselben wiederholt in die Luft geschleudert und wieder aufgefangen wird (Wgd. II. 387).

I. prenzen, prenzeln, siehe brenzen, brenzeln und vgl. blenzen.

II. prenzen (Rb.) = plagen, von ähnlicher Bedeutung wie SB., bairischer Dialect und bairisch benzen. In Trautenau hört man bremsen, wozu es jedenfalls gehört. Schwäbisch pre-schen und presten = pressen, plagen.

presch, die (Grab.) := leichtfertige Frauensperson. Schlesisch die presch, Ausdruck zur Bezeichnung der Brunst, in der sich Hunde befinden (Whd. Btr. 73). Von

preschen (prescha, Rg., Hbr.) := Transf. jagen; Intranf. mit großer Eile umherjagen. das gepresche eilfertiges Jagen und Rennen. Auch schlesisch die pferde preschen — sie zu vollem Laufe antreiben (Whd. Btr. 73). Ebenso in NB. M. Sollte es nicht ursprünglich ein Factitiv zu praschen (präßen, prazen) = laut schallen sein? Also jemanden in eine Bewegung setzen, so daß sie Geräusch hervorbringt. In meiner Heimat prescht man z. B. Gänse, wobei sowohl von dem „Preschenden" als auch von den gepreschten Gänsen ein bedeutender Lärm verursacht wird.

ge-presche, das (Rg., Henn.) — dürres Reisig. Schwäbisch braß = unordentliche verwirrende Menge von Sachen (Schmid 91). Schweizerisch braschel = verworrener Haufe (Stalb. 1. 217). Schlesisch prass und prast (Whd. Btr. 73). Jedenfalls zu prasseln gehörig.

prissldürr (Weig.) = ganz dürr, ausgetrocknet. Sonst prasseldürr (NB. M.)

pressleibl, das (prassleibl, Einf.) = 1. enger Leiterwagen; 2. (spöttisch auch) Schnürleibchen. Die zweite Bedeutung ist entschieden die ursprüngliche, die erste ist übertragen.

pritsch, die (Grad.); pritsche (Drb.) = erhöhtes Brettergestell im Keller zum Aufbewahren von Aepfeln, Erdäpfeln. hd. pritsche = erhöhte hölzerne Lagerstätte.

pritschen (Rg.) = prellen, in schnellende Bewegung setzen. Gehört zur Form preschen.

pritschke, die (Tr.) = eine Art Kutsche. Polnisch bryczka.

prizel, der (Frd.) = unförmlicher, starker, junger Mann. In NB. (M.) gewöhnlich fauler prizel.

proanzn (Rb.) = Flüssigkeiten zusammenmischen in unrichtigem Verhältnisse. Zu pantschen und prantschen gehörig.

projzlbeere, die (Br., A., Gießh., Rok., Wich.) — Preiselbeere.

prouzeln (prouzan, Weig.) — plauschen, unnütz herumreden. Gehört zu den Schallnachahmungen präz. prasch (vgl. praschen = unnütz herumreden). Siehe übrigens auch folgendes prüzeln.

prrwurst (Br.), scherzhafte Bezeichnung für Wurst aus Pferdefleisch. Der erste Theil prr lehnt sich entweder an den bekannten Anruf an Pferde, oder gehört zu prr, purr der Interjection, die eine heftige Empfindung, einen Schauder ausdrückt.

prüdel, der (Rg., dasselbe was prontsch, pontsch, pantsch) = schlammige, schmutzige Masse; Zusammenfluß von Unrath. Bei Wgd. II. 400 ist prudel = Sumpfpfuhl, in welchem sich Hirsche und Sauen abkühlen, besonders zur Brunstzeit.

I. prüdeln (prüdan, Rg., Gab., Br.; prüdln, Henn., A., Rok.) = schlecht kochen. Auch schlesisch (Kn.) Von prudeln = laut, kochend aufwallen. Das p kommt auf Rechnung des oberdeutschen, denn sonst heißt es brudeln, brodeln, und hängt zusammen mit brodem.

II. prüdeln (rēmprüdln, Grab.) = langsam und unbeholfen arbeiten. Auch schlesisch prudeln und südböhmisch (bairischer Dialect) brōdln = langsam arbeiten (Whd. Btr. 73). Bei Wgd. II. 401 prudeln = langsame, nachlässige Arbeit machen. Von nd. bruddeln, neuniederländisch broddelen = nachlässig arbeiten, pfuschen. Dieses von neuniederländisch die brodde = Lappen, Fetzen, weshalb broddelen ursprünglich soviel ist, als „einen Lappen aufnähen, flicken, dann pfuschen.

pruppa, Adv. Redensart: es ist nicht recht „pruppa“ = es ist nicht recht geheuer, nicht alles in Ordnung, geht nicht mit rechten Dingen zu (Tr.) Von französisch propre = reinlich, welches reinlich in NB. (M.) rennlich wie pruppa gebraucht werden kann.

pruppeln (Rb.) = wiegen. Es müßte also die pruppe = die Wiege sein. Wie im folgenden Worte deutet pru einen dumpfen Schall an, der beim Wiegen entsteht.

prüschla, das (Hilb.) = junges Kalb. Mehrzahl die pruschblich. Gehört zu den Schallnachahmungen prisch (presch), prasch, prusch. Also einen dumpfen Schall von sich gebendes Geschöpf.

prusten (prusta, Rg., Tscherm.) = harte Speisen hörbar kauen. Zusammenhängend mit prasseln und südböhmisch brasteln, welche Schallnachahmungen bedeuten.

prutzich (Rg., Henn.) protzich (Grab.) = trotzig,
grob. Schlesisch (Kn.), bairisch sich brotzen = sich aufblähen,
stolz thun und brotzig = aufgebläht, prahlerisch (Schmell.
I. 274). Gehört zu dem Wurzelverb briezen = zum Bersten
schwellen, in die Höhe treiben, blähen.

prûzeln (Rg., Tscherm.); prûtzeln (Gö.) = in
Masse und mit lautem Schalle auffallen. Z. B. Obst oder
ein umfallender Holzstoß prûzelt. Schlesisch prûzeln und
prîzeln = knistern, prasseln von bratendem Fett. Bairisch
brâzeln, brûzeln, brasteln = prasseln. Vgl. dieselbe Schallerscheinung in pri-tsche, pra-schen, pru-sebla, pru-sten ꝛc.
und meine Bemerkungen über die Wortbildung nach Schallerscheinungen.

pudelmütze, die (Tr.) = zottige (pudelartige) Mütze.

pubâkln (Henn.) Redensart: du konnst mich pubâkln = du kannst mich gerne haben; da kannst mir auf
den Buckel steigen.

puhu, der (Rg., Trb., A., Schöb.) = Uhu. Auch
in NB. (M.) gebräuchlich. Vierzeilige:

> Dert dua of dam Barche,
> Dert sätzt der Puhu.
> A hòt a rût Kappla,
> A is grode wie du.   (A., Schöbewh.)

puihui, der (Rb.) = ein rasch aufbrausender, rasch
handelnder Mensch, Sanguiniker.

pulei, das (Einf.) = Gans (Kindersprache). In
NB. (M.) ist pillei der Ruf für Gänse und das pillei = Gans.

pulle, die (Hbr., Ott.) = bauchige Flasche. nd.
pulie = Branntweinflasche. Aus lateinisch (am)pulla
kleine Flasche gekürzt.

pulverhorn, das (polverhorn, Hmf.), scherzhaft =
große Nase.

pummel, der (Rz.) = kleiner Hund. Ebenso das
pummerla.

pummer, der (D.-L., D.-B.) = 1. Hund männlichen
Geschlechtes. Eigentlich pommer = kurzer, langköpfiger und

langhaariger Haushund, aus Pommern stammend (Wgb. II. 371). 2. dicke, jedoch rege Weibsperson. Auch schwäbisch (Schmid 86).

vier-pummer, der (Rz.) = Vierkreuzerstück. Wegen seiner plumpen, dicken Form.

pumpakittl, der (Drb.) = Rock der Frauen, der zu unterst angezogen wird. Jedenfalls ein weiter, bauschiger Rock. Vgl. pumphosen.

pumpaschlèchala, das (A., Schöb.); pompaschlèchl (Markausch) = Kaulquappe. Auszählreim:

Enala, Wenala, wer is denn der?
Ist denn der von jener Welt?
Ichl, Tichl, Pompaschlèchl,
Kuckuk aus, du musst naus.   (Markausch).

Das Wort besteht aus den zwei Theilen pump und schlegel. pump kommt auch sonst vor in pumplich (NB. M) ungeschickt, drum pumpelrûse (NB. M.) Rose mit unförmlich großer Blüte, Pfingstrose; schlesisch pumpel - plumper Mensch, woraus man schließen kann, daß pump nur eine einfachere nicht durch l erweiterte Form zu plump ist. Daher heißt pumpaschlèchala eigentlich Thier, das die Gestalt eines plumpen, unförmlichen Schlegels hat.

pumper, der (D.=B.) der Nabel.

pumperlitschka (D.=B.) = Löwenzahn (Leontodon taraxacum).

pumperrûse, die (Hutt.) Pfingstrose, pumpelruse (NB. M.); von pump = plump, etwas Dickes, Unförmliches bezeichnend.

pumpern (A., Schöb.) = dumpf poltern, klopfen, krachen. Zum Schallworte pum, bum. Auch bairisch pumpern, pempern, pampern — schallen infolge Stoßens, Klopfens, Fallens (Schmell. I. 284). Volksreim:

Mutter, wos kochst of de Nacht?
Nudln, doss pumpert on kracht.
Heidi zum Schnaepprment,
Nudln sind abgebrennt,
Oben und unten sind schwarz, —
's mog se käi Hund on käi Katz.   (Schöbewy).

pumpes, der (Hilb.) — Löwenzahn (Leontodon tar.)

pumser, der (Rg.) Stoß. Eigentlich pumpser von der Interjection pumps, womit man einen dumpfen Schall nachahmt.

pums, das (Gab.) — Sprengnetz zum Vogelfangen, zu pom, bum, pumps gehörig. Es heißt auch sprengpums; beim Losschnellen schlägt es über die sogenannte Tränke.

pûpen (pûpa, Tr.) Kindersprache — trinken.

puppe, die (Hbr., Ott.) — Garbenpyramide auf den Feldern, wenn die Garben trocknen sollen. Wegen der Aehnlichkeit der Form mit dem Kinderspielzeug. Der deutsche Ausdruck ist Docke, der auch sonst in NB. gebräuchlich ist für zusammengestellte Garben und Kinderspielzeug.

pûsch, puschmutter (A., Gießh.) siehe bûsch.

pût, die (Hilb.) — hölzernes Gefäß zum Wassertragen.

gepûzel, das (Hilb.) — Haufe zusammengekehrter Sachen. Vgl. bûzel — Wergabfälle.

Die sonst mit puß, put, putz, pûz beginnenden Wörter sind unter buß, but, butz, bûz zu suchen.

D.

D, der weiche Zahnlaut, spielt in unserem nordböhmischen Dialecte eine ähnliche Rolle, wie der weiche Lippenlaut b, d. h. er muß meist infolge der härteren Aussprache dem harten Laute t weichen, und man könnte mit wenigen Ausnahmen, z. B. drîmla, dremmel, wo der Dialect ausdrücklich die Media beibehält, t schreiben. Da ich jedoch die der hd. Sprache angepaßte Form des Dialectwortes häufig vorausstelle, so wird auch das anlautende d nicht ganz unvertreten bleiben.

dächt (dejcht, Rgb., Henn.; dejch', Grab.) — zur Partikel gewordener elliptischer Ausdruck: 1. für: dächte ich — hätte ich gedacht. Auch bairisch decht (Schmell.

I. 354). 2. Manchmal gewinnt der Ausdruck dejch fast die Bedeutung von hör ich, z. B. a wôr dejch nê dô = er war, wie ich höre (hör ich), nicht da. 3. Zuweilen verleiht dejch auch dem Satze einen concessiven Sinn, z. B. a wôr dejch nê do, un hôt doch olls gewosst = obwohl er nicht da war, hat er doch alles gewußt.

dâchsel, die? (Gö.) = Hohlart. mhd. dehse und dehsel, die, auch dihsel = Beil, Hacke (Lex. I. 416).

ver-dämmen (Arns.) Mit eingetretener Assimilation dasselbe wie folgendes:

ver-dämpfen (Henn.); Unkraut verdämpft das Getreide. Von mhd. dempfen = durch Dampf ersticken (Lex. I. 417). Hier die niedrigeren Pflanzen durch Beschattung im Wachsthume hindern und vernichten. Auch bairisch dämpfen, ahd. temphan = suffocare (Schmell. I. 373).

darm, der = 1. wie hd. 2. (dorm, Mz. derme, Gab.) = Kleidung (verächtlich), z. B. reiß dr ock nê die pör derme vult rô. 3. (Rgb.) = einfältiger, ungeschickter, auch albern redender Mensch. 4. (Henn., Grab.) = dürrer Mensch.

herum-därmern (rëmdärman, Rgb.) = langsam eine Arbeit verrichten, lange an etwas herumarbeiten.

darre, die (Arns., Br., A., Batz.) = 1. Vorrichtung zum Dörren des Obstes, Rösten des Flachses: flachsdarre. Eine Ortschaft im Isgb. heißt Darre, weil dort das geschlagene Holz zum Austrocknen liegt. 2. Krankheit des Ausdorrens, Vogelkrankheit. Die Form darre auch bei Wgb. I. 345. mhd. darre = Gestell oder Vorrichtung zum Dörren (Lex. I. 412); ahd. darra.

dastl (Tsch.) = deshalb, deswegen. Verstümmelt zunächst aus dasterhalben (Rb.) und dieses aus hd. deshalb. dasterhalben entspricht (Rb.) auch noch ein relatives wasterhalben. Auch begegnet (Rb.) noch eine Form darthalben, ursprünglich wohl derethalben, d. i. wegen deren. In NB. (M.) dastwagn und destewegen. Das te nach das und des scheint das verallgemeinernde da (vgl. derde = der da, und werde oder wade = wer da = wer immer) zu sein.

dattermännlein, das (dôtrmannle, Lbstr.; tôtrmannla, D.-B.) — kleines, unansehnliches Männchen. mhd. tatermann = Tartar, dann Kobold. In letzter Bedeutung auch österreichisch: Dodamon (Vernaleken, Myth. u. Br. 69, 179). Beide Bedeutungen passen zu den Schilderungen, die uns von den im Mittelalter (1241) Deutschland und Oesterreich heimsuchenden Tartaren (Mongolen) gemacht werden. Sie werden als klein, unansehnlich und von erschreckender, koboldartiger Häßlichkeit dargestellt. In einem Volksräthsel (D.-B.) bedeutet 's tôtrmannla den „Knecht." Es heißt:

Vier Regimenter = Vier Räder,
zwoi Gespenster = zwei Pferde,
's Tôtrmannla = der Knecht
met'n Zuckerbandla = mit dem Zügel.

dauma, der (Rg.) = hd. Daumen. Kindervers, wobei man auf die einzelnen Finger zeigt:

Dos is der Dauma,
Dar schüttelt die Pflauma,
Dar klaut se,
Dar frösst se,
Dar klene Niepel gieht nei
On sêts om Votr;
Dr Voter kommt raus,
An jêt olle dovou. (Anseith).

daun, besonders **rimdaun** (Gießh., Rok., Br., Wich.) = mit der Katze herumbalgen (von Kindern). **zerdaun** (auch Weig.) = Betten, neue Kleider, Papier, etwas Steifes, Geglättetes zerknittern.

dauß (D.-B.); **daußen** (Frd., S. H. 234) = braußen. mhd. dûuze, dûze. Sonst dessn (Rb.); dessa (Rg.); dassn (NB. M.)

decke, die (Jsgb., Jäg.) = Fell, behaarte Haut des Hirsches.

deckel, der (Weig., Gab.) = Hut, gewöhnlich alter. Vgl. schabesdeckel; platschdeckel, der (Tr.) = chapeau claque.

dejch, dêch (Henn.) = doch, dennoch, trotzdem. 's is dr kalt, on host dejch kenn rouk ö. Vgl. dächt.

dělichte, der (A.) = der da. Vgl. das folgende:

delle, der, die, das (Rg., Freib., Hbr., A., Gießh.) = dieser da, diese da, dieses da, solcher, solche, solches. dille (Kl.-A., A., Gießh., Rok.) Auch schlesisch (Glatz, Whd. Df. 141), der das Wort für ein Diminutivum erklärt. Könnte nicht vielleicht auch an eine Assimilation gedacht und das Wort delle aus der-lei entstanden gedacht werden? Wenigstens sind derlei und solch begrifflich einander gleich.

děmern (děman, Hbr.) = eine Arbeit langsam und faul verrichten. Vgl. tamern. Gehört wohl zum Stamme taum in taum-el, taum-elig, weshalb man „děman = täumern, d. i. wie im Taumel eine Arbeit verrichten,“ setzen könnte. Vgl. tamisch = wie betäubt.

dengeln (Rg. dengan) = 1. wie hd. 2. (Hbr.) Schoten dengeln = ein Kinderspiel. Auf zwei gabelförmigen Stäbchen ruht ein Querstäbchen. An dieses hängt man Schoten mit ihren hakenförmigen Stielen lose an. Nun wirft eines der Kinder mit einer Schote darnach. Die herabfallenden gehören ihm.

der (dr, Rg., A., Br.) = 1. tonloses Suffix vor Verben, das meist der Bedeutung von hd. er entspricht, z. B. drmacha, drmatschkrn ꝛc. 2. entsprechend mhd. demonstr, dar = dahin, hin, z. B. drhentn, drfanne (Rz.) = da hinten, da vornehin; der-sîder (Br.), seitdem; drnochrt (Rz.), darnach; derzune, derbeine ꝛc.

derblich, der (Rb.) = Schaden, Verderb. mhd. derben = verderben (Lex. I. 420).

der-de (dä-de, Gab., Rgb., Tr.; däre, Grab.) = wer immer. Dieser Form steht auch ein wäde = wer da zur Seite, was gleichfalls einen verallgemeinernden Sinn hat.

derftertrin, die (S. H. 105) = meretrix (öffentliche Dirne). Zu därchen = umherschlendern, sich müßig herumtreiben, und Trine, verächtlich = Weibsbild, wie in NB. (M.) und Thüringen käte gleichfalls aus Katharina gekürzt. Vgl. Vilmar, hessisches Idioticon 478.

dernla, das (Grab.) = 1. Meißel mit einem runden Schaft und scharfer Spitze zum Einschlagen von Löchern in Blech. 2. Harte, Risse erzeugende Quarzkörnchen im Schleifstein. Ist in beiden Bedeutungen als ein Diminutiv zu dorn zu nehmen (also dörnlein), wegen der Fähigkeit, Löcher und Risse wie ein Dorn hervorzubringen. mhd. heißt dorn auch „Stachel" (Lex. I. 452) und gehört zur selben Wurzel wie griechisch teiro, lateinisch tero.

dernla, das (A., Gießh.) = schwaches Mädchen, d. i. Dirnlein, Dim. zu der im bairischen Dialecte allgemein gebräuchlichen Bezeichnung von „Mädchen."

dernocher (Br.) = darnach, hierauf.

derweile (Rg.) = indes, währenddem.

dessel, die (A.); **destel, die** (Grab.) = Deichsel. Sonst im Rg. dechsl (Hbr.) dessel entspricht neuniederländisch diessel, ags. thîsla.

ver-deuen (Grab.) = verdauen. Die Dialectform ist richtiger als die hd. Denn ahd. fardenwan, mhd. verdöuwen (Lex. III. 97) entspricht nhd. verdeuen, wie mhd. vröude = nhd. freude.

deuchten (S. H. 222) = dünken.

diche, der, die, das (Hbr.) = der, die, das da. Sonstige Formen sind: der dichte (Hbr.); der dèchte (Gab., Tr.); der dêche und dêchte (Br.); der doichtche und weniger häufig dotte (Ta.) Aus der däige = der da, analog dem Worte hie-s-ig, gebildet. Auch bairisch der, die, das daige (Schmell. 1. 348). Dieser Form entspricht zunächst dêche, indem ai zu ê wurde und dann die daraus verkürzte Form diche. Die Formen dêchte und dichte sind Erweiterungen mit t: der daigte (vgl. steinigt ꝛc.) In Tr. hörte ich auch eine dichte und dêchte entsprechende Form solch-te = solch. dotte erscheint durch Verdumpfung und Kürzung von à (in daig) zu ö und durch Assimilation von cht zu tt entstanden. doichtche ist die breiteste Form und müßte, ins hd. übersetzt, der daigtige heißen.

dickkopf, der (dèckkôp, Grab.) = Kaulquappe. da der kaulichte Leib wie ein dicker Kopf erscheint. Auch

um Frankfurt a. M. heißt die Kaulquappe dickkopf (Pop. 211, 212).

dickwerich, das (Hbr.); deckwerich (Grulich) = Dickicht. Auch deckbrich (Rg.) Aus dick und werich zusammengesetzt, während hd. dick-icht eine Ableitung ist. werich ist jedenfalls das hd. werk, das wie mhd. etwas durch Thun Entstandenes bedeutet. Man vgl. brichtwerich (Rg.) = allerhand zerbrochenes Holz. Indem die Bedeutung von werk als dem durch Thun Entstandenen (brichtwerich = durch Brechen Entstandenes) nicht mehr lebendig gefühlt wurde, blieb die Bedeutung „in einer Menge von Theilen Vorhandenes" übrig. dickwerich also = aus einer Menge dicht bei einander stehenden Bäumchen Bestehendes.

dienst, das (Rg., Henn.) = hd. der Dienst. Das sächliche Geschlecht auch schon mhd. neben dem männlichen (Ler. I. 426).

dietrich, der (Rg., A., Br.) = Nachschlüssel der Diebe. Schon mhd. dieterich (Ler. I. 430) neben miteslüzzel und im 14. Jahrhundert diebslüssel. ahd. heißt er aftersluzel, d. i. After= oder Nachschlüssel. Wohl von dem Mannsnamen Dietrich, da der Nachschlüssel im nd. auch Peterken, d. i. Peterchen heißt (Wgd. I. 369).

dilte, der (Hbr., A., Gießh.) = dieser. Glätzisch dille (Whd. Btr. 15).

ding, das (S. H. 70) = 1. Gerichtssitzung. So mhd. dinc (Ler. I. 433), ahd. dinc, englisch thing, dänisch ting. 2. = Mädchen: hübsches ding, dummes ding u. s. w. So kommt auch liebkosend hd. das dingelchen = niedliches, zartes Mädchen vor. 3. Bezeichnung für jede nicht genau erkannte Sache, Erscheinung: ein weißes ding, ein schwarzes ding; zuckerdinger = kleine Gebäcksorten aus Zucker. 4. Bezeichnung für die Geschlechtstheile, sowohl der weiblichen (Parsch.), als auch für die männlichen. So mhd. (Ler. I. 434). 5. = überhaupt „etwas," z. B. mach mir kein solch ding vor. So schlesisch (Whd. Btr. 15).

dingerich, der (Rg., Br., A.) = Mensch, Mann, unsympathische Mannsperson. Meist im verächtlichen Sinne,

doch auch in komischer Weise verwendet. So thüringisch bei
A. Sommer *) I. 124. Dieser beginnt die Travestie des
Schiller'schen „Ritter von Toggenburg" folgendermaßen:
's wor ämal su a verliebter Döngerich gewasen, dar
hatte ä Mägen höll'sch off'n Ruhre 2c. Auch in NB.
(M.); dinkerich (NB., Leipa). Im schwäbischen Dialect
bloß der ding (Schmid 127). Ebenso bairisch (Schmell.
I. 381). In SB. (bairischer Dialect) dingering. Da dingerich
in meiner Heimat nicht bloß „unsympathischer," sondern auch
„unheimlicher, Furcht einflößender Mann" bedeutet, so ist die
Möglichkeit nicht ausgeschlossen, daß wir es hier mit einer
ähnlichen Zusammensetzung zu thun haben, wie in Diet-,
Fried-, Ente-, Gänse-rich. Also dinge-rich (rich von
ahd. rik, gothisch reiks, lateinisch rex = Herrscher) = Herr
der Dinge, besonders über das unheimliche Reich des Zaubers
herrschend?

dio (Henn.): Interjection, gebraucht zum Antreiben
des Zugviehs.

dîwich (Henn., Arns., Rgb.) = schwül, dumpfig.
Letztere Bedeutung besonders vom Gebreide, von Brot gebraucht,
das lange gelegen ist. In NB. (M.) douwrich = schwül
von der Luft. In NB. (Liebeschitz und Türmitz); dôbrich,
töbrich (Petters, Leitmeritzer Gymnasial=Programm 1858).
Fromann (Zeitschrift II. 32) hält das Wort zu bairisch
tobeln = dampfen, qualmen; bairisch tobel = warmer
Dampf (Schmell. I. 425). Darnach müßte allerdings ein
Adjectiv tobelig erwartet werden. Vergleicht man aber
(das unter T anzuführende Wort) tuber, der (Raatschen=
dorf bei Rb.) = Dampf, Rauch, Qualm (bes. der warme
Dampf aus der Tabakspfeife), so sind die Formen tuberig,
toberig oder mit eingetretenem Umlaut tüwerig, tüwich,
diwich und ihre Bedeutung = „schwül wie in warmem
Dampfe, Dunste" gerechtfertigt.

Dix (Großborowitz, Rg.) = Benedict. Eine starke
Abkürzung aus Bene-dict. Daher wohl auch der im Rg.
auftretende Familienname Dix. In Br. Bene und in NB.
(M.) Bejndix und Dix.

---

*) Anton Sommer, Bilder und Klänge aus Rudolstadt in
Volksmundart. 2 Bände, 11. Auflage. Rudolstadt 1881.

dlutsche, die (Henn.) = fettes. dabei albernes Weib. Dürfte zu slavisch tlustý = fett gehören.

über-döbern (îwrtêwan, Tr.) = durch schnelles Laufen, jemandem zuvorkommen, z. B. bei dem sogenannten Jóalas-spiele (Jagdspiel) der Kinder. In NB. (M.) heißt îwatejwan so viel als „jemandem durch größere Gewandtheit, Stärke, zuvorkommen, namentlich einen durch Anwendung eines großen Wortschwalles zum Schweigen bringen." Letztere Bedeutung scheint die ursprüngliche, denn jüdisch-deutsch dibbern, hebräisch dibber, heißt „reden." Wetterauisch das gediwwer = gedibber, heißt „angelegentliche Besprechung" (Wgd. I. 375 und 630).

docke, die (Hbr., Arns., Ta., Lbstr.) = 1. Puppe (Kinderspielzeug); übertrieben geputztes Kind. 2. Die in Form einer Puppe zusammen gebundenen und aufgestellten Getreidegarben. 3. Die Libelle. In sämmtlichen Bedeutungen auch NB. (M.), woselbst die graue Libelle auch sommerdocke heißt; wegen der puppen-(docken-)ähnlichen Gestalt des Leibes. Bair. (Ober-Pfalz) wasserdocke = Nympha alba oder lutea (Schmell. I. 336). Sonst in NB. bei J. H. dücke = Puppe.

döchtsche (Rb.); duichtehe (Grul., A.) = der da, der diebe.

doidan (doideln Tr.) = schaukeln.

donda (Arn); dûnda (Tr.) = drunten. Eigentlich da unten Vgl. dauß und dauße (mhd. da ûʒe).

gedône (Rg., Tr., Br., Kl.-A.); gedôn (Henn.) = straff, gespannt. Auch schlesisch gedûne (Whd. Btr. 15). Von dönen = dehnen, spannen. ahd. und mhd. donen (Ler. I- 447) und bairisch (Schmell. I. 377).

dönkraut, das (A. Gießh.); vielleicht dasselbe, was Dähngras bei Schwenkfeld, Denngras bei Pop. 613 = Wegtritt, ein kriechendes Kraut mit Ranken, die so zäh sind, daß man damit wie mit einem Strohseile binden kann. Vgl. gedône und dönen.

zer-donnern (dunnan, Br., Rg., A.) = jemanden heftig schlagen.

donnerbesen, der (dunnrbāsom, Br., Grab.; dûnrbāsom, Gab.; dûnrbasm, Tr.; dûnrbāsa, Henn.) = seltsam geformter, aus vielen dicht nebeneinander stehenden, fast verworren aussehenden kleinen Zweigen bestehender Ast, der wie ein Besen aussieht. Gegenstand des Volksaberglaubens. In welchem Hause ein solcher Donnerbesen verbrannt wird, dort schlägt das Gewitter ein. (Grohmann, Abergl. und Gebr. 37). Vgl. Grimm, Mythol. 138. Redensart: Dar sitt aus wie a Dunnrbāsom, sagt man in Grab. von einem, dessen Kopfhaare recht verwirrt sind. Die Beziehung von Donnerbesen zu Donar, dem Gotte des Donners und Blitzes ist klar.

donnerblume, die (dunrblume, Tr.) = Ackerehrenpreis; (Grab.) = Windröschen. Man darf diese Blume nicht pflücken, sonst schlägt der Blitz ein.

donnerkäse, der (Henn.) = eine Pflanze mit distelähnlichen Blättern, deren rundliche, fast in der Erde steckende Frucht genossen werden kann.

donnerkeil, der (dûnrkeil. Gab.) = Blitz, eigentlich Keil des Donnergottes. Das Einschlagen geschieht nach der Vorstellung des Volkes durch einen gewaltigen Keil, der mit Blitzesschnelle aus der Gewitterwolke niederfährt.

donnrich, der (Rg., Tr., Br., A.) = 1. Donnerschlag; 2. starker Schlag, Stoß, starker Puff. Redensart: ich gä dr glei en dunnrich, doss de hieflichst. Auch schlesisch Whb. Btr. 15.

donnerwetter (dûnrwātr, Tr.) = Gewitter.

dornstag, der (S. H. 63); dornstich (Hbr.); donstich (Rb.) = Donnerstag.

zerdorren (Br., Gießh., Wich.) = Risse, Ritze bekommen (von Bindergefäßen) z. B. die wonne is zerdorrt.

dörrhäuslein (derrheisla, Wichst.) = Brechhaus.

dörrländer, der (Rb., Grab.) = (dürrer, magerer Mensch).

dorfbesen, der (Ta., Frb., A.) = Kinder oder auch Frauen, die sich wenig zu Hause, sondern vielmehr mit anderen Leuten im Dorfe aufhalten, sei es, um zu spielen oder zu plaudern.

dôrstag (S. H. 71.); dûrschtich (Tn.); dôrschtich (Rz.) = Donnerstag. Während bei Dornstich eine Meta=thesis aus Donrstich eingetreten ist, scheint hier der andere Name Donars, nämlich Thôr zugrunde zu liegen. Also Tag des Gottes Thor. Desselben Ursprunges ist auch die noch verstümmeltere Form duascht NB. (M.)

draht, der (drout, Trb.), wie hd. Redensarten: 1. ês uf a drout gân (Trb., Hbr.) = jemanden tüchtig prügeln, ihm eins versetzen; 2. imanda uf a drût gîn (Br., Tr.) = jemandem nachspüren, ihn ausspionieren. 3. ich wa da amal gehêrich uf a Drût gîn, sagt der Vater, wenn er z. B. seinen Buben recht durchhaut oder: 4. ich mûß da mêr of a Drût gîn = ich muß besser auf dich achten.

drahthaube, die (drôthaue, A., Gießh., Tr.) = 1. Drahtnetz, das unten am Fuhrmannswagen hängt und in welchem z. B. die Laterne aufbewahrt wird. 2. (Tr.) = Drahtmaske.

draufgeld, das (drûfgeld, Rg., Tr., Br., A., Gießh.; draufgald, Henn.) = erste Aufzahlung nach abge=schlossenem Handel. Redensart: ich wâ dr drûfgeld gân (Tr.) s. v. a. fersengeld geben, (faschagelt gân).

dreck, der (dreck oder drâk, Rg.), wie hd. jedoch häufiger gebraucht für alle Bedeutung von „Koth,“ Schmutz. 2. = nichts, ich wa dr an dreck gân. 3. = etwas Kleines, Geringfügiges. So Apothekerdreckla, weil man in der Apotheke nicht viel für das Geld bekömmt.

dreckschleuder, die (Br., A., Gießh., Rg., Tr.); drâkschleuder (Henn.) 1. Eine Dreckschleuder bildet jedes Wagenrad, das rasch durch flüssigen Koth hin fährt. Meist übertragen auf eine rasch redende Person. Redensart: die hût ’n drâkschleuder (Henn.), oder bei da gîts maul wie ’n dreckschleuder (Br., A., Gießh.) = die Person redet sehr rasch oder sie hat ein gutes Mundwerk. 2. unsaubere Weibsperson.

drêharsch (drêôrsch, Rgh.) = verdrehter, verrückter Mensch.

drehe, die (Rg., Br., A.); die drej (Grab.) = Biegung der Straße, des Flusses.

drehlade, die (drehlöde, Gießh., Br.) = 1. Drechselbank, 2. langsamer Mensch.

drehnich (Rg., Br., A.) = betrunken. Eigentlich sich drehend wie im Taumel. In dieser Bedeutung drejnde NB. (M.) Von drehen. Die Formen auf nig, nich statt der Participialform der Gegenwart (also dreh-nich statt drehend) finden sich ziemlich häufig, z. B. sitznich, liehnich = sitzend, liegend, und sind mir besonders aufgefallen im thüringischen Dialecte. Vgl. Sommer, Bilder und Klänge aus Rudolstadt, 2 Bände.

dreilig, der (S. H. 228) = Biermaß, etwa 24 Eimer. mhd. driling, eigentlich der dritte Theil von etwas, ein bestimmtes Maß, Gefäß = ⅓ fuoder (vuoder) Ler. I. 463.

dreiling, der (S. H. 250) = runder Holzblock von einer bestimmten Länge.

dreischritt, der (Henn.) = eine Art Tanz. (Veraltet).

drêmeln (drêman, Rg., Tr., Hbr., A., Br.) = sich Zeit lassen, langsam sein. Dazu gehören:

drejmer, der (Rg.) = fauler, langsam gehender (meist langer) Mensch;

drejmlich = träumerisch, schläferig. Sämmtliche Formen von traum, also träumeln, träumer, träumlich = träumerisch. Wenn jedoch drejmer auch als „langer" Mensch aufgefaßt wird, so findet eine Vermischung zweier Stämme statt und eine Verbindung der beiden Begriffe drejmer und dremmel (siehe daselbst).

dremmel, der (Rg., Trb., Br.) = 1. bei Dreschmaschinen älterer Construction der außerhalb der Scheuer befindliche Theil, bestehend aus Rad, Welle und Stange, an welche die Pferde gespannt werden. 2. (Rg., Henn., A., Gießh.) die ganze Dreschmaschine. 3. (Rb.) driäml = starker, ungeschickter Mensch. Davon

dremmeln (Henn., Br.) = 1. mit der Maschine dreschen. 2. fleißig, aber schwer lernen (vgl. die Synonyma dreschen, ochsen, keilen, die überhaupt die Verrichtung einer schweren Arbeit bezeichnen). Die eigentliche Bedeutung von dremmel oder dremel ist = Stange, Balken. Denn mhd. dremel = Balke, Riegel (Ler. I. 460); in NB. (Leipa) = Stange, Stecken. Diese Formen sind wieder Ableitungen zu mhd. dram, tram = Balke, Riegel (Ler. I. 458).

I. **dreschen** = 1. wie hd. 2. jemanden tüchtig prügeln. 3. hineindreschen = tüchtig zulangen beim Essen. Redensart: essen wie ein scheundrescher; ferner (Trb.): ei de mühle drascha = aus einem Geschäft großen Vortheil ziehen. dreschmûz (draschmûz oder -môz, Rok., Wich.) So wird jener Drescher genannt, der bei Beendigung des Ausdrusches den letzten Schlag macht. (Vgl. muz).

II. **dreschen**. herumdreschen (Rb., Frb.) = unnütz herumgehen; verdreschen (Hoh.), verdrischen (Lbskr., Rb.) = verthun, vergeuden, z. B. Geld. Redensart: vudrîsch ock nej olles = verthue nicht alles Geld. durchdreschen jemanden (Rg.) = einen bereden, ihm Uebles nachreden.

Dieses dreschen beruht auf einem schlesischen trêschen, traschen = schallend aufschlagen, schallen, klatschen, von einer Flüssigkeit (Whb. Btr. 99); drêschen (NB. M.); träuschen (Wgb. II. 923) = rauschend niederfallen (besonders vom heftigen Regenguß); trôtschen (Lbskr., Tr.) = schwerfällig, plump gehen. Grundbedeutung ist „schallend aufschlagen.“ Daher bedeutet herumdreschen eigentlich mit schallenden Tritten einhergehen; verdreschen eigentlich „ver= spritzen,“ wie ein heftig niederschlagender Wasserguß nach allen Richtungen sich zertheilt. In NB. (M.) sagt man auch: das geld versäen, und drêschen = spritzen; ferner von der Flüssigkeit mit heftigem Schalle niederfallen (der drêschich = heftiger, plötzlicher Regenguß). durchdreschen = jemanden bereden, erklärt sich als Synonymum von „klatschen.“

drew, die (S. H. 50) = die Drohung. mhd. drouwe und dröu (Ler. I. 469).

drewen (S. H. 52) = drohen. Ebenso mhd. neben dröuwen, dreuwen (Ler. I. 469).

drîmla, das, d. i. drümlein (Rg., A., Br.) =
1. Span, und zwar ein kurzer; ein langer heißt schlêße.
Diminutivum zu ahd. und mhd. drum, nhd. trumm, Mz.
trümmer, ursprünglich Ende, Endstück (Lex. I. 471), dann
auch Bruchstück, von mhd. drumen, ahd. drumôn, wetterauisch
dromme = entzweischneiden, in Stücke brechen oder hauen
(Wgb. II. 939). 2. (A.) langer, hagerer Mensch. Vgl.
drum, tram.

drîsch, triesch (Rg.) = letztes Feld einer Bauern-
wirtschaft, gewöhnlich Viehweide. mhd. der und das driesch
= unangebautes Land, ungepflügter Acker (Lex. I. 388).
Bei Wgb. I. 388 = zu Graswuchs und Hutung ungepflügt
liegendes Ackerland. mhd. drêsch = Bergwaldung mit
Viehtriften.

dritschel, der (Gr.-A.) = grober Mensch. Wie
hd. Flegel, denn drischel, egerländisch und mhd. (Lex. I.
465) = Dreschflegel.

drnouchn (D.-B.); **drnouchrt** (Tr., Grab.);
drnouchte (A., Gießh.) = darnach, nachher.

drôseln (drosan, Br., A.) = langsam bei der
Arbeit sein, langsam gehen. Wahrscheinlich gehört das Wort
zu dröseln, schlesisch trüseln, intrans. = sich im Kreise drehen;
also bei der Arbeit „zu keinem Ende," beim Gehen „nicht
vorwärts" kommen.

drossel, die (Jgb.) = Luftröhre des Hirsches, und
drosselknopf = Kehlkopf des Hirsches. mhd. der drüzzel,
ahd. die drôza = Gurgel, Schlund, Kehle. Ebenso bairisch,
Schmell. Bei Pop. 93 ist drossel = Vordertheil des
Halses, wo der Adamsapfel ist, mit seinen zwei Seiten
(jugulum).

drubich (Br., A., Gießh., Rg., Henn.); **druprich**
(A., Gießh., Rg., Rgb.); **druppich** (Grab., Tr.) =
oberhalb. a wûnt druprich dam hause = er wohnt
hinter dem Hause weiter nach oben.

drücker, der (Rg., Br., A.) = Werkzeug zum
Drücken. Redensart: uf a letzta drücka lôn = bis zum
letzten Augenblick lassen.

165

druff, das (Rg.) = Dorf, z. B. Weisdruff = Weigelsdorf; Gaberschdruff. nd. drup.

drum, der (Weig., Drb.) = großer Holzspan, auch die schlejßa (Drb.) genannt.

ver-drücken. 1. Redensart: da kôn schun wôs vrdrücka = der bringt schon etwas an Speise hinunter, kann viel vertragen. 2. = schlagen: ich wā dr ês vrdrücka (Tr.) = ich werde dir eins versetzen.

druschbe, der (Hoh., Henn.); druschbemôn (Rg.); druschemôn (Rg.); druschma (Rg., Br., A., Grulich); druschknecht (Harta?) = Brautführer bei der ländlichen Hochzeit; druschmaid (Harta?) = Kränzeljungfer. Von slavisch družba = Gefährte, Geselle, Gespiele.

druschel, die (Grab.) = 1. Drossel. 2. schmuckes Mädchen; (Henn.) starkes Frauenzimmer. Auch als Schimpfname gebraucht. mhd. droschel; wetterauisch druschel.

druxel, die (A., Deschnau) = Drossel.

dûba (Rg.) = oben. Aus mhd. da obe = da oben.

dûdeln (dûdan, Rg., Hbr., A., Batz.) = heulend weinen (von Kindern). Aus slavisch (russisch) dut = blasen; polnisch dudy = Sackpfeife, Dudelsack. Also wie auf einem Dudelsack spielen. Der Ausdruck scheint nach Wgb. I. 395 erst im 17. Jahrhunderte aufgekommen zu sein.

ge-dudel, das (Henn.) = Bezeichnung für einen Menschen, der recht dick angezogen ist und deshalb unbehilflich geht. Wohl zusammenhängend mit obigem dudeln. Also ein Mensch, der dick ist wie ein aufgeblasener Dudelsack. In SB. (Prachatitz) gebraucht man sich andüdeln = sich recht voll trinken, dass gleichsam der Bauch gespannt erscheint.

dûlch, der (Henn.) So heißt eine Wiese, durch welche ein an den Ufern mit Erlen- und Weidengesträuch eingesäumter Bach fließt. mhd. tole, tol = Wasserstrom, auch Abzugsgraben (Lex. II. 1459).

dump (tûmp, Rg., A., Br.) = dumm. mhd., ahd. tump.

dumplachter (S. H. 190) = Längenmaß von vier
Ellen. Das Wort besteht aus dûm = Daumen (p ist
unorganisch eingeschoben) und lachter = Klafter, besonders
im Bergbau. lachter (lachta), Klafter Holz (NB. M.);
auch nd. und niederländisch. Oberdeutsch aber lafter
(Schmell. II. 446). Eine Daumelle (nhd. dûmelle) ist
das Maß von der Spitze des Daumens bis zum Ellenbogen
(Lex. I. 475).

dunda (Rg.); dunten (S. H. 281) = unten.
Eigentlich da unten.

dunkel, die (D.-B.) = Dunkelheit. Bei Luther
das dunkel neben die dunkele.

dünne, das ('s dënne, Rg., Br., A.) = die Weiche,
die Weichtheile zwischen Rippen und Lenden.

durchschlag, der (dorchschlag, Tr.; dorch-
schlog, Br., A., Grab., Henn.) = eine Art Seiher mit
großen Löchern zum Durchbrücken der Stärke. Br., Gießh.
auch trichterförmiger, feinlöchriger Seiher zum Durchlassen
des Kaffee's oder der Milch. Ferner (Hbr.) durchlöcherter
Schaumlöffel zum Abschöpfen des Schaumes auf der
Fleischsuppe.

dürrhagerig (derrhächlich, Trb., Br.; derr-
hächrich, Frb.; derrhäichrich, Br., Grab.) = (vom
Menschen) dürr und hager.

dusel, der (Rg., Br., A.) = leichter Rausch.
beduselt = berauscht. Eigentlich Betäubung, Schwindel.
Auch schweizerisch = Rausch (Stald. I. 330). Ebenso
südböhmisch (bairischer Dialect).

dûttr, der (Rgb., Gab.) = Doctor.

T.

tächen (tächn, Henn., Grab.; tächa, Rg.);
Redensart: 's tächt om nê = es paßt ihm nicht, ist ihm

nicht gut genug. Daneben auch tiehn (siehe daselbst). Zu mhd. tügen = 1. taugen, 2. nützen, angemessen, schicklich sein (Lex. II. 1559).

tachtel, die (tochtl, Hmf.) = Ohrfeige, Backen=streich. Daher

tachteln (Rb., Hbr.) = tüchtig durchprügeln. Wgb. I. 339 nimmt Herleitung von „dattel" und vergleicht damit ähnliche Ausdrücke für „Schlag mit flacher Hand," nämlich ohr-„feige," kopf-„nuss." Ich halte es zur Wurzel ta, welche ein Berühren bedeutet (vgl. ta-st-en, ta-tsch-en). Ich habe auch schon ein Wort tacken für „schlagen" gehört, doch ist mirs nicht mehr erinnerlich, wo. Das bairische zudecken (Schmell. I. 351) = jemanden schlagen, abprügeln, könnte man allenfalls auch hieherziehen; ebenso das lateinische tactus = Berührung (Schlag) vom supinum tactam des Zeitwortes tangere.

taffen (toffa, Rg., Henn., Rgb.) = suchend, oder auch langsam und ohne Ziel umhergehen.

ge-taffe, das (getoff, Rg., Weig., Grab., Br., A., Gießh.) = 1. schwerfälliges Gehen. 2. (Henn.) = schlecht gekleidete Frau.

be-taffen (betoffa, Gab.) = betasten. Nebenformen zu tappen und tasten.

taidingen (S. H. 354) = gerichtlich verhandeln. mhd. teidingen neben tagedingen. Davon unser nhd. ver-theidigen.

talein (tôlei, Ton auf der 2. Silbe; Tr., Trb., Rgb., Grab., Br.) = thalwärts, bergab.

talk, der (tolk, Rg.) = Dummkopf. Zu bairisch tälen, dälen = albern und mürrisch reden und handeln (Schmell. I. 364); schweizerisch = ungeschickt, einfältig reden (Stalb. I. 260). der talk — also ein albern, ungeschickt redender und handelnder Mensch.

talken, der (tolka, Trb.; tolkn, Grab.) = rundes Gebäck aus Mehl, kleine Buchte. Dieses gehört zu slavisch vdolek.

talkern (Grad., Henn.) — 1. albern reden. 2. (tolkrn, Ldsfr.) = langsam und ungeschickt arbeiten. Auch in NB. (M.); Rb. — albern thun. Gehört gleichfalls zu dem oben angeführten tälen. Ebenso

ge-talke, das (getolke, Gießh.) = stammelndes, stotterndes, albernes Reden. Und

getalker, das (getolker, Tr., Br., Gießh.), albernes Reden. Dagegen gehört

ge-talk, das (getolk, Henn.) = schlecht ausgebackenes Brot.

talkich (tolkich, Henn., Br., Gießh.) = nicht recht ausgebacken. Bairisch da'ket = talkig = teigig, klebrig, zähe. Auch in NB. (M.) talkich (talkeh und dieses in taltsch verunstaltet). Schwäbisch talgen = nicht völlig ausgebacken, und talkicht = teigig, speckig (Schmid 119).

ge-talper (getolper, Henn.) = 1. langsames Gehen. 2. langsames Frauenzimmer. Von schweizerisch talpen = langsam arbeiten; auch eine Arbeit ungeschickt vornehmen (Stald. I. 260), und dalpen = schwerfällig gehen, mit den Füßen in den Sand oder Koth treten (Grimm II. 700). In tal-p-en hätten wir also eine consonantische Wurzelerweiterung von tap (vgl. die Bemerkungen zur Wortbildung, siehe Heft 15 und 16 Seite 16). Ich ziehe deshalb auch hieher:

talpatsch, der (tolpatsch, Br., A., Gießh., Rg., SB., bairischer Dialect; tŭpötsch, Gab.; tolpatschka, Tr., Rgtz.) = Dummkopf, Tölpel, ungeschickter Mensch. Von talpen = einfältig daher tappen. Vgl. dazu der tölpel = ungeschickter, unbeholfener Mensch. Wgd. II. 910 leitet tolpatsch von ungarisch talpas — breitfüßig, und talp — Fußsohle. Sollte nicht etwa der deutsche Stamm talp in talpen in's Ungarische eingedrungen sein? Denn von einer urverwandten Wurzel muß man absehen, da das Ungarische nicht zu den indogermanischen Sprachen gehört.

tälsch (tölsch, Rg. allgemein; tejsch, Aru.) = 1. dumm, albern, läppisch. 2. toll, verrückt: a tölscher kalle. Auch schlesisch bei Wbd. Btr. 96. Von bairisch

talen, dalen (Schmell. I. 364); schweizerisch (Stald. I.
260) = albern und närrisch reden und handeln. Von
tälsch das Zeitwort

tälschen (têlscha, A., Gießh.) = (besonders mit
Kindern) Possen treiben, wofür auch kinscha, kënscha.
Auch schlesisch (Kn.)

ge-tälsche, das (A., Gießh.) = kindisches Treiben.
Aber auch: 's is a getêlsche = es ist eine dumme Geschichte. = 's is 'n têlsche geschichte.

taltsch, der (toltsch, Weig.) = unausgebackenes,
überhaupt mißrathenes Brot.

taltschich (toltschich, Weig., A., Gießh.) =
unausgebacken (vom Brote). Vgl. in NB. (M.) taltsch,
Adj. = unausgebacken, noch teigig, und dieses aus talkch
und talkich entstellt.

1. tämeln (tämln, Henn., Grad.; täman, Gab., Rgb.)
= zweck- und ziellos herumgehen, herumschlendern. Ebenso

2. tämern (Henn., Grad., Tr.) = ohne Zweck herumgehen. Hieher gehört auch

3. tampern (Gab.) = mit dem Fuße stampfen, z. B.
mit einem derbelten Fuße pflegt man in Gab. auf
den Rasen, auf welchen man vorher heißes Wasser gegossen
hat, zu „tampern.“

4. rëm-tampern (Rgb., Gab.) = herumtappen, besonders im Finstern.

Allen 4 Formen liegt der Stamm tamp zugrunde, der
aus dem Stamme tap durch m im Innern erweitert ist;
tap aber ist die Schallnachahmung des hörbaren Trittes
(vgl. tappen und siehe meine Bemerkungen zur Wortbildung
in Heft 15 und 16 Seite 16). In NB. (M.) heißt rim-
dämman (herumdämmern) gleichfalls „zwecklos bald hier,
bald da tretend stehen,“ und dämmern = mit den Füßen
abwechselnd auf den Boden stampfen. Der Ziegelmacher,
der den Lehm knetet mit den Füßen, „dämmert.“ Im
Bairischen heißt dampern = klopfen, oder mit den Fingern
tippen (Schmell. I. 370). Ebenso schweizerisch dammern,
dämmern = einen heftigen Ton von sich geben (Stald.
I. 262); mhd. temeren = schlagen, klopfen (Lex. II. 1419).

tämern (Tr.) = schreiend zanken. **das getämer** = Geschrei, kreischender Zank. Hier tritt mehr die Schall= nachahmung der Wurzel **ta** auf. Südböhmisch = bairisch **dämen** = schreien, laut und ungestüm jammern.

tämisch (Rg. allgem.) = 1. wie betäubt, ver= wirrt. 2. tölpelhaft. Dazu

tämischmâz, der (Rg.) = einfältiger Mensch, d. i. ein tämischer mâz. mâz oder matz, Verkürzung für Mathias. wie aus Friedrich — Fritz, Heinrich — Heinz, Hinz. (Siehe mûz). tämisch gehört zum selben Stamme wie taumeln = sich wie im Kreise drehen, hin und her= schwanken; von mhd. tûmelen; ahd. tûmelôn und tumelon = sich im Kreise drehen; bairisch täumisch (Schmell. I. 443); schlesisch tämisch, tamisch (Whd. Btr. 97) = taumelich, schwindelich; in SB., bairischer Dialect tämli = toll, unverständig.

tammla, das (A., Batz., Deschnay) = Tümpel. In hd. Form dämmlein, von der damm; mhd. tam = eigentlich quer über einen Bach aufgeschüttete Erde zum Aufhalten des Wassers. Hier das aufgehaltene Wasser selbst.

tampel, der (Lbsdkr., Rg., Trb., Tr.) = 1. Tummelplatz der Kinder, gewöhnlich ein Rasenplatz. 2. Ort ohne bestimmte Abgrenzung, Bezirk, Bereich: ai dam gonza tampl hôt's nischt gescheidtes. 3. of a tampl beisomma = im Haufen beisammen, vereint; daraus ergibt sich 4. der Haufe: a ganza tampl. Schlesisch tempel (Whd. Btr. 98). Fast in denselben Bedeutungen auch in NB. (M.) Herkunft wohl von tempel, ursprünglich = abgegrenztes, geweihtes, heiliges Stück Land (Wgd. II. 888).

tangels, das (Freih., Drb.); **tangelst** (Gab., Rgb., Tr.); **tonglst** (Grab.); **tongst** (Henn.) = die von den Nadelbäumen abgefallenen Nadeln, Waldstreu. die tangel = Nadel benanntes Blatt in Adelung's Wörterbuch (Wgd. II. 875). Wohl mit ahd. und mhd. das tan = Wald, und tanne, der bekannte Waldbaum, zusammenhängend.

tannkappe, die (tônkopp, Henn.) oder **tannpilz** (tônpilz, Rg., Gab., Weig., Rgb., Henn., A., Sattel) = eine Art genießbarer Pilze, ähnlich dem Herrenpilze.

tanz, der (Grab.) Einige veraltete Tänze sind: der âle deutsche = Schleifwalzer; der koptontanz = ?; das minet (Menuett) = Ländler; der platschlatonz = Winter; der redewag, ähnlich dem Schottisch? Eine Tour in dem čechischen Tanze „Beseda" heißt, wie ich glaube, gleichfalls rejdovák.

tappen (toppa, Rg., Br., A.) = schwerfällig gehen. der tappsack (toppsâk, Gab., Wich.) = schwerfällig einhergehender Mann. hd. tappen = tasten, und die tappe = breiter Thierfuß (Wgd. II. 877). Schlesisch töprn (Kn.) und taapern (Holtei).

I. târen (törn; ich tôr, du törscht, er tôr, mr têrn, ihr tèrt, sie têrn; Prät. ich tôrschte; Part. getorscht, Rg., Br., A.) = dürfen. Die Formen tërn (Rokitniß) und tirn (Hilb.) führen auf die bei Wgd. II. 948 angeführte Form türren, ich tar, turste und torste = sich getrauen, wagen, auch „dürfen" hin; mhd. turren, ich tar (Ler. II. 1586); ahd. turran, ich tar, du tarst, er tar ꝛc. (Hahn, ahd. Gramm.) Schlesisch törn (Kn. und Holtei); schwäbisch daren (Schmid 120); schweizerisch dären (Stalb. I. 266).

II. târen (tarn, Nb.) = langsam sein bei einer Arbeit. Schlesisch (Whd. Vtr. 97); schlesisch auch tären = gedankenlos in den Tag hinein handeln, das getäre = albernes und langsames Thun (Rübezahl); schweizerisch, schwäbisch, lausitzisch dären; mhd. dœren, dêren = sich an etwas heranmachen, womit spielen, tändeln (Ler. I. 411).

I. tasche, die (Rg.) = Ohrfeige. Bei Wgd. II. 878 = klatschender Schlag mit flacher Hand auf einen weichen Körpertheil. Bairisch taschen (Schmell. I. 459) = tatschen, d. i. berühren.

II. tasche, die (tosch, Henn.) = 1. schwache Schote der Erbse, solange sie noch keine entwickelte Frucht enthält; auch schotenähnliches Gebilde der unreifen Pflaume (Grab.) 2. verächtlich für Weibsperson. 1. sobenannt nach der Aehnlichkeit mit dem breiten beutelartigen Trag= behälter am Kleide. In 2. Bedeutung häufig zusammen= gesetzt: plapper-, plauder-tasohe.

tastrich, der (tosterich, Gab., Henn.) = Schlag mit der flachen Hand. Gehört zu tasten = berühren und ist eine Nebenform zu tatschen. Vgl. dasterich.

un-tätelein, das (untätala, Henn.; untâdala, Grab.) = Schabe, Fehlerhaftigkeit, Makel. mhd. das untœtelin = kleine Unthat, Makel, Schandfleck (Lex. II. 1944). Wahrscheinlich zu tôdelin und dies zu der tadel = Fehlerhaftigkeit, gehörig mit hier verstärkendem (nicht negierendem) un. Auch in NB. untätl (M.); bairisch (Schmell. I. 461); schwäbisch das untätle (Schmid 117).

täte, der (Rgtz.) Wiegenlied:
Schlôf, mei Engala, schlôf!
Der Tâte schlacht a Schôf,
A schlacht's wul mêt am Helzla,
Sefflan of a Pelzla.   (Alt-Rognitz).

der tâto heißt Vater in der Kindersprache. Kommt in NB. als tätä (M.); schwäbisch, bairisch, kärntnerisch, tirolerisch in der Form täte; in SB., bairischer Dialect, als tätel = alter Mann, überhaupt in den indogermanischen Sprachen häufig vor. Lateinisch der tâta; bairisch tatl, scherzweise alter Mann (Schmell. I. 462).

tätern (tötan, Br.) = schnattern. Auch schlesisch (Kn.) Sollte das Wort zusammenhängen mit der tater = Zigeuner und etwa so viel heißen als „mit großer Zungengeläufigkeit unverständlich reden" wie ein Zigeuner?

tatsch, die (Henn., Grab., Lbskr.) und tatsche (Tr., Gab.) = Tragtuch, das die Kinderwärterin um sich und das Kind schlägt, um dasselbe länger und leichter tragen zu können.

tatschen, meist in Verbindung mit gehu, tragen (tatscha gîn oder trön) = mit einem Kinde, das noch in der tatsche getragen wird, in ein anderes Haus zu Besuch gehen; dann überhaupt Kinder warten. Da die tatsche wie ein Schild den Körper der das Kind tragenden Person deckt, so ist wohl Identität mit die tartsche = kleiner länlichrunder Schild (Wgb. II. 878) anzunehmen. Auch mhd. tatsche neben tarsche, tartsche und tarze (Lex. II. 1406).

tätsche, die (Br., Rgtz., Grab.) = leichter Schlag mit der Hand = tasche. Dim. das tatschla (Henn.);

tëtschla, titschla (Grab.); schweizerisch der datsch, dotsch = derber Schlag mit offener Hand oder breitem Werkzeuge (Stalb. I. 269).

tatschen (tatscha, Grab.; totscha, Henn.) = schlagend berühren; betatschen (be-totscha, Gießh., Wichst.) = betasten, berühren. SB. (bairischer Dialect) und bairisch datscheln = leicht berühren (Schmell. 1. 459); schwäbisch dätscheln = sanft, liebkosend schlagen. (Schmid 117); schweizerisch dätschen = schlagen (Stalb. I. 270). In einem Gedichte wird das Greifen des Geigers auf der Baßgeige „tôtscha" genannt.

A Môn grâtscht 'r (der Baßgeige) immr uf a Bauche on tôtscht er am Gesichte rim. (Hennersdorf).

tattermännlein (tattrmannla Br.; tôdrmannla, D.=B.) = kleiner, unansehnlicher, nicht kräftiger Mensch. s. dattermann.

tatzen, die (totza); meist Dim. tätzlein (tatzlau, Trb., Rgt.) = Hemdanstoß an den Aermeln, Manschetten. Auch NB. hemdtatzl (M.) und bairisch tätzlein (Schmell. I. 465).

taubengeier (Br.; Ott.; Gießh.) = Hühner= habicht. Sonst auch stößer (stißr, Gab.), hühnergeier (hînlageier, Wich., Rokit.); huilageier (D.=B.)

tauchen, an-tauchen (ö-taucha, Tr., Henn.) = leise berühren. Sonst ö-tunka. Wenn jemand einen andern mit einem einzigen Stoße ohne Schwierigkeit hingeworfen hat, so sagt er wohl sich brüstend oder sich entschuldigend: ich hö'n kamm ögetancht (Rgt.) Vgl. SB. (bairischer Dialect) antauchen = durch Anrühren und Drücken einen Wagen schiebend in Bewegung setzen.

täufen (tëfa, Rg.; denn hd. äu = Dialect ê. Vgl. die Laute im schlesischen Dialect = täufen. Das ê ist der Ueberrest des Umlautes äu, wie er nach den Laut= gesetzen aus gothisch daupjan zu erwarten, im hd. aber nicht durchgedrungen ist. Nur im 16. Jahrhundert finden sich Formen, wie täufen und teuffen. Der Dialect hat also die richtigere Form. der tëflich = Täufling. Vgl. die Wortbildung u. zw. die Ableitung.

tausend (Rg.) dient als Verstärkung. Kön ich mr dös nèma? Antwort: Nimm dr's tausnd sòt.

tazm, der (Br., Rgb.) = Abgabe, die man auf dem Pfarramte zu entrichten hatte. Zehent. von lat. decem = zehn.

têbs, der (töbs und tjäbs Rb. und Rb. Umgebg.) = Lärm.

tèbsen (tèbsa Br.) = schnell (und geräuschvoll, lärmend) arbeiten. Zu nhd. toben; mhd. töiben und touben = taub machen (Lex. II. 1458 und 1478.) tèbsen bedeutet also einen „betäubenden" Lärm machen.

têdich, der (Tschermna) = Lärm, lärmender Zustand, ge-têdich, das (Grab.) = albernes Reden. Vgl. tätern (Br.) = schnatternd reden; schlesisch tädern.

teffur, das (Rgb.) = Schimpfname.

teig, adj. (tèg, Rgb., Tr.), vom Obste (tège, bèrne) = weich, klebrig, durch innerliche der faulen Gährung vorangehende Auflösung. Auch bairisch und schwäbisch; NB. teigig (têg'ch M.); mhd. teic.

tein (Rz.) in der Kindersprache = schlafen.

telle, die (Rb.) = Geliebte.

telle, die (Ta.) = thalförmige Vertiefung. nd. dälle; wetterauisch oberhessisch delle; schweizerisch tall = nicht tiefes Bett eines Baches (Stald. I. 259.) mhd. telle = Schlucht. Aus abd. talili = Thälchen.

tèmpelkröte (d. i. tümpelkröte, Rgb.); Redensart: ar is besuffa wie 'n' tèmpelkröte.

tenn, der, (Hilb.) = die Tenne, festgeschlagener Boden zum Dreschen. Das männliche Geschlecht weist auf bairische Abkunft hin; denn bairisch der tenn und der tennen (Schmell. I. 446). Am richtigsten ist das tenn; denn ahd. das tenni, ebenso wetterauisch das tenn (Wgb. II. 890).

tentschel, der (Gießh.) = Pflaumenmus, Powidl.

zer-tÜppern (Tr.) = zerschlagen. Wahrscheinlich zu tippen = mit einer Spitze berühren gehörig; aus diesem tippen entsteht zunächst ein Iterativ tippern. Das i wird in unserem Dialecte ë. Es heißt also zertëppern f. v. a. durch öfteres stoßendes Berühren einen Gegenstand vernichten.

ternze, die (Hbr.); tanze (A., Baß.) = Instrument zum Flachs brechen, Flachsbreche.

ternzen (ternza, Hbr.) = Flachs brechen.

ternzer, der (ternza, Weig.) = Prügel, mit welchem man den gehechelten Flachs klopft.

tesak, der (S. H. 187) = ein langes Messer, eine Art Waffe; (Tschermna) = Prügel zum Schlagen; Redensart: dän honse n tesaka ûfgebünda = einen Bären aufgebunden.

I. **tëse, die** (back-tëse, Nz.; back-tejse Nb.) = Bottich, in welchem der Bäcker den Teig gähren läßt und knetet. Auch NB. têse und backtêse (M.); schlesisch têse = Schachtel. (Whd. Btr. 98); nd. döse = Büchse, Schachtel; clevisch dose = Behälter zum Tragen, Lade, Koffer; vorarlbergisch täsa = Milchbutte; danse (Grimm II. 749); schweizerisch tase, tose = hölzernes Milchgefäß (Stalb. I. 268).

II. **tëse, die** (bouktejse, Grab.) = Backenstreich, Ohrfeige, Backpfeife. Nebenform zu tasche und têtsche (f. daf.)

tësen (tejsn, Ngß., Grab.) = prüfen auf das Gewicht, auf der Hand einen Gegenstand wägen. Nebenform zu pêsen (f. daf.)

tesse, die (tess, Henn.) = lange Zaunstange (S. H. 224) = Ast, Zweig von einem Nadelholzbaum; bairisch die dachsen = Fichtenzweige, die auch als Besen verwendet werden. (Schmell., bei Fromann I. 482) Verwandt damit scheint auch mhd. die dehse = Spinnrocken (Lex. I. 416).

têtsche, die (Tr.) = Schlag, Ohrfeige. Vgl. tatschen. Auch bairisch, österreichisch die tëtschen.

tetzem, tetzum, der (S. H. 170, 178) = Zehent. (Vgl. tazm).

tenfe, die (S. H. 30) = Tiefe; mühltenfe (Rgb., Gab., Br.) = die tiefe Stelle hinter dem Mühlrade bei oberschlächtigen Mühlen, wo das Wasser auffällt. teufe ist die regelrecht entstandene Form aus mhd. tinfe (mhd. in, nhd. eu; iuch, euch u. s. w.), welche Form teufe nhd. nur als bergmännischer Ausdruck für: „Richtung nach unterwärts" sich erhalten hat.

thüren (S. H. 71.) = dürfen (s. târen I.)

tîchen (Rg.) = taugen, anschlagen. Redensart: 's tîcht om nè = es ist ihm nicht gut genug. S. tâchen.

tichteln (têchtln, rantêchtln, A., Gießh.) = ausdisteln, austüpfeln. Gehört zu hd. dichten, erdichten.

tigelgespenst, das (Rgb., Grab.) = Eierspeise, Rühreier.

tilch, die (têlch. Arnsb.) = leichte Vertiefnug.

tilk, die (têlk, Grab.) = Erdvertiefung, Mulde.

tilke, die (têlke, Hbr., Parschn.); **tülke** (Ott.) = Vertiefung, Thalkessel. Man vergleiche telle und hd. thal. têlch, têlk und têlke sind Diminutiva, abgeleitet mit obd. ch und nd. k zu tal. Schlesisch tilke (Whb. Btr. 98). Vgl. telle.

tilkern (Grab.) = langsam arbeiten. (Vgl. talkern, (Löskr., Trb.); das getilker = langsames Arbeiten.

tillazln (Rb.; Rg.; Br.; A.;) = mit kleinen Kindern spielen. Schlesisch tielatzeln, von Verliebten = hübsch thun, kosen (Rößler 38*).

tille, die (Ott.) = 1. blechenes Röhrchen, in welches der Docht einer Oellampe gezogen wird. hd. tülle = Röhre des Leuchters. Bei Voß die tille oder tilte. mhd. das tülle = Röhre, wodurch die Pfeil-Sperrspitze auf dem Schafte befestigt ist (Wgb. II. 944). 2. (Tr., Hbr.) = der Docht der Oellampe. 3. (têil. Grab; têlle, A; Br.); = eiserner Ring an der Wagenlechse, der die Axe umschließt. 4. (Tr., A.) = der ausgerundete Sitz am vorderen Theile des Fuhrmannswagens. Vgl. das Wort telle = Vertiefung.

---

*) Robert Rößler: „Aus Krieg und Frieden." Schlesische Gedichte. 2. Aufl. 1883.

ge-tilster, das (Weig.) = langsames Arbeiten. Vgl. getilker und talkern.

Tins (Rg., Trb.) = Abgekürzt aus Augustin. Auch Familienname.

tippen = schlagen, treffen. Dazu scheint zu gehören die Redensart: u is getött (Frd.) = er ist abgetrumpft, (eig. getroffen). Dann er ist getippt (Leipa) in derf. Bedeutung. Auch (Rg., Br.) ar is getött = er hat genug, sei es aus Uebermüdung oder infolge einer „treffenden" Zurückweisung.

tirn (Hilb.) Nennform zu ich tôr (s. tären I.); thüren (S. H. 71).

tirschel, das (Rgh., Grab.) = 1. verdrehter Kopf, verwirrter Mensch; 2. (Weig., Tr., Rgh., Grab.) = grober, ungeschlachter Mensch. Etymologisch scheint bei tirschel in erster Bedeutung (verdrehter Kopf) ein Wechsel von t und f eingetreten zu sein, so dass statt tirschel eig. firschel zu erwarten wäre. Dieses firschel gehört dann zu schlesisch ge-firre = behende, hurtig (Whd. Btr. 20); eigentlich hurtig im Kreise sich drehend. Vgl. firl = sich rasch drehendes Ding (firla, Rg.) Dieser Wechsel von t und f erhält Bestätigung durch die auf demselben Stamme beruhende hd. Form firlefanz und tirletanz (Weig. II. 534). Auch schlesisch tirletanz = kleiner Kreisel (Holtei).

tischbier, das (tischpir, S. H. 308; tischper, Br., Hoh., Lbskr.; töschber, Grab.) = Süßbier, Warmbier, Nachbier. Ein leichteres Bier, welches das Gesinde zum Mittagstisch erhielt. Vgl. tisch-wein. Davon

be-tischpert = leicht berauscht.

tiß, tiß! (Rg., Hbr., Parsch.) = Lockruf auf Tauben. Daher

tißla, das (Hbr.); tißtla, das (Weig.) = Taube. Schlesisch die tiese (Holtei).

tischkerla, das (Grab.) = Spielzeug der Kinder, bestehend aus einem länglich runden, an beiden Enden zugespitzten Holze. Siehe titschen und titschker.

titi, das (Tr.) = Rock für Mädchen (Kindersprache).

titsch, die (Grab.) = Zaunstakete. Von titschen.

titschel, das (Einf.) = kleines Thier, z. B. Fliege, Floh, Laus; kleiner Vogel. (Kindersprache). In NB. tschitschl (M.)

titschen (Nebenform zu tatschen) = leicht berühren. Vgl. tippen und tappen. Schlesisch titschen = auf= und anwerfen, von einem Kinderspiele gebraucht, in welchem durch Anwerfen an die Wand um Rechenpfennige (Tantusse) gespielt wird (Holtei). Rheinisch titsche; bairisch dötschen.

titschker, der (titschka, Rg.) = Spielzeug der Kinder, bestehend aus einem zweigespitzten runden Holze, dessen Ende mit einem Stecken (vgl. die titsch) oder mit einem flachen Stücke Holze schlagend berührt wird, so daß der titschker in die Höhe schnellt und durch einen zweiten Schlag weit fortgeschleudert werden kann. Dieses Spielzeug heißt in SB. picko von pecken (picken oder bicken), eigentlich = mit einer Spitze hacken; in NB. spatschek (M.), wohl slavischer Abkunft. Von titschker kommt häufig vor das Diminutiv:

titscherlein, das (titschkala, Rg.; Br.; titsch=kerla, A.)

titschlein, das (tётschla, Grab.) = leichter Schlag.

I. **titten** (tётta, A., Gießh.) = 1. blasen (mit einem Horne, Bockshorne). 2. von Kindern = schreien. hd. tuten = älterneuhochdeutsch tüten = ins Horn stoßen oder blasen. Davon

titthorn, das (Rg., Trb.) = 1. Bockshorn zum tётta. 2. Schimpfname: dummer Mensch (Gab.); schwerhöriger Mensch (Tr.); hd. tuthorn. Dieses tut ist eins mit düte = trichterförmig gerolltes Papier, ursprünglich aber tüte = Blasehorn.

II. **titten** (titta, Henn., Gab., Weig.) = trinken (von Kindern). Gehört zu mhd. tute, totte; ahd, tutta, griech. titthē, mit Lautverschiebung zitze = Brustwarze, weibliche Brust. Es heißt also titten, tütten ursprünglich f. v. a. an der weiblichen Brust saugen. Davon.

titte, die (Gab.) in der Kindesprache: Flüssigkeit zum Trinken, Kaffee, Milch u. s. w.

tittlein, das (tittln, Tr.) = Gefäß aus Blech zum Trinken. (Kindersprache).

töchkraut, das (A., Baß.) = Taumellolch.

tocke, die (Br.; A.) = Kinderpuppe. S. docke.

tod, der (tûd, Rg.) = 1. Strohpuppe, welche am Sonntage Laetare (Todsonntage), vierzehn Tage vor dem Ostersonntage von den Kindern vor das Dorf getragen wird, um dort verbrannt zu werden. Dabei singen die Kinder ein Lied (Vgl. unter dem Artikel Brassel), welches in Deutsch-Lichwe folgendermaßen lautet:

> Etz treibn mr 'n Tat aus,
> Hindr 's olda Hirtnhaus;
> Hättn mr 'n net ausgetribn,
> Wär 'r 's gonza Johr pa uns geblibn.

Man vgl. darüber Simrock, Mythologie, § 125. S. 443.444. 2. In Wiegenliedern spielt der Tod gleichfalls eine Rolle. Z. B.:

a) Dr Tûd sëtzt of dr Stange,
   A hot a lemta Jippla ö,
   A schmeißt gebackan Bërna rö.
                     (Adlerg. Schöbewy).

b) Ninini nause,
   Dr Tûd stît hënderm Hause;
   A hôt 'n langa Kittl ö,
   A will die bîsa Jonga hön.
                          (Alt-Rognitz).

c) Schlôf ock, Këndla, lange,
   Dr Tûd sëtzt of dr Stange;
   A hôt dos weiße Jupp'a ô,
   's Këndla will a mîte hôn. (Alt-Rognitz).

3. (tûd, Rg., Henn.; Br.; A.. Gießh., Wichst.) = Motte, kleiner weißer Nachtschmetterling, der das Licht umfliegt. Man glaubt, daß jemand im Hause sterbe, wenn man diese Motten tödtet.

todschlächtig (tûdschlächtich, Grad.; A., Gießh.), von Menschen — kein Leben, keine Energie zeigend; von Flüssigkeiten, Bier — fade schmeckend. Von todt — ohne alles

12*

Leben seiend und dem veralteten schlacht = Herkunft, Geschlecht, Gattung, Art. Also von der Art eines Leblosen seiend. Bairisch = nicht lebhaft genug, krank, schwächlich. (Schmell. I. 446).

todtengräber, der (tûtagrâber, A.) = Libelle, sowohl die weiße, als auch die blaue. Man schreckt die Kinder damit. Sonstige Ausdrücke: pfêrstecher (Lbskr.); wasserhernska (Rg.); wasserjungfer (Lbskr.).

tolde, die (tûlde, Gab., Weig., Tr.); gewöhnlich senkl-tûlde (Tr.) = Nadel mit großem Öhr ohne Spitze zum Einziehen von Schnüren; z. B. in Fenstervorhänge, Unterhosen u. s. w. Vgl. das folgende:

tôlen, die Mz. (tôla, Br.) = die Nadeln der Waldbäume. mhd. tolde = Wipfel oder Krone eines Baumes, apex. „Spitze" ist das sowohl dem mhd. tolde als auch den Dialectformen tolde und tôle Gemeinsame.

tollen (tolla, Rg., Hbr., Tr., Rgb., Grab., Arn., A., Batzb.; Lbskr.) = Unsinn reden, albern schwätzen, lallen. Eigenlich tallen und in dieser Form verkürzt für tälen (vgl. tälsch.) Schlesisch tallen = stammeln, nicht recht reden können. (Whd. Btr. 97). Im böhmischen Erzgebirge dollen = spielen mit der Arbeit. Petters. Etymologisch gehört das Wort zu gothisch dvals = thöricht und ahd. twalôn = betäubt, schlaff sein. Zusammensetzungen:

ge-tolle, das (Grab., Tr.) = unsinniges Reden.

tollefîßl, der oder das? (Lbskr.) = albernes Zeug schwatzender Mensch.

tollfotze, die (A., Wichst., Rok.) = albern reden= des Frauenzimmer.

tollmesto, die (A., Batz.) = lallendes, d. h. unvollkommen, fehlerhaft sprechendes Weib; (A., Gießh.) = plauderndes Weib, Plaudertasche.

tollpâtsch, der (A., Gießh.; Br.); tollpatschka (Tr., Rgb.); tûllpâtsch (Gab.) = alberner, ungeschickter Mensch. Vgl. auch talpern, talkern, mit welchen Wörtern unser tollen und tälen sinn= und sprachverwandt ist.

.

Tôn (Rg.) = Anton. Kinderreime:

1. Tôn, Spôn,
   Reit dervôn,
   Reit of Wien,
   An dort blei stîn.   (Grabliß).

2. Tôn, Tôn, Kërschakann,
   Schmotzt die Mêdlan gor zo gann.
                                        (Hohenbruck).

3. Tôn, Tôn, Tëntaglôs,
   Gî ai die Schule und lann dor wôs.
                                        (Hohenbruck).

torkeln (torkan, Br.; A., Gießh.) = taumeln,
schwindelnd hin= und herschwanken. Bairisch (Schmell. I.
456); schwäbisch (Schmib. 134). md. der turc = schwan=
kende Bewegung, Taumel. Sturz. (Wgb. II. 914).

torklich (Br.; A., Gießh.) = taumelnd hin und
herschwankend.

tôse, die, gewöhnlich back-tôse. (Henn.) = Backtrog,
vgl. têse.

tostern; herum-tostern (rëm-tostan, Tr., Gießh.)
= langsam, wie schläfrig, eine Arbeit verrichten. Derselben
Bedeutung wie rëm-màrn (siehe màrn) und tàrn (siehe
daselbst).

ge-toster, das (Grab.); dü hûst a getostr sagt
man, wenn ein Kind recht nachlässig schreibt, recht viele
Tintenklecse beim Schreiben macht. Also auch ein ungeschicktes,
weil schläfriges Arbeiten.

tosterich, der (Grab.) = alberner Mensch. Diese
Wörter tostern, das getoster, der tosterich gehören zu
mhd. dôsen = sich still verhalten, schlummern, wovon auch
die bekannten Wörter: der dusel, duseln, duselig stammen.
Mit getoster verwandt erscheint:

be-tostert (Grab., Tr., Rgß., Henn.) = mit einer
halbflüssigen Masse (Roth) bespritzt, beschmutzt, und

toster, das (Gab., Grab.) = grindiger Haut=
ausschlag, der den ganzen Kopf bedeckt, so daß derselbe wie
mit einem Pflaster überzogen erscheint. Schlesisch heißt der
tonstr f. v. a. Kopfgrind, eckelhafter Ueberzug.

toter, der (tôtr, Hilb.) = männlicher Taufpathe.
tôtfrau, die (tôtfrä, Hilb.) = weiblicher Pathe. Süd=
böhmisch (bairischer Dialect) der dôd (Eisenstein) =
männlicher Pathe; die dô:l = weiblicher Pathe; firmdêd
(SB., Stubenbach) =: Firmpathe. mhd. tote, totte =
Pathe und Pathin (Lex. II. 1471). Bei Wgd. II. 915
der und die tote; spätalthochdeutsch (12. Jahrhundert) die
tôta. Vielleicht zusammenhängend mit tâta = Vater in
der Kindersprache, denn auch der pâte entspricht ganz dem
lateinischen pater = Vater, d. i. pater spiritualis.

tötschen (tôtscha, Henn.) = betasten. Nebenform
zu tatschen (siehe daselbst).

trab, der (tropp, Trb.); Redensart: etwas im
trappe haben = auf etwas versessen sein, etwas zu erreichen
trachten; ich hô a 'm tropp = ich habe auf ihn einen
Groll (Tr.); jemanda of a tropp brênga = einen Un=
willkommenen bald wieder fortbringen (Tr.)

trâde, die (Tr.); träd (Henn., Grab.) = Fußboden
aus Brettern. Sollte das Wort eins sein mit französischem
estrade = Auftritt, erhabener Boden in einem Gemache?
Oder ist es hervorgegangen aus den Ausdrücken: a trâre
(A., Gießh.); uf trâd = auf der Erde?, welche Formen
aufzulösen wären in: a dr äre und uf dr âd.

trâdeln, verträdln (Grab.) = mit unnützer Arbeit
sich abgeben und zu keinem Ende damit kommen; die zeit
verträdeln. Sonst trödeln, vertrödeln (Tr.) Vgl. trandeln
und trendeln.

trâf, der (Rg., Hbr., Freiß., Tr., Rgb.; Grab.;
treff, Lbsfr.) = Schlag. mhd. und md. der und das
trêf = entscheidender Streich, Schlag. nhd. treff (Wgd.
II. 923). Z. B.: Ein von einem Pferdehufe geschlagenes
Thier hat einen „trâf" bekommen. Bairisch triff und treff
= Streich, Schlag (Schmell. I. 479); schwäbisch der treff
(Schmid 138).

träfe, die (Rg., A., Br.; traf, Hilb.) = Traufe.
Bairisch die und das träf (Schmell. I. 476).

träfe, die (Kl.-A.); träf (Hilb.) = Futterleiter für
das Vieh. Statt räfe, d. i. hd. raufe. Das t scheint vom
Artikel die herzurühren, wie bei dem Worte träde.

träge, die (tröche, Rg., Petzer; tröch, Henn.;
trög, Lbsfr.) = 1. Traggerüst. Südböhmisch die tragn
und bairisch (Schmell. l. 481). 2. (Gr.-A.) = starkes
Mädchen.

tragend := trächtig, befruchtet (vom Rindvieh).
Bemerkenswert sind die Formen trênich (Rg., Weig.,
Henn.; A., Gießh.), trojnich (Br.; A., Gießh.), tröanich
(Tr.), namentlich wegen des Eintrittes von ich statt des
hd. end. (Ueber die Zusammenziehung von age siehe die
Laute im schlesischen Dialect Heft 15 und 16 Seite 11).
Schwäbisch tragend = schwanger (Schmid 135).

träger, der (träichr, Br.) = Tragbalken, welcher
die Zimmerdecke der älteren Häuser, besonders der hölzernen
Bauernhäuser stützen. Sonst rëssböla oder reißböla (siehe
daselbst) genannt.

tragseil, das := 1. ein aus Hanf oder Flachs
gearbeitetes, zuweilen aus Leder bestehendes ziemlich breites
Band mit Schlingen an beiden Enden, welches man beim
Fortbewegen belasteter Schubkarren benützt. 2. Mz. die
Tragbänder an Rückenkörben. Die verschiedenen Formen
des Wortes sind: trejsl (Henn.); trôsl (Trb.); troaschl
(Tr.); trö̂schl (Rgb.); troasl (Grab.) In Lbsfr. heißt
es halsband (holsband), in NB. holse (M.)

traichen (traicha, Rg., Gr.-A.; trojcha, Br., A.)
:= trocknen.

träiche, träich (Rg.; Hutt.) = trocken. Auch
in NB. (M.) In Nord- und Mitteldeutschland treuge; am
Niederrhein drüg; schwäbisch treug (Schmid 139); md.
truge; ags. drigan = trocknen. Wenn mr unr festla
(Johanni) träich räi kricha, dû wûcha mr a letzta
schneller drô (Huttendorf).

träschen (träischa, Br.; trojscha, wo?), von Flüssigkeiten = rauschend niederfallen. Aelterneuhochdeutsch dreuschen und treuschen; nd. drüsken aus drusen = mit Geräusch zu Boden fallen. Von gothisch driusan. „Hörcht ock, wie's träischt ot's kerchadach“ heißt es in dem Gedichte „Das Gewitter“ im Braunauer Dialecte.

träm, der (Hilb.) = 1. Holzstamm. 2. langer starker Mensch. mhd. träme, dräme = Balken. Vgl. tremmel, trumm.

trampeln (Henn.); trompan (Br.; A., Gießh.) = wiederholt schwerfällig und schallend auftreten. (Siehe Innere Wortbildung Heft 15 und 16 Seite 16). Vgl. auch trempeln.

trandeln (Lbsfr.) = sich mit unnöthiger Arbeit abgeben und nicht vorwärts kommen. Meist „die zeit vertrandeln“ = sie mit unnützer Arbeit vergeuden. Sonst trendeln (A., Gießh. und NB. M). Bei Goethe trenteln; spätmittelhochdeutsch trendeln = sich drehen, wirbeln; mnd. trendelen = sich drehen.

trankgeld, das (Br., Gießh., Tr.); tronkgeld (Grad.); tronkgäld (Henn.) = Trinkgeld.

transeln, vertranseln = durch unerhebliches Thun in die Länge ziehen. Vgl. vertrandeln und verträdeln.

trärn, die (Rb., Frd.) = gedielter Fußboden. Vgl. die träde.

I. tratschen (Rb.) = schwatzen; in übler Bedeutung: Schlimmes reden von jemandem, ihn ausrüchten, bereden. Derselben Bedeutung und Wurzel wie in NB. bedreschen (badraschn, M.) und bairisch das gedräsch = Geschwätz, Geplauder (Schmell. I. 414). Ein Schallwort, das zunächst von dem geräuschvollen Auffallen einer Flüssigkeit gebraucht wird. Vgl. träischen (Br.), träschn (NB. M.), träuschen bei Wgb. II. 922. Dann aber von lautem, geräuschvollem Reden, Schwatzen, endlich von üblem Nachreden. Man vgl. ähnliche Schallwörter, wie patschen, klatschen, die in allen diesen Bedeutungen gebraucht werden. Daher der tratsch = geräuschvolle geschwätzige Unterhaltung über Abwesende.

11. **tratschen, betratschen** (betrotscha, Rg., Gab., Weig., Henn.; Br.) = betasten, berühren. Eine durch r erweiterte Form zu tatschen, zur Wurzel ta (in ta-sten, ta-ppen u. s. w.) gehörig.

träuen (treien, S. H. 58; trein, Rg.; trojn, Br.; A.) = ehelich zusammengeben. Unsere Form träuen oder treuen entspricht einem mhd. triuwen. der pfarrer lässt sich die kirche anträuen = er wird installiert (Kl.-A.)

treibe, die (Rb.) = Fahrweg. Eigentlich Weg, auf welchem man das Vieh zur Weide zu „treiben" pflegt. Bairisch der .traib = Viehtrieb (Schmell. I. 476).

treiben (Ldsfr., Rg., Trb.) 1. trans. = den Teig mit einer Walze plätten, in die Länge und Breite „treiben." 2. intrans. = gähren, sich blähen, in die Höhe gehen (vom Teige). Auch bairisch (Schmell. I. 469).

treideln (Henn.) = langsam arbeiten. Daher

treideltomm, der (Henn.) = langsam arbeitender Mensch.

treideln, nd. treueln heißt, ein Schiff mit Leinen durch Menschenkraft ziehen, was allerdings langsam genug von statten gehen muß. Vgl. dazu trädeln und trandeln.

treischen (träischa, Bdf.), von einer Flüssigkeit = 1. klatschend niederfallen (siehe träischen). In NB. tréschen (M.); schlesisch tréschen (Wbb. Btr. 99). Entspricht nd. drûsken. 2. (Kl.-A., Petzer), von der Kuh = rindern. Vorarlbergisch trêßa, drêßa; mhd. trensen und trentschen = ächzen, stöhnen (Lex. II. 1505). der trejschr (Henn.) = rindernde Kuh. 3. (Nz.), von Kindern = lärmend und unruhig sich geberden. Geräuschvolle Unruhe ist das Gemeinsame der drei Bedeutungen. Vgl. auch trêtschen.

trejtsch, der (Rg.?) = Regenguß. Vgl. treischen und trêtschen.

tremmel, der (Trb., Ldsfr.) = 1. dicke Stange. 2. Dreschmaschine. 3. großer starker Mensch. mhd. der drëmel = Balke, Riegel (Lex. I. 460); ahd. drëmil, trêm! Riegel, zu einem vorauszusetzenden Wurzelverbum;

ahd. driman = in Stücke theilen (Wgd. II. 918), wovon auch tram und trum (siehe daselbst). Schwäbisch dremel = Knüttel, starke Mannsperson (Schmid 139).

trempeln (Rg., Rz., Hbr., Henn.; Lbsfr.); trempan (Rg., Gab.; Br.; A., Gießh.) = 1. wiederholt stark auftreten. Nebenform zä trampeln (siehe daselbst). 2. (ironisch) tanzen.

trempel, der (Rg., Gab.) = schwerfällig und ungeschickt auftretende Weibsperson. Schwäbisch die trampel = plumpe Weibsperson (Schmid 135).

tremplbräte, die, Mz. (Rgh.) = Tanzsaal. Ebenso

trempelsaal, der (trempelsöl, Tr.) = Tanzsaal.

trempelpolka, die (Rg., Rgh., Gab., Henn.; A., Gießh.) = Polka tremblante.

trendeln (A., Gießh.) = mit unnützer Arbeit sich beschäftigen. Bairisch trendeln (Schmell. I. 993); bei Adelung trandeln. mhd. trendelen = wirbeln, und die trendel = Kreisel (Lex. II. 1503). Sämmtliche Formen, wie trendeln, trödeln, treideln, trandeln scheinen mit „dre"-hen verwandt. Namentlich erscheint treideln nur als eine durch d erweiterte Form zu nd. dreien, draien.

treppeln (treppan, Rg.) = tröpfeln. Davon

ge-treppeltes (Rg., Rgh.; Br.; A., Gießh.) = Tropfteig (in der Suppe).

treppla, das (bd. tröpflein); Redensart: 's treppla fällt dr runtr = du sehnst dich nach etwas.

trepplkellan, die, Mz. (Rgh.), b. i. tropfkäulchen = Tropfteig. das kella = käulelein.

tressenhaube, die (tressahaube, Br.) und

tressenkappe, die (tressaköp, Rg., Henn., Weig.) = Haube oder Kappe, aus silbernen oder goldenen Tressen gewebt. Ein Stück der alten Frauentracht.

zer-trestern, sich (Kl.-A., Tr., Gab., Rgh.) = sich mit allerlei Sorgen den Kopf zermartern. zrtrestr dr ock nê a köp asu. 2. etwas Ganzes versplittern, zerreißen. 's geld zrtrestrt jemand, wenn er eine große Banknote wechselt, weil man glaubt, daß dann das Geld schneller aufgehe. In tre-stern scheint die Wurzel dri, wie in driseln — faserartig durch Drehen abwinden; dre-hen; tre-nnen; trifeln — trennen; ahd. driman (siehe unter tremmel), was alles ein Zertheilen bedeutet. Aehnlich ist die hd. Redensart „sich den Kopf zerbrechen."

trêtschen (trêtscha, Rg., Tr., Rgb., Grad., Henn.; Br.) = 1. spritzen mit Wasser; betrêtscha, mit Wasser stark bespritzen. 2. stark regnen. 3. schnell laufen. Nebenform zu trêschen, träischen, träuschen.

treue, die (treu, Grad., Henn.) = Trauung, eheliche Verbindung.

trîb, der; Redenart: etwas im trîbe haben (A., Gießh.) = nach etwas heftig streben.

tribe, die (Rz.) = Rasenweg zwischen zwei Feldern. Vgl. treibe und hd. trift, Platz, auf den man das Vieh zur Weide „treibt."

tribsch, tripsch, der (Rb.) = Tropfen.

Tribstrill. nach Tribstrill gehn sagt man scherzhaft, wenn man selbst nicht weiß, wohin einen der Weg führen werde oder um müßige Neugier abzuweisen.

ab-tribulieren (ôtribuliân) — etwas fortwährend gierig verlangen. Aus volksmäßiglateinisch tribuiare = pressen, drücken, plagen.

trîfeln (Rg., Arnß., Henn.); trîvein (Henn., Grad.) = auftrennen. mhd. trifelen, triffeln = drehen; ûftriffeln = sich aufdrehen (Ler. II. 1512, 1513). Bairisch trifeln = durch Umdrehen auflösen (Schmell. I. 479). Wurzel dri, tri, die ein Zertheilen bedeutet.

trill, die (Tsch., Tr.) — verzogener Mund; a macht 'n' trill = verzieht den Mund. Daneben auch die Formen trall und trulle (Tr.) Dim. das trilla, tralla und trulla.

trillen (trilla, trëlla, Tr., Grad.) = weinen, von Kindern, wobei sie das Gesicht verziehen. Tirolisch trïëlen. mhd. der triël — Lippe, Mund, Maul, Schnauze, Rachen

(Leg. II. 1512). Ferner tirolisch der tröller, troller = fleischiges Unterkinn (Schöpf 739). Südböhmisch der trill = Fleischansatz des Truthahnes.

trilps, der (trëlps, Henn.) = Tölpel (Schimpf-name).

trinken. 's zu trinka (Rg., Br., A.) = Getränk.

trîsch, die (Weig.); trîsche, die (Hbr.) = zu Feld umgearbeitete ausgerodete Waldfläche.

trîschen (Gö.) = rindern (von der Kuh). Siehe treschen.

I. **trîseln** (trîsan, Rg., Weig.; A., Gießh.; ûftrîsan, zrtrîsan, Gab.) = auftrennen, sich faserartig abwinden. Ein gewebter Stoff „trîselt auf,“ wenn er nicht eingesäumt ist, oder ein Stück, wenn am Ende kein Knoten gemacht worden ist (Br.) Eine Nebenform zu trîfeln. Wurzel tri.

II. **trîseln** (trîsan, Trb.); daneben auch die Formen troisln (Rb.), trôsehn (Lbsfr.), trètscha (Rg.) = stark regnen. In NB. trëschn (M.) (Siehe treischen). trîseln ist ein Iterativ zu nd. drusen = mit Geräusch zu Boden fallen (Bremisch, Wtb. I. 263), von gothisch driusan = fallen, herabfallen. Es wäre demnach trüseln zu schreiben.

trîthär, der (Rgb.) = fauler Mensch. Eine anomale Zusammensetzung aus dem Imperat. tritt und her.

tritscher, der (A., Schöb.) = unbeholfener Mensch.

trittling, der (trîtlich, Rb.; A., Schöb.) = Stufe, Schemel beim Webstuhle, Trittbalken; ein einarmiger Hebel, um die „komma“ (siehe daselbst) in Bewegung zu setzen. Auch der Scherenschleifer tritt auf den trîtlich, um den Schleifstein zu bewegen. Schlesisch trittlich = Tritt-brett oder Stufe in der Fensternische; Tritt am Spinnrade.

trîveln (Henn.) = auftrennen. Weichere Aussprache der Labialaspirata. Vgl. trîfeln und mhd. triffelen.

trobsch, der (Rb. auch troäbsch und tropsch) = Tropfen, kleine Menge von einer Flüssigkeit. Nebenform zu tropfen. Dieser Wechsel zwischen psch und pf tritt auch

in demselben Worte auf, jedoch bei anderer Bedeutung:
NB. der tropsch (M.) und hd. der tropf = alberner
Mensch.

trôden und trâten (A., Schöb.) und trôdûm, der,
in der Leinweberei = über das fertige Stück noch heraus-
ragende Fädenenden, die abgeschnitten werden. Verwandt
mit die troddel. mhd. die trâde = Saum eines Gewandes,
Fransen am Saum (Lex. II. 1488). Von ahd thrado,
drâdo (Otfried).

trojbl, der (Hilb.) = Trobbel, Quaste. Plural
die trojbal. mhd. die trabe = faserige Zoten (Lex. II.
1486). trojbl stellt sich als Nebenform zu troddel, wie
mhd. trabe zu trâde. (Vgl. unter trôden).

troich (Frb.), troige (Einf., Gab., Heun.; A.,
Gießh.) = trocken. Siehe traiche.

trojsl, das (Rb.; A., Schöb.) Siehe tragseil.

trojsln (Rb.) == stark regnen. Siehe trîseln II.

trôm, der (Hbr., Arn.) = Balke. Siehe trâm.

trômer, der (Frb.) = Dielsteg, gedielter Bachsteg.
Eigentlich ein trâmsteg, d. i. ein Steg, aus zwei Längsbalken bestehend, die mit Dielen oder Brettern belegt werden.

tropfeu, der (trûppa, Rg.); wèrschte ock zwischa
a trûppa gonga, sagt man zu einem, der durch und durch
naß geworden ist im Regen.

trôrschl, das (Freih., Kl.-A.); siehe tragseil.

trôsch, der (Rg.?) = geräuschvolles Auffallen
ausgegossenen Wassers, Wasserguß. Vgl. träischen und
trêtschen.

1. trôtsch, der (Rg., Tr., Gab., Henn., Grad.; A.,
Gießh.) = dummer, einfältiger Mensch. Schlesisch
trôtsch = Tölpel, schwatzender dummer Kerl (Wbh.
Btr. 98); schwäbisch die drôtsch = dicke, jedoch hübsche
Weibsperson (Schmid 141).

2. trôtsch, die (Rg., Henn., Grad., Hilb.) == große
Hand, großer Fuß.

3. trôtsche, die (Rg., Parsch.) == großes plumpes
Frauenzimmer.

4. **trôtschen** (D.=B.); **trotscha** (Rg., Gab.); **trôt=scha** (A., Gießh.) = schwerfällig, plump einhergehen.

5. **trôtscher, der** und **trôtscherich** (trûtscherig, Hilb.) = alberner, unbeholfener Mensch. Man vgl. zu allen diesen 5 Ausdrücken meine Bemerkungen über Wortbildung vermittelst Lautansatz und Lauteinschiebung.

trowonte, der (Rgb.) = lebhafter Knabe. Vgl. **trabant.**

trûgel, die (Lbsfr.) = Truhe. tûdntrûgl = Sarg. Aus mittellateinisch trucca, und dies aus lateinisch truncus = abgeschnittener Stamm. Schweizerisch trucke = Lade, Schachtel (Stalb. 1. 311); bairisch truhel = Lade, Kiste, Koffer (Schmell. 1. 487). Auch in NB. **trugel** = Lade (Leitmeritz).

trull, der (Tr.) = verzogener Mund. Vgl. **trill.**

trulle, die (Rg., Tr., Hbr., Grab.; A., Gießh.; Br.) = dickes plumpes Frauenzimmer, auch großes faules Mädchen, unschöne, starke, unbeholfene, fette Frauensperson. Weitverbreitet. Selbst dichterisch verwertet in Goethe's „Hermann und Dorothea," II. 263, 264.

> Aber denke nur nicht, du wollest ein bäurisches Mädchen
> Je mir bringen ins Haus als Schwiegertochter, die Trulle.

Schlesisch trulle = dickes Frauenzimmer (Whb. Btr. 100); schweizerisch trolle = dicke, fette Weibsperson (Stalb. I. 308); schwäbisch trull = dicke runde Person; mhd. der trolle = grober, ungeschlachter Kerl, ursprünglich „gespenstisches Ungethüm, Unhold." Vgl. Atta Troll bei Heine. Schwedisch das troll; dänisch trold = Ungeheuer.

trumm, der (trüm, Rg., Trb., Freih.; tröm, Drb.) = 1. Balke; 2. Theil eines Ganzen. Denn trumm ist die Einzahl zu der im hd. erhaltenen Mehrzahlform die **trümmer.** In dieser zweiten Bedeutung erscheint besonders noch das Diminutiv trimla = Span als Theil von einem Holzscheit. In NB. bedeutet trumm (trüm) auch Endstück, z. B. das Ende eines Beetes (M.), wie bairisch bei Schmell. I. 490, und schwäbisch = Anfang oder Ende eines Fadens (Schmid 144). Dagegen schweizerisch = kurzes, dickes Stück von einem Ganzen (Stalb. I. 314). Auch südböhmisch (bairischer Dialect).

trûtsch, der (Ta.); die trûtsch (Rg., Trb.) = alberne Weibsperson; die tıûtsch und trôtsch (Lbsfr.); trûtsche und trôtsche (Hbr.) Neckend sagt man: trôtsch vu Rôtsch (Raatſch bei Eipel). Vgl. trôtsch und trôtschen. Bei Hölty und H. Sachs der Drütschel = dicke weibliche Person. Wgb. II. 941.

tschachaner, der (Weig.); Dim. tschachandrla (Tr.) = Stock, Ruthe zum Prügeln; bërkene tschachandrlan bieten Weiber zum Verkaufe an (Tr.) Vgl. schakanerla, das (Henn.) = dünnes kleines Stämmchen eines Wald- baumes. Wortstamm iſt tschach. tsch, ts = z. Vgl. mhd. die zoche = Knüttel, Prügel; tiroliſch der zochen = abgehauener und der Zweige entblößter Aſt; mhd. der zocher = ramex (Ler. III. 1145). Man vgl. ferner zachr (Weig.), zochr (Bbf.), zûchr (Hbr.), sochr (Joh.) = Knüttel, Prügel.

1. tschäpen, die, Mz. (tschâpa, Henn.) = Schlaf- schuhe.

2. tschäpen (tschäpa, Henn.) = langſam gehen.

3. tschappel der (Br.) = einfältige Person.

4. tschappen (tschappa, Br.) = schwerfällig gehen.

Man vgl. zu tschapen und tschappen das Wort tappen = unſicher nnd ungeſchickt auftretend gehen; zu tschappel das Wort täppisch = plump, ungeſchickt, um die nahe Verwandtſchaft dieſer Wortformen herauszufinden, deren gemeinſame Wurzel das ſchon vielfach erwähnte ta iſt. Hier tritt an t wohl urſprünglich ein s, ſo daß neben einem tappen zunächſt ein tsappen. (Ich rechne hieher auch als Iterativum davon: das hd. zappeln = mit Händen und Füßen oder auch beiden raſche kurze Bewegungen hin- und hermachen (Wgb. II. 1159), ſei es nun, daß anlautendes z auf ts zurückgeht, oder gemäß der Lautverſchiebung einem älteren ta entſpricht). tsappen vergröberte ſich in der Ausſprache zu tschappen.

tschasch, der (Tr., Hbr., Henn., Grab.; Br.); tschorsch (Tr., Weig.) = lebhafter Streit, Auftritt.

tschebas, tschewas, schewas, tschrebas (Rg., Weig., Gab., Rgb., Henn.) = vielleicht, meinet- wegen. Čechiſch třebas. An der čechiſchen Sprachgrenze auch im deutschen Südböhmen eingedrungen. So in Prachatiß tscheba².

tschésche, die (Rg.; Br.: A., Gießh.) = liederliches Frauenzimmer.

tscheschen (tschescha, Tr., Rgß.) = rasch dahin=fahren. Wohl eins mit hd. zischen, da mundartlich tsch = ts = z. Also mit „zischendem" Geräusche dahinfahren. Vgl. mundartliches tschischen = hd. zischen; ferner tschuscheln (Rg.; Br.) = auf dem Eise mit Geräusch dahingleiten.

tschétsche, die (Rg.?) = liederliches Frauen=zimmer.

tschetscher, der (Rg.; Br.; A.) = Bergfink; Leinfink. (Fringilla linaria). In NB. (Leipa) = Roth=hänfling.

tschîhotl (D.=B., Hilb.) = ein zum Vogelfange mit Reisig und Leimruthen bedeckter Wassergraben, was sonst im Rg. 's timpala (Gab.), 's bernla (Weig.), 's vöchl=hätla (Br.), in NB. tränke (auf die tränke stellen, M.), heißt. Aus čechisch čihadlo = Vogelherd, mit einigermaßen veränderter Bedeutung. Bei Grabliß gibt es eine Berglehne, die den Namen Schihackberg, d. i. Vogelherdberg, führt.

tschinder, die (Gab., Weig.) = Eisbahn.

tschindern (tschindan, Rg., Tr., Gab., Weig.; tschéndan Lbskr., Hbr.; tschendrn Nz.) = mit den Füßen auf dem Eise gleitend dahinfahren. Schallwort, auf der Nachahmung des „zischenden" Geräusches (tschi) be=ruhend. Ebenso wie:

tschinscheln tschinschan, Tr., Rgß.) tschindern.

tschinschl, die (Rgß., Weig.) = Eisbahn.

tschipp, tschipp! (Henn., Grab.) = Lockruf auf junge Hühner. Davon:

tschippel, das (Rg., Nz.) = Henne, Huhn.

tschipple, das (Lbskr.) = Hühnchen (sonst Rg. pîperla).

tschippen (tschippa, Weig.) und tschippern (tschippan Rg., Henn., Grad., Tr., Trb., Rgb.) = tröpfeln; hi-tschippan (Br.; A. Ritschka) = sterben (jedenfalls langsam absterben, wie wenn die Lebenskraft tropfenweise schwinden möchte).

tschipperla oder tschippala (Rg., Trb., Tr., Rgb., Grad., Henn.) = Tropfen, Tröpflein. In hd. Form tschipperlein. Man vgl. auch dazu die Formen tripsch und tropsch = Tropfen.

tschirken (tschiëken, 3silbig, Hilb.), von jungen Hühnern = mit kurzem schrillenden Tone wiederholt schreien. Derselben Bedeutung wie hd. zirpen (Wgd. II. 1184). Aelterneuhochdeutsch tschiren und zirken neben tschirpen und zirpen. Stieler, deutscher Sprachschatz, 2649; engl. chirk; altengl. chirkin.

tschirkelein, das (tschirkala, das) = Eidechse. Beruht jedenfalls auf einer Verwechselung mit der „zirpenden Grille", die gleich der Eidechse in Löchern an sonnigen Rändern haust.

tschisch, der (pfonnatschisch, ejer- (eier-)tschisch, Henn., Weig.) = Eierkuchen. Wohl nach dem zischenden (mundartlich tschischen = zischen) Geräusche beim Backen.

tschischen (Rg. tschischa) = 1. zischen. 2. (Tr. Grad.) = auf dem Eise gleitend hinfahren. Wechsel von tsch und z häufig (tschwischen = zwischen u. s. f.)

tschispern (tschispan, A., Gießh.) = lispelnd reden. mhd. zispen; ahd. zispan = zischeln und auch „schleifend" gehn. Gleichfalls Schallwort.

tschollern, s. tschullern.

tschucken (Rg.; Br.; A.) = heimlich oder verstohlen schauen. Mädchen gehn zur Tanzmusik zunächst tschucken, bis sie ein Tänzer zum Tanze auffordert. Kinder, denen die Theilnahme am Tanze verboten ist, tschucken wenigstens. Schlesisch schucken (Whd. Btr. 88.) Indem wir tsch wieder auf z oder tz zurückführen, erscheint unsere Form tzucken als eine Lautumstellung zu Egerländischem gutzen. Dies aber ist eine Nebenform zu gucken = neugierig sehen; bairisch gugken (Schmell. II. 27); mhd. gucken; nd. kieken.

tschullern (Rg., Rz.); tschullan (Rg., Weig., Hbr.); tschollern (Rg., Tr., Rgh.; Grab., Henn.); = in dünnem Strahle fließen. In NB. tschulln = mingere (M.); BN. (Böhmisches Niederland) tschorln, tschirln, von Flüssigkeiten = laufen. Die Formen tschullern, tschollern beruhen also auf einer Lautumstellung (tschurl, tschorl wird zu (tschullr, tschollr.) Schweizerisch tschuren = sprudeln; besonders bezeichnet es das angenehme Rieseln und Rauschen einer Quelle, eines Wasserfalles (Stald I. 321. Ein Schallwort wie surren.

tschumpern (Henn.) = mingere.

tschunder, die (Henn.; Br.; Gießh.) = Eisbahn (s. tschusch).

1. tschunken, der (tschunka, Henn.) = Schinken. nd. der schunke; altfries. skunka = Beinröhre, Schenkel.

2. tschunken, die Mz. (tschunka, D.-B., D.-L.) = Tannen- und Fichtenzapfen.

3. tschunken, der (Hms.) = Tintenkleds. Sonst wohl auch ein Schwein, eine Sau genannt. Vgl. das folgende:

4. tschunkel, die (Rg., Trb.; Lbskr.) = Schwein. Diminutiv tschunkala, tschunkla (Hbr.); Lockruf: tschunkla! tschuck! tschuck! In NB. ist der Lockruf „tschinl!" welcher Ausdruck nicht nur in der Kindersprache, sondern auch von Erwachsenen zur Bezeichnung „Schwein" gebraucht wird (M.) Die Verwandtschaft zwischen den Ausdrücken tschunkel und tschinl ist augenscheinlich. Ebenso zwischen den Ausdrücken 4 und 3. 2 ist mit 1 durch die Aehnlichkeit verwandt, indem man die braunen Fichten- oder Tannenzapfen mit in der Esse hangenden Schinken verglich?

5. tschunkla, das (Rg.) = verwöhntes, schmutziges Kind.

tschunkel, die (Rb.) = Schaukel. Auch NB. (M.) Dazu

tschunkeln = schaukeln. Schuckln (Lbskr., Grab., Henn.)

tschunschl, die (Weig., Rgb., Tr.) = Eisbahn.

tschusch (Rg.; Br.; A.) = neckender Zuruf der Kinder. Sonst auch gisch, gitsch, hetsch.

tschusch, die (Henn.) = böses Gesicht.

tschusch, die (Rg.) = Eisbahn, welche Kinder herstellen, indem sie mit den Füßen gleitend über eine Eis= fläche dahinfahren. Auch NB. die tschuschel = Eis= bahn (M.)

tschuscheln (tschuschan, Weig.; Br.; Henn.) = rasch auf dem Eise hingleiten. Auch NB. tschuschln (M.)

tschuschen, die, Mz. (tschuscha, Weig.; tschascha und schuscha, Henn.) = schlechte Schuhe.

tschûtschen (tschûtscha, Rg., Trb.; Lösfr.); tschûtscheln (Grab.); tschutschan (Tr., Rgb.) = saugen wie an einem Sauglappen. NB. tschutschen (M.); SB. zûzeln (bairischer Dialect). Letzteres weist hin auf zitze, die = Saug=Brustwarze, Mutterbrust und die tutte, mhd. tutte; ahd. tutta = Brustwarze, weibliche Brust. Wir haben also zwei Formen: eine mit unverschobener Dental= tenuis tutte und eine mit der Dentalaspirata zitze. Mit verschobener Dentalis wird aus tat zunächst zuz und durch Vergröberung von z = ts in tsch, wie mehrmals nachge= wiesen, tschutsch, woraus dann unser tschûtschen und tschûtscheln. Man vgl. NB. die tuttln (M.); schweizerisch dutte, dütte (Stald. I. 33); schwäbisch die dutte, das düttle. (Schmid 146.) = weibliche Brust.

tuber, der (Rb. Ggb.) = Rauch, Qualm. Schweiz. dopp, dobb = schwül, namentlich von einer warmen dicken, windstillen Luft und zwar bei bedecktem Himmel. (Stald. I. 859). Vgl. dîwich im alphab. Verzeichnisse.

ge-tue, das (Rg., Tr.) = Benehmen. NB. die tue (M.)

tülke, die (Ott.) = muldenartige Vertiefung des Bodens. (s. tilke).

tülle, die (dille, Hbr.) = eiserner Ring am untern Theile der Wagenlechse (s. tille).

13*

tûltsch, die (Henn.) und g⸗tûltsch, das (Henn.) = langſames Frauenzimmer.

tultsche, die (A. Deſchnay.) = ein Waldbezirk auf dem Mnichover Berge mit „Sumpfboden“. Vgl. dulch.

tump, der, meiſt Diminutiv tümpel (timpl, Rg.) = tiefe Stelle im Bach. NB. der tump (M.); das timpala (Gab.) = Waſſergraben mit Reiſig überdeckt und mit Leimruthen belegt, um Vögel zu fangen. Die Form der tump (wie in NB. M.) ſcheint im nordöſtl. Böhmen nicht vorhanden zu ſein. Auch mhd. (tümpfel) und ahd. (tumphilo) kommt eine ſolche nicht vor. Doch wäre immerhin eine Form ahd. tumph möglich als Ablautbildung zu einem bei Wgb. II. 945 vorausgeſetzten Verbum timphan, ich tamph, wir tumph-umês = ſich drehend ſchweben. Denn ahd. tumphilo bedeutet Strudel, Drehſtelle in fließendem Waſſer.

tump, adj. (Rg.; A.; Br.) = dumm. Auch mhd. und ahd. tump; gothiſch dumbs. Im nhd. hat ſich mp aſſimiliert zu mm, vgl. schlimp = nhd. ſchlimm; krump nhd. krumm u. ſ. w.

tumpnich, dumpnich (Rg., Trb.; dumpich Rgt., Grab.) = dumpf, dumpfig (vom Mehl).

tûn, der (dûn, Grab.); Redensart: dar macht senn dûn fort = läſt ſich in ſeinem Thun und Laſſen nicht beirren. ai em dûne (Rg.; A.; Br.); tûn (Henn.) = in einem fort, ohne Unterbrechung.

tunke, die (tûnke, Trb.; tûnk Hms; tonke, Petzer) = 1. Brühe; 2. ſchlechtes Bier. Zu lateiniſch ting-ere; griechiſch tengein = benetzen.

tunken (tunka, Rg., A., Br.) = leiſe berühren. antunken (ôtunka), auch an-tauchen (ô-taucha). Siehe tauchen. Dieſes tunken ſcheint nicht eins zu ſein mit tunken, ein-tunken = benetzen, ſondern zu der Wurzel ta, die ein Berühren bezeichnet, zu gehören. Vgl. bairiſch an-dauchen = ſtemmend „berühren“ und dadurch einen Gegenſtand weiter bewegen. Das n erſcheint dann urſprüng⸗ lich wie eine Erweiterung des Stammes tuk. Vgl. hd. Formen wie dünk-en, praet. dach-te; bring-en, praet. brach-te. Dagegen gehört

ein-tunken (ai-tûnka, Trb.) sich = sich in eine schwierige, unangenehme Lage bringen zu tunke, Brühe, Sauce und heißt ursprünglich „sich wie mit einer Tunke beschmutzen." Man vgl. auch die häufig gebrauchte Redensart: der sitzt schön in der Sauce (= tunke) d. i. er hat sich eingetunkt.

tunkelpfeife, die (tûnklpfeif, Weig.) = Pfeife der Kinder aus Weidenrinde. Sollte tunkel zu mhd. die tunchel = Röhre für Wasserleitungen (Lex. II. 1445) zu ziehen sein?

türke, der (tërk, Henn.; tërka, A., Gießh.) = Kürbis. türkisch haupt (tërksch hêt, Grad.; hojt, Br.) = Kürbis.

türme, die (tërm, Henn.) — weißlich aufsteigende Gewitterwolken. Sie sind mit „Thürmen" verglichen, wie anderwärts mit Bäumen (gewitterhêmla, Gab;) Sie sind die Vorläufer eines sich zusammenziehenden Gewitters. Vgl. auch hd. sich aufthürmen (von Gewitterwolken).

türmen (ûf-tërma, Br.) und **türmeln** (tërmln, Henn.) 's tërmt (Br.), 's termlt ûf (Henn.) = es steigt ein Gewitter auf.

türmlich (tërmlich, Henn.); türmblicht (S. H. 251) = schwindelig, mhd. türmelic, türmisch = schwindelig. Von der türmel, turmel = Wirbel, Taumel, Schwindel; bairisch türmeln = im Kreise herum drehen. (Schmell. I. 456).

tuschen (tuscha, Grad.) = hauen, durchhauen, prügeln. SB. anduschn = tüchtig anklopfen, schlagen, hauen z. B. an eine Thür. Gehört zu der Wurzel tu, die gleich ti und ta ein Berühren bedeutet. Vgl. tuscho l, tatsche, tatschen, titschen.

tûsla, das (Tr., A., Gießh.) = Großmutter; tûslamutter heißt in Gießh. ein Kinderspiel. Gehört es vielleicht zu dose und ist tûsla = Döselein (ür Schnupftabak), da die alten Mütterchen manchmal zur Dose greifen?

tûte, die (Br., Trb.); tutte (Tr., Rgh., Grad.) = 1. Ofenrohr. 2. Abflußrohr. 3. Düte.

tuttel, die (Rg.) = Mutterbrust. Vgl. tschutscheln und die dabei gemachten Bemerkungen zur Etymologie dieses Wortes.

tutten (tutta, Tr.), von Kindern = trinken. SB. zûzeln und NB. tschûtschen = saugen.

tutr, der und tûtfrà, die (D.-B.) = Gevatter und Gevatterin (f. tôtr).

tûtrlûse (Lbskr.); **tôtrlûse** (Br.) = von weicher, nicht fest zusammenhängender Art. Z. B. Gebäck; Erdboden nach Regen. Wohl nichts anders als dotterlose d. i. lose, unfest wie Eierdotter.

E.

ĕb, Bindewort (Rg.; Br.; A.); **ĕb** (Trb.); **ĕbs** (Rb.) = ehe, bevor.

on eb har (der Schäferhund) dr ließ a Schäfla drbeißa,
Dö ließa sich ênder of kläne Flecklan zerreißa.
(Braunauer Hirtenspiel).

b in eb steht unorganisch; denn mhd. schon ê, gekürzt aus dem selteneren mhd. êr (= nhd. eher); ahd. êr, was schon Adverb, Präposition und Conjunction ist. Die Form eb kommt auch sonst vor in NB. eb (Warnsdorf); ejb (M.); schlesisch êb, aeb (Whd. Btr. 17).

ĕbenst (Tr.), bejahende Partikel (nu ĕbenst = freilich, ja) = eben. Auch mhd. ebenst und schlesisch (Whd. Btr. 16).

ĕbsch, adj. (Br.) = stolz. Siehe äbsch.

êbt, die (Rz.) = Ebene. Wohl verkürzt aus ebent, welche Form in NB. (ejbnt, M.) vorkommt, und die als eine Ableitung mit t, ahd. ida gelten kann, wie licht = Höhe, grisst = Größe (NB. M.) u. f. w., während hd. eben-e mit e abgeleitet erscheint.

êchala ober êchcrla, ejcherla. Damit beginnen Auszählreime.

1. Echala, bêchala, Zuckerkernla,
   Dâ's në kòn, dân will ich's lanna;
   Eisa Buch, tilla Tuch,
   Schalla Maus, on du musst naus.

   (Altrognitz).

2. Echerla, becherla, gâ'er Torm,
   Wie mr onsr neune wàrn,
   Brocht de Muttr en'n Kucha rei,
   Lêt a Stëckla bëndr dë Thür;
   Kôm dë Kotz an zûch's afür;
   Kôm dr klêne Leimrtwâwr,
   Nôm de Kotz bem Ewerlädr,
   Wusch, wòr së ëm Socke drën.   (Rettenborf).

3. Ejchala, bejchala, Zockerkennla,
   Wa's nej kòn, dàr mûß halt lenna,
   Eck, Speck, Treck,
   Du bist weg.

ecke, die (Rg., Gab.; A., Gieß.); Wich.) = Zimmerbecke, Plafond. hd. das eck = innerer Raum, wo Flächen zusammenstoßen (Wgb. I. 411). Wahrscheinlich entstanden infolge nachlässiger Aussprache aus decke durch Weglassung des d, welches d man vielleicht für den Artikel hielt. Also decke = d' ecke.

ecklein, das (eckla, das, Gab.) = 1. räumlich ein Stückchen Weges: a eckla dimma (Grab.; Br.; A., Gießh.) 2. ein Stückchen von einem Gegenstande, z. B. a eckla kucha. 1. erinnert an die sächsische Redensart oin Eckchen gehen = bis an eine nahe Ecke, nur eine kleine Entfernung gehen, um da wieder umzukehren (Wgb. I. 411). Auch NB. ân eckl mitgîn (M.) 2 gehört zu das eck = hervorstehender scharfer oder spitziger Theil eines Körpers (Wgb. a. a. O.)

eckerte; Auszählreim:
   Eckerte, beckerte, zuckerte, bê,
   Abel, Fabel, Dominê;
   Eck, Speck, Dreck,
   Du musst weg.   (Alt-Rognitz.)

éde, die (Grab.); baſelbſt auch ejd und éebe; ejde
(A., Baß.); meiſt Mz. ejda (Henn.); äjda (Br.; A.,
Gießb., Rof.) = Egge. mhd. egide und eide; ahd.
egida. Durch Zuſammenziehung dieſes egi entſtand dann
é, ej, äi. Vgl. äide.

edelmannsblume (édelmönblûm, Laut.) = Drakel-
blume. Indem man die einzelnen Blüten abpflückt, ſagt
man dazu: Edelmôn, Battlmôn, Junggeſell, Gûldſchmîed
(Gab.); oder Schenk, Bäck, Battlmôn, Zigeuner (Henn.)
Auch NB. Ejdlmôn, Battlmôn, Bircha, Baua (M.) Son-
ſtige Bezeichnungen für dieſe Blume ſind: gehonstichblume
(Rg., Weig., Gab., Rgb.; Grab.; A., Gießb.); gehous-
blum (Rg., Henn.); himmelhölle (A., Rof., Wich.);
pfärblume (Br.); kaiserblume (Tr.)

Eduard. Diminutiv: Eduartla (Henn.); Eder-
wadla (Gab.); Eduwartla (Großbock); Edwatla (Ra.);
Edwatla (Altſtadt); Eduatla (Trb.) Folgender Auszählreim findet ſich allgemein.

> Eduatla, Quargsackla (ſonſt Dratowat'a),
> zwî Schrîtlan (ſonſt Sticklan) Fîesch;
> Mir és on dir ês,
> on Eduatlan kés.   (Trautenbach).

êdun, der (Weig.) = Sonderling, eigenſinniger
Menſch. Vgl. der êsom und êsum Abj. unter dem Artifel
äisın.

eia popeia; damit beginnen häufig Wiegenlieder.

> Eia popeia,
> wós roschlt am Strûb?
> Dôs sein de klenn Meislan,
> Die hon kêne Schuh;
> Dr Schuster hût Lader,
> kaine Laistn drzu;
> Dr Schneider hût Flecklan
> on schnett së nej zu. (Lauterwaſſer).

eicheltaus, das (êchltaus); Redensart: ar is eige-
packt wie's êchltaus (Gab.), da auf den deutſchen Karten
das Eichelaſs gewöhnlich den Winter allegoriſiert als einen
Mann, der in einen Pelz dicht eingehüllt iſt. Ferner:

eichelbock, der (ĕchlbŏk, A., Rot.) = Eicheltaus im deutschen Kartenspiele. Redensart: a gesĕchte macha wie a ĕchlbŏk, oder schiela wie a bôk.

eichkätzlein, das (ĕchkatzla, Henn.; aichkatzla Br.; A., Gießh.) = Eichhörnchen.

eigen (ĕcha, Rg.; aicha, A.; Br.; ächa, Wich.) = 1. eigen, d. i. eigenthümlich zugehörig; z. B. êcha brût (Rg., Gab.) = im Hause aus selbsterzeugtem Korne gebackenes Brot. 2 genau, scharf, auch betroffen, besonders in Verbindung mit sehen: ĕcha sahn = scharf zu sehen oder auch betroffen dreinschaun (Rg., Gab.) 3. wählerisch im Essen und Trinken (Gab.) 4. parenthetisch = hör ich: du wörscht ĕcha nej do! oder: du host ĕcha wôs gebräit (angestellt). Schlesisch eegen = eigen, eigenthümlich (Holtei). Auch NB. in den Bedeutungen 2 und 3 ĕchn sahn (M.) Daselbst sagt ein Kind, das auf der Wiese Milch aus der Schüssel aß, aus welcher es ein Frosch mit seinen großen Augen anglotzte, naiv:

> Muttr! Mulkn, Mottn, Achn hotte;
> Mulkn, Mottn mich ĕchn ôsŏchn.

êcha (Rg.) = Zuruf an das Zugvieh, daß es stehen bleibe.

einbindling, der (eibindlich, Gö.) = 1. Quargsack. 2. eibĕndlich (Grab.) = Quargkugeln, die man in einen Sack „einbindet" und über Winter an einem trockenen Orte läßt, bis sie trocken sind. 3. eibĕndlich (Br.) = Kopftuch der Bauernweiber, womit sie den Kopf ganz „einbinden" können.

einbrocke, die (Rb.) = Brot zum Einbrocken in die Suppe oder auch eingebrocktes Brot.

einfächtig (êfechtich, Rg., Gab., Henn.; äifechtich Br.; A.) = einfach. Besonders vom Anzuge: äifechtich rĕmgîn = schlecht angezogen, mit einem dünnen Gewande bekleidet einhergehen. Zu NB. a êfecht'ch rĕckl = dünner, fadenscheiniger Rock (M.)

einfallen (Jsgb., Jäg.), vom Federwild = sich niedersetzen.

eingebinde, das (äigebände, äigebinde, A., Deschnau, Wich.) = Pathengeschenk, das man in ein Tuch „eingebunden" verabreichte.

eingehen (Rb.; Rg.; Br.; Wich.), von Pflanzen = absterben; von Menschen = langsam hinsiechen, sterben.

einheißen (äihäißa, A.) = einheizen. ß = hd. z, wo neben heizen ein Adj. heiß vorkommt. mhd. heizen, ahd. heizan = heiß machen.

einich, einlich s. äinlich.

einlützig, eilitzig (S. H. 315); eilitzich, elitzich (Rg., Gab., Weig.); ejlitzich (Henn., Grab.); äilitzich (Br., A., Gießh.) = einzeln. mhd. einlütze, einlützee; ahd. ainluzzi = einzeln. Auch NB. elitz'ch (M.); schles. elitzich (Holtei) und ejlitzich (Kn.); bair. ainluz, ainliz (Schmell. l. 67).

einrauschen (airauscha, Rg.) = den Gewinnst einziehen beim Spiel.

eins (ès Rg.) = jemand, eine Person. 's is ès gesturwa.

einsagen (aisên, Weig.), vom Gemeindeboten = den Auftrag des Gemeinderathes von Haus zu Haus verkünden. SB. einsagn.

einschlagen (Jsgb., Jäg.), vom Wildschwein = sich niederlegen.

eintün (ètûn, Rg.; ejtûn, Rb.; A., Batz.; äitûn, Rof.) = alles eins: 's is mr ètûn = es ist mir gleichgiltig. Jn NB. auch noch als Adj. in der Bedeutung „einerlei, derselben Gattung," z. B. ètun gaun = Garn von derselben Qualität.

einwochen (aiwûcha, A., Desch.), von der Wöchnerin = sich zur Entbindung legen.

eisen, ejsn (A., Batz.) = sonderbar, eigenthümlich im Benehmen. ejsn tun = klagen, lamentieren. (S. äism).

elend (Hilb.) = krankhaft aussehend.

elfischlein, das (èlfischla, Weig.) = kleiner weißbauchiger Fisch im Bach. Vgl. eltaschla.

elstamôl (A., Rok., Br.); olstamûl (Wich.) = manchmal, hin und wieder. Schlesisch elsta amoul (Kn.) = selten, einmal. olsta ist wohl entstellt aus selten.

elster, das (Rg., Hbr., Freih.; Br.; A., Deschnay) = Iltis, Hausmarder; durchtriebener Mensch.

eltasche, die (eltosche; Dim. das eltaschla, Wich.); daselbst auch

eltrusche, die (Wich.) = kleiner Bachfisch, Ellritze? Sonstige Formen: elfischla (Weig.) s. oben; eldreschla (Grab.); eltisch, NB. (M.) = kleiner Weißfisch.

ëltnis, das (Rg.) = Iltis. Und

elznet, das (Hilb.); elznt (Lbsfr.) = Iltis. mhd. eltes und iltis; ahd. illitiso. Man vgl. zu diesen Formen die schon mhd. auftretenden Entstellungen ëlentes, elintesel, beltenze, womit man freilich eine „Hyäne" bezeichnete (Lex. I. 541).

Elze = Goldenöls. Der Name ist unbedingt slavischer Abkunft; öls von slav. olše = Erle. Der čechische Name des Ortes ist Zlatá Olešnice. Denselben čechischen Namen führt Gießhübel im Adlergebirge, weshalb es auch zuweilen Goldgießhübel genannt wird. Die Namen deuten hier wie dort auf ehemaligen Bergbau.

ëm (Rg., A., Br.) = um. In zahlreichen Zusammensetzungen (ëmgebitner, ëmfort, ëmzechlich u. s. w.) ahd. umbi und bairisch umi. Mit eingetretener Umlautung üm, NB. im (M.) und (mit Uebergang zu e) ëm im schlesischen Dialecte.

1. **ëmern** (ëman, Hbr.) = langsam arbeiten: Davon

2. **ge-êmer**, das (Hbr.) = langsames Arbeiten. Ursprünglich wohl langsames Arbeiten wegen Schwächlichkeit, Kränklichkeit des Arbeitenden. Denn 2. (A., Gießh.) von einem Kranken = das Stöhnen.

3. **ëmerlein**, das (ëmerla, Wich.; ëmala, Rg.; Br.; A.) = etwas Kleines, Schwächliches; besonders ein schwächliches Kind. (Weig.) = kränklicher Mensch.

4. **ëmerlich**, Adj. (Weig.; A., Gießh.) = krankhaft aussehend. Schlesisch ejmrlich (Kn.)

Sämmtliche 4 Formen gehören zu mhd. emen oder ammen = ein Kind warten, pflegen; oberhessisch ähmen, von Vögeln = ätzen, aufnähren; älterneuhochdeutsch ehmen (Wgd. I. 26.) Vgl. nhd. die amme = Aufnähmerin eines Kindes. Es bedeutet also: ëmern = arbeiten wie ein Kind; ëmerlein = Säugling, Schwächling; ëmerlich = schwächlich wie ein Säugling.

ëmfôrt, die (Br.) = 1. vorragender Theil des Daches, gewöhnlich vor der Hausthür als Schutzdach gegen den Regen. Also wohl = einfahrt. 2. (Gab.) = Platz, wo man mit dem Wagen umzulenken pflegt. Also umfahrt.

ëmgebitner, der (Rg.; Br.; A.) = Gemeindebote; Mann, der von Haus zu Haus herumgeht und gebietet d. h. den Befehl der Obrigkeit verkündet. Denn mhd. bîten = vor Gericht laden. Vgl. gebot. unter B.

ëmzeehig (ëmzeehich, A., Gießh., Rof., Wich.; Br.) = einer um den andern; abwechselnd. Schlesisch ümzeehig Adv. — mhd. umwechselnd, eine Zeche um die andere (Holtei). Von die zeche, Ordnung nach einander, Reihenfolge, Reihe (Lex. III. 1037.) Davon auch nhd. zechen, eigentlich = im Wirtshause gemeinschaftlich mit andern trinken, indem einer um den andern zahlt.

ënder, der (Tr.; Br.; A.) = der Unter, Karte im deutschen Kartenspiel. blâer oder rûtr ëndr (Henn.) wird auch wohl ein Mensch genannt, der schreiend farbige Kleider trägt.

ënder (Rb.) = eher, früher, vorher. Bei Wgd. I. 415 ehender, Adv. = ehe. mhd. ent conj. = ehe; ahd. enti = lateinisch ante, vorher ënder erscheint demnach als eine comparativische Bildung zu end, wie eher zu eh.

endernächte (Rg.) = Die 12 Nächte vom hlg. Abend (24. December) angefangen bis Dreikönig, daher auch „Zwölfnächte" genannt. Sie gelten dem Bauer als Lostage. Sie heißen auch ëndernächte, nach Vernaleken auch Unternächte — ender gehört zu dem Worte enterisch, unheimlich (s. das.); denn nach altgermanischem Glauben halten in den Zwölften die Götter ihren Umzug auf der Erde. „Die Götter werden in der christlichen Zeit des Germanenthums zu „unheimlichen" Unholden. Daher sind endernächte = enterische, d. s. unheimliche Nächte.

endertêl und hëndertêl (Nb.) = Nähstock auf einem Dreifuße stehend.

êne, bene. Auszählreime:

1. Ene, bène
Dunke, funke,
Rabe, schnabe,
Tippe, tappe,
Käse, Nappe.
Ulle, Pulle, Ross,
Ib, ab, aus. (Anseith).

2. Ene, dëne
Dicke, dacke,
Bone, knacke,
Siewene, biewene
Bone, bàne, Puff,
Masser, Gowel, Fëngerhut,
War'sch në kôn, dam bin ich ne gut;
Eiserne, bücherne,
Sammtene, tücherne
Kling klang, bär, aus, Puff. (Anseith).

3. Ene, dëne, Storchaschnàwel,
Wenn îch dich im Himmel babe,
Reiß ich dir ein Beinchen 'raus,
Mach ich mir ein Pfeifchen draus,
Pfeite alle Morchen,
Hören's alle Storchen. (Lauterwasser).

engala, engala. Kinderverse. Siehe unter dem Artikel Johannes.

engerla, bengerla. Wortspiel:
Engerla, Stengerla, lùss mich labn,
Wâ dër enn goldan Vûchl gàn;
Vûchl gît mër Struh,
Struh gâ ich dër Kuh,
Kuh gît mër Milch,
Milch gâ ich a Draschern,

Drascher gân mër Kernlan,
Kernlan gâ ich am Müller,
Müller gît mër Mahl,
Mahl gâ ich am Bäckn,
Bäcker gît mër Brût,
Brût gâ ich a Hindern,
Hindr lejn Ajer,
Ajer verkauf ich,
's Geld versauf ich.

(Lauterwaſſer, mit geringen
Abänderungen auch Altſtadt.)

England oder Engeland kommt vor in Aus=
zählreimen:

Eine kleine weiße Bohne
Führte mich nach Engeland;
Engeland war zugeschlossen
Und der Schlüssel abgebrochen.

(Altſtadt, Gabersdorf).

England gilt in der Mythe als Todtenreich (Simrod
Myth. 437).

ènicha, denicha. Auszählverſe:

Enicha, dènicha, dicka dacka,
Sîwa Bîma Brût gebacka;
Leffl, Gôwl, Fëngerhut,
Sterkabauer is ne gut.   (Altſtadt).

Ènicha, tënicha, pichon, pank,
„Fôr'n mër ût Engelland:
Engelland ist zugeschlüssa,
On der Schlüssl ògebrûcha,
Birla, berla, baus,
N. du musst naus.   (Lauterwaſſer).

enne, die (A., Baß.; Grulich) = holzige Abfälle
beim Flachsbrechen. Vgl. die Etymologie unter anne.

enterisch, Adj. (Rb., Lbsfr.) = geſpenſtiſch, un=
heimlich; antrisch (Egerland); entasch NB. (M.) Mhd.
entriſch; ahd. antrisc = alterthümlich. Wohl auch zuſam=
menhängend mit lateiniſch antiquus zum Stamme ante =
was vorher war, dem grauen Alterthume angehört. Daher

auch **ags. eut** = Riese, d. i. der grauen Vorzeit angehöriges Wesen. Solche Wesen aber mußten den später lebenden Menschen furchtbar und unheimlich dünken. Vgl. endernächte, in denen die „alten" Götter der Germanen, in der christlichen Zeit zu unheimlichen Gestalten gestempelt, ihr Wesen auf der Erde trieben.

entsweder, antsweder (Br.) = entweder.

Cyriak: Jo wenn ock ne an der Wolf onder meine
      Schäflein quäm,
  On mir an's wagnäm
  Dôs wer mir gor îwl gîn.
  Jch misste antsweder entlêfa
  Oder ihm menn Zёpplpelz verkêfa.
          (**Braunauer Hirtenspiel**).

eppas (Hutt.) = etwas. Auf Lautverhärtung (w in p) und Assimilation (des t zu p) beruhend.

ereugen (S. H. 113; 162; 253) = zeigen. Auch **ereigen**. Aelterneuhochdeutsch eräugen (Opitz); mhd. erougen, eröugen (Ler. I. 622); ahd. irougan = vor „Augen" stellen, zeigen. Desselben Stammes wie nhd. auge; mhd. ouge; ahd. ougà. Davon entstellt unser nhd. sich ereignen, d. i. in die Erscheinung, vor „augen" treten.

ern (Wich.) = Partikel zur Verstärkung. S. ant.

erstling (erschtlich; bes. die erschtlichkuh, Hilb.) = Kuh, die das erste Kalb geworfen hat.

êrßa, die Mz. (Grab.); arßa (Ngr) = Erbsen. Vgl. arbeeß.

erßlinge (S. H. 52) = von rückwärts. Vgl. ärschlich.

ertag, der (S. H. 27) = Dienstag. Egerländisch erta; südböhmisch irta (Pr.); schwäbisch erichtag, erchtag, ergtag (Schmid 170); bairisch ertag, erchtag (Schmell. I. 127 2. A.) ertag ist der dem Er (Heru), einem der Schwertgötter der heidnischen Germanen, geweihter Tag. Sonst ist in allen deutschen Sprachen der 3. Wochentag noch dem Schwertgotte Tyr oder Zio (Ziestag, unser Dienstag) benannt.

êrwesen, die Mz. (Hbr.) = Erbsen. Vgl. arbeiß.

êßen (êßa Br.; A., Rot), von Vögeln = ätzen.
Nebenform zu ätzen; die Form entstand, indem gothisch
tenuis (in atjan) hd. zur asp. tz, mundartlich zu ß (wie
gothisch itan zu nhd. eßen) wurde und der Stammvocal
e (ä) Dehnung erlitt. Vgl. die ähnliche Bildung in frözn
= ätzen.

êsûm (Grab., Hbr.); êsom (Rg.) = sonderbares
Benehmen zeigend. êsom tûn = ohne eigentliche Ursache
weinen (von Kindern), was man in NB. (M.) durch den
ganz analogen Begriff wunderlich sein ausdrückt. Etymologie
vgl. unter äism.

êstiel, der (êschtiel, ejstiel, Rg., Tschermna) =
der Zaun, bestehend aus ausgeforsteten, jungen Fichtenstämmchen; (Gab.) = junges, gerades Fichtenstämmchen;
(Rg., Gab.) = Sonderling wie êsom, êdun.

êtsch (Rg., Gab., Henn.), Interjection zum Ausdrucke des Abscheues; etschaus (Rg.) = neckender Zuruf?

êtscht, das (Tschermna); êtschat (Henn.); ejtscht,
örtscht uätscht (Rgb.) = Ortscheit, d. i. scheitartiges Holz,
das an beiden Enden (dem orte) der Zugwage sich befindet
und an welchem die Zugstränge befestigt werden. Entstellt
aus örtscheit durch Zusammenziehung.

Eva. Volksreim:
Eva kêft a Tippla,
Adam kêft a Sippla;
Eva sîrt zum Fenstr naus,
Adam frisst die Brênklan raus.

(Lauterwasser).

F.

fach, das (S. H. 186) = eine Strecke von ungefähr
25 Fuß Länge. mhd. das vach = Abtheilung einer Räum-
lichkeit (Lex. III. 2).

fächel, der (S. H. 247) = Fächer.

fächtig (Rg.; Br.; A.) in einfächtig, zweifächtig. Siehe einfächtig. Auch schlesisch fechtich (Kn.)

fâl, Adj. (Rg.; Br.; A.) = 1. nicht weiß und nicht schwarz, also ebensowohl grau, als gelb; 2. von abgetragener Farbe, keine ausgesprochene Farbe habend. 's fôle mannla (A., Gießh.; Rg., Gab.) ist dasselbe, was anderwärts graumännlein (grômannla, A., Gießh.; auch in NB.) = gespenstisches, fahles Wesen heißt. 's fôle mannla kimmt, damit schreckt man die kleinen Kinder (Gießh.) a fôles ïëckla. Vgl. die Verse:

> Korla, Korla, Schlenkerbên,
> Trotscht om Gassla nondr,
> A hott a fôles Rëckla ô,
> 's Geichla hott a drondr.
> Die Mutter wûllt 'n Kaffee kocha,
> Korla hot a Tôp zerbrocha.
>
> (Alt-Rogniß).

fâl werden (fôl wàrdn) = dämmern. Wie 's leiweskamm fôl wur, stônd ich auf = kaum daß es grau wurde, dämmerte, stand ich auf. Etymologisch ist fâl dasselbe, was hd. falb = blaßgelb, weißlichgelb. Denn mhd. val, Genitiv valwes (Ley. III. 6).

falk, die und valk (Grab., Henn.; falke, Br.) = das Veilchen, Märzveilchen. Eine nd. Form, entsprechend nhd. veil-chen, während die gleichfalls vorkommende Form das vella einer oberdeutschen Form veilelein entspräche.

an-fällig (ōfällsch, Einf.); ein anfälliger mensch ist der, welcher die Worte eines andern gleich übel nimmt, eigentlich förmlich darauf ausgeht, die Worte eines andern zum Anlasse eines Streites zu machen. In NB. heißen solche Leute anhängig (ōhängsch. M.)

falsch (folsch, Rg.; A.; Br.) = feindselig, unwillig, bös. Auch schlesisch und österreichisch; bairisch (Schmell. I. 529); schweizerisch (Stald. I. 353). In NB. bedeutet falsch auch „tückisch böse." Daher die ursprüngliche Bedeutung wohl = innerlich böse, äußerlich scheinbar nicht erzürnt.

14

fampern (Rg., Henn.) = langsam gehen. Vielleicht soll es genauer heißen = hin- und hergehen. Denn 2. (Grab., Tr.) heißt fampern = einen glimmenden Span hin- und herschwingen. Es wäre demnach mit eingeschobenem m dasselbe, was fippern (siehe daselbst) und gehörte zu lateinisch vibrare = sich zitternd bewegen. Vgl. gefamper unter G.

fang, der (Jsgb., Jäg.); den fang geben = das noch nicht ganz verendete Hochwild mittels eines kurzen Messers (des Nickfangs) durch einen Stich ins Genick tödten (abnicken).

fankel. In der Zusammensetzung sper-fankl, der (Grab.); sper-funkl (Br.); spar-funkl (Wich.) = Springinsfeld. Südböhmisch spirifankl (bairischer Dialect); ebenso bairisch (Schmell. I. 543). Letzterer leitet das Wort her von Spadifantel; fant = junger, besonders flatterhafter Mensch (Wgb. I. 502).

fappke, die (Komar.) Of de fappke gîn (von Kindern) = ohne eingeladen zu sein in ein Haus gehen, wo ein Hochzeitsmal oder ein Taufschmaus abgehalten wird, um einige Brocken davon zu erhalten. Of der fappke remgîn = herumgehen, um etwas zu erhaschen. Vgl. die fopp (Grab.), ebenso flappe, floppe (Br., A.) = Mund.

färbeln (Grab.) = spielen (das bekannte Kartenspiel).

farscheln (farschan, A., Schöb., Rol.; torschan, Wich.) = die Getreidegarben das erstemal dreschen. Entstellt aus vorschlagen. In NB. vuaschln, b. i. vorschln (M.); vur-schlên (b. i. vorschlagen, Weig.); vorschlên (Henn.); vorschlojn (Br.); ôwerschlôu (Lbskr.), b. i. ober- = überschlagen. Formen wie forschln, farschln können entstehen, indem das ursprüngliche lange ê in schlên (zusammengezogen aus schlagen; vgl. wageu = wên; sagen = sêu) die Länge verlor nnd infolge dessen endlich ganz ausfiel.

1. **fârt, die** (tôrt und tôrte, Rg., Arn., Hbr.; A., Baz.) = zwei Kannen Wasser als Traglast. In NB. faat (M.) Auch schlesisch (Whb. Btr. 18). Bairisch fârtl, das = Wagenladung (von Heu,

Streu ꝛc.); schwäbisch die fahrt = Gebündel, soviel man auf dem Kopfe erträgt (Schmid 179). Also ursprünglich, was auf einmal „gefahren" wird.

2. fârt, die (fôrt, Jsgb., Ta.; A., Baß.; faart, Rg., Arn.) = Kirchenfest, Wallfahrt. Damit hängt zunächst zusammen:

3. fârt, die (fôrt, Henn., Grab.) = Geschenk, das der Bursche dem Mädchen am Kirchenfeste kauft, meist Pfefferkuchen, nachdem er am Ostermontage von dem Mädchen ein Ei bekommen hat. Eigentlich heißt es wohl „das von der Wallfahrt Mitgebrachte."

4. fart, die (fôrt, Gab.) = Rinne an einem steilen waldigen Bergabhange, in welcher man Baumstämme herab„fahren," gleiten läßt.

farwrich, forwrich, das (Rg.) = Vorwerk. Eigentlich Meierhof. 's äle forwrich = Kaltenhof, wohl ehemals als Meierhof zur Domäne Altenbuch gehörig; das Rehornvorwerk (Riᵉnforwrich); forbrich (Rb.); forwerk, forberg, forbereh, forbrecht (S. H. an mehreren Stellen) = vor der Stadt gelegenes Gehöfte. Siehe auch brich.

fâsnacht, die (fôsnocht, Rg.; Grab.; fôsnich, Br.; A., Gießb., Rof.; Wich.; fôsnach, Gab.) = der Tag vor dem Aschermittwoch, der Fasching. Besser als hd. fastnacht; denn es ist nicht die Nacht, in welcher man fastet, sondern in der man „faset." Dieses fasen, das ahd. fasôn heißt, mhd. verschwindet und erst nhd. (bei Stieler, Sprachschatz 442) wieder auftritt, bedeutet s. v. a. „mit dem Geiste irre umherschweifen, ohne Ueberlegung und wie träumend reden (vgl. faseln, faselhaus), Albernheiten, Possen treiben (Wgd. I. 507).

fâte, Adv. (Rg., Gab; A., Gießb., Rof.; fâta, Henn.) = vor einem Jahre. Schlesisch fâte (Kn.) SB. fèrcht und Adj. fèrchtig; schwäbisch fèrd, fährt, fern (Schmid 190); schweizerisch füdrig, Adj. (Stalb. I 366); fern fêrn, Eger Dialect. fern ist die Grundform = firn, mhd. virne = alt; altsächsisch ferni = vergangen (vom Jahr). Durch Dehnung von fern wird zunächst fêrn, fêrda, ferta; dann Formen wie fêrt, fercht und fâte, fâta.

14*

faulaus, der (Rg., Gab.) Neckende Benennung fauler Hirten, die spät auf die Weide treiben. So neckt man den Hirten:

> Faulaus, faulaus,
> Etz treibt der faule Hërte aus!
> Hella, hella, war is 's denn?
> N. N. allêne,
> A hôt a Bauch vûl Stêne,
> A hôt a O. . . vûl Quecka;
> A kôn a kamm drschleppa;
> Faul anôch, faul anôch,
> A treibt a Küha die Schwänze anôch.
>
> (Gabersdorf).

Wenn ein Hirt frühe eintreibt, fingen die andern:

> Faulei, faulei!
> Etz treiba dë faula Hërta ei!
> Ëm holwr zâne treiba së aos,
> On ëm zâne schûn wîdr ei.
> Sëlla dôs ne faula Hërta sein?
> Faul ei dë Wûlka.
> Ihr hôt a alä Bremmr gemûlka.
>
> (Trautenbach).

fäuling, der (toilich, Rg.; Br.; A.) = fauler Mensch.

faum, der (Rg., Grab.; fâm. A.; Br.; Henn.) = Schaum bei Flüssigkeiten. fâm auch NB. (M.). hd. meist teim (Weig. I. 516). Oberdeutsch saum = Schaum bei Stieler, Sprachschatz 448. mhd. veim (Lex. III. 49).

fauze, die (Tr.) = derber Schlag auf den Mund. Schlesisch die fauze = Ohrfeige und fauzen = ohrfeigen. (Whd. Btr. 19). Auch NB. (M.); bairisch die fotzen = Schlag auf den Mund. (Schmell. I. 581). Eigentlich bedeutet bairisch die fotze f. v. a. Lippen, Mund, Maul bei Thieren. (Schmell. I. 581). Es wäre demnach fauze ursprünglich der Mund, der geschlagen wird; dann der Schlag auf den Mund. Vgl. österreichisch a goschn geben = jemanden auf den Mund schlagen, wo gosche auch ein roher Ausdruck für Mund ist. Whd. meint übrigens fauzen = schlagen sei durch Umstellung aus ahd. fûston und bairisch fausten (Schmell. I. 375) entstanden.

faxen, die Mz. (Ta.) = Dummheiten. Albernheiten, Possen und

faxen (Rg., Hbr.) = spassen. Possen treiben. Wohl zu lateinisch facetiae = Possen, gehörig.

fächslich, der (A., Gießh.; fichslich A., Rot.) = Eierschwamm. In hd. Form füchsling von Fuchs und ist zu vergleichen mit sonstigen Benennungen desselben Eierschwamms = rehling (rillich Rg.) von Reh und hindling (hinlich Hilb.) von Hinde = Hirschkuh.

feder, die (Jsgb., Jäg.) == Schwanz des Hasen. Mz. die federn = die längs der Rückenwirbel aufrechtstehenden Knorpel des Hochwildes.

federabend, der (fädrobnd, Hilb.) und

federjung, der (fädrjonk, D.-B.) = Federschleißabend, zugleich Unterhaltungsabend der heiratsfähigen Dorfjugend, wobei zuerst Federn von den Mädchen geschliffen werden, dann ein kleines Mahl, bestehend aus Kuchen und Kaffee, veranstaltet und endlich mit den eingeladenen Burschen getanzt wird.

federn (fedan, Rg., Hbr.; A., Batz; fejdrn Ta.; auch sich fejdrn Rg., Tr.; A.) Intrans. = eilen, schnell gehen, sich sputen. Schlesisch feedern (Holtei). Die Form tödern statt fördern, allerdings Transitiv gebraucht == vorwärts (fürder) bringen bei Opitz, Logau, selbst Lessing. Fördern aber gehört zu fürder == vorwärts.

federtelle, die (A., Batz.) = Federbüchse. Wohl zu mhd. tülle = Röhre, wodurch die Pfeil= oder Speerspitze auf dem Schafte befestigt wird, gehörig, wegen der runden, röhrenartigen Form dieser Büchse.

1. **fee, die** (Jsgb. Jäg.) = Weibchen des Fuchses. Bei Wgd. I. 512 die fehe == sibirisches Eichhorn.

2. **fee, der** (Rg.) Kindersprache == Kaffee.

3. **fee, die** (fē, Grad., Tr., auch feje, Tr., fäje, Br.) == 1. landwirtschaftliches Instrument zum Reinigen des Getreides, wobei man letzteres über ein siebartiges, schräges Gitter langsam herabgleiten läßt, so daß die Spreu durch das Sieb durchfällt. 2. feje (Tr., Gab., Weig.) = Sandurchwurfsieb.

aus-fêen (aus-fên, Rg., ausfäjn, A., Gießh.) = reinigen (z. B. kleine Kinder); a mîlgròwa ausfejn, oder ausfäju (Tr., Br.) = den Mühlgraben ausputzen, reinigen; (Br.) besonders auch getreide fäjn. Beide Wörter fêe und fên NB. (M.) Schlesisch fie hölzerne Getreideschwinge (Kn.) bairisch fêea = sieben durch ein feineres Sieb (Schmell. I. 506). Bei Adelung bedeutet fêge s. v. a. Sieb, auch kornfêge. Also wohl von fegen = reinigen, ganz rein machen. Schwedisch feja = polieren; dänisch feie = kehren. (Wgd. I. 507).

fegen (Jsgb., Jäg.) vom Hirsche = die Haut (den Bast) des neuen Geweihes an Bäumen abreiben. Denn fegen = schön, glänzend, ganz rein, sauber machen.

fehlen. Redensart: 's kimmt zun fàla (Henn., Grad.) = es fehlt.

fehre (S. H. 205.) = Querfurche. mhd. das vêre = Fähre (Lex. III. 102). Zu mhd. fahren.

feierabend, der (feirômot, Tr.; feirôt, Br.; A., Gießh.; feirouᵃt (Gab.) kricha = die Arbeit gekündigt bekommen. Daher auch

feierlich (feirlich, Rg.; Br.; A.) sein = keine Arbeit haben. Denn feiern = von Arbeit ruhen, arbeitslos sein. Von lateinisch feriae.

feim der (Frd., Raspenau) = kegelförmig oder bienenkorbähnlich aufgeschichteter Holzstoß. In Hoffmanns Wtb. = geschichteter Haufe Getreidegarben auf dem Felde. Nach Stald. I. 305 heißt bei Pict. 306 und 408 ein stumpfkegelförmiger Schober gedörrten Grases die feime (und triste). Die Form eines solchen Heuschobers hat auch unser „Holzfeim.“ Sollte vielleicht Zusammenhang stattfinden mit der feim = obenauf sich setzender Schaum (Wgd. I. 512) wegen der oben abgerundeten Form, welche z. B. Schmettenschaum oder auch auf dem Wasser hinter einem Wasserfalle schwimmender Schaum zeigt.

fein (Tr.) = Partikel zur Bekräftigung dienend. Z. B. loss dôs fein gîn = laß das ja in Ruh, a wêrd fain laufa missa = er wird sicherlich laufen müssen.

fercheln (ch ist weich auszusprechen; A., Gießh.) = mit einem stumpfen Messer schneiden, besonders Brot, so daß die Krumen herabfallen. Bairisch tergeln (Schmell. I. 562) und SB. = an etwas hin- und herfahren, fegen, reiben, wetzen. Gehört zu fahren wie ferge = der Fähr=mann. Vgl. auch fertseln.

ge-ferkel, das (Tr.) = unappetitliches Essen. da hôt odr a geferkl. Zu ferkel = Sau, Schwein?

ferla, fella. Redensart: dôs werd doch kej fella houn = es wird ja doch keine so große Eile haben, wird noch Zeit haben. Siehe firl = rasch sich drehendes Ding.

fernzen (fernza, Grab.) = gehen.

ferschtern (ferschtan, Arnsb., Trb.); meist rëm ferschtan = wie toll umherlaufen.

ferterlich (Rb., Frb., Ta.) = nicht recht geheuer. Entstellt aus fürchterlich.

fertseln, ferzeln (ferzan, Rg., Gab.; A.; Br.); ferzln, Henn.; ferzen (ferza, Kl.=A., Weig.); fetzen (tetza, Wich.; A. Rof.) = unnöthiger Weise öfters die Thür öffnen und aus= und eingehen; das geferze, geterzl (Gab., Gießh.) = das unnöthige Hin= und Hergehen durch die Thür. Scheint auch zu fahren und fart = Fortbe=wegung wohin, Durchgang zu gehören. NB. fatzn (M.)

ferzerich, der (Rg., Henn.) = das Durchgehen durch die Thür, z. B. kümm doss mr ai en ferzerich naus gîn, d. h. daß zwei mit einmaliger Oeffnung der Thüre hinausgehn. Namentlich im Winter sieht man in Bauernstuben darauf, daß nicht viel geterzlt wird, weil sonst die Stube leicht auskühlt.

fêtrasteckl, das (Wüstrei=Starkstadt) = Ein=schlagsteckchen der Leinweber. Eine Haselruthe, die in der Christnacht mittels eines dreiköpfigen „Bima“ (Groschen) abgeschnitten worden ist. Verwendet man sie beim Leinwand=weben als Einschlagsteckchen, so bewirkt sie, daß man die Leinwand zu guten Preisen verkauft. fetra dürfte zu fëdern (hd. fördern) trans. = vorwärts bringen gehören. Ur=sprünglich mag man geglaubt haben, daß dieses förder-steckchen die Arbeit „fördere.“

fetze, der (Br.) = liederlicher Bursch.

fetzlein, das (fetzl, Grad.; fetzla, Henn.) = kleines Mädchen. Eigentlich fötzlein. Ursprünglich unästhetische Benennung, jedoch im Volksmunde ebenso wie das Stammwort ohne unästhetischen Nebengedanken gebraucht.

feuermann, der. Der Glaube an den Feuermann ist im Vereinsgebiete unter dem Landvolke noch ziemlich verbreitet. Er zeigt sich als glühender Mann oder als brennende Strohschütte, zeigt wohl auch den Leuten in der Nacht den Weg bis nach Hause. Beim Abschiede muß man ihm ein: „Unsr Herrgöt bezohl drsch" zurufen, sonst zündet er das Haus an (Gab.) Auch hält man den Feuermann für eine arme Seele, die durch den Dank: „Bezohls Gott viel tausendmal" erlöst wird (Henn.)

fibich, der (Rg., Br.; Lbsfr.) = Gemeindegrund als ehemaliger Viehtrieb (Trift, Weideplatz), oder auch Weg, auf welchem das Vieh zur gemeinsamen Weide getrieben wurde. In der Stadt Landskron heißt ein Stadttheil Lukauer fibig, ein andrer schlechtweg der fibig, bei Arnau ein Wiesentheil im Elbthal gegen Gutsmuts der fibch. In Trb. versteht man darunter einen berasten Strich Landes, auf welchem ehemals ein Viehtrieb sich befand. Auch sonst in NB. (M.) fibch = Stück Feld oder Wiese, das aus der Vertheilung ehemaligen Gemeindelandes (gewöhnlich der Viehweide) herrührt. Schlesisch fiebig bei Holtei und Wbd. Btr. 20 = Viehweg, Viehtrift. Fast jedes größere Bauerngut hat daselbst seinen fiebig. Auch die Gemeinden hatten einen gemeinsamen fiebig, auf welchem zuweilen der Galgen stand. fibich ist entstanden aus Viehweg. Als fibich als viehweg nicht mehr verstanden wurde, setzte man wohl auch erläuternd fibuhwäig (fibichweg = Viehweg—weg, Ott.)

fickel, das; in den Zusammensetzungen nuschefickl (Rb.); brütfiekl (Frb.) = Messer, besonders ein schlechtes, nichts wertes. Von ficken = hin- und herfahren, wovon man ein Iterativ fickeln bildet, das mit dem oben behandelten Worte terchln (tergeln) gleiche Bedeutung hat, nämlich „schlecht schneiden," indem man mit einem stumpfen

Meſſer hin= und herfährt. nusche in nuscheſickl iſt ſlav. Urſprungs; denn nuž = Meſſer. nuscheſickl alſo ein Meſſer, mit welchem man ſicklt oder fergelt.

fictusfactus machen (Rg.) = Umſtände machen. Derſelben Bedeutung wie die Redensart faxen machen.

fîdeln (Grab., A.. Gießh.; Wich.) = (beſonders Brot) ſchlecht ſchneiden. Der Ausdruck abgeigen (ôgeichn, Gab.) = fîdeln, beweiſt, daß der Ausdruck = hd. fiedeln b. i. mit dem Fiedelbogen auf den Geigenſaiten hin= und herfahren. Die Etymologie von fiedeln = Geige führt nach Weig. I. 529 zurück auf mittellateiniſch vitula, vidula = ſtreichbares Saiteninſtrument zu Geſangbegleitung und zu Sprung und Tanz, was abzuleiten iſt von lateiniſch vitulari = ſpringen wie ein Kalb (vitulus), ſich luſtig geberden. Schwäbiſch fîdlen = mühſam mit einem ſtumpfen Meſſer ſchneiden (Schmid 191).

fîdelein, das (fidala, Rg., Br.) = ſchwaches, flaches Stück Brot, d. i. urſprünglich ein „abgeſiedeltes" Stück Brot. Auch NB. das fîdl (M.)

finkehörnl, das (Raatſchendorf) = kleiner Topf.

filippus, der (Hbr.) = Papierſtreifen zum An= zünden des Tabaks. Entſtellt aus fîdibus, urſprünglich ein ſtudentiſcher Ausdruck, deſſen Entſtehung bis jetzt nicht er= mittelt iſt (Wgd. I. 529).

fillsel, das = 1. (Rg.) Mehlſpeiſe. Z. B. reis-, hiãsche-, semmel-, blut-, milch-, spiez-, blék-, beer-fillsel, was im A. gebräte (reis-, hiãsche-gebräte) heißt. 2. (Weig., Grab.) = Mark in den Pflanzenſtengeln. Z. B. Holundermark. 3. Die breite Mütze, wie ſie die männlichen Bewohner des preußiſchen Schleſiens tragen. Dieſe Mützen heißen auch im A. rãch- oder rauch-kucha; (A.) preusche platzka (Gießh.) preusche kucha (Wich.) platzka-mütza (Gießh.) Wegen der breiten Form. Daher auch 4. breites aufgedunſenes Geſicht. Z. B. a gesicht hön wie a fillsl (Henn., A., Gießh.). a fillsl, eigentlich füllsel iſt eine Ableitung, mit sal, sel von füll in füllen. In Rb. föllsel, in NB. (M.) flôsl bei eingetretener Metatheſis = die Fülle, womit der Kuchen beſtrichen wird.

fimpernütterlein, das (fimprnëtterla, Wisch.)
= Ringelnatter. fimper dürfte eine Verunstaltung aus
viper = Natter. demnach das ganze Wort eine zweimalige
Setzung desselben Begriffes sein, welche Doppelsetzung (wie
in mundartlich fibich-waig; hd. lintwurm; lint = wurm)
entsteht, wenn der eine Ausdruck nicht mehr vom Volke in
seiner Bedeutung erkannt wird.

finke, die (Rg.) = hd. der Fink; loser, liederlicher
Knabe. Volksreime:

> Wellt ërsch wëssa, war ich bin,
> Ich bin dë lûse finke;
> Wenn ich's Geld versoffa hô,
> Gî 'ch ai's Bernla on trënke;
> Ich schneid mër a Weidarittla ô,
> On gî aim Derfla ruff on nô:
> Ihr Laite, kêft mër en'n Basn ô,
> Doss ich Geld zum Sautn hô.

(Bernsdorf, theilweise auch in Altrogniz und Lauter=
waffer bekannt.)

finkeln, (Rz., Rg., Hbr.) = funkeln, glänzen.
Auch bairisch fünkeln. Schlesisch Holtei; NB. (M.)

fîpern (Henn.) = schlecht nachsprechen. In NB.
heißt feppern (feppan M.) rasch reden; bairisch fippern =
labüs tremere. Aus lateinisch vibraro = sich zitternd
bewegen.

fippern (Henn.; A., Gießh.; Lösfr.); besonders
vor galle fippern = zittern (Rb.) auch vom Lichte =
zitternd sich bewegen, flackern. Auch NB. fippan (M.)
Schon bei H. Sachs vipern = sich in schnellem Zittern
bewegen und rasch zitterndes Licht von sich geben. Von
lateinisch vibrare. S. fîpern.

fippernatter, die (fippernüttr und Dim. das
fippernütterla) = Eidechse. Vgl. fimpernütterlein. fipper
gehört wie fimper zu lateinisch vipera = Natter und dieses
zu vibrare = sich zitternd bewegen, da sowohl die Natter,
wie auch die Eidechse (lacerta agilis) sich durch ihre außer=
ordentlich raschen Bewegungen auszeichnet.

firl, der (Hbr.) = hurtiger, behender Mensch.

firlein, das (firla, terla, Rg., Tr., Schaßlar, Kl.=A.) = rasch sich drehendes Ding. Z. B. ein Knopf, in welchen man ein Hölzchen steckt und den man wie einen Kreisel dreht; 2. der Knopf selbst. terla, gerla, (A., Baß.) = Ausbund, lebhafter Knabe.

gefirre, geterre (Rg.) = rasch sich drehend. geterre tanzen; ein geterrer mensch; getorre (Rb.) = flink. Der Etymologie nach gehören die Formen firl, firla, getirre zu dem Zeitworte firren, schweizerisch mit Vergrö= berung des Anlautes pfirren, pfürren = sich wie ein Kreisel herumdrehen (Stald I. 162); schweizerisch auch der pfurre = Kreisel. Schlesisch firl = hurtiger Mensch und firletanz = kleine Papierscheibe, die sich sammt einem durchgesteckten Hölzchen wirbelnd dreht; getirre, gefirle = hurtig, behende (Whd. Btr. 20). Da f, v, u, qu und w in den indogermanischen Sprachen wechseln (z. B. hd. fünf = lateinisch quinque; hd. vier; gothisch fitvor = quatuor; germ. wer, hwer = lateinisch qui), so liegt es auf der Hand, daß firl eins ist mit hd. quirl und firre gleich ist wirr.

fischblätterlein, das (fischbletta'a, Drb.; fisch= bletterla, Freib. und fischpletterla, Grab., Hbr.) = Eidechse. Siehe blatter.

fischpern (fischpan, Rg.) = 1. wispern, in lispeln= dem Tone reden. 2. rasch hin= und herfahren. Das Kind im Spiel, der Fisch im Wasser, der Vogel in der Luft fischpert, wenn er rasche Bewegungen hin= und her macht. fischpern 2 gehört zu wischen (s. das.)

fitschel, die (Grab.) = schlechte Geige.

fispeln, (fispan, Br.); fispern (Henn.) = kleine Schritte machen. Vgl. fischpern in der 2. Bdtg.

fitscheln (Gießh., Henn.) = 1. hin= und her= fahren; 2. (Tr., Gab.) = Brot schneiden mit einem stumpfen, schlechten Messer. 3. fitscheln (Rz.) = über eine glatte Fläche, einen glatten Gegenstand hin= und herfahren; fitschan (Rg., Br., A.) = hin= und herfahrend reiben. Vgl. fideln. Auch schlesisch fitscheln = hin= und herfahren (Holtei). In 2. Bdtg. schwäbisch fitschen und fitschlen

(Schmid 191); zu vergleichen ist auch damit bairisch lizeln = mit Wachholderruthen (am Unschuldigen Kindertage) schlagen: also urspr. wohl nur „eine schwanke Ruthe hin- und herbewegen." Schweizerisch pfizen, pfüzen = eilig hin- und herrennen (Stald. II. 497). Es zeigt sich in allen Bedeutungen der Grundbegriff „sich hin- und herbewegen." fitscheln dürfte demnach nicht nur sinn-, sondern auch stammverwandt sein mit fideln, ficken, fitzen, pfizen, lizeln. In NB. bedeutet die fitschelmühle in dem Damenspiele jene Stellung der Steine, in welcher durch das Oeffnen einer Mühle die andere zugemacht wird, indem man mit dem mittleren Steine hin- und herfährt; dem ganz entsprechend wird diese Stellung in SB. (bairischer Dialect) fickmühle genannt.

fitschepfeil, der (Nz.) = Pfeil und Bogen, Kinderspielzeug. Schwäbisch pfitschepfeil (Schmid 63). Auch NB. fitschapfeil (M.) Zu fitzen und fitscheln = reibend hin- und herfahren, welcher Vorgang beim Abschnellen des Pfeiles stattfindet.

fitz. Redensart: ollelētz a mól (Br.) = alle Augenblicke. Auch schwäbisch alle pfitz (Ulm) Schmid 62. In Henn., Grab., A., Gießh., Wich. heißt es: a is olle terz long dò. Dieses „terz" weist hin auf tertseln (s. das.), mit welchem Worte pfitzen, lizeln, fitscheln gleiche Bedeutung (= hin- und herfahren) haben.

ver-fitzen (Rg.) = verwirren (besonders einen Knäul Fäden). Von die fitze = Binde zum Zusammenbinden einer Anzahl Garnfäden und fitzen = fadenweise abtheilen oder ablösen (Wgd. I. 537). Daher verfitzen ursprünglich = durch solches Abtheilen in Unordnung bringen.

heraus-fitzen sich (raus-fitza, Rg.) = sich aus einer „verwickelten", unangenehmen Lage befreien.

fizer, der (Rg.) = 1. Vice-Hausknecht, stellvertretender H. 2. In den Fabriken der Mann, der einem Aufseher (im Spinnsaale) beigegeben ist und den er wohl auch zu vertreten hat.

gefix, Adj. (Hilb.) = flink, hurtig, fleißig. dös is a gefix mensch = das ist ein fleißiges Mädchen.

fixeln (fixan, Rg., Br., A.) = falsch spielen. Eigentlich wohl füchseln = schlau wie ein Fuchs sein im Spiele. Vgl. be-luchs-en = wie ein Fuchs spähen. In NB. gleichfalls = betrügen. a hout mich baluxt (M.)

fläche, die (Ott.) = der Dachziegel.

flächbrich, das (Br.) = Ziegeldach. Vgl. brich = werk d. i. durch Thun Entstandenes. flachbrich also durch Bedecken mit flachen (Ziegeln) Entstandenes, d. i. Ziegeldach. flachen heißen die Dachziegel wohl wegen ihrer „flachen" Gestalt.

flacht und flachte, die (Tr., Rgb., Grab.) = 1. meist aus Weidenruthen „geflochtene" Decke, die innen an der Wagenleiter lehnt und wovon die im vorderen Theile des Fuhrmannswagens befindliche in Verbindung mit der sogen. „schosskelle" steht; 2. (flächte, A., Baß.) — Geflecht aus Weidenruthen oder Schilf, welches zum Bedecken der Lastwagen dient.

flächte, die (Gab.); fläichte (A., Gießh.) = Theil einer „geflochtenen" Semmel.

flackermentieren (Henn., Grab.); fleckrmentieren (Tr.) = jemanden so durchhauen, daß ihm dabei die Kleider zerrissen werden. zr-flackermentiert (Gab.) = zerrissen, abgerissen. Z. B. zerfl. umhergehn. Statt flackrmentieren sagt man auch: jemanden hauen, dass die flecke (Tr.), die flack (Grab.), stêwan. Schlesisch zerflackermentieren = zerpflücken (Holtei). Beispiel eines deutschen Stammwortes (fleck, mundartlich fläk — Theil eines Ganzen) mit romanischen Ableitungen ment und ieren. In NB. (Leitm.) habe ich das einfache flacken — hauen gehört.

flacklahons, der (Weig.); flecklabajäz (Gab.) = Mensch mit zerrissenem, bes. geflicktem Anzuge, wobei die Flecke meist verschiedenfärbig sind.

fladen, der (Hôda, A., Baß.) = großes (wohl flaches) Stück Brot. Denn fladen - dünner flacher Kuchen, mhd. vlade, ahd. flado, das der Lautverschiebung gemäß mit dem griechischen platys = platt, breit stimmt (Wgb. I. 539).

fladern (Henn.) = flattern; z. B. tonza, doss 's flädrt.

fladerich, der (Tr.) = 1. großes Stück Brot. 2. Schlag mit der flachen Hand. In beiden Bedeutungen eins mit fladen von griechisch platys — flach, breit. Denn fladerich (1) dürfte ursprünglich auch „flaches" Stück Brot heißen.

fläen (Häin, Löskr.) = schweifen (bes. Wäsche). In NB. flejn = Wäsche schweifen. Auch in Nord=Mähren häin — schweifen. mhd. viaen, viorn und vlojen; vlönwen, vlöun — spülen, waschen, säubern (Lex. III. 385); ahd. flawjan, flewen zu griechisch pleo, lateinisch pluo.

fläink, der (A., Gießh., Grul.) = Mensch mit zerrissenen Kleidern; zerfläinkt (Gießh.) — zerrissen, abgerissen in Bezug auf die Kleider. Gedehnte Form für Flank (Sü. der Flanken) = großes (flaches) Stück Brot. Von der Wurzel fla statt griechisch pla, die etwas Breites bedeutet. Flank also ursprünglich breites Stück wovon; von Kleidern — Lappen; endlich Mensch, von dessen Kleidern Lappen herabhängen.

flamänder, der (Rg., Br.; A.) = zerlumpt oder doch wenigstens in liederlichem Anzuge einhergehender Mensch; ohne rechten Zweck umherschweifender Mensch; Mensch, der keine rechte Arbeit treibt, oder der mehr aus sich macht als er ist, Aufschneider. Das Wort bedeutet ursprünglich s. v. a. Fiamländer, d. i. Bläme, Bewohner Flanderns. Leute aus dem handel= und gewerbfleißigen Flandern sind vielfach Geschäfte halber nach Deutschland und Oesterreich gekommen, wohl als Hausierer, woraus sich der Begriff eines „umher= streichenden" Menschen erklärt.

flämisch, Adj. (fläämsch, Nb.) = grob, tückisch. NB. flämsch (Leipa, M.); daher

flämschen (flämscha und flēmscha, Br.) — ver= drießlich, tückisch dreinsehn. NB. flämschn, bes. vom Stiere = tückisch schauen (M.) In der mhd. Zeit hatte vlœmisch noch nicht die schlimme Nebenbedeutung; doch findet man in der Zeit des Verfalles der mhd. Literatur bei Neidhart vlœmisch = auf ungeschickte, rohe Art prunkend, woraus sich dann die weitere Bedeutung „nach Herrenart verdrießlich, mürrisch" entwickelt haben mag (Wgd. 1 510).

flämmelein, das (flammla, Rg.; Br.; A.) = ein kleines Bißchen wovon. Z. B. Schneeflocke, Butter; flämmleinwolken (flammlawulka) heißen auch die „Feder= wolken." Auch sagt man bei ganz reinem Himmel: 's hout kê flammla wulkn.

flanschken, der (flonschka, Tr.) = 1. großes Stück Brot. Wohl ursprünglich „flaches" Stück Brot; von der Wurzel fla. Vgl. dazu die folgenden mit fla beginnen= den Wörter und das oben angeführte fläink, in welchen insgesammt der Grundbegriff des Breiten, Flachen, Platten liegt.

flanschia, das (Tr.) = 1. flache Kartoffelscheibe. 2. (Gab.) = flaches, gebähtes Brotschnittchen.

flansen, der (flonsn, D.=B., Hilb.) = Lippe. Eigentlich breiter Mund; denn mhd. der vlans = Mund, Maul (Lex. III. 387).

flantschen, der (flontschn, Rg.) = 1. großes Stück Brot. Vgl. flanschken. 2. (Hoh.) = zäher, breiter Schleimauswurf. 3. (Rg., Gab., Henn.; Br.; A., Gießh.) = breites Stück abgerissener oder abgeschundener Haut.

fläppe, die (Rb.) = Arbeitsbuch. Buch der Ge= schäftsleute zum vorläufigen Eintragen; Arbeitsbuch der Handwerker.

flappe, die (floppe, Br.; A., Gießh., Grul.) = Mund (Roher Ausdruck). Auch schlesisch floppe = Mund mit großer Unterlippe. (Kn.)

flarre, die (A., Rof.); flerre (Br.; A., Gießh.; Rg.); florre (Grul.) = verzogenes Gesicht. mhd. vlarre, vlerre = breite, unförmliche Wunde; Schlesisch das geflorre = Grimasse (Kn.) NB. die flarre (wie Rg.) M. Bairisch die flarre (Schmell I. 590). Schwäbisch die flarr, flärre, pflarre = Gosche (Schmid 195).

flarren (A., Baß.) = die Zunge lang und breit herausstrecken.

flasche, die (Henn., A., Batz.) = Ohrfeige. mhd. vlasche = Schlag, Maulschelle.

flatsche, die (flotsche, Rg., Tr.; Br.) = Schlag mit der flachen Hand. ich gä dr a pör flotschn. Bei Wgd. I. S. 41. der flatsche = „breites“ Stück wovon; mhd. vlatsche = Schwert mit „breiter“ Klinge.

flauze, die (flauze, Henn.) = Ohrfeige. Eins mit flatsche und flasche. In NB. fauze (M.) mit Auslassung des l. Ein ähnlicher Vorgang findet statt bei floppe, woneben auch foppe (fopp, Grab. s. das.) zu finden ist.

flechte, die (S. flachte).

flecken (Hilb., D.-B.) = 1. weinen; 2. die Zähne blecken, fletschen. 1 gehört zur Wurzel fla; 2 zu blecken = sichtbar machen. flecken (S. H. 132) = Zeichen, Grenzzeichen machen. flecknis, fleckwerk = Grenzzeichen. mhd. vlecken = beflecken, mit Flecken versehen.

fleischergang, der (Br.) = unnützer Weg. Wie hd. Schleiferweg. Gang, wie er bei Fleischern beim Einkauf oft vorkommt. Der Ausdruck Lichtwer, Lessing.

flennen (flenna, Rg.; Br.; A.; Nb.) = weinen. Eigentlich mit verzogenem Munde weinen. Derselben Wurzel wie mhd. vlans = Mund. Vgl. flansen NB. (M.) sowohl in der Bedeutung „weinen,“ als auch „den Mund zum Lachen verziehn“.

flenschen = das Gesicht verzerren. tyrol. die flenschen = verzerrter Mund.

flentschen (Fr.) = fletschen d. i. weinen.

flerre. die (A., Batz., Grul.; Rg., Parsch.) = Gesicht, verzerrtes Gesicht. Vgl. flarre.

auf-flerren (üf-flerrn, Tr., Rgb.) = sich prahlen mit etwas. Also sich „breit“ machen mit etwas.

aus-flerren (Tr.) = ein Geheimnis ausplaudern, dass es weit und „breit“ bekannt wird.

fleschn (flescha, Henn.) = lachen, lächelnd den Mund verziehn. Und flescheln (fleschln, Henn.; Rb.; Einf., Frb.; fleschan, Rg.; Br.; A.) = lächeln mit verzogenem Munde, sowohl verlegen, als auch pfiffig. Schlesisch flascheln (Holtei). NB. fleschln (M.) Zu nhd. vlans = breiter Mund. Also lächeln, dafs der Mund dabei sich in die Breite zieht.

flèten in Verbindung mit gehen (Rg.; Br.) = zugrunde gehn. Auch NB. flejtn gîn (M.) Norddeutsch pleite gehn und fleuten gân. Aus Jüdisch-deutschem plèite gehn = flüchtig sich fortmachen; jüdisch plêtô = Flucht von hebräisch. palat (Wgd. I. 553).

flètsch, die (Grad.) = verzogener Mund. Schwäb. die fletsche = Maul (Hobelheft). (Schmid 195).

1. flêtschen (flêtscha, Rg., Weig., Grad., Henn.; Br.) = weinen.
2. flètschen (flêtscha, A., Rot., Gießh., Grul.) = sich breit hinsetzen, lange behaglich sitzen bleiben. In NB. flêtscheln, von Hühnern = sich breit hinsetzen, zutraulich thun (M.).
3. flètschen (flêtscha, Grul.; flêtscha, Rot.) = Wasser verschütten. Eines Stammes mit plätschern. das gefletsche (Grul.) = verschüttetes Wasser. S. das folgende:

1. fletzen (fletza, Rg.; Br.; A.) = Wasser verschütten.
2. gefletze, das (Tr.) = 1. das mit Schall verbundene Verschütten des Wassers. 2. das verschüttete Wasser.
3. ge-fletzer, das (Rb.) = starker, plätschernder Regengufs. (A., Gießh.) = das Verschütten des Wassers = gefletze. Das Zeitwort fletzen, das diesen Bedeutungen unterliegt, gehört als Factitivum zum Verbum fließen, floß und heißt urspr. fließen machen. Schlesisch fletzen = vergießen (Whd. Btr. 22) und der fletz = Lache; bairisch das gefletz.

flicken (flicka, Grad.; Br.; meist durchflicken dorchflicka) = prügeln; wegflicken (wegflicka, A., Rot.) = wegwerfen. Auch NB. flicken = hauen, flicke kriegen = geschlagen werden (M.). Die einzelnen Schläge werden mit flecken verglichen, die man auf ein zerrissenes Kleid näht.

flinderlein, das (flindala, Henn., Br.) = Zittergras von flindern = zitternd sich hin- und herbewegen.
Nebenform zu flittern, flattern und fludern. der flinder
= dünnes flimmerndes Metallplättchen: neuniederländisch
der vlinter — Schmetterling, ältermeuhochdeutsch flindern —
in kleinen Stückchen umherfliegen (Hans Sachs). Vgl. das
folgende flitterlein.

flinkflank, der (Tr, Weig.; Br.) = Lungerer,
herumvagierender Mensch. In NB. herumflankieren
(rimflankîan, M.) = müßig umherstreichen.

flischblätterlein (flischblettala, A.) = Eidechse.
Vgl. fischblätterlein und den Artikel blatter.

flitschepfeil, der (A., Rot., Wich.) = Bogen
und Pfeil als Kinderspiel. Bei Wgb. I. 551 findet sich
flitzbogen = Bogen zu leichten Pfeilen; nd. flitzbogen;
mittel-nd. vlitzbogen; neuniederländisch flitsboog; älternhd.
flitz, flitsch — Pfeil. Sonst fitschepfeil in Rz. und NB. fl
scheint öfter mit f zu wechseln. Man vergleiche die schon
angeführten Formen flauze und fauze, floppe und foppe,
flischblätterlein und fischblätterlein. Ich halte dafür,
daß flitsche und fitsche in den Wörtern flitsche-pfeil und
fitsche-pfeil Zeitwörtern, wie flitschen und fitschen (vgl.
fitscheln) = entsprechen, die synonym sind. Denn bairisch
flitschen = flattern; fitscheln (s. oben) = reibend hin-
und herbewegen. Beiden liegt der Begriff (unruhiger) Hin-
und Herbewegung zugrunde.

flitterich, der (Lbsfr.) = Zittergras.

flitterlein, das (flittala) = Zittergras. Beides
zu flittern = Zitterschein von sich geben; Nebenform zu
flattern = sich unbeständig rasch hin- und herbewegen.

floide, die (Br.) = großes Stück wovon (besonders
vom Brot). Vgl. fladen, flanschken, flantschen.

flommalâre, Adv. (Gab.) = ganz leer. Vgl. das
flämmlein — ein ganz kleines Bißchen wovon. flommalâre hieße also leer, daß nicht einmal ein flämmlein (NB.
M. flimmichl) wovon vorhanden ist.

1. **floß, das** (Rz., Rb.) = kleines fließendes Gewässer.
2. **floß, der** (A., Rot., Grul.); **flůß** (Rg., Gab., Grab.); **flouß** (Br.) = Pfütze verschütteten Wassers (z. B. in der Stube). mhd. der vlôz = Fluß; ahd. der flôz = Fließendes. Mittelbeutsch und NB. das floß = kleines fließendes Wasser. Eine Ablautbildung zum Verbum fließen, floss. Davon das Diminutivum:

flösslein, das (flessla, Grab.; A., Gießh., Rot.) = kleiner Zufluß zu einem Bache. Auch NB. flössl (M.)

fluder, das (Ta.; Rg.; Br.; Löskr.) = 1. Fluß-wehr; 2. (Br., Barzdorf) = schmaler Steg bei einer Schleuse, um das Auf- und Abziehen derselben zu bewirken und dadurch den Abfluß des rinnenden Wassers regeln zu können. Die eigentliche Bedeutung ist: Breites viereckiges Brettergerinne zum Durchlaufen des Wassers im Berg- und Mühlenbau (Wgb. I. 555). Zu gothisch flôdus, altnord. flôd; nhd. flut = überströmende Wassermasse.

fluderwehr, das (S. H. 252) = Holzwehr.

flůdern (flůdan, Rg., Gab., Weig.), vom Feuer = emporlodern. Schlesisch fludern (Holtei); bairisch Schmell. I. 286 = flattern. Nach Wgb. I. 542 flodern (bei Schönsleber) = flattern und „flackern".

flůg, der (Rg., Br.); **fluck** (A., Gießh.) = Floh, mundartlich g. hd. h stehen organisch; denn mhd. vlôch; ahd. flôch; slavisch blecha, altslavisch blcha entsprechen mit Umstellung des l lateinisch pulex (pulic-is). Man sollte demnach fulch oder folch erwarten.

flug, flugs, Adv. (Rg.; Br.; A.) = 1. gleich, sofort. 2. Verbunden mit wenn in der Bedeutung eines concessiven Bindewortes = wenn gleich, wenn's flugs ne wär (Gießh.) = wenn es gleich nicht wäre. 3. in Hauptsätzen mit adversativem Sinn: a hôt flugs dôs ne amôl gemocht (Grab.) Denselben Sinn hat flug ne (Rz.) = nicht einmal.

flunschen, die, Mz. (Arn.) = geröstete Kartoffel-scheiben. Vgl. flautschen, flanschken. Wurzel fla = breit.

fluntsche, die (Rb. und Rb. Ggb.) = häßlich verzogener Mund.

fluntschen (Rb.) = mürrisch dreinschaun. Schlef. der **flanschen** = Mund, namentlich der breite klaffende Mund (Whd. Btr. 21) und die **flunsch, fluntsch** = verzogener Mund, verzogenes Gesicht (Holtei); tirolisch die **tlenschen**; D.-B., Hilb. **tlansen** = Lippe; mhd. vlans = Mund.

flüsche, die. Meist Diminutivum **flüschlein, das** (flischla, Rg., Gab.; A., Gießh.) = dünnes flaches Stückchen wovon. Z. B. die schwachen, dünnen, Brotschnittchen, die man in die sogenannte „Wassersuppe", auch Fleischsuppe schneidet. Vgl. das **fidala. flusche** ist eins mit **flunschen** (s. oben). Beides zur Wurzel **fla** = breit, flach und dünn.

flûtschen (flûtscha, A., Gießh., Rot., Grul.) = weinen, jedenfalls mit breit gezogenem Munde. Vgl. **flêtschen.**

fôder, Adj. oder **Adv.** (Rg., Tr., Weig., Gab., Gr.-A.) = geheuer. Meist negativ. **ne tôdr,** von Personen = nicht Vertrauen erregend; sonst: **'s is wettr nê todr** = es ist nicht recht geheuer (es spukt); vom Wetter, wenn man in seine Beständigkeit kein rechtes Vertrauen setzen kann. Der Etymologie nach gehört **föder** zu mhd. **vorder** und **voder Adj.** = ansehnlich, vorzüglich (Lex. III. 463). Wenn man also sagt, **'s wâtr is ne foder,** so heißt das zunächst = das Wetter ist nicht vorzüglich, d. h. nicht, wie man es eben wünscht und braucht, zweifelhaft, kein Vertrauen erregend. In letzterer Bedeutung wird **föder** dann auf Menschen und Erscheinungen bezogen = nicht geheuer.

foilich, die (A., Sattel) = schwielige Haut, Hornhaut in der Handfläche, d. i. absterbende, „abfaulende" Haut.

foldt. Adv. (S. H. 163) = vollständig. NB. **fült** (M.) = vollends.

folter, das (Hilb.) = 1. kleine Thür (Fallthür?) 2. Verschluß bei der Lederhose der Bauern; wie NB. der Kaffer = 1. kleines Auslugfenster oben im Dache. 2. Latz als Hosenverschluß, wofür auch **hosenthürl** (M.). das **foltr** dürfte entstellt sein aus **fallthüre** mit verändertem Geschlechte, da man die Bedeutung des **tr** (aus **thür**) nicht mehr verstand.

fopp, die (Grab.) = Mund. (Roher Ausdruck). Vgl. flappe.

foppern, (Ta.) = mit einer Ruthe zitternde Bewegungen machen. Nebenform zu fippern (siehe daselbst).

forcheln (Grab., ch weich); **forchan** (Gießh,) = (mit einem stumpfen Messer) schlecht schneiden. Vgl. fercheln.

fordergut (S. H. 136) = sehr, besonders gut. mhd. vorder = vorzüglich (Lex. III. 463). Vgl. föder.

I. **fôre, die** (fohre, S. H. 123, 153) = Forelle. mhd. forhen und forhe, die (Lex. III. 468). Schwäbisch fore (Schmid 199).

II. **fôre, die** (Rg., Gab., Weig.) = Farnkraut.

forkeln (Jsgb), Jgspr.), vom Hirsch = stoßen mit dem Geweih. geforkelt werden = gestoßen oder zu Tode gestoßen werden vom Hochwilde. Vgl. furkel und furkeln.

forme, die (A., Rof, Grul.) = Farnkraut. mhd. der varm (Lex. III. 23); ahd. faram.

ge-forre, Adj. (Rb.) = flink, behende. Nebenform zu gefirre. Siehe firl und gefirrl.

fôrzeln (Rb.) = fortwährend die Thür öffnend aus= und eingehen. Siehe fertseln zu fahren.

fotze, die (Rg.) = 1. cunnus. 2. Rohe Bezeichnung für Frauensperson. Vgl. die tollfotze; dem entsprechend der tollsack. In SB. (bairischer Dialect) und bairisch die totz auch = Mund; daher der fotzhobel = Mundharmonika und die fotzen = Schlag auf den Mund. Vgl. NB. die fauze. Der Wurzel nach ist fotze = die Gebärende, Nährende. ahd. fuotjan; mhd. vuoten; altnordisch foeda; ags. feda; nd. föden (Whd. Btr. 23).

fralle, die (Grul.); **frelle** (Gab.) = Forelle. Entstellt aus forelle.

franschker (Br.; A., Rof., Ritschka; Grul.) = Franz.

Franz: Kinderreime:

1. Franze,
   Nimm dë Kuhe bem Schwanze;
   Führ' së dreimel ëm a Schoppa,
   Doss mr kënna dë Molka soppa.
   (Rofenthal bei Braunau).

2. Franze, panze, Pudlmëtze,
   Bëst dr Muttr gor nëscht nëtze.
   (Rofenthal).

3. Franzla, Franzla, Kälberdreck,
   Beiß em Hunde 's Schwanzla weg. (Raatſch.)

4. Franzl, Stanzl, Hêtabrût,
   Moch dë alda Weiwer gut. (Rettendorf).

5. Franzl, Panzl, Zîchaquorg,
   Mach dë àla Weiwer stork. (Trautenau).

franzke (A., Ritſchka) = Franziska und franzker == Franz. ke ist nd. Diminutivelement == oberdeutſch l. Franzke = oberdeutſch franzl. Solche Ableitungen mit k bei Taufnamen ſind im A. ſehr beliebt. So heißt Joſef == Jusker, Ignaz == Natzker ꝛc.

fraſe. die (A., Gießh., Grul.) = Krämpfe der Kinder. Auch bairiſch, öſterreichiſch. (Schmell. I. 617).

fraß. das (Rg., Freih.; Br.;) = Krämpfe der Kinder. Auch NB. (M.).

ge-fräße, das (Rg., Gab.) = 1. Mundwerk. 2. Vielfreſſerei.

frasse, die (Rg., Br., A., frass, Rg., Henn., Hilb.) = Mund (roher Ausdruck). Tiroliſch die fress, fresse und fressen; ſchwäbiſch tresse, gefräß und gefriß == häſsliches Geſicht (Schmib 203). Auch NB. (M.).

freibauer, der (Br. Gegend) == Beſitzer eines Bauerngutes. In jedem Dorfe findet ſich daſelbſt außer dem Scholzen noch ein freibauer. Urſprünglich bei der Beſiedlung des Landes durch deutſche Bauern == ein von Abgaben befreiter Bauer. In SWB. um Eiſenſtein gibt es noch die „tüniſchen freibauern."

freiledig, Adj. (Rg., A., Br.) = ledig, unverheiratet.

freitag, der gute freitich oder frettich (Rg., Br.; A.) = Charfreitag.

frêrlich, der (Henn.) = frostiger, vor Kälte leicht zitternder Mensch. Vgl. trûslich.

fressblatter, die (fressblûtta, Rg.) = Blind= schleiche. Vgl. blatter.

treundschaft, die (Rg.; Br.; A.) = Verwandt= schaft. Auch schlesisch Holtei und NB. (M.)

trêzen (frêza, Rg., Hbr., Grabl. Arn.) = ätzen, Eigentlich tretzen = essen machen; mhd. vretzen von fressen. wie „ätzen" von „essen."

Fridolin. Kinderreim:

> Fridolin, die Hosa brîn,
> Wendelin muss lescha gîn.
> (Gießhübel).

friesen (Rb.), friesa und gefriesa (Rg.; Br.; A.) = frieren. Auch egerländisch frejsn (NB. trîsn); mhd. vriesen (Lex. III. 516); ahd. friosan, gothisch triusan. Volksreim: 's rênt dessa, 's schneit dessa,
> 's wêrd schun gefriesa;
> Honsmêchl tanzt dessa
> Mêt dr Muhm Liesa. (Goldenöls).

ge-trieß, das (Hilb.) getrîße (A., Rof., Grul.) = Gesicht, verzogenes Gesicht. Meist roher Ausdruck. Soviel als das geträß; von fressen.

frischen (Jsgb., Jgspr.), vom Schwarzwilde — Junge werfen. Daher der trischling = das Junge vom Wildschwein.

frîttrettala, das (A., Ritschfa) — Eidechse. Vgl. fischblätterlein, flischblätterlein. Da man im Volke sonst ganz unschädliche Thierchen (Blindschleiche, Eidechse) fürchtet, schreibt man denselben in der Regel auch eine gewisse Gefährlichkeit zu. Daraus habe ich schon den Ausdruck flischblätterlein (siehe daselbst) zu erklären versucht. In

fritfrettala ſcheint eine Analogie aufzutreten und ich überſetze den Ausdruck mit· „Das gefährlich durch Entzündung ver=wundende Thier" von mhd. vreidec = (Gefahr, Verderben=bringend, ſchrecklich (Lex. III. 495) und vreten, vretten — entzünden, wund reiben; vrete = Entzündung, wunde Stelle (Lex. III. 502). Vgl. das folgende:

froatten (Rb.) = eitern (von einer Wunde), welcher Ausdruck unbedingt zu mhd. vretten, vraten — entzünden gehört.

troislich, der (A., Gießh.) — gegen Kälte nicht abgehärteter, vor Froſt bald zitternder Menſch; 2. furchtſamer Menſch. Vgl. fruslich und frêrlich.

froschäuglein, das (frôschêchla, Rg., Trb.) = Sumpfvergißmeinnicht.

fröschgerecke, das (Rg.; Br.; A.) = Froſchlaich. Etymologie ſiehe gerecke.

ge-fröste, das (S. H. 38); **das gefriste** (Rg., Br., A.) = Froſt. Auch NB. g'friste, meiſt Mz. (M.) mhd. das gevrüste = Froſt, Froſtwetter (Lex. I. 967).

trühmesse. Redensart: ieh gâ dr ês ai dö frîmass, doss s' es ain omte hîrn (Tr., Grul.)

frui, der (D.-B.) = Morgen, früher Morgen.

frûslich, der (A., Gießh.) — 1. Bei geringer Kälte ſchon zitternder Menſch; 2. Furchtſamer Menſch. NB. truslich, Adj. - leicht vor Kälte erſchauernd (M.).

fuchtel, die (Rg.) — 1. langer, ſchwacher, ſchwanker Gegenſtand, mit welchem man in der Luft ohne Ziel hin= und herſchlägt; Ruthe (A., Rof.); Peitſche (Rg.); langer, dünner Kienſpan, ſogenannte Schleiße (Grab.) 2. liederliches Frauenzimmer.

fuchteln (tuchtan, Br.; A., Gießh., Rof., Grul.) = hin= und herſchlagen; (Rg.) — mit der Hand durch die Luft hin= und herfahren, toebtl mor ne tür a aucha rêm ſagt man, wenn jemand beim Sprechen heftig mit den Händen geſticuliert.

fuchtig (fuchtsch, fochtsch, fôchtich, Rg.; Grab.) = wild, aufgebracht. Auch schlesisch, bairisch, kärnthnisch, schweizerisch fuchten = zanken. Etymologisch ist fuchtel ursprünglich = 1. unscharfer breiter Degen. 2. Schlag damit; fuchteln = die Fuchtel hin= und herschwingen, mit ihr schlagen. Fuchtel in 2. Bedeutung scheint eine Uebertragung von dem hin= und hergeschwungenen Schwerte auf eine hin= und herschweifende weibliche Person. Fuchtel selbst gehört zu fechten.

fuhre, die (S. H. 7) = Unterhalt. mhd. vuore = Unterhalt, Speise; was mit umhergeführt werden muß.

fukeln (Rg., Henn.) = bei den Haaren ziehen.

fummeln (Rb.) = lange mit einer Arbeit zubringen. Bei Wgd. I. 583 = woran reiben; schwedisch fumla = herumwühlen, nachlässig arbeiten. In letzter Bedeutung auch dänisch fumle. Schlesisch fummeln = coire; auch bairisch die fummel = cunnus. (Schmell. I. 532). Ursprünglich eine Art Lederfeile bei den Schuhmachern; fummeln = mit der Lederfeile hin und herfahren.

für (Br.) = vor. wer ist hier? wer steht für unsrer Thür? Braunauer Hirtenspiel. mhd. vür, vüre. (Lex. III. 583). Vgl. fürsteck und fürtich.

fure, die (Rb.) = Verwirrung. Z. B. ich wor sû ai der fure, dass ich ne wusste, wos ich thot. Von lateinisch furor = Aufregung, Wut, Raserei.

furkeln, (forkan, Br.; A., Rot.) = hin= und herschütteln; durchschütteln, hin und herstoßen. In NB. rimfurkln (M., Leipa); die Mejde wurden rümgefurkelt wie die Kehrbasen (J. H. 164). Im Rb. Dialect heißt heraus-forkeln = jemand ein Geheimnis entlocken (durch Kreuz- und Querfragen). Bei Wgd. I. 592 ist furke = Gabel; furkel = (weidmännisch) Gabelstange, Stellstange; mhd. die furke, ahd. furka, entlehnt aus lateinisch furca und dessen Dim. furcula = Gabel. In NB. bedeutet furkelgabel eine zweizinkige hölzerne Gabel, mit welcher man das gedroschene Stroh noch einmal gehörig durchschüttelt, damit die noch darin befindlichen Getreidekörner herausfallen.

fürsteck, die (Hilb.) = Schürze; bairisch der **fürstecker** = Niederlaß (Schmell I. 746, 2. A.*)

fürtn (Frbl.) = vorhin. NB. vuātn (M.). Aus vor dem entstanden.

fürtuch, das (fürtig, D.-B.) = Schürze, SB. (bairischer Dialect) türta; bairisch türta (Schmell. I. 746, 2. A.).

fürrechtlichen (S. H. 56) = vorsichtig. mhd. die vürtrahtunge = das Vorausdenken, Ueberlegen (Lex. III. 616).

futtern (futtan Rg.; Br.) = zanken. das gefutter zänkisches Reden. Von dem volksüblichen französischen Ausruf foutre, was eigentlich „Beischlafen" bedeutet. Diese Bedeutung ist aber gar nicht aufgegriffen worden, sondern nur das den Ausruf begleitende Lärmen und Zanken.

füzen (füzn, Rb., Ta.) = zornig pfauchen (von Katzen). 2. füza (A., Rof.) = barsch anreden. In beiden Bedeutungen NB. (ofüzn, M.). Bei Wgd. I. 553 älterneuhochdeutsch fochen = wehen, blasen mhd. pfuchen und pfuchzen, bairisch pfuchezen, nhd. pfauchen.

G.

gabe, die = 1. das Brot heißt beim Landvolke die liebe gottesgabe (die liwe gutsgone, Gab.); gabe gottes (gouwa gouts, Br.; A., Rof.) Wenn jemand beim Essen etwas Unsauberes sagen will, sagt er vorher: verzeih mr'sch gout, 's is bei dr liwn gouwa gouts (Gab.) 2. Ironisch ist eine guts gone (Grab., Gab.) = ein ungeschicktes Frauenzimmer; 3. gone (Rg.); gou (Henn.) goubn, Mz. (Frb.) = Abgabe, Steuer.

---

*) **Bemerkung.** Bisher wurde von mir die erste Ausgabe von J. Andreas Schmeller's „Bairisches Wörterbuch" benützt. Von jetzt an citiere ich aber nach der „zweiten Ausgabe," durch Beisetzung von „2. A." kenntlich gemacht. Die römischen Ziffern (I, II) bedeuten den betreffenden „Band," nicht den „Theil."

auf-gabeln (ûfgôwln, Henn., Grab.; ûfgôwan Rg.; Br.; A.) = 1. etwas durch fleißiges Suchen auffinden. In NB. auch = zufällig finden. Eigentlich = mit der Gabel herausheben (z. B. eine Speise aus der Schüssel). Schweizerisch aufgabeln = etwas mit Mühe auftreiben (Stald. I. 410). Ebenso SB. (Pr.) 2. (Grab., Gießh.) = aufwiegeln, aufhetzen. 3. (Gab., Tr., vom Rindvieh = mit den Hörner stoßen.

Gabersdorf (Gaweschtruff) bekanntes Dorf bei Trautenau an der Straße über den Goldenölser Paß nach Liebau. Redensart: ar is ne vu Gaweschtruff = er ist nicht freigebig. Dafür findet man auch noch folgende Wortspiele. Auf die Bitte des A: gimmrsch, d. i. = gib mir es, antwortet B: die gimmr sein gestorba, die schulza läwa noch (Wich.) oder: A: schenk mr dos! B: die schenka sein gestorwa, die schulza läwa noch, oder die schulza gän nischt. (Tr.)

gâbig. Adj. (gäbsch Rg., Tr., Weig., Arnš. Joh., Tr.) = 1. geizig. 2. wählerisch im Essen. gäbsch thun (Rg.) = geizig, gierig sich zeigen. Schlesisch bei Whd. Btr. 25 heißt gäbsch = albern, dumm. Bairisch gäbisch = verkehrt (Schmell. II. 9); also so viel wie abech, abechig (awechi, Schmell. I. 13 2. A.) = verkehrt im Gegensatze zu „recht, richtig." Daher dann auch tirolisch die gabige, gabische, gabiche (hand) = die linke Hand, gleichsam die verkehrte, nicht rechte Hand. Die rechte Hand heißt die schine; wohl deshalb, weil sie die gabenvertheilende, freigebige ist. Daraus folgt wieder, daß die linke oder gabiche Hand die nicht gebende, daher „geizige" ist. Und so erklärt sich auch die Bedeutung schlesisch gäbsch dumm, albern, wenn man dafür „linkisch" setzt. Oder könnte man gabsch zu ahd. gêwôn = das Maul aufsperren, ziehen? Dann wäre gabsch — das Maul aufsperrend 1. aus Gier; 2. nach Art dummer Leute.

ver-gâblich, Adj. (Nb.) von schläfrigem, nicht lebhaftem Benehmen. bis ock ne su vergäblich, muntert man einen schläfrigen, langweiligen Menschen auf. Vielleicht ist hier derselbe Stamm wie in gabsch = albern, dumm, anzunehmen.

gâch, Adj. und Adv. (Rg., Weig., Gab., Grab.)
= 1. jäh, steil, abschüssig. 2. von Menschen, übereilt,
zornig. Auch hd. jäh und gäh. mhd. gâch (Lex. I. 722).
g tritt besonders häufig für j ein, im Egerer Dialecte, wo
gaua = Jahr; gung = jung; gack = Jacke u. s. f. auftritt.

gacken (gacka, Br., Rof.) = cacare.

gackern (gockan, Hbr.) = albernes Zeug reden.
Ursprünglich — stotternd, in abgebrochenen Lauten reden,
ähnlich dem Gackern der Henne.

gäfern, (gêfan, Rgb., Kl.-A.) = langsam arbeiten.

gafzla, das (Ott.) = kleines Kind. Müßte in hd.
Form gätzlein heißen. Schlesisch gatzen = kläffen, husten
(Kn.) Dies scheint eine Nebenform zu der Form NB. gauzen,
von kleinen Kindern, jungen Hunden = in durchdringenden,
hohen Tönen unangenehm schreien. Uebergang von u in v
häufig; daher zunächst gavzen, dann auch gatzen.

gähnaffe, der (gânoffe, Rg.; Br.; A.) — 1. Mensch,
der den Mund aufsperrt, alberner Kerl. 2. (Br.); gioff
(A., Rof.) = Mütze, die oben zusammengedrückt ist, daß
ein faltiger Spalt (eine „gähnende Vertiefung") entsteht.

gaibe, die (gaiwe, Rg., Arnş., Hoh., Tr., Henn.)
= 1. Ueberrest von dem Hochzeitsessen, den die Hochzeitsgäste
mit nach Hause nehmen, oder die Kinder schon beim Hochzeitsessen erhalten. Dasselbe was bescheidessen in SB.
und in den Alpenländern; pflicke in NB. (M.): gucke
(Rb., Frd.); schnappe (Ta.); kappke (Komar). 2. gaibe
(Rb.) = der Taufschmaus selbst.

gaiben oder **gaiben gehn** (gaiwa. gaiwa gin. Tr.)
von Kindern, die zu ihren Angehörigen bei einer Hochzeit
oder zur Schnittzeit kommen und mitessen oder etwas vom
Essen zugetheilt erhalten.

auf-gaiben (ûfgaiwa. Gab.) — zuschauen, wie
andere essen; (Weig.) von Bettlern — etwas an Almosen
oder Nahrungsmitteln durch Betteln auftreiben. Die ursprüngliche Bedeutung von gaiben ist „den Mund aufsperren;" ahd.
gewon; mhd. giwen (Lex. II. 1026). In NB. Liebeschitz
heißt geiben = lüstern sein nach etwas, gierig auf etwas
hinsehen (Petters L. G.)

ge-gajke, das (Rb.) = albernes Geschwätz. Zu gāken = schreien wie eine gāke (siehe daselbst).

gâk, die (Grab.) und gāke (Rg.; Br.; A.) = Kehle. Organ, vermittelst dessen gewisse Thiere gāken.

gaka (Tr.); Kindersprache = Ausruf des Abscheues vor Unreinlichkeit.

gāke, die (Rg., Gab., Grab; A., Gießh.) = 1. Vogel, Gans, besonders Krähe. 2. (Rg., Br., A.) = dummes Weib. 3. (A., Grul., Wich.) = Nasenschleim, plattdeutsch gayke, kayke = Dohle (Pop. 83). Vergleiche auch slavisch kavka.

ge-gāke, das (Rb.) = albernes Reden.

gāken (Frd.) = albern reden; rĕm-gāka (Br., A., Gießh.) Schlesisch gāken = schreien wie eine Gans (Whd. Wtr. 37); schweizerisch gaagen (Stalb. I. 413). mhd. gāgen (Ler. I. 724). (Vergleiche meine Bemerkungen zur Wortbildung).

gāken (gēka, Tr.) = erbrechen (bei überfülltem Magen).

gâl, Adj. (Rg., Br.; A.) = gelb. mhd. gĕl; gen, gelwes, NB.; gâl (M.); schlesisch gel, gael. gâle (Whd. Wtr. 26); schweizerisch gäl (Stalb. I. 415).

gâlbrût, das (Br.; A., Gießh., Dejchnap) = Brot aus Weizenmehl. Osterbrot.

galeiter (Eins.), in der Gaunersprache = Gitter.

galfern (galfam. Frd., Lbskr.) = wie ein Kind, in fehlerhafter Weise, albern reden. Siehe gelfern.

galgenholz, das (golchahulz, Henn.) Schimpf-name = Galgenstrick.

gâlhühnel, das (Ta.) = Eierschwamm. Vergleiche die Verquickung mit Thiernamen auch bei hinling (Lbskr.) = hind-ling von hinde = Hirschkuh; fiehslich (A.) von Fuchs; rillich (Rg.) von reh.

galla, das (Henn.) = Geige. Starke Zusammen-ziehung aus geigelein. Vergleiche Diminutiva wie bella, kella, vella.

galle, die (Rg., Hbr.; sürgalle, Rb. und Rg., Gab.; golle Br.) = naſſe Stelle in Wieſe oder Feld, wo fortwährend Waſſer hervorquillt. Das Gras, das an ſolchen Stellen wächſt, wird ſauer; daher ſolche Stellen auch ſauer- oder sürgalle, auch nassgalle. Ein weitverbreiteter Ausdruck. So ſchleſiſch wasser-, sör- oder sauergalle (Whd. Vtr. 25), bairiſch (Schmell. II. 30); SB. das gâl (Pr.) = feuchter, ſauer riechender Abfall in Bierbrauereien (zum Mäſten der Schweine verwendet). Doch ſcheint nicht „Näſſe und Säure" ſondern „Einſchluſs von andern Stoffen" der Grundbegriff zu ſein; denn im Allgäu heißen „ſteinige Flecken" im Acker grießgallen (Schmid 243); in der Lauſitz ſandige Stellen, die rings von Humus eingeſchloſſen ſind sandgallen. altnordiſch heißt der galli = fehl, Mangel, Gebrechen, Schaden (Wgd. I. 603).

gallen (ſich golla, Rg., Tr., Grad.) = ſich ärgern. Von Galle = Zorn, Aerger. Man vergleiche ſich giften und die Redensart „gift und galle ſpein" vor Aerger.

gämerich, der (Rg., Br.) = alberner Menſch. Schleſiſch gamerlig (Rößler 112).

gämern (gâmrn, Grad.; gâman, Rg., Tr., Gab., Weig.) = 1. langſam ſprechen, albern reden. 2. langſam gehen. Die Grundbedeutung iſt, „das Maul aufſperren" und man könnte die Formen gämern und gämerich nach den Lautgeſetzen unſeres Dialectes (â = hd. au, bäm = baum) verhochdeutſchen in gaumern und gaumerich als Nebenform zu gäumeln = lüſtern ſein wornach (Wgd. I. 620); kärnthniſch gaumen, gäumen (gaumin, gämin) = wonach begierig ſein (Lex., kärnthniſches Wörterbuch 110).

Im 15. Jahrhundert hieß gaum nëmen = den Mund aufſperren. mhd. der gum = Maulaufſperrer, zu guome = Gaumen, Kehle, Rachen (Lex. 1. 1117). So heißt alſo gämern zunächſt den Mund aufſperren, was geiſtig beſchränkte Leute thun, dann albern reden; gämerich ſoviel als gülnaffe; gämern = langſam gehen, iſt übertragen; da alberne Leute ſchon äußerlich durch ihr plumpes Auftreten kenntlich ſind. Vergleiche dazu ſchleſ. der gämel = ungeſchickter, alberner Kerl. gamlich, Adj. = ungeſchickt (Whd. Vtr. 25); ferner ſchleſiſch die gummel = alberne Weibsperſon (Whd.

Btr. 31); schwäbisch die gammei, gumme, gummel =
faule (geile) Weibsperson (Schmid 218).

gammen (gamma, Weig.) = schnell, hastig, gierig
essen. Man sollte erwarten gäma, denn auch dieß Wort
gehört zu obigem gämern und gaum und heißt also „gierig
den Rachen nach Speise öffnen.“

gän, contrahierte Infinitivform zu hd. geben (Rg.;
Br.; A.) Redensart: ar kön sich nê zu gutte gän =
er läßt sich nicht beschwichtigen, kann (namentlich eine unangenehme Erfahrung) nicht verwinden.

gänerich, der (Grab.) = Gähnaffe von gähnen.

gängel, der (Rg., Hbr.; Br.) Auch hökagängl
(Hbr.) = 1. Das Langholz am Pfluge, beiläufig entsprechend der „langwide“ beim Wagen. 2. Das krumme Holz,
sonst schlepper = Schlüpfer genannt, vorne an diesem
Langholze, welches die Stelle der 2 Räder vertritt.

gänlöffel, der (Rg., Weig.) Gähnaffe (gänoff.
Rg.)

gänseblümlein, das (gänseblimla, Rg.; Br.; A.)
= Maßliebchen. Bellis perennis. Schweizerisch gans-
blumli (Stald. 1. 424). Auch NB. gänsbliml (M.)

gänsekräglein (gänsekrächla. Rg., Tr., Weig.,
Grab.) = Frauenmantel (Alchemilla vulgaris).

ganser, der (gonsr, Hilb., D.-B.) = Gänserich.
mhd. der ganze und ganzer.

gänsewein, der (ganslawein. Rg., Gab; A.,
Rot.) = Wasser.

garksen (gorksa. Rg., Gab., Henn., Grab.; A.,
Gießh.; Br.) = 1. Laute hervorbringen, wie wenn es
einen würgt; 2. erbrechen infolge einer Uebelkeit. Bei Pop.
23 garzen = aufstoßen, rülpsen. mhd. garzen = gurgitare
(Lex. I. 742).

garten, der (gorta. Rg., Gab.; A., Rot.; Mz.
die garte = ein Grundbesitz von beiläufig 10—20 Strich.
Sonst auch stelle genannt. Die Mehrzahlform die garte
ist ein Ueberrest der mhd. starkbiegenden Form der garte.

gasel, die (Hilb.) = Peitsche. Erinnert an den südböhmischen, bairischen und egerländischen Dialect, woselbst die goisl gebraucht wird.

gatschen (Rg., Kl.-A.) = viel reden. Vergleiche katschen.

gatter, der (A., Gießh.) = Gitterthür, gegitterte Gartenthür; göter (Br., Ra.); der gottern (Grad.); gottan (Drb.); gottarn (Rg., Gab., Weig.) = quer getheilte, nicht gegitterte Hausthür, äußere Halbthür am Eingange in das Haus des Gebirgsbewohners. Hinter dieser Halbthür, die von der Mitte der Thüröffnung bis zur Erde reicht, befindet sich noch eine ganze Thür. Schwäbisch der gatter; mhd. der gater = Gitter als Thor oder Zaun (Lex. I. 744); ahd. kataro = als Thür, Zaun, Schranken, verbundene Stäbe.

gäu, der (Rb.); a gît of'n gai = er geht auf Freiersfüßen. NB. (barischer Dialect) und schwäbisch jemandem ins gäu gehn = der Geliebten eines andern nachgehen (Schmid 222). Sonst heißt NB., schwäbisch, schweizerisch ins gäu gehn, vom Fleischer = aufs Land gehn, um Vieh einzukaufen (Schmid 222, Stalb. I. 428).

gauchheil, der (gouchhejl, Gab.; gôchhêl Grad.); = eine Art Wegerich; göchhejl (Drb.) = langer Wegerich) Pflanze, die gegen Gicht helfen soll. Bei Wgd. I. 618 = Pflanze, Anagallis. Vergleiche gauch = dummer, blöder Mensch. Man glaubte ursprünglich, die Pflanze könne Blödsinn und Wahnsinn heilen.

gaudern und **begaudern** (gaudrn, Henn.; gauran, Rg., Hbr.; Br.; kauran, Weig., Gab.) = viel über etwas sprechen. Eins mit dem Worte kaudern = kollern wie ein Truthahn und deutlich reden, plappern (Wgd. I. 912), mhd. küdern in küder-netsch = Plappermaul (Lex. I. 1763). Ich halte gauder, kauder zu lateinisch guttur = Kehle, weil das Kollern des Truthahnes, wie unartikulierte Laute überhaupt, zumeist Kehllaute sind. In NB. (M.) heißt sich aufgaudern (ufgauran) = bös, namentlich roth werden vor Zorn wie ein Truthahn. Ferner sich gaudern, mit jemandem gauran = mit Kindern necken, sie ärgern, sich herumzerren mit ihnen im Reden.

Ein Familienname Gaudernack, erinnert an obiges mhd. Küdernetsch, nur möchte ich hier mehr an Doppelsetzung des Begriffes „necken" denken, als an den Begriff „plaudern."

gaukeln (gaukan. Rg., Gab.; goikan. Br.) = unsicher wie im Schlafe gehen, hin= und herschwanken. Bairisch gauggeln = jähe Bewegungen machen, wobei das Gleichgewicht verloren zu sein scheint, von Betrunkenen (Schmell. II. 24). mhd. goukeln, gougeln Zauberei, Gaukelpossen oder Taschenspielerei, treiben (Ler. II. 1060); ahd. goukelôn. Wahrscheinlich entlehnt aus lateinisch caucus, cauculus = Zauberbecher.

gauß, die (S. H. 325.) = hohle Hand. mhd. auch gauchsz. gausz, gauff und goufe (Ler. I. 1058); SB. (bairischer Dialect) gaftn; bairisch die gäuffen (Schmell II. 17); vorarlbergisch göfle; tirolisch gauffe. gaf; schwäbisch gassel, gaissel und gaufel (Schmib 221); schweizerisch der gauf, gauff Hand; was bei den hohlen Händen fassen können (Stald. I. 429).

gauzen (gauza. Rg., Gab., Grad., Henn.; Br.) = unangenehm (kreischend, quiekend) schreien. Von kleinen Kindern und jungen Hunden. Auch NB. (M.); gauzen = bellen (Pop. 45). Auch schlesisch (Wbd. Br. 26; bei Frisch I. 326; Schmib 223). Vergleiche gafzla.

gealbe, das (Rb.) = nutzloses Umherschweifen. Vergleiche alpen, alpern und alwern.

geäß, das (Isgb. Igspr.) = Maul des Hirsches. Sonst auch = Nahrung des Wildes (Wgd. I. 622).

gebauer, das (Rb.) = Vogelbauer, Käfig.

an-geben (ôgân, Grad.) = 1. treiben, stiften. Z. B. wôs wirscht 'n itz ogân? fragt man einen, dem Arbeit und Verdienst entzogen wird. 2. (Rg.; Br.; A.), besonders = Unheil stiften.

über-geben (iwrgân, Br.; Rg.) = das Bauerngut an den Sohn (Rechtsnachfolger) abtreten.

16

geberg. Abv. (gebarche. A., Rof.) = bergan; gebarche gin = bergan steigen; die höre stin gebarche (A., Rof.; Br.) = die Haare sträuben sich. Auch SB. bairischer Dialect und egerländischer Dialect geberg = bergan.

gebote. das (A., Gießh.) = Steuer, Abgabe.

gebräche gebrejche. Siehe brajehln.

gècher (Gr.=A.) = gegen.

geckern (geckan. Br.) = stotternd reden. Auch NB. (M.) Nebenformen sind gackern, gickern, gôkern.

geckel, geggel. der (Rb.) = alberner Mensch.

gedanke, der (gedanka, A., Gießh.) = 1. ein wenig wovon. Z. B. a gedanka Salz ausborcha. 2. räumlich (Br.; Rg., Gab.) = eine kleine Strecke. Z. B. rück ock 'n gedanka wettr = rücke ein kleines bißchen zu. 3. Hyperbolisch; a gedonke (Grab.) = unscheinbarer Mensch.

gedône (Br.; Rg., Hbr.) = straff, gespannt. Siehe unter D.

gedrange (Rb., Ta., Br. Rg.) = gedrängt, eng.

gefällwache, die (Br.; Frbl.; Ta.) = die frühere Benennung des Institutes der Finanzwache, welche an der Grenze die für eingeführte Waren zu entrichtenden Gefälle einzuheben, oder die Entrichtung zu überwachen hatte.

gefamper, das (Grab., Weig.) = das Herum= suchteln vor den Augen. In NB. = Geplausch In beiden Fällen ist m unorganisch eingeschoben. (Vergleiche fimpernätterlein). Der Stamm geht zurück auf fippern oder fappern. Siehe fipprn im alphabetischen Verzeichnisse. In NB. heißt feppern = viel reden und fippern = vor den Augen unstet hin= und herfahren, vibrieren.

ge-flätzer, das (Rb.) = 1. starker Regen (siehe unter F). 2. das Begießen mit Flüssigkeiten (Rg., A.)

gefrieße, das (Ta.) = Gesicht (roher Ausdruck). Siehe ge-friß.

gefriste, das (Rg., Br., A.) = Frost. gevrüste (Lex. I. 967).

ge-geschtl, das (Br.) = letzte Habseligkeit. Vergleiche gerstel.

ge-gitter, das (Rg.; Br.; A.) = Gitter. Auch mhd. (Lex. I. 782).

ge-grizl, das (Hilb.) = kleiner Theil wovon; z. B. 1. von Butter. 2. Ein schwacher Hautausschlag. Von mhd. der grïes - Sandkorn; grinzel = Körnchen und griezen = zerkleinern (Lex. I. 1080 und 1091). ahd. der grïeß = grob gemahlenes Getreide (Wgb. I. 730). Der Ausschlag mag grießlich d. i. wie Grießkörnchen aussehen.

ge-häkel (Rg., Gab., Tr., Hbr.; gehäikl, A., Rot.) = wählerisch im Essen. hd. heikel; schlesisch häkel. (Ebenso A., Gießh.)

gehalle (Rg.; Br.; A.) = gehall (Henn., Grad.) = hell. Compositum statt des einfachen hd. hell.

Volksreime: Wie schine schent der Monda,
Wie „gehalla" git a ûf;
A schent wul olle Owerde
Ai N. N.s Hûf.
Dat hôt's wul êne drenne,
N. wert se genannt,
Die wat sich wul verliwa
Ai N. N.'s Hand.
(Altrognitz, Hohenbruck).

geheck, das (Weig.) = Hecke. Von hecken, hegen.

gehege, das (Rg. Kl.-A.) = Gras, das zwischen den jungen Waldbäumchen wächst. Ich vermuthe, daß ursprünglich diese „gehegten" Waldbäumchen selbst gemeint sind. Denn mhd. gehege = Gebüsch (eigentlich Einfriedigung). NB. ghê d. i. gehege = eine junge Anpflanzung von Waldbäumchen.

gehn (gîn); Redensarten: ai de kejne gîn (Rg., Hbr.) = entgegen gehn; z'somma gîn (Hbr.) = von der Milch = gerinnen; o dê heirôt gîn (Hbr.) = die Geliebte besuchen; 's git iwr dê orme (Hbr.) = es strengt die Arme an; is dorf gîa (D.-L.) = zu Besuch, in die Visite gebn gehn (gin). vom Teige = gähren, infolge eines Hefenzusatzes sich ausdehnen; umgehn. Leute, die zu Leb= zeiten andere betrügen, namentlich Grenzsteine verrücken, gehn nach dem Tode zur Strafe um (Henn.)

gehenke. das (Rg., Tr. Weig., Arns.; Br.; A.) = 1. Hosenträger. Mz. die gehenker. 2. Riemen, welcher die Peitsche mit dem Peitschenstocke verbindet.

gehöke, das (Ta.) = die halbkreisförmig eingesetzten Bäume eines Vogelherdes.

Gehonnes (Rg.) und Gehonstich (Rg.; Br.; A.) = Johann, Johannes. Zusammensetzungen:

gehonstichbäsn, der (Rg.; Br.) = Besen, welche die Kinder während des Winters und Frühjahrs sammeln, um sie beim Johannisfeuer anzuzünden.

gehonstichblume, die (Rg.; A., Gießh.); ge= honsblume (Grab.) = Johannisblume, Wucherblume.

Gehonstichborn (Gab.) = Johannisbrunn, jetzt Johannisbad im Riesengebirge.

gehonstichfeuer, das (Rg.; Br.; A.) = Feuer am Vorabende Johannes des Täufers, auf Berghöhen an= gezündet. Ein Ueberrest eines altgermanischen heidnischen Festes, das am Tage der Sonnenwende (daher auch in den Alpen Sonnwendfeuer) gefeiert wurde.

gehonstichtôg (Grab.); gehonstag (Henn., Weig.) gehonstich (Gab.; A., Gießh.) = Tag Johannes des Täufers.

gehonstichwêrmla (Rg., Br., A.) = Johannis= würmchen.

gehötscher. das (gehontscher. Grab.) = schlechter Stoff?

gehre, die (Br., Ldskr.) = 1. Rockschoß. Meist Mz. die gehren. 2. (Tr.) = langes Frauenzimmer. 3. (Br.) = in eine Spitze zulaufendes Feld. Bei Wgd. I. 642 der gehren = keilförmiges Stück, Zwickel im Kleid oder Hemde; der damit besetzte Kleidertheil unter den Hüften, Schoß, keilförmig zwischenliegendes Ackerbeet, von mhd. gére = Wurfspieß, eingefügtes keilförmiges Zeugstück, Schoß, keilförmiges Ackerbeet (Lex. I. 869); altfriesisch die gâre = Rockschoß, Gewand; schweizerisch gehre — vordere oder hintere Querwand oder Seitenwand an einem vorspringenden Dache (Stald. I. 436); schwäbisch der gere, geren, gairen = Schoß, Schürze, Fürtuch (Schmid 228).

geiferig (gejfrich, Rg.; Rb.) = 1. ekelerregend. 2. (Gab., Tr.) ungeschickt, langsam. 3. schlüpferig (z. B. Seife, Salz). Von geifer = ausfließender Speichel. So heißt NB. geiferlätzchen (gefalatzl. M.) das Lätzchen, das man den Kindern umbindet, dass der aus dem Munde fließende Speichel nicht die Kleider verunreinige. gegejfr, das (Tr.) = langsames Arbeiten, Verrichten, Thun.

geikeln (Rb.) = gaukeln. Also richtiger geschrieben gäukeln. Nebenform zu gaukeln (siehe daselbst).

geile, die (gejle. Rg., Gab., Tr., Weig.) = 1. Beerenwanze; Wanze, die auf den Beeren im Walde vorkommt und denselben einen üblen Geschmack mittheilt (Pentatoma baccarum). Sie heißt in NB. um Leipa gêle: golle in Schluckenau; geibe (M.) = Feldwanze; sonst auch gejbe, gêbe, gîbm: die geje (A., Wich.) 2. gejle (Tr.) = ungesundes Frauenzimmer.

geist, der (gejst. Rg., Hbr.; gêst, Gab., Weig.) = 1. wie hd. 2. Muth. Auch bairisch (Schmell. II. 79); schweizerisch Lebhaftigkeit, munteres Wesen (Stald. I. 438). 3. (Einf. = geistige Schärfe, Kraftgefühl. Ganz analog dem bairischen schneid (Schmell. III. 488. Daher ein geistreicher Kerl (Rb.) = ein mutbiger, schneidiger Kerl. 4. übertragen auf die natürliche Schärfe von Schneidwerkzeugen: das messer hat keinen geist mehr = ist nicht mehr scharf, schneidet nicht mehr (Einf.) 5. von Kindern = Quälgeist. In dieser Bedeutung auch hourgêst d. i. Hadergeist, denn hour = hader d. i. Zank. dôs is a gejst (Hbr.) = ein zudringlicher Mensch. 6. der geist. Mz. geister = gespenstisches Wesen. Der Glaube daran ist allgemein verbreitet.

geizhammel, der (Rg.) = geiziger Mensch, Geizhals. Bairisch behammeln = beschummeln, betrügen. Wucherer. der die armen kaufleut behamelt bei Konr. v. Megenberg (Schmell. I. 1106, 2. Ausgabe).

gejaid, das (S. H. 65) = Jagd. mhd. gejeit
und gejaget.

gejlich (Rg., Br.); gejlnich (A., Rot.) = 1. gäh,
abſchüſſig. 2. von Menſchen, raſch zornig, aufbrauſend.

geläufe. Adj. (geläfe. Rg., Gab., Weig.); geloife.
Br.) = dienſtfertig, von dienſtfertiger Eile. Ebenſo geläufig
(geläfich, A., Gießh.) Letzteres auch NB. g'läfeh (M.)

gelbhöle, die (Tr.) Löwenzahn. Häufiger
pöpl und meapöpl. höle ſcheint ſich auf den hohlen Stengel
zu beziehen, denn höle = Höhlung; auch bairiſch die hölen
(Schmell. 1. 1083, 2. Ausgabe).

geld. der teuſl putzt's geld. ſagen abergläubiſche
Leute, wenn ſie ein Irrlicht oder ſonſt ein unheimliches
Licht zu bemerken glauben. An einer ſolchen Stelle liegt ein
Schatz begraben.

gelde (Rg., Grab., Obr.; gelt, Henn.; Br; A.)
1. vom Nutzvieh = nicht Milch gebend. In NB. ſagt
man auch von der Kuh: ſie ſtit traiche (trocken) M.
Eigentlich heißt gelde ſ. v. a. unfruchtbar, nicht ſchwanger,
trächtig. 2. von Pflanzen, deren Blüten keine Frucht entwickeln. Auch NB. (M.): ſchleſiſch gelde (Whd Btr. 26);
bairiſch galt (Schmell. 1. 903. 2. A.*); ſchwäbiſch galt
und gelt (Schmid 217); ſchweizeriſch galt (Stalb. 1.
417). Unſere Form gelde iſt mitteldeutſch umgelautet; denn
mhd. galt: ſpätalthochdeutſch gialt, d. i. gi-alt. ge-alt von
ahd. altan, mhd. alten = alt machen, aufſchieben, ver-
zögern, ſäumen. Daher ge-alt. galt. geld urſpr. = nicht
„friſch" melkend, die Fruchtbarkeit aufſchiebend, ſie verſäu-
mend (Wgd. 1. 651).

geleg, das (Hilb.) = Lage geſchnittenen Getreides.
Mitteldeutſch in Oberheſſen die glecke = das Gebreite der
mittelſt Sichel oder Senſe niedergelegten, noch nicht gebundenen Garbe auf dem Acker; nl. (16. Jahrhundert) ghelegge
= Garbe von nl. ghelegghen = niederlegen (Wgd.
1. 703). Vergleiche auch die Formen gléche. glége. gléwe
in NB. Eine Verbalform gelégen = niederlegen, lagern

Anmerkung. Bairiſches Wörterbuch von J. Andreas Schmeller.
Zweite Ausgabe, bearbeitet von G Karl Fromann. München 1872.

muß auch oberdeutſch vorkommen. Denn SB. (bairiſcher Dialect) g'legerbier = unteres Heſenbier, wobei ſich die Heſe auf dem Boden des Faſſes lagert; bairiſch das geleger = Bodenſaß, Heſe (Schmell. I. 1459. 2. A.)

gêlich (Rg., Hbr.) = ſteil, jäh, plötzlich. Vergleiche gejlich.

gelimper, das (A., Batz.) = die noch zur Herſtellung von groben Stricken verwendbaren Flachsabfälle. Wohl dasſelbe, was man ſonſt pûzl (Rg.; pfucke (Rz., NB. M.) nennt. Wahrſcheinlich von der lumpen = zerriſſenes Zeugſtück.

gell (Rg.) in zweifelnder Frage = nicht wahr. In Verbindung mit ock (ſiehe daſelbſt): gellock, wenn man in der Rede die angeſprochene Perſon duzt; gella se ock. wenn man die Perſon mit „ſie" anredet. Gehört zu gelten in der Bedeutung „zugeben." Iſt alſo entſtellt aus gelt, was man auch ſonſt hört, und heißt: Gibſt du es zu? Schleſiſch gell. gelt. gelle (Wbd. Vtr. 26); bairiſch gelt (Schmell I. 968. 2. A.); ſchwäbiſch gell. gelt (Schmid 227).

gëllen (gëlla, Rg., Grad., Henn.; gella. Tr.) = ſchrill pfeifen, lachen; überhaupt einen ſchrillen Ton hervorbringen.

geller, der (Rg., Tr.; gëller. A., Gießh.; Henn.) = 1. gellender Schrei; ſchwäbiſch der gal = Hall, Schall, Schrei (Schmid 216); ſchweizeriſch der gell = durchdringender Schall (Stald. I. 439); mhd. gëllen = die Stimme hören laſſen; ahd. gëllan; gothiſch (vorauszuſetzen) gilan. 2. = Prellſchuß, indem die Flintenkugel an einen Stein an der Erde anprallt und dadurch in eine andere Richtung getrieben wird. Schweizeriſch gellen = von der Kugel = auf einen harten Körper treffen (Stald. I. 140).

gelorwer, das (Rg.; Br.; A.) = albernes Reden. Siehe lorweln. Bairiſch lorb-sen (Aſchaffenburg) = mit der Zunge anſtoßen (Schmell. I. 1500. 2. A.) NB. g'lôwa, d. i. ge-laber zu labern (M.) und das glaſer (glafa, egerl.) zu lafern; ſchwäbiſch lâfern = plaudern (Schmid 338). Eine Nebenform iſt bairiſch lampern (Lungau) = plaudern (Schmell. I. 1474. 2. A.); NB. lompan und g'lompa (M.)

gelte, die (Rg.; Br.; A.) = 1. Melkgefäß (aus Holz oder Blech). 2. Schaff. So in Kl.-A. und Grab. In letzterem Orte sowohl Gefäß zum Füttern des Rindes als auch Schaff zum Abwaschen des Geschirres. **fußgeltla**. das = Schaff zum Waschen der Füße. In Tr. und Br. heißt gelte s. v. a. Schaff; dagegen das schaff (schöf) = Melkgefäß. Das Wort ist weitverbreitet. NB. gelte = Melkkübel (M.); schlesisch gelte = hölzerner Milchkübel (Whd. Btr. 26); schwäbisch hölzernes oder kupfernes Wassergefäß (Schmid 227); schweizerisch = rundes hölzernes Gefäß (Stalb. I. 439); bairisch die gelten (Schmell. I. 908. 2. A.) Sonst heißt das Gefäß im bairischen Oberland und in den österreichischen Alpen sechter. mhd. gelte = Gefäß für Flüssigkeiten (Ler. I. 826; ahd. gellita, gellida aus mittellateinisch galida, griechisch, lateinisch calathus = Gefäß, Kübel.

gemache, das (Rb., Rg.) = Arbeit, die nicht recht von statten geht, langsames Thun. du hast ödr a gemache = du wirst ewig nicht fertig.

gemäcke, Adj. (Rb.) = ausgelassen lustig; (Br.; A., Rof.) meist prädicativ in Verbindung mit sein, gemäcke sein. Gehört wohl zu bairisch gemait = froh, erfreut (Schmell. I. 1686. 2. A.); mhd. gemeit = lebensfroh, freudig, froh, vergnügt (Ler. I. 843).

gemäre, das (Rg., Hbr.; Ta.) = 1. langsames, langweiliges Reden. Von märn (siehe daselbst) = viel, auch albern reden. ahd. marjan. mhd. maeren. Vergleiche die Märe und Märchen. 2. Rg. langsames Arbeiten von schlesisch maeren (Whd. Btr. 60); ahd. marrjan, mhd. merren = zaudern, zögern.

geniche, die (Rg.; Br.; A.) = das Genügen, das richtige Maß. Auch NB. (M.) BN. ich hô meine geniche (M.) = ich habe genug (gegessen oder getrunken).

genist, das (Rg., Br.) = elendes Haus. Auch NB. (M.)

geniten, sich (genita, Br.; A., Vaß.) = sich gütlich thun. dar hôt sichs auf dan Kerscha genitt. Schlesisch sich nieten oder genieten = sich woran erfreuen

(Whd. Btr. 65). Whd. führt ein Beispiel aus Scherffer (schlesischer Dichter) an: billich des meyen ihr euch wohl genietet; bairisch sich genieten eines dinges (Ob.-Pf.) = es genug bekommen, satt werden, sich sättigen. Von dem simplex mhd. sich nieten = eifrig sein, streben, sich befleißen; mit gen. — worin eifrig sein, mit etwas zu thun, zu schaffen haben, sich einer Sache erfreuen (Lex. II. 79); ebenso ahd: niotan. Eines Stammes mit dem Subst. die noth. ursprünglich dringendes Verlangen nach etwas, was man nicht hat, dann „der Mangel" selbst.

genke, die (Rg., Gr.-A.) = langes dürres, hageres Frauenzimmer. Bairisch die gaunkel = große, ungeschickte Weibsperson und der gainken — faule, ungeschickte Weibsperson (Schmell. I. 923. 2. A.); tirolisch die gangge, der ganggi (Ob.-Jnn hal) = lange, hochgewachsene Person.

genöd, die (und gnöd. Wo?) Auf die gnoul gin — auf das Kirchenfest gehn. Bairisch die gnad. Der Hauptwallfahrtsort zu Deggendorf in Baiern heißt die gnad. nhd. gnade ist ein Compositum. Daher im Dialect genöd; mhd. ge-nade: ahd. ka- und gi-nâda: altsächsisch natha: altnordisch die nâd — Herablassung. Einer Wurzel mit nhd. nieder.

gensing, der (gensin, n nasaliert fast wie französisch in, Hilb.) = Gänserich. Eine Ableitung mit ing statt der hd. Zusammensetzung mit rich (reiks = rex).

genung. Adv. (Rg.; Br.; A.) = hd. genug. Auch adjectiv. gebraucht: a genunkr kucha (Gab.) — ein ausgebackener Kuchen; genunke äprne (Gab., Br.) — gar gekochte Erdäpfel. Die Form genung ist mundartlich in Mitteldeutschland. So bei Goethe: es war ein knabe frech genung; sonst bei Hans Sachs, Rosenblüt. Im 15. Jahrhundert auch genunk.

geplärre, das (Rg.) = Gebäude, Scheuer und sonstige zu einem Besitzthume gehörenden Baulichkeiten, die recht weit auseinander liegen. Wurzel pla = breit.

gepresche, das (Rg., Henn.; Br.; Wichst.) = wirr durcheinander liegende Reisigtheilchen. Vergleiche preschen und praschen (Siehe unter P).

gerecke. das (Br.) = 1. gepresche. 2. (Rg.; Br.; A., Rb.) — Froschlaich. Meist in Verbindung mit frosch (fröschgerecke). Bei Frisch krötengerecke = junge Brut aus dem Froschlaich (Pop. 212). Gothisch rikan — anhäufen, sammeln. Vergleiche auch steinrecke.

I. **gereit**, Adj. (S. H. 158) = fertig; (S. H. 169) = bar, z. B. Geld. Auch jetzt noch in Dialecte vorhanden: gerêt (Rg., Henn., Ta.); grêt (Frd); gerejt (Tr.); geräit (Br.) Vum gerejta läwa — vom Capitale (nicht den Interessen) leben, also das Capital angreifen; vum geräita näma (Br.; A. Gießh.) — vom Vorhandenen nehmen, z. B. von einem Holzstoße die Scheite nehmen: grêt sein — bereit sein (Frd.) In dieser Bedeutung auch NB. (M.) mhd. gereit ursprünglich — auf der Fahrt begriffen (also von „reiten"), dann bereit, fertig zur Hand; vom Gelde: bar (Lex. I. 876); gothisch garaids.

II. **gereit**. das (Rg.) = Begattungszeit der Hunde.

geresche und **geresch**. das (Rg., Gab., Henn.; A., Rof.) = wirres Durcheinander von Reisigtheilchen. Gehört zu rauschen. Vergleiche gepresche (von preschen). Beides rührt von dem Schalle her, das dürres Holz beim Zerbrechen verursacht.

gerite. das (Rg.; Br., A., Rof.); g'rit (Tr.) = 1. wirres Durcheinander von nichtswerten Sachen. 2. (Henn., Grab.; A., Rof.) Haufe kleiner Kinder. Gehört zu reiter grobes Getreidesieb und reitern. mhd. ritern = durch das Sieb werfen. gerite ist also = nichts werter Abfall, zunächst vom Getreide. In NB. g'rita d. i. geriter (M.)

gêrla. das (A., Rof., Baß.; Wich.) = kleines ausgelassenes Kind, Ausbund. Vergleiche tirl und ferla. Wohl zu gähren = schäumend aufbrausen, gehörig.

gern sein (ganne oder gann sein. Rg.; Br.; A.) = froh sein. Slavismus. Čechisch: já jsem rád.

gerschen (gerscha. A., Baß.) = eilen; dö bin ich oder g'gerscht. Davon:

gersche. die (Rg., Arn.) = unordentliche Weibsperson. Auch schlomprgersche. Wie gêrla zu gähren.

gerstel, das (gårschtl. Rb.) = Barschaft, Besitzthum, Vermögen; Besonders der letzte Rest des Vermögens, Geldes. a höt sai letztes gårschtl vrspielt.

gerülle, das (Rg., Henn.) = Plunder, Kehricht. 2. Brautausstattung; eigentlich „Zusammen- und Durcheinandergerolltes" von rollen. In NB. heißt die Brautausstattung, die im festlichem Aufzuge in das Haus des Bräutigams geführt wird, gerülle und plündich. plünda d. i. Plunder.

gesämpe, das (Rb.) = sumpfiges Land. In hd. Form gesümpfe. Rob. Hamerling, König von Sion.

gesäufe, das (gesejfe, Ta.) Stelle in einem Waldbächlein, wo die Vögel zu saufen pflegen. Solche Stellen werden von Vogelstellern mit Reisig umgeben und mit Leimruthen belegt. Ganz analog in NB. tränke (M.) Auf dem gesäufe stellen = NB. auf der tränke stellen.

geschäft, das (Rg., Parsch.) = Geschlechtstheil 's g'schäft (M.) und bairisch (Schmell. III. 329); mhd. geschaft und gescheft. das und die (Ler. I. 896, 898) Von schaffen — gestaltend hervorbringen, zeugen.

gescheit (Rg.); **geschoit** (Br.); **gescheide** (A., Gießh., Rof.) jemanden gescheit machen — ihn bestrafen und dadurch zur Besinnung bringen. Auch NB. (M.)

gescheuche, das (geschejche, Ta; geschojehe' Rb., Frd.) Schreckgestalt, Gespenst, Scheusal. Ursprünglich Schreckgestalt im Felde, um die Vögel, Hasen ꝛc. zu verscheuchen.

geschlaff (geschlöfe, Gab.; geschlöf, Henn.) = schlaff, nicht genug angespannt.

geschlinke, das (geschlênk, Rz.) die genießbaren Eingeweide von Schlachtthieren. Eigentlich geschlinge = Schlund des geschlachteten Thieres mit Lunge, Leber und Herz, welche daran hängen. NB. der schlunk = Schlund, Kehle (M.); auch bairisch (Schmell. III. 454).

geschmachen (S. H. 136) = geschmackvoll. mhd. und md. gesmac, gesmach.

geschnappig (Rg., Gab.; Br.; Gießh.) = vorlaut,
keck, schnippisch. Von schnappen = mit dem Munde ge=
schwind zufahren. Im 14. Jahrhundert der snap = Geschwätz;
nd. snappen — geschwind und in gleichsam kurz abgebissenen
Worten viel reden, rasch und keck im geläufigen Sprechen
sein (Wgd. II. 612). Auch NB. g'schnappch (M.) und
der schnapprüssel — vorlauter, keck redender Mensch.

geschnäter, das (geschnätr, Rg., Gab.; ge=
schnötr, Br.; A., Gießh., Rot.,) — genießbare Eingeweide.
(Gewöhnlich in Verbindung mit suppe: geschnätr-, geschnötr-
suppe — Suppe, aus den Eingeweiden der Gans gekocht.
eingeschneidesuppe (eig. schnetsupp. Grab.); bairisch=
österreichisch das g'schnoatl, bairisch geschnattel (Schmell.
II. 590, 2. Ausgabe) von schnaiten (hd. schneiden) = in
kleine Stücke hacken. Im bairisch=österreichischen Dialecte
schnatten — besonders Nadelholzäste (graß) abhacken.

geschnatzig (Br.; A., Gießh.) — vorlaut, keck,
schnippisch redend; wie geschnappig. Verwandt mit schnattern
— viel und schnell schwatzen (Wgd. II. 614) und bairisch=
österreichisch schnatten — in kleine Stücke schneiden. Hier
also mit kurz „abgeschnittenen" Worten viel reden. Ver=
gleiche geschnappig.

geschwingschwankscherei, die (Br.) — viel
Worte ohne Inhalt, leeres Geschwätz (Flausen?). Eine
Bildung wie singsang, klingklang, um das Vorwiegen des
Schalles über den Inhalt anzudeuten.

geschwäpeltvoll (geschwüplta vûl oder ônr
geschwüplta vûl, Rg.; Gab.) — ganz voll von Flüssigkeit
zum Ueberlaufen; olle geschwittta vûl (Br.; A., Gießh.
Rot.); geschwittt (Henn.); geschwuppt (A., Baß.) Die
angeführten Wörter setzen Zeitwörter wie: schwupeln,
schwuppen, schwifeln voraus. Bairisch schwippen. Er
ist so voll (von Speise und Trank), dass er schwippt;
geschwippt voll; ferner schwappen, von Flüssigkeiten
schwanken, an oder über den Rand des Gefäßes schlagen,
schwanken (Schmell. II. 643 644, 2. Ausgabe; ahd.
sueibon, mhd. sweiben — schwanken, sich hin= und her=
bewegen; ags. svaefan = schwanken (Wgd. II. 633).
Vergleiche hd. schweben und schweifen.

gespanschaft (gespónschoft, Rg.) = Menge kleiner Kinder. Von gespan = Gefährte, Mit=geselle, =knecht. mhd. gespan = eng verbundener Genosse. Urspr. = Milchbruder; denn span = Muttermilch (Vergleiche abspänen und Spanferkel).

gespenst, das (Rg., Henn.) = Schimpfname, den man kleinen Kindern beilegt. Verstärkt höllgespenst. NB. (M.) = kleines, durchtriebenes Kind.

gesperre, das (Rg.; Br.; A.) = Sparrenwerk im Dachstuhle eines Gebäudes; der Dachstuhl selbst. mhd. das gesperre; ahd. das gisperri = Gebälk, Sparrenwerk. Von der sparre = schräg stehender dünner Dachbalken.

gespüren (Rb.) = spüren, gewahren.

gesteck, das (gesteckla, Rg., Henn.) = 1. Anzug. 2. eigenthümlicher Mensch, Carricatur. 3. Tabakspfeife. 4. Federhalter. 5. Vorrichtung, in welche etwas gesteckt werden kann; z. B. die Spindel; noldagesteck = Nadel=büchse, auch Nähpolster; das gesteckla = beweglicher Nähstock, den man mit in ein anderes Haus nehmen kann, wenn man „zu Rocken" geht.

gestelle, das (Rg., Gab.; Br.; A., Gießh.) = Webstuhl.

gesüff. das (Rg.) = schlechtes Getränk (Bier Wein).

gesumt, der (Ott.); gesund (Rg., Henn., Gab.; Br.; A., Rof.; die gesund, A., Gießh.) = die Gesund=heit. wèrscht dich èm a gesund brènga (Henn.); Auch bairisch (Schmell. II. 307. 2. A.)

ungesund, der (Tr.) Kropf, Blähhals. Bairisch der ungesund Krankheitsstoff, Nachgeburt, Abortus.

gesuppe, das (Ott.) = Menge kleiner Kinder. Sonst gesoppe (Br.), geséppe (A., Gießh., Wichst.) Auch a häd (Herde, Schar) geseppe. geséppe = gesippe = hd. Sippe, Sippschaft, eigentlich durch Familienband verwandte.

gevatter, der (g'vottr, A., Desch.) = Taufpathe. Eigentlich geistiger Mitvater. In vielen Gegenden ehrende Benennung von nur befreundeten Personen.

gevatteressen, das (g'vottrassa, A., Desch.) = Kindtaufschmaus.

gevatterlein, das (gefattrla, (A., Gießh., Wichst., D.=B.) = Wiesel. Der Ausdruck ist euphemistisch. Denn das Wiesel gehört zu den Thieren, die ein Gegenstand abergläubischer Scheu des Volkes sind. Man darf dasselbe nicht verletzen, denn das Wiesel rächt sich noch nach sieben Jahren; daher die Redensart: Rachsüchtig wie ein Wiesel (wie'schl, NB. M.) Nach weitverbreitetem Aberglauben kann die Seele in der Gestalt eines Wiesels erscheinen (Simrock Myth. 466). Man belegt gefürchtete Wesen mit guten Namen, um jene gewissermaßen zu beschwichtigen. Wie man hier das Wiesel, gevatter d. i. guter Freund (siehe oben) benennt, so heißt in NB. die beim Volke gleichfalls Scheu erregende Blindschleiche oder Natter, die „schöne Jungfer" (Schijumpfa, M.) Aehnlich ergeht es der Eidechse, welche in Rz. das natterjungferle, also „Jungfer Natter" heißt.

gewantig, das (Hilb.) = Kleidung, Gewandung. Die Dialectform geht mit Ausfall des n zurück auf gewanding. ing = hd. ung besonders im bairischen, oberpfälzischen und egerländischen Dialecte. Man vergleiche dazu die Form hinling (Hilb.) = hindling.

gewäsche, das (A., Ritscha) = Wäsche. Volksreim:
's gieng a Majdla of dr Brëcke,
Hott' 'n Zëkr of 'm Recke,
's hott' drenne siech, siech, stiech, stiech weiß Gewäsche
Uhne Sajfe on uhne Aesche (Asche). (Ritscha).

gewite, das (Rg., Hbr.) = der mittlere leere Theil (Bauch) bei einer Wagenleiter, der meist mit Ketten, (Bauchketten) abgesperrt werden kann. Ursprünglich ist das gewite = die aus gedrehten Ruthen bestehenden Bänder, die als Bauchketten verwendet werden. Dann die wiede = als Band gedrehte Ruthe. mhd. die wide und wit = zum Bande gedrehte Ruthe.

gewitterbaum, der (Rg., Gab., Mz. gewittrbejme): auch wetterbaum (wätrbejme) = eigenthümlich gebildete Wolken (ähnlich der Blätterkrone eines Baumes), die als Vorboten eines Gewitters gelten (Siehe türme).

gewitterblume, die (Rg., Hbr., Arnsd., Tr., Gab.) = Aderehrenpreis. Sie schützt gegen den Blitz und gilt auch sonst als heilkräftig.

gewitterschleiße, die oder donnerschleiße (Rg., Gab.) = Schleißen die, am Charfreitage angefertigt, während des Gewitters angezündet werden, weil man glaubt, daß sie das Zünden des Blitzes verhindern.

gewittertonne (Tr., Br.) = scherzhafte Bezeichnung für den Cylinderhut.

gewulk, das (D.-B.) = Wolken; die gewulken (Laut.) in folgendem Spottliede*):

> Wisst ihr denn, wu Trautna leit?
> Trautna leit om Grunde.
> 's hut a pôr hibsche Madlan dort
> On a pôr faule Hunde.
> Wenn se z' Owert schlufa gin,
> Trata se ai die Treppe,
> Warta se, bis der Freier kémmt,
> Nâmen se mit ai's Bette.
> Wenn se morchas früh aufstin,
> Sahn se ai die „Gewulka";
> Denka se, du lîwr Gût,
> Ich hô nûch ne gemulka.
> gin se ai a Stôl nei,
> Fanga se ô zu flucha:
> Strîme, Schacke, stî ock gut,
> Ich wä dich recht zrpucha.

(Lauterwasser).

geziäu, das (gezaiche, Rg., Trb., Wolta; gezée und gezoie, A., Schöb.; gezeje, A., Gießh.; gezoje und gezeue, Br.) = Webstuhl; gezeug (S. H. 192) Geräthschaften, Handwerkszeug. Schlesisch gezäne, gezée Werkzeug überhaupt; jetzt nur Webstuhl (Whd. Btr. 108; schwäbisch die zaue = Zeug, Werkzeug (Schmid 560); bairisch geziäu = Werkzeug, Geschirr, Geräthschaft (Schmell. IV. 211. Derselbe führt auch noch an zauen, zauwen und zouwen (ält. Spr.) = bearbeiten, bereiten, gar oder fertig machen; in speciellen Beziehungen: schmieden, hecheln,

---

Anmerkung: Whd. Btr. 108 führt dasselbe Lied an: Es beginnt: Wisst er nich, wu Strahla (Strehlen) leit?

weben, gerben, färben; ahd. zauuian, zäwen; nd. tauen, tauwen; gothisch taujan = thun, machen. Also eins mit nhd. thun.

gezauz, das (Rg., Arnsb.) = Durcheinander von Reisig. Vielleicht von zausen = hin- und herschüttelnd zerziehen.

gezeuke, das (Tr.); gezoike (A., Rot., Wichst.); gezoikla (Gab.) = junges Mädchen. Von ziehen? Schweizerisch zöchen, zöken, zökeln = locken (Stalb. II. 476). NB. zékern (zejkan, M.) verlocken; weshalb schweizerisch die zök = Hündin, niedere Metze (St. a. a. O.) NB. die zauge; altfränkisch zô = Hündin.

gîbich (Rg., Hbr., Heun.; Vr.), vom Acker, Boden = fruchtbar, ergiebig; vom Getreide = ausgiebig. NB. gawi. vom Getreide = viel schüttend (Prach.) Davon die gibichkeit (Hbr.) = Ausgiebigkeit.

gîbe, die (Rz.) = Vorrichtung zum Aufwickeln der Wolle. Sonst im Rg. kife. Auch schlesisch Winde, von der das Garn durch das Spulrad auf die Spille gedreht wird (Whb. Btr. 42). Vielleicht von mhd. giben = gähnen, weil die sonst zusammengeschlagenen Winde erst auseinander gesperrt werden mußten.

gîbel? (Tr.) = eine Art Gebäck, das den Sommerkindern als Geschenk gereicht wurde. Ist mir nur aus folgendem Sommerliedchen bekannt:

Summr und dr Mejer,
Blimlein sein vielerlejer,
Blimlein und viel Zweigerlein.
Der liebe Gott wird bei uns sein.
Die Schissl hôt 'n goldenen Rand,
Die Frau Muttr hot 'n milde Hand,
Sie wird sich wull bedenka,
Wird uns wull wos schenka.
Der Herr is schîn, die Frau is schîn,
's Kind is wie a Engel:
Glück, Friede und Seligkeit
Die wachsn of 'em Stengl.
Die Mutter hôt uns a „Giebl" gegän.
Gott loss se dos Jûr in Freuda läba.
Dos Jûr und olle Zeita
Gott half u ais Himmlreicha.   (Trautenau).

gibsen (gibsa, Br.) = mit Mühe einen schwachen
Laut hervorbringen. Auch NB. gibsn (M.); schlesisch gibsen
und giben = schreien mit gedrückter, gepreßter Kehle
(Wbb. Btr. 27); NB. gibsen = beklommen athmen
(Petters). a kôn kammt gibsen, sagt man in NB. (M.)
von einem Menschen, meist von Kindern, die durch hastiges
Laufen fast athemlos geworden sind; schweizerisch gipsen
= kirren, knarren, von den Bädern eines Wagens, wenn
die Achse nicht geschmiert ist (Stald. I. 442). gibsen
gehört zu mhd. giwen und giben = das Maul aufreißen,
gähnen (Lex. II. 1026); ahd. giwen; lateinisch hiare.
Vergleiche gaibe und gaiben.

gicherich, der (Rg., Arnsb.; giherich, Tr.) =
langer, schwacher Baum.

gicherich, Adj. (Rg., Henn.) von einem Menschen
= schwach, krank, entkräftet aussehend. gicherich aussehn.

gickern (Rb.) = unterdrückt lachen. NB. hickern
(hickan M.); hd. kichern. Bei Wgd. I. 929 kickern
und kichern; mhd. gickeln = (hohnlachend) über jemanden
spotten (Lex. 1010). Schallwort. Vgl. meine Bemerkungen
zur Wortbildung. Im Rg. heißt es sonst hichern (Henn.)
und hichan (Rg.)

gift, der? (Rg.; Br.; A.) = Zorn, zornige Aufregung.

giftregen, der (Rg.; Br.; A.) = Regen, der bei
Sonnenschein fällt und den Pflanzen abträglich ist. In
NB. befall (baföl, M.) Abergläubische Leute suchen diesem
Schaden dadurch zu begegnen, daß sie ein Stäbchen, an
welchem eine Glasscherbe befestigt ist, in das Schotenfeld
stecken (Henn.)

gîgak, der (Br.); gîgôk (A., Rok.) = Kinderspielzeug, aus fünf Holzspänen zusammengestellt. NB. die
gickanalle (M.); kickerikihohn (A.)

gîke, die (Ta.) = 1. Speise aus der Colostrum-
milch. Vgl. pîke und piz; ferner spiz im alphabetischen
Verzeichnisse. Bairisch gieß = erste Milch nach dem Kalben
(Schmell. I. 949, 2. A.) 2. (A.) = schlechtes Messer.

froschgike (A.); auch in NB. (M.), woselbst auch gikel-
messer (gíklmassa). Mit gíke wäre zu vergleichen das
unter fickel angeführte nuschefickel (Rb.), brutfickel
(Frd.) Wie fickel von ficken = hin- und herfahren, so
auch gíkel zu mhd. gígen = geigen, (mit dem Fiedelbogen)
hin- und herfahren. Man vgl. ferner fideln im alphabetischen
Verzeichnisse. In Gab. heißt abgeigen (ógeicha) = mit
einem stumpfen schlechten Messer ein Stück Brot abschneiden.

ginkeln (ginkań, Rg., Weig.) = unsicher, schwankend
gehen, das geginkel = ein solches Gehen. Bairisch gankeln
= baumeln, bangend sich hin- und herbewegen. Zu ahd.
kankan, gangan = gehen.

ginnen, ver-ginnen (verginna; Praet. ar gunde;
Part. g'gunt; sonst stark biegend ich vergôn; ich hô
vergunna, Grab., Henn.; A., Gießh.) = gönnen,
vergönnen.

gisch, Interjection (Rg.) = 1. spottender Zuruf der
Kinder, wobei sie mit dem Zeigefinger der rechten Hand
über den der linken streichend hinfahren? 2. (Tr.) = schweig!
Zu gusche, roher Ausdruck für Mund, Maul.

gjälche (Rb.) = 1. plötzlich. 2. steil.

glansern (Ta.) = glänzen. In NB. glonsan (M.)
Bairisch glinsen, glinstern und glenstern = glänzen; der
glanst = Glanz (Schmell. I. 975, 2. A.)

glätte, die (glejte, Rg., Tr.; A., Rof., Gießh.;
glét. Henn.) = Glasur an Töpfen und sonstigem Geschirr.
Auch in NB. glejte (M.)

glattich (glötich, Rg., Rgb.) = glatt.

gläuben (gléwa, Rg.; gleiwa, Br.) = glauben.
Dazu glé (Grab.); gle (A., Gießh., Wich.); glej (Henn.);
gli (Rz.); gloj (Br.; A., Baß., Rof.) = glaub ich. Zur
Partikel herabgesunken in dem Sinne von „er soll, es heißt,"
entstanden aus gläub — glêb ich. Auch schlesisch gleich,
glejch, glêbich, glé (Wbd. Wtr. 27). In NB. glêbich
und glé (M.); auch oberlausitzisch und obersächsisch.

glêche, die (Hbr.) = Lage geschnittenen Getreides.
Siehe geleg, die glejch (Grab.); g'lege (Leipa); glecke
(Wgd. I. 703).

gleich. Nebensart: jemandem die ohren gleich richten (Trb., Gab.) = ihn derb verweisen.

gleisegoot (Ott.) = gleichsam als ob. In NB. gleisngout. Dieser nicht mehr in seiner Bedeutung gefühlte und verstandene Ausdruck läßt eine Wiederholung in der Form als wenn, wie wenn zu. So in NB. (M.): A tout gleisngout, os wenn a wos fia hett = er that so, gleichsam, als ob er etwas (eine wichtige Unternehmung) vorhätte.

gleisewull (Rb., Rg., Gab.) = gleichwie, gerade als. Auch schlesisch (Whd. Btr. 27).

gleißen (gleißa, A.) = glänzen. In NB. glissen (M.); mittelrheinisch glißen.

glëmmen (glëmma, Br.; A., Gießb., Rof., Wich.); glimma (Rg., Tr., Gab., Rgb., Grad.) = anzünden. Eigentlich glimmen machen. Ein Factitiv zu hd. glimmen. In NB. sich eins anglemmen (öglemm') = sich eine Pfeife Tabak anzünden. Daher der glimmstengel, scherzhaft = Cigarre.

glëwe, die (Rg., Arnau) = Lage geschnittenen Getreides. Vgl. glëche und geleg.

glîdrgengalan, die, Mz. (Gab.) = eine Pflanze (welche?)

glirich, Adj. (Br.), vom Brote = schlissig, nicht recht ausgebacken. Vgl. ballig und taltschich. Bei Wgd. I. 956 klitschig = unausgebacken, weich und teigig.

glisse, Adj. (Rg., Hbr., Gab., Rgb) = enge, luftdicht schließend.

ab-glitschern (öglitschern, Rz.) = abwaschen. Hier als Schallwort, wie z. B. plätschern verwendet; also mit klitschenden und klatschenden Schallerscheinungen diese Thätigkeit verrichten. Bei Luther klitschen und klitzschen = die flachen Hände feuerschallend widereinander-schlagen (Wgd. I. 956). Ebenso sind zu vergleichen bei Wgd. I. 956, 957 klitschig zu kletzen = beschmieren und klittern = flecksen, unsauber schreiben.

glockensterben, das (Rg.) = das letzte kirchliche Läuten der Glocken am Gründonnerstage. Wenn man sich während des Läutens mit Bachwasser das Gesicht wäscht, so schützt man dasselbe gegen Sommersprossen (Parsch.)

glorialäuten, das (Rg.) = das erste kirchliche Läuten am Charsamstage. Während desselben schüttelt man die Bäume und betet das sogenannte „Beschergebet," damit Gott eine reiche Obsternte verleihe (Kottwitz). Auch das letzte Läuten am Gründonnerstage wird glorialäuten genannt. Leute eilen zum Flusse, waschen sich und sprechen dabei Folgendes:

Flusswasser, ich komm zu dir,
Sei so gut, nimm die Noth von mir.

(Marschendorf).

gockern (gockan, Rg.; Br.; A.) = 1. gackern. 2. albern reden.

gockerôtsch, der (A., Rof.) = alberner Mensch.

gôke (Rg., Gab., Weig.) Wenn der titschker (siehe daselbst) an einer Stelle (z. B. im Grase) zu liegen kommt, wo das spielende Kind schlechterdings nicht klicken (klicka = schlagen) kann, so darf es goke ziehn, d. h. darf versuchen, den titschker in eine seinem Spiele vortheilhaftere Lage zu bringen, allerdings es immer noch dem Zufalle überlassend, indem es den titschker aufhebt und über die Nase herabfallen läßt.

gôken (Rb.); **gôkern** (gôkan, Grab., Henn.) = albern oder stotternd reden. In NB. geckern (geckan, M.); in SB. gôgetzen; bairisch gigkezen und gackezen (Schmell. I. 894, 2. A.); gäzen (Hilb.) = albern reden.

gôkeln (gejkln. Ta., Rb.; gôkeln, Rz., Frd.) = mit einem Lichte, brennenden Span schwingend hin= und herfahren. Nebenformen zu gäukeln und gaukeln = jähe Bewegungen machen. (Siehe gaukeln im alphabetischen Verzeichnisse).

gold. 1. An das ehemalige Bergwesen in unseren Gebirgen erinnern die Namen der Ortschaften Golden-Oels (Rg.); Goldenes Rehorn, Berg im Rg.; Gold-Gießhübel (A.); goldener Stollen, ein unterirdischer Gang, Stollen an der Hohen Mense gegen Reinerz hin; Goldbach. So heißen zwei Bäche, der eine in Gießhübel, der andere in

Sattel (A.); Goldbrunnen, eine im Knieholze versteckte
Quelle, welche das Trinkwasser für das Koppenhaus liefert.
2. ein goldenes kalb oder schweinchen (den gold-borstigen
Eber des Gottes Fró) erblicken am hlg. Abende jene Kinder,
die den ganzen Tag gefastet haben (Hilbetten). 3. goldklee.
Die Hexen haben an solchen Kühen keine Macht, d. h. können
ihre Milch nicht verderben, die vor dem Kälbern Goldklee
gefressen haben.

gôlert, das (Rg., Hbr.; A., Wich.) = Sulze. Bei
Wdg. I. 607 die gallerte, die und das gallert = zu einer
durchsichtigen schleimigen Masse eingedickter oder geronnener
Saft von thierischen oder Pflanzenstoffen; spätmittelhochdeutsch
galrêd und mhd. galreide. Zu romanischem galalina.

gôltschen, der (gültschn, Rz.) = ring- oder
radförmiges Gebäck, das man als Osterbrot verzehrt. In
NB. goulscht (M.) Ist slavischer Abkunft, wo koláč =
Kuchen und kolo = Rad.

gompen, der (gompa. Rg., Tr., Grad., Hbr.) =
1. robuster Mensch überhaupt. 2. plumper Mensch. 3.
blödes Weib, Mädchen, das sich beim Arbeiten ungeschickt
anstellt. Schlesisch bedeutet die Negation ungampern =
steif, ungeschickt (Wbd. Btr. 26; ebenso bairisch ungamper
= steif, ungelenk (Schmell. I. 914, 2. A.); wird aber
bairisch auch zur Verstärkung eines Begriffes gebraucht;
umgamper schwâr = ungemein schwer (Schmell. a. a. O.)
Vgl. auch gumpen im alphabetischen Verzeichnisse. Schwerlich zu gumpen = hüpfen, springen zu ziehen.

goschla (D.-B.; Hilb.) = Kuss. Diminutiv zu
NB. gusche (M.) und bairisch die goschen (verächtlich) =
Mund, Maul, Maulschelle. Also eigentlich „derber Kuss."
Schlesisch das guschl = Mund (R. Rößler 174); =
Kuss (R. Rößler 172); guschelei = Küsserei (R.
Rößler 27).

gôtiche, die (Rg., Henn., Grad.; A., Rot.) =
Gattung.

Gott (gôt, Grad.; gout, Gab.) Redensart: dr is
a grûßr gôt mit a klenn fischlan - ist ein Aufschneider;
Gouts-wolta, Bezeichnung für das Dorf Wolta; gottesgabe

(gûtsgoue) wird vom Landvolke das Brot genannt; bezahls gott (gôt bezöls) hört man häufig als Danksagung. Der Feuermann leuchtet manchmal den Leuten in finstrer Nacht. Wenn er sie verläßt, müssen sie sagen: bezöls got, sonst zündet er die Häuser an.

gotzen (Hilb.), von Hühnern = gackern. Bairisch gatzen = schnattern (Schmell. I. 967); kurhessisch gätzen = gackern, von der Henne nach gelegtem Ei (Vilmar 118).

be-gräbtnus, das (Br.; A., Rof., Gießh., Wich.) = Begräbnis.

grächel, der (Grulich); grägel, die (Hilb.); meist Mz. die grächeln (gräichan, Br.; A., Gießh., Rof.; die grâchln, Henn.) = langes dünnes Bein.

grächel, der (gräichl, Br.; A, Gießh., Baß., Rof.) = 1. lange dünne Beine. 2. lange Person.

ge-grächel, das (gegrächel, Henn. (Grab.) = langsames Gehen.

grächeln (grächan, Rg., Hbr., Trb.; gräichan, Br.; A., Gießh., Rof.; grâchln, Henn.) = langsam, unbeholfen, schwerfällig gehen. Auch in NB. grouchln; a kön kummt grouchln (M.) = er kann nur mit Mühe gehen (von alten oder durch Krankheit geschwächten Leuten). Schlesisch grägeln, grägeln = breitbeinig, überhaupt ungeschickt, schwerfällig gehen (Wbd. Btr. 29 und Holtei). Bairisch grägln = im Gehen die Beine krumm stellen, auseinander sperren; verächtlich = gehen (Schmell. I. 992, 2. A.) Tirolisch krocheln: bairisch krachen = gebrechlich, breithaft, krankhaft sein wie alte Leute. Diesem letztern Begriffe entspricht zunächst die Bedeutung von NB. grouchln. Unser grächeln scheint demnach so viel zu sein wie krächeln von krachen, nd. kraken = kräch-zen. grächeln hieße demnach ursprünglich „krächzen, krächzend stöhnen wie alte Leute;" dann nach Art alter Leute langsam gehen. Man vgl. übrigens auch nd. kracke = altes gebrechliches Haus und hd. kracke = altes, gebrechliches, schlechtes Pferd. In NB. heißt übrigens die kracke = kleines, widerspenstiges Kind (M.), und krouchze = kleiner Junge (Ab. Gegend).

grâm (Hilb.); grôm (D.-B.) = geizig. nhd. und mhd. nur in der Bedeutung von „zornig, unmuthig, feindlich, abgeneigt."

grämeln (gräman. Wich.) — laut schreien. Jedenfalls schreien aus „Gram," d. i. Zorn, Unmuth, Unwille. Bairisch grameln = die Zähne hörbar übereinander reiben, knirschen (Schmell. I. 995, 2. A.)

grâmhaftig (grômhoftich, Rg., Grab., Hbr.: Br.; A.) = geizig. ein grämhaftiger mensch ist ein solcher, der einem andern nichts gönnt und selbst alles haben möchte. Schlesisch grämhaftig = verdrießlich, neidisch, und grammeln = verdrießen, ärgern (Whd. Btr. 29).

gramleidig (grômledich, Rg., Rgb.) = geizig.

grämlich (grämlich, Grab.) = mißgünstig, habsüchtig.

grammel, die. Meist Mz. die grammeln (A., Gießb.) = Griebe, d. i. ausgeschmelzter Fettwürfel. Auch bairisch (Schmell. I. 995, 2. A.) Daselbst auch grämmeln und grämeln = Hartes beißen.

grammel, der (Rg.; Br.; A.) und der grammler (Hbr.) = geiziger Mensch.

grammeln (Rg., Henn., Hbr.) = geizig sein.

grammelmahlzeit, die (grammlmölst. Rg., Hbr., Grab.; Rb.) = Mahlzeit, welche am Sonntage nach einer abgehaltenen Hochzeit im Hause der Braut abgehalten wird, und an welcher wieder sämmtliche Hochzeitsgäste theilnehmen.

grammlich (Rg., Henn., Hbr., Niederhof) = gierig nach etwas, geizig. Derselben Bedeutung wie gäbsch (siehe daselbst). Schlesisch grammlich = grämlich, ärgerlich (Whd. Btr. 29).

grampeln (Henn.) = Haare kämmen. Gehört zu „die krämpel" = Wollkamm. Im 16. Jahrhunderte grempeln = kämmen (Wgb. I. 1005). krämpel. krämpeln. grampeln gehören zu einem ahd. der chramph = Haken und chrampp = hakenförmig gebogen. Bairisch der krampen und das krämpel = 1. gekrümmter Zacken. 2. Spitzhaue (Schmell. I. 1369). Vgl. Folgendes:

grampeln (grampal, Hilb) = um sich greifen, tasten. Schlesisch grammeln = herumgreifen, betasten (Whd. Btr. 29). Die Form grampeln (Hilb.) weist auf bairische Abkunft hin (denn bairisch der krampen = Kralle, Klaue) und heißt eigentlich mit der Klaue greifen und ist synonym zu grabschen = greifen mit der Hand (siehe daselbst). Vgl. krumm und krump, zu welcher Wurzel auch krampen = „gekrümmter" Zacken gehört; ebenso hd. krampf = krankhaftes „Zusammenziehen" der Muskeln.

grande, Adj. (Raatschendorf) = 1. rasch, heftig auffahrend, leicht erzürnt (bis ock ne su grande. 2. übereilt: Tut ock ne su grande on stittich = d. h. laßt euch nur Zeit, übereilt euch nicht (Gr.-A.) Südböhmisch (bairischer Dialect) grantig = verdrießlich, mürrisch, bös, unwillig, und der grand, grant = Unmuth, Unwille, Verdruß, Zorn (Schmell. I. 1003, 2. A.) mhd. grant, grande = groß, heftig, und grannen = weinen, flennen (Lex. I. 1069); bairisch grennen = murren, brummen, knurren (Schmell. I. 999). Derselben Wurzel sind greinen, grinsen, grunzen.

grandel, die oder granel, die, Mz. (Jsgb., Jäg.) = Zähne des Hirsches, die man nach der Erlegung des Thieres herausschneidet. Sie heißen auch haken. Gehört zu einem ahd. grindan — zermahlen, zermalmen, zerreiben (Schmell. I. 1004). hirschkrandeln = Zähne des Hirsches. In den Münchener Fliegenden Blättern, Jahrgang 1884, Nr. 2010, Seite 40.

granitz, die (Lbstr.); gränz, gränze (Rg., A.; Br.) = Grenze. Im 15. Jahrhunderte grenicze, greniez schon geläufig. Im 14. Jahrhundert aufgekommen unter den Deutschen an der Grenze Polens. Polnisch granica; čechisch hranice. Das ältere „deutsche" Wort für Grenze war die Mark.

granne, die (Br.); die grann (Grab.); gronn (Henn.); gronne (A., Gießh.); gröne (Gab.) = 1. Aehrenstachel; 2. Mz. die grannen (Jsgb., Jäg.) = Haare des Hirsches. Die Form gröne (Gab.) entspricht der mhd. Form die grane = Haarspitze (Lex. I. 1068). hd. granne auch = Rückenborste des Schweines (Wgb I. 722).

grantig, Adj. (A., Rot.) = mürrisch. Vergl. grande.

grappe, die (Rg., Br.; A.) = Hand.

grappeln (Henn.); **grappan** (Gab.) Dasselbe, was

grappen (grappa, Rg.; Br.; A.) = hastig wornach greifen. Ein Intensivum zu greifen. Bairisch grappeln (Schmell. I. 1006 2. A.) Kurhessisch grappen, ergrappen (Vilmar 134). Man vergleiche auch bairisch krabeln = etwas mit wiederholter tastender Bewegung der Finger oder der Füße berühren, kriechen, klimmen, klettern. In allen diesen Bedeutungen auch NB. groppln (N.); mhd. grappeln = zappeln, tasten (Lex. I. 1071). Auch ins Französische und Italienische eingedrungen. Französisch grapper, italienisch grappare = packen. Vergleiche das folgende grapschen und grapsen.

grapsche, die (Wich.) = Hand (Kindersprache).

grapschen (gropscheln, Rb.; gropscha. Rg., Gab.; Br.; Wich.) = hastig zugreifen; uf de gropsche schmeißa = einem Kinde etwas so zuwerfen, dass es ihm auf die Hand fällt und leicht von ihm aufgefangen werden kann. Schlesisch grabschen = hastig zugreifen (Whd. Vtr. 28). grabschen steht mit aus ableitendem s vergröbertem sch für:

grapsen (gropsn, Hilb.; Rg., Gab., Henn., Grab.; grâpsa, Br.; A., Gießh.) = 1. hastig, rasch nach etwas greifen; 2 stehlen. In dieser Form auch bei Goethe. Meist nd.; wetterauisch grabsche = gierig zugreifend fassen (Wgd. I. 723).

grâseln (grasan, Freib.) = langsam gehen. Zu lateinisch grassari = schreiten.

graser, der (Isgb., Jäg.) = Maul des Hirsches.

grashüpfling, der (grôsehöpplich, Ta.) = grüne Heuschrecke. NB. grôshippplich (M.)

grasseln (grassan, A., Batz., Rot.) = sehr, heftig schreien.

grassen, Adj. (Grab.) = empfindlich, zimperlich. dos grassene ding = zimperliches Mädchen. Sonst nitlich oder verzimpt (Rg.); grassln und grassen sind wohl zu schreiben krassln und krassen und aufzufassen als Nebenformen zu hd. kreißen = (in Geburtswehen) stöhnen; kreischen = laut, grell aufschreien. Die aus ga (ka), gi (ki), gu (ku) durch r erweiterten Wurzeln gra (kra), gri (kri), gru (kru) scheinen Naturlaute nachzuahmen. Der Laut r repräsentiert das „Rauhe, Unangenehme" der Lauterscheinung. Man vergleiche krähen, die krähe, krächzen; greinen, grinsen, kreißen, kreischen; grunzen.

grätsche, die (Br.) = langsam und schwerfällig gehende Person.

grätschen, die Mz. (gnótscha, A., Gießh.) = lange Finger, lange Beine.

grätschen (Rb.); grätscha (Rg., Henn.); grótscha (Rg., Gab., A., Gießh., Rof.) = 1. mit auseinandergespreizten Beinen gehen; dann überhaupt (Rb., Henn.) 2. tasten, täppisch zugreifen. Auch begrätschen = betasten, berühren; das gegrätsche (Henn.) = langsames Gehen; NB. grätscheln (M.) = die Beine spreizen. Schleusisch grätscheln = unbehilflich gehen (Whd. Btr. 29); bairisch grätschen = mit auseinandergesperrten Beinen gehen, plump zugreifen (Schmell. I. 1017). Eine Ableitung zu bairisch gräten = große, weite Schritte machen. Derselben Wurzel wie lateinisch gradi (Wgd. I. 725 nimmt Ableitung von dem Plural des Praeteritums eines vorauszusetzenden gotischen Wurzelverbs gridan (praethisch grath, wir gredum) = schreiten an. Man vergleiche zu dieser Wurzel das folgende gredel.

grätscherich, der (Lbsfr.) = langer Schritt.

grätschnich, der; grätschla, das (A., Ritschfa) kleines, schwächliches Kind.

grau, der (Br.; A., Gießh.) = Ekel, Abscheu. Hochdeutsch gewöhnlich der grauen = Schrecken, Furcht. Davon das Zeitwort

grauen. Gewöhnlich unpersönlich: mr graut = ich empfinde Ekel, Abscheu.

graubart, der (Kl.-A.) = Baumbart. Eine Moosart.

grauen (groun, A., Ritschfa) = altern.

graumännlein, das grômannla, A., (Gießh.)
= gespenstisch graues Wesen: nach Whd. Btr. 29 =
elbischer Geist in grauer Gestalt, meist mit rothem Käppchen.
In Gießh. schreckt man die Kinder, indem man sagt:
's gromannla kimmt.

graupel, die (grappl. Mz. grappan. Rg., Hbr.) =
Hagelkorn von geringer Größe. Bairisch die grappm
(Schmell. I. 1006, 2. A.) Auch schlesisch bei Whd. Btr. 29.
Davon:

graupeln (grappan) = hageln. graupe ist einer
Wurzel mit grife (siehe daselbst).

grausam. grausm, grausn, (A., Kof.), sagt man
ironisch, wenn jemand recht aufschneidet. In NB. dient
grausum (M.) zur Verstärkung, z. B. grausam sehr (grausum
sia). Ebenso schlesisch grausm = stark (Kn.)

I. **gredl, die** (A., Kof., Wich.) = aufgeputztes Mädchen. Eigentlich gretel, das ist hd. Gretchen. Die
Erscheinung, daß nomina propria als nomina
appellativa gebraucht werden, zeigt sich sehr häufig.
Vgl. Hans = dummer Kerl; ebenso Jockel = Jakob;
In NB. dient Kuthe (das ist Katharina) zur Bezeichnung einer gemeinen Person weiblichen Geschlechtes.
In der Travestie von Schiller „der Handschuh." bei
Sommer „Bilder und Klänge aus Rudolstadt," wird
das Fräulein Kunigunde bald Kate, bald Griete genannt.

II. **gredel, die** (Hilb.); grejdl (D.-B.) = der mit
Steinen gepflasterte (gewöhnlich erhöhte) Gang vor der
Vorderseite der Bauernhäuser. Sonst im Rg. und A.
saspe. Bairisch die gred = breite gepflasterte oder
hölzerne Stufe längs der Vorderseite eines Gebäudes,
besonders eines Bauernhauses; kurhessisch die grad
(Vilmar 135). mhd. die grêde = Stufe, Treppe
an oder in einem Gebäude (Lex. I. 1076). Auch NB.
(bairischer Dialect) die grêd (Stubenbach) = der
gepflasterte, durch das überhängende Dach gegen den
Regen geschützte Vorraum vor einem Bauernhause.
Eins mit lateinisch gradus und gotisch die grids =
Schritt; Stufe.

grejerlich (Gab.) = zerschunden, zerkratzt aussehend; verunstaltet im Gesicht, z. B. durch Brandwunden. Gehört es zu kräulen = kratzen?

greifen (Zigb., Jäg.); von Raubvögeln -- die Beute erfassen.

greinen (grein', Hilb., D.-V; grêna. Hbr.) = weinen. Die Form du grênzt (grênst) finde ich in folgenden Volksreimen:

„Sette Liebe, wie du mênst.
Ich muss lacha, weil du grênzt. (Hohenbruck).
NB. und bairisch greinen = murren, knurren, zanken; dann aber auch weinen (Schmell. I. 999, 2. A.) Ursprünglich heißt greinen = den Mund verziehend weinen (Wgb. I. 728); mhd. grinen = den Mund verziehen, lachend wie weinend (Lex. I. 1086). Derselben Wurzel wie grinsen, grunzen.

grempel, die (Rb.) = Abfall von Tuch. grampel (Henn.); das gerompel (Rot.); gerumpel (Br., A., Gießh., Wich.) = Plunder; grêmpala (A., Gießh., Rot., Wich.) = ein Bißchen Brotbröschen. grempel und grampel könnte man zu mhd. (Lex. I. 1078) und nhd. (Wgb. I. 729) grempel = Kleinhandel ziehen. Denn grempelmarkt = Platz zum Feilhalten „alter gebrauchter Sachen" (Wgb. a. a. O.) Dieses grempel aber stammt von italienisch crompare = kaufen; das gerompel, gerumpel = Plunder aber stammt von rumpeln und heißt = rumpelndes, das ist mit dumpfem Geräusche wackelndes oder zusammenbrechendes, also altes schlechtes Geräth (Wgb. I. 668), Plunder. grêmpala oder grimpala = Brotbröschen, Brotkrumen, ist wohl nichts anders als ein Diminutiv zu krume. Also krümelein mit unorganischem p nach m, wohl auf falscher Analogie (krumm = Dialect krump) beruhend.

ergremßen sich (drgremßn, Henn.) = sich in zornige Aufregung bringen, durch Zorn erhitzen. Auch NB. (M.); schlesisch von wunden Gliedern = böse machen, in wüthenden Schmerz bringen (Whd. Vtr. 29); mhd. ergrenzen, welches ein Intensiv ist zu ergremen = gram machen, in Zorn versetzen (Lex. I. 632, 633) ahd. aragramizôn = in Wuth versetzen (BM. I. 575). Abgeleitet von der gram

= anhaltende im tiefen Innern nagende Betrübnis worüber und gram Adj. = wogegen übelwollend gestimmt (Wgb. I. 720).

grētschen (Hilb.) = weinen. Nebenform zu greinen mhd. grînen, grinsen.

gribs, der (Rg., Tr., Freib., A., Gießh. Rot., Wich.) = 1. Kerngehäuse des Kernobstes; 2. Kehlkopf, Adamsapfel. Uebertragen von der ersteren Bedeutung, indem nach dem Volksglauben dem Adam beim Essen des Apfels im Paradiese der Griebs desselben in der Kehle stecken geblieben sein soll; 3. verächtliche Bezeichnung für das Kernobst (Aepfel, Birnen); 4. kleiner Kerl. Zu diesem Worte gribs bei Wgb. I. 730, griebs gehören folgende Dialectformen: grîbsch (Ta., Br., Rosenthal) = Adamsapfel; auch die ganze Gurgel; grôbsch; (Rb.); grîtsch (Raspenau) = Apfelgehäuse.

Diese Formen gehören zu mhd. grobiz, grabiz, grubz (Lex. I. 1091; bairisch grübs, gröbs (Schmell. I. 984, 2. A.)

Eine zweite Form ist:

grîzel, gritzel, grîtschel, der (Rg., A.).

Volksreim: Äpplgritzls Tochter,
Bērnegritzls Suhn,
Wullt'n anondr heirotn,
Hottn nischt drzun. (Lauterwasser).

Im 15. Jahrhundert mundartlich griez, im 16. Jhdt. grutz. Eigentlich = Sproß besonders Wipfelsproß, Herz in Salat, Kohl; bairisch der grütz (Schmell. I. 1019, 2. A.); kurhessisch bei Vilmar 229. Zusammenhängend mit bairisch graß, großen, grotzen = Wipfelsprosse vom Nadelholz. Kohlgretzl = Kohlherzchen (Schmell I. 1008 und 1018, 2. A.) Die Etymologie der Wörter ist noch nicht erhellt.

grießsack, der (Grab.) = Kinn. Vielleicht Unterkinn?

grîfe, die (Rg., Weig.; Br.; A., Gießh., Rot., Wich.) = schwächlicher Mensch, kleines Kind. Schlesisch griwe. 1. wie hd. = der beim Ausbraten übrigbleibende

Fettheil des Speckes; 2. im Wachsthum zurückgebliebener Mensch. Auch NB. grīfe (M).

griff, der (grif, Rg.) Mach mr ock dän handgrif = kleine, leicht zu erledigende Arbeit. Auch NB. a macht nej gann an handgrif (M.); d. h. er arbeitet nicht gern.

grille, die (Rg.) = 1. wie hd. zirpendes Insect. 2. dürrer Mensch. a sitt aus wie 'n grille (Rg.; Br.; A.)

grillenspieß, der (grillaspieß, Rg., Gab.) = blasser, dürrer Mensch.

grims, der (Frd.) – 1. der Seidenschwanz; 2. kleiner böser Knabe. Die erstere Bedeutung fälschlich für Kreuzschnabel. Schwäbisch, schlesisch krinitz (Pop. 293). NB. grintz (M.) grünitz bei Wgd. I. 738. Von grün. Seine Federn sind grün eingefaßt, Steiß grüngelb, Brust grün (Pop. 293).

grindel, der (Henn.); die grindel (Lbsfr., Rg., Gab.; Br.); das grindel (Rof.) = Schmerle, Grundel. 2. (Grab.) = schwacher Mensch (Br.) das grindelein (grindala). Schlesisch gründling = Schmerle (Pop. 292). Ebenso bairisch grundel und gründling = Cobitis barbatula (Schmell. 1004, 2. A.)

gripselein (gripsala, A., Baß.; gripschala, Rof.) = ein wenig, ein Bißchen.

gripsen (gripsa, Rg., Rgb.) = rasch mit den Händen nach etwas greifen, stehlen.

grizblau (grizblô, Grab.); grôzblû (A., Gießh.) = von der schlechten Milch und von Menschen, die recht erfroren, blau vor Kälte aussehen. Bairisch gritzgrau (gritzgra, Aschaffenburg) = ganz und gar grau (Schmell. I. 1018, 2. A.); pfälzisch kitzblau; diese Form auch SB. (bairischer Dialect); kitzgrau = blau vor Frost.

grobsch, der (Weig.) – Mensch, der hastig mit der Hand nach einem Gegenstande fährt. Vergleiche grapsen und grapschen. grobschvoll (Weig.) = handvoll.

grobosteln (Henn.) = sterben. Von grab.

grombrich, der (Ta.) = Längsseite eines Daches.

grompeln (grompan, A., Baß.) = 1. wie mit zahnlosem Munde essen; 2. Brotkrümchen verstreuen. die **grëmpalan** = Brotkrümchen.

gröschel. Zusammensetzungen: klagegröschel (klêgröschl, Gießh.) = Kind, das gerne klatscht und klagt. weis' nur ock 's klêgröschla, sagt ein Kind zum andern, welches das erstere verklagt hat.

klaffergröschlein (kloffrgröschla, Br.) = 1. Kind, das gerne klagt; 2. die Pflanze Klappertopf. Auf die Drohung des Kindes A.: wart ock, ich wä 's 'n Vôta sên, antwortet B.: gi ock, a witt dich ëm a Ufâ jên (Gießh.)

pathengröschlein (pôtagröschla, A., Gießh., Sattel) 1. Pathengeschenk (siehe unter P.); 2. Unkraut- pflanze im Getreide. Schlesisch klagegröschel = Denun- cianienlohn; pathegröschel = Pathengeschenk, Sparpfennig (Whd. Btr. 30).

groß (grûß, Rg., Br., A.) Dazu:

grûße, die (Rg., Gab.; Br.) = Großmutter.

grûßla, der (A., Gießh.) = Großvater.

grûßkall (Br.) = Großkerl, erster Knecht beim Bauer. Der zweite heißt bloß kall.

grûßknäjcht, der (Rof.) = erster Knecht

grûßmojd, die (Br., Rof.; grußmord, Hbr.) = erste Magd in einem Bauernhause.

grûßverstand, der (Rg.) = sehr gescheidt sein wollender Mensch.

grötschen (Rb., Frd., Ta.) = greifen, fassen, stehlen. So viel wie grappen, grapsen, grabschen ꝛc. Siehe grätschen.

grula, das (A., Schöb., Baß.) = Großmutter. Schlesisch die grule, nd. grûli = die vor Alter grau Gewordene (Whd. Btr. 31).

grün (Rg.; Br.; A.) vom Fleisch = nicht gekocht; vom Obste = nicht reif. grine heringe (S. H. 2.6), im Gegen- satze zu geräucherten.

I. **grund, der** (Rg., Gab., Weig.; Br.; A., Gießh.)
= Kaffeesatz; der auf dem Grunde (Boden) des
Gefäßes sich sammelnde Satz. Wenn man den Kaffeesatz mit verzehrt, so wird man schön. So heißt es
im Volksreim:

> Dr Grund muß dorch dë gorchl gîn;
> Denn dou drvoune wird mr schîn.

> (Trautenau).

11. **grund, das** (Rz.; Rg.; Gab.; Br.; A., Gießh.)
= Grummet.

III. **grund, der** (Rg.) = Thalvertiefung, Thal; bairisch
grund = Flußthal mit Wieswachs (Schmell. I. 1004);
schweizerisch = Tiefe eines Thales (Stald. I. 485). Auch
NB. grund = Thalmulde mit Wieswachs, auch Felsschlucht.

Man vergleiche das schon erwähnte Spottlied:

> Wellt ersch wessn, wu Trautna leit,
> Trautna leit om Gronde.

Im Riesengebirge werden die oft sehr romantischen,
mehr oder weniger zugänglichen, oft von schroffen Wänden
eingesäumten Thäler mit Flußgerinnen „Gründe" genannt.
So Elb=, Riesen-, Blau=, Zeh=, Brett=, Dörren=, Dürren-,
Martins=, Bärengrund u. a. m.; Sieben Gründe heißen die
Schluchten zwischen den Quellen der Elbe und des Weißwassers.

grünsteckla (Rosenthal) = Gründonnerstag?
Die Kinder gehen zu ihrem Taufpathen und erhalten kleine
Geschenke. Andere Kinder ziehen von Haus zu Haus und
singen dabei folgendes:

> Glob' sei 's Chrest zum Grünsteckla!
> Seid gebäta, gatt mr wos ai mai Säckla!
> Lott mich ne zu lange watta,
> Ich muß noch durchs ganze Dorf battan.

> (Rosenthal).

Andere Verse, die sie sangen sind:
> G'lob' seis Chrëst zum Gründonnerstich.
> Gatt mer en' dëcke Honichschnite
> On a Ei derzune,
> Do seit 'r n hübsche Muhme.

ober: Ich bin a klenner Pummer,
    Gï 'm Wëntr on 'm Summr;
    Ich bin a klenner Kinich.
    Gatt mr ne zu wënich.
    Lott mich ne zu lange stihn,
    Ich muß a Hoisla wetter gihn.

(Rofenthal).

Erhalten die Kinder auf diese Aufforderung keine
Gabe, so schreien sie:

    Zeck, zeck, zeck, Zigabock,
    Die Leite ei dam Hause sein guor zu grob.

(Reichenberg).

grusel, der (Hilb.); gruser, der (D.-L.) =
Großvater.

grusel, der (A., Gießh.) = Schreck, Grauen.
mr git a grusl iwr a rëck.   mhd. der grus (Ler. I. 1106).

gruseln. 's gruslt mr (Henn.) = es überläuft
mir schreckhaft die Haut.

gruselich (gruslich, Rg.; Br.; A.) = schauerlich,
schreckhaft. Man sollte gräusel, gräuseln, gräuslich (letztere Form in der That in NB. (M.) = überaus, ungemein)
erwarten; denn mhd. griuseln (Ler. I. 1090) umgelautetes
Iterativ zu grusen = grausam empfinden und mhd.
griuslich = Grauen erregend (Ler. I. 1090).

Grütl, der (Br.) = Gottfried.

grütze (A., Rof.) = grob gemahlenes Getreide,
besonders Hafer; grützpappe (grëtzpapp. Hbr.) = Brei
aus Hafergrütze.

gucken, der Mz. (Rg., Weig., Grab.; Br.; A.,
Baß.) = Augen. Häufig hört man in der Kindersprache
das Diminutivum das guckla. Mz. die gucklan und
guckalan. In dem Dialectgedichte „Das Gewitter" heißt es:

    Potz tausend! s Kënd is a drwacht,
    Satt, wos a ne fr Gucklan macht.

(Braunau).

Von gucken = nach etwas aussehen, neugierig sehen.
Daher auch

guckerlein, das ('s guckerla, Br.; A., Gießh.)
= kleines Fenster.

gudel, die (Rg., Weig.) = Messer von geringem
Werte. Slavisch kudla?

guinkeln (gujnkan. A., Gieß.) = mit einem
glimmenden Spane hin- und herfahrend spielen. Bairisch
gaukeln = baumeln, hangend hin und her sich bewegen.
Nebenform zu gäukeln (Schmell. 1. 923, 2. A.)

guldakafer, der (Ott.) = Gold-, Rosenkäfer.

gulke, (gulka schlön, A., Gießh.) = ein Kinderspiel. Die nähere Beschreibung des Spieles habe ich nicht
erhalten. Ich kenne aber aus meiner Heimat NB. (M.)
ein Spiel gulke schloun. Auf einem ebenen Platze wird
auf einem flachen Stein ein hölzernes rundes, oben zuge-
spitztes Stück Holz, die „Gulke", einem Kegel ähnlich,
gestellt. Mehrere Knaben stellen sich in einiger Entfernung
davon auf und werfen der Reihe nach mit einem Knüttel
nach der Gulke, um dieselbe von dem Postamente herunter
zu werfen. Der Werfer hat dann nach seinem Knüttel zu
laufen. Während der Gulkenaufsetzer den hölzernen Kegel
wieder aufsetzt, muß der Werfer trachten, früher auf seinen
vorigen Standpunkt zurückzukommen, bevor jener mit dem
Aufsetzen fertig ist. Ich vermuthe slavischen Ursprung von
hulka = Stöckchen, weil man mit Stöcken nach dem
Kegel wirft.

gulken (gulka, Grad.) = trinken. Eine Nachahmung des beim Trinken einer Flüssigkeit im Halse entstehenden Geräusches, das man in NB. (M.) auch mit gulks,
gulks; gulksen bezeichnet.

gult, die (S. H. 46) = Schuld, Schuldigkeit.
mhd. die gülte; nd. gülte == was zu gelten hat oder
gegolten wird: Schuld, Zahlung (Lex. I. 1116). mhd.
gelten = zurückzahlen, zurückerstatten, vergelten (Lex. I. 827).

gultschen, der (Rz) = rad- oder ringförmiges
Gebäck. Slavischen Ursprunges, denn kolo = Rad.

gummen (gumma, Gab.; gomma, A.) = Gaumen.

gummerich, der (Henn.) = unbeholfen gehender,
weil mit dicken steifen Kleidern angezogener Mensch. mhd.
gumpen = hüpfen, springen, tanzen (Lex. I. 1118).

Schwäbisch die gammel, gampel, gumme, gumel = faule geile Weibsperson (Schmid 218).

gummschaft, die (gummschoft, Rb.; gumpschaft, A.) = Gesellschaft von Kindern. Eigentlich eine Gesellschaft hüpfender, springender (auch wohl ausgelassener) Kinder. Von gampen, gumpen, mhd., schwäbisch, bairisch, schweizerisch = tanzen, hüpfen, springen.

gundelrebe, die (Rg.) = die Pflanze Glechoma hederacea. Sie galt schon in alten Zeiten als heilkräftig gegen Wunden. Denn gundel geht zurück auf altnordisch die gunnr = Kampf, Krieg und den Namen der Schlachtenjungfrau, der Walküre gunnr, ahd. gunja. In den abergläubischen Anschauungen unserer Landleute gilt die Pflanze noch als heilkräftig gegen das Verhexen der Nutzkühe. Man spricht dabei folgende Verse:

Kuh, da geb ich dir die Gundelreben,
Dass du mir die Milch wirst wiedergeben,
In Gott des Vaters Namen
Des Sohnes und des hl. Geistes. Amen.

(Reichenberg).

gunke, die (A., Gießh., Wich.) = Kröte, Unke. Nebenform zu unke eigentlich = unten feuerrothe gefleckte Kröte, Bombinator igneus (Wgd. II. 970). mhd. unc, unch, ung = Schlange, Natter.

gunken (gunka, Gab., Henn., Grad.) = in den Rücken stoßen.

gunkerich, der (Grad.) = Stoß in den Rücken.

gunks, der (Gab., Henn.) = Stoß.

gunksen (Rb.; Rg., Hbr.) = schlagen, stoßen.

gunkserich, der (Rg., Henn.) = Stoß. Die Formen könnte man zu der ahd. Form gangan = gehen und einem davon gebildeten Factitiv gengen (Schmell. I. 923, 2. A.) = „gehen machen, treiben," ziehen; denn dem Stoße in den Rücken folgt in der Regel eine Bewegung des Gestoßenen nach vorwärts.

gurksen (gorksa, Rg., Henn., Gab., A., Wich., Gießh.) = 1. rülpsen; 2. schwer, stöhnend athmen. NB. gurksen in derselben Bedeutung (M.); schlesisch gurgsen

= gurren, gurgeln in den Eingeweiden (Whd. Btr. 31); bairisch gurtzen = eructare (Schmell. I. 945, 2. A.); mhd. gurren = den Laut gur, gur hervorbringen (Lex. I. 1125); schwäbisch gorksen, gorzen = das Würgen beim Erbrechen und der dadurch entstandene Schall.

gurt (Rg.) beigurt, der = Geldtasche der Bauern; untergurt (Henn.) = Bauchriemen am Geschirr des Zug= viehes.

gusche, die (Rg., Arn., Trb., Hbr.) = roher Ausdruck für den Mund des Menschen, Maul, Thiermaul. Schlesisch (Whd. Btr. 31); österreichisch und bairisch die goschen = Mund, Maul, Maulschelle; nd. goske. Herkunft zweifelhaft (Wgd. I. 717) vermuthet von altfranzösisch gneuse = Gurgel. Ich halte es für eine mißverständliche Anwendung des französischen coucher = niederlegen, wovon man dem Imperativ couch ursprünglich dem Hunde zuruft, daß er sich lege. Das Mißverständliche erfolgte dadurch, daß man couch auch dem Hunde zurief, wenn er bellte = geb zur Ruhe, schweig. In roher Anwendung auf Menschen = halt das Maul, woven dann sich natürlich gusche = Maul entwickelt.

guscheln (Rb.) = küssen.

guschlein, das (guschla, Rg.; Br.; A.) = Kuß. Volksreim: Meine Mutter soßte:
Nimm a Bock bem Borte;
Wenn a dich watt stüßa,
Do lauf ock zu dr Grüßa;
Wenn a dich watt wieder sahn,
Watt a dir a Guschla gän.
(Alt=Rognitz).

's rét a Reitr iwr a Stäg.
A hôt 'n rutha Riemn.
„Mädll, wëllst ma a Guschla gän.
Jeh gä dr 'n gûda Bima“.
's Mädl rannt zo dr Mutter nei;
Die Muttr soßt: Do nimm a,
's wërd wul etze schlechte Zeit,
Mir brancha gute Bima.
(Alt=Rognitz).

gut. ein guter Böhmen (a guda bîma) = ein Geldstück. (siehe der böhmen).

guter freitag (S. H. 79) = Charfreitag; gudr frettich (Rg.; Br.; A.); sich zu gute geben = sich beschwichtigen lassen.

guterle, das (Einf.); dos is a guterle = ist ein ausgelassener, schlimmer Knabe.

begütigen (begitticha, A., Rof.); a kôn sich ne begitticha = er läßt sich nicht beschwichtigen.

gutschmecke, die (A., Gießh.) = Delicatesse. Auch NB. (M.) und schlesisch (Kn.)

H.

I. Ha (Lbstr.) = nichtwahr, wenn man eine männliche Person; hanse, wenn man eine weibliche Person fragt.

II. hâ, persönliches Fürwort (Rg., Arn., Hbr.; A., Gießh.) = er. Die Form ha wird mehr im Anfang der Rede gebraucht; z. B. ha watt drsch sên = er wird dirs sagen (Gießh.); dagegen: ich glêb. a watt drsch sên. Dieses ha ist verkürzt aus hâr (f. daf.) Mit h anlautende Formen dieses Personalpronomens finden sich ahd. hër; md. her, he; nd., angelsächsisch, altenglisch he. Sie dürften also nichts mit dem Subst. herr (Comparat. zu hehr = erhaben) zu thun haben, obwohl hâ und noch mehr hâr für „Herr" geradezu gebraucht wird; ha und sie = Mann und Frau.

III. hâ, die (Rg., Henn., Hilb.) = Hacke, Haue; besonders zum Erdäpfelausgraben. Doch auch spitzhâ (Rof.) = zum Herausheben der Steine. Daneben auch die Form die hâr.

hä (Rz.). verneinende Partikel = nein. Siehe in den Vorbemerkungen die „Partikel."

haben. Im Dialecte in der Regel contrahiert. (hôn, Rg.: A.: Br.; honn. Rb., Einzahl). Wie mhd., älterneuhochdeutsch und dichterisch antiquirend: hän; Redensart: 's hôt = es gibt. Charakteristisch für den schlesischen Dialect. Daher auch im eigentlichen Schlesien (Whd. Btr. 32). 's hôt feuer = es brennt (Hbr.); es haben mit einer (Einj.) = mit einer weiblichen Person in vertrauter, geschlechtlicher Beziehung stehen.

be-haben, sich mit jemand = 1. sich vertragen, gut auskommen. si behón sich nê zusomma (Henn., Grad.) = sie vertragen sich nicht mit einander; sich zu etwas, zu einer arbeit behaben = tüchtig zugreifen. In der Regel negativ: a behôt sich zu nischt (Grad.) = er arbeitet nicht gern. In SB. einfach haben: ebenjo A., Gießh., Rok.: a hôt sich zu nischt. 2. sich nicht behaben (behôn) = sich unbehaglich, unbequem befinden. In NB. ma kôn sich guā nej bahonn = man kann sich gar nicht rühren, z. B. in einer engen Wohnung M.)

hachel, die (Hilb.) = mit Stacheln versehenes Werkzeug zum Durchziehen des gebrechten Flachses, um ihn zum Spinnen herzurichten; mhd. hachel und hechel.

hackel, der (häkel, Tschermna. Hbr.); hacker, der (Grad.); hecker (Rg., Gab.); heckel (A, Schöb., Gießh., Rok.) = krankhafter Zustand der Haut, namentlich der Füße. Er besteht darin, daß Kinder, die im Frühjahre oder im Spätherbste mit bloßen Füßen in kaltes Schneewasser treten, schmerzhafte Risse bekommen. Bairisch der bamhackl (Schmell. I. 240, 2. A.) Wohl von mhd. hecken, hechen = stecken, steckend verwunden (Lex. I. 1202).

hacks, der (A., Gießh., Wichst.); hackser, hackserich (Br.); hackerich (Tr.); hockrich, (Gab.) = Seitenhieb (Gab.) Auch im übertragenen Sinne; Seitenhieb in der Rede.

hacksch, der (Ta., Frd.) = männliches Kaninchen. Bei Wgd. I. 749 hacksch = unverschnittener Eber; mhd. der hage und hagen = Stier, Zuchtstier (Lex. I. 1143); schwäbisch der hag = Zuchtstier; der heckel = Eber (Schmid 253). NB. hacksch = Kaninchenmännchen (M.) Gehört zu hegen und hecken.

hackstock, der (Gab., Henn.); 1. Schimpfname, besonders auf Menschen, aus denen trotz allen Zuredens keine Antwort herauszubringen ist. 2. trotziger, grober Mensch. Ursprünglich so viel als „Hackklotz".

haderlump, der (Br.) = Sauerampfer. Auch sauerlump (Rg., A., Gießh.) und sauerromp (Henn., A., Rof.)

hadern. nasse hadern (noße hodan, Rg., Gab., Henn., Grad.; A., Rof.) = Mehlspeise, bestehend aus abgebrühten Semmeln, in Butter gebacken, mit Zucker und Zimmt bestreut.

hafenätsch (Rb. Ggd., Raatschendorf) = rachsüchtig. Z. B. wenn ich hafenätsch sein wollt, do könnt' a sich darnoch sahn (könnte er auf seiner Hut sein). In NB. ratinätsch (M.) = grob, roh, entsprechend dem Begriffe von rabiat. Wohl auch eine daraus verderbte Form.

haft. der (hoft, Rg.; Br.; A.) = Stich zu Verheftung. einen haft machen = mit einem Stiche vernähen. Eigentlich nhd., mhd. der haft = Vorrichtung zum Festhalten, Haken, Fessel, Knoten, Festhaltung (Wgd. I. 750).

haftel, das. Dim. häftlein (haftla. Rg., Hbr.) = Hefthaken; die heftel bei Wgd. I. 784. Schlesisch das heftel (Whb. Btr. 34).

haftelmacher. der (Rg.; Br.; A.) = 1. aufmerksam horchender oder schauender Mensch. 2. (Gab.) = Spannraupe. In 1. Bdtg auch NB. (M.) Bairisch der häftleinmacher = Handwerker, der Häklein verfertigt, und aufmerken wie ein häftleinmacher (Schmell. 1. 1065, 2. A.)

haftstein. der (hoftstên. Welhotta) = großer Stein, Felsblock, der so tief und mächtig im Felde „haftet," daß er nicht herausgenommen werden kann, sondern beim Ackern umfahren werden muß.

hagebüchen (hoanbüchn. Rg., Gab.); hojnbüchn, (Frd.) = fest, hart; von Menschen, fest, robust, zäh (wie das Hagebuchenholz). a hoanbüchna kall (Gab.) Auch NB. huonbüchn (M.); der hoanbüchlich (Rg., Hbr.) = hartnäckiger, zäher Mensch.

hagebutte, die. Im Dialecte eigentlich hagen-
butte. Verschiedene Zusammenziehung des Wortes hagen:
hôn- (Tr., Gießh.; Rof.); hô͡rn- (Gab., Henn.); hojn-
(Rb., Frb.; Br.); hêm- (Wichst.); hej-butte (Langenau).

haien (haia, Rg.; Br.) von Kindern = schlafen;
aihaia (A., Gießh., Rof.) = einschläfern.

haiern (haian, Rg., Hbr.) = streicheln, in den
Schlaf wiegen. Daher auch kärnthnisch hoia = die Wiege.
Mit angetretenem h aus dem Koselaute ai, ai. wobei man
die Kinder an den Wangen streichelt. In NB. haizeln
(M.) = liebkosen und schlafen. Vergleiche die Wiegenlieder,
die mit Eia (aia) popeia beginnen. Spanisch aya = Amme.

haitt, das. Mz. die krauthaite (S. H. 326) =
Kohlkopf. Sonst im Rg. hêt (siehe daselbst). Zusammengezogen
aus mhd. houbet, woneben auch heupt (Lex. I. 1346). ahd.
houbit; altfries. hâd neben hafd; englisch head.

haizeln (Rb.) Kindersprache = die Wangen lieb=
kosend streicheln.

hâkel, A. (Gießh.); hâklich (Henn., Wichst.);
beide Formen (Weig.) = wählerisch, schwer zu befriedigen;
siehe gebâkel.

haken, der (hôka. Rg., Hbr.) = 1. Pflug; auch
Ackerhaken genannt; die hâkschar (hôkschôr. Hbr.) =
hakenförmige Pflugschar. Vgl. Hock-schar als den Namen
eines Berges in den mährisch = schlesischen Sudeten. Wohl
nach der Aehnlichkeit der Form so benannt. 2. scherzhaft =
Tabakspfeife. 3. meist Mehrzahl die haken (houkn, Tr.)
= (verächtlich) Zähne des Menschen. (Isgb., Igspr.) =
die Zähne des Hirsches. Die Redensart: ai de houka
sponna (Rgß.) = strafen, deutet auf mittelalterliche
Tortur hin.

hakse, die (Rg.; Br.; A.) = Fuß (verächtlich).
Besonders lange haksen = lange Beine. Eigentlich die
hächse = Kniebug, besonders des Hinterbeines mit den
Sehnen (Wgd. I. 748). mhd. hahse, hehse = Kniebug
des Hinterbeines, besonders bei Pferden (Lex. I. 1145).
Verschoben aus lateinisch coxa = Hüfte, Einbiegung.

hâl, der (hôl, Hilb., Wildenschwert) = Ruf, Schall. Am Mathiastage (24. Feber) stehen junge Mädchen oder Burschen zeitig in der Früh auf, laufen im Hembe in den Garten, schütteln einen Baum und rufen:

O mei lieber Môztog!
Wie weit mei Hôl gît,
Bis zu Richters Leit. (Berghang)
Doss olls bekleit, (Wurzeln faßt, von Pflanzen)
Doss nix gefroist,
Doss olla Bâm Oubest trogn:

tirolisch der holn, holm = lauter Schrei; mhd. hal = Schall (Lex. I. 1146); nhd. hall = fortschwebender Schall (Wgb. I. 756); schlesisch der gal = gellender Schrei (Holtei).

halatsch. der (Br.) = lautes Reden. Zu hal = lauter Schrei, Ruf gehörig.

halberscheffelrock, der (holwaschefflrôk. Tr.) (scherzhaft) = kurzer Rock der Männer ohne Taille, Sacko.

halbscheid, die (Rg.; Br.; A.; Frd.) = die Hälfte.

hälder, der (A., Sattel) = Milchhäuschen, in welchem die mit Milch gefüllten ösche (siehe asch) schwimmen.

fischhälder, der (A., Gießh.) = im Wasser schwimmender Kasten zum Aufbewahren gefangener lebender Fische. SB. fischg'halder (Prach.); schwäbisch g'halter = Schrank, Kasten (Schmid 256).

haller, der (Rg.; Br.; A.) = Geld. dr letzte hallr, Name eines Hauses in Trautenau. hd. heller = kleinste (Kupfer-) Münze; mhd. hallære, haller, eigentlich heller pfenning; nach der Stadt Schwäbisch-Hall, wo die Geldstücke geprägt wurden, benannt. Vergleiche thaler von Joachims-thal.

der-hallen (dr-halla, A., Gießh.) = wiederhallen. 's kracht, dass 's ganze Haus drhallt.

hallich; 1. Interjektion zum Ausdrucke des Erstaunens. Immer in Verbindung mit der Negation: ne hallich, is dos schin (Rg.) = 2. Füllpartikel = hör ich; du wast hallich morne kumma (Tr.) Eigentlich halte ich;

denn schlesisch haldich neben hallich und hälich (Whd. Btr. 32). Eine Abkürzung aus ich halte dafür, wie gle, gli, gloi aus ich glaube.

hallock (Rg., Gab., Ta.) = warte ein wenig, halte doch an. Aus halt ock = halte nur an. SB. aushalten in derselben Bedeutung· hald aus! (Prach.)

halm, der (Rg., Gab., Henn.; Br.); holm (Grab.: A., Gießb.) = Artstiel. der halmen (holma, Tr.); Dim. das halml (Frd.) NB. holm. halml (M.) Schlesisch halm = Griff, Stiel (Whd. Btr. 32); mhd. half, halme (Ler. I. 1150, 1151; ahd. halap: tirolisch hölbn.

halsstemme, die (Rg., Gr., A.) = Kragen. Jedenfalls ein gesteifter Hemdkragen. (Scherzhafte Bedeutung). Ebenso

halsstütze, die (holzstëtze. Krieblitz) = steifer Hemdkragen.

halster, der (holstr. Rg., Gab., Grab., Br.) = Halfter.

halt (Rg.; Br.; A.) = Bekräftigungs- und Füllpartikel; holt (Grab., Henn.) Auch schlesisch (Whd. Btr. 32) und sonst allgemein üblich verkürzt aus halt ich (dafür).

hame. der (S. H. 60) = Angelruthe, Angelhaken, Angel. mhd. hame (Ler. I. 1162); lateinisch hamus.

hâme. die (hôme, A., Schöb.); hämen, der (hóma, Rg.; Br.; A.) = Fischnetz. Auch NB. der hóm (M.) Redensart: ich hô a om hôma (Tr., Gab., Grab.) = ich habe ihn auf dem Zuge, ich bin ihm nicht gewogen.

hamme. die (homme. Rg.; Grab.) = 1. Bügel an der Sense des Getreidemähers zur Aufnahme und zum Legen des Getreides (vergleiche die hollen). Bairisch der hammen (Schmell. I. 1105) und mhd. die hamme (Ler. I. 1164) bedeuten „Hinterschenkel,“ sind aber wie der ham = Angelruthe (Ler. I. 1162) zurückzuführen auf eine deutsche Wurzel ham. die „krümmen, biegen“ bedeutet, so daß also die hamme gleich wäre = etwas Gebogenes, Gekrümmtes. 2. die hôme (Rg.) = der Theil der Sense, mit welchem sie an dem Stiele befestigt ist.

hamme, die (hamm. Henn.) = Mund. da hout ëne hamm = der ißt viel, ist gefräßig. Vergleiche das folgende:

hammen (hamma, Rg., Tr., Gab., Henn.) Kinder= sprache = essen, viel essen. Auch schlesisch (Whd. Btr. 32); oberlausitzisch. Vergleiche auch schlesisch happen = schnappen, beißen (Whd. Btr. 33 und happich = gierig.

hammelmahlzeit (hammlmoulst, Rg., Arnsd.) = der Festschmaus der Schnitter nach beendeter Ernte oder nach vollendetem Ausdrusch des Getreides.

hämmmerlein, das. Meist Mehrzahl (hammerlan, Rg., Gab., Tr.) = eine Art Birnen, die roh ungenießbar sind und nur gebacken oder gekocht genossen werden können. Redensart: hammerlan dörrn = nach Verschwendung seines Vermögens Noth leiden, darben.

hamprich, das (Tr., Gab.); homprich (Henn.); hantwrich (A., Gießh., Rof.; Br.); hantwerich (Wich.); hontwerich (Grad.) = Handwerk. Davon

hamprichen (nei-hampricha, Tr.) = mit seinem Gelde in den Tag hineinwirtschaften.

hampern (homprn. Henn.) = 1. ohne Meister eines Gewerbes zu sein oder professionsmäßig ausgebildet zu sein, kleine Arbeiten in demselben verrichten. 2. rëm-hompern: der wërd nej long rëmhomprn = der wird nicht lang mit seinem Geldvermögen wirtschaften.

hämschen (Einf.) = jemandem körperlich wehe thun, z. B. dos hot 'n g'hämscht = er hat sich tüchtig verletzt. In NB. bedeutet hümisch (hämsch, M.) von Personen so viel als „grob, gewaltthätig;" a hämscha kalle (M.); hd. hämisch = versteckt, boshaft, mit Lust zu schaden (Wgd. I. 762); mhd. hamisch = hinterlistig, heimtückisch.

han, Partikel (Tr.) = nicht wahr? du wäscht mite, han? Scheint aus der Aussig=Teplitzer Gegend einge= wandert und im Vereinsgebiete nicht landläufig zu sein.

hân, der (hân, Hilb.) Der Hahn gilt als Ver= kündiger baldiger Heirat ein.s Mädchens. Daher der Spruch, wenn heiratsfähige Mädchen am hlg. Abende die Hühner belauschen:

> Mald sich der Hôu,
> Kimmst bald dräu;
> Mald sich de Henn.
> O war wââ, wenn!   (Hilbetten).

Das „Hahnschlagen" am Kirchweihfeste ist wohl schon ganz außer Gebrauch gekommen, war aber ehedem im Riesengebirge allgemein im Schwunge. Es ist der Ueberrest eines altheidnischen Opfers, das den Göttern dargebracht wurde.

hânenbalken (hônabolka. Rg.) = siehe unter balken.

hânenpampel, der (hônapompl, Rg.) Spottname. Die Bedeutung wurde mir nicht angegeben. Schlesisch hannepampel = Wartekind, kindischer, eilnfätiger Mensch (Whd. Btr. 33). Auch rheinisch hanepampel = veretrum (Grimm IV.) und kurhessisch hänebambel = ein im Gang, Bewegungen und Handlungen lässiger, ein ungeschickter, täppischer, alberner Mensch (Vilmar 148). Wohl nicht zu hân gehörig, sondern zu hannen = Kinder warten nach dem ahd. hevihanna = obstetrix.

hand; überhandsweile (Rg.; Br.; A.) = in kurzen Zwischenräumen, eft. Auch NB. (M.); schlesisch (Whd. Btr. 33) in der Bedeutung „binnen kurzem."

händel, das (Einſ.) = meist gebogener Griff am Stocke; faderhändl = Feder=griff, =stiel.

händeln (händan. Rg.; Br.; A.) = streiten. handel = Streit in Worten und Thätlichkeiten. Denn handeln (von die hand) ursprünglich = Kraftäußerungen ausüben.

handschke, der; Mehrzahl. handschka (Rg.) = Handschuhe. Auch schlesisch (Whd. Btr. 33). Schon im schlesischen Landrecht hanczke (Whd. a. a. O.)

hänge, die (Krieblitz) = 1. Wasserwage. 2. (Rg.) Hänggestell mit Sprossen, zwischen denen man die Brote aufbewahrt; auch brothänge genannt. Auch Vorrichtung zum Aufhängen von Wäsche (Henn.), Stoffen bei Färbern (Br.) Redensart: 's is 'm a grüß brüt vo dr hänge gefolla = er hat einen empfindlichen Verluſt erlitten (z. B. durch den Tod eines Wohlthäters). 3. das gehänge (Henn.) = Riemen, welcher die Peitſche mit dem Stiele verbindet.

hanickel, das (honeckl, Rg., Gab.) = 1. ver= kümmertes Waldbäumchen. SB. (Prach.) und bairiſch hanichel = verdorrtes Fichtenſtämmchen von höchſtens 9 bis 15 Schuh Länge, wie man es gewöhnlich zu einer Art Zaunes oder zum Aufbinden von Bohnen= und Erbſen= pflanzen und dergleichen braucht (Schmell. I. 1114, 2. A.) Schmeller führt als älteſte Spur dieſes Wortes das Mattigbofer Gerichtsbuch von 1553 und folgende Stelle daraus an: Hans H. zu St. hat ebn willen am Mertlinsberg „bänichel" gemaiſſen und beymgeführt. 2. Stück Holz, das ſich nicht gut ſpalten läſſt. 3. Feſter Junge, der viel aushält.

han-ne, Partickel (Wiſch.) = nicht wahr, es iſt nicht ſo. Poſitiv ha-eck; negativ ha-ne (Langenau).

hänlein, das (hänla), hinla, hänla (Rg.; Br.; A.) = die Samenbülſen der Pfingſtroſe. Jenachdem die= ſelben ein rothes Kämmchen haben oder nicht, heißen ſie entweder hanla (Hähnchen) oder hinla (Hühnchen). In NB. heißt man die 3 Samenbülſen hinl, hänl, goeckseh (M.)

Hans (Hons. Rg., Hans. Br.); Volksreime:

Hons. schlacht de Gons,
Schlacht se gut,
Doss se blutt;
Schmeiß se ai a Teich,
Doss se geicht.
(Wenn der lohme Schneider kömmt,
Doss a woss zu frassa fendt). (Markaujch).
Wenn der olde Jächr kömmt,
Doss a wos zo frassa fendt. (Grablitz).

hans, der (hons. Henn.) = Ochs. Vgl. heinz.

hanse, Partickel (Lösfr.) = nicht wahr. Siehe ha.

hanten, hantich. in Verbindung mit pferd, zugthier: das hantene, hantiche pferd (Grad.) = Handpferd, das rechts von der Wagendeichsel geht. Das links gehende Pferd ist das sôtlene oder sattiiche pferd, weil sonst mit Sattel zum Reiten versehen, wie jetzt noch bei Militärwagen.

hap, hap. Lockruf 'auf die Ziege. hep, hep (Tr.) Daher

hapala, das (Rg., Br.), in der Kindersprache = Ziege. Ebenso happala (Hbr.) und happl, na! Lockruf; die happe (Hmf.) = Ziege. Schlesisch happerle (Whd. Btr. 33).

happel, der (Henn., Grab.) = Ziegenbock. In Schlesien das happel = Pferd. Ebenso NB. hapl (M.); schwäbisch die hattel (Schmid 252) und schweizerisch die hatle (Stalb. II. 25) = Ziege.

happapillan, Mz. (Rg., Petzer) Kindersprache = Läuse.

happern (Rb.) = schwierig fortkommen, stocken. Schlesisch hâpern (Whd. Btr. 33). NB. happan; es happert ('s happat, M.) = es geht nicht recht vorwärts, z. B. bei einem Schüler das Aufsagen der Lection.

I. hâr, die (Tr.); hâre (Freih.) = Hacke, Haue. die rôdehâr = Hacke zum Roden (Hbr.)

II. hâr, der (Rg.; Br., A.) = männliches Kaninchen. die sine = das Kaninchenweibchen. In NB. ist hâr = er (Leipa). Vergleiche hâ II. (Schlesisch von her, haer, heir = das männliche Thier; bes. von Kaninchen, Schweinen (Whd. Btr. 35); her, har = er.

haratschel, das (Henn.) = verwöhntes Kind.

harb (A., Gießh.) = bös, zornig. NB. und bairisch harb (Schmell. I. 1158); schlesisch erherben = erzürnen bei Opitz; mhd. verherwen. Die eigentliche Bedeutung ist wie hd. herb = herbe, vom Geschmack.

harbänder, die Mz. (hoârbändr, Rg.) = den Verbindungsbalken im Sparrenwerke des obersten Theiles eines Dachstuhles. bänder also = Verbindungsbalken. Aber hâr? Im Br. Ländchen (Rof.) heißt der Ausdruck hojn-bänder. Damit stimmt NB. hûnbända (M.), von huɐn = Haare. Ob Braunauisch hojn gleich ist hd. haare,

ist mir speciell nicht bekannt. Auf menschliche Haare bezieht
sich har, hojn, huan nicht, möglicherweise aber auf bairisch
der har (Schmell. I. 1144); ahd. haro; mhd. har.
Gen. des harwes (Lex. I. 1182) = Flachs. Denn in
meiner Heimat ist es Sitte, den Flachs, den die Braut in
ihrer Ausstattung mitbringt, in diesem obersten Theile des
Dachbodens aufzubewahren.

harmla, das (Grad.) = echte Camille (siehe hermla).

harren (hoa'n. D.-B., Hilb.) = warten. Die
Form harren = warten, die nur in der erhabenen Sprache
der Dichtung, nicht einmal im gemeinhochdeutschen angewendet
wird, ist im östlichen Böhmen allgemein üblich.

harschen (horschn, Ta.: horscha: 's is a bissla
gehorscht, Komar; herscha. Br.; Rg., Henn.) = leicht
frieren, wenn bei mäßigem Froste im Herbste oder Frühjahre
sich das Wasser mit einer ganz dünnen Eiskruste überzieht,
oder der sonst flüssige Koth an der Oberfläche hart wird.
Bairisch der harsch = Schnee, der so hart gefroren ist,
daß er trägt. mhd. geharsten und verharsten = trocknen,
besonders von Wunden (Lex. Nachtr. 181). ahd. harstan
= frieren.

hart, der (hàt. Wich.) = Holzschlag. Bei Wgb.
I. 769) hard – Wald, Bergwald. Vergleiche Spessart
= Spechtes-hart; Hardtgebirge, Harz.

hart, herta, om hertsta. Adv. (A., Gießh., Rok.:
Br.; Henn.) = sehr. ich hö dich om hertsta garne
(Gießh.) = ich habe dich am liebsten.

haschel, der (Grad.) = wilder Mensch.

hasen-öhrlein (hosaöhrla, Br.); hasenhärlein
(hosahärla. Rg., Hbr.), das = Ohrwurm. Nach Schmell.
I. 1172 heißt hasenörlein, ein spitzer dünner Kuchen.

1. hátsche, die (Rb., Frb.) = die Ente. 2. die
hätsche (Tr.) = Kinderstühlchen mit Querverschluß, damit
das Kind nicht herausfalle. 3. (Gießh.) = Schaukel.
4. (hätsche, Tr.) = Kinderspielzeug aus Kautschuk mit
einer Vorrichtung, daß dasselbe einen quietschenden Ton von
sich gibt, sobald man es drückt. 1, 2, 3 gehören zu

hâtschen (hâtscha, Rz.; Rg., Br., A.) 1. von Kindern = ruhig sitzen. Auch NB. bleib uck schîn hatschn (M.) 2. (Grab., Wich.) = schleppend, schwerfällig gehen. Schlesisch hatschen und hutschen = hinken, schleppend gehen (Whb. Btr. 33). NB. hâtschln (Pr.); Bairisch hadschn = einen schleppenden, schleifenden Gang haben (Schmell. I. 1191, 2. A.); kurhessisch Vilmar 154); bairisch hetschen und hutschen = schwanken, schaukeln; hutschen = auf dem Hintern fortkriechen wie kleine Kinder (Schmell. I. 1192, 2. A.)

hatte. die (Br.); besonders käsehatte oder quargelbauer = eine Art Käsig zum Trocknen der Käse. Siehe horte.

hattich (Rg., Hbr.) = schnell. Vergleiche hortich.

hau. der (Jsgb., Jgsvr.) = junger Wald. Ursprünglich Waldplatz, wo das Holz abgetrieben worden ist. In diese Bedeutung bairisch hau und gehau (Schmell. I. 1033, 2. A.) In NB. gehäu (g'hê. M.), wie im Jsgb. = junger Waldbestand.

hander. die (honder. D.-B.) = Schaukel. Schweiz. hudeln = hin- und herschwanken, baumeln (Stald. II. 59).

haue. die (houe, Rb.) = abgeschlagener Wald, Waldblöße. Sonst gewöhnlich der hau.

haube (in Sturmhaube) = Benennung von Berggipfeln. Ursprünglich = rundliche Kopfbekleidung; dann ihr in der Form Aehnliches; einer Wurzel mit haupt und kopf. daher auch mit koppe. kuppe.

hauchwurm. der (hauchworm. Rg.) = Raupe des Bärenspinners. In NB. der haug (M.)

hauen (haun, Weig.) = schlagen; hân (Weig., Gr.-A. = Das Gras mit der Sense mähen. In der 2. und 3. Sing.: du hêbst. a hêbt: Pr. hoibst, hoibt.

hauka (Arn., Gab.); hauocka (Rg., Freih., Gab., Tr.): hawocka (Wich.) = nicht wahr? worauf man eine bejahende Antwort erwartet. Z. B. du wascht heute kumma, hauka oder hauocka? (Gab.) Will man Zustimmung in negativem Sinne, so fragt man hanne?

haupt, das (Jfgb., Jgſpr.) = Kopf des Hirſches. Edlere Bezeichnung des Kopfes dieſes eblen Thieres.

haus, das (Rg.; A.: Br.) = der Hausflur. Auch ſchleſiſch Whd. Btr. 33; NB. im hause, im Gegenſaße zur stube (M.)

hausmann, der (hausmôn, Ta.; Rb.; Frb.; Rz., Henn.); der hausinmann (hausinmôn, Rg., Arnsb.; Br.); der hausinne (A., Baß.); der häuselmann (hoislamôn, Br.) = Mann, der auf dem Dorfe mit ſeiner Familie zur Miethe wohnt. Verſchieden davon iſt der häusler = Dorfſaſſe, der ein Haus ohne Feld beſißt. Schleſiſch (Whd. Btr. 33 und NB. (M); zu hausinne ziehn (Rg.; Br.; A.) = in Miethe ziehn; in der Miethe wohnen.

hausleiter, die (hauslettr, (Rg.) = Spottname auf einen langen Menſchen.

häuslthaler, der (häuslatôlr, Gab.) = Vier= kreuzerſtück öſterreichiſcher Währung.

wetz-häuslein, das (wetzhoisla, A., Rot.) = Wetzkumpf.

hauschen hauscha, Br.?) = rauſchen, wie wenn Schloſſen im Anzuge ſind. Schallwort.

heben (hejwa. Rg., Henn.; Br.) = 1. den ge= zimmerten Dachſtubl auf das Haus ſetzen; anheben: itz wa 'mr ohéba. ſagt einer der Zimmerleute, wenn ſie einen Balken anfaſſen. Beim Heben commandiert einer: hobi an schupp (Tr.) oder hôrúck (Henn.), damit das Heben gleichzeitig geſchehe. 2. 's hôt mich ock a su gehouwa (Tr.) = ſagt einer, wenn er den aufſteigenden Zorn hat unterdrücken müſſen. 3. 's hout mich gehouwa = ich hatte Anwandlungen von Uebelkeit.

hechze, die (Ritſchta) = Hexe. Das Wort heißt mhd. hegeciſse, ahl. házus. ſchon gekürzt aus hazusa und hagazussa. mnd. baghediſſe von mhd. ahd. hac = Gebüſch. Alſo urſprünglich Waldweib, d. i. zum Walde fahrende, wie denn die Unholde ze holze varn (Wgd. I. 807). Vergleiche die Sage vom Stollsätaffla. der gebannt wird und ins „Kniebolz" fahren muß. Siehe auch hedax.

hedapapp. der (Rg., Hbr.) = Gasch aus heda. Wahrscheinlich Gasch aus dem Mehle des Heidekorns oder Buchweizens?

hedax, die (Rg., Arnsd.) = Wassermolch. Die eigentliche Eidechse heißt daselbst flischblittala. hedexl. das (Drb.) = Eidechse und Wassermolch. Andere Formen sind: hejdaxl (Henn.) Genau dieselbe Form auch NB. (M.); die hejdechse (Tr.); hodäichse (A., Batz.); hodaiße (A., Rot.); hiädechsl (Rb.) = Eidechse. Der consonantische Anlaut h in den Dialectformen ist organisch. Denn nnl. die haghedisse. von mittelniederländisch der haghe = Dornbusch, worunter das Thier lebt (Wgd. I. 808). Da das Thierchen wie andere unschädliche Wesen, Gegenstand abergläubischer Furcht unter dem Volke ist, ließe sich das Wort auch von mhd. ege, ahd. egi = Furcht, Schrecken herleiten; denn mhd. egedehse neben eidehse; ahd. egidehsa; altnd. egithassa. Dieser Herleitung neigt sich Wgd. I. 418 gleichfalls zu.

hefenkäulelein (hēfakella, Rg., Henn., Gab.) = Buchte.

hefenklößlein, das. Meist Mehrzahl (hēfaklißla, Br.; A., Gießh., Rot., Wich.) = Buchte. Im Egerland nennt man Buchten hefenknödel.

heft, das (Rg., Tr., Grab.) = Nase. Auch schlesisch (Wbd. Btr. 34). SB. (Pr.); hd. heft = Handhabe. Hier ist die Nase gleichsam Handhabe des Gesichtes.

heidelberg, der, Berg bei Hohenelbe. Wohl soviel als Heidelbeerberg.

hejer. der (Henn.) = 1. männliches Schwein. Gedehnte Form zu hér, hâr (siehe daselbst) = männliches Kaninchen. 2. (Hbr.) = Habicht. Vielleicht verwechselt mit der heher = überhaupt häßlich schreiender Waldvogel.

hejla, das (Grab.) = lustiges Mädchen.

heilig (heilich, Henn.; Br.; A., Gießh., Wich.), Bekräftigungspartikel = gewiß, sehr. du wascht dos tippla heilich zeschlên. der heilige Tag (dr hêlche tôg. Rg.) = der Hauptfeiertag zu Weihnachten, Ostern, Pfingsten.

heim (hêm, Rg.; háim, Br., A.) = heim, nach
Hause. of hêmzu? fragt man begrüßend eine Person, die
nach Hause geht.

Verse: 's flůch a Flug zum Fanstr naus,
 A brůch a Bên,
 A kunnt ne hêm;
 Kôm dr âle . . (unvollständig)
 On trůch a hêm;
 A trůch a ai 's âle Glockahaus,
 Flůcha zwê âle Hexa naus;
 Ene fluch of „hêmzu“,
 Dë andre kocht 'n Topfl Lehm zu??
 (Trautenau).

drhême (Rg.); drhäime (A., Br.) = zu Hause. drhême,
drhäime hitta (Rg., Br., A., Gießh., Rok.); hejme hitta
(Tr.) = das Haus hüten.

heimhirte der; a háimhërta (Br.), hêmhërta
(Gab., Wich.) macha = das Haus hüten.

heimlein, das (háimla, hêmla, A., Gießh; hamrla,
Wich.) = schwächliches Kind, hd. heimchen; mhd. der
heime = Hausgrille. Mit grille bezeichnet man auch ein
schwächliches Kind. Mythol. Beziehung. Die Heimchen
gelten als Elben, und war als Seelen ungeborener oder
ungetauft gestorbener „Kinder“ und bilden die Begleitung
der Holle und Berchta (Simr. Myth. 382).

heimlich (hejmlich, Tr.; hêmlich, Gab.; haim-
lich, Gab.; Br.; A., Gießh.) = 1. heimisch, wie in der
Heimat. 2. zahm; die hühner sind háimlich.

heinza, die (Hoh.), Kuhname. Siehe folgendes:

heinze, hênze, hênse (Rg.; Br.) = Ochs, Zugochs,
Stier. heinz ist verstümmelt aus dem Taufnamen Heinrich.
Damit, wie mit Hans (siehe daselbst), benennt man männliche
Thiere. In der Thierfabel heißt der Kater hinz oder
hinze; bairisch und kurhessisch hainz (Schmell. I. 1138);
ebenso Diminut. hainzel = junges männliches Pferd
(Schmell. a. a. O.); schwäbisch das heintschele = junges
Pferd (Schmid 270); schweizerisch der heizel = junges

Stierkalb und heinz = Zugochs (Stalb. II. 30). Vergleiche auch schlesisch das hantschel = Füllen (Whd. Btr. 33). In Tirol heißt der Stier Jousl (Dim. von Josef).

heirat. o dë heirôt gin (Rg., Br.; A., Gießh.); uf de hojert gin (A., Rof.) = die Geliebte besuchen.

ein-heißen (ai-hâißa. A., Gießh.; Br.) = einheizen.

heit, das (Rb.) = Haupt, Kopf (siehe hêt).

hejtsche, die (Hilb.) = Kröte. Vergleiche hêtsche, hutsche und hatschen.

heizeln (Rb.) = die Kinder an den Wangen streicheln. Vergleiche haien, haiern, haizeln. Schlesisch aizen. Von dem Liebkosungslaute ai, ai oder hai, hai.

hêkladienstag (hekladinstich. Wich.) = Dienstag in der Charwoche. Die andern Tage heißen: der blôe Möntich, die krumme Mitwich, der gâle Donstich, der gude Frettich.

hella (Roj.) = Ruf der Hirten. Mehrere Liedchen der Hirten beginnen damit:

Hella hella, raute,
Die Kühe sein 'm Kraute;
's Kalwla git dernäwa;
Die Bucha sein gespâla,
Die Berka sein gewêppelt,
On N. is gezêppelt.   (Rosenthal).

hellauf (Rb.: Rg., Henn., Grab.; A., Gießh., Rof.); hellûf (Rg., Tr., Gab.) = lustig, munter.

hellblau (Rg., Tr., Kriebl.); hellblou (Grab., Gab.) = lustig, munter, schnell. ein tanz (Polka) git hellblau (Tr.); hellblau macha (Tr.) = blauen Montag halten.

helle, die (Rg.; Br.; A.) = Raum auf dem in die Wohnstube reichenden Backofen, auf welchem man über die hellastufflan hinaufsteigt; Winkel zwischen Ofen und Wand: a bettljonga ai de helle jôan (Trb.) = ?; aus dr helle spila (Tr.?) = eine Art Kartenspiel; das Geld liegt inmitten eines auf dem Tische bezeichneten Kreises, auf deſſen Peripherie ſo viele Striche ſenkrecht aufſtehn, als Spieler ſind. Dieſe Striche haben eine Anzahl Querſtriche. Bei jedem Stiche kann man einen Kreuzer um einen Durchſchnittspunkt weiter aus der „Hölle,“ d. i. der innern Kreisfläche herausziehn; hellenbrand (hellabrand, Tr.) = böſer Menſch. In NB. hellbrand und hellbraten = ſchlimmes, ausgelaſſenes Kind. höllisch, hellsch (Rb.; A.; Br.) a hellscher kall = ein ſchlimmer, böſer Junge.

hemdefîz, der (A., Gießh., Roſ., Wich.) == kleines Kind, das im Hembde herumläuft. Es wird von anderen Kindern geneckt durch den Zuruf: hemdefîz, glockaschlîz. Auch ſchleſiſch Kn.

hemdekleßel, der (Br., Roſ.) = Kind, das gern im Hembde ſpielt. Wenn ein Kind im bloßen Hembde vor die Thür tritt, rufen andere ihm zu:

Hemdekleßl, zeich a Rîma,
Gimmr n Bîma
of Hosnrîma. (Roſenthal).

kleßel iſt dasſelbe, was bairiſch das kleißel = kegelförmiges Pferdeglöcklein (Schmell. I. 1340); man vergleiche damit das obige glockenschlîz und das folgende:

hemdeklingel, der (Tr., Gab.); Bedeutung wie die früheren. Reim: Hemdeklëngl, Schûtastengl.... (Gab.); oder Hemdeklingl, Schutaklingl, Napplasejchr, Touwakrejchr (Tr.). So wie kleßel und klingl, ſo dürften auch pamper (ſiehe unter P.) in hempamper gleichbedeutend ſein mit „Glocke“ wegen der Aehnlichkeit der Form und der Bewegung eines frei herabhängenden Kinderhembdes mit der Form und Bewegung einer Glocke. Vgl. SB. zinkkleißel = Glöckchen (Friedrichsthal); egerländiſch klensel = kleines Glöckchen.

hemma, Adv. des Ortes (Komar). Das Correlativ zu demma. Eine directe Ueberſetzung ins hd. iſt nicht gut möglich. NB. himm und dimm (M.) Zuſammengeſetzt aus hie-üm und da-üm. Auch mhd. üm und ümbe neben um und umbe; denn ahd. umbi. Auch in unſerem Dialecte ëm = mhd. um und NB. üm (M.) Am beſten paßte noch die Ueberſetzung mit „in der Krümme“ (Wgb. II. 962).

Denn in NB. (M.) sagt man auch hieuln düm = hinter dem Hause, wohin man nur auf einem gekrümmten Wege, um eine Ecke gebend, gelangen kann. Sonst heißt aber hemma, himm = auf derselben Seite eines Hauses, einer Gasse, wo sich die sprechende Person befindet, demma, dimm = weiter entfernt von diesem Ort, auch ohne daß man dabei um eine Ecke biegen müßte. Wenn die Komarer zum „Wunderbrünnel" nach Kladern gehen, so hört man wohl die Kladerner sagen: De Komarer sein hait hemma of der Wultohrt, während man in Komar sagen müßte: De K. sein 'm Klödrn demma.

hempamper, der. Siehe unter pamper.

hemrt, die (Rg.) = Heimat.

hemmrich. Volksübliche Benennung des Ortes Philippsgrund, zur Gemeinde Buschullersdorf gehörig.

henderwind, d. i. hinterwind, der (A., Ritschka) = Nordostwind, auch polnischer Wind oder Polake genannt.

henkermahlzeit, die (hengrmölst, Br.) = Abschiedsmahlzeit. Ursprünglich das dem zum Henkertode Verurtheilten gewährte letzte reichliche Mahl.

hent (hente, Rg., Arn., Komar, Rz.) = diesen (kommenden) Abend, heute Abend. Im Gegensatze zu nechten = vorige Nacht. NB. hinte (M.) = die folgende Nacht; hente (Hbr.) = die vergangene Nacht. Bei Wgd. I. 791 heint = diese (vorhergegangene oder nächstkommende) Nacht. mhd. hint, gekürzt aus hinet, hinaht; ahd. hinaht aus hin. Demonstrativpronomen; gothisch his, hija, hita = dieser, diese, dieses und naht = Nacht. In unserem Dialecte hört man wohl auch heint = heute, wo n unorganisch eingeschoben erscheint.

henze, der (Rg.) = Stier. Siehe heinz. In der Wetterau rufen die Schäfer ihre Schafe heinz (Weig. I. 791).

her (hia. Ta., Rb., Frd.) der here tag = der Hauptfeiertag an den 3 größten Festen der Kirche. Vergleiche der heilige tag unter heilig.

herbrt, die (Hilb.) = Herberge. herbrich, der (Gräb.) = Herbergsgast, Gast; sie hön herbriche g'kricht;

herwrichsgast, der (Rg., Br., A.) = Mann, meist reisender Handwerksbursche, der anstatt im Wirthshause bei einem Bauer übernachtet.

herd, der (härd, Frb.) = großes Fangnetz zum Vogelfangen. Ursprünglich der Vogelherd selbst.

herde, die (hart, hartla, Gab., Tr.) = große Menge wovon: a ganz hartla kindr (Gab.); 's küst 'n hart kraizr, gilda (Tr.)

herder, die (Rg., Tr., Gab.; Br.; A., Rot.) = kleines Stück von einem feinen Faden von Wolle oder Flachs. Eins mit hd. die hede = Werg. Denn mnl. herde = Flachsfaser; ahd. die herda = Werg. Zu NB. und bair. der har (hoar) = Flachs gehörig.

herla, das. Dim. zu das har (Gab.); a herla wettr gin = ein kleines Stückchen weiter gehn.

herleiche, die (Gr.-A.) = 1. ungeordneter Zug von Menschen. 2. Der Zug des wilden Jägers. Odin wird hier ursprünglich als Führer des Zuges (Heeres) der Einherier gedacht.

herlich (Rg., Gr.-A.; Br.; A., Patz.) = wählerisch, namentlich in Speisen. Redensart: war herlich is, muss viel dorwa (Gr.-A.)

hermannlau, die; Mz. (Laut.); hermanlich (Hilb.); hermlan (Rg.; Br.) = echte Camille. NB. hermannl = die Camille; hermannlthee = der daraus bereitete, den Magen beruhigende Thee (M.) Die Benennung hat wahrscheinlich Beziehung zum Volksaberglauben. Denn schlesisch hermannla = unterirdische Hulden, Heermännchen (An.)

heruse, die (A., Schöd.) = die große Wasserjungfer. Das Wort dürfte eins sein mit hd. hornisse, obwohl dies die bekannte Wespenart bezeichnet. Letztere heißt in NB. hirnse (hinse). heruse und hinse haben den Umlaut gemeinsam, denn e in heruse dürfte gleich sein ë, welches in unserem Dialecte für hd. ü eintritt, so dass die unverstümmelte Form hürnisse lauten müsste. Dieser Form entsprächen allerdings ältere Formen wie hurnuß, bei Fischart hurnauß. Doch bleibt die Ursache des eingetretenen Umlautes räthselhaft. Vergleiche das folgende hernske, die (Drb.) = Horniſſe und

hernsker, der (hernska. Rg., Tr., Gab.) = 1. Waſſerjungfer mit plattgedrücktem großem Kopfe, aus welchem zwei große Augen wie Hornanſätze hervorſtehen. 2. harter, eigenſinniger Kopf. da hôt 'n hernska für sich (Tr.), zurückzuführen auf horn wie hornisse.

hernsl, der (Rg., Gab., Rgß.) = 1. harter Schädel. 2. übertrieben eigenſinniger Kopf, Dickſchädel.

hernze, die (heanza, Br.; hêrnz, Henn., Grab., hêrnze, Rg., Tr.; A., Gießh.) = Horniſſe.

herr, der (Rg.; A.) = der Pfarrer. Auch NB. (M.) In vielen Gegenden wird der Geiſtliche überhaupt herr genannt; bairiſch (Schmell. I. 1162; kurheſſiſch (Vilmar 165); ſchwäbiſch (Schmid 274).

herratscheln und harratscheln (Rg.; Henn., Tr.; Br.) = verwöhnen, verhätſcheln (von Kindern); herratschl (Br., Tr.); herratschala, das (Henn.) = verwöhntes, verzogenes Kind. Vielleicht heißt es urſprüng= lich ſ. v. a. ein Kind „herriſch," über den Stand erziehen.

herrisch (herrsch, Rg., Br.; A.); Redensart: herrsch rêda = die Schriftſprache reden. Auch NB. harrsch rejdn (M.) Daſelbſt ſagt man, wenn ein Dorf= bewohner des Schriftdeutſchen nicht ganz mächtig, hochdeutſch und Dialect durcheinanderwirft: a red't holb harrsch, holb narrsch. Aehnlich bei Schmell. I. 1153: halb herrisch, halb bäurisch, halb leinen, halb schweinen.

herrnmůtschala, das (Hilb., D.=B.) = Marien= käfer; mutschala = „Kälbchen". Denn NB. das mûlei (M.) Kinderſprache = Kuh; mejzl = Kalb, nach dem Laute muh, den die Kuh hervorſtößt. Vergleiche das summer- mêzel (Frb.); summer-karwla, -kalwla (Arns.); hd. sommerkälbchen. In Bezug auf den erſten Theil (herrn) vergleiche auch ſchwäbiſch das herrgottsvogele = Johannis= würmchen (Schmid 275).

herrschlich (Nb.) = ſtolz, herrſchſüchtig.

herzgespan, das (harzgespôn, A., Ritſchka) = 1. Bruſt. 2. Bruſtkrankheit (Beklemmung), wobei es dem

Kranken das Herz zusammenzieht. Der Wunderdoctor mißt beim Behandeln (senn') eines solchen Kranken das harzgespôn. In meiner Heimat nennt man auch die Magengegend das herz (hatze , daher hd. herzgespann = die Pflanze leonurus cardiaca, so benannt, weil die Pflanze gegen das herzgespann oder herzspannen, b. i. den „Magenkrampf" angewandt wurde (Wgd. I. 804). Vergleiche auch das folgende:

herzwurm. der (harzworm, Grab. Auch NB. Petters L. G.) Man sagt: dr harzworm hôt mich besejcht, wenn man ein Brennen (Sodbrennen) im Magen verspürt, so daß einem das Wasser aus dem Munde läuft. Auch bairisch: da herzwurm hot mi ōag'soacht (Schmell. II. 1001).

hessen, die Mz. (Jsgb., Jgspr.) = die starken Flechsen am Hinterlaufe des Hirsches, die beim Biegen ein Dreieck bilden. Bairisch die hass'n, hess'n = Kniebug (Schmell. I. 1175); kurhessisch (Vilmar 153). Dasselbe was die hackse, ahd. hahsa, mhd. hahse = der Kniebug mit seinen Sehnen, besonders an den Hinterbeinen der vierfüßigen Thiere.

hessen (hessa. Rg., Tr., Gab.; hassa, Rg., Kl.-A., Br.; A., Gießh.) = hier außen. NB. hassn (M.) Bei Goethe haußen und vereinzelt hauß: bind't 's Pferd hauß an (der untreue Knabe). mhd. hûze (Ler. I. 1410) aus hie ûze = hier außen. Vergleiche auch hinne.

hêt. das (hêt, Rg., Gab.; hejt, Grab., Henn.; hojt. Br.; hôat. Hilb.) = 1. Kopf, Haupt. Z. B. viel hête, viel sîn (Gr.-A.) Auch NB. hêt (M. Leipa). ês of's hêt gân = eins auf den Kopf versetzen (Leipa). 2. Kohlkopf. krauthêtl NB. (M.); johanneshôatla (Hilb.) = die knollige Fetthenne (Pflanze). 3. (Rg., Hbr.) das senkrechte Holz, vermittelst dessen die Pflugschar an den „gängel" (siehe daselbst) befestigt ist.

hetsch. (Rg., Henn; Br.; A., Gießh.) = neckender Zuruf der Kinder, wobei sie mit dem Zeigefinger der rechten über den der linken oder auch über die Nase fahren. Vergleiche tschusch, gisch, gitsch.

hetsche, die (hetscha. A., Ritſchka; hétsche; hétsche. A., Gießh., Rot., Wich.; hejtsche, Hilb.; hitsch. D.=B.) = Kröte. Sie wird für giſtig gehalten. Bairiſch die hetschen; anſpachiſch die hitsch = die große Gartenkröte (Schmell. I. 1192). Von bairiſch hätschen, hadschn; kurheſſiſch (Vilmar 154) und SB. = einen ſchleppenden, ſchleifenden Gang haben. Wegen der ſchleppenden, ſchwerfälligen, ſchleifenden Bewegung hat die Kröte den Namen. Verwandt mit hätschen ſind auch noch die Ausdrücke: Bairiſch hätscheln (Schmell. I. 1192) und egerländiſch heizeln = auf der Eisbahn hingleiten. Das Wort hétsche = Kröte findet ſich auch in Tirol, der Lauſitz und NB. (M.) Deſſelben Stammes iſt:

hétsche, die (Rg., Hbr.) = Kinderſchlitten aus Brettchen. Von der gleitenden Bewegung. Dafür ſteht ſonſt auch rétsche, rétsch, ritsche, ritsch von rutschen, älterneuhochdeutſch rütschen.

hetschlein, das (hetschla. Rg., Hbr.) = ſchwächliches Thier. Hier zeigt ſich die nahe Verwandtſchaft von hd. hätscheln = verzärteln, was oft bei ſchwächlichen Weſen, kleinen Kindern geſchieht, und hätschen = ſchleppend, ſchwerfällig ſich bewegen.

ein-heuen (aihén, Rg., Gr.=A.) = einheimſen. Die Haupternte in der Baudenwirthſchaft des Rieſengebirges beſteht eben im Einheimſen des „Heues."

heugeſäm. das (Henn.) = faſt ſtaubiger Abfall und Ausfall vom getrockneten Heu, wie er häufig durch die Ritzen der Bretter aus dem obern in den untern Scheunenraum fällt. In SB. die heublum'. Man bereitet daſelbſt auch Thee daraus.

heustange, die (héstange, Tr.) = Wieſbaum, übertr. = langer Menſch.

héwe, die (Br.) = Zugabe an Getreide außer dem Lohne für den Dreſcher.

hi, tschihi, tschehî = Zuruf an das Zugvieh wenn es nach links gehen ſoll.

hiädechsel, die (Rb.) = Eidechſe. Siehe hedax.

hibrin (Rg.; Br.; A.) = jemanden hinwerfen. hd. Form hinbrennen. Man vergleiche damit das Wort hinfeuern = etwas mit Gewalt, Hast hinwerfen.

hiche (Einf.) = jener, dieser. Vergleiche der diche = der da. hiche geht auf das mhd. und ahd. verloren gegangene Pronom. demonstr. (hir. hiu. hiz. Ley. I. 1302) das im gothischen his, hija, hita lauten müßte, aber nur durch den Dat. himma (himma daga = an diesem Tage den Acc. m. hina und neutr. hita vertreten ist. Wie der diche, dëche auf der da-i-ge, so geht hiche auf der hi-i-ge = dieser da, zurück. Ebenso kommt in Rb., Frd. die Nebenform der hichtje = dieser, vor.

hichacha (Rg., Henn.) Interjection = Aufjauchzen der Schnitter, namentlich der Weiber, wenn sie durch die ihnen gemäß der Ortsitte auf das Feld heraus geschickten geistigen Getränken etwas angeheitert sind.

hichern (hichan, Rg., Kl.-A.; Br.; hihern, Tschermna) = kichern. Von dem Laute hi als Wurzel, welcher einen halb unterdrückten hellen Ton darstellt. Daher NB. hickern (hickan, Ott.) Bairisch hichezen, vom Pferd = wiehern; vom Menschen schluchzen. Vergleiche auch das voranstehende hichacha. (Schmell. I. 1042) führt auch noch die Formen hicheln, hichzen, hiechen = schluchzen, wiehern an. Westerwäldisch hicheln = wiehernd lachen (Whd. Btr. 35). Schlesisch hijern (Whd. a. a. O.)

hickern (Grad.) = kichern. Vergleiche hichern. Auch NB. hickern (M.)

hifern (hifan, Rg., Gab., Hbr.; A., Gießh.; hifrn, Grad.) = vor Kälte zittern. Schlesisch hifern, hivern = mit den Zähnen vor Frost klappern, sich schütteln vor Kälte (Whd. Btr. 35); in der Oberlausitz heißt hifern sich vor Frost zusammenducken. Dasselbe bedeutet NB. kifern (kifan. M.) ahd. hiufón; altsächsisch hiuvon; ags. heofan = jammern, klagen.

himlitzen (himlitza, Rg., Tr.) = stark und lang, andauernd donnern, wobei gewöhnlich ein sogenannter Schlag erfolgt. Bairisch himlizen, himelizen = wetterleuchten, blitzen ohne folgenden Donner (Schmell. I. 1112); tirolisch himblitzen; SB. himmlitzen.

himmeln (Grab.); **himman** (Br.; A., Ritſchka)
= ſterben. Bairiſch himmeln, auch himlizen = das
Ausſehen einer Perſon haben, die bald ſterben wird (Schmell.
I. 1112.

himpelbeere, die (Rg.); **himpferbeer** (Hilb.);
= Himbeere.

himmelziege, die (Deutſch-Prausnitz) = ein
Vogel, der im Fliegen ein meckerndes Geſchrei hören läſst.
2. (Wlaſinka). Vergleiche folgende Verſe:

> Estrum. schestrum,
> wu . . . . . .?
> Of a Rudlstâg.
> wa fûrt a hî?
> Dr stieflknâcht.
> Wos wuchs drvone?
> A Peschala Gros.
> Wann gô as denn?
> Dr „Himmlsziecha.“
> Wos gob se denn?
> A Geltvala Melch.
> Wos macht a denn?
> 'n guda Kâs.
> Wâm vrkauft an denn?
> Am grußa Herrn.
> Wos kriecht a denn?
> A Tiechlbên.   (Wlaſinka).

himmelsväterlein, das ('s himmlvôtrla. Rg.,
Gab.), Kinderſprache = Gott. 's himmlvôtrla bêßt. ſagt
man den Kindern, wenn es donnert.

himpern (himpan. A., Schöb.), von Kindern =
weinen. Bairiſch himpezen, himpfezen = vor und nach
dem Weinen ſchluchzen (Schmell. I. 1113).

hinder, die Mz. (Rb.; Rg.) = Hühner. die
hindrhorte (Gab.) = Hühnerſteige. d in hinder unorganiſch eingeſchoben.

hinderstellig (S. H. 187) = rückſtändig, zurückgeblieben.

hindlein, das (hindla. Rg.) = eine Art Pilz.
Nach Pop. 275 ist Lündling (Nordbaiern) dasjelbe, was
hirschling. hirschenschwamm in der Ober-Pfalz = Korallen-
schwamm, corallo fungus, d. i. ein eßbarer knolliger
Schwamm von gelblicher, rother oder weißer Farbe. Das
Wort kommt wohl von hinde = Hirschkuh, besonders wenn
man hirschling (Schmell. I. 1166) dazu hält und man
noch andere nach Thiernamen benannte Pilzarten berücksich-
tigt, wie z. B.: rehling (rillich, Rg.); füchsling
(fëchslich. A.) und das folgende:

hindling, der (hilig, Mz.; hinling, Hilb. Vergleiche
Seite 37 = genießbarer Eierschwamm. Auch in österr. Schlesien
hünling oder hünlich genannt (Pop. 478).

hingern (Rb.); hingan, Rg.; Br.; A.) = hungern.
Wechsel von u und i häufig. Vergleiche schlicken =
schlucken: sichen = suchen.

hinlich und hinelnd (Rb.) = höhnisch, höhnisch
redend.

hinne. Adv. (Rg.; Br.; A.) = hier innen. Vergleiche hassn und hessn.

hinte (Rg.; Br.; A.); hënt (Henn.) = heute
Abend. Vergleiche hent. hënte.

hinten. hinter. Im Rg. Dialecte mit Erweichung
des t: hindn. hindr. drhëntn (Rz.) = dort hinten;
ahënder (Rz.) = nach hinten.

hinternächte. die (Rg., Tschermna) = die
Zwölfnächte. Sonst ender-, indernächte. Siehe unter E.

hinterwertlich (S. H. 298) = von rückwärts;
hinterwärtig (hinderwärtsch, Einf.); hinterwärtlich
(hinderwätlich. Br.; auch NB. M.); hindrwertlich, Tr.)
= von rückwärts, hinter dem Rücken, hinterlistig. ein
hinterwärtlicher mensch.

hjo (Rg., Gab., Henn.; A., Gießh.); djo
(Gießh.; Tr.); tschjo (Henn.); wio (Wichst.); hixtahé
(Grab.); histahé (Henn.); wistahe NB. (M.); hiodi (Tr.)
= Zuruf der Fuhrleute, besonders an Pferde, daß sie
anziehen.

hippel, der (Tr.) = ein Tanz, wobei man auf den Zehen emporhüpft.

hippeln (hippan, Br.) = tanzen. Ein Iterativ zu hüpfen, im Dialecte huppen; also hüppeln.

hippern (hippan, Henn., Grab., Gab.) = kichern. Nebenform zu hihern, hiehern und hickern.

hirsche, die (Grab., Br.) = Kuhname.

hirsche, der (Rg.) = Hirse. Am Faschings= dienstage soll man Hirsebrei essen, damit das ganze Jahr Geld im Hause sei. hie^rsch (Einf.) Redensart: Aus dâm hie_isch wird ouch no kê papp.

hirt, der (herte, Rg., Br.; A.) Da in unseren Gebirgen die Viehzucht einen wichtigen Theil der Landwirth= schaft bildet, so finden sich auch zahlreiche auf das Hirten= leben bezügliche Gebräuche, wie auch Lieder der Hirten. Letztere sind häufig sehr derb. Es sind meist Neckereien, die ein Hirtenknabe dem andern zusingt. Vergleiche die Verse Seite 111: Brî, toirla, brî; Seite 128: Peter on Paul; ferner unter H: Hella, hella, raute. Hier mögen noch folgende Platz finden:

Eitreiwa,
Brut schneida,
Butter stecha,
Kase reiwa.
Molka soppa,
Ei's Bette hoppa.
Juchi! meine Muttr sucht mich.
Do wat se mich wûl fênda
Wat se mich wûl schenda (aus zanten o. schinden)?
Wat se mich bem Lâwa lôn,
Wan mr manne Baba hôn.

(Adlergebirge, Schöbewy).

Juchallaho!
Koch Flêsch on Kellan drô;
Flêsch on Kellan ne allêne,
Den N. N. mit am Bêne.

(Trautenb|ach).

Hoda,
Aïm Schoda,
Wu enne?
Wu drenne?
Ai N.'s Hower!
Dr N. nôm a Soppatóp
On hieb 'm Hërta em a Kôp.
Olle Scherwe klonga,
Olle Herta songa. (Gabersdorf).

hitsch, die (D.-B.) = Kröte. Vergleiche hëtsche.

hitschel, das (Ta.) = Fußbänkchen. Sonst im Rg. ritsche. hitschel, eigentlich hütschel zu schreiben, gehört zu NB. hutschen = sitzen, sitzen bleiben (M.) und hätschen (Rg.; Br.; A.; siehe daselbst); der Bedeutung nach allerdings entfernter auch zu SB. bairisch hatschen, hätschen. In NB. heißt die hütsche (hitsche, M.) = eine Vorrichtung, welche man beim Spinnen benöthigt. Sie besteht aus einem flachen Brettchen, auf welchem die Spinnerin sitzt (hutscht); an dem einen Ende desselben steckt ein senkrecht im Brettchen befestigter, oben spitziger Stab, an welchem der zu spinnende Flachs (Rocken) befestigt wird.

hochzeit, die. Dialectformen: huxt (Ta.); hûgst (Rz.; A.); huchzᵃt (Hbr.); huchzʳt (Henn.; Redensart: a is beschissn wie a huxthund = er ist schmutzig (Einf.) Die Gebräuche dabei, wie sie sonst üblich waren, sind wohl meist ziemlich verschwunden. Hieher gehörige termini sind: die zusage (Rg.) oder die versprechnis (Rg., A., Schöb.) = Verlobung; die bettfrau (Trb.); zechtfrau (A., Deschn.) und die jungfer sitzen zur Seite der braut beim Hochzeitsmahle; die kleinbraut = Pseudobraut. Wenn der Bräutigam mit dem brautführer die Braut aus ihrem elterlichen Hause abholt, wird ihm ein kleines Mädchen scherzweise als solche vorgeführt. die altbraut (Pilsdorf) ist gleichfalls die falsche Braut, oft eine Magd, die sich für die Braut ausgiebt, eine unanständige Leibesform aufweisend, und erst gegen eine Entschädigung von ihren Forderungen absteht; der druschba, druschbe (Pilsdorf), druschma (Trb.), brautdiener (Kl.-A.), plampatsch (Rg.) ist der Hochzeitsbitter, Ordner des Hochzeitszuges,

Lustigmacher, kurz der Ceremonienmeister während der Fest=
lichkeit. In Pilsdorf heißt er auch altbrautführer, weil
er die altbraut zur Kirche führt; die kranzeljungfern
sind die Ehrendamen der Braut: die jungferburschen die
Begleiter der letzteren beim Hochzeitszuge. Am Tage nach
der Hochzeit wird der bauerroth auf dem brautfuder
in das Haus des Bräutigams gebracht. Die Alten gehn
meist ins ausgedinge.

hocke, die (Rg.) = 1. Holzgestell als Rückentrage.
(gebërgshocke), entsprechend der buckelkraxe (buglkraxn)
in den Alpenländern. 2. (Rb. Frd., A.) — eine zusammen=
gebundene Traglast. Z. B. ein Bündel Holz, Reisig u a. m.
Scherzhafte Alliteration: Hinter Hennrich Heinrichs
Hause hiengen hundert Hocken Hasen (Göbe bei Frd.)
3. ein durch ein zusammengeschlagenes Tuch hergestelltes
Bündel mit Inhalt, das man am Arme oder auch auf dem
Rücken tragen kann. In dieser Bedeutung auch NB. (M.)
4. (huck. Weig.) = jede Rückentraglast. 5. (Weig.) =
Höcker, namentlich das bauschige Abstehen des Hemdes oder
eines Kleides vom Körper. 's hemd macht 'n huck. 6.
(Rg., Gab.; Br.: A., Gießh., Wich.) = Hosenträger.
Meist Mehrzahl die hocka. 7. (die hucke. Gießh.) =
verächtlich, Gesindel. dos is 'n hucke. Redensarten: die
hocke söt assa (A., Ritschka) = sich tüchtig anessen; sich
die hucke vul lacha (Rg.; Br.) = aus vollem Halse
lachen. Hier erscheint hucke = Rücken (als Träger einer
Bürde). Vergleiche sich den Buckel voll lachen. hocke=
salz tragen (Rb.; Rg.; Br.; A.) = ein Kind auf dem
Rücken tragen (wie eine Hocke Salz). Auch hockasackl
(Löskr.); hockakuftla (A.) tragen. hocke und hocke=
salz; schlesisch (Whd. Btr. 36) hucke = Rücken (Wgd.
I. 832). Die eigentliche Bedeutung von hocke, hucke =
sich biegender und so lasttragender Theil des Körpers von
hocken. nd. huken = sich krümmen, sich zusammenbiegen.
hockesalz entspricht hd. huckepack. Hieher gehören noch:

auf-hocken (ûf-hucka, ûfhuckn) = sich auf den
Rücken setzen; in einigen Gegenden auch von dem Bespringen
der Kuh durch den Stier gebraucht; aufhockmännlein
(Rg.) = gespenstisches Wesen; (Henn. = Tod), das den
Nachtwanderern auf den Rücken springt und sie ängstigt.

hockern (Rb.) = mit Mühe gekrümmt auf dem Boden kauern.

hodáichse, die, und hodaxl, die; siehe hêdax.

hodaus (Rg., Hbr., Tr., Gab., hodaus, hodaus, ho!) = Hirtenruf beim Austreiben des Viehes. Ebenso: honaus (Parsch.); horaus (Br., Wichst.); loraus (Henn.)

hodei, horei (Rg., Parsch.); Ruf beim Eintreiben des Viehes: hodei, hodei, ho! (Hbr.); holei (Grab.); lorei, lolei (Henn., A., Gießh.) Während des Hütens rufen die Hirten dem Vieh zu: weida, weida, d. i. weide (Hbr.)

hoferait, das (A., Deschnai); hoferâicht, das (A., Sattel) = Ständchen, das man der Braut am Vorabende des Hochzeitstages bringt. mhd. hoverêcht = Musik, welche irgend einer Person zu Ehren gemacht wird. (Jus curiale buccinatorum, quo fruebantur olim in nuptiis et conviviis privatorum, et beneficio principis). (Lex. I. 1365); bairisch hofrecht. „Die hl. Jungfrau Cäcilia schlägt dem himmlischen Bräutigam das hofrecht. Epithalam. Marianum von 1659 (Schmell. I. 1060).

hojaxla, das (Hilb.); siehe hêdax.

hôkern, (hôkan, Rg.; Br.; A.) = schlecht schreiben. Solche Leute, die nicht recht mit der Feder umgehen können, schreiben in der langsam, mühsam. Daher hôkrn (Henn.) = lange an einer Arbeit machen. Hängt es zusammen mit höcker, höckerig, so daß es hieße: höckerige, also nicht regelmäßige Buchstabenformen zuwege bringen? In NB. sagt man aber von einem, der unschöne Buchstabenformen macht: da macht odr houkn = Haken.

hökern (Rg.?) = klettern. Zu höcker = Rückenerhöhung, gekrümmter Rücken gehörig. Denn beim Klettern z. B. auf einen Baum wird durch das Nachziehen der Beine eine Rückenkrümmung des Kletternden erzeugt. Also eigentlich höckern, als Iterativ zu hocken = „zusammengezogenen Leibes, krumm dasitzen"; denn diese Krümmung des Rückens wiederholt sich beim Klettern. NB. hejkan (M.)

hôle, die (Rg., Tr., Hbr., Gab., Br.) = 1. tief eingeschnittener Fahrweg, Thalvertiefung. Auch NB. houle

(M.) = 2. (Grab.) = Keller. Eigentlich wohl zunächst „Höhlung" an einem Bergabhange.

holkrähe, die (hôlkrôwe. A., Sattel; krôe. Schöb.) = Schwarzspecht. Auch SB. (bairischer Dialect) die hûlhrôⁿ; bairisch die holkrâ. holkrän (Schmell. I. 1083). Der Vogel gilt im Volksglauben als Wetter=prophet. Sein Schreien verkündet Regen (Sattel).

hölle, die, siehe helle.

hollen, die, Mz. (holla, Tr.) = die aus gebogenen Stäben bestehende rechenförmige Vorrichtung an der Sense des Getreidemähers, vermittelst deren er das abgehauene Getreide sofort als gelege auf den Stoppel wirft. holla, hollen ist wahrscheinlich gleichzusetzen einem bairischen holben (= halben). Bairisch der und die halb, helben (holben) bedeutet eigentlich den „Stiel" einer Art; mhd. halp, die „Stemmleiste" am Wagen, die auch meist gebogen ist. Mehrere solcher gebogener Stiele (holben), die allerdings schwächer sind, bilden die oben erwähnte Vorrichtung.

hollern (hollan. Rg., Tr., Weig., Gab.) = 1. dumpf erschallen von Tritten, von dem Lodern des Feuers und vom rollenden Donner. 2. von der Hitze im Zimmer: es ist so warm, dass es hollert. Wie SB. und bairisch wächeln (wachln): es ist wachelwarm (Schmell. II. 833). hollern ist ein Iterativ zu hallen mit Verdumpfung des Stammselbstlautes, wodurch das dumpfe Geräusch ver=anschaulicht wird.

holster, der. Meist Mz. die holstern (hulstan, Rg; Br.) = Buckel, buckelige Erhebung; holsterig = hd. holperig. NB. hulstich, d. i. holsterich. Solche holstern entstehen, wenn zusammengetretener Koth plötzlich friert, so dass der Weg mit vielen Erhöhungen und Vertiefungen versehen ist. holstern (holstan. Tr.) heißen auch die Wirbelknochen des Rückgrates.

holte, der, die, das (Einf.) = dieser, diese, dieses; der, die, das da.

holz. zu holze ziehen (Jsgb., Jgspr.) = vom Hochwilde, das einwechselt; zu holze schießen = ein Wild schlecht anschießen, schlecht treffen; knieholz = Krüppelholz.

verkrüppeltes niedriges Holz, namentlich der Kiefern auf den höchsten Theilen des Riesengebirges. Unholde, wie der Trautenauer Stollstaffla, werden ins Knieholz verbannt; Unholdinnen, Heren varn ze holze (mhd.), denn dort ist der ihnen gebürende Aufenthaltsort.

hôpi, hopâ oder haupî, haupî (A., Schöb.); houpa, houpa (D.=B.) Damit beginnen Wiegenlieder. Von slavisch houpati = schaukeln. Einige solcher Wiegenlieder sind:

Hôpi. hopâ!
De Bërna sein gâl,
De Aeppl sein grün,
De Màidlan sein schin,
De Jonga sein fette,
De macha ai 's Bette;
Ai sîwa Jârn,
Bis ûrich (unter) die Arn (Erben), *)
Ai sîwa Wocha
Bis urich de Knocha,
Do komma de bimschâ Bauan gefohrn.
De missa de Jonga aus 'm Drecke rausschörn;
De Gowel zerbrecht,
De Schaffel bleit stecka,
Do missa de Jonga
'm Mëste drstecka. (Adlergebirge, Schöbewy).

Haupî, haupî!
Der Kotze thut der Bauch wieh!
Schëndlnaz sol noch Larwan gîn.
A gienge zo dr Ziecha,
Dert kund' a kêne kriecha;
Do gieng a zom Bocke,
Dert kriecht ar 'n ganze Hocke,
A schutt se ai a hohla Wâig,
Dert klaut a de besta raus
On machte der Kotza a Pappla draus.
(Adlergebirge, Schöbewy).

*) Anmerkung: In Kitschka heißen diese 2 Verse:
Ai siwa Johrn
Bis ubich die Ohrn.

Houpa, houpa, Vilakrô,
Kommt a Kroh un reißt mejch rô;
Sperrt mejch ins Kammerla ai,
Gibt mir Schmejta un Sammerlich nai.
Schmejta un Sammerlich môg ejch net,
Fisch un Vigl hob ejch net.

(Deutſch=Biela).

hoppepferd, das (hoppapfâd und houpapfâd, Rg.; hupp-fâd. Henn.; A., Gießh., Rot.) = grüne Heuſchrecke, Laubheuſchrecke. In NB. heißt ſie auch der grashüpfer (groshipplich. M.) Mit Heuhüpfer muſs man auch „heuschrecke" überſetzen, da ſchrecke zurückgeht auf ein ahd. scricchan = auf, in die Höhe ſpringen.

hoppetasich. Adj. (Grad., Henn.) = angeheitert. Oeſterreichiſch heißt hopataschi = ſtolz, hochmüthig, unzugänglich (Caſtelli Wtb. 171). SB. hoppadatschet = zimperlich (Prach.) Nur die bei Schmell. I. 1142 angeführte Redensart hopps ſein = berauſcht, närriſch, ſtimmt einigermaſſen mit NB. hoppetasich.

höpplich, der (Br.) = Laubheuſchrecke. Von md. hoppen = hüpfen.

horand, der (Raſpenau) = Spectakel, Lärm. horand verführen = Lärm machen.

hori (Rb.) = Hirtenruf. Vergleiche hodei, horei (Rg.). Hirtenlied im Friedländer Dialecte:

Hóri, weide, Blosse!
Wos rumplt of der Gosse?
Wos rumplt of der Bierebank?
Dan Hirtn wird de Zeit zu lang.
Eitreiben, Brutschneidn,
Kase frassn, Butter stechn,
Molke soppm,
Mit dr Mojd ais Bette hoppm.

horn? (Göbe bei Frdl.); dr klejne Horn hott über 'n grußn g'sojt: Wenn 'ch wär wie du, ich ließ derfriern 's Kolb ai dr Kuh (Göbe bei Friedland).

hörnlein (hernla, Rg.; Br.; A.) = hornförmiges kleines weißes Gebäck, Kipfel.

hörnleinmeise, die (hernlamēse, Weig.) = Krönchenmeise. Schleüsch krejndlmejse (Kn.)

horte, die (hort, Henn.; horte, Gab.; harte, A., Rok.: hatte, Br.) = 1. einem Käfige ähnlicher Pferch. käsehatte (Br.), zum Trocknen der Käse, auch quarglbauer genannt; hindrhorte (Gab.); 2. Flechtwerk oder gitter= ähnliches Gestell aus Holzstäben, auf welchem Backobst ge= trocknet wird. Auch NB. hütte (M.) Bairisch heißt der hurd f. v. a. hürde, d. i. bewegliche Wand aus „Flecht= werk" (Schmell. I. 1160). Daher hält es (Wgd. I. 839) zu lateinisch crates mit Versetzung des r: schweizerisch die hurd = Lager zum Aufbewahren des Obstes, Pferch. (Stald. II. 64).

hoschkerlein, das (hoschkerla, Rg.) = Ferkel. Stämme wie hasch, hosch, heusch, hisch scheinen etwas Junges zu bedeuten. Vergleiche bairisch=österreichisch ein armes hascherl = schwächliches Kind (Schmell. I. 1184); In Ober=Schwaben der heuschel = Füllen (Schmell. I. 1184); NB. das hischel (M.) = das junge Gänschen, so lange es noch gelbe Federn hat. Slavisch hoch und Dim. hošik = Knabe, wären gleichfalls zur Vergleichung heran= zuziehen. Ebenso das folgende:

hosch-mutter, die (A., Ritschka) = Hebamme. Oder gehört es zu huschen = ein Kind hin= und her= schwingend zur Ruhe bringen? 𝔷…

hose, die: pfaffenhose (pfoffahosa, Mz., Grulich, Wich.) = Frühlingsschlüsselblume.

hosenkafter, der (A., Gießh.) = Holenlatz an der bäuerlichen Lederhose. NB. hosenthürel (housntinnl, M.)

hosen. Zeitwort; bairisch hossen = aus dem Hause gehen; außer dem Hause herumgehen (Schmell. I. 1181); mhd. hossen = schnell laufen (Ler. I. 1345). Dazu gehört unser NB. verhost (Rg.; Göße); verhoust (Frd., M.) = verwirrt, verrückt, verstimmt, schlecht aufgelegt. In Frd. heißt verhoust sein = nicht mehr weiter können. verhost oder verhosst heißt also eigentlich durch schnelles Laufen „außer Athem, außer sich, in Verwirrung, in einen unbehaglichen Zustand" gebracht.

hossen, die. Mz. (hossa, Parsch.) = Oberschenkel.
Bairisch hass'n und hess'n (Schmell. I. 1175) = Kniebug.
Vgl. hessen im alphabetischen Verzeichnisse, welches gleich-
bedeutend ist mit hachsen.

hôtscherig (hôtscherich. Arns.) = weich,
schwammig. Vom Menschen, nicht muskulös. Bairisch
hetschen = schwanken, schaukeln, besonders vom Sumpfboden. Verwandt damit sind die Wörter, die eine nachlässig
schwankende Bewegung des Gehens bezeichnen, z. B. bairisch
hadschen; NB. hätschen; schweizerisch hôdschen (Stalb.
II. 52).

hott. Zuruf an das Zugvieh, wenn es nach rechts
gehen soll. Daher in der Kindersprache:

hotte. die (Rg.): das hottej (Tr., Br.); das hotto
(Tr.) Dimin. das hottla (Hbr.) = Pferd.

hu (Nz.) = nein. Siehe die Partikel.

hübel. der (hibl: Rg.; Br.; A.; hujbl D.-B.)
= Hügel. In ganz Mitteldeutschland verbreitet. Das
Wort hügel ist in der Schriftsprache erst seit Luther gebräuchlich
und ist durch Eintritt von g für v aus mhd. huvel =
kleine Erderhöhung. Daneben ist noch hd. das Wort bühel,
bühl. Wgd. I. sagt über die Etymologie des Wortes hühel
Folgendes: mhd. der hübel, md. der hubel, hobel, huvel
ist einer Abstammung mit mhd. hover (Wgd. I. 833, 831).
Dieses hover aber bedeutet auch höcker und stimmt der
Lautverschiebung gemäß mit littauisch Kupra = Rücken-
auswuchs (Wgd. I. 818, 819). bühel geht zurück auf mhd.
bühel; ahd. buhil, puhil. Dunklen Ursprunges (Wgd. I. 283).
Ich halte es für genügend, darauf hinzuweisen, daß hub
in md. hubel, mhd. hüebel der Lautverschiebung gemäß zu
dem lateinischen Stamme cap in caput gehört, welcher
Stamm in vielen deutschen Wörtern wiederkehrt; so in kopf,
kuppe. koppe. NB. bairisch gupf und daß es eine Ableitung
mit il ist, woraus sich der Umlaut erklärt. Bei bühl möchte
ich ganz einfach Lautumstellung annehmen. hübel kommt in
Ortsnamen vielfach vor: Gießhübel im Adlergebirge;
Krummhübel auf der schlesischen Seite des Riesengebirges;
Gießhübel bei Karlsbad; im Egerland heißen die beiden
Vulkane im Dialect Kammerhübel und Eisenhübel.

bühnlein. das (hinla, Freib.) = Pflanze, Lerchen=
sporn.

hühnleingeier (hujlageier, D.=B.; hinlageier,
Br.; A., Rot., Wich.) = Habicht; hinlageier (A., Gießh.)
= ausgelassenes, vorwitziges Kind.

hujen (huja, Kriebl.) == warten.

hummelochse. der (üchse. Tr.) = Zuchtstier;
Mensch, der viel ißt. In Schwaben und dem Eichstädtischen
der hummel = der Zuchtstier (Schmell. I. 1112); kur=
hessisch hommen. hummen = brummen, brüllen. Vgl. in
unserm Dialect der bremmer = Brummer, Zuchtstier.

hummlich (Laut.) = 1. begierig nach etwas. Das
heißt, das Ersehnte begierig umschwärmend, wie eine „Hummel"
oder Biene den mit Honig gefüllten Blütenkelch einer Blume?
(Rgb.) = zornig.

hund. büschhündl Mz. (Göbe) = die den wilden
Jäger begleitenden Hunde. hundsloden. die. Mz. (hunds=
löda. Rg.; A.; londa Br.) = Hundsbaare. In NB.
hundsloudn kriehn (M.) = derb ausgezankt werden.

hunda (Rg.) = hier unten. Vgl. dunda; hessa,
dessa.

huntschel. das (Ta.) = eine Art Kartoffel von
gekrümmter Form.

hunzen (hunza, Hbr., Grad.) = wie einen Hund
plagen Ebenso remhunza; vrhunza = verderben (etwas).

hurtig. Adj. (hattich, Hbr.); sonst hortich (Rg.;
Br.; A.); hortsch (Frbl.) = schnell, hurtig. In meiner
Heimat (NB., M.) würde man hurtig nie gebrauchen, sondern
g'schwinde gebrauchen.

hus. husla (Hbr.); hus. hus (Henn.) = Lockruf
auf Gänse das hussla oder hussala (Hob., Grul.);
husserle (Lbsfr.); huschlich (Rb.); huschel (Grad.);
NB. hischl (M.) = gelbflaumiges Gänschen.

huschel. die (Weig.) = Schaufel. huscheln
(huschan. Weig., Henn.) = schaufeln. Vgl. huschen ein
Kind = es auf den Armen schaufelnd einschläfern, wobei
man singt: husch, husch. wie in dem Wiegenliede:

Eins, zwei, drei, vier, fünf, sechs, sieben,
Ich muss bei der Wiege stehn;
Ich muss singen: Husch, husch, husch.
Kleiner Nëckl hil de Gusch.   (Altstadt).

hd. huschen heißt „äußerst leicht und unbemerkt sich fort=
bewegen" (Wgd. I. 840). Hieher gehört auch

huscheln (huschan, Hbr.) = schnell schaukelnd sich
überstürzen. Ebenso

huscherich (Drb.) = überstürzt, überrascht.

huschlig (hüschlich, Rg., Tr., Gab.; A., Rof.;
Br.) = flüchtig, oberflächlich in der Arbeit.

hust, der (Rg., Br.; A., Gießh.) = Husten. Auch
NB. (M.) und schlesisch (Whd. Btr. 38).

hut, hut (Henn.) = Ruf, um Gänse zu verjagen.

hutsch, hutsche, die (Rg., Gab., Weig., Trb.,
Drb.; Grab., Br., Roj.) = Kröte. Vgl. hëtsche. Schlesisch
hütschen = schleppend gehen (Whd. Btr. 33). In NB.
hutscheln, von Kindern = ruhig sitzen bleiben; ursprünglich
wohl nach Kinderart sich auf dem Hintern mühsam fortbewegen.
Vgl. Folgendes:

hutschel, die (Hilb.) = Schaukeln; hutscheln
(hutschal, Hilb.) = schaukeln.

hutschepferd, das (wo?) = Schaukelpferd.

hutschpudel, der (Rb.) = verwirrter Mensch.

hütschlein (hitschla, Rg.) = 1. Dreifuß als
Basis des Reckenstockes; 2. Kinderbänkchen. Siehe hitschel.

hütte, die (Rg., Br.; A., Rb.) = Abort. hëtte
(Gießh.) Auf dem Lande gewöhnlich abseits vom Hause
wie eine selbständige Hütte stehend.

huttiche, die (Tr., Arns.); die huttich (Henn.);
die hüttich (Welhotta); die huttche (Göhe) = Hutung,
Weideplatz.

huzel, die = gedörrte Birne. hutzel, hotzel bei
Wgd. I. 842; mundartlich; NB. hûzl (M.); schlesisch hôzel
(Whd. Btr. 37); fränkisch, oberpfälzisch hûzel; Bairisch

hutzel (Schmell. I. 1195); schwäbisch huzzel (Schmid 293); mhd. hützel. hutzel (Lex. I. 1410). Ein, wie man sieht, weitverbreitetes Wort, so daß ich vermuthe, daß es auch im Rg.; Br.; A. bekannt ist; gemeldet wurde mir nur: verhôzelt und verhûzelt (Grad.; A., Gießh., Wich.) = verdorben, von dem Zeitworte verhuzeln = verderben. In NB. heißt verhûzelt auch „eingeschrumpft;" bei Semmeln, wenn ihre Form durch Zusammenstoßen im Backofen verdorben worden ist.

J.

J wird im Dialecte von Reichenberg (Rb.) und Deutsch-Biela (D.=B.) andern Vocalen vorgeschlagen (präjotiert). Z. B. iächn (Rb.) = eggen; iä (Rb.) = Ei. Auch im Inlaute findet dieser Vorgang statt: giälehe (Rb.); kiou, bioub (D.=B.) Diese Erscheinung findet sich auch hin und wieder in dem fränkisch-oberpfälzischen Dialecte des Egerlandes, wo Jagha (Schmeller würde schreiben Jeghe) = Eger; iasl (iesl) = Esel.

ja. bejahende Partikel. Häufig verdoppelt: jójö (Rg.); i nu jójö, wenn man in kräftiger Weise seine Zustimmung zu dem Gesagten ausdrücken will. Dagegen sind: jújü (Rb.); i jújü (Ta. Rb.); jah nê (Arnš.); nëäná (Tr.) und jóäné (Henn.) starke Verneinungen. Ebenso NB. i jújü (M.) = ei, Gott bewahre.

jachandelbeere. die (Rg.); jochänelbeere (Gr.=Vor.); jachanelbeere (Rg., Arnš.; Rb., Frbl.); jachelbeere (Br.); jochandlbeere (Tr.); jochondlbeere (Henn.) = Wachholderbeere.

jachandelsaft, der = der daraus bereitete Saft, der zum Würzen des Fleisches und gegen Husten verwendet wird.

jachandern (Grad.); jachaidern (rĕm-jachaidan, A., Wid.) = sich herumtreiben, eilig laufen. Eine Fort=
bildung zu jechen, jagen. Vgl. das folgende:

jachtern (jochtan, A., Gießh.) = jagen (transitiv und intransitiv). jachtern und juchtern führt auch Schmell. I. 1200 an. Es sind Intensiva zu jagen. Vgl. auch schlesisch jechen (Whd. Btr. 38); ebenso NB. (M.) = jagen.

jachzen, jechzen (jachza, jechza, Weig., Henn., Grad.) = transitiv jagen, durch Jagen in die Hitze bringen. drjachzt (Weig., Henn.), drjechzt (Weig., Grad.) sein = recht erhitzt sein, namentlich von starkem Laufen der Kinder beim sogenannten Joalasspiele.

jagd, die (jort, Gab.) = Lärm, Spectakel der Kinder. Auch NB. juat: die kinda honn ödr an juat = machen großen Lärm.

jacker, der (Hilb.) = Männerjacke. NB. der janker. Von französisch jaque: italienisch giaco = kurzer Oberrock der Kriegsleute (Wgd. I. 868).

jagen (jogn, Hilb.; jorn, joan, Rg., join, Br.; jen, A., Gießh., Wid., Rof.) = 1. wie hd. jagen; Lâsla jén (Rof.); ein Kinderspiel

auf-jähren (ûf-jén, ûf-joan, ûfjejn) = auftreiben, bläßen (von Mehlspeisen); auftreiben. die hefe jét a tĕg ûf (Gießh.); 's wossr jét mich ûf (Henn.) = es bläßt mich. ûfgejort sein (Rgh., Tr., Grad.) = aufgedunsen, krankhaft geschwollen sein (z. B. infolge der Wassersucht). Dieses jähren, historisch richtig jären, jéren (h ist bloß Dehnungszeichen) ist das schwach biegende Factitivum ahd. jerjan, gerjan = gähren machen zu dem ahd. Intranf. jesen, gesen; mhd. jern, gern; nhd. gähren.

jageles spielen (joalas spila, Tr.) = Kinderspiel, wobei sich die Kinder laufend verfolgen. Auch fanglas spila. Zu beachten die Endung as. Sie ist genetivisch: nom. joala, fangla; Gen. joalas, fanglas = Jagens, Fangens spielen. Das l in den Wörter ist Diminutivelement. Vgl. (Whd. Df. 133).

jahr. jährig (jährich. Br.) jährlich (Rg., A.)
werden = 's wird jährlich = es wird ein Jahr, seit
etwas geschehen ist. die jahre (jûre. Rb. und NB. (M.)
= sonst, in den verflossenen Jahren. In einem Gedichte
im Rb. Dialect = „Die alten Zeiten" beginnt jede Strophe
mit: die Juhre. Z. B. Die Juhre wor's of Ardn rächt
gemüthlich u. s. f.; zu jûre = künftiges Jahr.

aus-jän (jên A., Ritschka); bei der (einer
Schwangeren) wird's bald ausjén = sie wird bald nieder-
kommen.

jasch. der (Hmä.); jascht (Rg., Gab.; A. Gießb.,
Rot., Wich.); jesch (Hbr.); jersch (Tr., Hmä.) jerscht
(Tr., Hbr.); jest (S. H. 298) = Schaum, Gischt. Gehört
wie hd. gischt zu ahd. jesen. beziehungsweise zu dessen
Praet. ahd. und mhd. ich jas = gähre. Dazu dürfte
auch gehören:

dr-jäsa (A., Ritschka) = schwammig infolge fau-
liger Gährung bei lange liegenden Gurken, Kartoffeln u. s. w.
Dieses dr-jäsa scheint das zweite Mittelwort zu einem Verbum
jäsen (jâsa). ahd. und mhd. jesen zu sein.

jast, der (S. H. 118) = Eile, Hast, Aufgeregtheit.
In NB. nennt man unreifes, gewissermassen noch in der
Gährung befindliches junges Volk, Kinder jascht (M.);
schweizerisch jast = Gischt, Gährung (Stald. II. 74);
rheinpfälzisch jast, wie oben (Schmell. 1211); kurhessisch
jirsch (Vilmar 184).

jäten (jäta) = 1. (Tr.) den Teig kneten, Kraut
einstmapsen; 2. (Rg., Tr., Hbr.; Br.; A., Gießb.) =
a) langsam schleppend gehen, durch den Koth kneten. das
gejät, gejäte (Henn., Gießb.) = langsames Gehen. dr
hät a gejäte; b) dorchjäta = durchprügeln. 1 und 2 a,
scheinen übertragene Bedeutungen zu sein von hd. jäten =
durch Ausziehen des Unkrautes reinigen, indem man mehr
an die langsame, schwerfällige Fortbewegung jätender Menschen
denkt. Was die Bedeutung b) anbelangt, vgl. juchteln.

jauern (jauan. Rg., Gab., Weig., Tr.) = besonders
von Katzen = klägliche Laute von sich geben. In NB. (M.)
von Katzen und Kindern.

jauken (Hilb.) = 1. jauchzen. 2. schnell laufen,
besonders um jemand zu erhaschen. NB. und bairisch
jauken, jaugken, tranf. = stark antreiben; Intranf. schnell
fahren (Schmell. I. 1205); SB. auch ausgelassen umherlaufen, rennen. Kinder haben ein gejängk.

jëcht, die (A., Ritschka) = Gicht. Auch NB.
jicht (M.)

jëkerla (Rg.; Br.; A.) Interjection zum Ausdrucke
des Erstaunens. Sonstige Formen: jëkerlas, jokalas
(Weig.); jëkersch, o jëkersch (Gießh.); jëkerlasnë.
jëkerschnëocka (Tr.); jëkerschnäiocka (Gießh.); jëko-
lastumnëa (Henn.); jëkerschminenei (Gießh.); jëmersch-
nëogla (Rg.); jokalasrein oder O Maria jokalasrein
(Tr., Hbr.)

jener, jenes, zusammengezogen in jerr (Rb.) und
jess (Rg.; A.) jene woche (jejn wuch nim, Freib.) =
die zweitnächste folgende Woche; auch andre woche, die
zunächst folgende heißt die neue woche; dagegen bei tag
und jahr; jenen tog (jenntog. Rg.; Br.; A.) = vorgestern,
und jenes jahr (jess jûr) = das dem verflossenen Jahre
vorangegangene; jenesmal (jessmöl, Rb.) = damals. NB.
jejmou (M.)

jërla, das (Rg.; Rb.) = ein zornig aufbrausender
Mensch, den man zum Besten hält. Redensart: a jërla o
jëmanda hôn (Rg., Rb.) = jemanden zum Narren halten;
a wurd a jërla (Rg.) = er fuhr böse auf. fërla, gërla
(A.) = ausgelassener Knabe. Vgl. unter tirl. gërla wahrscheinlich dasselbe wie jërla = Brausekopf, im Zorne leicht
aufschäumender Mensch. Von jeren (siehe jähren), gähren
= schäumend aufbrausen.

jippen (jippa, Rg., Tschermna) = unter einer
schweren Last seufzen. Bei Wgd. I. 871 jappen = den
Mund aufsperren, mühsam athmen. Letzteres von nd. clerisch
gapen = gähnen. Unser jippen entspricht mit Lautverhärtung einem ältern giben (Vgl. gibsen unter g); und
heißt dasselbe was gapen und jappen.

jittern (Rb.) = nöthigen, durch fortwährendes
Bitten peinigen; jittr 'n ock nê su = nöthige ihn doch nicht so.

ilm, die (Laut.); auch **jilm** = Ulme. **ilme** auch
NB. (M.)

ilster, das (Henn.; Br., Ott., Gießh., Wich.) =
Iltis; auch Spottname für altes Weib. Siehe **elster.**

immich (Rg., Gab., Henn.) = inwendig.

impfel, das (Ta.); **nottrimpfl** = graue Eidechse.
Sie gilt im Volksglauben als das Weibchen der Natter.
nottrimpfl ist s. v. a. natterjüngferlein. Dim. (A., Gießh.)
nottrjimpfrla. Daselbst hält man sie für giftig und man
warnt Kinder, die barfuß in den Wald gehen, mit den
Worten: 's nottrjimpfrla könnt beißa.

inda, inna (D.-B.) = immer.

indelt, das (indlt, Henn., Br.); **endlt** (A., Gießh.
Baß.) = Inlake d. i. der erste Ueberzug über die Bettfedern,'
worüber dann noch die ziehe kommt. Das d ist unorganisch,
denn NB. das inlt (M.). In der hd. Umgangssprache die
inlette. Zusammengesetzt aus in und dem stark corrumpierten
leintuch, wetterauisch leituch. Indem von tuch bloß t
zurückbleibt, entsteht inleint, inleit und daraus durch weitere
Abschwächung inlet. inlt, endlich indlt. Die inlette scheint
eine weitere Verderbung des Wortes in Bezug auf das
Geschlecht zu sein. indelt also gleich das innere früher
meist leinene Decktuch des Bettes. In SB. schützziehe
(schiziëch): schweizerisch reite, ritte (Stald. II 270),
bairisch der federitt (Schmell. I. 691).

inselt, das (ënslt Rg.; Br.; A.; auch **ënslicht,
ënslicht.** (Gießh.) = Unschlitt. Aus inschlicht (wetterauisch)
(Wgd. I. 858) und inschlitt (bei Lessing) unschlitt-licht
heißt im Dialecte insltlicht. Auch NB. (M.) inslt und
inslicht. welch letztere Form mhd. und ahd. unslicht entspricht.

Johannes. Name des Berggeistes Rübezahl, den er
am liebsten hört. Dieser Name kommt auch in einigen
Auszählreimen vor:

Engala, wengala wixn der,
Sag mir's doch, wer ist denn der?
Ist 's Johannes von der Welt,
Der die goldnen Bücher schnellt?
Goldne Bücher,
Reisetücher
Vöchala, vöchala, wusch naus.

(Wedersdorf).

Engala, wengala wick und wer,
Sor mr ock, war is denn der?
Johannes vo dr Welt,
Dar die goldna Bicher schnellt.

(Blasinka).

Daß mythologische Beziehung in diesen Versen vorhanden ist, zeigt: 1. der Name Johannes. 2. goldene Bücher. Wohl eigentlich goldene Tücher; denn schnellen = weben. Ueber die Beziehungen des Goldes zu Rübezahl vergleiche die Rübezahlsagen.

jôkel, der (Grab.) = kleiner, spaßhafter Mann. Dim. mit jôkala (Tr.) = starkes Kind. Wenn ein Kind etwas Pfiffiges angestellt hat, sagt man scherzhaft verweisend zu ihm: du bist a jokala. jôkel ist die Verkürzung von Jacob und wie viel. Eigennamen als Appellationen gebraucht. Vgl. käthe, hans etc. In NB. (M.) sagt man gewöhnlich alberner jôkel und versteht darunter einen albernen Menschen. Auch schmierjôkl = schmieriger Mensch. Vgl. jägkel bei Schmell. I. 1204.

ju, Bejahungspartikel (Rz.) = ja.

Juchallaho (Rg.) Hirtenschrei, Jauchzer.
Juchallaho!
Koch Flêsch on Kellan drô;
Flêsch on Kellan ne allêne.
Den N. (Name des genedten Hirten) mit am Bêne,

(Trautenbach).

juchen (Frbl.) = jagen. NB. jechn (M.); Auch schlesisch jechen = schnell laufen oder reiten (Whd. Btr. 38). Nebenform zu jagen.

juchteln (jūchtan. Rg., Gab., Rgtz.; A. Gießh.;
jochtan und jochtln, Tr.) = prügeln; durchjuchteln =
durchprügeln. die juchtelei = Prügelei. Vgl. jachtern.

juchze, die (Rz.) = 1. dünne Suppe oder Brühe.
2. (Tr.) = nichtswerte Sache. Auch kümmeljuchze. Wohl
zu jauche gehörig. 3. (Tr.) = Sehnsucht, Verlangen. 'n juchze
hôn = eine Sehnsucht wornach empfinden.

juchzen (juchza, Tr.) = 1. tief Athem holen,
wenn man recht gelaufen ist. Vgl. jachzen und drjachzt.
2. jauchzen. In NB. juxen (M.) aus juchzen = juchuhu
schreien, wie man das bei Hochzeiten zu hören bekommt.

judaka (Mz., Grab.) = eine Art bitterer Schwämme.

Judas, Jude (Wohl allgemein Rg., A., Lbskr.)
So nennt man die Reste geweihten Oeles, die am Charsamstage
in der Kirche verbrannt werden (der Judas wird verbrannt).

Judasholz ist das zum Verbrennen des Juden verwendete Holz. Aus den halbverkohlten oder nur angebrannten
Holzstückchen werden Kreuzchen geschnitten, die mit geweihten
Palmen vereinigt in die Saatfelder gesteckt werden, damit
die Feldfrüchte gedeihen.

Judenkrätze, die (Henn.) = eine Hautkrankheit,
die vergehen soll, wenn man sich am Gründonnerstage,
Charfreitage, Charsamstage im kalten Bachwasser (während
des Glorialäutens) wäscht.

jüdeln (Rg., Tschermna, Henn., Tr.) = feilschen,
handeln.

jungfer, die (jompfr, Gr.-A.) = Geliebte.

kränzleinjungfer, die (kranzljumpfr. Kl.-A.) =
Jungfer, die auf Hochzeiten mit einem Kranze auf dem
Kopfe als nächste Umgebung der Braut figuriert. Gewöhnlich
die vertrauteste Freundin der Braut.

natterjüngferlein, das (nottrjimpferla. A.,
Gießh.) = graue Eidechse. Siehe impfel.

Juser, Jusker, Jusel Jucksch, Jucker (A., Ritſchka) = Joſef. Sonſt auch Josl, Seff, Seffe. Pepsch, Peppla. Jusker, Jusla auch A., Gießh. Spottverſe:

Jusla, nimm's Dusla raus,
Loss a mol schnuppa draus.

Jusker, Pusker, Pudlmëtze.
Bëst dr Muttr gor ne schnëtze.*)

(Gießhübel).

K.

kachzen (kachza, Henn.) von Hunden = bellen. Dasſelbe, was NB. gauzn, von Kindern und Hunden = einen gellenden Schrei ausſtoßen (M.); bairiſch kauzen = bellen (Schmell. I. 1315). Was das Auftreten des ch in kachzen anbelangt, verweiſe ich auf die Analogien im Rieſengebirgsdialecte, wo schnuchze neben schnauze, pluchze neben plauze vorkommt.

kâdel, der (kôdl, Rz.; kôtl. A., Rok.) = Ruß. Da kâdel allein nicht mehr recht verſtanden wurde, ſo ſetzte man denſelben Begriff noch einmal in der verſtändlicheren Form râm (rûm. Rz., Rok.) = Ruß hinzu und ſagt: kôdlsrûm, kôtlsrûm. Ohne rûm tritt kadel (kodl) noch auf in NB. (Leipaer Gegend); ein Ofen, der viel Kienruß erzeugt, heißt kodlûfn NBE., IV, I. 29. **)

kâdsche, gâtsche, die (Grab.) = 1. alberne Frauensperſon. 2. (Gießh.) = geſprächige Weibsperſon. 3. (kâtsche, Tr.) = Kinderpuppe. 4. (gâtsche, Henn.) = Violin, Bassgeige. 1, 2, 3 gehören wohl zu tſchechiſch kača = Katharina. Dies entſpricht dann genau dem zum

---

*) Vgl. schnetze unter S.

**) NBE. = Mittheilungen des „Nordböhmiſchen Ercurſionsclubs,“ IV. Jahrgang, 1. Heft, Seite 29.

Gattungsnamen gewordenen Eigennamen kathe (NB. und NOB.) = 1. Katharina; 2. (verächtlich) junge unverheiratete Weibsperson.

kadschen (kâtscha, gâtscha, Tr.) = viel reden.

kaffen und **kaffern** (kaffa, katfan. Rg.; Br.; A.) = kauern. Wäre eine ältere Form kawern = kauern, vorhanden, so würde ich das f in kaffern für eine Vergröberung des w halten. Indes lautet die ältere Form hauren, älterneuhochdeutsch und spätmittelhochdeutsch hûren. Am ersten ließe sich nach englisch cower = kauern hieher ziehn.

käfferlein spielen (kaffrla spîla, A., Gießh.); kaurlas förn, Rg., Rgb.; kauerhäuflein (heffla) tschundrn Henn.) = von kleinen Kindern, die kauernd aneinander sich haltend über eine glatte (oft abhängige) Eisfläche gleiten. **kaffer machen** (kaffr macha. Tr.) = kauern.

kaffer, der (Rg.; Br.; A.) = Lucke im Dach, kleines Dachfenster. 2. (A., Gießh.) = Hosenlatz an der Lederhose der Bauern.

I. **käfferlein** (kaffrla. Tr.) = kleines, unansehnliches Fenster überhaupt; (Hbr.) = kleines Luftfenster, das man sonst auch gucker, egerländisch gutzerl nennt. Salzburgisch die kapf = vorspringendes Dachfenster (Schmell. I. 1273). Von mhd. kapfen; ahd. kaphên = Umschau halten, umberschauen, gaffen (Lex. I. 1512: Schmell. I. 1273¹. Es ist also ursprünglich ein Fenster, meist im Dache, als dem obersten Theile des Hauses, von wo aus man weithin Umschau halten kann.

II. **käfferlein**, die. Mz. (kaffrlan. Rg.; Br.; A.) = die linierten Vierecke auf den Schiefertafeln oder in den Schreibheften der Schulkinder.

kaffrich, der (Rg., Tr.) = carrierter Stoff. kaffer = Hosenlatz (viereckig), käfferlein II und kaffrich heißen so wegen der ähnlichen Form mit einem Fensterchen.

kafzen (kafza, Rg., Tr.) = 1. fortwährend husten (besonders von Brustkranken); 2. (kafzn. Ab.) von jungen Hunden = bellen. Vergleiche kachzen. 3. (kafza. Rg.,

Rgß.) = klatschhaft reden. Vergleiche ganzen = bellen, bellend reden. Im 15. Jahrhundert kautzen (Wgd. I. 621); bairisch kauzen (Schmell. I. 1315). Wohl zusammenhängend mit ahd. gëwôn = das Maul aufsperren. Wenigstens weist k in kafzen auf Vergröberung eines w, wie u in ganzen auf eine Vocalisierung desselben Consonanten hin. Vergleiche auch das gafzla im alphabetischen Verzeichnisse.

kaiserlich = 1. In den deutsch-österreichischen Provinzen, zumal in Nordböhmen heißt kaiserlich so viel als „österreichisch“ im Gegensatze zu „reichsdeutsch.“ bei den kaiserlichen sein = Soldat sein. 2. = gut, freundlich gesinnt. Meist mit der Negation nicht (nê, nej). Die zwê sein nê racht kaisrlich = sie sind nicht gut auf einander zu sprechen. In NB. (M.) ist der Gegensatz zu kaiserlich besonders preußisch (preis'sch) = wild, bös, aufgebracht. don wuâd a odr preis'sch, wie 'ch dôs suâte (M.) 3. körperlich wohl gesund. Aber meist negativ. ich bi nê recht kaisrlich (Gab.); mr is nê recht kaisrlich (Rgß.) = ich bin nicht recht gesund, fühle mich unwohl.

kalbe, die (kolbe kolwe. Rg.; Br.; A.) = junge halbwüchsige Kuh, die noch nicht gekalbt hat.

kälbertanz, der (Frd.) = Speise aus der ersten fetten Milch einer Kuh, die eben gekalbt hat. Vergleiche die schon angeführten Ausdrücke dafür: pîz-, piper-, blêkfüllsel.

kaltwertschken, der (kaltwertschka, Kl.-A.) = Fisch in der oberen Aupa. Weniger häufig, aber richtiger kaulperschka. Wohl dasselbe, was kaulbarsch = dicker und kugelförmiger Fisch (perca cernua. Wgd. I. 914. Vergleiche perschka.

kaluppe, die (Rg.; Br.; A.) = Hütte, schlechtes Haus. Cechisch chalupa.

kamp, der (komp. Rg.; Br; A.) = 1. Kamm, d. i. Zinkenwerk zum Reinigen und Ordnen der Haare. 2. (Henn.) = Dachfirst. 3. gezackter, rother Fleischauswuchs auf dem Kopfe des Hühnerviehes. 4. (komma, rêtkomma, der. A., Schöb.) = Richtkamm beim Webstuhle, d. i. der mit Rohrstäbchen versehene Weberrahmen.

Durch den rḗtkomma muß die Werft laufen, damit die einzelnen Fäden geordnet auf den Garnbaum gelangen. mhd. der und die kamme: ahd. champ, kamp. Auch tirolisch kamp. NB. komp (M.)

kampel, der (Rg., Tr., Gab.) = 1. Kamm. 2. (Rg.; Br.; A.) = großer Herr; Stutzer.

kampeln, sich (Rg., Tr.; A., Gießh.) = 1. sich kämmen. 2. (Henn.; schlesisch; NB. (M.) = sich raufen, zanken, streiten. Auch kurhessisch Vilmar 191. Wahrscheinlich „sich in die Haare fahren."

kanal, der (Rg., Kl.=A.); konōl (Br.); kanalvôchl (Rg., Gab., Henn.); kanalvighl (Hilb.) = Kanarienvogel.

kȧnich (Rb.) = schimmelig. Von geistigen Flüssigkeiten (Wein), die lange gestanden und infolge dessen mit einer schimmeligen Haut überzogen sind. Vielleicht kommt auch das Subst. der kȧn vor, wie bairisch bei Schmell. I. 1253. mhd. kam = Schimmel auf gegohrnen Flüssigkeiten (Lex. I. 1500); tirolisch kum. Dagegen oberdeutsch der kȧn und Adj. kȧnicht.

kanickel, das (konickl. A., Gießh.; korneckl, Grab.) = Kaninchen. Ebenso

kanuksche? (Ta.) = Kaninchen.

kante, die (Rof.) = Kragenaufschlag an Männerröcken. Verse:

Blôe Hôsa, gȧle Westa, rûte Kanta
Hôn die bîmscha Musikanta.

kappeln (kappan. Rg.; Br.; A.), von kleinen Kindern = Tauschhandel treiben; abkappeln (ōkappln. Henn.) = für einen geringen Preis abkaufen. Wenn Kinder untersuchen wollen, auf welche Weise ein anderes in den Besitz eines Gegenstandes gekommen ist, so zählen sie an den Knöpfen eines Kleidungsstückes, gewöhnlich der Weste und sagen dabei: gekipplt, gekapplt, genumma, gestôla. In NB.: gebittlt, gebattlt, gestouln, gekätt (M.) kappeln scheint ein Iterativ zu kaufen; neben kappeln auch kaupeln (siehe daselbst); denn unserm nhd. kauf, ahd.

chouf stehen ältere Formen mit p zur Seite. So altsächsisch
und nd. kop; ags. ceap; altfriesisch kaup = Vertrag,
Vergleich. Vergleiche auch čechisch koupiti = kaufen.

kapphahn. der (kopphohn. Tr.) = ein tüchtiger,
kräftiger, auch muthiger Hahn, der seiner Bestimmung gehörig
entspricht. Nicht Kapaun. Dem entspricht die Redensart:
bise warn wie a kopphohn oder wie a kruterieh (Tr.)
In NB. nennt man einen bösen, zornig aufbrausenden, zu
Streit und Händeln gleich bereiten Menschen (meist Knaben)
einen kopphohn (= Kampfhahn) und das Bespringen der
Henne durch den Hahn koppm. Möglich, daß eine miß=
verständliche Verwechselung stattgefunden hat, indem man
einen starken, wohlgemästeten, weil „gekappten", d. i. castrier=
ten Hahn (Kapaun) für einen starken Zuchthahn ansah.
2. Andrerseits wird aber auch im Dialecte kopphohn
(kopôn) ausdrücklich vom Haushahn unterschieden. So in
dem unter dem Artikel bodem citierten Auszählreime, wo
statt Hausmôn unbedingt Haushohn zu lesen ist: (A zält
im seine Hinlan: Dr erste wor a Kopon, dr zwête
wôr a Haushôhn.) In NB. (M.) heißen die Verse folgender=
maßen: (Die Hausfrâ) zält die vizn (vierzehn) Hinna
nei. Ees wūa da kopphohn, 's anda wūa da Haushohn.
Man vergleiche endlich noch folgende Auszählverse:

> Eens, zwei, drei und vier,
> 's stond a Mannla ai dr Thür,
> 's hôt a Flaschla ai dr Hond,
> 's kôm iwr die Bôla geronnt;
> Es ronnt iwr 's huche Haus
> Do sôch een' schine Frâ raus.
> Hînla. Hânla. „Kopphohn,"
> Welche wëllste raus hôn,
> Mich odr Dich?
> Olde Babe, schier Dich naus.

> (**Rettendorf**).

kappsamen. der (koppsôma, Rg.; Pr.: A., Rof.)
= Same zu Kopfkohl. der kappes = Kopfkohl (Wgb.
l. 899); kärnthnerisch kowas; turbessisch kappus: holländisch
kabuhs (zu lateinisch caput). (Vilmar 193); mhd. kabez;
ahd. chapuz. Unser nhd. Ausdruck kapusten also wohl
deutsch.

kapse. die (Rg., Gab.; Br.): gapse (Tr.) = Tasche. Siehe gapse.

käput. der (A., Gießh., Rot.) = Männerrock. Auch NB. (M.)

karantern (Grad.) = schnell laufen.

karanzen (koronza. Henn.), von flinken Frauen= zimmern = schnell, flink im Hause schaffen. die koronzt odr rëm. Vergleiche der Bedeutung nach orbern, urbern. Das Wort ist wohl eins mit hd. kuranzen = durchprügeln, empfindlich plagen (Wgd. I. 1037); bairisch karanzen = zum Gehorsam treiben (Schmell. I. 1285); schlesisch kurenzen = plagen, quälen (Whd. Btr. 40). Vielleicht zu französisch cour = Hof, Hoftag, Aufwartung bei Hofe zu ziehen. Denn das Wort cour ist dem Landvolke nicht ungeläufig. In NB. M.: jemandem zu kure gehn = ihm dienstbeflissen sich gefällig zeigen) zu Gebote stellen und kurig kuäch = dienstbeflissen mit einer gewissen Devotion. Dazu könnte wohl das von Christian Weise (1679) gebrauchte currenzen eine Ableitung sein und bedeuten: transitiv jemanden (wider seinen Willen) zu Hofe, zur Aufwartung treiben; intransitiv bei Hofe geschäftig sein.

karbe. die (Rg., Hbr.; Rb.) = 1. Einschnitt. Wie hd. die kerbe; mhd. auch der kërbe, kerp. In NB. die arschkerbe uaschkarwe M.) Von kerben (karwa, Tr.) ndl. karven = ein=ausschneiden. Daher auch karwa (Tr.) besonders = Einschnitte in die Rinde einer Brotschnitte mit dem Messer machen, wodurch dann die sogenannten fidalan (siehe fideln) entstehen. 2. (karwe, Br.; Tr.; korwe, A., Gießh.) = Kurbel; die krumm gebogene Handhabe zum Drehen eines Dinges. Auch hd. die kurbe; mhd. kurbe; ahd. curbâ. Zu lateinisch curvus = gekrümmt.

karnickel. das (korneckl, Grad.) = Kaninchen.

karniffeln (konëffan, Rg., Rgz.) = jemand durchprügeln. Nach Wgd. I. 903 von ndl. der karnöffel. karnüffel = Hodenbruch. Daher karnüffeln ursprünglich = einen Bruch stoßen, schlagen.

kartenkreuz. das (kuortnkroiz. Rb.) = Feld= lerche.

karutsche. die (Tr.); karutze (A., Rot.; Br.) = schlechter Wagen. mhd. karotsche, karutsche = Wagen, besonders auf dem das Feldzeichen aufgerichtet ist (Lex. I. 1523); Fahnenwagen. Im 16. Jahrhundert auch die karotze (Wgd. I. 304). Von italienisch caroccio, verwandt mit lateinisch carrus und den nhd. Formen Carosse und Karren.

karwatsche. die (korwätsche. Rb.) = Geisel, Riemenpeitsche. Cechisch karabáč; polnisch karbacz. Diese slavischen Ausdrücke stammen von türkisch kyrbätsch = Peitsche (Wgd. I. 900).

käsenäpflein. das. 1. kasenappl = hölzerner Napf für Käse. 2. übertr. (Rb.) = Malvensonne; (Henn.) = Malve, schön blühende Pflanze. 3. (Henn.) = Blatternarbe. 4. (Tr.) = Kopftuch der Frauen, das am Kopfe anliegt und daher eine halbkugelförmige Gestalt erhält.

käsesteige. die (käs'steig. Hilb.) = eine Art Käfig zum Trocknen der Käse. Vergleiche horte und quargelhauer.

kastel. das (Rg.; Br.; A.) = Gefängnis. einkasteln (aikastan) = einsperren.

kasten radwer. die (kostarotwer. Rg.; Br.; A.) = mit Kasten versehener Schubkarren. Siehe unter beren II.

kastorhut. der (Tr.) = Hut, besonders hoher Hut, Cylinderhut. Spöttisch auch starkasten (störkosta) genannt. Ursprünglich Hut aus den Haaren des castor biber (des Bibers).

kastrol, der (Rb.) = Cylinderhut. Verderbt aus castor.

käte. die (Rg., Gab., Br.; Ta.; A., Gießb.) = 1. Katharina. 2. Als nom. appell. = Mädchen (verächtlich). So auch NB. (M.) In Ta. heißt kottl = Katharina. In Br. käte auch s. v. a. Puppe der Kinder: roth-kätl (rûtkätla. Rg.; Br.; A.) = Rotkehlchen.

katsch. katsch (D.-B.), Ruf, womit man die Enten anlockt. Daher katschla. das (Br.; A., Gießb., Wich.) = Ente.

kätsche, die (Tr.), Kindersprache = Puppe. Vergleiche Br. käte und čechisch káča = Katharina.

katschen (katscha. Rg., Tr., Gab., Weig., Henn.; Br.) = kauen, besonders Süßholz, Tabak. In NB. gatscheln (M.). Schallwort. Bei Wgd. I. 618 gatzen, gätzen = Schmatztöne hören lassen. In NB. gatschen = besonders beim Essen unappetitlich schmatzend kauen; übertr. schwatzen, ausschwatzen. Schlesisch katschen (Whd. Btr. 42.

Katze, die. Redensart: 's is dr kotzas (A., Gießb.) der katzens (Tr.) = der Gegenstand ist unwiederbringlich verloren; NB. du bist da kotzns = du bist ein Kind des Todes.

katzenpfötlein, das (kotzapfitla, Laut.) = Pflanze Ruhrkraut.

katzenzagel, der (zagel zusammengezogen in zŏŕl. Rg., Kl.-A., Hbr.; zŏŕl. Arnsd.; zejl Rg., wo? zojl. Br.; A.). Also kotza-zŏŕl (Hbr.); -zŏŕl (Arnsd.); -zejl (Rg.) 1. Ackerschachtelhalm (Equisetum arvense). So auch in NB. kotznzuál M. 2. (Gab., Grad.; A., Gießb.) = Bärlapp. 3. (Rg., Kl.-A.) = kleiner Bretterschlitten. katzenzagel heißt eigentlich Katzenschwanz.

kaudern (kaudan. Weig., Tr.; kaudln. Henn.) = sinnlos schwätzen. Bei Wgd. I. 912 kaudern = kollern, wie der welsche Hahn; undeutlich reden, plappern.

kauerstrauch, der (kaurstrauch. Rg., Tr., Henn., Weig.) = verkrüppelter junger Waldbaum. Von kauern = hockend, geduckt dasitzend, indem man die Schenkel auf die Waden niederläßt.

kaule, die (Rg.; Br.; A.). Ueblicher als Kugel; dient namentlich zur Bezeichnung der Kegelkugel. Davon kaulen = kollern, wie etwas Rundes; kaulich, (koilich, Br.; A.; koilet. Hilb.) = rund, rundlich. Vielleicht gehört hieher: der keulichte Buchberg, Berg auf dem sogenannten Wohlischen oder Welschen Kamme des Isergebirges. Diminutiv:

das käulchl (Rz.) Man beachte das doppelte Diminutivelement ch und l. Ebenso NB. käulchel (kailchl,

M.), besonders erdäpfel-käulchel (arepplkailchl), was im
Rg. apanakleppalan heißt, nämlich die grünen oberirdischen
Fruchtkügelchen an der Kartoffelpflanze. Gleichfalls Dimi=
nutiv, jedoch mit Veränderung des Stammvocales dürfte sein:
das kolehl (Rz.) = Knödel. Man vergleiche damit das
im Rg. gebräuchliche Diminutiv:

kella, das (d. i. käulelein) = 1. Knödel; 2. in
Verbindung mit erdapfel (ädepplkellan, A.) = die grünen
Fruchtknoten der Erdäpfel.

kellafröß, der = einer, der gern Knödel ißt;
Kuxer kellafröß = eine der Steinfiguren längs der Mauern
des gräflich Spork'schen Armenversorgungshauses, welche den
Fraß und die Völlerei allegorisieren soll, indem die Figur
einen Menschen darstellt, der einen Knödel im Munde hat,
einen andern an der Gabel gespießt, eben zum Munde
führt, und die noch in der Schüssel liegenden mit gierigen
Augen anglotzt.

kellaschlucker, der (Tr.) = Spielzeug aus
einem derartig geschickt zusammengelegten Stück Papier, daß
man mit der schließbaren Oeffnung Kügelchen (kellan)
anfassen kann; die mit einem Munde, Rachen verglichene
Oeffnung „schluckt" sie gleichsam. Durch verändertes Zu=
sammenlegen stellt man übrigens noch andere Figuren her,
z. B. einen Hut, Kahn, Himmel und Hölle, Pferdchen oder
Vögel. — Zusammensetzungen mit kaule sind:

kaularsch, der. Siehe unter dem Artikel arsch.

kaulhaubt, das (S. H. 123) = Kaulbarsch (Fisch).

kaulkopf, der (kaulkopp, Weig.) = Kaulquappe.

kaullemmel, der (Rg., Gab.) - Fisch mit breitem
Kopf in der Aupa. Wohl derselbe Fisch (perca cernua),
der sonst auch noch die Namen: kaltwertschka (Kl.=A.),
kaulperschka, kaulporschka, kaulschädl (Rg.) führt.
lemml in kaullemmel dürfte auf lümmel zurückzuführen
sein, denn hd. ü ist im Dialect = ë, der lemmel =
Lümmel auch bei Schuppius (Wgd. I. 1144). Es wäre
also ein Fisch mit ungeschlacht aussehendem, kaulichtem Kopfe.
kaulperschka bedeutet (in Freib.) auch noch Kaulquappe.
Ebenso kaulpatschka sowohl Quappe, als auch überhaupt
alles was einen dicken, unförmlichen Kopf hat.

kaupeln (Rb.) = kleinen Handel treiben, vom Schachern kleiner Kinder. Siehe kappeln.

kaute, die: gewöhnlich Diminutivum: keitl. das (A., Gießh.) = ein Gebinde von 10 Schnellern Baumwolle; koitla (Krinsdorf), keitla (Gab.) = ein Schneller Wolle; koitla (Br.) = ein Gebinde von 10 Schnellern (zaspalan) Wolle; koitla (A., Rof., Wich.) = ein Gebinde von Flachs; kaidl (Tr.) ein Strähn, z. B. Wolle: keitla (Hbr.) = wie ein Zopf zusammengewundener Theil gebrechten Flachses; (Henn., Gradl., Gab.) = in Form einer 8 verschlungener Strähn Garn. Die eigentliche Bedeutung von kaute ist: oben zusammengedrehter Büschel Flachses (Wgd. I. 916). Bei Petters, Leit. G.-Pr. 1858 ist kaute = Flachsbündel; übertragen Haarwulst. mhd. küte = Flachs in einer gewissen Form (Ver. I. 1803 ; littbauisch kodas = Flachswinkel am Rocken; bairisch kuite (Schmell. I. 1310); kurhessisch kaute (Vilmar 195); schwäbisch kauder, kauter, kuder (Schmid 307).

kauzen (kauza. Tr.) = dumpf husten. Vgl. kizen und kûzen. Siehe auch gauzen und kafzen.

kâzen. gazen (Hilb.) = albern reden. Gehört zu mhd. gagzen = schreien wie eine Eier legende Henne, gackern. SB. gogetzn (bairischer Dialect) und bairisch bei Schmell. = albern reden. In unserm Dialecte sonst gökern.

ke (A., Gießh.) = gegen, im Vergleiche mit oder zu. Z. B. 's haus is nischt ke um bâme = das Haus ist (bezüglich seiner Größe) nichts im Vergleiche mit dem Baume. Sonst begegnen die Formen:

kêcher (Rg., Gab., Weig.); gejehr (Rg., Tr.; Gradl.; Br.) Die Verhärtung des g zu k (kh) findet sich auch sonst in NB. kegn (Leipa); kejehn (M.) Vergleiche unter kêne.

kêcharëchtich. Adj. (Tr., Rof., Rgb.); kecharestich (Weig.) = vorwitzig, altklug, sich um alles kümmernd.

kêcharëchtich, der (Tr.; A., Gießh.) = Mensch, der sich unberufen in alles mischt. kêcha bürite hd. gleich sein = küchen. rechtich und rêstich entsprechen den

Zeitwörtern richten und rüsten = zurichten, bereiten. Es ist also wohl ein Mann gemeint, der zunächst sich um Veranstaltungen in der Küche, die der Frau eigentlich zufallen, kümmert, also ohne Beruf sich in Küchenangelegenheiten, dann überhaupt in Angelegenheiten mischt, die ihn nichts angehen.

keil. der (Gab., Henn.); a keil brüt = ein großes (keilförmiges) Stück Brot. Sonst auch:

keule. die (koile, A., Gießb.), 'n koile brüt. Daher keulen (koila. A., Batz.) = viel essen, viel auf einmal in den Mund stecken, besonders Brot.

I. keilhacke, die (keilhock, Rg., Arns., Gab.); keilhacker, der (Rg., Gab., Ta.) = 1. Insect, welches durch Stechen juckende Buckel auf der Haut des Menschen hervorbringt, Gelse. 2. (Weig.) plattgedrückte Wasserjungfer.

II. keilhacke, die (keilhock, Henn.); keilhacker, der (Br.: Gr.-Bor.) = Frühlingsschlüsselblume.

keilend. das und keilende (Rb., Frd., Einf.) = Giebel oder Stirnseite des Hauses. Wegen der Keilform, die der spitzzulaufende Dachgiebel bildet.

kella. das. Siehe unter kaule.

kelle, die (Kl.-A.); kêl (Hilb.) = löffelartiges Instrument zum Schöpfen von Flüssigkeiten. 1. die kelle (Trb., Tr) = Suppen- oder Milchschöpfer; in letzterer Bedeutung wohl auch schmettenkelle (schmétakelle. Gab.) Sonst auch schmétalöffl; in NB. rämlöffl (M.) genannt. 2. (Rg., Hilb.) = Maurerkelle. 3. schoßkelle, die (Trb.) = mulden- oder muschelartig vertiefter Sitz, meist aus Weidengeflecht, vorn am Fuhrmannswagen.

kêlpe. die (A., Gießb., Schöd., Rok., Wich., Br.) = 1. schlechtes Messer. 2. Meist rotz-kelpe (Gieß., Wich., Br.) = Nase, besonders dicke kolbige Nase (kolpiche nouse, Grad.) Erstteres benannt nach der kolbenförmigen Gestalt des Griffes. (Es ist wohl dasselbe, was sonst unter dem Namen gudle, gudlitschke von hausierenden Krämern um einen sehr billigen Preis für Kinder gekauft werden). Bemerkenswert erscheint mir, daß in NB. die gike sowohl

Meffer als auch (rotzgike) Nafe beißt. Schlefifch heißt die kulpe fowohl Kolben als Nafe. kelpe müßte in hd. Form külpe lauten, wobei der Umlaut auffällig ift.

kelwern (Grad.); kelwan (A., Rok., Gießh.) = albernes Zeug reden. Mit Verhärtung von g zu k wohl dasfelbe, was gelfern (fiehe unter G). Jedoch fetzt Wbd. Gloffar zu Holtei kälbern = wie Kälber ausgelaffen herumhüpfen; überhaupt ausgelaffen heiter, kindifch fein.

kêne. ai de kêne (Rg., Tr., Gr.-Vor.; A., Wich., Gießh.); kejne (Br.; Gab.); kejn (Henn.) gin = jemandem, den man erwartet, entgegen geben. Auch fonft in NB. (Leipa) gebräuchlich mit Verhärtung des g zu k. Ohne diefe Verhärtung ai d' gêne gin (NB. M.) = wie oben; auch im feierlichen Zuge eine erwartete hochgeftellte Perfönlichkeit einholen. Schon mhd. engegen contrahiert in engein (Ler. I. 854).

képpeln (képpan. Br.), von einem Gegenftande, Tifche, Stuhl ꝛc. = nicht das gehörige Gleichgewicht haben nicht feftftehen. Ein Jterativ zu kippen. Vgl. kippe.

kêrich (Rg., Weig.) = karg, fparfam. Schlefifch kôrich (Kn.) Kurheffifch körifch (körfch) = wählerifch, namentlich im Effen und Trinken (Vilmar 220). Zu kören. küren = wählen.

kerl, der (karl. Einf.; kall. Rg.; Br.; A.) = 1. junger lediger Burfch. 2. der Geliebte. 3. der Sohn. Daher auch mit dem Taufnamen verbunden: dr Settkall, andrerfeits 's Mariemédla. fagen die Eltern, wenn fie von ihren Kindern in deren Abwefenheit fprechen. Der ältefte Knabe heißt dr âle kall (Tr., Gab., Weig., Rgb.) 4. Knecht auf einem Bauernhofe. Diminutivum: das kalla (Gießh.); kallsla (Weig., Br.); kalzla (Gab.) = kleiner, auch fchwächlicher Junge.

. kiepe. die (Br.) = hohes, mit Farbflüffigkeit an= gefülltes Faß der Färber. Auch NB. (M.) Dasfelbe, was kufe. Beide, kiepe (eigentlich küpe) und kufe, entlehnt aus lateinifch cupa = Faß, Tonne.

kîfe. die (Rg., Br.) = Vorrichtung zum Abwickeln eines Strähnes Garn auf eine Spule. Schlefifch (Wbd. Vtr. 42) der kifenftock (kifaſtôk. Rg.; Br.; A.), ein

dem kipfstock oder rungenstock am Wagen ähnliches
Gestell, in dessen beiden parallelen Leisten die Zapfen der
Riese liegen. kifenstock ist nichts anderes als mhd. kipf-
stock (Lex. 1579) = Runzenstock, wegen der Aehnlichkeit.
In letzterer Bedeutung erscheint kipfstock auch südböhmisch
(Prachatitz) und bairisch kipf = Runge (Schmell.
I. 1274).

kifen (Rb.); kifa (Rg., Gab., Rgb., Grad.) =
1. Brot mit einem stumpfen Messer schneiden, so dass viele
Krumen abfallen. 2. (Tr.) = wie mit zahnlosem Munde
kauen. In 2. Bedeutung auch schlesisch kifen = nagen,
kauen (Wbd. Btr. 42).

kifeln (Rb.) = kauen. Ein Iterativ zu dem
vorigen. Auch schlesisch (Wbd. Btr. 42); SB. (Prach.);
bairisch (Schmell. I. 1229). kifen und kifeln entsprechen
mhd. kinwen, wie der kifer mhd. kinwel. Es sind also
Nebenformen zu kauen.

kifern, sich zusammenkifern (kifrn, Grad.;
kifan und këttan, Weig.) = sich vor Frost zusammenducken. In Weig. auch kattern. Letzteres entspricht der
nhd. Form kauern; kifern dagegen schlesisch hifern = mit
den Zähnen vor Frost klappern, sich schütteln vor Kälte;
oberlausitzisch hivern = sich vor Frost zusammenducken.
Letzteres, nämlich das Zusammenducken, ist wohl die eigentliche
Bedeutung; denn nhd. kauern ist spätmittelhochdeutsch hûren.
Vielleicht gieng dieser Form hûren eine andere Form hiuren
oder hivern voraus?

kilstern kilstan, Rg.; Br., A.; kilstrn. Henn.;
Grad.; auch këlstan und këlstrn) = hüsteln. Schlesisch
kilstern auch = Schleim auswerfen. Das Wort findet
sich auch in der Oberlausitz, in NB. (M.), in der bairischen
Oberpfalz (Schmell. I. 1241). Gehört zum Verbum
gëllen; mhd. gëlster = laut erklingend (Lex. I. 827). Daher

kilster, der (këlstr. Giessh., Wich.; kilster,
Henn.; das gekëlster. Gab.; Br.; Tr.) = helles Husten.
Ebenso schlesisch kilstern und der kilster, von hellem,
lautem Husten (Kn.)

kin, das (Grad.) = das Kinn.

kindelalte, die; kindelweib (A., Rot., Gießh.) = Hebamme.

kinderenzig, Adj. (A., Ritschka) = kindisch.

kindschen, kinschen (kindscha, Rg.; Br.; A.) = kindisch sein, sich mit kleinen Kindern herumzerren. Daher heißen solche Leute zernäser, zerrsák oder zerrtasche. kindschen ist allgemein schlesisch (Wbd. Glossar zu Holtei, R. Rößler); oberpfälzisch kindeinzen; schweizerisch kindeln.

kinfer (kinfr, A., Batz., Wich.) = Kiefer. Auch NB. kimfa (M.). kiefer entspricht nach der Lautverschiebung (p zu f) griechisch, lateinisch cyprus = Baum auf Cypern. (Vgl. Cypresse und Kupfer, die gleichfalls der Insel Cypern ihren Namen verdanken). n wäre demnach unorganisch eingeschoben, wenn man nicht an eine Zusammenziehung von kien-föhre denken will, was Wgd. I. 930 zurückweist.

kinkeln (Grab.); kinkln, kinkan (Tr.); kunkan (Br.); kuinkan (A., Gießh.) = einen glimmenden Span in der Luft hin und herschwingen.

kippe, die (këppe, Rg.; Br.; A.) = Punkt des Schwankens und Umschlagens, jähe Spitze. uf dr këppe oder schëppe (siehe schippe von schieben) sein = auf einem Punkte sich befinden, so daß man jeden Augenblick gewärtigen kann, denselben verlassen zu müssen; in sehr labilem Gleichgewichte sich befinden; (Gab., Tr., Rot.) = Rand, höchster Punkt; (Buschullersdorf) = ein Waldtheil; sonst Spitze; urlaskëppe (Tr.) = höchster Punkt im Trautenauer Bürgerwald, auf welchem Punkte ein Ahornbaum (urla, siehe daselbst) steht; die këppe, Anhöhe bei Schatzlar.

kippen, umkippen (ëmkippa, Gießh.; Br.) = intr. wie auf einer Spitze umschlagen; transf. umwerfen etwas. këppa (Weig.) = fortwälzen, z. B. Steine, indem man sie auf die Kante hebt und wälzt.

kipplich, der (këpplich, Frb.) = die von einem Stück Holze oben (an der Küppe) abgeschnittenen Theile, Abfälle von Holz.

kippstock, der (këppstock, Hbr.) = das horizontal liegende Holz, in dessen Enden die Rungen beim Wagen befestigt sind, das Ganze heißt rumstock = Rungenstock. kîpfstock auch SB.; bairisch der kipf = Runge oder Stemmleiste am Wagen (Schmell. I. 1273).

kipsen (Rb.) = kurze Schläge mit der Art machen.

kirche. Redensarten: mit dr kirch öms dorf loufn (Jsgb.) oder mit dr kirche ëms kreuz gin (Hbr.) = einen Umweg machen. Von einem großen starken Menschen sagt man: a kennt kërcha fël trën (Weig.). zu kirchen gehn (A., Deschnav) von Wöchnerinnen = zur Vorsegnung gehen nach den Sechswochen.

kirmes, die (kërmes. Rg.; Br.; A.; kerms, Gießh.; kermest. Wich.) = Kirchmesse (woraus die Form kirmes zusammengezogen ist), Kirchweihfest. In NB. kirmst (M.)

kirmesvater (kermesvôtr. Rg.) = der Familienvater als Wirt seiner zum Kirchweihfeste e ngeladenen Gäste. In einem Dialectgedichte (Neuschloß) spricht ein Gast jenen folgendermaßen an:

O mei liewr Kermesvôtr,
Gelobt sei Jesu Chrest.
On wenn de glei bëst wie a Sotr, (?)
Vûl Angst on Liewe bëst;
Ich hô mrs furgenumma,
Dich heut recht zo krësliern;
On bin dastholwe zo dr kumma,
Tëchtich zo schnoweliern . . . . .

kîrt, der (Frb.); kîrte (A., Rot.) = Hirt, namentlich Kußhirt, woraus das Wort entstellt ist. NB. kîate (M.)

kittel, der (Hilb.) = Hemd.

I. kitz, die (Jsgb., Jäg.) = junges Reh. mhd. kitzelin. Scherzhaft auch kleines Kind: 's kitzala leit undr dr banke un lacht ne mê. Mein Gewährsmann bezog es auf ein angeblich zu Tode gekitzeltes Kind.

kitze. kîze, die (Rg.); kë̂tze (A.) = Katze.
Nebenform zu katze. Kurheſſiſch kitsche (Vilmar 203).

II. **kitz.** die (kë̂tz. Tr., Hmſ., Komar.; Br.) =
Umhängtuch der Weiber. In SB. iſt kitze ein großes
Tuch meiſt aus grober Leinwand, in welchem man
Gras trägt, Grastuch. mhd. kütze = Oberleib;
ahd. chuzi = Obergewand als Umwurf, und eins
mit nhd. kotze = grobe, zottige Wollendecke.

III. **kitz.** die (Weig.) = Gefäß aus Holz oder einem
Kuhhorn, das, mit Waſſer gefüllt, der Mähder an
einem Leibriemen befeſtigt trägt, um den Wetzſtein bei
dem jedesmaligen Schärfen der Senſe zu befeuchten.
Daher auch wetzkitz. In NB. wetzkize (M.):
wetzekieze oder bloß kiez (Br.; Grab.); ſonſt im
Rg. auch wetzmeste genannt. Im bairiſchen Dialecte
Südböhmens und in Baiern der kumpf. kitz und
kîze ſind wohl eins mit hd. kötze. wetterauiſch kîze,
kîz, was aber geflochtener Rückentragkorb heißt.

kizen (kîza, Tr.) = hüſteln, z. B. wenn beim
Eſſen etwas in die Luftröhre gelangt. Daher die kîze =
das Hüſteln, Huſten. Neben kizen auch kûzen und kauzen;
neben kîze auch kûze, kauze.

klabastern (Rg.) = tändeln, ſpielen; wohl auch
bei der Arbeit keinen rechten Ernſt zeigen. Denn das ge-
klabaster (Weig.) = langſames Arbeiten. In Kurheſſen
heißt klabastern ſich unruhig bewegen (Vilmar 204). Bei
Wgd. I. 939 polternd, ſtörend laufen.

klabusterbirne, die (Rg.) = ſogen. Arſchbirne.

klachel. der (Ta.; Rg., Tſchermna) = großer,
ſtarker, plumper Menſch. Uebertragen. Urſprünglich ſ. v. a.
Glockenſchwengel, Klöpfel, in welchen Bedeutungen das Wort
in NB. (Leipa) vorkömmt. In Hmſ. kommt neben klachel
auch kleppel = vierſchrötiger Kerl vor; ebenſo in NB.
klëppl (M.) kleppel, klëppl iſt aber = Klöpfel. klachel
dürfte oberdeutſch ſein, denn SB. klachl. ebenſo tiroliſch.
Gehört es zu ahd. clocca. nhd. glocke?

I. **klaffern** (Rb., Einf.); klossrn (Henn.); kläffern (kleffan, Gab., Weig.) = schwätzen, mit dem Nebenbegriffe des Anklagens; klatschen. mhd. der klaffære = Ausplauderer.

klaffergröschl, das = 1. Angeberlohn. 2. klaffrgröschla (Br.) = klatschhaftes Kind. Vgl. klagegröschlein unter klagen.

klaffersäckl, das (Einf.) = klatschhaftes Kind.

II. **klaffern**, der (Frd., Ta.); klossan (Rg.; Br.) = Pflanze Klappertopf, Unkrautpflanze im Korn.

klaffern I und II gehören zu klappen, klappern. klaffen = zusammenschlagend oder platzend schallen; dann wortreich aber gehaltlos sprechen (Wgd. I. 940).

klafzen (klofza, Tr.) = mit den Schuhen schlürfend gehen.

klafzen, die, Mz. (klofza, Rg.; Br.; A.) = weite, große, plumpe Schuhe.

ge-klafze, das (geklofze. Hbr.) = Schall, Geräusch, durch das Schlürfen mit schweren Stiefeln hervorgebracht. klafzen ist eine Ableitung zu oben erwähntem klaffen, das wiederum zu klappen, klappern gehört.

klafzen (klafza, Tr.) = bellen, wie junge Hunde. Vgl. kläffen = lärmend bellen.

kläfzlein. das (klafzla. Tr.) = schlechtes Bett. Dasselbe, was plauze oder pluchze. Siehe unter P. Vielleicht ein „klaffendes, infolge der Leere gähnendes," also schlechtes Bett?

klagen. Dialectformen: klorn (Tr.); klon (Gab.); klojn (Br.); klên (A.) In der Jäg. des Jsgb.: das wild klagt auf den lauf = es hinkt. klagegröschlein (klêgröschl. Gießh.); klagebrötlein (klêbrûtla, Wich.); klagesemmelein (klonsammala, Gab.); klagehammer (klojhommer, Br.) = Benennung eines Kindes, das gerne klatscht. klojhommr, gî ai die kommr (Br.), damit neckt man ein klatschhaftes Kind.

klamme, die (Tr., Gab.); klamm (Weig., Henn.) = Mund, Maul. Roher Ausdruck.

klämmerlein. Meist Mz. klammerlan (A., Rok., Wich.) = kleine, ungenießbare Birnen. Vgl. hammerlan.

klamp, der (klomp, Rg., Weig., Henn.; A., Gießh., Rok.) = 1. Einschlafen der Glieder (des Armes, der Beine), verbunden mit einem ameisenartigen prickelnden Gefühle. 2. krampfartiges Zusammenziehen der Muskeln an den Armen oder Beinen infolge von Ueberanstrengung. Bei Wgd. I. 941 heißt klamm = Luftröhrenkrampf. Bei Christian Weise aber steht klamp = Krampf. klomp auch in NB. (M.). hd. klamm, Adj. = eng zusammengedrückt, drückend eingeengt. Vgl. klemme; in der klemme sein und beklemmen. Von dem Zeitworte klimmen. mhd. allerdings selten. klimben. Praet. klamp; ahd. climban = sich einengend zusammenziehen. (Man vgl. die Bewegungen, die ein an einer Stange „Hinanklimmender" macht).

klamper, der (Weig.) = Klempner.

klapper (kloppr. Tr.; Br.; Wich.) = 1. Instrument zum Klappern. 2. übertragen = schlechte Uhr. 3. (Rg., Br., A.) = Mund (scherzhaft).

kläpperlein, das (klappala, Rg.) = klapperndes Spielzeug für Kinder. 2. (A., Batz.) = grüne, unreife Kirsche; kleppala (Trb., Arns.; A., Gießh.) = die grünen Fruchtknoten der Kartoffelpflanze, âprnakleppalan.

klar (klôr, A., Batz.) = fein zerkleinert.

klatsche, die (klotsche, Nz.) = Paket, Bündel? In NB. (Umgebung von Leipa) heißt klautsch s. v. a. eine Vereinigung von 2, 3, 4 Nüssen, was im Rg. auch zwei-, drei- vierpaxla, in NB. (M.) zwej-, drei-kluppe genannt wird. Gehört zu mhd. der kloz = Klumpen, Knolle, Knäuel, klumpige Masse. Von kliezen, das vorausgesetzt werden muß, wie dem vorhererwähnten kluppe ein mhd. klieben = spalten entspricht.

klauben, sich (Rgb.); klau' dich ock (Rgb.); klaub dich fort (Hilb.) = packe dich, schau, daß du gehst.

kläumeln (kloiman, Schatzlar, Gab., Krinsdorf) = fortwährend essen (wie wenn man keine Zähne hat);

langsam nagen, z. B. an einem Knochen. Vgl. kifen und kifeln. In NB. kneimeln (M.)

klause, die: mhd. klûse; ahd. chlûsa, aus mittellateinisch clusa von dem Plur. des lateinischen clusum = Verschluß, und dies von lateinisch cludere (claudere) = verschließen. Daher:

klause, die wasserklause (S. H. 185, 186) = eine Art Schleuse, die zur Aufstauung und Anschwellung eines sonst nicht hinlänglich starken Gebirgsbaches in einer dazu tauglichen Felsschlucht aus Baumstämmen aufgeführt wird. Das durch Oeffnung der Schleuse ablaufende Wasser wird zum Flößen des Holzes verwendet.

klausen = das Holz vermittelst der Wasserklause fortschaffen, schwemmen.

klausemeister, der (S. H.) = Aufseher bei der Klause.

Klausenbach, Name von Bächen, die wohl einmal zur Holztrift verwendet wurden. 1. der Seifenbach, in der Schlucht zwischen dem Schwarz- und Forstberge bei Johannisbad, auf der Mooswiese entspringend, heißt auch Klausenbach; das Thal bis Marschendorf Klausegraben. 2. Kläusel oder Klausewasser ein Bächlein, das, von der Geiergucke kommend, bei Spindelmühle in die Elbe mündet. 3. Klause, ein Bach im Adlergebirge bei Rokitnitz.

klausenarr, der (klausanorr. Gab., Tr.) = Sonderling, eigenthümlich sich benehmender Mensch. Eine aus Mißverständnis oder Scherz entstandene Entstellung des mhd. klosenære = Klausner, Einsiedler.

klâwala. Siehe das folgende:

kleberlein, das (klâwala, klâwrla, klâbrla, Rg.) = der erste Anschnitt eines Brotes; (Rb.) = großes Stück Brot überhaupt. Sonstige Bezeichnungen dafür in NB. rampfl, d. i. ranftel (Randstück) und stißl, d. i. stößel (M.) führen zur Erklärung von kleberlein. Man pflegt nämlich ein Bret an jener Stelle anzuschneiden, wo es beim Backen mit einem im Backofen nebenanliegenden zusammengestoßen ist. Dort ist die Kruste nicht glatt, sondern

rauß. Das nennt man das stößel. Hier in unserem
Worte muß man an das Zusammen„kleben" zweier Brote
denken.

I. klecke, die (Tr.) = Maurerkelle.

II. klecke. die. Dim. a kleckla (Tr.) = ein wenig
von einer halbflüssigen, halbzähen Masse. Daher
NB. klecke = Pflaumenmus. Sonst powidl genannt.

III. klecke, die (Tr.) = 1. schmutziges Frauenzimmer.
2. (Henn.) = schlechtes Geräth, z. B. dâ hôt êne
kleck vu em wejn = der hat einen schlechten Wagen.

I. klecken (klecka. Tr., Weig.) = 1. transj. etwas
Halbflüssiges verschütten; auch ganz Flüssiges, z. B.
Suppe. kleck ock ne asu. sagt man zu Kindern,
die beim Essen die Suppe aus dem Löffel auf den
Tisch tropfen lassen; sich beklecken = sich betropfen.
2. (von Maurern) den Mörtel anwerfen. 3. intransj.
tropfen, langsam herabfallen. 4. langsam arbeiten.
mhd. klecken = mit Schall auftropfen.

II. klecken (klecka. Rg., Weig.; A., Gießh.) =
ausreichen, auslangen. In dieser Bedeutung auch in
NB. (bairischer Dialect).

klecks, der; klecke, die. Redensart: jemandem
einen klecks anhängen (Tr., Löskr.); eine klecke anhängen (Arnš.) = einen Denkzettel anheften.

klecks (Rb.), Schallwort: klecks! dou lôg a.

klecksen, hineinklecksen (naiklecksn. Rb.) =
hineinfallen, zunächst in eine schmierige Masse: übertragen
in eine unangenehme Lage gerathen.

be-kleiben (be-kleiwa. Rg.; Br.; A.; bekleibm,
Hilb.), von Pflanzen = Wurzel fassen. Am Mathiastage
schüttelt man in Hilbetten früh die Bäume, „doss oll's
beklei't (bekleibt). doss nix gefroist." Siehe unter hâl.
mhd. bekleiben woran festhaiten, festhangen vom einfachen
kleiben — zusammenhangen oder haften machen (Wgb.
I. 946).

kleien, die Mz. (kleia, Rg.; Br.; A.) = Kleie.

kleimrt, das (klémrt und klejmrt, Grab.); klémet, Hbr.) = die Aehren, welche nach dem Ausdreschen einer Lage Getreides in der Scheuer übrig bleiben. Diese Aehren werden zu einem Haufen zusammengeschüttet und noch einmal gedroschen. Daher heißt:

kleimethalg, der (klémethalg, Hbr.), derjenige Drescher, der dabei den letzten Schlag macht. Vgl. dreschmuz. Dieses klémrt. klémet heißt in NB. kleimcht oder klémcht, d. i. kleimicht (M.)

kleine, die (Rz.; Göhe) Kleie. Ebenso in NB. (M.)

kleinmagd, die (klémörd. Hbr.) zweite, kleinere, jüngere Dienstmagd beim Bauer. Sie wird auch zum Kühehüten und Kinderwarten verwendet. Vgl. magd.

kleistern (klaistan, Br.; A., Gießb.) schmieren, z. B. Butter. In NB. klestan (M.) Tirolisch das klest Schmierfleck. mhd. klaz Schmutz (Lex. I. 1609) und bekletzen beschmutzen (Lex. I. 166). Vgl. hd. kleister aus Stärke oder Mehl hergestelltes Klebmittel.

klemme, die Einengung, Zusammenpressung. Daher Elbklemme (Rg.) jene Stelle im Oberlaufe der großen Elbe unterhalb Krauiebauden und Ochsengraben, wo die Elbe durch eine Felseinengung sich hindurch zwängt. In den Alpen heißen solche Stellen klamm. So auch bairisch klamm Bergspalte, Bergschlucht, die zugleich Rinnsal eines Bergbaches ist (Schmell. I. 1329). Von klemm, klamm knapp (Wgd. I. 949).

kleppel, der (klëppl, Rg., Henn., Gab., Weig.; Br.; A., Gießb.; klöpl. Br.; Tr.; klippl, Gr.-Vor.) 1. Glockenschwengel (klöppel, Gab.); 2. jedes unförmliche Stück Holz (klëppl. Br., Gab.); 3. Stück Holz (klëppl), das man dem weidenden Rindvieh an den Hals hängt und das hin- und herbaumelt, dadurch das Vieh am schnellen Laufen hindernd; 4. grober Mensch; die hd. Form ist klöpfel von klopfen.

klëppelhaft (klëpplhoft. Gab., Henn.; Weig.; Br.; Wich.); **klëppelgrob** (klëpplgrob. Tr.: -grüb, Gr.-Roj.); **klëpplich** (A., Gießb.) = grob, sehr grob. **klëppldick**: ich hö 's a klëppldick näigesejt (Weig.)

kleppeln (kleppan. Rg.; Br.; A.; kleppln. Henn.) = langsam eine Thätigkeit verrichten. Z. B. langsam gehen, arbeiten, dreschen. Ein solcher Mensch heißt ein klepplsök (Arnöd.); ferner unnütz umherschleudern. das gekleppel (Rgb.) = langsames Thun.

klepperlein siehe kläpperlein.

kletsche. die (A., Batz., Gießh.) und klétsche, die = ordinäres Messer. Auch judakletsche, was sonst nuschefickl (Ab.); bratfickl (Frd.): giklmesser NB. (M.) heißt.

kletschke. die (A., Gießh.); kletschka (Hilb.) = billiges schlechtes Messer.

klicken (klicka, Rg.; Br.) = 1. mit dem Stocke oder „Paläiterbratla" (siehe Paläster) auf die Spitze des titschkala (siehe titschkerlein) schlagen (von spielenden Kindern). Vergleiche unter göke. 2. überhaupt öfter schwach schlagen.

ge-klicke. das = fortwährendes schwaches Schlagen (vom Steinmetz, Steinklopfer). mhd. zerklecken, zerklicken = zerschellen, zerbersten (Lex. III. 1070).

klidel. das (Frd.) = Knödel.

kligänglich. der (Frd.) = Waldmeister.

klimpel. der (klémpl, (Rg.) = großes Stück Holz = kléppel.

Klinge. die (Rg.) = Name eines schönen Thales zwischen den südlichen Ausläufern des Rehornberges und der darin gelegenen Ortschaft. Dasselbe, was klinge = Thalbach, schmale Schlucht; mhd. klinge; ahd. chlinga = Felsschlucht, Thalbach, rauschender Bach. mhd. sagte man klingen vom Plätschern eines Brunnens, Baches (Wgd. I. 954). Bairisch die kling. klingen = enge Schlucht. (Schmell. I. 1334); schwäbisch = wildes Waldwasser, das eine schmale Vertiefung längs eines Bergrückens bildet (Schmid 317).

kling dürr (Weig., Gab.) = sehr dürr. Kurhessisch klengen (klingen machen), besonders knoten klengen. d. i. die Samenkapseln des Flachses auf einem Tuche der Sonne aussetzen, damit sie klingend aufspringen (Vilmar 206).

klingleer (Weig.) = ganz leer; wohl zunächst nur von leeren Gefäße, die klingen, wenn man an sie klopft.

klinke, die = 1. Der Drücker an einem Thür=schloß. Eigentlich „Falleisen an der Thür." mhd. clinke = einfallender, schließender Thürriegel. 2. (klenke. Hbr.) = eiserner, klinkenähnlicher Stift, um der Pflugschar eine veränderte Stellung zu geben.

klinke schlagen (klënka schlôn. Rg., Parsch.; Hbr.; Br.; A., Rit[d]ka) = ursprünglich: auf die Thür=klinke schlagen, um dadurch seine Anwesenheit kundzugeben. Jetzt nur in übertragener Weise: 1. (Parsch.) von Mäd=chen, die in der Dämmerstunde vor dem Hause des Lieb=habers auf= und abgehen, um auf ihn zu warten. 2. (Br., Hbr.), von Burschen, die ihrer Geliebten einen nächtlichen Besuch abstatten. 3. (Rg., Gab., Weig.; Br.) überhaupt aus Langeweile ohne ein bestimmtes Ziel müßig umher=schlendern. 4. be[t]eln gehen.

klinseln (klënsan. Br., Parsch., Weig.; klensln Henn.) = winseln, weinerlich klagen. das geklënsl (Br.; Tr.); er klënslt (Parsch.) = es thut ihm leid. Schlesisch klinseln (Wbd. Btr. 44); bairisch klinseln = flirren, klingen wie kleine Glocken (Schmell. 1335); egerländisch das klensal = kleines (wohl weinerliches) Kind.

klintsch (Rb.); auch NB. (M.); klintschich (Rb.; Rg., Henn.; Rz.; A., Rot., Wid.); klintschlich (Henn.) = klein.

klinze, die (kënze, Rz.) = Fuge, Spalte, Riß (besonders im Holz). Auch NB. klinze (N.) Schweizerisch klimse = Riß, Ritz, Spalt (Stald. II. 109). Im 15. Jahrhundert auch klinse (Wgd. I. 953). Sonst bairisch die klunsen (Schmell. I. 1336); egerländisch die klumsn. Wgd I. 961 setzt ein ahd. Wurzelwort chliman = sich spalten voraus. Also sinn= und sprachverwandt mit klemme und klamm.

klippern (klippan. Rg., Henn., Tr.; A., Gießh.) = 1. spielen mit Kreuzerstücken. Kinder nehmen die Kreuzer in die durch beide Hände gebildete Höhlung, schütteln sie hin und her, und werfen sie in die Höhe, dabei sprechend:

Adler oder Kopf? 2. (Weig.) überhaupt mit Geschirr, Messern, Gabeln Geräusch machen. Kurhessisch heißt klippe = Blechmünze geringsten Gehaltes und Wertes (Vilmar 207). Ich halte jedoch unser klippern für eine Nebenform zu klappern. Man vergleiche auch das folgende:

klipperlein. klapperlein. In Pelsdorf sammelt man im Gasthause unter den Gästen Geld ein für die Braut auf „klipperla. klapperla", das sind also Kleinigkeiten. Vilmar 207 nennt klipperwerk = kleine geringfügige Ware, geringfügige Kleinigkeiten.

klitsch. die (Henn.); klitsche (Hbr., Rz.) = 1. schlechtes Messer; 2. kleines Haus. In der Bedeutung „kleines, ärmliches Landgut", in Whd. Glossar zu Holtei und Whd. Btr. 44. Vergleiche klötsche.

klitschke. die (Wich.); klötschke (Gießh.) = ordinäres Messer.

klobe. der (S. H. 300) = ein Bündel Werg, bestehend aus 24 gebundenen „Hämpfeln" oder „Decken", wie man solche auf der Breche bindet (Birlinger, Augsburg, Idioticon 282). klobe bedeutet zunächst gespaltener Stock (von klieben = spalten), dann in weiterem Sinne Fessel und daher „Gebund, dann Büschel" vom Flachs (Wgd. I. 957). In letzter Bedeutung:

kloben. der (klöwa, Rg., Hbr.; A., Baß.) = Bündel gebrechten Flachses. 2. (klowa, Hbr.) = Ochsenjoch. Dies die eigentliche Bedeutung. Vergleiche kluppe = gespaltenes Holz zum Einzwängen (Wäschkluppe). 3. (klöwa, Rg.) = sonst großes Stück Brot. 4. (klöa, der, Kl.-A.) = klobenartiges Stück Holz mit zwei Löchern zum Durchziehen der Stricke der Grashocke (meist beim Einheimsen des Heues gebraucht.

klobocker-apena (A., Baß); klonbonkr (A., Wich., Rot.) = eine Gattung sehr weißer, früh reifender Erdäpfel.

klöé. die (Kl.-A.) = der Huf.

kloft. die, siehe klutt.

kloppe, die. 1. (Rg.; Br.; A.) = das Holz, welches dem freiweidenden Vieh an den Hals gehängt wird, daß es nicht rasch laufen kann. So viel wie **kluppe.** ursprüng: Zwangholz, weil zum Klemmen gespaltenes Holz. Vergleiche auch **kleppel.**

klöppel, der (A., Batz.) = ungeschliffener, roher Mensch; (Hbr.) Klotz (Holz).

klöppeln (Freih.) = langsam gehen (wie das Vieh infolge der angehängten **kloppe?**)

klops, der (Rg.) = Schlag, Klaps.

kloß, der. Gewöhnlich Diminutiv. **klößlein, klißla** (Br.; A.), doch in verschiedenen Bedeutungen: (A.) = Buchten; (Br., Ottend.) = Knöbel; dagegen **hefakließlan** = Buchten; (Raspenau) = Butter oder Gebäck in Form kleiner Kuchen.

klößleinhengst, der (**klißlahengst.** A., Gießh.) = scherzhafte Benennung eines ordinären, billigen Messers.

klotzen, der (Labau bei Gablonz) = Haber zum Abwischen.

kluchzen (**kluchza, Tr., Henn., Grad.; A., Gießh.**) = 1. krankhaft husten; 2. kränklich thun; 3. vor Zorn weinen. **kluchza, wie a trüthohn** (Grad., Tr.); das gekluchze; a hût a gekluchze. Scheint auf mhd. **klucken** und **klutzen (kluckzen)** = glucken, wie eine Henne zurückzugehen.

klüchzlein, das (**kluchzla, Tr.**) = ein klein wenig wovon. du brengst odr a kluchzla. Könnte einem Zeitworte **kluchzen** entsprechen, das mit ableitendem z zu mhd. **klucken, klocken** = brechen, klopfen gehört?

kluft, die (**klüft, Gab.; kloft. Br.; A., Gießh., Schöb.**) = Kleidung überhaupt; dann schwere Kleidung: sie hôt en ganze kloft rôeke ô (Gießh.) Schlesisch **klaft** = Kleidung, Gewand (Whd. Btr. 43 und Kn.) oberlausitzisch **kloft kluft;** bairisch **klüfftl** (Schmell. I. 1327); kurhessisch **kluftchen** = dünner, schlechter abgenutzter Rock (Vilmar 208). Bei Wgd. I. 959 **kluft** = leichtes Kleid. Aus rothwelsch der **kluft,** im 16. Jahrhundert

das hlaffot = Gewand, Kleid; aus dem Jüdischen, abge=
leitet von hebräisch chaliphâh = Wechsel, im Plural
chaliphôt == Wechselkleider.

klufzen, die. Mz. (klufza, Weig.) == schwere
Stiefel. Sonst meist kuffen (kuffa) genannt. Ableitung
vermittelst z zu ahd. klaphôn, desselben Stammes wie
klappen, klappern, klopfen, wegen des Geräusches, das
solche Stiefel verursachen.

klunker, die (Rg.; Br.; A.) Meist Mz. klunkern
(klunkan) == 1. ursprünglich hangendes, schwebendes Klümp=
chen; hangende Quaste, Troddel. 2. Fetzen, besonders an
Kleidern. 3. schlechte, zerrissene Kleidung und (verächtlich)
überhaupt Kleidung. 4. (Hbr.) die herabhangenden Blüten
an den Getreideähren.

zer-klunkert (zrklonkat, Rg.) - zersetzt.

klunkern (Rb.); **klunkan** (Rg.) langsam, nach=
lässig gehen. klunkertsch, klunkr' dich (Rb.) = schau,
dass du fortkommst.

kluntsch, der (Ta.); häufig Diminutiv kluntschl
= schlechtes, billiges ordinäres Messer. Vergleiche kletsche
und klitsch.

kluppe, die (klüppe. Gab.) = 1. hölzerner Schlegel
zum Klopfen des Leinengarnes. Also wohl zu klopfen
gehörig, wie auch in der Redensart: kluppe krîcha (Tr.)
= Prügel bekommen. Letzteres auch NB. (M.); während
die daselbst gebräuchliche Redensart: jemand in die kluppe
kriegen (ai d' klüppe krîchn) ganz auf kluppe = Zwang=
holz hinweist. 2. hölzernes Joch der Zugochsen. Dies
entschieden zu kloben, kluppe (von klieben == spalten)
== Zwangholz.

klüppel, der (Hbr.) = Knüppel.

klust, der (Henn., Grab.) = Erdscholle, Kloß.
Mz. die klîstr. Dieses angetretene t findet sich in der
Form (wetterauisch) der klißd = Knödel bei Wgd. I. 959.

knacksen (Ta.) = knacken, knack machen. Ein
Stück Holz, das zerbrochen wird, knackst. Auch NB. (M.)

knacker. der (knochr. Weig.) = Geizhals. hd. knicker.

knackig. knackerig (knockich. Weig.; knackerich' Weig., Tr.) = geizig. Nebenformen zu knickerig.

ein-knallen (ai-knolla. Heb.) = Burschen pflegen am Pfingstsonntage frühzeitig aufzustehn und mit mächtigen Peitschen (Pfingstpeitschen) die Pfingsten einzuknallen.

knallhose. die (knollhouse. Rg.; A.; Br.) = Lederhose der Bauern.

knallwasser, das (knollwossr. Henn.) = Butter=milch.

knaster, der (knostr. Hmi.) = gutmütbiger, spassiger Mensch. hd. bedeutet knaster einen „brummigen, mürrischen Tadler" und gehört zu knastern (Nebenform zu knistern) = infolge harter Reibung Geräusch verursachen.

knatschen (Nb.) — 1 knittern, Papier, Kleider zusammendrücken. zr-knatscha (A., Gießb.) knatschnich. a knatschnicha tôn entstebt, wenn man an einen zerbrochenen Topf schlägt oder wenn z. B. ein Kind mit dem Kopfe an eine Wand heftig stößt, oder auch mit dem Kopfe auf den Fußboden stark auffällt, so daß eine Beule entstebt; diese Beule heißt dann ein knautsch (Gab., Grad., Wich.). 2. Ein ähnliches Geräusch entstebt, wenn man Tannenzapfen in einem Korbe zusammendrückt. Daraus erklärt sich wohl die abweisende Antwort; ai a púsch tônzoppa knatscha gin (Tr.) auf die neugierige Frage einer Person, wohin man gehe. 2. (Weig.) = etwas Nasses, eine weiche Masse drücken (kneten), wodurch ein eigener Ton entstebt. In dieser Bedeutung auch kurhessisch (Vilmar 210). 3. (Tr.) = weinen. Daneben auch die Formen knûtschen (Tr., Wich.) und knautschen (Tr.).

knâufeln (knoitln, Ta.; knoifan. Rg.; A., Rof.; knäuweln (knoiwan, Br.; A., Gießb.; kneiwln, Löslr.) = nagen; wie mit zahnlosem Munde kauen. Schlesisch knäubeln (Wbd. Btr. 44); clevisch knauwen: neuniederländisch knaauwen. hd. knaupeln (Wgd. I. 966).

knautsch. der (Rg.) = Beule am Kopf, die man sich durch Anschlagen an einen harten Gegenstand zugezogen hat. (Siehe unter knatschen).

knautschen (knautscha. Tr., Groß-Bor.; A., Gießh.) = weinen. (Siehe knatschen).

knäuweln, siehe knäufeln.

knecht, der (Rg.); knacht (Rg.); knäicht (Br.); A., Rb., Frd.) = 1. wie hochdeutsch Knecht. 2. (Ritschka) = jede unverheiratete Mannsperson; daher alter knecht = alter Junggeselle. 3. Eine Distelart. 4. weiberknecht = Pantoffelheld. In einem Spottliede auf solche Männer heißt es zum Schlusse:

Euch geschieht ke Unrecht.
Worum seid ihr der weiberknecht.

(Krinsdorf).

kneckel. der (Gab.) = 1. buckelartige Erhebung z. B. geronnenes Harz an Bäumen; auf der Spule entsteht ein kneckel. wenn man den Faden zu lange auf einer Stelle laufen läßt. 2. Ueberbein am Fuße. 3. ein fester Junge. kneckel (knöckel) ist Diminutiv zu nd. der knokken; (Hamburg). knuck heißt „Bündel," bauschige Masse.

knejkl. der? (Gr.-A.) = oberirdische Frucht an der Kartoffelpflanze, gewöhnlich apanaknejkl. Wohl dasselbe, was kneckel, knöckel = Bündel, bauschige Masse.

kneip. der (Rg.; A., Gießh., Wich.); das geneipe (Br.); geneip (Weig.) = das Messer, womit der Schuhmacher das Leder schneidet; Kneif. Ursprünglich „Taschenmesser." Vergleiche knitike. nd. Diminutiv zu knif. geneip, geneipe deuten auf gleiche Abstammung mit französisch canif hin.

kneipen (kneipa. Gießh.) = ärgern (jemanden). Ursprünglich durch Drücken wehe thun. Daher

bauch-kneipen, das (Tr., Henn., Gab.; Gießh.) = Bauchweh.

knepeln (knepan. Gießh.) = meist mit Partikeln: verknepan = fast unlösbare Knoten machen; ûfknepan = dieselben auflösen. md. knuppen, knüppen, nd. knuppen. Davon durch Dehnung des Stammes und Anhängung der

Bildungsfilbe el, die eine Wiederholung bedeutet, entstanden. Vergleiche knipeln. hd. knüpfen. d. h. zu einem Knopf in einander schlingend verbinden (Wgd. I. 977).

knepp, der (Henn.) = kleiner, fester Bursch. Auch NB. (M.)

kneppen (kneppa, Tr.) = durchprügeln. Scheint eine verdichtete Form zu kneipen = drückend wehe thun. Auch NB. (M.)

kniebohrer, der (Rg.) = 1. fehlerhafte Ausbildung der Beine, die einwärts gebogen sind. 2. Geizhals.

knifeln (Henn.); knifan (Wich.); kniffeln (kniffan, Tr.) = wie mit zahnlosem Munde kauen, nagen, langsam essen. Vergleiche knäufeln, knäuweln.

knifike, die (schlesisch) = Schnappmesser. In dieser Bedeutung ist das Wort, wie es scheint, im nö. Böhmen nicht mehr im Gebrauch, man gebraucht „schnoppr (Gr.-Ber.) oder schnoppmassr" (Rg., Br.). Dagegen gebraucht man:

knifiken (knifika, Gab.) = die von oben bis zum Knie geschlossenen Beine unten auseinander spreizen.

knifike machen (macha, Rg.; Br.; A., Rot.) = eine Verbeugung, einen Kratzfuß machen. In Tr. hörte ich auch die entstellte Form knifixe macha. Man vergleiche damit die wienerische Redensart (auch SB. im bairischen Dialecte) „zusammenschnappen wie ein Taschenfeidel," wenn man ein sehr devotes Verbeugen einer Person bezeichnen will.

knifikich gehn (Gab.) = mit einwärts gebogenen Knieen gehen. knifike ist das mit der nd. Diminutivendung versehene Wort knif (oder kneip) also = Taschenmesserchen, das man zusammenschnappen kann. In dieser Bedeutung schlesisch (Whd. Btr. 44). Bei Rob. Rößler: „Bibelverse" heißt es:

> Er hieb ihm ab sein linkes Ohr!
> 's Kniefikla zug a flink avor,
> Und riez, raz, doas Uhr woar lus;
> Fur dan woar wull die Freede gruß.

Auch in NB. (M.) kennt man den Ausdruck knifichl in der Bedeutung kleines, schwächliches Kind.

knille, die (Br.) = schlechtes Messer. .

knipel. der (Weig., Henn.); knepl (Gießh.) = Knoten, Knopf. pathenknipel (pôtaknipl. Henn.) = ein Knoten im Tuche, in welchen man das Taufgeschenk einbindet.

I. knipeln (knipan. Rg., Rgb., Arnsd.; kniëpal, Hilb.) = in schwer lösliche Knoten verschlingen. Vergleiche knëpeln. Meist

ver-knippeln = etwas so knüpfen, daß die Knöpfe schwer aufzulösen sind. Uebertragen:

zer-knipeln. sich (Henn., Grab.) = sich mit einer vergeblichen Arbeit abmühen.

be-knipeln. sich (beknipan, Br.) = sich einen Rausch antrinken; bekniplt = berauscht. Dieses knipeln gehört zu hd. kneipen = zum Zechen eine Kneipe besuchen und dies zu kneipe ursprünglich = Klemme; dann gegen Ende des 18. Jahrhunderts studentisch = Bierschenke.

II. knipeln (knipan) = ärgern. 's kniplt sagt man, wenn man sich über etwas sehr ärgert. Jedenfalls zu kneipen. In NB. sagt man: dos kneipt mich odr. wenn man sich über etwas ärgert.

III. (Br.) = lange an einer Arbeit machen.

kniplich werden (Tr.) = zornig werden.

knirpslein. das (knërpsla. Grab.) = eine Art kleiner, über und über mit Warzen bedeckter Kürbisse, von der Größe einer Pomeranze. Dimnutiv zu knirps gewöhnlich kleiner, unerwachsener Mensch. Wetterauisch knirps. deutet hin auf neuniederländisch knorf, knurf = Knoten (Wgd. I. 971.

knirscheln, (knërschln. Henn.) = die Zähne reibend einen unangenehmen Ton hervorbringen. hd. gewöhnlich knirschen. Eine Ableitung zu knirren = einen Laut, wie den eines harten Reibens hören lassen (Wgd. I. 971.

kniserich. der (A.); knismich (Fr.) = Schnittlauch = knis (knies) dürfte derselben Wurzel angehören wie knospe. nämlich einem bei Wgd. I. 976 vorausgesetzten

ahd. Wurzelverbum chniosan, chnos = knollenartig heraus=
wachsen. Zu chnios gehörte unser knies (zu chnos das
Wort knos-pe).

knispel, der (knêspl. Br.) = Knoten im Schnupf=
tuche. Auch schlesisch (Kn.). Auch knispel halte ich zu
knospe. Beides bedeutet etwas knollenähnliches.

knispern (knêsprn. Gießb., Wich.; knêspan,
Weig., Br.; knuspern. Henn.) = an Hartem mit Geräusch
nagen, knuspern. Schlesisch knispern, knaspern, knuspern
(Whd. Btr. 44).

knisperich, Adj. (vom Kuchen, Brot) = spröde,
hart, beim Beißen krachend. knusperich (Henn.).

knitsche, die (Weig., Tr., Grad.) = in den
Zipfel eines Tuches eingebundenes Geld. Auch NB. (Leipzer
Gegend). Gehört zu knütschen = etwas (besonders Tücher)
zusammendrücken. Also wohl knütsche zu schreiben. Daher
auch

zer-knitschen (knitscha, Weig., Gab., Br.) =
zerknittern.

knitschen (Rz.) = plaudern, klatschen, ausplaudern
knitsch ock ne. Schallwort, wie klatschen, das dieselbe
übertragene Bedeutung hat und gleicher ursprünglicher Be=
deutung wie knütschen (siehe unter knitsche).

knochen, der (Br.) = 1. starke Erhebung, hügelige
Anschwellung bei Straßen. 2. (knocha. Mz. Bdf.) =
hügelige, steinige Felder.

knochenreißer, der (Frb.) = scherzhafte Benennung
eines schnellen Tanzes, Galopp.

knochenwurst, die (Rg.) = Wurstart.

knockblume, die (Laut.) = Tag= oder Licht-Nelke.
Eigentlich knackblume, denn durch das Zusammenpressen
der im Kelche befindlichen Luft entsteht ein „knackender" Ton.

knorn, der (Gab., Henn., Weig.) = 1. Baum=
stumpf, der sehr verwachsen ist und sich daher nicht gut
spalten läßt. Sonst wimmer (wêmmer, siehe daselbst)
genannt; 2. eigensinniger Mensch (Weig.) Ein solcher heißt
auch knornkóp (Grad.). Bei Wgd. der knorren = harter
Knotenauswuchs.

knörnich (Rg.) vom Holze = voller Aeste, knorrig.

knörnlein, das (knernla und dies weiter entstellt in knella, Br.) = sehr empfindliche Stelle am Ellbogen. Schlesisch knernll (Kn.) Denn knorren. mhd. knorre heißt auch hervorstehender Knochen, Knopf, knorpelichte Masse.

knorpeln (knorpan, Tr.) = mit hörbarem Geräusch (Aepfel oder sonst etwas Hartes) essen. Vergleiche knispern, knuspern.

knorps, der (Weig.) = kleiner unausgewachsener Mensch, Junge. Nebenform zu knirps.

knoster siehe knaster.

knostern (knostan, Rg.; Br.; A.) = knistern.

knotte, die. Meist Mz. die knotten (knotta, Weig.: knutta. Grad., Br.) = Flachssamenknopf.

knottengans, die (Wich.) = Abfälle vom Werg. Im Rg. pûzeln (pûzan) genannt.

knotzen (Rb.; Wich.) = hocken, kauernd sitzen. Schlesisch kautzen = hocken, sitzen bleiben (Whd. Btr. 45). SB. knotzn; bairisch knotzen = knien, kniend sitzen (Schmell. I. 1356).

knübel, der (knêwl, Rg.; Br.; A.) = Knöchel am Finger, unmittelbar an der Hand. Bairisch oberpfälzisch knöbel und knübel = der vorstehende Knochen am mittleren Fingergelenk (Schmell. I. 1345. Schlesisch Whd. Btr. 45) Sie heißen in Tr. auch Monat-knübel (mondaknêwl), weil man an ihnen und den dazwischen liegenden Vertiefungen ersehen kann, ob ein Monat 31 oder 30 Tage hat.

knüffeln (knêffln, knêffan. Tr.) = schlagen, puffen. Von knuffen = mit der Faust schlagen. knuff = heimlicher Fauststoß.

knülle, die. Mz. (knělle, Tr.) = Prügel. knělle kricha und

knüllen (knělla, Rg., Br.; Wich.) = prügeln. Eigentlich heißt knüllen = in Falten übel zusammendrücken. (Wgd. I. 977). mhd. zer-knüllen = zerschlagen.

knûlper, der (Hilb.) = ein Paar zusammengewachsener Haselnüsse.

knülperlein, das (knëlperla. Mz. hnëlperlich, Hilb.) = die grünen oberirdischen Früchte der Erdäpfel.

knutschen (knûtscha, Rg.; knûëtschen (Hilb.) knîtschen und knautschen.

kolehl, das (Frb.; Raßpenau; Rz.) = 1. Mehl=knödel; 2. (Raßp.) = Butter oder Gebäck in Form eines kleinen Kuchens (Vgl. klößlein). Das Wort ist mit doppel=ter Diminutivbildung eh-l dasselbe, was kella im Rg. und müßte in hd. Form käulehelein heißen. Der Umlaut ist geschwunden und au zu o verdichtet (wie z. B. neben einem kaulen ein Wort kollern steht).

I. **koller. der** (Br.; A., Desch.) = Hemdkragen. hemdgûlla NB. (M.). Ursprünglich Halsbekleidung als Theil der Rüstung.

II. **koller. der**; a koller hôn (Tr.) von Menschen = fortwährend (wie sinnlos?) umherlaufen. Im 17. Jahrhundert den koller haben = lärmen, zanken; nl. kolleren = rasen.

kollern (Trb.), von der Kuh = brünstig sein, was sonst im Rg. rindern oder träuschen (siehe treischen) heißt. Vgl. koller II. von kollern = (aus innerem Zorn) unsinnig. wuthschäumend sein (Wgd. I. 985). Hier infolge der Brunst sich wild geberden, ungestüm sein.

komert, das (Tr.) = schweres Pferdegeschirr, Kummet.

be-kommen; schîn bekumma (Rgb.) = schön willkommen. Begrüßung des Eintretenden.

ein-kommen (Busch.; Hbr.) = gebären.

könl, die (Hilb.) = Kanne zum Wassertragen.

küpernek; kepernek, der (Tr.) = Rock mit Kapuze.

kopf, der (koup, Einf.) = 1. Verstand. an koup krîehn = gescheit werden. Redensart: Wenn dr Mensch a Norr wird, dou krîcht a zuerscht an koup. 2. Fen=sterkopf (kôp, Rg.) = bei den Fenstern der hölzernen Häuser auf dem Lande, der untere auf einem stärkeren Holze verfertigte Theil des Fensterstockes.

drehköpfig (dreikeppch, Göße) Nebenzart: a gít
dreikeppch röm = mit geducktem Kopfe. Im böhmischen
Mittelgebirge sagt man drejhejtich = verwirrt; wie schwind=
lich im Kopfe, von drehen und hêt, hejt = Haupt. Damit
dürfte NB. dreikeppch = drehköpfig (von drehen und
kopt) identisch sein.

koppe, die (Rg.) = Spiße. Benennung für Berg=
spißen: Schneekoppe oder Riesenkoppe, Schwarze Koppe.
Daneben auch kippe, kêppe (siehe daselbst).

koppenlôtscher, der (koppalôtscher, Rg.) =
Tourist im Riesengebirge; so genannt von dem Gebirgs=
bewohner. lôtschen = langsam, schwerfällig gehen. Es
liegt in der Bezeichnung entschieden etwas Verächtliches, das
namentlich dem nach der Meinung des Gebirglers nußlosen
Besteigen der Berge gilt.

koppel, die (Frd.) = hölzernes Joch der Zugthiere.
Auch NB. die kůppl (M.'.

koppen (nôch-koppa); koppeln (nôch-koppan, A.,
Baß., Gießß., Rok.) = gleichkommen. nachgerathen, ähnlich
sein. dar junge kopplt ganz sem votr nôch = schlägt
ganz in die Art seines Vaters. in die art koppen = in
seine angeborene Art zurückfallen (Grimm V. 1790). Auch
mhd. in die art koppen (Lex. I. 1677). mhd. koppen =
plößlich steigen oder fallen. Vergleiche kippen.

korb, der; vogelkorb (Gab.) = Vogelbauer.

körich = sparsam, wählerisch. Siehe kêrich.

körmeln (Rb.) = vertraulich schwaßen, kosen. das
gekörmel = das trauliche Schwaßen der Kinder. Wie aus
kiesen, Praet. kos, uhd. küren und kor, so ist kor in
körmeln auf kosen zurückzuführen. Denn kurheßisch kören
= ahd. chôson, d. i. plaudern (Vilmar 219). Wgd. I.
1039 führt kürmeln an. Bei Lohenstein kommt kirmeln
vor. Schweizerisch kürmen = lallen.

kosel, die (Gab.) = langer, plumper Rock.

koselkutte, die (Tr.) = ein schlecht sißender,
besonders hinten faltiger Männerrock Dieser wird eigentlich
mit einer kôselkutte verglichen; a (der Rock) posst wie
'n köslkutte. mhd. koseln heißt sudeln; der kosel =

Pinsel der Tüncher. Eine koselkutte wäre demnach das weite Gewand, in welchem der Tüncher (Zimmermaler) seine Arbeit vornimmt.

I. **kôter, der** (Henn.) = an eine Schnur gereihte Ebereschbeersträußchen.

II. **kôter.** Vom **kôtr lâwa** (Henn.) = durch heimlichen Verkauf von Erzeugnissen (besonders der Landwirtschaft) leben, wie dies manchmal Bauersfrauen oder deren Töchter ohne Vorwissen des Bauers thun. Solche Gegenstände sind namentlich: Milch, Butter, Eier, Stroh ꝛc.)

kottel, die (kottl, Ta.) = Katharina.

krach, der (Rg.; Br; A.) = Zank, Streit.

krâchel, die (Tr.) = altes Weib. NB. krächel.

krâchadürr (krâchadörre. (Gab., Weig.) = sehr dürr; ursprünglich vom Holze, dürr, dass es kracht. In NB. prasseldürr (prassldürr M.)

krüchz, die (Grab., Weig.) = großer Bauch einer Kuh. Wohl zusammenhängend mit krauche (Br., Ott.) = großbauchiger, thönerner Krug. Ebenso schlesisch Whb. Btr. 47. nd. kruke.

krâchze, die (Sbr.) = schlechte Kuh, die, obwohl sie viel frißt, doch nicht viel zunimmt. Vergleiche das folgende.

I. **kracke, die** (Hbr., Arnsb.) = 1. altes, schlechtes Pferd; (A.) altes Pferd; 2. böses kleines Kind; 3. böses Weib. Kurhessisch nur von schlechten Pferden (Vilmar 222). kracke heißt nach Wgd. I. 1001 ursprünglich soviel als eine Art großer Schiffe; italienisch caracca: ebenso spanisch und portugiesisch. Aus diesem eigentlichen Begriffe scheint dann im Niederdeutschen der abgeleitete „altes gebrechliches Haus" hervorgegangen zu sein, welcher den „gebrechliches, schlechtes Pferd" anbahnen dürfte. kracke ist natürlich auch schlesisch bei Whb. Btr. 46 zu finden. Ebenso NB. (M.); hier besonders in der Bedeutung „kleiner, widerspenstiger Junge, kleines Pferd, Kuh."

II. **kracke, die** (Rb.) = Gericht aus Leberwurst, gemengt mit Kartoffeln.

kracks, die (Hilb; D.-B.) = schlechtes Pferd. Vergleiche kracke. 454.

kracksel, die oder **das?** (Rz.) = Rückentraggestell der Gebirgsbewohner. Bairisch die kracksn und das kracksl (Schmell. I. 1360). SB. die buglkracksn oder kracksn (Prach.).

krackseln (kracksan, Rg.; Br.; A.) = mit Mühe klettern; (auch einen steilen Berg) hinanklimmen. Bairisch kracksln (Schmell. I. 1361).

kraftmehl, das (kroftmahl, Ott.) = Stärke.

kragen, der (krogn. D.-B.) = Hals. Vergleiche auch geizkragen und geizhals, jemanden abkrageln = ihn abthun, tödten, eigentlich ihm den Hals abschneiden.

krügelein, das (krächala, Henn.) = Pflanze/ Frauenmantel. krächerlan, Mz. (Laut.); gänsekrächla (Gab.). In NB. gänsloutschn (M.). Im ersten Falle ist das charakteristisch geformte Blatt mit einem Kragen verglichen; im 2. (NB.) = mit dem Gänsefuße (lötscha; NB. loutschn = schwerfällig gehen. Vergleiche koppen = lötscher und lötschen unter l..)

krähe, die = 1. wie hd.; 2. (Wich.) = Fünf- guldennote (Kunstausdruck der Spieler). Verschiedene Dialect- formen: kröe (Rg.; Br.); krüe (A.); krü (Henn.); krowe (Wich.). Zusammensetzungen:

krähenauge (kronäge, D.-B.) = Tollkirsche; kroäche (A., Schöb.) = vierblättrige Einbeere; (A., Sattel) = Hühnerauge, Leichdorn. SB. und bairisch kronaigl = Krähenauge; eigentlich Fruchtkern eines ostindischen Baumes strychnos nux vomica). der als Gift für Hunde und Katzen gebraucht wird (Schmell. I. 1357). Im Rg. krön- echlan (Grab.); kroachlan (Tr.); krüechlan (Henn.) nur in Verbindung mit eingeben (aigân) = vergiften.

krähenfuß, der (Meist Mz. kroafüß, Trb.); krähenpfote, die (nur Mz. kroapfüta, Hbr.) = Pflanze Bärapp; Moosart lycopodium. deren gelblicher entzünd- barr Samenstaub Hexenpulver heißt.

krähengâke, die, oder krähgâke, (krôgâke, A., Gießh.) = Krähe. Vergleiche gâke unter G. NB. krougâke (M.).

krähenhâken, die Mz. (krôhôka, A., Gießh.) = schlecht geschriebene Buchstaben.

krähenmehl, das (krôamâl, A., Schöb.) = Sporne des Bärlapp, Hexenmehl.

kràikeln (Ta.) = sich zerren mit Kindern, trakeln. Siehe krêkeln.

kram, der (krôm, Rg., Gr.-A.; A., Baß., Br.); auch das krôm (A., Gießh.) 1. Kleidung. Eigentlich: Waarenbude zum Feilhalten; dann Kaufmannsware. 's kràml mit jemandem zusammenschlagen = heiraten (Göße), d. h. in Gemeinschaft mit einer andern Person Geschäfte treiben, wirtschaften. 2. das ist ein böser, ein übler kram (bîsa, îwla krôm, Rg., Rb.) = die Angelegenheit steht schlecht.

kramanzen, die Mz. kromonza, (A., Desch.) = übermäßig höfliches Gebaren, Complimente, Umstände. So auch bairisch Schmell. I. 1368 (Grimm V. 1991).

Nê, do lott mich ock zu Ruh,
Mit da della tomma Kromonza.
Do gibts bei ons ganz anders zu,
Wem 'ma will a mol ees tanza.

(Aus dem Dialectgedichte: Tanzunterhaltungen im Stadtsalon und in der Dorfschenke).

kramern (kroumern, Rb.) = spielen von Kindern; krôman (Rg.; A., Gießh.) = langsam, lässig eine Arbeit verrichten; mit der Arbeit spielen (rëmkrôman und rëmkrôma). Schlesisch herumkrämern = geschäftig sein, etwas suchen und räumen (Whd. Vtr. 46).

krampen, der (krompa oder krompn, Grab., Henn.); krampe, die (krompe, Ta.) = schlechtes Pferd; die krampe heißt eigentlich gekrümmter Haken. Wohl gleicher Wurzel mit krumm (krump), also ein Pferd mit verkrümmten Gliedern.

krampeln krompan, A., Baß.) = Brotkrümchen
verstreuen: das krëmpala (A., Grul.) = Brotkrümchen;
krompl (Lösкr.); 'n krompl (Wich.) = ein bißchen, ein
wenig. Bairisch der krumpen, das krumpelein = hart
gewordenes Stück Brot, Brotkrume.

krängeln (Rg.; Grab.); es kränglt mich nach
etwas (Grab.) = ich sehne mich sehr nach etwas.

krängerlein, das; = Sehnsucht; dar krëchts 's
krängerla (Grab.) = er hat eine unwiderstehliche Sehnsucht nach etwas. Bairisch krangeln = in Noth und Bedrängnis sein (Schmell. I. 1373). mhd. die krange und
der krangel = Noth, Bedrängnis, Mangel. Nach dem,
was einem mangelt, sehnet man sich.

kränke, die. Weiberkränke. Benennung einzeln
stehender Wirtshäuser, so zwischen Soor und Rettendorf
zwischen Rosenthal-Großdorf und Ottendorf im Br.-
Ländchen bei Wichstadtl. Kommt auch sonst in NB. vor.

krankheit, die (krank"t, Gab.; kronk°t); die
kkraut (Br.; A., Gießh., Rof., Wich.) = die Fallsucht
Epilepsie katerochen. Auch bairisch die kränk = Fallsucht
(Franken). (Schmell. I. 1375 und kurhessisch Vilmar 222).
Man unterscheidet in unseren Gebirgen: er hat die krankheit = Fallsucht und er hat eine krankheit = er ist
überhaupt krank, ohne daß man die Krankheit nennt.

kranz, der (kronz, Henn.); die kränze (Rz.)
ofenkranz (ůfakronz, A., Gießh., Rof., Wich.) = der
vorstehende, in halber Höhe des Ofens herumlaufende ziemlich
breite Rand am Ofen in der Bauernstube, auf welchen man
gewöhnlich die Späne oder Schleißen zum Trocknen legt.

kräpsen (krâpsa, Weig.) = langsam gehen. Wahrscheinlich eine Nebenform zu krappeln, krabeln, grappeln
= kriechen. In NB. heißt kräpe soviel als Krücke, Krück-
stock und kräpen = wie mit einer Krücke langsam gehn.

kratzbeere, die (krôzbëre, Rg.; Br.; A.) =
Brombeere. Bairisch kratzber, kratzelber (Schmell. I.
1388): kurhessisch (Vilmar 223).

krätze, die, siehe judenkrätze unter J.

kratze, die (krotze) oder das kratzel (Weig., Br.) = mit Zinken versehenes Instrument zum Reinigen des gebrechten Flachses.

kratzelputzeln, die; Mz. (kratzlputzan, Gab.); kratzliche (A., Rot.) = die beim Reinigen des Flachses mittels der kratze entstehenden Abfälle. NB. kratzlpfuckn (M.).

kratzkratze, die (krotzkrotze, Rg., Kl.-A.) = kratze, siehe oben.

ab-kratzen intransitiv (obkrotza, Rg., Weig.; Br.; A., Gießh.) = sich eiligst davon machen. Auch NB. ob-krotzn und auskrotzen = schnell gehen (M.).

krauche, die (Ott., Br.) = große bauchige, thönerne Flasche von der Form einer Feldflasche. Auch störbettl (siehe unter beutel) genannt. Kurhessisch krûke = Krug, besonders jede Art Krug mit engerm Halse (Vilmar 229); nd. krûke, mitteldeutsch krûche (Wgb. I. 1023); schlesisch krauche = Thonkrug (Whb. Btr 47). û ist niederdeutsch, au mitteldeutsch. Man vergleiche den Wechsel von u und au noch in folgenden Dialectformen: pluchze (Rg.) und plauze (siehe unter P); schnuchze (Rg.) und nhd. schnauze (siehe unter S.).

kräulen (kriiln und kräiln, Rb. und Umgebung; krêla, Rg.; krâila. A.; Br. In NB. krêln, M.) = 1. kratzen mit den Nägeln; 2. übertr. stehlen. Schlesisch krêlen (Whb. Btr. 48); Bairisch kräueln (kra'ln) (Schmell. I. 1357). Auch schweizerisch mhd. krouwen und kröuweln (Lex. I. 1572); ahd. chräuôn, chrôwôn. zusammenkräulen (z'sommakrêla, A.), von geizigen Menschen = Schätze anhäufen.

kräuel, der. Meist Mz. die kräuelen (krêla, Rg.; kräila, A., Br.) = 1. Fingernägel, Krallen, Finger, als Werkzeuge zum Kratzen; 2. krêl oder krêlerei (Tr.) = Streit. Bairisch der krauel = Werkzeug zum Krauen, Kratzen. Daher auch

kräulelein, das (krêlla, Hms.) = schlechtes billiges Messer der Kinder.

kräulerich, der (krêlerich, Rg.) = Kratzwunde.

kraut. krauthöt (Siehe unter H.); sauerkraut muß man am heiligen Abend essen, damit man fett werde (Henn.); Sauerkraut am Gründonnerstage nüchtern genossen, bewa'rt vor gewissen Krankheiten, Krätze, Fieber (Rg.); berufskraut. das (Grab.) = Pflanze Taubenkropf (Erigeron acris L. ?). Die getrocknete Pflanze wird geräuchert und der Rauch soll gut sein zur Vertreibung einer Geschwulst. Auch wird die Pflanze den Kühen gegeben; das hilft gegen das Behexen derselben. berufen = beschreien (Aberglaube). Man beruft etwas, wenn man es allzu sehr lobt. Diese nachtheilige Wirkung des Lobes behebt man aber, indem man hinzufügt: unberufen; in NB. (M.) sagt man: „herr behütn" harr bahittn).

kräutig, das (kreltich. Rg.; kroitich. Br.; A.; krottlich. Rz.; krotsch, Rb., Frd.; kretsch. NB. (M.), collectivum = Gekräut; besonders die Stengel und Blätter der Kartoffelpflanze.

knorpelkrettich, das (Drb.) Mauerpfeffer. Auch bairisch in Franken und in der Ober-Pfalz kräutig und kräuterich (Schmell. I. 1386). Egerländisch kräutari.

kreipsch, der (Br.) = Zinngras, zum Scheuern des Zinngeschirres verwendet.

kreischen (kréscha, Rg., Gab., Henn., Wich.; kräischa, Br.; A., Rot., Gießb.) und auskreischen = 1. transf. Fett aus dem Schweinefleische ausbraten, was meist mit prasselndem, „kreischendem" Geräusche vor sich geht; butter kräischa (Gießb.) = die Butter durch Erhitzen braun machen. 2. intrans. = prasseln. die buttr kräischt (A., Gießb.); bairisch kröschen. intrans. = prasseln, wie Schmalz, das auf die Glut gestellt wird (Schmell. I. 1382); kurhessisch kreischen. transf. = Oel, zum Sieden bringen, Fett kreischen (Wilmar 225). Wohl nichts anders, als unser hd. kreischen = schreien.

kreißen (Rz.) = schwer athmen; kreißa (Rg., Gab., Weig., Henn.) = jammern, stöhnen (von einem Kranken). Eigentlich heißt kreißen = in Geburtswehen schreien und stöhnen. Eine Nebenform zu dem vorigen kreischen.

krêkeln (krêkan Br.) = habern, Händel suchen. Auch schlesisch Kn. Sonst im Rg. hän'ln (händan) oder krachéla. Letzteres mit Aufrechterhaltung des ê, entsprechend niederländisch krakeelen.

krênz, krênze, die (Rg.; Hbr., Weig., Henu., A., Schöb.) = Spalte, Rifs (im Holz). Schlesisch krinne, krinse = Einschnitt, Kerbe (Whd. Btr. 48); bairisch krinsel, krunsel (Schmell. I. 1375). mhd. krinne (Lex. I. 1734). Mit angetretenem k dasselbe, was rinne. Bezüglich des k vergleiche auch unser schlesisches kringel, kringlich statt ringel, ringlich = ringförmig (siehe unten). Vergleiche auch krönse.

krenzenstocher, der (krênzastocher, Rg., Hbr.) = Ritzenstocher. Werkzeug, aus den Ritzen in der Tenne die Getreidekörner herauszustochern. In Wirklichkeit nicht vorhanden. Drescherscherz. Man schickt nämlich den Dümmsten in ein beliebiges Haus um einen „Krenzenstocher". Daselbst kennt man schon den Witz, packt schwere Sachen (Eisen-, Holzstücke u. s. w.) in einen Sack und übergibt den letzteren dem Boten. Wenn derselbe, unter der Last förmlich seufzend nach Hause kommt, wird er tüchtig ausgelacht.

kresten (krêsta, A., Giefsh., Wich.) = ächzen, stöhnen. Nebenform zu kreißen. Schlesisch kristen (Kn.). NB. krestn (M.). Auch tirolisch kreisten = vor Anstrengung, Schmerz stöhnen. mhd. kristen und kreisten (Lex. I. 1718).

krestieren (Tr.) = peinigen, plagen. NB. kristân (M.).

kretscham, der (krätschm, krötschm, Rg., Lbskr.; krätschn. Rb.) = Wirthshaus, Schenke; Petzer-Kretscham, Gasthaus am Eingange in den Riesengrund. In der Landskroner Gegend Ortsname Feldkretscham. Auch NB. ai 'n krätschn, d. i. Herrnskretschen, an der Elbe (sächsisch-böhmische Grenze); Zieglkrätschn, in der Gegend von Liebeschitz). Schlesisch (Whd. Btr. 47); kärntnerisch kerzhma. Aus dem Slavischen. Wendisch korčma; čechisch krčma; polnisch karczma. Der Ausdruck kretschmer = Gastwirt scheint im böhmischen Antheile des Riesengebirges nicht mehr gebräuchlich zu sein. Einzeln findet sich noch hie und da der Familienname Kretschmer, Kratschmer.

kriäte. Redensart: jemandem die kriäte reißen (Rb.) = ihn auszanken.

kribeln, kriweln (krîwan, Rg., Gab.; Br.; A., Gießh, Rot., Wich.; kriwln, Grab., Henn.) = mit wiederholter Bewegung kriechen; langsam gehn; wimmeln. der quorg kriwlt ock ver Môda. Eine Nebenform zu krabeln, kröbeln. NB. mit Verhärtung der Labialis kroppln, ursprünglich soviel als mit wiederholter, tastender Bewegung der Finger berühren. Vielleicht zusammenhängend mit kräulen und krauen. Schlesisch kriebeln = kitzeln, jucken (Whb. Btr. 48); bairisch kribeln, krebeln, krabeln (Schmell. I. 1357); kurhessisch kribbeln und kriweln (es kriwwelt und wiwwelt z. B. von Ungeziefer) (Vilmar 226); neuniederländisch die krevel, kriewel = Jucken, wie Krabbeln von Ameisen.

kribeldick, Adj. (Grab.) = dicht beisammen; wohl auch wimmelnd sich bewegend (wie Ameisen auf einem Ameisenhaufen). Auch NB. kriwlsdicke (M.).

kriechen (krîcha, ch weich Rg.; Br.; A.) = bekommen, erhalten; (aikrîcha) = einholen. Auch NB.

krîchelein, das. Meist Mz. (krichala, Rg., Tr., Henn. Grab.; Br.; A., Gießh.) = Pflaumenschlehe, eine Art kleiner runder Pflaumen, deren Fleisch nicht vom Kerne sich löst; kurhessisch die krieche = kleine blaue (wilde) Pflaume (Vilmar 226); bairisch die kriechen (Schmell. I. 1360); mhd. krieche, ahd. chriehha; chriehpoum = prunus insititia).

krimmen (krëmm' Rz.) = 1. intranf. jucken mit stechendem Schmerze. 2. tranf. kratzen. Auch NB. krimm' (M.).

krimmer, der (krëmmer, Br.) = schwarze Pelz= mütze; (Rb.) = Pelzverbrämung. Die Lammfelle von Mischlingen (aus der Paarung weißer und schwarzer Zackel) kommen unter dem Namen von krimmern (aus der Krim) in den Handel (Schmell. I. 1369).

krimmern (Br.; A.) = intranſ. jucken; (kremmrn, Henn., Grab.; kremman, Rg.; mr krëmmrt's äche (Komar) = mir juckt das Auge; tranſ. kratzen. Ein Iterativ zu krimmen (ſiehe oben). mhd. krimmen, grimmen; urſprünglich = die Klauen zum Fange krümmen; dann kratzen, kneipen, zwicken. Vergleiche bauchzwicken und bauchgrimmen.

krims, der (Ab.; Rg., Gab.; krimser, Weig.; krimschnöwl, A., Wich.) = Kreuzſchnabel. NB. krinz (M.). Eigentlich grims. grinz von grünitz wegen der grünen Farbe (Wgd. I. 738).

kringel, der (krëngl, Rg., Henn.) = Ring. (Br.; A., Gießh., Rot., Wich.) = ringförmiges, geflochtenes Gebäck; gewöhnlich Geſchenk für die Pathenkinder am Grün-donnerstage. In NB. golsch = ringförmiges Gebäck für die Pathenkinder von ſlaviſch kolo = Ring, Rad. Schleſiſch kringl = Ring (Whd. Vtr. 48); kurheſſiſch kring = Kreis, Bezirk und der kringel = 1. jede ringförmige Geſtalt; 2. ringförmiges Gebäck (Vilmar 227). Beſonders nd. und nordiſch; däniſch kringle; ſchwediſch kringla = Bretzel; altnordiſch kringla = Kreis.

krinklich Adj. (Ab.) = ſich ringelnd.

kripel, der (Rg., Hbr.) = der hintere von zwei Schlitten, auf denen im Winter Baumſtämme geführt werden. Wahrſcheinlich dasſelbe Wort wie hd. krüppel, was nicht nur von gebrechlichen Perſonen gebraucht wird, ſondern auch überhaupt etwas Niedriges, Kleines bedeutet. Am meiſten paßte hieher altengliſch cripel, crepel = der (nicht gehen kann ſondern) kriechen muß (Wgd. I. 1025. Ein niederer Schlitten heißt im Rg. auch noch rütsche (rëtsche) von rutschen.

krippen; zuſammenkrippen ſich (z'ſommakrippa, Rg., Henn.; A., Gießh.) = ſich krümmend zuſammen-drücken. Derſelben Bedeutung wie kifern (ſiehe daſelbſt). In Henn. auch z'ſommakruppa, Part. Praet. z'ſommag'kruppt. In NB. z'ſommkrippm (M.).

kriſtênichen (kristejnicha, kristainicha. Henn.) = peinigen, quälen. Vergleiche kriſtieren.

kritzel. Siehe gritzel.

kriwâtsch, kriwêtsch, der (Grab.) = krumm=
beiniges Kind.

kriwâtschig, Abj. (kriwâtschich, Rg., Gab., Tr.,
Weig.; A., Gießh., Wich.; kriwôtschich, Henn.); kri=
wâtschlich (Br.) = krummbeinig. Auch schlesisch Kn. Von
slavisch křiwy = krumm. Dies wieder unverwandt mit
lateinisch curvus = gekrümmt.

kriwätschlein, das (kriwâtschla. Rg.; Br.; A.)
= krummbeiniges, meist schwächliches Kind.

kroffen, die Mz. (kroffa, Grab.); **kroppen**
(kroppa, Rg., Tr., Rgb.; Br.; A., Gießh., Rof.) =
schlechte oder auch formlose, plumpe, schwere Stiefel.

krompel, a krompl (Lösfr.); 'n krompl (Wich.)
= ein wenig von etwas. Vergleiche krempl.

krompeln (krompan, A., Bab.) = Brotkrümchen
verstreuen, wie dies namentlich geschieht, wenn man mit
einem stumpfen Messer Brot schneidet. Daher krempala =
ein bißchen).

krönlein, Mz. (krûnlan, Weig.) = eine Pflanze.
Aber welche? Vielleicht Nachtschatten?

kronoster, das (Henn.; A., Gießh.), Schimpf=
name. In SB. ein altes kronoster = besonders ein böses
altes Weib.

otternkrönlein (ottrnkrinla, Rg.) = das Krön=
lein, das nach altem Aberglauben die Königin der Nattern
auf dem Kopfe trägt.

krönse, die (Rb.) = Riß, Spalt, Spur. Ver=
gleiche krênze.

kropf, der (kröp, Tr., Hbr.) 1. Schimpfname,
besonders auf kleine widerspenstige, böse Kinder; 2. kroup
(Rgb.) = kropfiger Mensch. kropfigel (kroupígl); kropfaas
(kroupous, Rgb.), Schimpfwörter. kropfland (kröpland).
Damit bezeichnet man (spöttisch) das Thal Brettgrund
bei Schatzlar, weil es dort viele kröpfige Leute geben soll?
Ebenso heißt Mönchsdorf bei Arnau 's kröplandla.

kroposteln (kropostal, Hilb.), sehr selten = langsam arbeiten.

kroppe, die (Ta.) Schimpfname. Siehe kropf.

kroseln (krôsan, Rg., Hbr.) = gierig sein; nach etwas eifrig streben. Wahrscheinlich zu bairisch ergräsen, sich gütlich thun, sich es schmecken lassen.

kröte, die. In hd. Bedeutung nicht gebräuchlich; dafür steht: hêtsche, hutsch, hutsche, wutsch. Uebertragen bîse krêt (Henn.); krite (A., Rof.) = böses Kind. Mz. die kröten (A., Schöb.) = scherzhafte Bezeichnung für Geld, geringe Barschaft. krötenstocher, der (Ta.), scherzhafte Bezeichnung für ein billiges schlechtes Messer. Sonst kluntsch (Ta.).

krottich, krotsch, siehe kräutig.

krotz, die (Rg., Arnsb., Henn., Weig., Grad.) = kleine Wirtschaft, die wenig Erträgnis abwirft.

krotze, die (Rg., Gab.) = sparsames altes Weib; (Br., Ta.), überhaupt sparsame Hausfrau.

krotzig (Rg., Henn.; A., Gießh.) sparsam; (Rof.) geizig. Von kratzen, das man wie scharren, zusammenscharren im Dialecte (NB.) braucht für „übertrieben sparsam sein.“

krouchze, die (Rb. Gegend) = kleiner Junge.

krôwe, die (Rg., Tr.; A., Wich.) = Krähe.

krôweln (krôwan, Gab.; krôan, Weig.; krôwln, (Grad.). Siehe kribeln.

krôz, der (Henn.; Br.; Lôskr.) = Streit, Zank.

krôzen (krôza) = zanken, streiten, sich necken. In NB. krowotzn, und der krowotz. krôz und krôzen scheinen, aus krowotz und krowotzen zusammengezogen. Neben krowotz findet sich NB. (M.) auch noch krûz. krowotz aber dürfte zusammengesetzt sein aus gerowotz von rowotzen, robotzen (wie krawall aus ge-rewell, gerebell). Schlesisch rabatzen (Wbd. Btr. 75) aber heißt zunächst thätig, geschäftig sein; rumrabazen (rëm-robotza, Hbr.) = 1. herumschaffen, geschäftig sein; 2. mit einem herumrabatzen = „sich zanken, necken.“

krôzblau (krôzblû, Tr.; krotz-blô, Gießh., Wich.;
-blû, Weig.; Grab.; -blou, Br.) = bei blassem Gesichte
bläulich angelaufen, siehe grîzblau.

kruchzen, der (Rb. Ggb.) = Zorn. Vergleiche
krôz.

krůchze, die (krouchze, Rb. Ggb.) = kleiner
Junge. Dieses gehört wohl zu grägeln. (grachan, Rg.).

krücke, die (Rg.; Br., A.) = 1. Stange mit einem
Brettchen am vordern Ende. Dient beim Backen zum Zertheilen der Kohlen im Backofen und zum Herausnehmen derselben, bevor das Brot eingeschoben wird. Also meist ofen-
krücke (ûfakrücke).

Reime: Nächtan, wie ich schluffa gieng,
Rumplt's uff' dr Brücke;
Honsla hullt 's Grejtla hêm
Mit dr „Ufakrücke.“
's Grejtla krûch ai 's Ufalouch.
Honsla mit a Krück anouch;
Sie kricht's Krückla ai a Koup,
Weil se ihn geärchat hout.
(Weigelsdorf).

2. (Rg., Hbr.) = Ausspreiz= und Zusammenhaltstange;
dient zum Ausspreizen und Zusammenhalten der untern Leiter=
bäume am Wirtschaftswagen. Die oberen nennt man spreiz-
stangen: 3. (krĕcke, Rz.) = Rückentraggestell der Gebirgs=
bewohner. Dasselbe, was kracksel (Rz.).

krump, Adj. (Rb.; Rg.; Br.; A.; Hilb.) = krumm;
mhd. krump. In Wich. kromm. die kromme Mîtwich
= Mittwoch in der Osterwoche.

krumpholz (Rgb., Grab., Br.) = das krumme
Holz, an welchem der Metzger das geschlachtete Thier aufhängt.

krustig (krustich, Br., Ros.) = schmutzig, unsauber.
Vergleiche die Verse unter dem Artikel Peter und Paul.

krût, die (Weig.); krûte (Tr.) = Truthenne;
krutenhahn, der krûtahôn, Br.; Rg., Hbr.); kruterich
(Henn., Weig.) = Truthahn. Wechsel von kr und tr.
Auch SB. krûdlhôn (bairischer Dialect).

krûzen, der (Rb.) = Zorn. Siehe krôz und kruehzen.

kübel, der (kujbl, D.-B.) = Giebel des Daches. Hirtenlied: Rûter Hons vom rûten Huibl,
Host a Haus óna Kuibl.
Host a Haus óna Thür,
Häng dr a Pôr Hûsn für u. f. w.
(Deutsch-Bielau).

kübel, der (kiwl, Rg.) = Backtrog. Daher

kübelsauer (kiwlsaur. Rg., Tr.; Br.; A.) = Sauerteig; besonders aber Suppe daraus, ein im nordöstlichen Böhmen sehr verbreitetes Nahrungsmittel. Denn „kiwlsauer stärkt a pauer." heißt es daselbst.

kuchen, der (kucha, Rg.). kucha blousa. Wenn zur Kirchweih beim Kuchenbacken die Kuchen nicht recht „gehn, hoch werden", so sagt man die Verse:
L . . . . mit a gâla Husa.
Gieng uf Krieblitz Kucha blousa.
(Gabersdorf, Weigelsdorf).

kucha platscha gin (Rgß.) = helfen, Kuchen backen. Ursprünglich „um Kuchen betteln" bei Kirchweihfesten durch Peitschenknallen (platscha); schlesisch kucha plotza gin (Kn.); kuchenbreit (Rb.); kuchabrét (Rg., Tr., Grul.) = breit wie ein Kuchen. Besonders von Leuten, die statt zu arbeiten, müssig dasitzen, sagt man: sie sitza kuchnbrét dô.

küchen brütling, der (kichabrittlich, Tr.) = Mensch, Kind das gern in der warmen Stube, Küche hockt.

kuckuck, der (Hilb.) = geflecktes Knabenkraut.

kuckucksblume = 1. (Hbr.), kriechender Günsel (Ajuga reptans); 2. (Arnsd., Henn.) = Pestwurz; (Rg., Laut.; A., Gießh., Rof.) = Knabenkraut. Wgd. I. 1028 = Pflanze Lychnis flos cuculi. Der im 16. Jahrhundert vorkommende Name rührt v... häufigen Schaum auf den Stengeln her, welcher für ... des Kuckucks gehalten wurde.

kudel, die (Hmf.) = schlechtes, ordinär... Cechisch kudla.

kudeln (Rg.) = mit Mühe, wie mit einem schlechten Messer (kudel) schneiden.

I. **kuffe**, die (Wich.); kufe, kutl (Rz.) = Glas als Trinkgefäß und Maß auf Bier; eine kuffe bier. Bei Wgd. I. 1028 ist kufe = oben offenes tieferes Daubengefäß. mhd. knofe = Faß, Badewanne. Ursprünglich dasselbe, was küpe (siehe kiepe).

II. **kuffe**, die. Meist Mz. kuffen (kuffa. Rg., Arnsb., Hbr., Br.) = große unförmliche Stiefel mit aufgebogenen Spitzen. Bei Wgd. I. 1028 kufe = die aufwärts gehende Krümmung vorn am Schlittengestelle, Schnabel des Schlittens. In dieser Bedeutung kuftm auch NB. (M.).

kuffen Ztwt. (kuffa, Br.; Rg., Trb.) = schlürfend mit schweren Stiefeln gehen, laufen, so daß es Lärm verursacht; (Trb.) = unbeholfen gehen wie ein alter gebrechlicher Mensch.

kufzen (Göhe) = bellen. Vergleiche kachzen und kafzen.

kufzen, die. Mz. (kufza. A., Gießh.) = große unförmliche Schuhe. Vergleiche kuffe II, wovon unser kufzen eine Weiterbildung mit z.

kuh. Der Hirtenknabe, der die Kühe und andre Weidethiere hütet und auch sonst bei den bäuerlichen Arbeiten mithelfen muß, heißt bald kühhërte (Hbr.); kühjonge (Hbr., Gießh.); kühprinz (Henn., Hbr., A., Gießh.); kühpriester (Groß=Vor.).

kühtrieb, der (Rg., Hbr., Rgß.) = Weg, auf welchem mehrere Bauern ihre Kühe treiben dürfen. Gewöhnlich Gemeindegrund. Dem Begriffe nach dasselbe, was tibich, d. i. Vieh=weg.

kulwe, die (Grad., Henn.) = kahle, haarlose Stelle auf dem Kopfe, dann der Kopf selber. Nur in der Redensart bekannt: jemandem die kulwe lausen, d. h. jemanden recht durchprügeln, den Schopf beuteln. Kurhessisch die kalbe (kalwe) = kahle, unbewachsene Stelle und kalwig, kahl, kurz geschoren; lateinisch calvus = kahl.

kumme, der (Lbskr.) = längliches hölzernes Gefäß. 1. wetzkumme = tiefes hölzernes Gefäß, das der Mäher anhängt, um den Wetzstein darin zu netzen und zu verwahren. Bairisch der kumm = Trog, Barn, in welchem dem Vieh das Futter (besonders das nasse) vorgegeben wird (Schmell. I. 1250); 2. butterkumme (Lbskr.) = Butterfaß. Bei Wgd. I. 1030 die kumme = tiefe Schale (bei Claudius, Voß); tiefer Tischnapf. ahd. chuhma = Kochtopf, Art Kessel. Aus lateinisch cucuma = Kochgeschirr, Kessel. Nicht derselben Abstammung wie das folgende:

kumpf, der (Lbskr.) wetzkumpf = Wetzkumme. Auch SB. (Prach.); bairisch (Schmell. I. 1251). Bei Wgd. I. 1032 = tiefe Schale, tiefer Napf; verschoben aus griechisch kymbos = Schale, Becken, Becher; kumpf auch tirolisch. mhd. (Lex. I. 1770). Vergleiche dazu kitz III.

kunkeln (kunkan, Br.); **künkeln** (kuinkan, A., Gießh.) = einen glimmenden Span hin- und herschwingen. Siehe kinkeln.

kunkerich, der (Grad.) = Stoß in den Rücken. (Siehe unter G.)

kunt, das (Br.) = Kummet.

kunterbunt (Rb.); **küntrbünt** (A., Wich., Rot.) = wirr, bunt durcheinander, verworren. Eigentlich kunt infolge grellen Wechsels von entgegengesetzten conträren (französisch contre = gegen) Farben.

kunzen (kunza, Rg.); Redensart: kunza geicha = die Meinung jemanden gehörig hineinsagen. In NB. heißt der kunzn = ein großes Stück Brot, welche Bedeutung auch hier zu Grunde zu liegen scheint. Im Rg. sagt man: brut ogeicha. Der innere Zusammenhang ist aber nicht ganz klar.

kupfer, der (D.-B.) = Koffer. Österreichisch bei Castelli, Wörterbuch 185: der kupfa. In der Pilsner Gegend hört man unter den Deutschen dieselbe Form. Entlehnt aus französisch coffre = Kiste, Kasten und dies von griechisch, lateinisch cophinus = Korb.

kuranzen (kuranza, Rot.), transf. = 1. jagen,
preschen; 2. (Rg., Henn., Tr.; A., Gießh., Wich.) =
platzen, schlagen. Vergleiche folgenden Stammbuchvers aus
dem Adlergebirge:

Loise, Flî on Wanza
Sëlla dich kuranza.
Wenn de uf dan vergësst,
Dáde undaschriwa ës.   (Gießhübel).

kuranzen, koranzen = durchprügeln, scharf züchtigen,
empfindlich plagen; auch bei Wgb. I. 1037; schlesisch (Whb.
40); bairisch karanzen = zum Gehorsam treiben (Schmell.
I. 1285. Bei dem Zittauer Christian Weise († 1708)
soll das Wort zuerst vorkommen.

kurb, die (kūeb, Hilb.) = Kurbel, krummgebogene
Handhabe zum Drehen eines Dinges. mhd. kurbe =
Winde am Brunnen (Lex. I. 1791); ahd. churba; schwei-
zerisch das gürbi = krummer Handgriff (Stald. 1. 499).
Entlehnt aus französisch courbe, mittellateinisch curva =
gekrümmtes Holz.

kurzwildbrett, das (Jsgb., Jgspr.) = die
Hoden des männlichen Hirsches.

kutte, die (Rg., Parsch., Gab., Tr., Weig.) =
Winterrock; Eigentlich weites, verhüllendes Mönchsgewand.

kuttel, die (Grab.) = Magen. Eigentlich Eingeweide, Gedärme sammt Wanst und Magen. Daher hd.
nur Mz. die kutteln.

kuttelflecke (allg.) = beliebte Speise aus den
Kaldaunen.

kuttelhof, der (Tr.) = Schlachthaus.

kuttelwampe, die (kuttlwompe, Gab.; kuttl-
wamps, A., Gießh.); kuttlwanst, kuttlwanz, Wich.,
Rot.) = Magen des Rindes, der zu Kutteln verwendet
wird. Bairisch kudlwampen (Schmell. I. 1312). Redensart: 'n gûde kuttl hôn (Tr., Gab., Henn.) = viel an
Speise und Trank, auch viel Grobheiten vertragen; die kuttl
vûl hôn (Henn., Grab.; Br.; Rot.) = angegessen und
angetrunken sein; ich wâ dr'sch ock ai die kuttl naironna,
sagt der Schuldner (ironisch) zum Gläubiger, wenn er, zum
Zahlen aufgefordert, seiner Verpflichtung nicht nachkommen

kann. 2. (Grab.) = Pferdemist; kühkuttel (Göße) = Kuhfladen. 3. (übertragen Br.) = säuische Person, besonders Weibsperson; ferner dôs is 'n gude — schlechte kuttl sagt man von einem schalkischen Menschen.

kûzen (kûza, Rg., Jbbb.; Hbr., Tr., Weig.) und kutzen (kutza, Grab., Henn.); kotza (A., Gießh.) = hüsteln, wiederholt oder auch lange anhaltend husten. die kûze (Tr.) = der Husten. Vergleiche kauzen und kizen; kurhessisch kotzen (Vilmar 221); bairisch kotzen = husten und Auswurf heraufholen (Schmell. I. 1318).

L.

Lábern (lówan, Rb., Ta.) = dummes Zeug reden, schwatzen. Auch sonst in NB. (M.); Bei J. H. 183 gelober = dummes Reden. Schwäbisch läfern = schwatzen (Schmid. 338)); schweizerisch lafern, lefern = abgeschmackt und albern schwatzen (Stalb. II. 152). Gehört jedenfalls zu den Wörtern gleichen Stammes: lateinisch lab-ium; hd. lippe: lef-ze und heißt wohl ursprünglich so viel als die Lippen rasch bewegen zum Sprechen.

labsal, das, sich a labsl macha (Tr.) = sich etwas Angenehmes, Wohlthuendes (Speise, Trank, Schlaf) vergönnen.

lachter. die (lochter, S. H. 190; luchta, Ta. Auch NB. (M.) = Klafter, als Holzmaß. Die Form mit ch ist md.; oberdeutsch lafter (Schmell. I. 1451. O.-Pfalz); mhd. lafter (Ler. I. 1812) und bedeutet ursprünglich Klafter im Bergbau.

lackel, der (Ta.; Rg.: Br.; A.) = langer, starker Mensch: auch grober, ungeschliffener Mensch. Bairisch der lackel, beliebter Name für große, besonders Metzgerhunde; junger Mensch nicht der feinsten Art; der lackas (Aschaffenburg) = ungeschickter, großer junger Mensch (Schmell. I. 1432); kurhessisch lacks = fauler Mensch (Vilmar 235).

lade, die (A., Schöb.) = buntbemalte Holztruhe mit oben schließendem Deckel zum Aufbewahren von Kleidern. hochzeitlade, in welcher die Hochzeitskleider aufbewahrt werden. Vergleiche trugel.

lager, das (lôchr, Henn., Grab.) = Kaffeesatz.

lamaschern (Rg.) = ungewaschenes Zeug reden.

lâmel, die (lôml, Rg., Hbr., Komar; A., Gießh.) = Messerklinge. Schlesisch lummel (Whd. Btr. 55); schwäbisch das laumel (Schmid. 344); schweizerisch die lamme, lammele, lummele (Stalb. II. 153); mhd. lâmel = Klinge (Lex. I. 1816); bairisch die, das lammel, lämmel, lommel (Schmell. I. 1470); kurhessisch lommel (Vilmar 252); lateinisch lamina: italienisch lama = Klinge.

lâmern (lâman, Wich.); lemern (rëm-lëman, A., Gießh.) = faul umhergehen, faulenzen.

lämmerei, die (Br.) = Zustand großer Unordnung.

lämmern, belämmern (Rb.) = betrügen. Vergleiche beluchsen, fichseln. Schlesisch belemmern (Whd. Btr. 53). nd. lemmern = etwas in den Weg legen, hindern. In NB. hörte ich auch lemmern = einen Mitspieler im Kartenspiel in die Lage bringen, daß er wenig oder keine Stiche macht.

lämmerschwanz. das maul geht ihm wie ein lämmerschwanz (Arnsb.) sagt man von einem, der viel und schnell redet. Sonst dreckschleuder. Siehe daselbst.

lämmlein, das (lammla, Rg.; Br.; A.) = Federwolke.

lamper (lompr, Rg(, Hbr:, Tr., Weig., Komar) = wohl, wohlig, angenehm Speciell z. B. von dem wohligen Gefühle nach dem Auswaschen und Verbinden einer Wunde. dos tut ôdr lompr, sagt man dabei. Schlesisch Whd. Btr. 50. Bei Rob. Rößler 32 lampern = wohlthun. Daselbst heißt es: Und 's lampert (der Schnaps) eem im Bauch su schien. In NB. ungelamper = ungeschickt (Petters L. G. 1858). Von ahd. limphan, Praet. lampf, lampf = angemessen sein; ags. limpan = zukommen. ungelamper ist also = unzukömmlich, ungeschickt; lamper

= angemessen. Das Wort ungelamper findet sich verstümmelt in der Form ungeomper = ungeschickt auch im
A., Rof. Wie hier das anlautende l ausfiel (vergleiche
die Formen bairisch ungamper neben oberpfälzisch unglamber
Schmell. I. 914), so scheint es auch im folgenden:

I. lampern der Fall zu sein. Denn mit Elision des l
rëm-omprn (Weig., Tr.) = 1. lange an einer
Arbeit machen, weil man sie ungeschickt anfasst. 2.
im Finstern umhertappen oder spät in der Nacht sich
herumtreiben. Dies scheint ein Iterativ zu kurhessisch
lampen = nachlassen nachlässig sein (Vilmar 225).

II. lampern (lampan, Arnsb., A., Giessh.) = albernes
Zeug reden, plaudern. das gelamper = albernes
Geschwätz. Auch NB. lompan und glompa (M.)
Im salzburg. Lungau lämpern = plaudern (Schmell.
I. 1474). Gehört auch zu obigem lamper = behag-
lich, so dass lampern gleich wäre mit behaglicher
Breite reden.

lampersack, der (lomprsâk, Br.; A., Giessh.,
Wich.) = albern redender Mensch.

land. neuland noiland, Einf.) = neugebaute
Einschichte. Eigentlich wohl das die Einschichte umgebende
neugerodete und urbargemachte Land. wu lenda? (Tb.,
Tr.) = in welcher Gegend, wo (z. B. wohnst du)?

lände, lende. die (Hoh.) = Platz am Ende des
Canals, wo sonst das herrschaftliche Schwemmholz aufge-
fangen und aufgestapelt wurde. Eigentlich Landungsplatz
der Schiffer. Das Wort wird besonders längs der Donau
gehört. In München (Isar) giebt es eine obere und untere
Lend als Ablagerplätze der dort gelandeten Holzvorräthe
(Schmell. I. 1486); die „Donaulende" in Linz; Stablauer
Lende bei Wien

langbohl, der (longpoul. Hilb.) = den Wagen
durchziehender Baum, der das Hintergestell mit dem vorderen
verbindet. Vergleiche langwer.

langsam (longsm, Weig.; langsom, Gab.); wie
langsom is's? = wie spät, wie viel Uhr ist's. 's is schun
longsm = es ist schon spät. a Patr langsam (Giessh.)
= langsamer Mensch.

langstn (Ta., Frb.) = spät (von der Zeit).

längen: anlängen (oulenga, Hilb.) =: der Längs=
richtung der Beete nach eggen. Im Gegensatze zu queren.

langwer, die (longwer, Grad., Br.) = das lange
Holz, das am Fuhrmannswagen Vorder= und Hintergestell
verbindet. Petters L. G. 1858 führt die Form lämfer
an. In NB. (M.) sagt man lompe. Dasselbe bedeutet

langwiede, die (longwît. Grad.; langwite. Hbr.;
longwêt, Rg.); mhd. lanewit (Ler. I. 1820); bairisch
langwid (Schmell. II. 859); egerländisch langwit; SB.
lonawet (Br.) Zusammengesetzt aus lang und wide, ahd.
das witu, mhd. die und das wite = Holz, Baum. Also
Langholz oder Langbaum. Das Geschlecht die langwiede
würde allerdings mehr auf die wiede = als Band gedrehte
Ruthe hinweisen. Aber die Verbindung des Vorder= und
Hinterwagens ist keine gedrehte Ruthe, sondern ein Baum.
Vergleiche langbohl (Hilb.). Möglich, daß in Anlehnung
an das bekanntere die wîde oder wite, heute noch in NB.
(M.) gebräuchlich in der Bedeutung Weidenruthe, das Ge=
schlecht wechselte.

lanschel, der (Weig.) = langsam, faul umher=
schlendernder Mensch.

lanscheln (rëm-lanschan, Weig., Tr.) = sich
herumwälzen, faul umhergehen. Ebenso

lansern (rëm-lonsan, A., Gießh., Rof.) Vergleiche
in unserem Dialecte lensern, lemern, lamern, lenzen.
Bairisch lunzen, lunzeln, lünzeln = leicht schlummern
(Schmell. I. 1495); kurhessisch lunzen = leicht schlummern,
halbschlummernd sich im Bette halten, sich behaglich zum
Schlummer niederlegen (Vilmar 255). In diesen Bedeu=
tungen entspricht lunzen ganz dem NB. lenzn (M.); wohl
auch Br. lenza. Bei Schottel Haubtspr. 1359 luntschen
= suaviter adniti.

lappe, der (loppe, A., Rof.); lappen (loppen,
Rg., Br., Rb.) = gutmüthiger Mensch. mhd. der lappe,
lappen = Narr, thörichte Person (Ler. I. 1833). lappe
ist nd. Form für laffe.

lappern (lôpan, Rg.) = in kleinen Zügen Flüssig=
keit schlürfen. Der Hund lôprt (Rof.) = essen.

lappsch (Henn.) = 1. fade, dünnflüssig schmeckend. 2. (Br.); = in Speisen wählerisch.

larksen (larksa, A., Schöb.) = albern schwätzen. das gelarkse. Bairisch lurken = im Reden mit der Zunge anstoßen; das R nicht aussprechen. können. Vergleiche lurksen.

lâsche, die (Br.) = Agio. Auch NB. Im Erz= gebirge laschethaler = vollwichtiger Thaler: Nachmittag an Feiertagen . . . spiel' mer Zwick um Laschetholer (J. H. 141). Der Reichsdorfer Pferdehimmel. Bei Schmell. I. 1520 heißt die lâschi (scherzhaft) Geld. Bei Abraham a Sta. Clara: Es wäre keine Lose, wenn die Laschi nicht wär. Ein Vers lautet:

Baua, richt lâschi
Und zal mi aus.

Schweizerisch luschi, lüschi, das = Geld (Stalb. II. 187). Wohl verstümmelt aus französisch l'argent.

laschen, der (loscha, Rg., Gab., Henn., Komar; Br.; A., Rof.) = Stück abgeschürfter Haut; Komar = wunder Fleck, durch Verbrühen oder am Fuße durch Reiben des Stiefels hervorgerufen, so daß die Haut weghängt. Bei Wgd. I. 1062 die lasche = angesetzter Streifen; an — eingesetztes Zeug= oder Lederstück. laschen = hauen, daß die Fetzen fliegen. nd. und nl. lasche = herabhän= gender Lappen, Streifen, Fetzen vom Fleisch eines Zerhauenen. Auch NB. loschn (M.).

lasken, der (laska, A., Schöb.) = großer Mensch.

laster, das (losta, Rg.; Tr., Henn., Hilb.) = Schimpfnamen, besonders für unsittliche Weibspersonen.

lasterbändig (Bbf.) = kindisch; (Br.) = geizig.

lasterdarm, der (A., Rof.) = zerlumpt einher= gehendes Frauenzimmer.

lastergans, die (lostagons, A., Gießh.) = klatschhaftes Weib.

lasterhaft, lasterhaftig (Tr.) = unmäßig. Z. B. lostrhoftich assa. In NB. lasthaftig (losthoftsch, M.) besonders von Bäumen, die unmäßig viel Obst tragen: Da bâm hout losthoftsch äppl.

lastern; nachlastern (nôch-lostan. Tr.); dë wann
wûl bâl nochgelostat kümma, ſagen Männer von ihren
Weibern, die ihnen ins Wirthshaus nachzukommen pflegen.

läte? (Trb.) = Taumellolch?

lâtich. malâtich, salâtich (Rg.) verſtümmelt und
zuſammengezogen aus mein — dein lebtag. mailatsche
(Rb.).

latschen (lotscha, Henn.) = albernes Zeug reden;
lôtscha (Tſcherm.).

latschig (lotschich, Rg., Hbr., Arns.; A., Gießh.,
Rot., Wich.) = (vom Brote) nicht recht ausgebacken;
(vom Fleiſche) nicht recht ausgewachſen: (Henn., Weig.) =
klebrig und glatt. weichlatschig (wêchlotschich, Gab.),
von Flüſſigkeiten = weich, weichlich ſchmeckend, dünner
Kaffee ſchmeckt weichlatschig (Rb.) = überhaupt weich,
Ekel erregend; insbeſondere von Speiſen, Mehlſpeiſen.

lattenstange, die (lottastange. Hbr.) = Balke,
den Firſt des Daches bildend, an welchem die Dachlatten
angenagelt werden.

latz, der (lôz, Weig.) = der obere Theil der
Schürze, der die Bruſt bedeckt.

laube, die (S. H.) = Erlaubnis.

läube. die (loiwe. Satt.) = mit Brettern ver-
ſchlagenes Vorhaus als Aufbewahrungsort für Hausgeräthe.
Der Umlaut erklärt ſich aus einer ahd. Form louppa =
loupja, welches j den Umlaut im mhd. eintreten läßt.

ein-laufen (ailaufa, Rg., Gab., Henn.); 's lëft
ai, 's tut ailâfa oder ailaufa = der Himmel bedeckt ſich
mit Wolken.

läufeln (lêfln, Rg., Arns., Arn.; Rb.; lêfan,
Trb.; Br.) = von Hülſenfrüchten, aushülſen, von der Hülſe
befreien; (Hbr.) = auch die guten Erbſen von den ſchlechten
ſondern. Ein weitverbreitetes Wort, doch nicht in meiner
Heimat, wo man lüscheln (auslischln) ſagt. Schleſiſch
läufeln, lêfln, lefflln, ausläufeln (Whd. Btr. 52); bairiſch
lâfln (Schmell. I. 1450); ſchwäbiſch läufen, läufeln,
läufern, läufzeln = Nüſſe aus den Schalen, Bohnen aus
den Hülſen thun (Schmid 344); wetterauiſch lâfel, lâfele

(Wgb. I. 1065) und Franken der lauf (Schmell. I. 1450)
= äußere grüne Schale mancher Früchte z. B. der Erbsen,
Bohnen, Nüſſe. Stimmt gemäß der Lautverschiebung mit
ſlaviſch lupina = äußere Schale der Nuß, des Apfels;
griechiſch lopos (Verb. lepein = abſchälen, enthülſen); ahd.
louft, loft = äußerſte Schale der Nuß, Baumrinde. Wie
ſolche Wörter endlich nicht mehr in ihrer wahren Bedeutung
aufgefaßt werden und infolge deſſen an ein ähnliches ver-
wandtes Wort ſich anlehnen, zeigt der Umſtand, daß lëfan
in Weig. heißt = die Erbſen reinigen, indem man ſie über
eine (ſiebartige) ſchiefe Ebene „herablaufen" läßt, ſo daß
Staub und ſonſtiger Unrath liegen bleiben.

auf-läufern (ûflêfan, Rg., Gab., Weig.) =
einen Faden von der Kiefe auf die Spule „auflaufen"
laſſen.

läukeln (lëkan. Rg., Tr.; A., Gießh.; lejkln,
Henn., Grad.; loikan. Br.; A., Rot.) = läugnen.
a lejkala = lügenhaftes Kind. NB. lëkn und vulëkn
(M.). Dieſe Form ſchließt ſich an die ältere Form laugen
ſtatt laugnen) an.

laurer. Verſe:

Zimmerleut on Maurer
Dos sein die rechten Laurer;
Eine Stunde thun se massn,
Eine Stunde thun se assn,
Eine Stunde rauchn se Tabak,
Drmit vergît dr halbe Tag.
Behüt uns Gott in theurer Zeit
Vor Maurer und vor Zimmerleut.

(Lauterwaſſer).

laurer, eigentlich lauer, der = ſchlauer, liſtiger Menſch.
In der Redensart: der bauer ein Lauer führt das Wort
auch (Wgb. I. 1069) an. mhd. der lûre.

lausch, die (Hilb.) = Hündin. In dieſer Form
lausche auch NB. (M.). Im Rg. lusche; bairiſch die
leusch, lusch (Schmell. I. 1521). Häufig auch in verächtlicher und beſchimpfender Weiſe für „Weibsperſon"
gebraucht, wie ſchweizeriſch die leische = feile Dirne
(Stald. II. 166), während der leutsch, läutsch = Hund,

besonders wenn er die brünstigen Weibchen auffucht (Stald.
I. 170); vorarlbergisch und schweizerisch die los (Stald.
II. 180); mhd. die löse == Zuchtsau (Lex. I. 1057).

lauscher, die, Mz. (Jsgb., Jgspr.) = Ohren des
Wildschweines. Vergleiche loser.

läusern, mich läusert (A., Wich.) = mich fröstelt.
lausern = frösteln. NB. (J. H. 260).

lawrieren (lawrian, Weig.; lowrian, Tr.; laborian,
Henn.) = gut leben, essen und trinken. Eine romanische
Weitausbildung des deutschen Wortes leben. Wohl nicht
von laborieren, worauf die Form laborian (Henn.) hindeuten könnte.

le! le! (A., Gießh., Wich.; Grab.), sagt man,
wenn man über die Rede eines Andern seine Verwunderung
(auch in ironischer Weise) ausdrückt. Vom čechisch-slavischen
hled, mundartlich hle = siehe, schau!

leb gesund! (lâb gsond, Rg.; Br.; A.), sagt man
beim Abschiede = lebe wohl.

leben (lêwa, Br.; A., Gießh.); lejwa (Rg., Weig.,
Henn.); lejbm, NB. (M.). von der Milch = sie gerinnen
machen. Auch subjektiv die Milch lejbt (Weig.) = sie
gerinnt. hd. kommt noch das Wort lab, das (lôb, Gießh.)
vor = Mittel zum Gerinnenmachen, namentlich süßer Milch.
Man bedient sich dazu des Labmagens. Wgb. I. 1044
führt dieses Wort lab auf ein wie geben (gab) biegendes
Wurzelverbum zurück, das im goth. liban, ahd. lëpan,
lëban gelautet haben müßte. Unser lêwa, lejwa ist doch
wohl das im Dialect erhaltene ahd. lëban?

lechse, die (Rg., Hbr.) = Stemmleiste, welche
auf der Wagenaxe ruht und die Leiter stützt. Andere Formen
sind: lechze (A.); less (Rg.; Br.); lesse, NB. (M.).
Bairisch die leuchsen, (loiks'n, leussn, leusen) (Schmell.
I. 1428); schwäbisch die leisel (Schmid. 352).

lechzen; zr-lachza, Weig., Henn.; drlechza,
Gab., Tr.); lechseln (dr-laxln, Grab.) = aus Trocken-
heit auseinanderspalten; vom hölzernen Bindergefäß, von
den Rädern des Wagens: dr woan is drlechzt. Auch
NB. zulaxn (M.); schwäbisch lechzen (Schmid. 347);

bairiſch der lechezen, derlechsen (Schmell. I. 1421); mhd. lechen (Lex. 1. 1849).

lecker, der (Jſgb., Jgſpr.) = Zunge des Hirſches.

leda wu (A., Schöb.) = irgend wo.

lêfan; ſiehe läufeln.

lehmgeighe, die (Rg., Tr.; A., Wich.; Br.) = langweiliger Menſch, der wenig ſpricht, langſamer Menſch, beſonders Frauenzimmer.

lehmsack, der (lejmsák. Rb.) = langſamer Menſch.

I. lehne, die, schneelehne (Rg.) = Lawine. Die den Hochgebirgen eigenthümliche Erſcheinung des Lawinenſturzes kommt, wenn auch ſelten, doch im Rg. zuweilen vor. lehne hat mit lehnen nichts zu thun, ſondern iſt eine Zuſammenziehung aus ahd. lewinâ und hängt (wie das churwelſche lavina) mit dem lateiniſchen labi = herabgleiten, fallen, zuſammen.

II. lehne, die (lâne. Rg.; Br.; A.) = mehr oder minder ſteiler Bergabhang. Sie führen (Gießh.) verſchiedene Namen, meiſt nach dem Beſitzer: Friemlslâne, Wülflâne ꝛc.

leiblein, das (leiwla, Br.; A., Gießh.. Rot., Wich., Schöb.) = 1. Mieder. 2. (Rg., Gab., Weig., Henn., Grad.) = Weſte.

leicht (lecht, lechte, Henn., Tr.) = leichtſertig.

leidig; lêdich und lejdich thun (Tr., Gab., Weig.) = wehleidig thun, winſeln. Dazu gehört noch: lâitlich thun (A., Rot.); lejdrbendich (Gab.); lejdrbênich (Grad). thu ock nej su lejdrbênich, ſagt man zu einem, der jammert, daß er arm ſei, obwohl er Geld beſitzt. Ferner

leidern, Ztwt. (lejdan, Tr.) = jammern bei Krankheit vor Schmerz oder auch aus Geiz. leidig heißt Leid, Betrübnis, Schmerz verurſachend; leidlich (lâitlich) entſpricht nicht mehr dem nhd. Begriffe = nicht beſonders ſchmerzlich, ſondern erträglich, wohl aber dem mhd. Begriffe von leitlich = ſchmerzlich und ahd. leidlich = widerwärtig.

leiern (Henn.); leian (Rg., Hbr.; A.; Br.) = langſam arbeiten. der leierich = langſamer Menſch.

Besonders nennt man Kinder so, die sehr langsam beim Anziehen sind. leiersack (leiersôk, Henn., Hbr.) = 1. Leierkasten; 2. langsamer Mensch.

leim, der (S. H. 254); lâim (A., Rof.) = Lehm. dr lâimhoffa (haufen) = alberner Mensch. Vergleiche lehmgeighe. Bairisch laim (Schmell. I. 1470); ahd., mhd. leim.

leimat, leimatt, die (S. H. 69, 250); leimet (Weig.); leimot (Tr.); lemt (Gab., Gießh., Rof., Wich.) = Leinwand. Auch NB. leimt. Gekürzt und zusammengezogen aus mhd. lînwât, während die nhd. Bildung lein-wand unorganische Einschiebung eines n in wand (= wât) zeigt.

leinkauf, der (S. H. 249); leinkâf (Rg.; Br.; A.) = Gelöbnistrunk beim Abschlusse eines Handels. Tirolisch leitkâf; bairisch lei'kaf = was bei einem Kaufe außer dem bedungenen Kaufpreise, gleichsam zur Befestigung des abgeschlossenen Handels, vom Käufer noch besonders gegeben und sehr oft gemeinschaftlich vertrunken oder ver= schmaust wird (Schmell. I. 1537). Schwäbisch lidkauf, leikauf (Schmid 357). Čechisch = slavisch litkup. Auch NB. lein-kâf (M.). n in lein steht unorganisch, und zwar hat es gewechselt mit mhd. t, mhd. leit, lît = Obstwein, Gewürzwein; überhaupt geistiges Getränk. Schon gothisch leithus, ahd. lîd, lith. In Oesterreich der laitgeb = Wirt.

leite, die (Rg.); lait (Hilb.) = ziemlich steiler Bergabgang. auf der leit (Trb.) = eine bestimmte An= höhe; Silvarleuth, Dorf bei Königinhof, welches an einem solchen allerdings sehr allmählich abfallenden Abhange liegt. Silvar dürfte auf Silber hindeuten, also Silberleite. Ist vielleicht einmal hier auf Silber gebaut worden? In NB. kommen Ortsnamen, mit leite zusammengesetzt, öfter vor, z. B. Kamnitz-leiten, Elb-leiten.

leiter, die (Rg., Hbr.). Der Leiterwagen der Bauern hat zwei ziemlich lange Leitern. (Doch nicht so lang, wie der Leiterwagen im Egerlande). Jede Leiter besteht aus zwei starken, parallelen Längsbäumen, den soge= nannten leiterbäumen, die durch breitere flache Stäbe, die schwingen, und durch dünnere, meist runde Stäbe, die sprossen, mit einander verbunden sind. Jede Leiter zerfällt in 3 Felder. Das erste beginnt mit einer Schwinge, darauf folgen Sprossen, und endet im 1. Drittel der Länge wieder mit einer Schwinge. Ebenso ist das dritte Feld. Zwischen den beiden findet sich ein leerer Raum, das gewîte (Hbr.); NB. bauch (M.), der mit den bauchketten abgesperrt werden kann.

leiweskamm (Rg., Gab., Grad., Henn.) = kaum, mit Mühe. a soch ês leiweskamm ô, sagt man von einem stolzen Menschen (Grad.); a hût l. noch, wos ar braucht (Henn.); a kunnt l. grâchan, a rannt doch naus (Gab.).

lêkan = siehe läukeln.

lêmern (lêman, A., Gießh.); lamern (lâman, Wich.) = faul umhergehen, nichts thun, faulenzen.

lende, die (Rg., Gab., Weig., Tr., Grad.) = langer, dabei schwacher Mensch.

lêne, Adj. (Rb.; A.) = weich. Z. B. lêne eier = weiche Eier. Ebenso bairisch len (le) = von weicher Consistenz und NB. (Prach.) lêne ôar; ahd. leni = weich, gelind, sanft. Mit lateinisch lenis urverwandt.

lensern (Henn.) = faulenzen; lenzen (rëmlenza, Br.) = nichtsthuerisch umhergehen. Vergleiche lanscheln und lansern.

lenzen (lenza, Rg) = sich müßig herumwälzen, halbschlummernd liegen.

lêre, die (Tr.); lêrbaum (lêrpâm, Hilb.; lärbâm. Tr., Gab., Br.) = Lärche; der bekannte nur im Sommer grüne Nadelbaum.

lerchen schleppen gehn (lercha schleppa gîn, Br.) = aus einem Wirthshaus ins andere ziehn.

lêrig, der (lejrich, Rb.) = ungeschickter junger Mensch. Schlesisch lerig = in unbestimmter Bedeutung auf große ungeschickte Jungen angewendet, etwa = Tölpel, Lümmel (Whd. Btr. 53). Soll lêrig, vielleicht läuring heißen?

less, die (Hbr.) = Stemmleiste der Wagenleiter. Auch lechse (siehe daselbst). lesse auch NB. (M.), durch Assimilation aus lechse entstanden.

lêtsche, die (Rb.) = weiblicher Hund. Vergleiche lutsche. das löitschl (Rb.) = nachlässiges junges Frauen= zimmer. Bei Birlinger, augsburgisch=schwäbisches Wörter= buch, die lätsch (Ries) = großer Mund, Hure. Vergleiche letzen.

lêtschel, der (Rg., Gab., Henn.; Br.) = grober Mensch; (Rg., Arnsd.) = starker Mensch; (A., Gießh., Schöd.) = plumper Mensch. NB. der letzel = hoch und kräftig gewachsener, auch roher, grober Mensch.

letzen (Jsgb., Jgspr.) = Junge werfen (vom Hochwild, Dammwild und von Hasen). Dieses letzen ist eines Stammes mit obigem die lêtsche und augsburgisch= schwäbisch die lätsch; diese letzteren entsprechen ganz dem Begriffe von bairisch Fotz = 1. Mund; 2. weibliches Glied; 3. (verächtlich) Frauenzimmer. Vergleiche dazu auch die lutsch. lutsche (Rg.) = weiblicher Hund; unzüchtiges Frauenzimmer. NB. die lausche in derselben Bedeutung; ebenso nürnbergisch die leusch, lusch, das lüschlein = weiblicher Hund; Weibsperson (Schmell. 1. 1521); kurhessisch die lusch = unzüchtige Dirne, feile Hure (Vilmar 256). Hieher gehört auch noch NB. die litsche = Mund, besonders großer Mund (M.). Isländisch lioski = vagina uteri: dänisch lyske = inguen.

letzt. zu guda letzt (Rg.) = am Ende, zuletzt. Hat mit der letzte nichts zu thun, sondern gehört zu bairisch die letz = Ergötzung (durch Trinken, Essen, Tanzen ꝛc.), die man einem Scheidenden bereitet (Schmell. I. 1546); schweizerisch die letzi = Abschiedsschmaus (Stald. II. 169).

an-leuchten ô-lechta, Br.; A., Gießh., Rot., Ritschka; Wich.) = anzünden. zom ailechta (Br.; Gießh., Rot.) = gegen Abend; zur Zeit, da man anzündet. In NB. bezeichnet man diese Zeit „zun lichtûfzindn" (M.).

leutschinder, der (Einf.) = Glatze.

liätschen der (Rb.) = hohler Chlinder aus Rohr, der bei der Leinweberei verwendet wird, indem beim Weben der Faden auf denselben gewickelt wird; i ist präjotiert.

liäzel, der (Rb.) = roher Mensch. Siehe letschel und letzel. i ist vorgeschlagen.

liche, die, auch luche (Grab., Tr., Weig.) = dürrer Hund.

lichl, der = der Blitzstrahl.

lichteln (Ta.); auch wâtrlichln (Tr.) = blitzen; lichln (Hoh.) = wetterleuchten. Vergleiche (Schmell. I. 1419) wetterlaichen. NB. lichtln, sowohl blitzen während eines Gewitters als auch wetterleuchten.

lichten. zu lichten, zu lichta gîn (Rz., Hbr., Weig.; Br., A., Gießh.) = im Spätherbste in die soge=nannte „Rockenstube" gehn. Bis Mitternacht wird gesponnen, dann folgt ein kleiner Schmaus. Die Lichten= oder Rocken=stubensaison dauert vom Beginne des Advents bis zur „langen" Nacht (Thomasabend, 23. December) oder auch bis in die Fastnacht (in Trb.). Während der Zwölften darf nicht gesponnen werden. Den Beschluß des „Lichten=gehns" bildet ein solenner Schmaus, der in Trautenbach „Scheideweg" heißt.

lichter, die, Mz. (Jsgb., Jgspr.) = die Augen des Hirsches.

lichterlohn (lichtalûn); l. heulen (hoila, Gab., Krinsdorf) = laut, hellauf, recht vom Herzen weinen. Eigentlich vom Brennen mit lichter Lohe.

lichtwerk, das (luhtwerich, Wich.) = Lampe.

liebichstöckel, das (liebichsteckla. Tr., Gab., Henn.) = Pflanze ligusticum levisticum, Liebstöckel. Gegenstand des Volksaberglaubens. Sie wird am Tage der Sommersonnenwende gesammelt. Der daraus gepreßte Saft, auf die Füße geschmiert, hilft gegen den Otternbiß (Gab.); gedörrt und geräuchert hilft die Pflanze gegen Halsweh. Die Form Liebstöckel entstand unter Anlehnung an die lateinische Form levi (lieb) und sticum (stöckel), um dem fremden Worte deutschen Anstrich und damit Ver=ständlichkeit zu geben (Wgd. I. 1112).

lid. das. Kellerlid (kallrlid, Hmf.) = liegende Kellerthür, Fallthür.

lila (Rb.). Auf die Frage, wie gehts, erhält man zur Antwort: nu a su lila = mittelburch, nicht gut, nicht schlecht.

lille, die (lölle. Rg.; Br.; A.) = aus dem Munde fließender Speichel. Daher

lillen (lölla. Rg.; Br.; A.) = 1. den Speichel aus dem Munde fließen lassen (von kleinen Kindern). 2. albern reden. In dieser Bedeutung Nebenform zu lallen = 1. mit schwerer Zunge unarticuliert reden. 2. saugen (Schmell. I. 1469).

lillfleck. der (löllflåk, Rg.; löllfleck, Wich.); löllalatzla (Br.) = Fleck, Lätzchen für kleine Kinder, damit sie nicht durch das lillen die Kleider verunreinigen.

tabaklille. die (towaklölle, Rg.; Br.; A.) = Tabaksaft. Bairisch lallen = saugen; der laller = Saug= lappen; die lulle (lull'n) = Tabakpfeife (Schmell. I. 1469, 1470).

lilz, der (Rg.) = Grundel, Fisch; (Henn.) = großer Mensch.

linchen. das (löncha, A., Gießh.) = Hembkragen. Sonst goller, koller; scherzhaft halsstemme, halsstütze.

linde. linde werden (Rg.; Br.; A.) = aufthauen im Frühjahr vom schmelzenden Schnee und gefrorenen Boden.

lindlein. linlein, das (lindla, Henn.; lönla, Tr.) = Leinentüchlein, das man über die Butter legt; Hembkragen. Vergleiche linchen. Ableitungen . zu mhd. lin = Leinwand.

linkisch. a linkscher (A., Gießh.) = Mensch, der alles mit der linken Hand macht. Sonst meist

linktötsch. der (Tsch.) und linktrötsch (Henn.) = Linkhänder. hd. der lintatz (Wgd. I. 1119). link= tötsch auch schlesisch (Wbd. Btr. 54); schweizerisch linkitatz; bairisch linkawatsch (Schmell. 1. 1494).

lisse. die (Rg.) = Liste.

litsch. die (Henn.) = Milchgefäß. Dasselbe, was (Br.; A.) der asch. äschlein (ösch, äschla). Vergleiche asch.

lîtschel, das (A., Gießh.) a lîtschl flâisch = großes Stück Fleisch. Vergleiche lêtschel und letzel.

lîtschel, das (Henn.) = 1. jeder große Fisch; 2. (Henn., Hbr.) = starker Mann. Vergleiche lêtschel.

litzel, der (Henn.) = Bezeichnung für ein kleines, ausgelassenes oder auch verschmitztes Kind. Zu bairisch der litz, litzen (O.=Pf.) Schmell. I. 1547; egerländisch liz = Laune, Grille Tücke.

loboschke, die (Rb.) = verzerrtes Gesicht. du machst ejne loboschke.

lode, die, meist Mz. (lôda, louda, Rg.; Br.; Rb., Frbl.) = 1. Haar von Menschen und Thieren. NB. kühloudn; hundsloudn kriehn (M.) = derb ausgezankt werden; 2. roh zubereitetes Tuch.

löffel, die, Mz. (Jsgb. Jgspr.) = Ohren der Hasen.

löffeln (leffal, Hilb.) = langsam gehn, arbeiten. das gelöffel = langsames Gehn, Thun, Verrichten.

löffler, der (Br.) = verliebter junger Mensch, Courmacher.

lohenkäulelein, das (lûnkella; meist Mz. kellan, Hbr., Gab., Weig.) = Klöße aus Brotteig, eigroß, an der „Lûne“, d. i. an der Lohe des Feuers im Backofen gebacken und mit Butter bestrichen.

lohenkuchen, die, Mz. (lûnkucha, Gab., Grab.) = Kuchen aus Brotteig, die, während das Feuer im Back=ofen noch brennt, an der Lohe gebacken werden. NB. der vorbacken (vūabackn), weil sie gebacken werden, bevor das Brot in den Backofen eingeschossen wird. (M.).

lohn das (Rg.) = der Lohn.

loix, die (Hilb.), siehe lechse.

I. lole, die (Rg.) = Kuh (Kindersprache). Dazu das Diminutiv lola, das (Rg.; Br.; A.) = Kuh; lôlei! lolei! (Rg., A.) lolajö (Rg.) = Hirtenruf. Schwei=zerisch lo! lo! = Ruf an die Schafe (Stalb. II. 716).

II. lôle, die (Tr.) = dünne Flüssigkeit, dünnflüssiger
Trank. Z. B. kaffee-lôle = schlechter Kaffee. Wohl
auch Harn? Denn

lôlen, lôlern (lôla, Gab.; lôlan. Parsch.), von
Kindern = pissen. lullen (lulla, Br.; A., Gießh.).
Vergleiche die lull = Röhre zum Ablaufen einer Flüssigkeit
(Wgb. I. 1144). NB. die luller (lulla. M.). Daselbst
auch lullern (lullan) = in schwachem Strahle fließen.

lômel, die (Rg., Hbr., Komar; A., Gießh.) =
Messerklinge. Siehe lâmel und lumel.

lomme, die (Parsch.) = blödes, dummes Weib.

lompr, siehe lamper.

longwer, longwet. Siehe langwiede.

lorbern (Frbl.); lorweln (Henn.); lorwern (lorwan, A., Gießh.; Rg., Gab., Weig., Grab.); larwern
(larwan, Br.; A., Rot.) = dummes Zeug reden, schwatzen.
der lorwrsâk (Gießh., Wich.) = albernes Zeug schwatzender
Mensch. Vergleiche das folgende lörweln I.

lorei (Rg., A.) = Hirtenruf. Vgl. hodei, horei.

lorke, die (Rg., Trb.) = 1. Lüge. lorka reißa
= lügen. 2. (gerade umgekehrt) die Wahrheit, wahre
Meinung: dan ho ich meine lorka g'soat = dem habe
ich meine Meinung gesagt (Grab.). Siehe larksen (A.,
Schöd.) = albern schwätzen und das gelarkse. Vergleiche
NB. lurksen (M.) = unanständige, unsittliche Reden führen
und bairisch lurken = im Reden mit der Zunge anstoßen
(Schmell. I. 1501); schwäbisch lurken = unordentlich
sprechen (Schmid 367).

lorks, der (Rg., Tr.) = Regenwurm.

I. lörweln (lerwan, A., Ritschka) = 1. alberne,
gleichgiltige Sachen erzählen. 2. schnell reden. Vergleiche bairisch lorbsen = mit der Zunge anstoßen
(Schmell. I. 1506). Siehe lorbern.

II. lörweln (nailerwln. Tr.) = das gelerwl (Weig.),
d. i. die ganz kleinen (bei der Ernte von den größeren
gesonderten) Kartoffeln aus einem Korbe in den
andern schütten. (Gehört zu

lorwer, Mz. die lorwern (lorwan, Rg.; larwan,
NB. (M.), lorberln. Frb.) = Ziegenmist. Koburgisch
lorwer. Schöflorwer; bairisch norbel (norwal) (Schmell.
I. 1756); auch kurhessisch der unb die norbel (Vilmar
2852) = Excrementkügelchen der Ziegen, Schafe, Hasen.

loscherig (louschrich, Ta.) = nachlässig in der
Kleidung. Müßte hd. laschig, ober lascherig heißen, von
die lasche (Dialect der laschen siehe baselbst) = Streifen,
Lappen (Wgb. I. 1062) unb bebeutet also entweder mit
zerfetzter, ober mit Lappen besetzter Kleidung angethan.

losen (Rg.?) = hören, horchen. Wenn kein Irrthum
von Seiten des Einsenders vorliegt (die bestimmte Angabe
des Ortes, wo dieses Wort im Rg. vorkommt fehlt), so
ist der Gebrauch dieses Wortes sicherlich in unserem Ge=
birge ganz vereinzelt. Die Form losen für nhd. lauschen
gehört ganz dem obb. Dialecte an. Bair. losen = horchen.
(Schmell. I. 1515). SB. (bair. Dialect) lusn (Prach.).
Dazu:

loser, der, meist Mz. die loser. (Jfgb., Jäg.)
= Ohren des Hirsches, von losen = horchen, lauschen.

erlösen, (drlisa Rg., Gab., Henn; Br.). In der
Form drlist (Part. Pract.); vom Brote, wenn bie Rinde
von der Krume getrennt, „gelöst" ist.

losung, die (Jfgb., Jäg.) = Auswurf des Wildes
burch den After. Zu hd. lösen, md. losen = los lassen.

I. lötsche, die (Tsch.) = unsauberes, liederliches
Frauenzimmer. Wohl verwandt mit lutsche (Tsch.)
= weibl. Hund; unzüchtiges Frauenzimmer. Siehe
lautsch.

II. lötsche, die (A., Schöb.) = Menge bünner Flüssig=
keit. Siehe latschig.

lötschen (loutscha. Trb., Hbr., Freib., lütscha,
Henn.) = langsam, nachlässig, schlendernd gehen. Daher

lotschetepper, der = Mensch, der, statt mit der
rechten Hand, alles mit der linken macht. Vgl. linktötsch.

lötschsack (-sâk, Rg.) = nachlässig, langsam
gehender Mensch.

lôtschen, die, Mz. (lôtscha, A., Desch., loutscha, Freih., Henn.) = eigentlich niedergetretene Schuhe, schlechte Schuhe; dann aber überhaupt Commodeschuhe, Pantoffeln, auch Tuchschuhe.

lôtschich (Rg.?) = weich, weichlich (von unaus= gebackenem Brote). Siehe latschig.

lôtschich, Adj. (loutschich, Grab., Gab.) lot- scherich (loutscherich, Tr., Weig.) = nachlässig in der Kleidung. (Vergleiche loscherig). sieh ock, ob's (Unter= rock bei Frauenzimmern) ne loutschrich is, fragt man, um zu erfahren, ob nicht vielleicht der Unterrock vorsteht.

lôtscherich, der (loutscherich, Weig., Tr.) = nachlässig gekleideter Mensch.

lotte, die (luôtte, Rb.); = (scherzhaft) Papier= gulden.

lotten, der; Mz. (Einf.) lottn treiben; sie hottn an lottn = sie machten argen Lärm, Spectakel.

luchern (Grab.); luchan (Br., Tr.); rêmluchan (A., Gießh.) = herumspazieren, ausspähen. Wohl als Iterativ zu lugen (= lúcha) aufzufassen.

be-luchsen (beluchsa, Rg.; Br.; A; Hilb.) = betrügen. rêmluchsa (Br.; A., Gießh.); rêmluchsan (Gab.) = lauernd umherschauen, horchen. Ebenso ûfluchsa (A., Gießh.).

ab-luchseln (ô-luchsln. Tr; ô-luchsan, Weig., A., Gießh.) = einem etwas ab= und sich zuwenden, ab schwindeln. Von luchs = Raubthier mit scharfem Gesichte.

luder, das (Isgb., Jäg.) = wie hd. Aas. In vielen Gegenden rohes Schimpfwort; im Rg. aber mit Vor= liebe das gleichbedeutende aas (ous) und dessen Dim. äßla. Verstärkt schindluder = Aas, das vom Schinder herrührt. Redensart: schindluder treiwa (Rg., Henn.; Br.; A., Gießh.; Rof.; Wich.); NB. schindluderei treiben (M.) = ziemlich rohe Scherze mit jemandem treiben; jemanden zum Narren halten.

lûfinke, die (Rg., Gab., Weig., Hbr.) = Blutfink, Gimpel. Fringilla Pyrrhula. Auch NB. laufinke (Leipa) loufinke (M.) = Gimpel. Nach (Schmell. I. 1501) findet sich in einem Kochbuch im Würzburger Codex lovinken = Dompfaffen. Gimpel und die Bemerkung dabei: vielleicht laubfinken?

lufticus, der (Rg., Tr., Henn.; A., Wich.) = leichtsinniger junger Mensch. Bildung mit lat. Endung icus von dem deutschen Worte luft. Vergleiche solche Bildungen mit romanischen oder lat. Endungen in lawrian, übrigens auch hd. hansieren. hotieren ꝛc. In NB. sagt man lerus (lirus, M.) = Lehrling. Zu lufticus vergleiche NB. lüft'ch (M.); schwäb. luftig (Schmid 364); schweiz. lüftig (Stalb. II. 183) = leichtsinnig, flatterhaft.

luftröhre, die: Dialectausdrücke dafür sind: unrechte Kahle (Rgb.); s' unrechte louch (Weig.); Kuchalouch, Kuchalöchla (A., Gießh.; Rg., Henn.); 'sunntichlöchla (A., Rof. Wich.); sunntichgorchl. (Br.).

lūle, die (Rg.) = Harn. Vergleiche lôle und lôlen.

lülle, die (Rb., Grab., A., Gießh.) = schlechter dünner Kaffee. Vergleiche lôle.

lullen (lülla. Grab., Weig.) = albernes Zeug reden schwatzen. Vergleiche lillen, lallen (lolla, Grab.)

lummel, die (Rb.) = Messerklinge Vergleiche lâmel. Im Rg. lômel. NB. lumml (M.)

lün, der (lin, A., Bah.) = Achsnagel, der das Rad hindert von der Achse abzugehen. Bei Wgd. I. 1060 lannagel; 1147 lünse, ahd. die lun; mhd. lun, lon, lan, lune, löne, (Lex. I. 1982); bair. lon- lun-nagel, der loner (Schmell. I. 1482); kurhessisch lunn. lünn. lüns; (Vilm. 255), schweiz. lon, lun. (Stalb. II. 178).

lūne, die (Hbr.) = Lohe des Feuers. Kurhessisch die lohne (Vilmar 252).

lunkern (lunkan, A., Rof.) = in schwachem Strahle und mit einem gewissen monotonen Schalle aus einer Röhre fließen.

lunte, die (Jfgb. Jäg.) = Schwanz des Fuchses. Dasselbe Wort wie das folgende:

lunte, die (lunt, Henn.); lunten, der (lunta. Gab; Tr., A., Gießh.). Die Bedeutungen sind verschieden: 1. Ursprünglich wohl dasselbe wie hd. lunte = Zündstrick, Zündlappen. Daher; 2. (Tr.) = langer, zerrissener Fetzen; 3. (Gab.) = etwas Langes, wenngleich Dickes. Z. B. Wurst. 4. (Henn.) = etwas Langes, dabei Dünnes, dërr (dürr) sein wie êne lunt. 5. (A., Gießh. Mz. dë lunta) = altes Gerümpel, alte Sachen (siehe 2. Bedeutung). Redensarten: a lunta geigha (Gab.), sagt man, wenn man jemandem droht = du wirst es bekommen; dô watt dr lunta zom ûfa nausförn = da wird eine Person zornig werden, auffahren. Merkwürdiges an der Form ist nur das männliche Geschlecht. der lunten = hd. die lunte. Ersteres ist veraltet. der lunten, älter. Sprache (bei (Schmell. I. 1445) angeführt.

lunze, die (Ott. Tr.) = kleines Oellämpchen. Schles. funze = schlechtes Licht, Lämpchen. Holtei; Whd. Btr. 24; österr. die funzen (Castelli Wtb. 134.) funze gehört zu goth. funa und fon, isländ. funi = Feuer. Ebenso gehört hieher fun-ke. Bei lunze ist entweder Wechsel von l mit f eingetreten, was jedoch ganz vereinzelt dastünde, oder, was mir wahrscheinlicher dünkt, ist lun-ze eine Ableitung mit z von dem Dialectworte lune = Lohn, Flamme, wie funze von fun = Feuer.

luppe, die (Rg., Grab.; A., Gießh.; Rok. Wich.); lupp (Henn.) = weiblicher Hund. Vielleicht von lupa = Wolfsweibchen, Wölfin. Gleicher Bedeutung mit lausche, lusche. Daher kurhess. lupp = gemeine Dirne, Hure. (Vilm. 255.)

I. luppern (luppan Tr.) = nachspionieren. Niederländ. luipen; klevisch lupen; nd. g-lupen = heimlich, still lauern, einen heimlichen schnellen Blick thun. (Wgd. I. 1147 u. 713).

II. luppern (luppan, Bbf.) = aufgebracht reden.

I. lûren. (belûrn Tr., Gab., Weig.) = jemanden betrügen, namentlich im Spiel. Das einfache lüren ist schles. (Whd Btr. 52) dasselbe, was gaiben (gaiwa, Rg. siehe daselbst) = lauernd, gierig dem Essenden zuschauen. mhd. lûren = lauern und der lure = schlauer, hinterlistiger Mensch (Lex. I. 1990). Vgl. laurer.

II. luren (lurn, Rb.) = laut in quietschendem Tone reden.

lurke, die (Krinsb.), lorke (Gab.) = knotenartige Verdickung des gesponnenen Leinenfadens.

lurksen (lurksa, Krinsb., lorksa, Gab., Grad; Br.) = unanständige Reden führen. Siehe lorke.

lurtsch (D.-B.); luetsch (Hilb.) = links. Fränkisch (Würzburg) lurz = link (Schmell. I. 1502.) Ebenda (schwäb.) lurtsch; mhd. lerc, lirc, lure = link. (Lex. I. 1883.)

I. lusche, die (Rg.) = Pfütze. Auch schlef. (Whd. Btr. 55.) Aus dem Slavischen. Russisch luscha; čechisch louže = Pfütze.

II. lusche, die (Rg.) = ein garstiger Hund. Wohl eigentlich Hündin. Vergleiche lausche, lausch und lutsche. In NB. lusche = unzüchtiges Frauenzimmer.

III. lusche, die, (Kommt dieses Wort im nordöstl. Böhmen gar nicht vor?) In NB. (M. u. Leipa) = Hülse, Schale der Hülsenfrüchte. In SB. die luschkn (Prach.) = Erbsenschalen. Čech. lusky. Daher

lüscheln, auslüscheln (NB. M.) = die Erbsen von der Hülse befreien. Dasselbe was läufeln (lefan). Siehe daselbst.

lustig, lüstig (lustich, lëstich, Gab.) = gelüstig, begehrlich nach etwas.

lüstlein, das ('slëstla Gab.). 's lëstla kîla = das Lüstchen kühlen, wenn man erreicht hat, was man eifrig erstrebt hat.

lûtsch, lûtsche (Rg., Henn., Arnau, Tscherm; Br.); lûtsche (A., Bazd., Rof., Wich.) = 1. weiblicher Hund. 2. unzüchtige Weibsperson. Vergleiche lusche II., lausch.

lutschen (lûtscha, Henn.) = langsam gehen. Vergleiche lôtschen.

Mache, die. Redensart: ai dr mache hôn (Rg.; Br.; A.) = etwas unter den Händen zur Bearbeitung haben. Schlesisch in die mache kriegen = mit jemandem fertig werden (Whd. Btr. 59). NB. îmandn ai r a mache honn = tüchtig durchprügeln. Schwäbisch die mache = Arbeit (Schmid 368).

machen (macha. Rg.; Br.; A.). Dieses Zeitwort kann alles Mögliche bedeuten, je nach der Verbindung, die es eingeht. Z. B. of Liebau macha = nach Liebau reisen; drei meilen machen = zurücklegen; drmacha = sein Ziel erreichen; sich drmacha = sich erholen; a machts wie a off = sich geberden; 's macht sich = es geht erträglich; lange macha = zaudern, lange Zeit zubringen mit etwas; macha = cacare; ausmachen, vom Lohne = feststellen; von einer Person = sie auszanken; in dieser Bedeutung auch herunter machen (runtrmacha); voll machen = beschmutzen; kalt machen = tödten; ummachen (ëmmacha) = fällen; einmachen = Teig einrühren; vermachen, vom Vermögen = 1. vergeuden; 2. es jemandem testamentarisch zusichern; mit dem machts aus = geht es zu Ende; viel hermachen = großthun u. s. s.

mäder, der (mädr. Rg.; Br.; A.) = 1. Mäher. Auch bairisch mader (Schmell. I. 1598); ahd. madari; mhd. mäder, madære (Lex. I. 2004). 2. (Rg., Schatzlar; A., Grulich) = a) Wachtelkönig, Weberknecht (Vogel); b) (Rg., Tr., Weig.) Weberknecht, d. i. Art langbeiniger Spinne, auch howrmädr (Tr.), hourmädr (Weig.) genannt.

magd. die (Rg.; Br.; A.). Die verschiedenen Dialectformen dafür Seite 17 = 1. weiblicher Dienstbote beim Bauer. Die Abstufungen sind (Hbr.): a) magd (mört), großmagd (grußmört oder stallmagd (stólmört); sie hat besonders die Besorgung des Viehes im Stalle zu versehen; b) kleinmagd (klêmört), stubenmagd stuwamört) oder kühmädel (kühmêdlla); diese hütet die Kühe, wird zu häuslichen Beschäftigungen, besonders zum Warten der Kinder verwendet. 2. In Verbindung mit alt: a) siehe unter dem Artikel alt; b) alte magd = Wollgras.

mai, mai (Rg.; Br.; A.); o mai (Tr., Henn.) = Interjection zum Ausdrucke des Bedauerns, der Klage oder der Verwunderung. mai, loss mich! (Freih.).

„Sich ock amôl jê Wëlkla ô,
Ich hô kâi grûß Gefolla drô.
Mai, mai, wie's ai dam Bâme rauscht . . .

„Das Gewitter" (Braunauer Dialect).

mailàtich (Rg.) = mein Lebtag. Siehe unter leben. NB. mailàtche (Böhmisches Niederland).

maich (moich. Mz. moiche, Rg., Tr., Gab., Weig.) = manch. NB. maich (Leipa); moichmol (Schluckenau).

maien, der (mêo, Tr.; mêa, mêja, Gab., Grab.; A., Wich.; Br.; maie, Lbskr.); mej (Henn.); mê (Rb., NB. M.) entsprechen hd. mai) = 1. Monat Mai. 2. der Maibaum, ein an dem Stamme entrindeter und entästeter, nur an der Spitze mit einem bändergeschmückten Wipfel versehener Fichten= oder Tannenbaum, der an vielen Orten in der Nacht zum 1. Mai aufgerichtet wird. In manchen Orten wird er an der Giebelseite der Bauernhäuser, zuweilen zu Ehren eines Mädchens vor deren Hause durch Burschen aufgerichtet. Die Sitte schwindet sichtlich. 3. = kleines mit bunten Bändern oder färbigen Papierstreifen verziertes kleines Waldbäumchen, das die sogenannten Sommerkinder in der Hand tragen, wenn sie entweder am 1. Mai (Hilb., Lbskr.) oder schon am Sonntag Laetare (sog. Todsonntag) von Haus zu Haus gehen und dabei ein Lied mit ziemlich monotoner Melodie singen. Es ist wie das Todaustreiben (siehe tod) ein Frühlingsgebrauch. Von den vielfach ab= weichenden Texten der Sommerlieder, die meist unvollständig sind, erwähne ich nur folgenden:

Dr Summr on dr Meja.
Dë Blimlan vielerleja;
Dë Blimlan vûler Zweichelein,
Dr liebe Gott wird bei uns sein.
Dat dua of dam Throne,
(Dat) sënga dë Engalan schone.
Dr Herr is schîn, dr Herr is schîn,
Dë Frau is wie a Engl.
Dë Schëssl hôt en' goldna Rand,
Dë Wërtn hôt 'n mëlde Hand,
Sie ward sich wûl bedenka
On ward ons zom Summr wos schenka.

(Hohenbruck).

Den wahrscheinlichen Anfang dazu siehe unter dem Artikel malch. Vgl. auch die Version unter dem Artikel gibel.

maienblume, die (mâjablume, A., Ritschka; Br.) = Löwenzahn. In NB. maiblume (mêblume, M.). Diese Pflanze führt auch noch die Namen: maienpappel, die (mêapôpl. Tr.); maiepump (Lbskr.); maienstaude (mêastaude, A., Gießh., Bat.)

maienkäfer, der (mejakâfr, Wich.) = Maikäfer.

maiker. Gewöhnlich in Verbindung mit o (o maiker), dient zum Ausdrucke des Bedauerns, des Erstaunens: o maiker, dôs sein bîse zeita! (Grab., Tr., Weig.). In derselben Anwendung steht auch jo maikrsch oder maikalas nê, 's sein bîse zeita. In SB. hört man o mai, maiz! (Pr.).

maitschel, das (Rz.) = Kätzchen. In NB. mîzl (M.); bairisch das mäutzelein = Katze (Schmell. I. 1702); schwäbisch mîze, müzel (Schmid 381).

mâlen (môla, Rg., Hbr.) = 1. wie Mehl rieseln, z. B. vom Sande, der von einem aufgeschütteten Haufen fein herabrinnt. Auch schlesisch (Whd. Btr. 59). 2. mit Sand spielen, so daß er fein herabrinnt. In dieser Bedeutung NB. mallern (mollan, M.).

malch (molch, Gab., Tr.) = manch; malchmal (molchmûl, Gab.) = manchmal. Auch NB. molchmou (M.). Ebenso schlesisch, denn Whd. Btr. 91 heißt es in einem Sommerliede: ·

Den Winter han wer ausgetrieben,
Den lieben Sommer bring' wer wieder;
Den Sommer und den Maien
Mit Blümlein malcherleien,
Mit Blümlein malcher Zweigelein . . . .

mâlich (Rg.; Rb.; Br.; A., Grulich, Wich.) = allmählich, langsam. Daneben (Rg.; Br.; Rb.) auch pomâlich. Im A. hört man nur mâlich. Es ist gerade nicht nothwendig, bei mâlich an eine Abkürzung von pomalich zu denken und dieses von čechisch pomalu abzuleiten. Denn die Form mählich = in bequemer Ruhe und Langsamkeit, kommt auch hd. vor. Aelterneuhochdeutsch mêlich, maelich und gemêchlich; mhd. mechliche, aber md. um 1420 auch schon melich.

malkern (molkern, Rb.; molkan, Rg., Tr., Henn., Gab.; A., Gießh., Wich.; Br.) = mit den Händen drücken und rollen. Z. B. Kinder „malkern" ein Thier, besonders die Katze. molkan auch NB. (M.). Schlesisch malkern (Whd. Btr. 59). Weinhold leitet es von melken ab.

malter, der (Rg.; Br.; A.; Hilb.) = Mörtel. Auch bairisch malte (Schmell. I. 1593). In dem Worte scheint Wechsel von l und r eingetreten zu sein; denn ahd. morterl; mhd. morter, später mortel; nhd. mörtel.

mamme, die (A., Gießh.) = Mutter.

mammlas, der (Hilb.), Schimpfwort auf einen ungeschickten Menschen.

mandel, die (Rg., Tr.; A., Gießh.) = die Mange oder Mangel, d. i. Vorrichtung zum Glätten der Wäsche, was vermittelst einer Rolle oder Walze geschieht. die mandelkeule = die Rolle oder Walze, um welche die zu glättende Wäsche gewickelt wird. Die Form mandel auch NB. (M.). Ebenso erwähnt die Form Adelung. Nach Wgd. II. 21 kommt sie auch bei J. H. Voß im teutschen Merkur v. J. 1784, Nr. 11, S. 134 vor. Im Mitteldeutschen wechselt d und g öfter. Vergleiche bande = bange; mhd. slinden wird nhd. zu schlingen.

mangal, mangare (Tr.); mangari (Rb.) = zum
Beispiel; beiläufig. Auch NB. (in den Heimatsklängen v.
Jarisch) mangari (Rossablo) = beim Gleichen, zum
Beispiel, meinethalben. Ebenso im bairischen Dialecte (S.-B.)
mangare (Pr.) = zum Beispiel; österreichisch. mangari
= meinetwegen (Castelli, Wtb. 197). Das Wort scheint
fremdländisch zu sein

mangelweit (Rg., Gab.; A., Gießh., Rot.;
Wich.) = angelweit. Eine Thür ist „mangelweit", d. h.
am, im Angel weit offen. Vergleiche angelweit. Auch
bairisch und schweizerisch.

mann, der (môn, Mz. die monna, Henn., Grab.;
die monne, Tr.; Gießh.; Br.; Gab., Wich.; die monn,
Weig.) = verheirateter Mann im Gegensaße zum ledigen
Burschen. Ebenso in NB. (M.); daher auch daselbst
männerball (mannabâl) = ein von den verheirateten
Männern veranstalteter Ball. Zu mann gehört:

manzm, das (monzm oder monzum, Gießh., Henn.,
monzom, Grab., Weig. Mz. die monzumr, Rg.; Br;
A.) = Mannsbild, Mann, Vergleiche weiß'm, Mz. weißume
= Weibsbild. Dazu die Spottreime: Die Burschen sagen:
    Mojdlan wella Jompfrn sein?
    Ai dr Nacht nâma se de Kalle rei!

Antwort der Mädchen:
    De „Monzumr" wella Jonggesella sein?
    'm Wentr trên se de Wieghe rei!

Bei Wgb. II. 27 das mannsen = Mannsperson, welche
Form mannsen auch Goethe braucht. Ebenso findet sich
dieselbe in Rädleins „Europäischer Sprachschaß" 1711,
der auch weibsen (vergleiche im alphabetischen Verzeichnis
weiß'm) anführt; endlich verzeichnet Kramer die Form in
seinem hoch-niederdeutschen Dictionâr v. J. 1719. manzm,
mansen sind Zusammensetzungen aus mann und name
(mannsname); mhd. nâme = 1. wie nhd.; 2. Geschlecht;
3. Rang, Würde, Stand; 4. Person. Also mannesname
= Mannsperson. Whd. Btr. 60 führt übrigens die Form
mannsmann (rechte Oberseite) = Mann an.

mannsvolk. das (mou⸗svolk*), Hilb.) = Manns⸗
perfon. Diefe Form herrfcht auch in NB. (M.). Dazu die
Mehrzahl mannsvölker, weibvölker (mônsvölka, weib-
völka, M.).

männlein (mannla); mannla macha (Rg.; Br.;
A.; m. mocha, Grab.) = fich in die Höhe richten. Be⸗
fonders von Hafen und fpielenden Kindern.

manne, Adv. (A., Bah.) = morgen. Diefelbe
Form NB. (M.). Im böhmifchen Niederlande morne
(Leipa). Vergleiche englifch morning.

manschen (monscha, A., Gießh.); mantschen
(montscha, Rg., Tr., Henn., Weig., Grab.; Br.);
montschn (Rz.) = 1. mifchen, durch Mifchung verfälfchen,
Milch, Wein; 2. überhaupt viele Ingredienzien (z. B. beim
Kochen) untereinandermifchen; 3. Subj. es mantscht ('s
montscht oder tutt montscha) = der Erdboden wird in
flüffigen Koth verwandelt durch Regen oder feuchten Schnee,
namentlich aber dann, wenn Schnee und Regen vermifcht
fallen (mantschwetter; der boden wird mantschig); 4.
zerknittern, verderben, etwas Feftes; z. B. ein Kleid, ein
gebügeltes Hemb; vermonscha (Gab.) = etwas in einen
unbrauchbaren Zuftand bringen, etwas in ungefchickter Weife
behandeln, dafs es dann nichts mehr wert ift; drmontscha
(Henn.) = vernichten, tödten, erfchlagen.

ge-mantsche, das (gemousche, Gab.) = Gemenge
von kleinen, meift wertlofen Gegenftänden, z. B. dürre
Reifer, die im Walde der Wind von Nadelbäumen jagt.
Dasfelbe, was fonft geresche, gepresche. Die urfprüng⸗
liche Bedeutung von manschen ift mifchen, befonders Flüffig⸗
keiten durcheinanderrühren. Wgd. II. 27 führt das fchon
im 17. Jahrhundert auftretende manschen, mantschen
zunächft auf mantzen und dies auf mang-zen zurück, fo
dafs eine zum Worte meng-en gehörige Ableitung mit z
wäre. Das Wort findet fich auch bairifch bei Schmell. I.
1627.

---

*) ⸗ Zeichen für nafaliertes n, do⸗ dem fränkifchen Dialecte
charakteriftifch ift.

manseln (Rg., Henn.); schlesisch mansern (Whd. Btr. 60); ebenso NB. mansan, rim-mansan (M.) == sich spielend womit beschäftigen; eine andauernde emsige Geschäftigkeit bei Verrichtung kleiner Arbeiten (namentlich im Zimmer) zeigen.

màre, die (A., Ritschka) = Märchen. Zur Beurtheilung des Dialectes von Ritschka sei folgende Màre angeführt:

Ich gieng on kom zo am Bame met Schuta, klatterte nuff on ooß mr die Hocke soot. Die schmockta beßr wie Rosinka.

Do kom dr Bauer raus on seete: He, Vetter, woß hott 'r ai menn Schuta zu thun?

Do kriecht ich ajne met'm Stocke on fluch ro. Noch gieng ich wettr on kom zo am labaran (ledernen) Kerchla: Do seet dr Herr (Priester): Sanctus, sanctus! Do gienga die Leute emarod (im Kreise) — gieng ich a. Ich vernohm: Fangt'n a, fangt a, wie a seet sanctus, sanctus, on jeet on stolpert on schluch mr a Loch aiß Bain.

ge-màre, das (Hilb.) = albernes Reden; (Rg. Hb.) = Geschrei, Herumreden. dôs is odr a gemàre. Gehört zu

I. màren (màrn. Rg.; Br.; A.) = viel, unsinniges Zeug reden, unbeholfen, schwerfällig reden. In NB. màran (M.) = viel in bösem, zankendem Tone reden. Schlesisch maeren = reden, schwatzen (Whd. Btr. 60); ahd. marjan; mhd. mæren = verkünden, bekannt machen, erzählen (Lex. I. 2046). Bei Schmell. I. 1635 maeren = reden, plaudern; schwäbisch mähren = aussagen (Schmid 374). Für geschwätzige Personen männlichen und weiblichen Geschlechtes braucht man die Ausdrücke: mârhons, mârlîse (A., Gieß., Wich.); mârsàk. mâfotze (Gab., Br.).

II. màren (màrn, Rg.; Br.; A.) = langsam arbeiten, das gemàre = langsames Thun, Arbeiten. Schlesisch maeren = zaudern (Whd. Btr. 60). Derselbe führt auch zu diesem Worte die Zusammensetzungen: maersak. maerliese für langsame Manns-, Weibsperson an. Von gothisch marzjan; ahd. marrjan, merrjan; mhd. merren. das gemåre (Rg.) = langfames Arbeiten.

marienmäntelein, das (mariamentala, A., Gießh., Rol., Wich.; Br.) = Pflanze Frauenmantel.

marscheiden, abmarscheiden (S. H. 190, 333) = die Grenzen bestimmen, abgrenzen. Eigentlich markscheiden, im Bergbau = eine Zeche über und unter der Erde durch Vermessung abgrenzen (Wgb. II. 34).

Märten (Mêrta, Tr., Henn. Weig.) = 1. Martin. In NB. Miätn (M.). Merten (Grab.). Das Fest heißt zu Mertin (Weig.); Matine (Br.); Mertine (Gießh.). In NB. zu Medine (M.). Bauernregel: Mertin kêmmt 'm Schimml gerîta: kêmmt a nê gerita, do kêmmt a of an Schlîta (Gabersdorf). 2. martin (mêrta, Parsch.) = Benennung des Ziegenbockes. Vergleiche hênz (d. i. Heinz, Heinrich) = Ochs, Stier.

martinshörnlein (mêrtahernla, Br., Gab., Weig., Henn.) = hufeisenförmiges Gebäck, das am Tage St. Martini (11. Nov.) Kinder von ihren Pathen zum Geschenke erhalten.

marunke, die (Rb.; Rb. Ggb.; Rz.); Diminutiv marunkala (Weig.). Meist Mz. = gelbe Pflaume. Sonst gewöhnlich eine Art kleiner gelber Aprikosen (Wgb. I. 38).

marunkel, das oder rukunkl (Grab.) = scherzhafte, zugleich zärtliche Benennung eines kleinen starken, auch niedlichen Mädchens.

Märzen, der (Merza, Gab., Grab.) = März.

märzenbecher, der (merzabecher, Rg.; Br.; A.; merzebacher, Arnsb., Henn.) = gelbe Narcisse.

mâsch, der (Hilb.) = Dickicht.

mäschlein, das (maschla. Rg.) = Kravatte.

Matheis (Rg.; Br.; A.) = Mathias; Môz (Hilb.); Môztôg = Tag des heiligen Mathias (24. Feber). Lostag der Bauern: Matheis brichts Eis; hôts käis, do machts âis (Gießhübel). Einen Brauch siehe unter Artikel hal.

matten, die Mz. (Motta, Henn.) = beim Kochen zusammengeronnene Milch, welches Zusammenrinnen man in NB. mattln (M.) nennt. Der unter Artikel eigen aus NB. (M.) angeführte Scherz ist auch in Henn. bekannt. Hier sagt das Kind: Mulkamotta âcha hotta u. s. f.

matsch (Hilb.) = ganz müde, ermattet; matsch sein = ganz hin, weg sein. Vergleiche matsch sein im Spiele. Von matschen, schweizerisch märtschen (Stalb. II. 199) = zu einer breiigen Masse drücken und dieses von italienisch marciare (sprich martschare) = in Fäulnis bringen. Vergleiche Wgb. II. 46 und das folgende:

mätschen (mejtscha, Rg., Tr., Rgb.; Henn., Gab.) = in weichem Brei herumgreifen und

dr-mejtscha = etwas durch Zusammendrücken wie zu Brei machen; das gemätsch (gemejtsch) = breiige Masse? Ein Felsblock, oder sonst eine schwere Last, die jemanden zerdrückt, „drmejtscht" ihn. Schweizerisch märtschen = Weiches und Saftiges zerdrücken (Stalb. II. 199); bairisch mätschen = quetschen (Schmell. I. 1099). Vergleiche čechisch smáčknouti und das folgende:

matschkern (Rg., Henn.); matschkan (A., Batzb., Gießh.) = Weiches zusammendrücken; drmatschkrn = etwas zu Brei drücken; jemanden erwürgen, tödten; zrmatschkern (Rg., A.) = zerknittern und dadurch verderben, vernichten.

mauke, die (Obstmauke, Geldmauke, Gab.); mauk (Grab.) = heimlicher Ort zum Aufbewahren von Obst, Geld. Aus mittelniederländisch (16. Jahrh.) muyk mit unterdrücktem d aus muydik = Ort zum Aufbewahren des Obstes. Zu vergleichen das Adj. mittelniederländisch muyk = mild, weich, denn man bewahrt das Obst an solchen Orten auf, damit es weich, oder wie man auch sagt „teigig" werde. Daher berlinisch mûdike = teig geworden (Wgb. II. 49). mauke auch schles. (Whb. Btr. 60); bairisch die und der maucken = kleiner Vorrath von Obst, den Kinder oder Dienstboten mehr oder weniger heimlich für sich beiseite gelegt (Schmell I. 1565); schwäbisch mauke (Schmid 278).

mauke, die (Ta., Frb.) = breiige Masse, Gosch, erdäpfelmauke, erdbirnenmauke (arbunmauk, Frb.).

maul. a maul hôn (Rb.) = zanken, schimpfen oder schlagfertig in Rede und Antwort sein.

maulieren (Rg; Wich.) = schimpfen, zanken.

mäuslein, das (meisla, Rg; moisla A., Br.) = 1. wie hd. Dazu der Kindervers:

's kimmt a Moisla,
's kroicht ais Hoisla.
Do, do, do nai. (Gießhübel).

Das Spiel nennt man 's moisla macha. 2. eine sehr empfindliche Stelle am Ellbogen. 3. besonders pflaumenmäuslein (pflaumameisla. Tr.) = Samenkern in der festen Hülle der Pflaume. Ebenso NB. pflaum'meisl (M.).

mausen; herausmausen, sich (Henn.) â hot sich rausgemaust = er hat eine Verlegenheit, Krankheit glücklich überstanden. jemanden herausmausen = ihn aus einer verwickelten Lage befreien.

maute, die (Br.; A., Wich.) = heimlicher Aufbewahrungsort für Obst oder Geld. Dasselbe, was mauke (siehe daselbst). Diese Form auch schlesisch (Wbh. Btr. 60); frankensteiner Dialect (Kn.); bairisch die mauten = Vorrath an Obst oder anderen Eßwaaren, den sich Kinder oder Dienstboten eintragen, und etwa unter ihrem Strohsack anlegen (Schmell. I. 1687); kurhessisch der muttich, mutch (Vilm. 277); ebenso oberhessisch mutich (Wgd. II. 167); schweizerisch mûtich, mutech (Stalb. II. 225); schwäbisch mutch, mautch (Schmid. 111.).

mâzen (mâza, A., Rod.) von der Katze = miauen; (Grab.) von der Kuh = brüllen. Sonst (Weig., Wich.) mûza; (A., Gießh.; Rg., Gab.) = sich durch Schreien melden. a hout a ne gemäzt, wo man sonst sagen würde, „er hat sich nicht gemuckst." Bairisch mauzn = miauen (Schmell. I. 1702.).

meck,' meck. Laut der Ziege. Das bekannte Schneider meck, meck erinnert an den Spott auf die Schneider, deren Zunftzeichen ein Ziegenbock war (wie das der Seifensieder ein Löwe). Schon 1469 wurde auf Bitten der Schneider „das böse Lied von der Gaiß" verboten.

meckern (Rg., Br., A.) = stotternd reden. Daher meckersâk (Br., Wich.); meckrhons (Gießh.) = ein stotternder Mensch.

mecke, die, bottermecke (Rb.) = Butterſemmel. Ein Mailied, das die Kinder von Haus zu Haus gehend, in einer einförmigen Melodie ſingen, heißt:

Mej, lieber Mej,
Beschier uns Kas und Ej.
Ejne gude Bottermecke,
Dass mr könn' de Kuchn klecken.
Schie Haus, schie Haus!
Guckt ejne schiene Jumpfer raus,
Wörd sich wull bedenken.
Wörd uns wull wos schenken,
Ej Schonk, zwee Schonk.
Hundert Gölden drönne.
'n Tud han mr ausgetriebm,
'n lieben Summer breng' mr wiedr;
'n Mai*) steckn mr ai de Ar'n
Dass mr reich und selig war'n.

Wohl zu bairiſch der mocken, mock = Maſſe. Brocken von Teig (Schmell. I. 1566) gehörig.

mecksel, Geſchlecht? (A., Schöb.) = Butterkäſe.

meise, die (mêse, Rg., Parſch.); ſchleſiſch mêse (Whb. Btr. 62) = feminale. Ebenſo NB. mêse (M.); ſchwäbiſch die meis (Ullm.) = weibliche Scham (Schmid. 381.). Urſprüngliche Bedeutung bairiſch die mais, eigentlich meise = Geſtell zum Tragen auf dem Rücken, Tragreff (Schmell. I. 1664, Wgd. II. 68.). Alſo ähnlich verwendet wie „Taſche.“

meisekasten, der (mêsekosta, Wich.; mêskostn NB., M.) = kaſtenartige Vorrichtung aus Hollunderſtäben mit einem Fallbeckel zum Fangen der Meiſen.

meißeldrähtig (mēßldrejtich, Rg., Gab.; massldrejtich, NB. M.) = 1. zu ſtark gedreht, überdreht (vom Garn); ſchleſiſch meiseldrähtig = zuſammengerollt, kraus

---

*) das bebänderte Bäumchen, das die Kinder dabei umhertragen.

(von fehlerhaft gezwirnten Fäden). 2. übertr. wunderlich, närrisch. In dieser Bedeutung schlesisch (Whd. Btr. 61); NB. (M.); bairisch der maisel (mass'l) = 1. Stelle an einem Flachs= oder Wollfaden, wo sich dieser wegen zu starken Drehens beim Spinnen zusammengerollt hat. (Schmell. I. 1664); ebenso schweiz. maiseldrähtig (Stald. II. 194). meißel ist der alte deutsche Ausdruck, wofür wir jetzt des französische charpie, (Wollbäuschlein) gebrauchen. meißeldrähtig ist also die Wolle, wenn sie „bauschfädig" ist.

meitsche, die (Rb.) = Koth, vom Regen hervorgebracht. Z. B. dos rånt obr; dou wrd wieder ejne meitsche war'n.

meitschen (Rb.) = verunreinigen (durch flüssigen Koth). Schlesisch motschen = beschmutzen, beschmieren (Whd. Btr. 63); fränkisch mud; englisch mud = Koth, Unrath, schlammiger Wust. Vergleiche motschen im alph. Verzeichnisse.

mêlbeere, die (Frb.) = Frucht des Mehl= oder Sauerdornes.

meldern (meldan. Rg., Tr., Gab.. Weig. Ott.; meldrn Henn.: Rb.) = stark rauchen, qualmen (besonders vom Tabakrauch). Auch schlesisch (Whd. Btr. 61) und Frankensteiner Dialect (Kn.). Zu bairisch der und die molt, molten, der molter = zu Malm, Pulver, Zerriebenes, besonders Erde, Staub (Schmell. I. 1594); ahd. molta; mhd. molte, molde. mulde (Lex. I. 2194, 2195).

melk, (malke, noi-malke, A., Gießb.; Rg., Gab.; malka Br.; Wich.; neumalk Grab.) = Milch gebend (von der Kuh); neumelk = wieder frische Milch gebend.

über-mênichen, sich (iwrmênicha. Rg.; Br, A.;) iwrmênija (A., Gießb.; schlesisch, Frankensteiner Dialect Kn.) = sich überarbeiten, sich über die Kräfte anstrengen. NB. iwamejnehn (M.). Der Stamm men dieses Wortes scheint dem Oberdeutschen anzugehören. Denn bairisch, schwäbisch, fränkisch menen (mena) = treiben, führen (Schmell. I. 1614.) ahd. mênên; mhd. menen. In NB. heißt der mener = Treibbub beim Bauer, der beim Ackern die Zugthiere (die men) treibt. Daher schweizerisch ursprünglich übermennen oder übermehnen = das Zugvieh durch übermäßiges Treiben anstrengen, ermüden (Stald. II. 207). Sodann auf Menschen übertragen.

mensch, das (Rg.; A.) = 1. Bezeichnung für ein den niedern Ständen angehöriges, unverheiratetes Frauenzimmer. 's menschla = weiblicher Dienstbote; 2. Bezeichnung eines gemeinen Frauenzimmers. 3. Geliebte.

mênst, mêrscht, Superlativformen zu viel, om mejnsta (Radowenz); ebenso NB. om mênstn (M.), om mêrschta (Rg.; Br.; A.) = am meisten.

mentrholbn (Frd.) = meinethalben.

mênzer, der (A.) = Schnellwage. Sonst minzr (Weig.); minzir (Henn.); mincîr (Grad., Henn.). Also slavischer Abstammung.

merks, der (Br.; Rb.; Ta.) = 1. Gedächtnis 2. Denkzettel. 3. Wink (Tr.).

mêschant, (Gab.); mischant (Gießh. = boshaft, schändlich, garstig, schlecht. Von französisch méchant..

mêse, die, siehe meise.

messen, Adj. (S. H. 44) = von Messing, messingen. So auch NB. messn (M.); messan (Weig.) wie eisan d. i. eisern gebildet. So sagt man daselbst auch guldan = golden; (A., Ritschfa) ladaran = ledern.

meste, die (Rg.; Br.; A.) = 1. Gefäß oder Kasten meist aus Holz. Daher salz-meste = buttenähnliches Holzgefäß, gewöhnlich neben dem Ofen hängend, um eine größere Quantität Salz trocken zu erhalten; stârmeste (störmeste. Weig.; Br.; Gießh.) = Nistkästchen der Staare; wetzmeste (A., Gießh., Ta.) = Gefäß aus Holz oder einem Horne zum Befeuchten des Wetzsteins. 2. Weibsperson. dumme meste (A., Gießh., Wich.) = alberne, ungeschickte Weibsperson. die salzmeste (Grad.) ist eine Ehrendame der ländlichen Braut bei Hochzeiten; sie theilt das „Salz" aus (siehe hochzeit) und nimmt nach dem Hochzeitsessen die Geschenke der Gäste für die Braut. Ursprünglich ist meste = ½ Malter haltendes Maß, dann Gefäß zu Salz, Salzfass. Nach Wgd. II. 81 wäre meste eine Ableitung (mit t) zu ahd. mezzan = messen.

metze, die (matze. Tr., Weig., Gießh.) = 1. altes
Hohlmaß etwa 5 Liter fassend. 2. der Theil des zu mahlenden
Getreides, den der Müller als Mahllohn für sich nimmt.
In dieser Bedeutung namentlich in NB. (M.).

metzen (matzn. Rb.). Nicht nur Müller, sondern
auch Schneider „metzen," letztere unberechtigter Weise, indem
sie ein Stück Zeuges, Tuches für sich behalten und auch noch
Macherlohn verlangen. Daher metzen (matzn, Rb.) auch
= stehlen. Siehe metze.

metzeln; dr-metzln (Tr., Grab., Henn.) = erwürgen, todtschlagen. Vergleiche hd. niedermetzeln.

Michael (Mécheöl, Michél). Hirtenlied;

> Michl is verbei,
> Dos Hitta is frei,
> Do hitt ich do niefr,
> Do hitt ich do naus,
> Do hitt ich a reicha Pauan
> Die Wiesa fult aus . . . .
>
> (Gießübel.)

miche, die (Gab., Weig.). Zusammensetzungen:
plotsch-, loutschmiche = lässig dahergehendes Frauenzimmer.

milchstaude, die (Br.) = Löwenzahn.

milla, das (Trb., Parsch.) = Katze (Kindersprache).

milta oder multa, der (Grab.) = Mehlthau, die
pflauma sein multa oder milta getruffa, sagt man von
Pflaumen, die noch unreif vom Baume fallen. NB.
miltn (M.).

mirakeln (mérakan, Gab; Br.; Gießh.; mérakln,
Grab., Henn.) = viel Aufhebens über etwas machen,
besonders in prahlerischer Weise.

mîre (A., Batzb.) = weich, zart, schwach, „mürbe";
mhd. mâr; SB. moâr.

mischke (?); sammt- oder semmel-mischke (A.,
Sattel) = Art genießbarer Pilze.

miseln (mêsln, Henn.) = langsam, faul arbeiten.

miserig (misich, Br.; NB.. M.) = dünn, schütter; besonders von dünn, schütter stehenden Saaten. Auch schlesisch misrich = verkümmert, dürftig; von Kindern, Thieren und Pflanzen (Whd. Btr. 62.). Ebenso oberlausitzisch (wozu der Dialect von NB.. M. gehört.). Weinhold weist auf lateinisch miser = elend, schwächlich, hin.

mistrich (Rg., Gab., Weig., Groß.-Ber.; Br.) aᵣ is mistrich (Bdf.) = es ist ihm kalt, er fiebert. Desselben Stammes wie das vorige miserig.

mitefaste. die (S. H. 250) = Sonntag Lätare in der Fastenzeit. Eigentlich der 3. Mittwoch in der Fastenzeit. mhd. mittevaste und mitterfaste (Lex. I. 2186); bairisch mitterfaste (Schmell. I. 1691.).

mitsche und mitsche, die (Rg., Tr., Gab.; A., Rock.) = Katze.

mize. die mizel. das (Rb.) = trauliche Benennng der Katze. mize. bairisch miez scheint ein Kosename für Marie, wie der Name des Katers: hinz, der Kosename für Heinrich ist.

mô, der (Rg.; Br.; A.) = Mohn. Auch hörte ich die Form môha. was hd. mahen entspräche. Diese Form führt Schmell. I. 1575 neben magen = Mohn, papaver somniferum an. Ahd. mago; mhd. mage. mahen.

möjks, der (Rb.) = einfältiger Mensch.

mode, die (Rg.; Br.; A.) = schickliche Art, sich zu benehmen.

môdel, das (Br.; A., Gießh.) = Form, Modell. Auch mhd. das model neben der model, letzteres auch NB. (M.), ahd. das modul aus lateinisch der modulus.

moderer, der (modra, D.-B.; moudr, fisch-, bämmoudr, Hilb.) = Marder, egerländisch modərə. Auch bairisch mader. maderer (modə, modərə. Schmell. I. 1568). Eine schon alte Entstellung des Wortes „marder."

mohnmilch (moumölch, Rb., Frb.) = mit dem Safte geriebenen Mohns vermischte Milch, die am hlg. Abende beim Abendessen nicht fehlen darf. Diese Speise scheint förmlich als Luxus gegolten zu haben, denn

ver·mohnmilehen (vrmoumölehn, Rb.) bedeutet
soviel als verschwenderisch womit umgehen. Man vergleiche
damit schwäbisch verbraunbecreln (Schwarzwald) = in
Leckereien sein Vermögen vergeuden (Schmid 92).

molestich (Henn.) = lästig, beschwerlich. Jemanden
bemolestichen (bemolestïcha. Gab.) = jemanden belästigen.

molkendieb, der (molka-. Br.; A., Rock., Gießh.;
mŭlka-dieb. Rg., Gab., Henn.; A., Wich.; Grulich)
= 1. Kohlweißling (Henn.; Rock.); 2. Tagfalter im Gegen=
satze zum Nachtfalter (äle moʳt. Gab.); 3. Schmetterling
überhaupt. Der Ausdruck molkendieb kommt häufig in
Wörterbüchern des 18. Jhd., sowie auch bei Lichtwer (Fabeln)
vor. Die Benennung beruht auf der mythischen Vorstellung,
daß Hexen oder Elfen in Schmetterlingsgestalt Milch stehlen
(Wgd. II. 124).

molkwurf, der (mŭlkworf. Henn.) siehe moltwurf.

möller, der, in butzmöller, der (Rb.) = Kaulquappe.
Vergleiche hutz im alphabetischen Verzeichnisse, möller ist
= mäuler. butzmäuler also = Thier mit wie vorn ab=
geschlagenem, stumpfen, daher breitem (nicht spitzigem) Maule.

mŏlst, die und mŭlst (Hbr., Gab., Grad.; Br.;
Rock.); mŏlzt (Henn.; Gießh., Wich.) = 1. Mahlzeit
überhaupt. 2. Meist in Verbindung mit milch: 'n mŏlst
milch = Quantität auf einmal gemolkener Milch. So
auch in NB. moulst (M.).

moltwurf, der (moltworf. Br.; Gießh.; Wich.;
mŏltworf.Gab.; multworf.Grad.; Rock.; mŭlkworf.Henn.;
mŏtworf(Tr., Gab., Weig.) = Maulwurf. mhd. moltwerf
= talpa. Göttingisch multworp. Schambach Wtb. 139.*)
Die Dialectform moltwurf ist richtiger als das hd. maulwurf.
Denn molt kommt von ahd. molta, mhd. molte, mulde
= Staub, Erde, Erdboden (Lex. I. 2195); moltwurf heißt
daher soviel als Erdaufwerfer „Talpa haizt ain scher oder
ain moltwerf", heißt es bei Konrad von Megenberg f. 96.
In NB. hört man mout-, oder mountwulf (M.); in SB.
manchmal multwurm (Pr.), was freilich auch Molch bedeutet;
meist aber heißt er daselbst der scher.

---

*) Göttingisch-Grubenhagensches Idiotikon von Georg Schambach.

monden, der (mônda, Rg., Gab., Weig.; A., Rod.; mûnda, Henn.) = 1. Mond. 2. Monat. mondaknübel siehe unter knübel.

mondenlissen (môndalissa, Br.) d. i. Mondblisten = Endernächte. Der Physiognomie der 12 Tage und Nächte entsprechen die 12 Monate des Jahres.

mondenloch, das, môndaloch (Rgb.) = sehr tiefes Loch in einer Wiese.

morkeln (Grab.) = mit den Händen etwas Weiches drüden. ömorkln = etwas liebkosend drüden. Derselben Bedeutung wie molkrn (siehe malkern). Wechsel des stammhaften r und l in molkrn, morkln.

morksen, siehe murksen.

morne (Altstadt) = morgen. Zusammengezogen aus mhd. morgene: englisch morning.

morosten (morosta; z'somm-morosta, A., Ritschka Gießh.; vrmorosta. Rof.) = vernichten, zerstören. Der Stamm mor scheint zu bairisch mer zu gehören; denn bairisch merren, dermerren = durch Ueberanstrengung (das Vieh) zugrunde richten, verderben (Schmell. I. 1640). Schwerlich hat es etwas zu thun mit morast.

mörschel, der (Rg.) meschl (Br.). = Mörser. Bairisch merschl, mürschl (Schmell. I. 1654). Schon ahd. morsäli neben morsäri, drmörschln (Grab.) = zermalmen, vernichten.

morschlich (Rb.) = kränkelnd, kränklich. mhd. mure, murch = hinfällig (Wgd. II. 138). Verwandt mit morsch und mür-be.

mosche, die (müsch. Henn.; musche, Br.; Gießh.) = 1. Schultasche der Mädchen, meist aus Strohgeflechten (Henn.); 2. Wasserkorb zum Feuerlöschen; foiermusche (Br.; Gießh.); 3. große blasenartige Falten, die ein gebügeltes Männerhemd zuweilen an der Brust zeigt; 's hemd macht müscha (Henn.); 4. wohl auch „weibliche Scham." Zu 1. In Hennerdorf herrscht der Gebrauch, daß am Kirchweih=feste der Todtengräber mit einer großen „Musch" im Dorfe umhergeht und Kuchen einsammelt. Bairisch die moschen, muschen, Oberpfälzisch maschen = Hängkorb, ein sackähnlicher

Korb, der aus Bast oder Stroh ist und an den Arm gehängt, getragen wird. NB. músche (M.); čechisch mošna. Sonst gebraucht man im Rg. für mosche wohl häufiger der zēker (siehe daselbst).

mótsch (Ta.) = matt, ermattet. Siehe mātsch.

mótschen (mótscha, mótschan = mötscheln, vrmótscha, Br.; A., Gießh.; Rot., Wich.) = 1. verschmieren sowohl Tinte, als Kreide, Bleistift 2c.; Kinder mótschan, wenn sie schreiben lernen. mejtscha (Tr., Gab., Henn.) = im Weichen herumgreifen. Kurhessisch matscher = unreinlicher Weise in etwas Flüssigem, Weichem herumwühlen. (Vilmar 263). Also gleicher Bedeutung mit manschen, mantschen (siehe daselbst). 2. drmejtscha = durch Zugreifen erdrücken. Bairisch mätschen (madschen) = quetschen (Schmell. I. 1699); schweizerisch mötschen = stoßen, drücken (Stald. II. 215). Vergleiche auch čechisch mačkati. 3. faul, langsam arbeiten. Daher das gemótsche (Br.) = faules Arbeiten, besonders auf dem Felde.

mózl, das (Freib. Rgb.); Diminutiv mózala (Rg.; Br.); mēzl (Henn.); mejzl (NB. M.); mjēzl (Rb., Frd.) mouzl, mûzl, mûzla (Gießh.) = Kalb. Kurhessisch das mótschel = Kalb; schwäbisch die motsche = Stute, Kuh (Schmid 388); bairisch die motschen, das modschel = Kalb (Schmell. I. 1700); griechisch moschos. Vergleiche ferner bairisch: der motz = Hammel (Schmell. I. 1705.

muchel, der. (Gab., Weig.); Schimpfname auf einen eigensinnigen Menschen. Auch schlesisch muchel Scheltwort = heimtückischer Mensch. SB. mucheln, einmucheln, sich vermucheln = einhüllen, verstecken; bairisch mauchen, mauchseln = verstecken (Schmell. I. 1560); schwäbisch maucheln = heimlich zu Werke gehn (Schmid 377). Doch hört man auch pomuchl (Br.).

mucken, die. Mz. (muckn Gab., Weig.; mucka, Henn., Grab.; A., Rot.; Br.) = Grillen, Sonderheiten muckakoup (Br.) = eigensinniger Mensch.

muckig (mucksch, Rg., Ta.) = eigensinnig launig. In NB. mucksch mehr in der Bedeutung von „mürrisch" trotzig, böse (M., Leipa). Göttingisch mucksch = grollend, ſchmollend, verdrießlich; beſonders von einem der nicht ſprechen mag (Schambach, Wtb. 139).

mûdeln (Tſchermna); mûdan (Hbr.: A., Gießh.; Grab.) = langſam. läſſig arbeiten. rëm-mûdan (Br., Weig.), beſonders auf dem Felde die Arbeit läſſig verrichten. Auch ſchleſiſch mudeln = gemächlich mit den Händen worin arbeiten oder wühlen; langſam ſein, zögern. vermudeln = auf langſame und nußloſe Weiſe verſchwenden (Whd. Btr. 63). Oeſterreichiſch maundln = faul und langſam etwas thun (Caſtelli, Wtb. 199) und zamudln = zer-knittern (Caſtelli, Wtb. 270). mudeln ſcheint urſprünglich dieſelbe Bedeutung zu haben, wie malkern (ſiehe daſelbſt) = etwas Weiches drücken, kneten (denn NB. malkern = 1. Weiches Drücken und 2. herum-malkern = langſam arbeiten. molkan, rim-molkan, molkaſók). Im bairiſchen heißt mudeln = ſtreicheln, den Pelz; mudellind = recht weich (Schmell. 1. 1572); die mudel = kurze, dicke Perſon (Schmell. I. 1571).

I. muffeln (muffan, A., Wich.) = vom Mehl dumpfig riechen; vom Fleiſch nach Verweſung riechen. Bei Wgd. II. 145 muffen, müffen = dumpfig, modrig, faulig riechen. Von der muff = Schimmel, Geruch nach Modrigem (Wgd. II. 144). Neuniederländiſch muf = ſchimmelig, dumpfig. Schweizeriſch müfelen = riechen, vom Fleiſche, das nicht mehr ganz friſch iſt (Stald. II. 218).

II. muffeln (Henn.); muffan (Rg., Tr., Gab.; A., Rot., Gießh.) = wie mit zahnloſem Munde kauen, wie dies alte Leute thun. Vergleiche kifeln und knifeln. Auch mit den vordern Zähnen kauen, wenn die Backenzähne fehlen. Bairiſch muffeln = mit vollen Backen oder mit wenigen oder ganz fehlenden Zähnen kauen (Schmell. I. 1573); ſchweizeriſch mofelen, müfelen = vorn im Munde kauen (Stald. II. 212).

III. muffeln muəfəl*), Hilb.) = durch die Naſe reden, näſeln.

---

*) ə im fränkiſchen Dialecte zur Bezeichnung eines zwiſchen a und e ſtehenden Vocales.

mûla, das (A., Gießh., Rof., Wich.), in der Kinderfprache = Kuh. NB. mûlei (M.).

mulde, die (Rg., Weig.; A., Rof.; Br.) = hölzerner Trog zum Anmachen des Teiges beim Brotbacken. Oberpfälzifch die multern; ebenfo SB.: bairifch bachmultern (Schmell. I. 1596).

muldenpferd, das (muldapfa'd. Rg., Hbr.) = Schaukelpferd.

ge-müll, das (gemülle. Br.; A., Gießh., Rof.) = Abfälle von Reifig. Von ahd. muljan; mhd. mullen, müllen, müln; bairifch müllen = zerreiben, zermalmen (Schmell. I. 1590). Auch fchlefifch das gemülle = Kehricht, Unrath; eigentlich das Zermalmte (Wbd. Btr. 63); fchwäbifch gemülle = Auskehricht (Schmid 394).

mulle, die (Rg., Hbr., Weig., Henn., Grab.) = Motte. Pelzmotte. Mz. die mulla.

mülscher, der (milscher. Rg.; Br.; A.) = Mühl- burfch; Gefelle in der Mühle. Man unterfcheidet den alt- milscher (erften Gefellen, der eine gewiffe Oberaufficht führt); den jungmilscher, den zweiten Gefellen. Der Lehr- ling heißt: 's milscherla. mülschütz heißt bei S. H. 287 der Mühljunge.

mummarallan, die, Mz. (Rg., Gab.) = Weichfel- kirfchen. Ift es eine Entftellung aus die amarelle = Weinkirfche oder von die morelle = Art großer fchwarzer oder dunkelrother faurer Kirfchen (Wgd. I. 43; II. 135).

mummel, die. 1. Bach, der von der Keffelkoppe im Riefengebirge kommt und zur Zier bei Wurzelsdorf geht. Von mummeln = murmeln, brummen. 2. (Henn.) = Spottname für ein albernes Mädchen.

mummeln (Rb.; mumman. Rg., Gab.; A., Gießh.) = mit zahnlofem Munde kauen. Bairifch memmeln (Schmell. I. 1598); SB. meâmeln (Prach.) = wiederholt die Lippen bewegen, befonders beim Kauen; fchwäbifch mummeln = zahnlos kauen (Schmid 394); ebenfo göttingifch (Schambach 139). Koburgifch memmen = faugen, an der Mutterbruft trinken; wetterauifch der memm = die weibliche Bruft; Euter (Wgd. II. 74). Aus dem lateinischen Kinderworte die mamma = Mutter, Mutterbrust, wovon dann im Latein des 4. und 5. Jahrh. mammare = säugen (Wgb. a. a. O.).

mummern (A., Ritschka) = murmeln. Vergleiche mummel.

münich (S. H.) = 1. Mönch. 2. verschnittenes Pferd. Schon mittelrheinisch im Voc. ex quo von 1469 eyn moynche =castratus (Verschnittener), anderwärts im 15. und 16. Jahrh. münch und 1505 das Verbum mynchen = castrieren (Wgb. II. 127). Tirolisch münch = ein castrierter Ziegenbock (Schmell. 1. 1620).

münkeln (Frb.) = in der Rede etwas halb und halb in geheimnisvoller Weise andeuten. In Friedl. macht man einen Unterschied zwischen münkeln und munkeln = etwas wie ein geheimnisvolles Gerücht aussagen: wenn d' nej willst „munkln", do thu ock ne erscht münkeln. Sonst erscheint munkan (Rg.) in der Bedeutung von hd. munkeln.

muppeln (Rb.) = saugen, zutschen. Scheint eine niederdeutsche Form zu obd. musteln (siehe daselbst) = wie mit zahnlosem Munde kauen; englisch mop = schiefes Maul; oberrheinisch zu Ende des 15. Jahrhunderts muff = verzogener Mund.

ge-muppel, das (Grab.) = das Saugen, Zutschen.

mups, der (Rg.; Br.; A.) = kleiner, kurzer, dicker Mensch. Eigentlich mops = Art kleiner Hunde mit stumpfer, breiter Schnauze und verdrießlichem Aussehen (Wgb. II. 132) Daher

mupsich (mupsch. Weig.) = trotzig, böse.

mupslich (Rb.) = klein, dick, doch dabei niedlich.

zer-murallen (zu-muralla. Rg., Hbr.; A., Gießh. und zu-maralla. Br.; Rg., Weig. = zerstören.

murk, der; Dim. mürkerlein (merkerle. Wtz. merkerlich. Lösfr., Hilb. = Brotkrume, Bröselchen, kleine Brotstückchen. das gemerkl (Hilb.) = Bißchen, Brotkrume. Fränkisch murk; schweizerisch murgkeli = ein Brocken z. B. Brotes (Schmell. I. 1649).

murkeln; rëm-murkln (Grab.) = balgen, herum=
wälzen, (einen Hund, eine Katze) spielend wälzen. dr-murkln
= erwürgen. Vergleiche das folgende:

I. murksen; dr-murksn und dr-murkln, dr-mûrksa
(Rg., Gab., Grab.); drmorksan. (Rg., Tr., Rgß.)
= tödten, erwürgen. Niederdeutsch murken. tödten,
abschlachten; Göttingisch murtjen = heimlich schlachten,
so daß das zu schlachtende Thier am Schreien gehin=
dert wird (Schambach, Wtb. 140). Dieses murtjen
ist obd. murzen, mutzen, italienisch mozzare =
abschneiden, kürzen, stutzen. Kurhessisch murzeln =
kurz und ungeschickt mit stumpfem Instrument abschneiden
(Vilmar 276).

II. murksen (mûrksa. Gab., Henn., Grab:; morksen,
ausmorksen. Rb.); marksen (mârksa. A., Schöb.);
murkseln (morksan, Rg., Tr., Rgß.) = langsam
arbeiten. das gemorks (Grab.); rëmgemorkse (Tr.)
= langsames Arbeiten. Ebenso NB. mûrksn. rim-
murksn. das gemurkse (M.); schlesisch murksen =
langsam und verdrossen handeln und sprechen; Göttin=
gisch mörken, mörkeln = sich abmühen, angestrengt
arbeiten (Schambach, 138).

murkurf, der (Lößkr.) = Maulwurf. Starke
Entstellung aus multwurf (siehe moltwurf).

murre, die (Rb.); auf die murre gehn =
(scherzhaft) zur Geliebten gehn. Sonst vom Kater gebraucht,
wenn er brünstig wird. Daher die Benennungen des Katers
„Murr, Murner.“

musch, die (Henn.); so wird jene Person genannt,
die beim Auseinanderbinden und Theilen der Garben beim
Dreschen in der Scheuer mit dieser Arbeit zuletzt fertig
wird. Vergleiche mûz.

mûscheln (Rb.) = schlecht schreiben, schmieren.
Auch NB. (M.). Schlesisch mûscheln, zermûscheln =
durch Drücken und Rollen beschmutzen (Whd. Btr. 63);
bairisch zermüschen = zerstoßen, zerquetschen (Schmell.
I. 1081); schweizerisch mütschen = zerschlagen (Stalb.
II. 226 (Vergleiche auch mätschen, meitschen im alph.
Verzeichnisse).

muschel, die (Hbr.) = Kosename für Mädchen, besonders für dicke, starke Mädchen. Schmell. I. 1681 sagt: die musch, auch muschel, Benennung einer Weibsperson, die sich hingiebt; etwas säuberlicher als Hure. Ebenso wetterauisch die musche (Wgd. II. 159); im niederd. die mutze; schlesisch die mutsche und musche = Liebkosungs= wort für Mädchen (Whd. Btr. 63). Nach Wgd. 1. 159 entlehnt aus italienisch muzza, mozza = weibliches Geburts= glied.

mutsch, die (Hilb.) = Kuts.

I. mutzen, motzen (mûtza, motza, Rg., Hoh.) = 1. arbeiten, ohne etwas Ordentliches zustande zu bringen; 2. spielen von Kindern. Ebenso NB. mûtzn und mäzn (M.). das gemutz = das Spielen der Kinder; mutzzeug = Spielzeug.

II. mutzen. sich etwas bemutzen (Arnsd.) = sich etwas bedenken, genau überlegen, z. B. die Rede eines andern.

I. mûz. die (Hilb.) = Kuh. Vergleiche môzl.

II. mûz, der (Henn.; môz, mûz, Weig., Gab., Grad.) = 1. tölpischer Kerl; 2. wird so besonders derjenige genannt, der beim letzten Dreschen den letzten Schlag macht. Daher auch

dreschmûz (draschmûz-, môz, Rot., Wich.).

hour'mûz, d. i. Hafermuz = wer beim Haferdreschen den letzten Schlag macht; wahrscheinlich gehört hieher auch

klîmôz (Gab., Weig., Grad.) = Klee=muz, d. i. der, welcher beim Samenkleedreschen den letzten Schlag macht? Jedoch in dieser Bedeutung nicht gebräuchlich, sondern nur als schnippische Abweisung. Wenn nämlich jemand unbefugt und neugierig nach etwas fragt, das man ihm nicht sagen will, so antwortet man: klîmôz.

pfaff-mûz (pfoffmôz, Wich.) und latinisiert pfaffmutius (Bösig); wenn ein Kind nicht gestehen will, daß es etwas angestellt hat, so sagt der Fragende: pfoffmôz hôt's ejcha (etwa, siehe eigen) gemacht. Zur Erklärung der eigentlichen Bedeutung von mûz in dreschmûz u. s. w. führt am besten der im Braunauischen vorkommende Ausdruck scheunpöpel (schojnpöpel. Vergleiche popelmann und die Wörter pêpel, pipel, pöpel im alph. Verzeichnis). Es ist also eine Figur, wahrscheinlich aus Stroh mit Weiberkleidern angethan, ähnlich den Vogelscheuchen in Krautfeldern. Denn die mutzen = ein mit Aermeln versehenes kurzes, d. h. bis auf oder über die Hüften reichendes Oberkleid, vorzugsweise bei dem weiblichen Geschlechte auf dem Lande (Wgb. II. 170). Im Fuldaischen sagt man von dem, welcher beim Ausdreschen den letzten Schlag thut, „er hat die Mutz" (Muitz). Diese ist eine Figur, welche, aus Stroh geflochten und mit Weiberkleidern angethan, demjenigen, der zuletzt im Dorfe ausdrischt, an das Scheunenthor (daher scheunpöpel, Br.) gehängt wird (Vilmar 278).

N.

Nabelgeleier, das (nôblgeleier, Hilb.) = Bauchweh, NB. nôwlleian (M.).

nächten. nechtn (Rz.); nechta (Abersb.); nâchtan (Weig., Hbr.); nechtan (Br., Gab.); nâchta (Henn., Grab.); nâchtn (Frb.); nâichten (Rb.); nâichtan (A., Rock.); nêchta (Wich.) = gestern Abend, vorige Nacht. (Vergleiche hinte = diese Nacht, diesen Abend.). Schlesisch nüchten, neichten = gestern (Whd. Btr. 64). Kurhessisch naecht. auch naechten = gestern (über Nacht, so daß eine Nacht dazwischen liegt. Vilm. 279). NB. nâchtn (M.). Der von Whd. Btr. 64 citierte Anfang eines schlesischen Liedes:

Nächta, als der Monda schên.
Rumpelts uf der Brücke.
Fur dar Hons die Kâte hêm
Uf der Ufakrücke.

Ist auch im nordöstlichen Böhmen und in NB. (M.) bekannt. Dort heißt das Lied:

Nächtan, wie ich schluffa gieng,
Rumpelts uff dr Brücke,
Honsla hult 's Grejtla hêm
Mit der Ufakrücke.
'S Grejtla krûch ais Ufalouch,
Honsla mit a Krück anouch;
Sie krîcht 's Krückla ai a Koup,
weil se ihn geärchat hout. (𝔚𝔢𝔦𝔤𝔢𝔩𝔰𝔡𝔬𝔯𝔣.)

𝔍𝔫 NB.:
Nächtn. wie da Môundu schên,
Rumplts auf da Brücke,
N. N. fᵘat sei Mädl hêm
Uf daʳ Ufnkrücke.   (𝔐𝔞𝔯𝔨𝔢𝔯𝔰𝔡𝔬𝔯𝔣.)

𝔈𝔦𝔫 ä𝔥𝔫𝔩𝔦𝔠𝔥𝔢𝔰 𝔏𝔦𝔢𝔡 𝔩𝔞𝔲𝔱𝔢𝔱 𝔣𝔬𝔩𝔤𝔢𝔫𝔡𝔢𝔯𝔪𝔞𝔟𝔢𝔫:
Nächtau ai dan Tunkan (im 𝔇𝔲𝔫𝔨𝔢𝔩𝔫)
Kôm mai âla Schotz. (𝔞𝔲𝔠𝔥 âla Lôtsch)
Ai a zurissna Klunkan,
Hênda raigetrôtscht.
Grüß dich Gôt. mai âla Freier!
Hust'n noch de âle Leier?
Hust'n noch da langa Bôrt?
Gist'n noch uf de Weiwrjort? (𝔊𝔞𝔟𝔢𝔯𝔰𝔡𝔬𝔯𝔣.)

nackarsch, der (nokorsch. 𝔥𝔦𝔩𝔟.) = 𝔅𝔩ü𝔱𝔢 𝔡𝔢𝔯 𝔥𝔢𝔯𝔟𝔰𝔱𝔷𝔢𝔦𝔱𝔩𝔬𝔰𝔢.

nacken (nacka. 𝔥𝔢𝔫𝔫.) = 𝔰𝔦𝔠𝔥 𝔫𝔲𝔯 𝔷𝔲𝔪 𝔗𝔥𝔢𝔦𝔩𝔢 𝔷𝔢𝔦𝔤𝔢𝔫. 𝔙𝔢𝔯𝔰𝔱𝔢𝔠𝔨𝔢𝔫 𝔰𝔭𝔦𝔢𝔩𝔢𝔫𝔡𝔢 𝔎𝔦𝔫𝔡𝔢𝔯, 𝔡𝔦𝔢 𝔡𝔢𝔫 𝔎𝔬𝔭𝔣 𝔢𝔦𝔫 𝔴𝔢𝔫𝔦𝔤 𝔞𝔲𝔰 𝔡𝔢𝔪 𝔙𝔢𝔯𝔰𝔱𝔢𝔠𝔨 𝔳𝔬𝔯𝔰𝔱𝔯𝔢𝔠𝔨𝔢𝔫, 𝔲𝔪 𝔞𝔲𝔰𝔷𝔲𝔩𝔲𝔤𝔢𝔫, nacken. 𝔅𝔞𝔦𝔯𝔦𝔰𝔠𝔥 nackeln, nagkeln = 𝔰𝔦𝔠𝔥 𝔥𝔦𝔫- 𝔲𝔫𝔡 𝔥𝔢𝔯𝔟𝔢𝔴𝔢𝔤𝔢𝔫 (𝔖𝔠𝔥𝔪𝔢𝔩𝔩. I. 1721.)

naffen (naffa. 𝔊𝔦𝔢𝔟𝔥.) = 𝔰𝔠𝔥𝔩𝔢𝔠𝔥𝔱 𝔷𝔲𝔰𝔠𝔥𝔫𝔢𝔦𝔡𝔢𝔫. vrnaffa; dr Schneidr vrnafft a rôk = 𝔡𝔢𝔯 𝔖𝔠𝔥𝔫𝔢𝔦𝔡𝔢𝔯 𝔳𝔢𝔯𝔡𝔦𝔯𝔟𝔱 𝔡𝔢𝔫 𝔯𝔬𝔠𝔨 𝔡𝔲𝔯𝔠𝔥 𝔰𝔠𝔥𝔩𝔢𝔠𝔥𝔱𝔢𝔰 𝔝𝔲𝔰𝔠𝔥𝔫𝔢𝔦𝔡𝔢𝔫.

nähnde, die (nejnde. 𝔊𝔯𝔞𝔟.; nejnd. 𝔥𝔢𝔫𝔫.; nônde, 𝔅𝔯.; 𝔊𝔦𝔢𝔟𝔥.; nânde. 𝔊𝔞𝔟.; nünde. 𝔚𝔦𝔠𝔥.; nâind.𝔏𝔞𝔫𝔤𝔢𝔫𝔞𝔲) = 𝔑ä𝔥𝔢. nejnde. NB. (M.); 𝔡𝔞𝔰𝔢𝔩𝔟𝔰𝔱 𝔞𝔲𝔠𝔥 nounde, nejnda, om nejnstn = 𝔫𝔞𝔥𝔢, 𝔫ä𝔥𝔢𝔯, 𝔞𝔪 𝔫ä𝔠𝔥𝔰𝔱𝔢𝔫. 𝔇𝔢𝔯𝔞𝔯𝔱𝔦𝔤𝔢 𝔉𝔬𝔯𝔪𝔢𝔫 𝔴𝔬𝔥𝔩 𝔞𝔲𝔠𝔥 𝔦𝔪 𝔯𝔤.; 𝔅𝔯.; 𝔄. 𝔄𝔲𝔠𝔥 mhd. die nœhende 𝔫𝔢𝔟𝔢𝔫 nœhede = 𝔑ä𝔥𝔢: 𝔏𝔢𝔯. II. 21, 19.

ge-näjke, das (A., Ritſchka) = jede Krankheit, für die man nicht den rechten Namen kennt. ich hô do su a genäjke.

nallen, der (?) (nalla, Gab.) = Thunichtgut; die nellen (nella. Br.); von Weibern gebräuchlich. Bairiſch die nellen = Bezeichnung eines kleinen, lebhaften, hoffärtigen ſchnippiſchen Mädchens.

nand (Frb.; Rb.; Rg.; Weig.); nernt (Grab.; A., Gießh.) n'nant (Gab.) = nirgend.

nanne (A., Gießh., Rock., Wich.; Rg., Gab., Grab.) = Anna. Auch NB. (M.).

nappeln (Rg.) = eine gewiſſe Art Karten zu ſpielen.

näpplein, das (nappla), wie hd. kleiner Napf, Näpflein, in

näppleinbeere. die (napplabeere, Grab.) = Preiſelbeere.

näppleinrose, die (napplarûse. A., Gießh) = Roſe, die in Töpfen gezogen wird; etwa die Monatroſe? In NB. iſt napplrûse (M.) = Centifolie.

näpplein spielen (nappla spîla, Rg., Weig., A., Gießh.); ein Kinderſpiel mit Bohnen, wobei die Kinder 5 Löcher in die Erde machen. Daher fünfnapplaspiel.

näppleinspieler, der (napplaspîlr. Weig.) Zwei‐ ächſeln, zweideutiger Menſch.

nardei, die (nordei. Gab.); uf de nordei gîn, von Kindern, die, um ungebunden zu ſein, ihren Spielen und Beluſtigungen außerhalb des Hauſes, auf Straßen, Wieſen, nachgehen.

narkeln (narkan, A., Gießh.; nerkeln (Arns.); norkeln (norkan, Br.); nukkeln (Lbskr., Rb.) = 1. mit Mühe etwas (Brot u. ſ. w.) abſchneiden; das Brot ſo ſchneiden, daß viele Bröſelchen abfallen. 2. nurkeln (Rb., Ta., Frbl.) = lange mit einer Arbeit zubringen, ohne fertig zu werden; ſäumig, läſſig arbeiten, nurkl uck nej su lang rim. 3. (Gab., Grab.) = brummen, unverſtändlich ſprechen. 4. (Hbr.) widerſprechend reden und Unzufriedenheit dabei verrathen. Schmell. I. 1757 erwähnt nirkeln (Zips) =

mit ſchlechtem Meſſer gleichſam ſägen. In SB. nurgln (Prachatiß) = ſich lange, aber ſtetig mit einer Arbeit beſchäftigen. Kurheſſiſch sich abnörgeln = ſich fruchtlos abmühen; ſchwäbiſch norken = mit Mühe und geringem Erfolge arbeiten (Schmid 409); ſchweizeriſch norggen, nörgeln = tändelnd, ohne Ernſt arbeiten (Stalb. II. 242); ſchwäbiſch, augsburgiſch nörgeln = bei herber Arbeit ſchwißen (Birlinger 355). Unter den verſchiedenen Formen dieſes Wortes erinnert beſonders nurkeln (Lbskr.) an das Wort murk, deſſen Diminutiv mürkerle = Brotkrume in Lbskr. vorkommt. Mit Wechſel von m und n wäre alſo nurkeln = murkeln. Vergleiche murk und murksen = langſam arbeiten im alph. Verzeichnis.

narrieren (norriān, Henn.; A., Rock., Gießh.) = ſich wie ein Narr geberden, verrückt ſein.

narrinzen (Rb.), tranſitiv = zum Narren haben; norrenzen (Hilb., Rg.) = ſich wie ein Narr geberden, Narrenpoſſen treiben. Bei Schmell. I. 1753 narrezen = einen zum Narren halten, foppen.

närschen (narrscha, Br.; norrscha, Grab.) = närriſch thun, eilig laufen. Auch NB. narrschn (M.).

nasche, die (nosche, Dreiborn) = Maul, beſonders das der Kaße. Auszählreime:

Eins, zwei, drei,
Hack a Pummer nai,
Hack a Pummer îwr a Tîsch,
Koum de Kotze on froß a Fîsch,
Koum dr Jägher mit dr Tosche,
Schlug de Kotze of de Nosche;
Schrie de Kotze nijijau! u. ſ. f.

(Dreiborn.)

nâser, der (Rg. ziemlich allgemein) = Taſche, ſowohl Taſche in Frauen-, als auch Männerkleidern. In Gab. beſonders die Taſche in Frauenkleidern. Bairiſch nâser, neser = Sack, Taſche (Schmell. I. 1758); mhd. âser, êser = Speiſeſack zum Umhängen, Taſche (Lex I. 711); ſchwäbiſch auⁿser = Sack, Schnappſack. In nâser ſcheint alſo anlautendes n unorganiſch angetreten zu ſein, wie das im bairischen Dialect öfter vorkömmt (nast = Ast; nĕˀl = Aehnl, b. i. Ahne, Großvater u. s. f.). Es dürfte mithin Zusammenhang mit hd. essen vorhanden sein, und nâser, aser bedeuten „Speisesack."

zerrnâser, der heißt in Grablitz s. v. a. Mann, der gerne mit den Kindern sich neckt. Von zerren = reißend hin= und herziehen (im Spiele). Ganz dasselbe bedeutet zerr-sâk (Mann); zerrtasche (Frau).

nâpse, die (A., Gießh., Rock.) = der gepflasterte Vorraum (Aufschüttung) vor dem häufig an einer Berglehne gelegenen Hause des Gebirgsbewohners. Von čechisch nâsep = Aufschüttung und dies von nasipati = aufschütten.

nassgalle, die; siehe galle

I. natschen (Hilb.); nötscha (Rg.) = albern reden, plappern.

II. natschen (nötscha, Rg., Tr.; natscha, Henn.) = etwas nicht ordentlich verrichten, langsam arbeiten, speciell lange suchen nach dem Anfange des Fadens in einem verworrenen Strähn, der auf der Kiese aufgespannt ist.

III. natschen (natscha, A., Gießh.; Rg.; Henn.) = lange (weil ohne Lust) essen.

IV. natschen (nötschn, Rb., Frb., Ta.; nötscha Rg., Br., A.) = weinen, NB. knütschn (M.); auch im Rg. sonst knautscha.

natterjüngferlein, das, siehe impfel.

natur, die (Rg.) = semen genitale. Auch bei Schmell. I. 1769.

natzen (notzn, Hilb., Lbskr.; netza, Br.?; nâzn, Ta.). natzern (Frb.) = schlummern, sich einem leichten Schlafe hingeben; hockend schlummern. der natzer (notza, Lbskr.). der nâz (an nâz machn (Ta.) = leichter Schlummer. Die Form natzen ist fränkisch; oberpfälzisch natzen (Schmell. I. 1775); ebenso egerländisch; dagegen schwäbisch natzen (nafzge). Birlinger 348; altbairisch naffezen, naffzen (Schmell. I. 1729); im bairischen Dialect SB. napfezen, nöpfizn, ſalzburgiſch nachzen; ahd. nafizan; mhd. nafzen (Lex. II. 15; Wgd. II. 187). Eines Stammes mit angel=ſächſiſch hnappian, engliſch nap = ſchlummern, nickend, ſchläfrig ſein, ſchlafen, welches im Ablaute ſteht zu mitteldeutſch nipfen = nickend leiſe ſchlafen, ſchlummern (Wgd. II. 187).

nauer (Rb., Frb., Ta., Rz.) = nicht wahr. Schon mhd. zuſammengezogen in nuwer, niwer; newer, neuer (Lex. III. 800) aus nihtwàre.

nauern und njauern (Henn.) = miauen, kläglich ſchreien (von Katzen). In NB. jauern (jauan. M.) von Kindern nud Katzen. Aehnlicher Bedeutung:

naukern (naukan, A., Rock.); njauken (njauka, Grab.) = klägliche Laute von ſich geben (von Kindern); miauen (von Katzen).

naune, die (Rg., Gab., Weig., Br.) = die Wiege. Schleſiſch die nunne, ninne, ninnei (Whb. Btr. 65). Vergleiche nunen . In dem Weihnachtsſpiele (Rg.) ſingen die Kinder, während eins das Chriſtkind auf den Armen ſchaukelt:

Also sei, so ninei.
Wiegen wir das Kindlein ein.

Mit nauni beginnen Wiegenlieder:

Nauni, ninni, nunne,
's roschlt ai dr Tunne,
's sein die liwa Gänslan,
Gàn dam Kindla kejne Ruh.

(Dreiborn).

Nauni, sausi, nauni, sausi,
Dr Kotze thut der Bauch wieh.
Korla sullt noch Lurbrn gîn,
A kunnte keene finda,
Do must mr 's Katzla schinda.

(Schatzlar).

natſch, die (Henn.) = Meſſer. Čechiſch nůž = Meſſer. Vergleiche nuſchefickel.

nawern (Henn.) = viel und unnütz herumreden. das genawer, ſolches Herumreden. a genàwr führ'n.

nâz, der; 1. siehe natzen; 2. Ignaz. In A., Ritschka auch nazker.

nâzla, das (A., Wich., Rod., Gießh.) = einem Bajazzo ähnlich angezogenes, überhaupt auffallend gekleidetes kleines Kind; 2. (Gab.) = ein Kind, das fortwährend Dummheiten anstellt, so daß Klagen bei den Eltern einlaufen.

neànt (Rg.) neàn (Br., Rod.) neèrn, neèrnt (Gießh.) = nicht etwa. Vergleiche ant.

nebeln (nàwan, Rg., Gab., Br., A., Gießh.) = nebelriefeln. Schwäbisch nibeln = tröpfeln wie Nebel, nebelreißen (Schmid 406).

nêbergêr, der (S. H. 234) = Bohrer. ahd. nabager, nabiger; mhd. nabegêr = spitzes Eisengeräth zum Umbrehen, Bohrer. (Lex 11.); angelsächsisch nafegar. Wgd. II. 174 führt der näber an, welches Wort eine Zusammenziehung aus (schon mhd.) nägbor ist. nägbor, mitteldeutsch nagber, in unsern Dialecten nêchwer (A., Wich.) und nàichwer (Br., A., Rod.) aber ist eine Umstellung aus mhd. nâbegêr und erweist sich als eine Zusammensetzung aus ger d. i. ursprünglich Spieß, spitziges Eisen und nabe, heißt also „spitziges Eisen" für die „Nabe," eigentlich zum Bohren derselben. Schmell. führt die Formen: näbiger, näbinger, näber (I. 1713,), nägber näuger (I. 1733) = Bohrer an.

nêchwer, nàichwer. Siehe nêbergêr.

neige, die (nêche, Gab., Weig.; Grulich, Wich., nejch, Henn.; nàiche, Br., A., Gießh., Rod., Rg.; Langenau) = 1. wie hd.; 2. eine Menge, z. B. Kinder a gonze nêche kindr, was sonst a schöwerla, hotfa kindr heißt; 'n nêche geld = ziemlich viel Geld (Groß Borowitz). In der hd. Bedeutung wird meist das Diminutiv nêchla, nejchla, nàichla angewendet. In NB. nêche und nêchl, woselbst auch a grüß nêchl, a klê nêchl, meist von Ueberresten einer Flüssigkeit: Bier, Milch u. s. w.

nêl, der (Gießh.); nôal (Gab., Grab.); nejl (Henn.); nojl (Br.) = Nagel. Siehe die Zusammenziehung des age mundartlich in ê, ôa, ej, oi.

nêmmê, nömmê (Br.; A., Gießh., Wich.) = nicht mehr. Im Rg. steht dafür wettr nê (weiter nicht).

nengeln (nengan, Rg., Weig., Altstadt) = 1. an
etwas drehen. Volksreime:

> Hôt'r nê da Môn gesahn,
> A gieng om Gassla nondr,
> A hott a schnîweiß Jackla ô,
> 's Geichla hott a drondr.
> Wie a zom erschta Haisla kôm,
> Fieng a ô zu „nengln:"
> Dudl, dudl Leiersâk,
> Morne hon mer Feiertag.   (Altstadt).

2. (nengan, Weig.; ningeln, Schönwalb b. Friedland)
= weinen.

nengel, die (Rg., Weig.) = 1. Vorrichtung zum
Drehen.

geningel, das (Henn.) = unschöne, widrige Musik.

ningeltse, die (Schönwalb) = weinerliche Weibs=
person. Die innere Verbindung der drei Bedeutungen von
nengeln, ningeln = 1. an etwas drehen; 2. unschöne Musik
machen; 3. weinen wird hergestellt, wenn man an das Drehen
eines Leierkastens, an die unschönen Töne eines schlechten
Instrumentes und an die das Weinen oft begleitenden
kläglichen Laute denkt. Aus den obenangeführten Reimen
erhalten wir zugleich drei Synonyma: nengeln, dudeln,
leiern (davon leiersak = weinerlicher Mensch) = weinen.
leiern und nengeln sind förmlich identisch = „herumdrehen."
Schmell. I. 1750 führt nunkeln = wackeln an, was eine
Nebenform zu nackeln, nueckeln (Schmell. I. 1721, 1724)
= wackeln; ebendaselbst niggelen = rütteln und nägkeln
= an einem Dinge hin und herbewegen, ursprünglich um
es locker zu machen (Schmell. I. 1721; auch NB. nêkln, M.).
Vergleiche auch das folgende:

nenkern (Rb.) = herüber und hinüberzerren. Dei
(Schmell. I. 1750) nenken nur in übertragener Bedeutung
= an einer Sache immer etwas auszusetzen haben. Ebenso
schwäbisch (Birlinger 351).

nerkeln (nerkan, Arns., Hbr.) = mit Mühe etwas
abschneiden, namentlich mit einem stumpfen Werkzeuge, z. B.
Brot, so dass viele Krumen herabfallen.

nerkelein, nerkerlein (nerkerla, Henn., Grab.) = ein Bißchen. Vergleiche narkeln.

nêsen (nejsn, Einf.) == 1. necken, ärgern, quälen; NB. nêsn (M.) = necken; 2. nejsn (Göhe bei Frb.) = Transitiv jemanden körperlich verletzen, versehren. 's hot 'n grob genejst = er hat sich sehr wehe gethan, sich schwer verletzt, schlesisch nêsen == beschädigen (Wbd.); bairisch nesseln = schlagen, plagen; am Ober-Main nes'ln = quälen (Schmell. I. 1759); ahd. neizjan, mhd. neizen = bedrängen, plagen, verderben (Lex. II. 52). Dazu gehört: ver-nêsen (vernejsn, Rb.) == Speisen mit gutem Appetite verzehren d. h. sie „vertilgen," schlesisch vernêsen == vernichten (Wbd.).

nest, das (nàst, Rg.) == die Stelle, wo die Linie der gescheitelten Kopfhaare der Frauen rückwärts endet.

nestlein, das (nàstla, Rg.), bei Geweben = schadhafte Stelle auf Zeugstoffen, Kleidern, Hemden; namentlich kleine Löcher in solchen Stoffen. Auch bairisch (Schmell. I. 1766).

nesthöcklein, das (nàsthêkl, Rb., Ta.; nàsthêkla, Rg., Br., A.; NB. nàsthêkl, M.) == jüngstes Kind in einer Familie; eigentlich das zuletzt ausgekrochene Vöglein in einem Nest. Dafür gibt es in den verschiedenen Dialecten zahlreiche Ausdrücke: bairisch nestbatz, nestscheißer; schwäbisch das nestkegele (Schmell. I. 1767); kurhessisch das nest-kützchen, neströssel (Vilmar 282); der nestert, nestling, nestquak, nestbuttich (Weig. II. 213, 214).

neuschierich (Rb., Rg.); nojschierich (Br.) == neugierig. NB. neuschäch (M.); kurhessisch (Vilmar 283); bairisch (Schmell. I. 1711). Derselbe nimmt Herleitung an von neus-gierig, mhd. niuwes giree, d. h. nach Neuem begierig.

unge·neußig (ungenaißich, Rg., Trb.; ungenêßich, Hbr.) = unmäßig im Genuß, unersättlich, habsüchtig und neidisch. Ebenso schlesisch (Wbd. Btr. 65); NB. ung'neiß'ch (M.). Von nießen = dem üblicheren nhd. genießen und mhd. der geniez, md. genîz = das Genießen, der Genuß. Die Vorsilbe un verstärkt hier den Begriff geneußig, also ungeneußig = übermäßig genießend.

nicher, der (Rg., Weig., Henn.) = Instrument, vermittelst dessen man die Fugen in den Schindeln (die Nut) herstellt. Daneben auch der Ausdruck:

nichmesser, das (nichmassr, Rg., Weig., A., Gießh); nicher scheint dasselbe zu sein, was nechwer, negber = Bohrer. Siehe nebergèr.

nickel, der (nëckl, Rg., A.) = 1. Nicolaus; 2. Kaninchen.

nicken (Rg., Br., A.) = leicht einschlummern. Vergleiche natzen. der nicker = leiser kurzer Schlummer.

niedlich (nîtlich, Rg., Br., A., Ta.) = empfindlich, leicht beleidigt (?) (Weig.) verdrießlich.

niedrucken (niedrucka, Hbr.) = wiederkauen. Kurhessisch niederrucken (Vilmar 283). Entstellt aus itrucken = abermals aufstoßen. Aus der alten Vorsilbe it. die dem lateinischen re = wieder entspricht, und rucken = stoßweise fortbewegen, itrucken auch bei Schmell. I. 647. Vergleiche auch bei Schmell. II. 49.

niesen (S. H. 113) in der Verbindung nutzen und niesen = genießen, ahd. niozan, mhd. niezen; z. B. ein guet nutzen und nießen.

niese, die (Grulich, Wich.) = das Niesen, Schnupfen.

ge-nießlich (Frb.) = genäschig, leckerhaftig.

I. niffeln (niffan Rg., Arnsd.) = 1. aufreiben, aushöhlen durch Reibung. Z. B. die Rabnabe „niffelt" sich aus. Schlesisch nitteln = reiben (Whd. Vtr. 65); SB. nillten (Prach.) aufnillten, z. B. den Fuß = durch Reibung des harten Stiefel-leders das Fleisch des Fußes wund reiben; bairisch niffen, niffeln, nifften = reiben, wetzen (Schmell. I. 1731); schweizerisch niffen, niffeln = stechen, stoßen, z. B. mit den Hörnern des Rindviches (Stald. II. 238). 2. niffeln, nuffeln, niffan, nuffan, Weig.) = an etwas nagen. Dieses niffeln, nuffeln mit n statt m dasselbe was muffeln (muffan, Gießh.) = mit den Vorderzähnen essen.

II. **niffeln** (Henn.) = die Erbsen aus der Schote lösen, aushülsen. Vergleiche läufeln. Schwäbisch, fränkisch näufen, näufeln = Hülsenfrüchte, Nüsse und dergleichen aus der Schale nehmen (Schmell. I. 1730.) Wechsel von n und l.

nilche, die (Rz.) = Narcisse. Auch NB. (M.) Wohl mit Wechsel von l und n aus lilge, bairisch lilgen = Lilie.

nimm (nëmm, A.) = hinum.

ninneln (Rb.) = wiegen. mhd. die ninne, altes Wort der Kindersprache für Wiege (Lex. II. 85). susaninne bei Luther = Wiegengesang. ninne scheint aufgenommen aus italienisch ninna = Wiegenkind, Kindchen; spanisch nino = Kind, Wiegenkind und italienisch ninnare = einwiegen, einschläfern (Wgb. II. 863). Das Wort ist zwar allen romanischen Sprachen eigen, aber auch die deutsche Kindersprache kennt es: ninne, ninnei, nunne. nunnel = Wiege (Whd. Btr. 65); ninanen = schlafen (Müller und Weitz, Idiotikon der Aachener Mundart).

So beginnt denn auch ein Wiegenlied in unserer Mundart:

> Ninini nause,
> Dr Tŭd stit hëndrm Hause u. s. s.

Siehe unter dem Artikel tod. Vergleiche auch naune.

nischel, der (Bernsdorf) = Kopf; nëschl (Rg., Gab., A., Gieß.) = die Haare auf dem Kopfe. Auch schlesisch nischel = Kopf (Whd. Btr. 65); schweizerisch der nischen = Schopf, verworrenes Haar am Kopfe (Stalb. II. 239). Bei Wgb. II. 231 der nischel = Schopf, Kopf. In der Volkssprache Obersachsens häufig vorkommend. mhd. begegnet dieses Wort nicht. Davon:

nischeln (nischan, Rg., Br., A.); nischal (Hilb.) = schopfbeuteln, bei den Kopfhaaren schütteln, zausen; zernischeln (Tsch.) = durchprügeln. In NB. ist nischeln (M.) ganz gewöhnlich.

nîseln (Rb., Rg.) = fein regnen. Auch SB. niseln (Prach.). Nordfranken niseln = sachte, dünn regnen. (Schmell. I. 1760); österreichisch nisln, nissln = sehr fein regnen. Castelli Wtb. 208.

nisseln (nëssan, Rg., Weig., Gab., Br.) = an einer Arbeit lange machen; langsam, wie tändelnd arbeiten, mit kleinlichen, unwichtigen Beschäftigungen die Zeit ausfüllen.

nistel, die (Laut.) = Mistel.

nitern (nîtan, Rg., Hbr., nejtrn, Rb.; nejtan, NB., M.) = durch unaufhörliches Bitten jemanden zu etwas zu bewegen suchen. Auch gebraucht man in demselben Sinne **niticha** (Gab., Henn.). Bairisch nêtn. oberpfälzisch nêi'n = nöthigen, zwingen (Schmell. 1. 1714). Zu nitern gehört;

nîtlich, der (Weig.) = Kind, das fortwährend bittet, um etwas zu erlangen.

nîtig, der (Hilb.) = Erdäpfelbrei.

nitschen (nitschu, Henn.) = weinen. Siehe nätschen III. Schallwort.

niweln niwan, Henn.) = langsam an einer Arbeit machen. das geniwel = langsames Arbeiten.

njauern siehe nauern.

nokwer, **nûkwer**. (Rg. speciell Burkersdorf) = Nachbar. Schon mhd. nôkwer (Ler. II. 599) zusammengezogen aus nachbur = Nachbar.

noipl, der (A., Schöb.) = männliches Glied. Wohl ursprünglich nichts andres als „Nabel." Bairisch näppl.

nôl; (Rz.) nôrl der (Rg.) = Nagel. Siehe nêl.

nolde, die (Rz.); nuld (Henn.); nûlde (Gab., Grab., Rock.); nôle (Br., A., Gießh., Batz., Wich.) = Nadel. Auch NB. nûlde (M.); nolde; der Noldenstein, ein spitz emporragender sagenhafter Fels bei Böhm.-Kamnitz. Schon mhd. mit Lautumstellung nälde, nölde, nulde und (mit Ausstoßung des d aus nôlde) nôle (Ler. II. 14); schlesisch nulde (Whd. Btr. 65).

nônde Adv. (Rg., Br., A.) = nahe. Vergleiche die nähnde.

nôpern (Henn. auch sonst im Rg. = unsinniges
Zeug reden, schwatzen. Bei Schmell. I. 1751 noppen.
noppeln ursprünglich = kurze wiederholte Bewegungen auf-
und niederwärts machen, aber auch im Beten die „Lippen
bewegen"; und nupeln, gnuppeln = die Lippen bewegen
(wie Kinder beim Saugen an der Mutterbrust) Schmell.
I. 1751.

noppe, die (Rb.) = knotenartige Verdickung im
Baumwollgewebe. Mitteldeutsch die noppe, nop ist auf-
genommen aus mittel- und niederdeutsch die nubbe, nobbe,
= Wollknötchen am Zeug; Tuchflocke; kurhessisch nuppe =
Knoten im gewebten Wollenzeug (Vilmar 287).

nopper, der (Rg., Arnsd., Rb.) = Nachbar.
Auch nubber (Rb.) und nůppa NB., M.

nörgeln (Rb.) = grübeln; fortwährend nachdenken,
sich keine Ruhe gönnen. Vergleiche nurkeln.

norkeln, siehe narkeln.

nottern (Ta.) = jemanden drängen, nöthigen, durch
Bitten belästigen. Ein Iterativ zu bairisch nöten = nöthigen,
zwingen, erzwingen (Schmell. I. 1774). Vergleiche nitern,
ahd. nôtan, nôtjan, mhd. næten.

nu (Rg.) = nun. nů âwa, zustimmende Partikel
= nun eben, nun freilich; nu dô, gleichfalls häufig zu
hören = nun, das versteht sich ja doch; das will ich meinen;
na nu (Frb.) = nun also.

nuffeln (nuffan. Weig.) = an etwas nagen. Siehe
niffeln und muffeln.

nunen (nûna, Henn., Grab.), in der Kindersprache
= schlafen. Siehe ninneln, naûne. Schwäbisch nunen
= einschlafen (Schmid 410); bairisch nauneln = schlummern,
besonders unter Tag, halbschlummernd ruhen (Schmell.
I. 1746).

nurkeln, siehe narkeln.

nuschefickel, das (Rb.) = ordinäres Messer.
Siehe fickel.

nuscheln (Ta., Rb., Frb.); nuschal (Hilb.) =
näseln, durch die Nase reden; überhaupt unverständlich sprechen.

NB. nůschln (M.); schlesisch nuseln, nuscheln, nischeln = undeutlich durch die Zähne oder die Nase reden; nuseln bei Legau (Whd. Btr. 66); ahd. nisilên, mhd. niselen (Lex. II. 86); schweizerisch nuscheln, nüschern, niselen (Stalb. II. 246); bairisch nuseln (Schmell. I. 1764); kurhessisch nöseln, nusseln, niseln (Vilmar 286); Probe aus dem Reichenberger Dialect: *)

A (dr Börnstiel) hout genuschelt, wenn a sproch,
A wur schier vuller Zunder;
Und thot'n Enner 's Nuschln noch,
Dou brannt a glei wie Plunder.

Dou kom ejmol n Waig douhar
Potschinknseff, dr Waber,
Dar nuschlte nu grod wie dar,
Wur ou su a Gehaber (roher Mensch).

Sie kommen in Streit und zu Thätlichkeiten
Und wummsdich! und se logen dou
An Waige nab dr Hejde,
Und Enner schrie 'n Andern ou,
Oes brölltn olle Bejde:
„Nu konnste nuscheln, Nuschelsak!"
Und wumpsdich! gieng's schun wieder . . . .
Se spürtn wu an fönfte Tag
Vor Schmerzn ne de Glieder.

„De bejdn Nuschlsäcke."

nuschern (nonschern, Rb.) = lange an etwas herumbeißen; wahrscheinlich auch wählerisch in Speisen sein. Denn oberpfälzisch, fränkisch nuseln = in etwas herumsuchen, herumlangen; langsam, affectiert und wählerisch essen (Schmell. I. 1764); kurhessisch nöseln, nösseln, nusseln, nüsseln, nisseln = in den Speisen herumstören, ohne ernstlich zu essen.

nuss. Zusammensetzungen:

nussgicker, der (Rg., Freib., Hbr., Gab., Weig); nusshacker (Grad., Br., A., Gießh., Rot.); nusshecker (A., Deschnay); nusshêkel, nusshäkel (Ta.;

---

*) Aus „Zeichenblumen." Gedichte in Reichenberger Mundart von Benjamin Bayer. Reichenberg 1880.

NB. M.): nussknacker (A., Baß., Grulich); nuss-secker
(A., Gießh.) = Nußheher.

nüsslein, das (nëssla, Grab.; nissla, Rg., Br.,
A.; NB. nissl, M.) = der an dem oberen Ende eines
Pfeifenrohres angeschraubte, aus Horn gedrechselte Bestandtheil,
in welchen die Pfeifenspitze geschraubt wird.

nôtig (nûtich, Rg., Hbr., Gab., Br., A., Rok.)
= knapp, ärmlich, 's gît nûtich zu = in einer Familie,
wo es oft am Nothwendigsten fehlt; bairisch nôtig (noudi)
= voll Noth, armselig (Schmell. I. 1773); ebenso SB.
nôtig (Prachatiß); egerländisch naudigh.

nûtsch, der (Ta., Frb., Nb.) = Sauglappen der
Kinder. Schlesisch nutsch = Stöppel, Zulp, Saugläppchen
(Whd. Btr. 64). Davon:

nûtscheln (Henn.) und nûtschen (nûtscha, Rg.,
Gab., Gießh.) = saugen. Schweizerisch nätschen; fränkisch
nutscheln; NB. nûtschn und der nütsch (M.); schweizerisch
notschen, notscheln. nutscheln = an etwas Saftigem saugen;
überhaupt saugen (Stalb. II. 244).

nutschlein, das (nutschla, A., Gießh., Br.) =
junges Schwein. Bei Schmell. I. 1766: die nusch, natsch,
nutsch — weibliches Schwein.

I.   nutzen (nutza, Abersbach) = spielen. Vergleiche
mutzen I. im alph. Verzeichnis.

II.   nutzen (nûtza, Wich.) = nicken, schlummern.
Vergleiche natzen im alph. Verzeichnis.

O.

Ob. Conjunction on ob (Tr.); no ob (A., Gießh.)
elliptisch = das versteht sich.

ôber, der (êwer, Rg., Br., A.) = Ober im deutschen
Kartenspiele. In NB. ejwa (M.). Hier kommt auch der
umgelautete Comparativ der, die, das ôbere (uf da^r ejwan

seite = auf ber oberen Seite) und Superlativ öberst (ai'n ejwaschtn spitzl = auf ber oberſten Spiße) vor. Dagegen heißt der Oberſt = ouwast.

überöbern (îwrêwrn, Grad.) = jemandem zuvor= kommen, in der Arbeit, im Laufen ꝛc. Vergleiche über-döbern im alphabetiſchen Verzeichniſſe.

obig, drobig (aus dar-obig) als Adverb und Präpoſition (uppich, druppich, Rg.. Trb.) = oben, broben; oberhalb.· obig = oben, oberhalb bei S. H. 115.

ock (Rg., Br., A.) = nur, doch. Dieſes Wörtchen iſt den nordböhmiſchen Dialecten, dem ſächſiſchen lauſitziſchen und ſchleſiſchen eigenthümlich. Der fränkiſche Dialect im Oſten Böhmens, an der mähriſchen Grenze ſo wie im Egerland, ebenſo der ſüdböhmiſche (bairiſche), kennen dieſes Wörtchen nicht, ſo daß man, da durch den Gebrauch dieſes Wörtchens der deutſche Nordböhme vom deutſchen Oſt-, Süd= und Weſtböhmen ſich charakteriſtiſch unterſcheidet, die deutſchen Dialecte Böhmens füglich in die ock- und Nichtock-Dialecte ſcheiden könnte. NB. uck (M.); md. ocker, ockers, ockert; mhd. ockert; ſpätalthochdeutſch okker, verkürzt aus okkeret; ahd. ecchert und ekord, ekordi (bei Otfried) = nur, bloß. Zuſammengezogen: gellocka. wullocka (Hbr.) = nicht wahr; eigentlich gelt ock; wolle ock.

ôdel, ôdels, ôtl, ôdlich, odlitz; ſiehe unter adel.

ôden (Göhe) = Athem. NB. oudn (M., Leipa).

oder (ôdr, Rg.) = aber. Auch NB. ôra (M.).

odrêßich, ſiehe urdrüßig.

ohrwäschelein, das (ohrwaschla, Rg.) = Ohr= läppchen. Bairiſch das, Nürnbergiſch die wäschel (waschl) = der knorpelige Theil, welcher das äußere Ohr bildet (Schmell. II. 1040). Man vergleiche dazu die watschen = Ohrfeige.

oitscht, ſiehe ortscheit.

ölgötz; ſo nennt S. H. eine hölzerne Statur.

ölster, das (Rb.) = Illis. Siehe elster.

olte, die (Br., Ott.) = eine Art Weißfiſch. Bairiſch der alt = ein Fiſch (cyprinus cephalus) (Schmell. I. 72); mhd. alant = ein Fiſch capito.

ompern, rëmomprn (Rg., Weig.) = 1. eine Arbeit nicht zustande bringen, sie ungeschickt anpacken. 2. im Finstern herumtappen, spät in der Nacht herumziehen. Zu dieser Bedeutung vergleiche alpen.

ge-omper, das = ein solches Arbeiten; herumtappen, herumziehen.

un-ge-omper (A., Rot.) = ungeschickt. Schlesisch ungampern, ungamprig = steif, ungeschickt, unbehaglich. (Wbd. Btr. 26); in demselben Sinne kommt in der Ober-Pfalz unglamber (Schmell. I. 914) vor.

ômße, die (Rg., Br.) = Ameisen. Siehe âmße. Schlesisch (Wbd. 67).

ongrallan, die, Mz. (Weig.) = Art schwarzer Kirschen. Vergleiche mummarallan im alphabetischen Verzeichnisse.

ônrvûl (Gab.) = ganz voll. ônr geschwîplta vul = ganz voll zum Ueberlaufen (von Flüssigkeiten in einem Gefäße). Siehe geschwîpelt und schwippeln.

orber (S. H.) = urbar.

orbern (S. H. 244, 245) = sich hervorthun, sich anstrengen; o'wrn (Henn.) orwan (Br., A.) = geräuschvoll arbeiten. Vergleiche urbern.

orksen, die, Mz. (orksa, A., Ritschka) = Ueberreste vom Essen.

orksen, (orksa, A., Rg.; Gießh); = viele Ueberreste beim Essen lassen; wählerisch essen; orchsa, Br.; A., Rot.), vom Menschen = mit den Speisen; vom Vieh = mit dem Futter verschwenderisch umgehen. Vergleiche urschen und arxa im alphabetischen Verzeichnisse.

ort, der (Rg.; Br.; A.) = 1. Anfang oder Ende von etwas, z. B. von einem Faden, einer Stange. Daher ortscheit, ortscheitlein (örtscht A., Rot.; ojtscht Br.; ejtschat, Henn.); ejtscht (Weig.); ûatschtla, (Weig.); ûatschkla (Gab.); örtschtla (Grab.) = das Holz (Scheit) am Ende (Orte) der Zugwage, an welches die Stränge des Zuggeschirres befestigt werden. Auch NB. ûatscht (M.). 2. der gehörige Platz. gib uck de soch uf a ort (Henn.). 3. Stellung, Existenz. an ûot hôn = einen Dienst haben.

I. örtlein, das (êrtla, Rg.; Br.; A.) = Schusterahle. Diminutiv von Ort = Ende, Spitze.

II. örtlein, das (êrtla Br.) = kleine Wirtschaft. die braut kimmt uf a sehî êrtla = sie verheiratet sich gut.

otter, die (ûttr, Rg.; Br., A., Deschnay) = Schlange, Natter.

otternkönig, der (ûttrkînich, Gab.) = in der Volkssage der König oder die Königin der Nattern, welche eine Krone ('s ottrkrînla) auf dem Kopfe tragen. Eine Frau, die der Otternkönigin begegnet, kommt bald in die Hoffnung. Man kann übrigens den Otternkönig auch citieren und sich seiner Krone bemächtigen, wenn man ihn auf ein weißes Tuch, mit welchem der Priester den Kelch am Altare auswischt, locken kann. Man kann den Otternkönig, sowie alle Nattern herbeilocken, wenn man auf dem sogenannten Otterpfeiflein (ottrpfeifla Rg., Trb.) pfeift. Dieses Pfeiflein ist ein durch den Stich der Pflanzenwespe entstandener Auswuchs auf einem Buchenblatte.

otternkopf, der (ûttrkôp, Grab.) = Wasserjungfer; (Henn.) = das Insect (Hautflügler) Natternkopf. Man glaubt, dass ein Kind, von diesem Insect in den Kopf gestochen, stirbt.

Qu.

Qu in unseren Dialecten steht öfter einem hd. zw zur Seite. Z. B. quirgl, querksl = Zwerg; quengen, quingen = zwängen, zwingen, quischen = zwischen. Dagegen erscheint in andern Dialecten zw statt hd. qu. Z. B. bairisch, egerländisch zwergs = quer (vergleiche hd. zwerch in zwerchsack, zwerchfell); zwarg = Quark. Sogar das aus dem Slavischen (švestka) herübergekommene „Zwetschke" wird im Dialecte zu quetsche; der als Aussichtspunkt besuchte Quetschkenstein auf dem Rehorngebirge heißt in S. H. Chronik Ziwischkenstein; vereinzelt kommt veraltetes qu = nhd. k vor in dem Praet. quäm (quôm) = kam.

Quaiern (Rg., Henn.; Nb., Raspenau, Frb.); quoiern (Ta.) = 1. jammern, wehklagen (Henn., Ta.). In NB. quaian (M.) = in wimmerndem kläglichem Tone jammern infolge physischen Schmerzes; ebenso klagen in Folge großer Noth. 2. transitiv jemanden bitten (Ta.); (jemand quälen (wohl durch stetes Bitten, Nb.); jemand ärgern (Rasp. Frb.). das hat mich gequaiert == hat mich geärgert (Frb.). Schmell. II. 825 erwähnt weien = schreien; Vilmar quarren = halbschreiend weinen wie kleine Kinder.

quäkeln (quäkan, A., Rot.) = albern reden. Wohl ein Iterativ zu quäken. Niederdeutsch quäken von der Stimme kleiner Kinder s. v. a. laut wimmern, weinen (Wgb. II. 412.)

quäker, der (quôkr, Rg., Gab.; Br.) = Bergfink. Bei Wgb. II. 412 quäker == der Harz- oder Bergfink. Niederdeutsch der Name wegen des quäkenden Geschreies. NB. quäka (M.); quäker NBE. V. 1, 63.

quâl, der (quôl, Rg.; Br.; A.) = 1. die Quelle. NB. quoul (M.). 2. (Ta.) sumpfige Stelle, entstanden durch quellendes Wasser.

quâm (quôm, Br.; Nb.; Rg., Rgß.; Raatsch, Grab.) = 3. sing. praet. er kam. Auch NB. Leipa. Eine alte, historisch berechtigte Form. Denn mhd. quam neben kam und kom; ahd. quam und chwam; gothisch quam. Ebenso hat sich in den meisten Dialecten die historischrichtige Form für die 2. und 3. praes. du kimmst, er kimmt (kémmst, kémmt, Rg.) erhalten; denn gothisch quiman. ahd. quëman conjugieren im praes.: 1. quimu; 2. quimis; 3. quimit. In SB. (bair. Dialect) heißt schon die erste Person i kimm: Also

ahd. 1. quimu schlesisch (ich kümm)	NB. M. kômm	SB. kimm	W. komme
2. quimis	kémmst	kimmst	kimmst	kömmst
3. quimit	kémmt	kimmt	kimmt	kömmt

I. **Quarg, der** (Rg.) = 1. (wie hd.) Käsematte; mhd. tware, abgeleitet von ahd. duëran == umdrehen, umrühren, durcheinander rühren; quärglein, das (quarchla) == Käse aus Quark. Sie werden in einer Art Käfig, dem quarchelbauer (Br.), sonst käseborte, getrocknet.

quargquetsche, die = Vorrichtung, mit welcher man aus dem in einem Säckchen befindlichen Quarke die Flüssigkeit auspreßt.

1. quargeln (röm-quorgln, Rb.) = sich an einer und derselben Stelle etwas zu schaffen machen. Also an einer Stelle sich gleichsam herumdrehen (vergleiche duëran unter dem Artikel quarg). Daher auch quorchln (Tr., Rgb.) = langsam arbeiten, mit der Arbeit nicht zum Ziele kommen. das gequorchl = langsame Arbeit.

2. quarchan (Rg., Weig.); quorchan (Br.) = schlecht reden, namentlich undeutlich, schlecht articuliert, so daß es sich anhört, als ob die Laute sich durcheinander drehten, drängten. In NB. sagt man von einem solchen: a redt. os wenn a quarchl ai'n maule hätt (M.).

3. quarchen (quorcha); ich quorch da druff, was sonst ich pfeif' dir drauf.

II. quarg, der (Rg.) und quirg = Zwerg. Allerdings nur in nicht mehr verstandenen Zusammensetzungen:

Quarglöcher; so heißen 3 kleine Höhlen im Kalksteine am linken Ufer der Marchquelle am Südfuße des großen Grulicher Schneeberges.

quirglöcher (D.=B.) felsige zerklüftete Partie zwischen Brünnlitz und Brüsau (an der böhmisch=mährischen Grenze). Das Volk leitet noch jetzt den Namen von einem Zwergen= geschlechte, den „quirgeln" her.

quargsteine, eine Felsgruppe auf dem schlesischen Kamme des Riesengebirges zwischen dem Reisträger und den Veigelsteinen Eigentlich Zwergsteine. Auch NB. der querks, das querksel == Zwerg, Zwerglein. Auch mhd. findet sich neben twëre und zwërch die Form querch. (Lex. II. 1598). Kurhessisch querch = Zwerg, Krüppel (Vilmar 309).

quarren (quorra, Henn.) = knarren, besonders von Stiefeln, hervorgebracht durch ein Holz unter der Sohle.

quartierlein, das (quortirla, Rg.; Br.; A.; quatirla, Henn.; quotedl, quoterdl, Rz.) = Flüssigkeitsmaß (⅛ Seidel), meist quotirla schnaps. Die quart schon mhd. ein Weinmaß; eigentlich Viertheil wovon; denn zu lateinisch quarta ist pars (Theil) zu ergänzen. In A., das quort = altes Flüssigkeitshohlmaß, 2 Seidel fassend.

quátschen (quótscha, Rg., Weig., Henn.; Br.; A., Gießh.) = 1. knarren, von Thüren, die in den Angeln kreischen; 2. schlecht singen, weinerlich schreien von Nebenform zu quitchen (siehe daselbst); quátschich (Rg., A.) von Kindern = weinerlich.

quatschnich d. i. quátschend (quûtschnich, A., Gießh.) von Tönen = knarrend, kreischend; quûtschniche stifan = knarrende Stiefel.

quátschen (quótscha. Br.; aber auch quátschen (quátscha. A., Rok., Gießh.; Rg., Henn., Grab.; quótscha, Rg., Weig., Rgh., Gab.) = schallen, wie wenn man in eine dicke Flüssigkeit tritt. Dasselbe Wort wie das obige quátschen. Die Gons wor fette, doss se quatscht (A., Rok.).

quátschen (quótscha, Rgh.) = langsam fortrollen.

quátschich (Wich.); quátschlich (A., Gießh.) = dick, fleischig.

queitschen (Rb.) = weinen.

quenge, die (Rg.; Br.; A.) = Enge, Einzwängung; übertr. Verlegenheit; ai de quenge jên = in die Enge treiben. 2. Werkzeug zum Einengen, Zwängen.

quengen (quenga. Rg., Trb.; Rb.) = zwängen, einengen. mhd. twengen = beengen, bedrängen Ler. II. 1598). Vergleiche mhd. twanc, quanc, nhd. zwang. quenge und queng' (= zwängen) auch NB. (M.).

quer. dr quâre kumma (Rg., Br.) = hinderlich in den Weg kommen. dr quâre gîn = einen unerwünschten Ausgang nehmen, misslingen; ein bissen „gît dr quâre", wenn er in die sogenannte unrechte Kehle geräth. Ebenso NB. (M.).

querchel, der (Rg., Henn., Grab., Weig., Rgb.) = 1. Quirl; 2. Wirbel, Strudel im Wasser. NB. quirchlwind = Wirbelwind (M., Leipa). Daher

quercheln (rëm-querchan) = 1. herumdrehen; 2. die Zeit unnütz zubringen, unnütz umhergehen und dadurch die Zeit vergeuden.

ge-querchl, das (Weig.) = drehende Bewegung; übertragen Unglück, Verlegenheit. a kôm ai's gequerchl. Vergleiche zu querchln der Bedeutung nach das hd. zwirbeln = drehen, herumwirbeln (Wgb. II. 1212).

querdel, der (Rg.; Br., A.) = 1. Quirl, ahd. thuiril, mhd. twirl = Rührstab; von ahd. dueran = umdrehen, umrühren.

querdeln; remquerdan = unnütz umhergehen. d in querdel ist euphonisch, wie in perdl (siehe berl unter beren I.), sterdl (zu stören, stüren). Diese Wortformen querdl, perdl, sterdl heißen in NB. quilla, pella, stilla (M.). und zeigen somit den Vorgang der Assimilation, um die Härte der Consonantenverbindung rl zu vermeiden.

querdlwind, der = Wirbelwind.

quetsche, die (Rg.; Br.; A.) = 1. Vorrichtung zum Pressen, Quetschen namentlich des Quarkes (quorgquetsche). 2. Doppelschiene beim Webstuhle, um das Garn zusammenzuhalten. 3. kleine, schlechte, wenig abwerfende Wirtschaft; schlechtes Gebäude. 4. eine schlechte Stelle, die nur kümmerlich ihren Mann nährt. 5. Verlegenheit, bedrängte Lage (ai die quetsche kumma).

quetschen (quetscha, Henn.). Eine Person „quetscht" die Nase eines Kindes mit den Fingern und stellt Fragen, die das Kind zu beantworten hat. A: Tûd. wos mochste dû? Kind: Ejer lejn: A: Wie vl lejt a denn a'm Tog? Kind: Neune. A: welches wascht ma denn gân? Sagt das Kind: 's gärschtichste; so kneipt die Person weiter; sagt es aber: 's schinnste, so läßt sie die Nase des Kindes los.

quetschke, die (quatschke, Br.; Wich.) = Pflaume, hd. zwetsche, sächsisch zwetschke; thüringisch, wetterauisch quetsche. Čechisch švestka.

Quetschkenstein (quetschkastën, Rg.); Partie auf dem Rehorngebirge, höchster Punkt der Rehornwiese. Bei S. H. Ziwischkenstein, jetzt häufig auch Quetschenstein genannt.

quingen (cuinga, Rg.; Br.; A.) = zwingen, bezwingen, überwältigen. mhd. twingen, quingen (Lex. II. 1602).

quîren (qui-än, zweisilbig Br.; quian, einsilbig, Weig.) = das Feld der Quere nach eggen. mhd. twirn.

quirg, der (D.-B.) = Zwerg. Quirglöcher siehe unter Quarg. Kurhessisch querch = Zwerg. Krüppel (Vilmar 309).

quirgl, der (quirghl, Lbsfr.) = Quirl; quirghln = sich herumdrehen; quirchlwind. Siehe querdel und querchel.

quischen (quischa, daquischa, Rg., Weig., Rgb.) = zwischen. Auch NB. (M.).

quitschsau'r (Tr.) = sehr sauer.

quîtschen, quatschen, quûtschen (quîtscha Trb.; quôtscha, Weig.; quîtscha, Gießh.) = knarren, z. B. wie neue Stiefel. Vergleiche quâtschen.

quitte-, quittel-, quitten-, quitter-gelb (quitte-; quittl-, Gießh.; quitta-, Henn.; quittr-gâl, Joh.) = gelb wie die Frucht des Quittenbaumes (Pirus Cydonia).

quôperlich (Rg.) = unwohl.

quûl, der (Henn.) = Quelle. Siehe quâl.

R.

rabatzen (robotzn, Rb.; robotza, Rg.) herumtreiben, tollen, ohne Zweck umherlaufen, Lärm machen; mit Kindern sich necken. Meist rëmrobotza. In NB. krowotzn d. i. g'rowotzn? (M.). Schlesisch rabazen = thätig, geschäftig

fein unb rümrabazen = sich mit einem necken, zanken
(Whb. Btr. 75); schweizerisch rabauzen = auffahrend, rasch,
reizbar, empfindlich sein (Stalb. 252); kurhessisch der
rabbas. Scherzbenennung einer unruhigen, arbeitsamen
Frauensperson (Vilmar 311). Verwandt mit mhd. reben
unb rebeln = rühren, sich rühren.

rachel, die (nach Beyersdorff, Rübezahl 1871,
S. 560 auch im Rg. vorkommend, mir aber nicht gemeldet)
= felsige Schlucht, Schlund. Auch NB. rochl (M.). Cechisch
rokle = Vertiefung. Vergleiche auch englisch rok = Felsen.

racker, der (Rg., Br.; A.) = grober Schimpfname.
Eigentlich: Schinder, Henkersknecht, früher Abtrittfeger. Von
nd. racken = scharren, von Unflat säubern.

rackerich, der (Gießh.); dasselbe, was racker.

rackern (rackan, Rg., Trb.; rackrn, Henn.,
Grab.) = mühselige, anstrengende Arbeiten verrichten.
sich abrackern (ŏrackan) = sich durch mühselige Arbeit
abplagen; rĕmrackañ (Gießh., Rgt. = sehr angestrengt
arbeiten; mit einem Sterbenden rackrts rĕm (Grab.); mit
däm rackrts, sagt man, wenn es mit dem Vermögen eines
Menschen zu Ende geht.

rad, das (rŏd); Diminutiv radl. a radla zu vil
ober zu wing honn (Rg., Br., A.) = verrückt sein. ĕm
a rod gîn (Ritschka) = im Kreise gehn. Vergleiche unter
dem Artikel mâre: dŏ ginga die laite emarŏd. Zusammen=
setzungen:

radber, die (robber, Einsiedel; rŏpr, Rg.) = Art
Schubkarren. Siehe unter beren II. 1. Text zu einer
alten Walzermelodie:

> Will denn das Robbrradl
> Gôr ne mie gîn?
> Losst's a bissl stîn,
> 's wird schon wiedr gîn.　　(Einsiedel).

Andere Formen sind rŏdwer. rŏtwer (Rg., Br., A.);
kostarotwer (A., Schöb.) = mit Kasten versehener
Schubkarren; tragharotwer, die (A., Schöb.) = Schub=
karren (ohne Kasten); stênrŏpr (Weig.) = Schubkarren
ohne Lehne zum Fahren von Steinen.

radscheib, die (Hilb.) = Schubkarren. Von
fränkisch, bairisch scheiben = schieben. Daher auch SB.
scheibtrughl = kostarotwer (A.).

I. râf, das (Rb.) = Rückentraggestell. Bairisch das,
auch der reff-, reft = (Ob.-Pfalz, Franken) Art Gestelles
von Stäben oder Brettchen für Lasten, die auf dem Rücken
zu tragen sind, was in SB. buglkracksn heißt. Kurhessisch
das reff, im Fuldaischen raeft (Vilmar 319). In NB.
das râf, auch als Schimpfwort gegen Frauenspersonen
gebraucht: a alts râf. Hieher gehört wohl auch

Reifträger, der Berg auf dem Riesengebirgskamme, vielleicht wegen der Aehnlichkeit mit einem
raf-, reff, oder ruif-träger. d. i. einem Manne, der
ein solches Gestell auf dem Rücken trägt.

II. râf, râfe, die (Rg., Trb., Gab., Henn.; Br.,
A., Hilb.) = Futterleiter d. i. leiterartiges Gestell,
hinter welches dem Vieh das Futter zum Fressen gesteckt
wird. In dieser Bedeutung auch schwäbisch das raf
(Schmid. 421); schweizerisch das rüf (Stalb. II. 254)
und bairisch das reff (Schmell. II. 66). Uebertragen:
a pôr râfa zejn hôn = zwei Reihen schöner Zähne
besitzen. Dieses râf, râfe, in Krinsdorf geradezu
raufe genannt, gehört wohl zu raufen; denn râfa
(Rg., Weig.) = raufen.

râinding, der (Frieblaud) = Regenvogel; er
verkündet den Regen. Vergleiche die Sage „der Regenvogel"
im II. Theile des Lesebuches von Neumann und Gehlen.
râin (Rb., Frb.) = Regen.

rainfarnblume, die (rejfrblume, Rb.) = Arnika.

raiten (S. H. 93) = rechnen.

raitung, die (S. H. 96) = Rechnung. Mhd.
reiten = zählen, rechnen, berechnen (Lex. II. 398); bairisch
raiten (raott'n) = rechnen, Rechnung stellen (Schmell.
II. 170).

râm, der (rôm, Rb.; Nz.; Rg.; Br.; A.; rûm. Rg.,
Gab.; Weig.; Henn.) = Ruß. Mhd. râm = staubiger
Schmutz (besonders von dem Metall der Rüstung), Ruß
(Lex. II. 337); bairisch râm, rôm (Schmell. II. 88).

râmfässleinmann, der (rômfassla-môn, A., Gießh.; Rok. — mûn Tr., Grab.) = Händler mit Rußbutten.

rampech, das (wo?) = der schwarze, schmutzige, oben schwimmende Schaum, der beim Pechsieden abgeschöpft wird.

râmsuppe, die (rômsuppe, Br.; rûmsuppe, Gab.) = scherzhafte Benennung schlechten Kaffees.

berämen (sich berêma, Ng.) = sich mit Ruß beschmutzen. Auch berômt (Ng.). Schwäbisch b'râmen = rußig machen; b'romig = rußig (Schmid 423). Kurhessisch raemen (sich) = sich schwarz machen (Vilmar 314).

râme, die (Ng., Henn., Gab.; Br.; A., Rok.) = 1. sich schlängelnde Ranke (Reben bei verschiedenen Schlingpflanzen. Weinrâma (Weig.) = Weinreben. 2. (Rok.) = Brombeerstrauch.

râmabeere, die (Ng., Tr., Rgh.; Wich.) = Brombeere.

rämlein, das (râmla) = Nachtschatten. Schlesisch die râme = Wein-, Gurkenranke. Entlehnt aus mittellateinisch râma = Stange; italienisch râma = Zweig; französisch râme = Zweig, Stange, von lateinisch ramus = Ast, Zweig (Wgd. II. 427).

rämlein, das (râmla, Henn.; rêmla, Rgh., Gießh). = 1. Reifen, Ring von Schmetten, der sich am Rande des Milchgefäßes bildet; Saum.

rummel, der (A.) = junger Stier.

rammeln (rommln, Henn.) = 1. sich mit Lärm herumbalgen, 2. von Schafen, Ziegen, Hasen, auch wohl Stieren: coire. Mhd. rammeln; ahd. rammalôn = bespringen (vom Bocke). Auch schwäbisch (Schmid 423).

rammler, der (Isgb. Jäg.) = männlicher Hase. Mhd. der ram = Schafbock. Ebenso ahd. und ags. zusammengehörig mit altnordisch ramr, rammr = stark (Wgd. II. 429). Bairisch der ramm, rammer = Widder (Schmell. II. 89). Göttingisch rammelder = männlicher Hase (Schambach 167).

rammelbock, der (Gab., Trb.) = Ziegenbock.

rammelochs, der (Rg.; Br.; A.; Ta.) = 1. Zuchtstier. 2. Schimpf auf einen groben Menschen.

rammelzeit, die (Jsgb. Jäg.) = die Begattungszeit der Hasen.

rampen. der (roampm, Rb.; rompa, Rg.; A., Gießh.) = großes Stück Brot; überhaupt etwas Dickes, Starkes, z. B. eine Kuh, ein dickes Weib.

rampfel, das (Rb.; Rz.) = ein Stück Brot. In NB. rampfl = der erste Anschnitt des Brotes. Ebenso bairisch der rampf, rampft, ramft = erster Anschnitt oder letzter Rest eines Laibes (Schmell. II. 100). Mhd. ranft, ramft = Einfassung, Rand, Brotrinde (Lex. II. 341). Das Diminutiv rampfel geht zurück auf eine Ablautbildung rampf zu dem Zeitwort rimphen = sich zusammenziehen, verdorren, so daß ramph = das außen herum Zusammengezogene? (Lex. II. 341, 439; Wgb. II. 430).

rammsen (rommsa. Rg.) = rammeln.

rand, der (ront, D.-B.; Hilb.) = Berg, fortlaufender Berghang. Ganz wie in der Ober-Pfalz und in Franken der rang. Ebenso im Egerlande.

ranft, der (ronft, Lbskr.) = das letzte Stück vom Brot.

ranften, der (ronfta Rg.; Br.; A.); ranfte, die (ronfte, Br.) = großes Stück Brot. Häufig als Diminutiv ränftlein (ranftla. Henn., Gab., Weig.; A., Gießh.) = kleines Stück Brot überhaupt. Der erste Anschnitt heißt im A., Gießh. kläwrranftla. kleberanftl, auch schlesisch (Whd. Btr. 76). Vergleiche rampfel und rampen.

ranken. der (ronka, Henn., A., Gießh., Rot., Grul.) = großes Stück Brot. Bairisch der rank, ranken = Rand, Ranst. ein ranken Brot (Schmell. II. 122); kurhessisch die runke, der runken (Vilmar 333); schwäbisch die ranke (Schmid 424). NB. und niederösterreichisch ränkn (Castelli Wtb. 218).

rankern (Romar) = einen am Ende befestigten Gegenstand (einen Pfahl) durch Hin- und Herbiegen locker machen. Iterativ und transitiv zu bairisch ranken. = sich ſtrecken, dehnen. Alſo durch wiederholtes Strecken und Dehnen etwas locker machen. Schleſiſch ranken, rankern, = ſtrecken, drehen, biegen (Wb. Btr. 76).

rantschen (rantscha, Rg.) = Allerlei durcheinander= mengen.

ränze, die (Br.) = ſchotenähnliche Bildung der unreifen Pflaume, die inwendig hohl iſt und die Form des Johannesbrotes hat. Sie heißen anderwärts auch tasche.

ränzen (ránza, Henn., Rgb.) = 1. lange ſchlafen, auf der faulen Haut liegen; ſich faul ſtrecken und dehnen. Wie bairiſch ranzen, ranſen (Schmell. II. 127), öſterreichiſch ſich ranzn = die Glieder dehnen nach dem Schlafe (Caſtelli Wtb. 217); 2. ſich begatten (von einigen Thieren) Daher

ranzzeit, die (Jſgb. Jäg.) = die Begattungszeit der Füchſe. Mhd. ranzen = ungeſtüm hin= und herſpringen (Lex. II. 343). Nach Wgb. II. 432 wäre ranzen auf rank-zen. und dieſe Ableitung mit z auf ranken = ſich ſtrecken, ſich dehnen zurückzuführen.

an-ranzen (ó-ronza) = jemand anfahren, hart anlaſſen (Wb. Btr. 76).

rappel, der, Rg.; Rb.) = Narrheit; rapplich = nicht recht bei Sinnen ſeiend; rappeln = in dieſem Zuſtande ſich befinden. Eigentlich iſt rappeln, Nebenform rippeln (reben und raebeln) = raſch, beweglich ſein; daher rapplich = in großer Bewegung, aufgebracht (Wb. Btr. 70).

rapsen (rapsa. Rg., Henn.; A., Rot.; ropsn, Rb.) = haſtig, begierig raffen; ſtehlen. So NB. ropn = haſtig raffen (M.); ſchleſiſch rapsen = raffen (Wb. Btr. 70). Von niederdeutſchem rapen mit s abgeleitet.

räsch, räsche, die (Br.; A., Gießh., Rot., Wich.) = Aufregung, jähzornige Aufwallung, Uebereilung.

rät, der (rót, rút. Rg.); 's wór däm Dénge ke rót (rút) = man konnte es nicht aushalten; ich hö dich rút = ich kann dich entbehren. Wie SB. ich kann dich „geräten“; mit däm is gór käi rót (Br., Gießh.) = mit dem (Menſchen) iſt nichts anzufangen.

rât, der (S. H.) = Unkraut. râtig (S. H. 137) = mit Unkraut vermischt. ratiger, und prantschettiger Weizen. Dasselbe was

râten, der (rôta. Rg.; Br.; rôtan, Gab., Rgb.) = bekanntes Unkraut im Getreide, Kornrade. Mhd. der rate, ratte, ruten, ratten (Lex. II. 348); ahd. der ruto, rate.

râtsche, die (Rg.?) = 1. Charfreitagsklapper, schnarrendes, hölzernes Instrument, dessen sich die Kinder am Gründonnerstage, Charfreitage und Charsamstage bedienen. 2. gut beschlagenes Maul (Tr., Gießh.). Schwäbisch die rätsch = plauderhafte Weibsperson (Schmid 421).

râtschen = 1. unangenehm schnarrende Töne hervorbringen. 2. In manchen Gegenden auch: den Laut r nicht recht aussprechen können. Bairisch (Schmell. II. 190). 3. (Raspenau) auf der Geige unangenehme Töne hervorbringen. 4. (rätscha, Tr.; Br.; A.) viel schwatzen, plaudern. Bairisch radsehn = 1. klappern. Am Charfreitage wird nicht mit Glocken geläutet, sondern geradsehlt. 2. plaudern, schwatzen (Schmell. II. 190). Ebenso schwäbisch rätschen (Schmid 421).

rau-beere, die (Br.; A., Gießh., Wich.) = Stachelbeere.

rauch, adj. (Lbskr.; Rb.) = rauh. Daher

rauchebeer, die (Lbskr.) = Stachelbeere, wegen des behaarten Balges.

rauchkuchen, der (rächkucha, Rg., Gab.; A., Gießh.) = Kuchen aus Brotteig, der ganz vorn im Backofen, wo der Rauch herauszieht, gebacken wird. Vergleiche lûnkucha, an der „Lohe" gebackener Kuchen.

rändel, der (raidl. Rg., Weig., Hbr.; Grab; rojdl. Br.; A., Gießh., Not.) = kleines, ausgelassenes Kind; Aergergeist, Plagegeist; kleiner Gernegroß; unreifer, grüner Junge. Verächtliche Benennung.

rändeln (raidan, Hbr., von Kindern = nicht Ruh geben, durch unnützes Thun ärgern. Von die raude = Hautkrankheit mit Bläschen und Grind (Wgb. II. 442). Also rändel = räudiger Junge.

raudelbeere, die (A., Rot.) = Stachelbeere.
Vergleiche rau- und rauh-beere.

rauden, der = 1. wie hd. die raude, räude;
2. (Göhe) Gerümpel, wirres Durcheinander von Gegenständen.

räufen (rêfa, rejfa, Rg., Weig., Henn.) = raufen.
Der Umlaut organisch. Denn gothisch raupjan, mitteldeutsch
reufen, ebenso im 17. Jahrhundert (Wgb. II. 443).

rauze, die (Rg. Neuwelt) = 1. verkrüppelter
Waldbaum, ähnlich dem Knieholze. 2. (Gab.) Begattungszeit
der Thiere. si hôn die rauze. 's gerauz.

rauzen (rauza, Rg., Gab., Henn.) = 1. sich
herumbalgen. 2. sich necken. 3. von Thieren: die Begattungszeit haben; 4. anrauzen (ô-rauzn, Göhe) = jemand grob
anschreien. Bairisch raunzen (verächtlich) = a) reden
(allerdings in flüsterndem, weinerlichem oder mißmuthigem
Tone): b) schreien, wie die Katze (Schmell. II. 108).
Vergleiche übrigens ränzen.

râze, die (A., Gießh.), verächtlich = Mund einer
schwatzhaften Person. Vergleiche râtsche.

I. **râzen.** (râza, A., Gießh.; Br.) von kleinen Kindern
= schreien, weinen. Vergleiche bairisch raunzen.
die rauz = weinerliche Person (Schmell. II. 108);
ebenso raunzig = weinerlich. Ebenda.

II. **râzen** (râza, Tr.) = 1. einen eigenthümlich knarrenden
Ton dadurch hervorbringen, daß man mit dem nassen
Finger an einem Fensterrahmen hinauffährt. 2. (Gab.)
einen Ton hervorbringen, wie er beim Sägen oder beim
Zerreißen eines Kleiderstoffes entsteht. Mit verkürztem
Stammvocale ratza (Rot., Wich.) = mit Schall
zerreißen; ratz (Gießh); räz (Grad.), Nachahmung
dieses Schalles. 3. (Br.; Henn., Arnsd. Lösfr.)
= necken.

razzen (rozza, Tr.; A.) von Kindern = ausgelassen
sein, besonders im Spiele. Vergleiche rauzen. wovon es
eine verkürzte Form zu sein scheint.

rebach. der (Grad.) = Gewinn, Fang.

rëch, das (Rg.); rich (S. H. 24) = Reh. Mhd. das rêch.

rechen, der (S. H. 184) = eine Art Brücke, die, schräg über einen Fluß gebaut, die Bestimmung hat, das Flößholz aufzuhalten und in einen Nebencanal zu leiten. Heutzutage ist die Holzflößerei im Rg. ohne Bedeutung.

rechelsteinlein, das (Rg., Rof.) = Griffel für die Schiefertafel der Kinder. Sonst auch bloß stäinla (A., Gießh., Rof.) genannt.

rechnen. z'racha (Rg.) == nach meiner Meinung, nach meinem Dafürhalten. NB. zu rachn (M.), schwäbisch z'rechnen (Schmid 428); bairisch z' rèchǎn = sozusagen, beinahe (Schmell. II. 17).

rechen (racha, Rg.), wie hd. rechen (colligere). nach-reche, die (nôchrache); nachrechsel (rach-sl, (Henn., Hbr.); rechwerich, das (Henn.) = die nach der Aberntung eines Getreidefeldes zusammengerechten Getreidehalme.

rëcke, die (Rg.; Br., A.). Meist steinrëcke stênrêck, Rg., Weig., Gab.; A., Wich.); stâinrëcke (Rg., Langenau; Br., A., Gießh.) = steinige Stelle in Wiese oder Feld. Schlesisch der steinricke = Steinhaufe, Steinhügel (Whb. Btr. 77); schweizerisch der rick = steiler Abhang (Stald. II. 274); ebenso schwäbisch (Schmid 433); Nordfranken der rick = fortlaufende Reihe. steinrick = Reihe von Steinhaufen (Schmell. II. 45). Grundbedeutung ist „Anhäufung in langgestreckter Reihe." Gothisch rikan = anhäufen, sammeln. Vergleiche gerecke unter G.

rêfan, der (Trb., Hbr.) = Rainfarn.

reffel, die (Tr.) == kammartiges Instrument mit eisernen Zinken zum Durchziehen und Reinigen des gebrechten Flachses.

rëffeln (rëffau, Rg.) = 1. Diese Arbeit verrichten 2. (übertr.) jemand bei den Haaren ziehen. Ein Iterativ zu reffen = Flachs durch einen großen eisernen oder hölzernen Kamm ziehen, um die Knoten abzustreifen (Wgd. II. 451); jemand verriffeln = ihn tüchtig auszanken.

regerazion, die (Br., Henn.) = Unterhaltung. Entstellt aus recreation von recreare = sich erfrischen, erholen.

reine, die, Diminutiv's reinla (Gab.) = Milchgefäß mit 2 Henkeln, unten manchmal mit einem Spunde versehen. Vergleiche asch.

reindel, das (Frb.) = kleines eisernes Pfännchen; milchreinl = Milchschüssel (Trb.). Bairisch reindl = flaches Becken von Blech oder Thon zum Backen oder Braten (Schmell. II. 112).

reißen, (S. H. 177 abreißen) = abzeichnen, abmalen. Mhd. rizen = schreiben, zunächst durch Einritzen; dann auch zeichnen. Vergleiche dazu die hd. Zusammensetzungen: reißzeug, grundriß, abriß.

reißhölzlein, das (reißhölzla, Br.; A., Gießh.) = Zünd-, Reibhölzchen. reißen = ritzen. Vergleiche das voranstehende reißen.

reißniche, das (Grab.) = krankhaftes Stechen, Reißen im Körper.

reiserich, das (Rg.) = Reisig.

reiten, (ver-reita, Rg., Hbr.) = etwas verwerfen, durch Unachtsamkeit verlieren. 2. (Rgß., Weig., Grab.) = eine Ware an Mann bringen.

reiter, die (Hilb. Lbstr.) = Sieb. Bairisch reiter (Schmell. II. 179); mhd. riter; ahd. ritra. Vergleiche rêtter.

reitlas spîla (Rg., Weig., Tr.) = von spielenden Kindern, von denen eines rittlings auf dem andern sitzt.

rëm (Rg., Br., A.) röm (Rb.) = herum. Sehr häufig verwendete Partikel, die mit Zeitwörtern zusammengesetzt eine Thätigkeit bezeichnet, die an einem Orte wie im Kreise, ohne Ziel und ohne Erfolg vor sich geht.. rëmrêda = reden, so daß der Zuhörer nicht weiß, wo ein oder wo aus der Redende will; rëmbisa (siehe bisen): römolbn (siehe alben, rëm-märn (siehe mären); rëm-môtscha u. s. f.

rëm-bonn (Br.) = sich etwas zu thun machen.

remètschen (Göhe) = Lärm, Unruhe machen. das geremètsche = Spectakel, Unruhe, Lärm.

be-remffteln (S. H. 118) = berauben.

renzel, das? (Rg.) = großes Stück Brot.

rennerlich, der (A., Deschnay) = Stoß, was sonst gunkerich (siehe daselbst).

rèren (rérn, Rg., A., Ritschka) von Rindern = blöcken; von Kindern = schreien; überhaupt von zankenden Leuten = stark schreien. Wie ma nairèrt ai a pûsch, asu schörlts awiedr (Gr.-A.). Auch SB. rèrn (Pr.); bairisch reren = schreien wie das Rind; verächtlich auch von Menschen (Schmell. II. 132), mhd. rêren = blöken, brüllen (Lex. II. 409). Ebenso ahd.

Reschthal, das (Rg.), sonst Klautegraben genannt, Thal des Seifenbaches. Bairisch resch = steil, abhängig (Schmell. II. 157).

resse, die (Rg., Tr., Gab.) = Esse, Rauchfang. 's flêsch ai de resse hänga; ressa (Tr.) = den Ofen kehren. resse auch NB. (M.).

reste, die (Rg., Hbr.; Br.) = hölzerner Trag-, Deckbalken in den Stuben der älteren Häuser. Meist zusammengesetzt:

restbohl, der (A., Gießh.) ressbol (A., Ritschka); resspoul (D.-B.). reste s. v. a. rüste = Ruhe (vergleiche die sonne geht zur rüste). verwandt mit hd. rast. Kurhessisch resten (sik) = sich ruhen (Vilmar 325); altsächsisch rêstan = zur Ruhe kommen (Wgd. II. 507).

restke, reske, der (Rg., A., Schöb.) = Reizker, eine Pilzart (Agaricus deliciosus). Kinderscherz: Ein Kind nimmt das andere beim Ohr und fragt: Sein de reska (restka) reif? drauf das andere: Se sein ne reif on sein ne grîn, loss mr meine reska (restka) stîn!

restlein, das (ressla. Rg., Tr., Gab.; Br.) = 1. Rest. 2. ziemliche Menge. wist a ressla krîcha = wirst eine tüchtige Tracht Prügel bekommen. Vergleiche neige (nêche und nêchla).

rête, die (Bbf.) in brandrête (siehe daselbst).

rêtkamm, (rêtkomma, A.) = Nichtkamm. Siehe unter kamp.

I. rëtsch, rëtsche (Rg.; Br.; A.) = 1. kleiner Schlitten ohne Hörner, kleiner Bretterschlitten. 2. ein hölzernes Bänkchen (rëtschla. Henn.); 3. kleines Schiebfenster an den Fenstern der Dorfhäuser; 4. gôrta-rëtschla (A., Deschnay) = kleines Mädchen. ë = ü, daher rëtsche = rütsche und dieses zu rutschen, im 15. Jhdt. rütschen = gleiten. Kurhessisch die rutsche, rötsche = Gleitbahn auf dem Eise (unsere tschinder) Vilmar 335. Schlesisch heißt rütsche auch kleines, hölzernes Fußbänkchen, ebenso oberlausitzisch (Whd. Btr. 79). Unser Bretter-schlitten ist einem Bänkchen nicht unähnlich. Vergleiche rütsche.

II. rëtsche, die und rëtscher, der (A., Deschnay) = Gericht aus Graupen und Erbsen. Nach Schmell. II. 190 heißt retsche in der Zips f. v. a. Grütze mit Erbsen und (II. 191) rütscher = Gericht aus Erbsen und Gerste, oder aus Erbsen und Linsen gekocht.

rettel, der (Rg.; Br.; A.) = Drehstange, kurze dicke Stange; (Ta.) Stangen am Vogelherd. mhd. und nhd. reitel von mhd. rîden; ahd. rîdan = drehen; winden, binden (Wgb. II. 461).

retteln (rettan, Gab., Br.; Gießh.; rëttan, Wich., rettln, Henn.) = einen Strick oder eine Kette (namentlich auf dem Lastwagen) vermittelst einer kurzen Stange drehend in Spannung bringen.

rettelbaum, der (rettlbâm. Weig.) = Wiesbaum.

retten (retta, Rg., Grad., Tr.) = sieben, vermittelst eines Siebes.

retter und rëtter, der (Rg.) = Sieb. Vergleiche reiter. hôwaretr, kornretter = Hafer-, Kornsieb. howr Diminutiv rettla (Hbr.) = Sieb mit großen Löchern.

reute, die (Rb.) = kurzer Stab, dessen sich der Landmann beim Ackern bedient, um den Pflug, namentlich die Pflugschar von daranklebender Erde, oder von Wurzelwerk

zu reinigen. Auch NB. die pflugreute (M.). Bairisch
die reuten, der reutel (Schmell. II. 181); mhd. riutel
= Stab zum Beseitigen der sich an das Pflugbrett hängenden
Erde (Lex. II. 471).

rich, das = Reh. Siehe rëch.

richten (richta). anrichten ô-richta, Rg.) =
1. etwas anstellen (ein Unglück; Henn.); 2. ausbessern,
herrichten. a wêg, wâig (Gießh.) ôrichta; sich ôrichta
(Gießh.; Henn.; Grad.) = sich beschmutzen; 's kraut
(überhaupt eine Speise) ô-richta = die letzten Zuthaten
hinzugeben, daß es genießbar wird; verrichten die hôre
vrrëchta) = herrichten, die Haare kämmen.

ricke, die (Isgb.) = weibliches Reh, Rehgeiß.
Einer Wurzel mit reh, rich.

rîd, der (Isgb.) = männlicher Fuchs. rîdel, der
(Rg., Trb., Arn., Hbr.); Diminutiv rîla, das (Br., A.,
Batzb.) = männlicher Hund. Bairisch rid, ridel = Rüde,
d. i. Männchen von Hunden und Füchsen (Schmell. II. 62);
mhd. rüde, rude = großer Hetzhund (Lex. II. 525).
Auch NB. rîdl (M.).

Rîdborn, der (Rgb.) = ein Brunnen inmitten einer
Wiese. das riet = Schilfrohr.

rîdscheit, das (Rg., Hbr., Grad.) = Querscheit
am hintersten Ende der Deichsel, welches bewirkt, daß die
Deichsel am Wagen gerade (wagrecht) stehen bleibt. In
NB. rîtscht (M.). Dasselbe, was sonst reibscheit (Schmell.
II. 8) genannt wird.

rieche, die (A., Gießh., Rok.; Rg., Gab.).
Diminutiv 's riechla (Rg., Tr., Grad.) = Blumenstrauß.
Schlesisch das riechel, oberlausitzisch riechel (Whd. Btr. 77).
Vergleiche schmecklein (schmeckla).

riechhorn, das (Grad.), scherzhafte Benennung
der Nase.

riese; holzriese, die (S. H. 185, 186) = künstliche
aus glatten Baumstämmen hergestellte Rinne, in der man
Wasser, Sand, Gestein oder geschlagenes Holz von einem
Bergabhange herableiten ließ. mhd. die rise (Lex. II.
458); bairisch die rîs'n (Schmell. II. 147).

riester, der (Rg., Hbr.) = die zwei vom Pflug=
gängel divergierend auslaufenden Haltstangen, an denen
der Landmann den Pflug regiert, Pflugsterze. Bairisch die
riester (Schmell. II. 161). In Hessen (Vilmar 326)
und in der Schweiz (Stalb. II. 276) bedeutet der riester
das „Streichbrett" am Pfluge, welches zum Umwerfen der
durch die Pflugschar losgeackerten Scholle, mithin zur Bildung
der Scholle dient. Bei Wgd. II. 474 der und das riester;
mhd. die, das riester (Lex. II. 426); ahd. die riostra;
ags. reost.

ge-riete, das (Rg.), siehe unter G.

riffeln (Rb.); riffan (Rg., Gab., Tr.) = raufend
kämmen; die Haare kämmen, zausen; die Oberfläche einer
Fabrikswalze glätten. Vergleiche rëffeln.

riffelbeere, die (Rg., Rgb.) = Preiselbeere.
Auch strëfflbeere genannt, weil sie mit der riffel, einem
kammartig mit Zähnen besetzten Instrumente von der Pflanze
abgestreift wird.

rîgl, der (Hilb.) = männlicher Hund. Vergleiche rîdel.

rîlich, der (Rg.; Wich.); die rîlche (Rg.) =
Eierschwamm. Bairisch rehelein = Rehling, eine Art
Pilz (Schmell. II. 83). Vergleiche fëchslich, gälhünel,
hindling.

rîmsel, das (Rb.; Rg.) = Leitseil. Eigentlich
„Riemenseil" d. i. Leitseil aus einem Lederriemen, später
auch aus einer Leine bestehend. Auch NB. (M.).

rindern (Rg.), von Kühen = brünstig sein. Auch
NB. (M.); schlesisch Wbd. Btr. 77.

ringelreiten, das (Rb.) = Zank, Gezänk. So' s
früer, ols bis' s zum ringlreitn kömmt.

rippeln, aufrippeln (Lbsfr.); ûfrippan (Br.; A.,
Giebb.) = aufrütteln (aus dem Schlafe). Schlesisch rippeln
intransitiv = sich heftig bewegen; transitiv schütteln, schlagen
(Wbd. Btr. 76); raebeln, mhd. reben = sich rühren
(Wbd. Btr. 75); schwäbisch reblen = sich hin und her=
bewegen (Schmid 427).

rippel, der (Tr.) = 1. Rippenstoß. 2. starker Mensch.

rippenstößig (rippastißich, Rg.) — urwüchfig gemüthlich.

risch, adv. (Rg.; Br.; A.; Nz.; Rb.) = 1. rasch, schnell; 2. zeitlich, frühe. die uhr geht zu risch = geht zu früh. Auch schlesisch (Wbd. Btr. 78; Kn.); risch = rasch, lebhaft, munter (Wgd. II. 474); bairisch resch (Schmell. II. 156); kurhessisch resch und risch (Vilmar 325); ahd. resci.

risch, adj. (Rg., Henn.) — rauh; risch (Tr., Gab.) risch und resch (Komar) von Speisen — nicht gar gekocht. die âpana sein risch. mhd. rösch = scharf, rauh, hart, spröde (Wgd. II. 488); kurhessisch roesch = rauh (Vilmar); bairisch resch (Schmell. II. 156); schlesisch risch = spröde, hart (Wbd. Btr. 78); österreichisch resch; schweizerisch rösch; schwäbisch raisch.

riseil, das (risêl, Rg., Hbr.) = eiserne Stäbe, die vermittelst eines Gewindes zusammengezogen werden können, und zum Festhalten des obern und untern Leiterbaumes an einem Leiterwagen dienen.

rispel, der (Rg., Tr.; Henn.; Grad.) = 1. Gebinde Flachs. Zwiebeln (Zwiebelzopf). Auch Nordfranken rispel = Gehänge von Zwiebeln, Vögeln, Obst und dergleichen (Schmell. II. 159). Dasselbe, was reiste = oben zusammengedrehter und geschlungener Büschel gehechelten Flachses (Wgd. II. 460). 2. der halb verkohlte Docht an einer Oellampe oder Kerze, auch Räuber genannt. Daher

ab-rispeln (rispan. Rg.) = dieses Stück verkohlten Dochtes (mit den Fingern oder der Lichtschere) entfernen. rispl und rispeln auch NB. (M.) und Umgebung von Leipa. Bairisch abreispln = abzupfen, abbrechen, besonders die verzehrten Theile eines brennenden Spanes, einer Fackel, um das Licht heller zu machen. die reispen = das Abgezupfte, Abgebrochene. Göttingisch rispe = die Raufe, womit die Knoten vom Flachs abgestreift werden und rispen = den Flachs von den Knoten befreien (Schambach 173).

riss. Nur Mz. die risse — 1. (Br.) = Hiebe. risse kricha. Auch NB. (M.); 2. (Rg., Br., A.) Aufschneidereien, Flunkereien, Prahlereien. Auch NB. (M.). Daher rissmacher, der = Aufschneider, Prahler.

rissel, der (Rg., Weig.) = Pflug, vermittelst dessen man dieselbe Arbeit verrichtet, wie bei dem Behauen (d. i.) Auflockern der Kartoffelbeete, daher apenarissl. Der Name des Instrumentes daher, weil es wie ein „Rüssel" wühlt.

risseln, (Rg., rissan, rissln) = diese Arbeit vermittelst des Rissels verrichten. Vergleiche auch schliffel und schliffeln.

ritsch, ritsche, die; siehe rëtsch.

rittelweib, das (Rg., Tb., Hbr., Arns., Altenb.) = 1. eine Vogelart. Die Meinungen, welcher Vogel es sei, gehen auseinander. Die einen verstehen darunter den Schwarzspecht (Rg., wo?); andern gilt er als eine Habichtart (Arns.); auch der Sperlingsspecht wird unter rittlweibla (Altenbuch) verstanden; wegen seines eintönigen heiseren Geschreies, wodurch er den Tod verkünden soll, heißt er auch der „Todtenvogel" (Altenbuch). weib ist zunächst verderbt aus weih = Falkenart. mhd. rœtelwîe = Rötelweihe, cristula (Ler. II. 506); bairisch der rötel = Art Vogel, rötelgeier = accipiter fringillarus (Schmell. II. 185); Popowitsch 603 führt an: rüttelweih (Sachsen); röttelweihel (Ob. Schlesien); rüttelgeier (Schlesien), weil er die Flügel auf eine besondere Weise rüttelt; bei Frisch heißt der Vogel röttelgeier. Popowitsch selbst nennt ihn auch wannenweber (Sachsen) = eine kleine Falkenart von kastanienbrauner Farbe mit schwarzen Sprenkeln, schwarzen Klauen und gelben Füßen. Er bleibt in der Luft an einer Stelle stehen und weht (rüttelt) mit den Flügeln. Das mhd. rœtelwîe scheint aber auf roth, röthliche Farbe des Vogels hinzudeuten.

rîzen (Ta.) = eine Art Kartenspiel (Schafkopf) spielen.

rîzen, râzen (rîza, râza, Rg., Gab.), Bezeichnung des Geräusches, das beim Sägen oder beim Zerreißen eines Kleiderstoffes entsteht; rîz rôz, war hôts, sagen die Kinder bei einem Spiele (Rof.).

rocken, der (rûcka, Rg.; Br.; A., rockn, Rz.) = Spinnrocken. rockengang, der (Rz.) = die abendlichen

Zusammenkünfte der erwachsenen Mädchen in einem bestimmten Bauernhause, um daselbst zu spinnen und sich zu unterhalten. In NB. rockenstube (rückstuwe) genannt. Daher nennt man auch die gegenseitigen Besuche der Frauen, wobei sie eine Arbeit (auch Nähterei) mit bringen: zu rocken gehn (zum rücka gin, Rg.; Br.; A.); rockenjonk, der (D.=B.), Abendunterhaltung der Mädchen und Burschen (besonders im Advente). Vergleiche federjung und federabend.

rodehaw, die (S. H. 198) = Haue zum Roden. Sonst rodehacke (Wich.); rodehär (Rg.)

rodehackabier, das (Marsch.) = dunkles (bairisches) oder auch trübes Bier. Haferbier.

rodeland, rödland, das (Rg.) = zu Feld umgearbeiteter ehemaliger Waldboden.

rodel, der (?) = Kinderspielzeug, bestehend aus einem kugelähnlichen Geflecht mit Handhabe, in welchem sich Körperchen befinden, die beim Rütteln ein Geräusch verursachen. Bairisch die rodel = Blechbüchse mit Steinchen gefüllt, Kinderklapper. rodeln, rudeln = rütteln, rühren (Schmell. II. 62; Stalb. II. 279).

röhrbütte, die (rîrbite, Rg.) = Röhrkasten. Auch bloß die bît (Henn.); bîte (A.).

rômstôk, der (Rg.) = Rungenstock am Wagen.

ronguol, der (Rb.) = kräftiges Frauenzimmer. Wie es scheint verderbt aus der runkunkel = altes, runzlichtes Weib, Vettel. Von mittelniederländisch runken = runzeln und kunkel = Spinnrockenstock (Wgd. II. 505); schweizerisch runggungel = altes mürrisches Weib (Stalb. II. 292). Dies von runggen = brummen, murren und die gungele = liederliche Weibsperson (Stalb. I. 497).

ronnen, (ronna, Rg., Henn.; Grab.) = rennen.

ronnerich, der (Rg.) = heftiger Stoß. Im Niederlande kommen Formen wie ronnen, runnen = hd. rennen vor.

ronsern (ronsan, Br.; A., Batz.) = ungeschickt in etwas herumwühlen; (Br.) vom Schweine = wühlen. Bairisch ransen, rensen, ranzen = unanständige, unnütze

Bewegungen machen (Schmell. II. 127). Eigentlich bedeutet mhd. rensen, runsen = die Glieder strecken, dehnen (Lex. II. 466). Ebenso bairisch Schmell. a. a. O. Vergleiche ränzen.

roper, rôpr, siehe radber.

roperschieber, der (Rb.) = eine Art weißen Kornbranntweins.

rose, die (Jsgb.) = unterster Theil des Geweihes der Hirsche. rosenstock, der = Stirnzapfen.

rossköpfe, die, Mz. (rûsskepp, Henn.); rosskleppel (rûsskleppl, Br.) = große runde Pflaumen, deren leicht lösliche Schale einen bittern Geschmack hat.

rostpflaumen (rûsspflauma, Tr.; rûstpflauma, Grab., Weig.) = rothe (rostrothe) Pflaumen.

rothkäthelein, das (rûtkàtla, Rg.; Br.; A.; rûtkalla, Rg.; rûtkatl, Rb., Einf.; rûtkäte, A., Rof.; rûtkella, Rg., Gab.) = 1. Rothkehlchen. 2. rûtkàtla (Tr.) = siebenpunktierter Marienkäfer. Sonst sommer-küblein (summurkerwla) genannt. Kinder lassen einen solchen Käfer bis auf die Fingerspitze laufen, und indem sie sein Fortfliegen abwarten, singen sie:

> Rûtkàtla flieh aus.
> Dei Heisla brît aus.   (Raatsch.)

> Summerkalbla flieh aus
> Dreihäuser brihn aus.   (Hohenelbe).

rothdocke (rûttücke, A., Schöd.) = eine Pilzart.

roth-wisslich.- wistlich, der (Rg., Gab.; Henn.; Weig.) = Rothschwänzchen, Röthling (Vogel). Auch NB. rûtwistlich (M.); wistlich scheint zurückzudeuten auf wisplich entsprechend einer hd. Form wispling, von wispeln (kurhessisch Vilmar 456 = sich eilig hin= und herbewegen; schweizerisch wespeln = hastig hin= und herfahren), da der Vogel das Schwänzchen fortwährend hin= und herbewegt. So heißt kurhessisch und niederdeutsch auch die Bachstelze wegen der Bewegung des Schwänzchens wip-stert von wippen = auf und niederbewegen und stert = Schwanz.

rotsch, die (Arn.) = hölzerner Kinderschlitten. Vergleiche rētsch.

rotterei, die (S. H. 45) = Räuberei.

rübenstöckel, das (riwastêckl, Weig.; riwe-st. Br.) = Pflanze Liebstöckel. Vergleiche libischstöckl, libsteckla.

Rübezahl, der Berggeist des Riesengebirges. zahl = mhd. zagel = Schwanz, Rübenschwanz. Spottname des Berggeistes. Vergleiche die Abhandlungen „Rübezahl, seine Begründung in der deutschen Mythe re." von L. F. Richter, J. Böhm, von Schulenberg, Schranka, in der Zeitschrift „das Riesengebirge in Wort und Bild" Heft 9 und 10, 11 und 12 (1883, 84).

aus-rüchten (ausrichta, Rg.) = jemanden verleumden, ihn ins Gerede bringen. Schlesisch (Whb. Btr. 78); bairisch (Schmell. II. 40); schwäbisch (Schmid. 431); österreichisch (Castelli Wtb. 65). Zu gerücht umlaufendes Gerede wovon (Wgd. 1. 667).

rücken, adj. (ricka, Rg., Br.) = eigentlich von Roggen. mhd. rüggin, rückin (Lex. II. 525); rückenbrotmehl (rickabrutmâl) = 1. Weizenbrotmehl; 2. ein Gemenge von Gersten- und Roggenmehl zum Brotbacken. Es scheint auch mit Weizenmehl gemischt zu werden. Bei Schmell. II. 78 erscheint das rögklein = Brötchen aus Weizenmehl. Nach Popowitsch 360 ist rückmehl der Qualität nach das 3te Mehl des Weizens.

rückdrât, der (rêckdrôt, Rg., Tr., A., Rot.; rêckdrût, Rg., Gab., Weig., Großborowitz) = Rückgrat; schlessisch der rickedrout (Kn.).

rûdeln (rudan, Hbr.; rudln, Henn.) = jemanden durch Zureden zu etwas zu bewegen suchen. Bairisch rodeln, rudeln = rütteln, rühren, regen (Schmell. II. 62). In NB. rudln = aufrühren, z. B. Wasser im Bache, bis es schmutzig ist (M.).

rufe, die (Rz.), siehe rāf.

rufen (rufa, A., Ritschka) = zur Geliebten gehen. Wie anderwärts o de heirôt gîn.

rukunkel, die und runkunkel (Grad.; A., Gießh.)
= 1. altes häßliches Weib; 2. (Grad.) zärtl che Benennung
eines starken, jedoch zierlichen Mädchens. Eigentlich runkunkel;
die Erklärung dazu siehe unter ronguöl. Im A., Rof.
kunkurunke = häßliches altes Weib.

rukûzen (rukuza, Rg., Br., A.) = 1. girren von
Tauben. rukuz, rukuz; das Girren der Tauben. 2. laut
weinen, wobei die Kinder ähnliche Laute vernehmen lassen.

rûm, der (Rg., Weig.) = Ruß. Siehe râm.
die rûmhütt = Hütte, in welcher Ruß bereitet wird.
rûmfassla = Rußbutte.

rumpeln (rumpan, Rg.; rumpal, Hilb.) = 1. dumpf
ertönen. es rumplt = es donnert; 2. stark reiben (mit
dumpfem Geräusch); z. B. Wäsche. Daher die wäschrumpel
= ein gekerbtes Blech im Rahmen, auf welchem Wäsche
gewaschen wird, indem man dieselbe auf der Fläche des
Instrumentes stark hin und herreibt. ein gerumpeltes
(Rb.) = Gewitter; das gerümpfel (S. H. 36) = Lärm.
Schweizerisch der rumpel = Gepolter (Stald. II. 291);
bairisch rumpeln = ein dumpfes Geräusch machen (Schmell.
II. 99). Vergleiche die Volksreime unter dem Artikel nächten.

rümseln (Rg.?) = sich rühmen. das gerümsel.

rûren, (S. H. 133); = den Acker zum zweitenmale
pflügen; rûrn (Br.; A., Gießh.) = ackern mit dem
sogenannten rurhaken (rûrhôka); mhd. rüeren, rueren,
md. rûren, roren = die Erde auflockern, (zum zweitenmale)
pflügen (Ler. II. 530); bairisch den Acker rüeren =
wiederpflügen (Schmell. II. 135). Dasselbe Wort wie
nhd. rühren, eigentlich = in Bewegung setzen; dann einen
Brachacker zum vorletztenmale pflügen (Wgd. II. 501).
Auch wetterauisch; schweizerisch rüeren (Stald. II. 290).

rûrhaken, der (rûrhôcka) = Ackerhaken; rûrhôckn
(Rb.) = schmale Pflugschar zum Ueberpflügen.

rûren. anrüren; a macht kenn rirô (rühran;
Gab.; Grab.); = er rührt keinen Finger zur Arbeit.

be-rûrsam (berirsm, Rg., Weig.; A., Rof.) =
thätig, arbeitsam. dos is a berürs'm weib = fleißige
Hauswirtin. (Wohl auch rüstig?)

rûsawûsch, der (Henn.) = Weib mit verworrenem Kopfhaar.

rûschlich (Henn.) = 1. oben drüber hin, oberflächlich, in der Arbeit allzuhastig, daher dieselbe unordentlich verrichtend. rûschlich = übereilig, unachtsam eilig auch bei Goethe (Wgb. II. 506). 2. rûschich und rûschlich (Rg., Gab.; Tr.) = nicht gar gekocht. apana sein rûschlich. Vergleiche rîsch.

rûscheln (Henn.) = unordentlich (weil zu hastig) arbeiten. zerrûscheln = etwas (besonders die Haare) in Unordnung bringen. Bairisch rueschen = mehr als billig eilen, übereilt, unbesonnen handeln (Schmell. II. 158) dürfte stammverwandt sein mit rasch.

I. ruthe, die (brunftruthe, Jsgb.) = Geschlechtsglied des männlichen Hirsches.

II. ruthe, die (rût, Lbskr.) = kleine Wirtschaft; Garten; Stelle. Ursprünglich Name eines frühern deutschen Längenmaßes, welches vornehmlich als Feldmaß in Anwendung kam. Gegenwärtig noch in Dänemark. Es ist dasselbe Wort wie hd. ruthe = dünner, schwanker Holzschoß; dann Meßstange (Wgb. II. 508). Schon ahd. ruota = Gerte, Meßstange.

rûtmochgal (Rg., Henn.); rûtmochtgâl (Hilb.) = Safran.

rûtsche, die (Rg.) = Brettchenschlitten der Kinder. Siehe rëtsche I. Von rutschen = fort=, niedergleiten.

rutschen, rûtschen (rutscha, rûtscha, A., Gießh.; Wich.) = schlecht geigen. NB. rûzn = auf den Saiten der Baßgeige streichen. (M., Polzenthal.) Schallwort. Vergleiche rizen, rizräz.

S.

Saat. In der Umgebung von Reichenberg ist am Ostersonntage das „Saatgehen" im Brauch. Die einen förmlichen Verein bildenden „Saatbrüder" oder „Saatgänger" ziehen am Ostersonntagmorgen unter Gebet und Gesang um die Felder.

sächer (Rg., Trb.); sejehr (Weig.) nur vom
Quark = alt. (Siehe seiger II.)

sack, der (säk, Rg., Gab., Tr.; sök, Weig.).
In Zusammensetzungen (marsäk = albern redender Mann;
zur verächtlichen Bezeichnung einer männlichen Person; auch
wohl bloß in Verbindung mit den attributiven Eigenschaftswörtern „albern, dumm." So wenigsten in NB. (M.)
gang und gäbe: Olwara sök; tumma sök.

saft, der (saft und soft, Rg.) = 1. Zorn, Galle;
saft haben auf jemand; 2. Lust; z. B. ich hö kenn soft
zur orwait. In NB. (M.) heißt soft s. v. a. Lust, Muth,
Schneidigkeit. Streitende rufen einander zu: kümm ha,
wenn't soft hůst.

saften; dos hót mich gesoft' (auch gesitkt') (A.,
Schöd.) = das hat mich geärgert. In NB. heißt saften
(softn) von Bäumen im Frühjahre = frisch in den Saft
treiben; denn zu Fabian und Sebastiōn fängt der Bōm
zu softn ōn (J. H. 269).

sailatich (A., Schöd.; Rg., Gab.), salatich (Rg.);
salatije (A., Gießh.); salätche (Br.); saläte, Komar
= sein Lebtag. Vergleiche mai-, malätich.

säjer, der; siehe seiger.

salben, durchsalben (solwa? Henn., Grab.) =
durchhauen, durchprügeln. salbe = Streiche, Prügel. Auch
NB. sol'm (M.) und SB. solbm.

salt, 1. adv. (Rg., Tr., Henn.; Br., A., Gießh.);
salte (Rb.; A., Baß.; Rg., Weig.) = 1. (örtlich) da,
dort. salt leit's = dort liegt es. 2. zeitlich) damals.
no salt wird ganz so gebraucht, wie das häufigere nu dō,
wenn man jemandem ein Zugeständnis macht — nun also;
versteht sich. Schlesisch salt = dort (Kn.); salte, selte
= dort; damals, neulich (Wbd. Btr. 79). Diese Formen
finden sich auch in Meißen, Thüringen; nürnbergisch seld
= damals, dort (Schmell. II. 268;) kurhessisch seld =
dort (Vilmar 382). Schmeller leitet es von selb, selbt
(bairisch sell) her. In NB. (M.) heißt sach = dort; damals.

saltsam (Rg., Arns.) = verdrossen, übel, mißlaunig.
Sonst salts^m und seltsm (Rg.) = selten; ein seltsamer
Gast = ein selten erscheinender Gast.

salwerscht = ſelbſt.

> Ich hó a klê Haisla,
> Kón salwerscht nê nai:
> Dô brengt mr dr Kuckuck
> Dôs Fetzl noch rai.　　　　(Alt-Rognitz).

salzen. jemanden eins verſalzen (Löſtr.) = ihm einen Schlag verſetzen.

salzmeste, die (Rg.) = 1. auf Salz; 2. Ehren-dame der ländlichen Braut. Siehe unter meste.

säme. das geſäme ('s g'seime, Rg., Trb., Gab., Weig.); das ſämerich, ge-ſämerich (Weig.) = Same, beſonders vom Getreide.

sammern (Romar, von Thieren und Pflanzen = 1. kümmerlich das Daſein friſten. Daſſelbe Wort iſt:

sammern (Grad., Henn.); **sampern** (sampan. Rg., Gab.), von Kerzen oder ſonſtigen – in kümmerlicher kleiner Flamme brennen; 2. vom anbrechenden Morgen = grauen; 's sammrt ſchon oder dr morcha sammrt ſchon = es dämmert. Von einem alten Stamm sam (ſchwäbiſch saum) in gewiſſen Zuſammenſetzungen – halb. Auch ahd. sam. sami im Gegenſatze zu ful (voll) und zum Ausdrucke eines Mangels.

gesümpe, das (Rb.) – Sumpf, Geſümpfe.

sandfuchs. der (Rg., Tr., Gab., Weig.) = 1. Fehlſchub beim Kegelſchieben, wobei man die Kugel über das Auslegbrett hinweg und auf den Sand anwirft. In NB. sandhase (M.). 2. (Rg., Rgtz.) Bezeichnung für einen wunderlichen Menſchen.

saniter, der (S. H. 128); **soniter** (Rg., Hbr., Weig., Grad.) – Salpeter. Sonſt salniter d. i. sal nitrum, wie Salpeter aus sal petrae. Häufig hört man auch **salliter.**

sappen (?) = gehend mit naſſen Füßen Schmutzflecke machen auf friſch geſcheuerten Dielen. Bairiſch sappen = mit einem gewiſſen Laut im Schmutz herumgreifen, herum-treten, ſchwerfällig gehen (Schmell. II. 317); göttingiſch sappen = plump und ſchwerfällig einhergehen, ſo daß auf dem Boden deutliche Fußspuren zurückbleiben (Schambach 179). Sprach= und sinnverwandt sind auch noch die Ausbrücke: safern (SB. und österreichisch Castelli 224) und sabbern (kurhessisch Vilmar 335) = den Speichel aus dem Munde laufen lassen; geifern.

sarben (sarwa, Grad.; sorwa, Tr.; serbm, Löskr.) = die Spitzen der Saathalme abschneiden. Bairisch särben (sarm, sarmo) = die Blätter des noch wenig behalmten Getreides, besonders des Weizens, zu Viehfutter abschneiden (Schmell. II. 324); und die särb (sarb, sar, Schm. a. a. D.), der saher (saho), zusammengezogen sahr = die scharfen und spitzen Blätter gewisser Sumpfgräser, wie auch des Roggens und Weizens. Wenn diese Getreidearten, ehe sie in den Halm schießen, zu üppig wachsen, wird der saher abgeschnitten und als Viehfutter gebraucht (Schmell. II. 244). Auch NB. sar'm (M.). Stammverwandt dürfte čechisch srpa? (Sichel) sein.

saspe, die (Rg.; Br., Ott.) = der gepflasterte, von dem überhängendem Dache des Bauernhauses meist geschützte erhöhte Gang, Raum vor dem Hause. Sonst auch naspe (A.) von čechisch násep = Aufschüttung (nasipati = aufschütten).

sattel, der. das sattelpferd, der sattelochs, = Zug=pferd, Zugochs; sie gehen im Zwiegespann zur Linken und werden mit dem Leitseil regiert. Zur sattel, zur hand gehn (Rg.), von Zugthieren, links, rechts der Deichsel eingespannt gehen. Daher sattlen (sötlene); hanten (Löskr.); sattlich, hantich (Grad.) zur Bezeichnung der verschieden eingespannten Zugthiere. Siehe hanten.

sattscheffel, der (Rg.) = im Essen unmäßiger, gieriger Mensch?

Saturnus (Tr., Gab.) = Bezeichnung eines bösen, unfreundlichen Menschen. a sitt aus wie a Saturnus. Der Gott Saturnus der Römer (auch Kronos, der Vater Jupiters) gewinnt im Mittelalter durch Anlehnung seines Wesens an das des germanischen Gottes Loki, des Feindes der Götter, ein teuflisches Ansehen. Vergleiche Simrock. Mythol. 310,338. Die Berührung entstand wahrscheinlich dadurch, daß der Samstag, bei den Römern dies Saturni, englisch Saturday, bei den Germanen Loki's Tag war.

ge-sätz. Meist Diminutiv; das g'sätzla (Rg.) = Strophe eines Liedes; Musikstück (Tanzstück); daher a g'sätzla spila, rundrrreißa; sogar a g'sätzla flenna. Ebenso N.B. M. Eigentlich das gesatz = 1. Gesetz, 2. im Diminutiv; überhaupt Absatz in Geschriebenem oder Gedrucktem, Alinea.

san. Davon das Adject. sänisch, saisch, Tr., Weig., (Gab.; soisch, Rgb., Krinsb.) = schmutzig, unsauber. eine stube sieht „saisch" aus; saisch assa (Tr., Gab., Rgb.) = unappetitlich, z. B. schmatzend essen; saisch rêda = unartige, unfläthige Reden führen. In adverbieller Verbindung dient saisch auch zur Verstärkung: ich hos'n saisch gesêⁱt = ich habe ihm die Wahrheit derb hinein gesagt; beim Kegelspiel: saisch schiba = recht viele Kegel treffen.

sauerlump (-lomp. Rg.; A.); sauerromp (Henn.; A., Rot.); sauerpomp (Arn.) = Pflanze Sauerampfer; buschsauerlump (Rg., Gab.; A., Gießh.) = Hasenklee.

sauleder, das (saulâdr, Rg.) Schimpf zur Bezeichnung einer unreinlichen, besonders auch unzüchtigen Frauensperson.

saurenzen (Rg., Weig.) = säuerlich schmecken. Vergleiche sissenzn, brendrenzn.

sauringel, der (Rg.) = Schimpfwort für einen unfläthig redenden Menschen. Daher

sauringeln (-rêngan) = obscöne Reden führen. Vergleiche die sauglocke läuten. Letztere Redensart erinnert an einen im 15. und 16. Jhdt. üblichen Brauch, nach welchem in verschiedenen Städten Deutschlands auf Kosten der Gläubigen zum Besten des Klosters St. Antoni (im Delphinate) unter Aufsicht eines zu diesem Zwecke exponierten Antoniermönches ein Schwein gehalten und gemästet zu werden pflegte. In einem Münchner Codex (Codex Catinus monacensis) findet sich ein Holzschnitt, darstellend: St. Antonius mit dem Schwein und der Glocke (Schmell. I. 115).

sausa, sausi! Diese Wörter finden sich in Wiegenliedern:

A sausa!
Dr Tôd stiht hêndr am Hausa;
Hut en rôtn Kittl ôn,
Will die bisn Maidlan hôn.

(Lauterwasser).

Nauni, sausi, nauni, sausi,
Der Kotze thut der Bauch wieh;
Korla sullt noch Lurbern gibn,
A kunnte keene finda,
Do musst' mr's Katzla schinda.

(Schaßlar).

Die susaninne heißt bei Luther „Wiegengesang". susaninne und unser nauni sausi bedeutet beiläufig: Schlafe
Kind oder Kind schlafe; denn clevisch suysen == wiegen,
hd. (im 14. Jhdt.) sänsen == mit sausendem (summend
singendem) Tone wiegend einschläfern; und ital. ninna =
Wiegenkind, Kindchen; spanisch nino, nina = Kind, Wiegenkind (Wgd. II. 863); mhd. ninne = Wiege und Wiegenkind (Lex. II. 85).

I. schab, der, Mz. die schäwe (Rg.) und die schabe
(Ott.) == Strohgebinde, namentlich ein solches, welches
man zum Bedecken der Häuser statt der Schindeln,
Ziegel ꝛc. auf dem Lande braucht. Bairisch der schab
(Schmell. II. 353); schwäbisch schaub, schab, schob
(Schmid 453); schweizerisch schaub (Stalb. II. 310).
Ebenso kurhessisch (Vilmar 343); mhd. schoup,
schoube, schop, schap (Lex. II. 776). Entsprossen
aus dem Singular des Praeteritums von schieben;
also ursprünglich s. v. a. (Zusammen-) Geschobenes
= Strohbündel überhaupt. Daher

schabdach, das (Rg.); schôbndôch (D.=B.) =
mit solchen Strohgebinden gedecktes Dach.

II. schab, der (Weig.) == leichter Hut, häufiger

schabesdeckel, der (Rg., Rgb.; Tr.; Weig.).
Auch der schawes (Weig.) — alter Hut, gewöhnlich
Cylinderhut. Also verächtlicher Ausdruck. Im A. (Gießh.)
jedoch auch neuer Hut, wohl Sonntagshut. Die eigentliche
Bedeutung; denn schabes, schawes, ist die entstellte Form
zur Bezeichnung des jüdischen Feiertages, des Sabbath.
Also schabesdeckel eigentlich ein Feiertagshut. In NB.
nennt man auch den am Sonntag getragenen Frauenhut
„Schabhut."

schaden. zu schaden hüten (zu schôda hitta).
Unaufmerksame Hirten, die das Vieh von der Weide weg

auf angrenzende Felder oder Wiesen laufen und dafelbft weiden laffen, hüten „zu Schaden". Dann rufen andere Hirten fingend:

> U-o-da, U-o-da;
> Die Kîe gîn zo Schoda!
> Wu ës ocka der Hërte?
> A hot sich wol gehanga
> Uf siwa langa Stanga.
> U-o-da, U-o-da!
> Die Kîe gîn zo Schôda!　　　(Gießhübel).
>
> Hôda!
> Eim Schôda!
> Wu enne?
> Wu drënnne
> Ai N.s Hôwr!
> N. nôm a Soppatôp
> On hieb a m Hërta ëm a Kôp;
> Olle Schërwe klonga,
> Olle Hërta songa.　　　(Gabersdorf).

schaeps, scheps, der (S. H. 273, 339) = eine Art Nachbier, Covent. Schmell. II. 442 führt aus einer in maffaronifchem Latein (Lateinifche und deutfche Wörter mit lateinifchen Endungen) verfaßten Schrift „De cerevisia Scheps dicta in Silesia" folgende Kritif des Trankes an: Scheps caput ascendit, scalis non indiget ullis, sessitat in stirnis, mirabilis intus in hirnis.

I. **schäfern** (schäfan, A., Baß.) = (etwas) vernichten, unbrauchbar machen. Daher
　　　schaferkeule, die (-koile, A., Baßb.) = Menfch, der alles gern zerftören möchte.

II. **schäfern** (schäfan, Rg., Gab.) = pfeifen (mit dem Munde).

schaffen (schoffa, Rg., Trb.; Gab.; Weig). = öfter befehlen. Daher auch das Jterativ schaffern (Ab.; NB. M.).

schafferkatze, die (schoffrkatze, Rg., Rgß.) = Perfon, die gern viel und oft zu befehlen liebt. schaffen in der Bedeutung „befehlen, gebieten" auch hd. (Wgb. II. 539).

schafziege, die (schöfziche, Hbr.) = weibliches Schaf.

schakanerlein, das (schakanerla, Henn.) = kleines Waldbäumchen. Siehe tschachaner.

schalaster, die und das (schélustr, Rb.); scholoster, die und das (Rg.); die scholoster (A.) = 1. Elster; 2. Schimpfwort zur Bezeichnung eines häßlichen, auch faulen Frauenzimmers. In dieser Bedeutung in Rb., Rg., Henn.; das schalaster, scholoster (D.-B.) = Elster alter Mensch, der Aergerniß gibt. 3. (Ritschka) = Hollunder. scholoster ist verderbt aus ahd. agalastra, mhd. agelaster = Elster (Lex. I. 27).

schalen, die, Mz. (Jsgb.) = Hufe des Hirsches.

schamster, der (Rg.) = der Geliebte. Wahrscheinlich verderbt aus gehorsamster, d. i. allzeit getreuer Verehrer.

schân. no schân (Rg., Kl.-A.) = schau!? Redensart: schän, kumm a mol raus, ich hö wös mit'da zu réda.

ge-schân. In der Verbindung: läb geschän (Rg., Gab., Weig., Tr., Rgb.) = leb wohl, gesund.

schande, die. In der Redensart schande kricha (Rg.) = gescholten, ausgezankt werden.

aus-schänden (Rg.) = schelten.

schar, die (schör, Hbr.) = eine Reihe von schäben (siehe schab) auf dem Dache.

scharben (schorwa, A., Gießh., Rot.) = klein schneiden, schälen. Besonders kraut schorwa, daher die krautschorwe = Instrument zum Zerkleinern des Krautes. Schlesisch scharben (Wbb. Btr. 81); auch NB. schorben (Leipa) bairisch scharben (scharbm, scharbma) (Schmell. II. 462). Kurhessisch scharben = Krautköpfe zerschneiden zu Krautsalat oder zum Einmachen als Sauerkraut (Vilmar 342). mhd. scharben, ahd. scarbôn, nd. skarven. Mit Lautumstellung SB. schreweln, bairisch schrefeln.

scharberg, das (S. H. 285) = Frohnarbeit. Eigentlich scharwerk von schar = Abtheilung, dann Reihe, nach welcher mehrere, einander ablösend, etwas verrichten.

Daher scharwerken = Dienste leisten, je nachdem einen die Reihe trifft (Vilmar, kurhess. Idiotikon 342; Weig. II. 552; Schmell. II. 443).

schärleinhacke, die (schärlahacke, A., Wich.) = 1. Erdäpfelhaue, wohl ähnlich einem kleinen Pflugeisen (schar); 2. eine Krankheit (welche?).

schärchen, siehe schürgen.

scharwenzeln (Rb.; Rg.) = schmeicheln, gefall= süchtig zu allen Diensten bereit sein. Von scharwenzel = der Unter, als vielgebrauchte Karte im Spiel, dann Aller= weltsdiener. scharwenzel aber besteht aus schar, von sich scheren in der Bedeutung „sich kümmern, (sich) Mühe machen" und dem in Böhmen beliebten Mannsnamen Wenzel. Also ursprünglich s. v. a. ein sich viel abmühender Wenzel oder Knecht (Wgd. II. 552).

schaub, der (Gab.), siehe schab.

schauern (Rb.), bei der Tuchmacherei = die Schaf= wolle von dem Naturschweiße säubern in mit Urin und Soda versetztem heißen, später kalten Wasser. Wohl eine Nebenform zu scheuren, scheuern = putzen, reinigen. Vergleiche schuren.

schecke, die (Rg.); schacke (Freih.) = gefleckte Kuh.

I. scheckel, der (Rgb.) Hundenamen, wohl scheckiger Hund.

scheckelein, das (scheckala, Rgb.) = kleiner dürrer Mensch.

II. scheckel, der (Rg.); schoickln, das (Henn.?) = leichtes Baumwollgewebe. schecklweber, schacklwawa (NB. M.).

scheibe, die (schaiwe, Rg., Gab.; scheib, Hilb.) = 1. rundes flachgeschnittenes Stückchen von einem Apfel oder Erdapfel; auch selbst viereckige flache Theile davon. Dann die zum Trocknen ausgebreiteten Flächen Heu auf der Wiese.

scheiben (scheiwa, Grad.) = das Heu in „Scheiben" rechen.

scheibtrüchl, die (Hoh.?), was sonst radwer. Steht sicherlich ganz vereinzelt da, denn scheiben = schieben ist bairisch und oberpfälzisch. trûchl in NB. (Leitm.) trugl = Truhe, Lade.

scheinlein, das (scheinla, A., Gießh., Wich.) = österreichische Guldennote.

be-scheißen (bescheißa, Rg., A., Br.) = 1. beschmutzen. 2. betrügen. Davon das Part. Praet beschissen = 1. beschmutzt, schmutzig, schmutzig grau. die stîfan sein beschissa. Auch die wulka sein beschissa (Tr.); 2. betrügerisch. a beschissner Karle; 3. dr gîts beschissa = dir gehts schlecht.

schelg, adj. (Ta.) = schulbig. NB. schilch (M.).

I. schelle, die (Rb., Rg., Gab.); die schall (Rg., Weig.) = schallende Ohrfeige.

II. schelle, die = zum Schallen verfertigte metallene Hohlkugel, welche von geringerem Umfange ist als ein Glöckchen. Daher

schellenhannes, der (schallahannes, Weig.) = lustiger, schalkhafter Mensch. Eigentlich mit Schellen behangener Lustigmacher.

schellenbock, der (schellabôk, Rg., Hbr.) = lebhafter, ausgelassener Knabe.

schellenpferd (schallapfâd, Weig.) = spaßhafter Mensch. A lacht wie a Schallapfâd (Gab.) = lacht ausgelassen, lustig.

schellensack. Dir hôt wull vom Schallasacke geträmt, sagt man, wenn einer recht lustig ist oder auch, wenn einer etwas verlangt, was ihm nicht zusteht; speciell von einem unerwachsenen Knaben, der z. B. eine Tanzunterhaltung mitzumachen begehrt.

III. schelle, die. Die bekannte Karte im deutschen Kartenspiele. schellenkönig (schallakînich, Gab.); Redensart: reich sein wie a Schallakînich.

IV. schelle, die = schellen, d. h. ringartige enge Metallfessel. Daher auch schalle (Rg.) = die eisernen Ringe (?) am Ende eines Eisenstabes, die zum Zusammenhalten des obern und untern Leiterbaumes am Bauerwagen dienen.

scheppe, die (Rg.; Br.; A., Rb.) = Stelle im Bache, wo man Wasser mit den Kannen zu schöpfen pflegt. **eisscheppe** = Schöpfloch im Eise; **ai-scheppe** (Gab., Weig.) = künstlich im Bache durch Abdämmung hergestellte Schöpfstelle; auch (Rb.) Wasserbehälter im Bache.

scheppern (Rg.) = klirren, klappern. SB. und bairisch **schebern, scheppern** = schlottern, tönen wie Steinchen, die in einem Gefäß gerüttelt werden, wie zersprungenes Töpfergeschirr.

schercha; siehe schürgen.

scherbe, die (scherwe, Gab.) = Instrument zum Zerkleinern des Krautes. Siehe scharwe.

scheren (Rb.); **schern** (Br.) = die Wollfäden von den Schleifeln (Spulen) auf die Kiefe übertragen. Diese kiefe heißt daher die scherkiefe oder schêr-rahme.

scherren, siehe schirren.

scherzen (scherza, Rg.); **scherzeln** (scherzan, Rg.) = hastig eilen; vom Vieh: wild umherlaufen. Gleichbedeutend mit bisen (bisa), siehe daselbst; von Mägden = den Dienst verlassen. Auch egerländisch **scherzu** = rennen, rasch laufen, springen. Bairisch Schmell. II. 472; mhd. Lex. II. 713. Eins mit unserm nhd. scherzen = Muthwillen treiben, wozu es die ursprüngliche Bedeutung ist.

schesseln (Tr., Lbskr.) = langsam gehen. Bei Schmell. II. 474 **schassen** = jemanden fortjagen; französisch chasser; und kurhessisch bei Vilmar 342 **schastern**, eilfertig unbesonnen in etwas hineingehen, hineintappen. Dieses schastern wird in NB. zu **schustern** = eilfertig gehen (M.). Wienerisch **schasseln** = unruhig, geschäftig umherlaufen. Besser wohl zu ziehen zu bairisch **schechsen**. Schmell. II. 364 und SB. **scheckseln** = humpelnd den Fuß schleppen, krumm gehen, latschen.

schetze, der (S. H. 236) = Schöps. So auch SB. (Pr.), bairisch **schetz, schötz** = verschnittener Schafbock (Schmell. II. 493). Schöps aber ist das čech. skopec von čechisch skopiti = entmannen, castrieren.

schetzig, schitzig (D.-L.; D.-B.; Hilb.) = ausgiebig, gehaltvoll. Eigentlich zu schreiben schützig von fränkisch=oberpfälzisch schutzen = ergiebig sein, ausgeben (Schmell. II. 496).

scheu und schame (Gab.); scheu und scham (Weig.) scheu und schama (Tr.); schama (Tr.) a hôt nej scheu un schama = er hat gar kein Schamgefühl. sich schama ai a hols ahindr = sich sehr schämen.

scheuchen. (Rb. und Umgebung) = spuken, nicht recht geheuer sein. Eigentlich „schreckend fliehen machen" (Wgb. II. 567); in dieser Bedeutung auch schon ahd. sciuhan. Daher

gescheuche, das (geschejche, Ta.) = Spuckgestalt.

scheumann, der (schoimô, D.=V.) = Schreckgestalt als Vogelscheuche.

scheusel, das (schoisl, Welhotta; A., Gießh., Sattel) = 1. mit Lappen behängte Strohpuppe in Kraut= feldern zum Verscheuchen der Vögel; 2. schlampiges, un= ordentlich gekleidetes Frauenzimmer. Entstanden aus scheuch= sel. Dasselbe, was hd. die scheuche.

scheune, die (Rg.). Das Wort scheuer ist gar nicht im Volksmunde üblich. Zusammensetzungen:

scheunbern, die (Rg., Gab.) = Schlag mit dem Flegel, den jemand beim Dreschen in der Scheuer durch die Unvorsichtigkeit eines anderen Dreschers erhält, oder auch dadurch, daß der Flegel unversehens losgeht. bern zu dem alten Zeitworte mhd. bern; ahd. berjan; lateinisch ferio = schlagen.

scheunesel, der (Göhe) = Person, die beim Ausdreschen den letzten Schlag macht. Dieselbe muß dreimal bis neunmal mit dem Flegel in der Scheuer herumlaufen und ein Seidel Schnaps zum besten geben. Vergleiche muz.

scheunpopel, der (Br.) = Person, die beim Dreschen den letzten Schlag macht. Die Erklärung siehe bei dem Worte dreschmuz unter dem Artikel muz; vergleiche das vorangehende Wort.

scheußlich, der (schoißlich, A., Gießh.; Br.); scheusel, der (schoisl, Rg., Gab.; A., Wich.) = geschossener Mensch. Zu schießen (intransitiv) = sich mit größter Raschheit fortbewegen. hd. eu, Dialect oi findet sich statt ie auch in

der 2. und 3. Sing. jener starken Zeitwörter, die durch das
Laut= und Ablautschema: nhd. Praes. ie; Praet. o; Part.
Praet. o gekennzeichnet sind. Z. B. fliegen, fleugt (floicht);
kriechen, kreucht (kroicht); daher auch schießen, scheußt
(schoißt) u. s. f. Uebrigens erwähnt die Form scheußen
(schoißn, schuißn) = schießen auch Schmell. II. 475.
Vergleiche auch schussel und schusslich.

schich (Rg., Gab.; Hbr.) = scheu, schüchtern;
verrückt, dumm. NB. schich (M.): egerländisch schöi,
schöich; SB. und bairisch schiach (Schmell. II. 390).
mhd. schiech (zweisilbig; Lex II. 724).

schicht, die (Rg.), in Bergwerken = die bis zur
Ablösung ununterbrochene Arbeit. tagschicht, nachtschicht
(auch in Fabriken) = Tag=, Nachtarbeit. mhd. schicht
= Reihe, Anordnung (Lex. II. 735). Desselben Stammes
wie ge-schichte von geschehen. Redensarten:

schichtmachen (macha, Gab.) == 1. einen Streit
schlichten; die Ordnung wieder herstellen, indem man jeder
der streitenden Parteien das ihr gebürende Recht zuweist.
So auch oberpfälzisch schicht machen (figürlich) = Ordnung
machen, Ruhe herstellen (Schmell. II. 365); 2. (Rg., Gab.)
ich hô mîd'm schicht gemacht = ich habe mich mit ihm
entzweit. Wie man beim „Schicht machen" in Bergwerken
sich theilt in Bezug auf die Arbeit, so hier in übertragener
Bedeutung in Bezug auf jedes freundschaftliche Zusammen=
gehen.

schickweiß, schiekwärts (S. H. 208,131) =
schräg, schief. mhd. schiec, adj. = schief, verkehrt (Lex. II.
724). Vergleiche dazu bairisch schiegken = mit „schiefen"
Beinen gehen (Schmell. II. 368) und schücken = hinken
(Schmell. 366); kurhessisch schicks = schräg (Vilmar 349).

schied, der (Einf.); Redensart: dos ding muss
an' schied kriehn = die Angelegenheit muß geordnet,
geregelt werden. mhd. der schit, schiet = Scheidung,
richterliche Entscheidung. NB. an schit machn = einen
Streit beenden, gleichgiltig ob gütlich oder gewaltsam.

schiëgen (Hilb.) = schielen. NB. schiëgln (Prach.);
der schiägal (schiogal, Prach.) = schielender Mensch;
egerländisch schöigeln = schielen. Bairisch schiegken,
schiegkeln = mit schiefem, seitwärtsgedrehtem Auge blicken,

ſchielen. Von mhd. schiec = verkehrt, ſchief (Lex. II. 724).

ſchiene, die (Hbr.) = Beſtandtheil am Pfluge; ſchrägliegendes Eiſen, das zur Befeſtigung des wagrechten Gängels mit dem ſenkrechten „hêt“ (ſiehe daſelbſt) dient.

ſchier, adv. (Br., Hirtenſpiel) = ſchnell; lauf nicht zu ſchier. mhd. schîr; ahd. scioro = ſchnell; ahd. scero = geſchwind, ſchnell.

ſchießen; enten ſchießen (anta schissa, Grab.), Kinderſpiele. 1. Ein Knabe legt ſich auf den Rücken, ſtreckt die Hände nach rückwärts, ſo daſs die inneren Hand= flächen nach oben kommen. Auf dieſe tritt ein anderer (barfüßiger) Knabe, den der Liegende durch ein empor= gehobenes Bein in die Höhe hebt und nach vorne ſchleudert. 2. flache Steine ſo über eine Waſſerfläche werfen, daſs ſie wie hüpfend dahingleiten.

ſchifer, der (A., Gießh., Wich.) = 1. Holzſplitter. ahd. scivaro; mhd. schiver (Lex. II. 764); bairiſch der schifern und schifer (Schmell. II. 385) = eigentlich Steinſplitter, dann Holzſplitter. mhd. schiveren = ſplittern, zerſplittern. ich hô mr en ſchifr aigefürt (Gießh.), aigejêt (Wich.). SB. und bairiſch: sich einen ſchifer einziehen = ſich durch einen ſpitzen Holzſplitter, der in das Fleiſch eingedrungen iſt, verletzen. 2. dünnes Stück Brot; a ſchifr brût (Gießh.) oder Diminutiv a schifala brût.

ſchifrig adj. (ſchifrich, Rg., Tr.) = voreilig, vorwitzig. ſchifrich thun. Bairiſch schifrig-a) voller Splitter; b) reizbar, unmuthig (Schmell. II. 385).

ſchifring, der (ſchifrich, Rg., Tr., Gab.; Grab.) = 1. ein wildes, unruhig hin= und herfahrendes Kind. 2. polierter Kaſten. Entſtellt aus Chiffoniere.

ſchifling, der (ſchiflich, Rg., Gab.) = Schub= fenſter, Schubkaſten im Tiſch. 2. wilder Junge. Siehe ſchübling (ſchiblich).

ſchiftern (Rg., Arns.) = wiederholt befehlen, ſchaffen.

ſchihadlberg, der (Grab.) = Name einer Berg= lehne bei Grablitz. Čechiſch čihadlo = Vogelherd, alſo Vogelherdberg.

schilcher, der (Rg., Rgb., Gab.); schilchner
(Tr., Weig.) = Gläubiger, schilcher (schülcher) dürfte
entstellt sein aus mhd. schuldigære = Ankläger. In
schilchner ist das n des mhd. schuldinger = Gläubiger
(Lex. II. 812) noch erhalten.

schileti (Eins.), Gaunersprache = Flinte.

schilke, die (Rg., Hbr.) = schlechter Kaffee.

schin, adj. (Rg.) = schön. die schinat (Gab.)
= Schönheit. NB. die schint. t und obiges at scheinen
Ueberreste der alten ableitenden Silbe ida zu sein (vergleiche
ebt), und nicht vom alten Subst. heit herzukommen.

schi(ⁿ)-môrdla d. i. schön-mägdlein (D.-B.) =
Eidechse. Dem steht zur Seite NB. (M.) schijumpfr d. i.
schöne Jungfer = Natter. Vergleiche nottrjimpferla unter
impfel. Der Name ist euphemistisch, indem das scheue
Thierchen jedenfalls Gegenstand abergläubischer Furcht bei
dem gemeinen Volke war. Der Gebrauch, wirklich oder
vermeintlich schädlichen Wesen schöne Namen beizulegen, um
sie dadurch gewissermaßen zu bestechen, ist weitverbreitet. So
heißt auch im Nürnbergischen das Wiesel schönthierlein
(schoi'tial), auch 's schêi dinglə (Schmell. II. 428).
Dasselbe Thier wird im Adlergebirge und in D. Bielau
„Gevatterlein" genannt. (Siehe gevatterlein unter G).

schindelschiefer. Meist Mz. (Rg.) = Holzab-
fälle, die beim Schindelmachen entstehen. Ebenso hobel-
schiefer = sonst „Späne" genannt.

schindelflinte, die (Rg.), bekanntes Kinderspielzeug
ähnlich einer Armbrust, aus einer Schindel hergestellt, zum
Abschießen von hölzernen Bolzen.

schipe, die (Rg., Tr.) = Grabscheit. Bei Wgb.
II. 651 schüppe = Metallschaufel, Grabscheit; wetterauisch
die schüpp, schöpp = Feuerschaufel (Wgb. a. a. O.);
bairisch die schüppen = Schaufel (Schmell. II. 438);
kurhessisch schippe = eiserne Schaufel, auch Grabscheit
(Vilmar 350). Abgeleitet von altsächsisch sciopan = stoßend
bewegen. Vergleiche schippe und schippen.

schippe, die (A., schéppe, A., Bah.); of dr
schéppe sitza = ganz am Rande sitzen, von wo man leicht

weggeſchoben werden kann. Derſelben Bedeutung wie kippe (këppe, Rg.) = Punkt des Schwankens und Umſchlagens.

ſchippen (schippa, schëppa, Rg., Tr.; Gab.; Weig.; Rgt.) = ruckweiſe ſchiebend bewegen. Auch NB. schippm, (M). SB. und bairiſch schupfen und schuppen (auch koburgiſch) = ſtoßen, jemandem einen Stoß verſetzen; ſchleſiſch schuppen, schüppen (Whd. Btr. 88). Mit einꞏ getretener Lautverhärtung für schieben (wie rappe neben rabe, knappe neben knabe u. ſ. f.).

ſchipprich, der (schëpprich, Rg., Gab.; Br.) = Stoß, den man jemandem verſetzt.

ſchippel, der (Rg.) = Schopf (Birl. 395) ſchwäbiſch, augsburgiſch schippel = (pöbelhaft) Kopf (Birlinger 395.)

ſchippeln = beim Schopfe beuteln. So auch NB. Leipa.

ſchippig, adj. (schippich, Rg., Gab., Weig.) = 1. von Bohnen, Vögeln, Hühnern, überhaupt von Stoffen = klein geflect. In NB. schrippig (schripp'ch) und schripplich (M.); 2. ein schippicher mensch = ein unausſtehlicher Menſch.

ſchirbbeil, das (Rg., Tr., Rgt.; Grab.) = Beil, mit welchem der Fleiſchhauer das Fleiſch aushackt. mhd. schirbîhel, schirbeyel = Schneidebeil (Lex. II. 754). Von einem vorauszuſetzenden ſtark biegenden Zeitworte ahd. scirbe, von dem mhd. ein ſchwach biegendes schirben = in Stüce brechen oder ſchneiden vorhanden iſt, von deſſen Singul. Praet. scarp das ſchon erwähnte scharben (ſiehe daſelbſt), und von deſſen Plur. Praet. scurp-umes das ſpäter zu erwähnende Dialectwort der schurb, schorb = hd. die scherbe (Lautbildung) herrührt.

ſchirn (Rg.). Part. Praet. geschûrn und geschûrt. 1. necken; sich schirn = ſich mit jemandem neckend abgeben und denſelben dabei ärgern. schir dich ock ne mit da kindrn; 2. ſich Mühe geben, plagen. schir dich ock ne mit dam junga (da er ohnedies nichts lernt); daher auch ſich jemandes kümmernd annehmen; 3. ſich um eine Sache bekümmern: hest dich ock bessr geschûrn (geschûrt), do wersehte ëtz lang an ûot hôn = hätteſt du dich beſſer umgeſehn, gekümmert, ſo würdeſt du ſchon lang eine Stellung, einen Dienſt haben.

schirren (sohirrn, schërrn, Rg.) = herrichten, vorbereiten. schërr dich = mach dich bereit. In zahlreichen
Compositis: ai-scherrn = einkaufen, einschaffen, als Vorrath
für eine Festmahlzeit oder für den Winter; die Wolle zum
Weben herrichten (Gießh.); fürscherren = vorrichten,
vorbereiten für ein Mahl, eine Reise. der is furgeschërrt,
sagt man von einem, der bei einer Prügelei gehörig „zu-
gerichtet" worden ist; anschirren (o-schërrn) = aufputzen;
zuschirren (zuschërn) = herrichten zu einer Mahlzeit;
sich schirren = sich bereit halten; scherr dich = mach
dich bereit, mach dich gefaßt, z. B. auf Prügel; geschirrt
sein = bereit sein, fertig sein.

schirrbauer oder schirrhauer, der (schërr-
bauer, Rg., Gab., Rgtz.; schërhauer, Rg., Tr., Weig.,
Grab.) = Mann, der in Mühlen Ausbesserungen vornimmt.
Dieses schirr wäre richtiger schürr von ahd. scûr =
tugurum, Dach; mhd. schûr (Lex. II. 827); nd. schûr =
Obdach, namentlich Regenbach, Wetterbach (Schambach 187).
Bei Schmell. II. 450: der schaur, schauer = Obdach,
Schutz und Schirm vor Wind und Wetter; schlesisch der
schauer = Schuppen bei Mühlen, in welchem die Bauten
und Ausbesserungen für das Mühlwerk ausgeführt werden
(Whb. Btr. 81). Wie scheuer, scheune von derselben
Wurzel. Sanskrit sku = bedecken.

schirschalan, die, Mz. (Rg., Tr.) = kleine
Stückchen Holz zum „Anschüren" des Feuers. ûne schirschalan kô fai'r (Tr.) zu hd. schüren. Also eigentlich
schürschelein.

schippen (schippa, Rg.) = schieben, stoßen, stoßend
schieben.

schittel, der (Rg., Grab., Hbr.) = alter, zitternder Mann; (Rg., Tr., Weig.) = Fieber. mhd. der
schütel, schitel = Fieberfrost, kaltes Fieber (Lex. II. 833).

schiwenzen (schiwenza, Rg., Gab.) = unnütz
umherstreichen.

schkandare, die (Rb.) = langes Frauenzimmer:
dos is ejne rechte schkandare. Entstellt aus hd. die
standarte = Reiterfahne.

schködl, die (Hilb.) = Schachtel. Italienisch scatola = Büchse, Dose, Schachtel. Daher auch unser Wort „Schatulle". *h. Spörl*

schlag, der (Rg., Tr., Gab.; Jfgb.); schlôg (Hilb.; Rg., Weig.) = 1. Fläche abgetriebenen Waldes *); 2. wie hd. Schlag. Wer den letzten „Schlag" beim Dreschen macht, ist Gegenstand der Neckerei der übrigen Drescher, muß auch wohl etwas zahlen. (Vergleiche mûz und scheunpôpel.). Deswegen ladet man gerne einen zufällig Vorübergehenden ein, einmal auf den „Schlag" (ufm schlog) zu kommen, d. h. einmal mit zu dreschen, um ihn womöglich dabei aufsitzen zu lassen. 3. Augenblick, kurzer Moment; an schlôg watta (warten).

ver-schlag, der (Rg., Trb.) = Krankheit bei Kühen und Pferden. Daher

ver-schlagen (verschlôn, Rg., Weig.) sein, vom Vieh = krank sein; das vieh verschlôt. In NB. versteht man meines Wissens unter verschlagen (verschloun, M.) jene Krankheit des Viehes, die entsteht, wenn das Vieh bei angestrengter Arbeit nicht genug Futter bekommen hat, so daß es, wie man auch sagt, den Hunger übergangen hat, d. h. appetitlos geworden ist infolge allzugroßen Hungers. Daher sagt man auch zu einem Menschen, der unnöthig über allzugroßen Hunger klagt: du wist wu nej glei vuschloun oder n vuschlôg kriehn.

verschlagen (verschlô'n, Rg., Kl.-A.); überschlagen (iwrschlôn, Rg., Gab., Weig., Rgb.), von heißen Flüssigkeiten = abkühlen; von allzukalten = sich etwas erwärmen.

vorschlagen siehe farscheln.

schlammfange, die (schlômfange, Br.) = Grube zum Auffangen der durch den Regen von abhängigen Feldern fortgeschwemmten Ackerkrume.

schlammig, adj. (schlommich, Rg., Gab., Tr.) = 1. garstig, schmutzig; ein schlammiger hut. 2. unartig,

---

*) Besonders in SB. enden auf schlag (Pfefferschlag, Zuderschlag, Müllerschlag u. s. f.) die Namen von Ortschaften, die auf solchen Schlägen entstanden sind. Im angrenzenden Baiern wie auch im Egerland und in Franken dagegen enden dieselben auf reut.

ein schlammiger Junge; 3. auf unanständige Weise begehrlich nach Speise und Trank. schlammig thun.

schlampe, die (Rg., Gab., Weig., Rgh.; Br.;
A., Gießh., Rok.) = unreine Flüssigkeit, schmutziges
Wasser; (verächtlich) schlechter Kaffee. Zu schlampen =
geräuschvoll schlürfen (Wgd. II. 581; Schmell. II. 523).

schlampern (Rg., Arnsb.) = 1. unrein oder
schmutzig einhergehen. Daher die schlampe = unreinliches,
nachläſſiges Frauenzimmer (Wgd. II. 581); der schlampen
= Lappen, Fetzen (Schmell. II. 524). 2. schlampan
(Weig.) verschlampan = Flüssigkeiten verschütten. Siehe
auch schlumpe und schlumpern.

schlange, die (schlong, Ott.) = roher Ausdruck
zur Bezeichnung eines Mädchens: borg mir deine schlong
zum tanza!

schlankel, der (Rg.) = müßig umherziehender
junger Mensch; Vagabund. Auch bairisch (Schmell. II.
528). Siehe auch schlenkrich.

schatz, der; Dim. schatzla (Rg.) = Geliebte.

> Wenn mich mai Schatzla nê môg,
> Dô steck ich mai Pfeifla ai a Rôk;
> Setz mich of a Wêschla Struh,
> On fohr of ene andere zu;
> Fohr îwr Berg on Thol,
> Schatzlan hôts îwrôl   (Grablitz).

schlauderer, der. Den erſten „Schlauderer" nannte
sich ein auf den Trautenauer Jahrmärkten erſcheinender
Krämer, der seine Waaren zu sehr billigem Preis im Ver-
ſteigerungswege loszuschlagen pflegte. Von schlaudern
(Schmell. II. 506) - hd. schleudern. Schwäbisch schlaudern -- unter dem Preis verkaufen (Schmid. 465). In
NB. schlauran = eine Arbeit nachläſſig verrichten; namentlich
die Baumwollfäden schlecht zusammenſpulen; schleſiſch die
schlauder = liederliches, nachläſſiges Frauenzimmer (Wbd.
Btr. 83).

schlaunen (schlauna, Rg.) = von ſtatten gehen,
glücken; beſonders gebräuchlich bei der Frage: wie schlaunt's?
= wie gehts? So NB. (M.); schleſiſch (Wbd. Btr. 84);

bairiſch (Schmell. II. 525); öſterreichiſch schlauna = von der Hand gehen, gedeihen, eilen (Caſtelli 244). Von ahd. sluna = Glück; slünie = glücklich; mhd. slünen, sliunen = beeilen, beſchleunigen (Lex. II. 984). Eines Stammes mit hd. ſchleunig, beschleunigen.

schléchalan, die, Mz. (Rg., Gab., Hbr.) = kleine, dicke Hände, Arme; dicke Arme. hd. schlegelein von schlegel = hammerartiges, ſchweres Schlagwerkzeug; Hinter-keule eines geſchlachteten Thieres. Wegen der Aehnlichkeit.

schlecht (schläicht, Br., Roſ.) = gerade; in der Verbindung schläicht êju = den Beeten entlang, alſo in gerader Richtung eggen. Vgl. quiren. Unſer schlecht iſt daſſelbe Wort, wie mhd. schlecht mit der Bedeutung „nicht gut“. mhd. das slecht = in gerader Fläche oder Linie, eben, gerad (Lex. II. 967). Erſt in zweiter Linie entwickeln ſich ſich hd. die Bedeutungen: einfach, ungekünſtelt, niedrig, gemein (Wgb. II. 553).

schleifel, das (Rb.) = geſpultes Garn, das in Form eines Cylinders oben ſpitzig, zuſammengebunden iſt.

schleiferweg, der (schleifawâg, Rg., Tr.) = unnützer Weg, unnützer Gang. Wgb. II. 586 verzeichnet schleifweg = Schleichweg. Es dürfte aber eher Anlehnung an die bekannten Ausdrücke fleiſchergang, metzgergang ſtattfinden, indem Fleiſcher, Scherenſchleifer oft einen Gang umſonſt thun, jener beim Einkaufen des Viehes auf dem Lande, dieſer, wenn er bei den Kunden Arbeit ſucht.

schleischka, die, Mz. (Hilb.) = runde, gebackene Mehlknödel.

schleiße, die (schléße, Rg. Trb.; schlejße, Tr., Grab.; schleïße, A., Br.) = Span, Kienſpan, der ſonſt in den Bauernſtuben als Licht diente. Gewitterſchleißen werden die Späne genannt, die, am Charfreitage verfertigt, in der Kirche geweiht, und während eines Gewitters ange-zündet, den Blitz abhalten, in das Haus einzuſchlagen. Bair. die schlaiß (Schmell. II. 534).

schleißen (rëm-schlejßa, Tr.) = langſam und nichtsthuerisch umhergehen. (Siehe schlenkern und schlen-zen). Von schleißen = ſtreifen, ab- und anſtreifen, herum-schleißen, alſo = herumſtreifen. Bairiſch die schlaiß =

träge, schleppende Person (Schmell. II. 534). SB. schleißige wirtschaft = liederliche Wirtschaft (Br.).

schlemp, siehe schlimp.

schlenkern (schlenkan, Rg.) = a) die Arme oder Beine abwechselnd hin und herwerfen, schwenken; b) langsam, nachlässig gehen. Daher

schlenkerich, der (Rg.) = 1. nachlässig, nichts= thuerisch umhergehender Mensch; schlecht gekleidetes In= dividuum, Vagabund. A schlenkricha gammr nischt un die Battlleute kumma nej (Tr.) = wir geben nichts. Herrnschlenkriche nennt man besonders Bettler, die aus Preußisch=Schlesien herüberkommen, da sie nach Herrenart anzuklopfen pflegen; 2. Stoß, Schlag mit der Faust, schlenkern (schlenkan, rimschlenkan) in beiden Bedeutungen auch NB. (M.); bairisch schlenkern, transf. und intransf. = schwenken, schlottern (Whd. Btr. 84); bairisch (Schmell. II. 329); kurheßisch (Vilmar 355).

schlenzen (schlenza, rëm-schlenza, Rg., Gab., Trb.) = langsam, müßig, nichtsthuerisch herumgehen, schlendern. Ziemlich verbreitet NB. (M.); bairisch (Schmell. II. 529); schweizerisch (Stalb. II. 328); kärnthnerisch schlanzen, schlatzen, schletzen = herumschweifen (Lex. 219); md. slenzen = liebkosend tändeln. Eines Stammes mit schlendern, nd. slendern (Schamb. 194) = müßig und gemächlich umhergehen.

schlepper, der (Rg., Hbr., Weig. Gab.) = krummes Holz vorn am Pfluge; der schlepper vertritt bei dieser primitiven Art von Pflügen das mit Rädern versehene Vordergestell besserer Pflüge und besteht aus einem vorn am Gängel befestigten, senkrecht nach unten gehenden, unten um= gebogenen Holz, auf welchem der Vordertheil des Pfluges fortgeschleift wird. Von schleppen = schleifen.

schlerre, die (Rg., Weig.; A., Gießh.) = schlechter, dünner Kaffee oder Suppe. Vergleiche schlampe, schlichze. Bairisch der schlier = Lehm, Schlamm (Schmell. II. 533).

Schlesingk, die (S. H. 324) = Schlesien. Noch jetzt in Holtei's Gedichten.

schleuderig (schlendrich, Wich., Grab., schloidrich, A., Gießh.; Gr.=Vor.) = oberflächlich, überhastet und daher schlecht (von einer Arbeit). Vergleiche schlaudern.

schleusern (schloisrn, Gr.=Vor.) = alle Schranken und Kasten öffnen.

schleuße, die (schlaiße, Rg., Gab., Tr.; schlëß, Weig.; schloiße, Schatzl., Krinsb.) = Vorrichtung bei Mühlen, Wehren, um den Ablauf des Wassers zur Mühle zu regeln. **sand-schleuße** (Gab.) = Schleuse, die niedriger ist als das Ufer, über welche aber das Wasser noch laufen kann; dient dazu, um den allzustarken Zufluß von Wasser zur Mühle zu vermindern.

schlichte, die (schlëchte, Rg., Gab.) = eine Art Stärke, mit welcher man die Fäden zu schmieren pflegt, um sie vor dem Zerreißen zu schützen. Bairisch die schlicht = Schmiere des Webers (Schmell. II. 503). Bei Wgd. II. 590 die schlichte = Weberbrei zum Steif= d. h. Gerade= und Glattmachen der Fäden; kurhessisch schlichten, als Kunstausdruck der Leinweber, welche mit der von ihnen zubereiteten schlichte die Webfaden gefügig machen (Vilmar 355). Daher

schlichten (Rg., schlëchta) = das Garn einschmieren. Dieses schlichten entspricht der ursprünglichen Bedeutung von schlicht, schlecht = bis zur Glätte eben.

schlichze, die (Rg., Gab., Weig.) = dünner, schlechter Kaffee oder solche Suppe. Vielleicht eine Nebenform zu schlichte = Schmiere der Weber. nd. slik = Schlamm (Schambach 194). Vergleiche schlampe

schlickern (schlickan, Rg.; A., Br.) = 1. (eine Flüssigkeit) schütteln und verschütten; 2. von der Milch, zusammengerinnen. **geschlickerte milch** (Lbskr.). In NB. hat schlickern, schluckern (schlickan, schluckan, M.) die Bedeutung 1; dagegen schleppern (schleppan, M.) die Bedeutung 2. Beide Bedeutungen hängen jedoch zusammen; denn durch „Schütteln" macht man Milch „gerinnen". Vergleiche das folgende:

schlickermilch (Rg.; A.; Br.; D.=B.) = 1. sauer gewordene Milch. 2. besonders aber Buttermilch. Erstere heißt in NB. schleppermilch = sauer und dick gewordene Milch (M.).

schliff, der, (schlif, Rg., Tr., Gab., Weig.,
Rgb.; Lbskr.) = 1. speckig, glatt und fest ausgefallene
Stelle im Brote. Beim Anschnitte des Brotes erscheint er
als ein bläulich schwarzer Streifen längs der Rinde. Daher
heißt er auch sēmla (säumlein); in NB. wasserstreim
(wossastrēm, M.). Von schleifen, weil dieser Streifen
wie geschliffen aussieht. NB. schliff' (schlif) backen =
Unglück haben bei einer Unternehmung. Bairisch schliff
(Schmell. II. 510). 2. Redensart: a hôt kenn schlif
of mich (Tr.) = er hat keine Zuneigung zu mir. schliff
hat hier beiläufig die Bedeutung von schneid (österreichisch)
= Muth, Zutrauen und entwickelt sich aus schliff = scharf
geschliffene Spitze, Schneide, welches „Schneide" dann übertragen heißt: Muth, Zutrauen, Zuneigung.

schliffe, die; Dim. das schliffla (Rg., Gab.)
= flaches, schwaches Stückchen Brot, wie man dieselben in
die sogenannte Wassersuppe zu schneiden pflegt. Vergleiche
flischla unter flusche; ebenso fiedelein.

I. schliffel, der (Rg., Gab., Weig., Rgb.) = der
Maulwurf; (Trb.) überhaupt unterirdisch lebendes
Thier, das den Boden zerwühlt. Man hält ihn für
eine Abart des eigentlichen Maulwurfs. Vergleiche
bairisch schliefen = kriechend mit großer Schnelligkeit
sich bewegen, welchen Begriff unser hd. schlüpfen nicht
vollständig deckt (Schmell. II. 510). Vergleiche
ârdför.

II. schliffel, der (Rg.) = eine Art Pflug, der besonders
dazu dient, die mit Erdäpfeln besteckten Beete zu lockern,
indem man in den Furchen mit demselben dahin
fährt. Daher auch apanaschliftl genannt.

schliffeln (schliffan) = die Erdäpfelbeete mit
dem schliffel lockern, statt sie mit der Hacke zu behauen.
Vergleiche dazu rissel, risseln im alphabetischen
Verzeichnisse. Dieses „schliffel" ist dasselbe, was
schliffel I. unterirdisch wühlendes Thier, hier wühlendes
Instrument. Sonst auch schlipper, schlepper. Siehe
daselbst.

III. schliffel, der (Rg.) = krummes Holz vorn am
Gängel des Pfluges, auf welchem der Pflug „hin-
geschleift" wird. Von schleifen.

IV. **schliffel**, der (Rg.) = grober Menſch. Bairiſch
der schlüffel (Schmell. II. 511). Bei Wgb. II.
696 = ſich umhertreibender, grober Menſch; eigentlich
träger, fauler, läſſiger Menſch von ſchweizeriſch schluffen
= ſchläfrig, unachtſam ſich benehmen, gedankenlos in
den Tag hineinleben; nd. sluffen = nachläſſig ſein.

schliffen (Jfgb.); beſonders einschliffen, von
Füchſen = in den Bau ſchlüpfen. Ganz das SB., bairiſch
schlieffen. Daher auch ein ſolcher Flachsbau das geschleif.

schlimp (schlëmp, Rg., Tr., Gab., Weig.) =
ſchief. a schlëmp maul = verzogener Mund. So auch
NB. (M.); ſchleſiſch schlimm = ſchief, krumm (Whd. Btr.
84); ahd. slimb; mhd. slimp = ſchief, ſchräge, verkehrt
(Lex. II. 980).

schlippern (schlippan, Rg., Hbr.) = Flüſſigkeit
in einem Gefäße hin- und herſchüttelnd verſchütten. Derſelben
Bedeutung wie schlickern (ſiehe daſelbſt).

schlipplein, das (Rg., Rgb.) = 1. Knopfloch am
Männerhemd, worein man den Hoſenknopf hängt, ſo daß
das Hemd ſich nicht in die Höhe zieht, ſondern glatt auf
der Bruſt anliegt; 2. (Weig.) Schiebfenſter; beſonders im
Dach. nd. slipe = Schleife (Schambach 195).

schlîr, die (A., Rot.) = Weichſelkirſche.

schlittenbahn, die (schlitabohne, A., Deſchnay)
= Gericht aus geriebenen rohen Kartoffeln, die mit Mehl
und Eiern gemiſcht in Milch gedünſtet werden.

schlorfe, der (Mz. die schlorfa, A., Gießh.,
Wich.) = ſchlechte, abgetretene Schuhe, Pantoffeln. Jedenfalls geht in unſerm Dialect ein Zeitwort schlorfen =
nachläſſig gehen, ſo daß man mit den Füßen den Boden
ſchleifend berührend ein Geräuſch hervorbringt, nebenher.
In dieſer Bedeutung NB. schlurfen (M.); bairiſch schlarfen,
schlarpfen = ſchleppend gehen; und der schlarfen, schlarpfen = abgetretener Schuh. nd. sluren = langſam und
gemächlich gehen. Vergleiche schlorpe (Schmell. II. 534).

schlorks, der (Rg., Tr.; A., Wich.) = Schluck.

schlorpe, der (Mz. die schlorpa, Br.; Tr.) =
niedergetretene Schuhe, Pantoffeln. Schweizeriſch schlarp;

nd. slarbe; schweizerisch der schlirpe = Mensch, der die
Füße nicht recht heben kann; nd. slarren = mit nicht
gehörig aufgehobenen Füßen den Boden streifend gehen
(Wgb. II. 583). Daher

schlorps, der (Rb.) = 1. langer und langsamer
Mensch. 2. Schluck Flüssigkeit (= schlorks) zu schlürfen
= mit halbgeöffnetem Munde hörbar ansaugen (Wgb.
II. 597).

schlumpe, die (Rg., Rgb.; Ta.) = nachlässiges
(wohl auch nachlässig gekleidetes), liederliches Frauenzimmer.
Bei Schmell. II. 524 die schlump = unreinliche Weibsperson; schlampe (Wgb. II. 581); kurhessisch (Vilmar
353); österreichisch das schlampa^{rl} = unordentlich gekleidetes
Frauenzimmer (Castelli 243); schlumpersak bei J. H.
(Rg., Gab., Rgb.; -sök, Rg., Weig.) = schlottrige unordentliche Person, auch weibliche:

A schinner Morgn, — a gorschtcher Tag;
A hübsches Majdl — a Schlumpersak. (J. H.).

schlumpern (schlompern, Rg., Trb., Lbskr.) =
nachlässig gehen; unordentlich angezogen einhergehen. In
1. Bedeutung auch NB. schlumpan (M.), sich beschlumpern
(Rg.; Br.; A.) = sich die Kleider mit flüssigem Koth
bespritzen. Auch dies NB. (M.); zerschlumpert (D.-B).
gestern i dr Dunkl kom mei older Schotz zerrissn un
zerschlumpert beim Thürla neigatrotscht.

schlumper, die (Rg.; Br.; A.) = schmutzige,
unordentliche Weibsperson.

schlumperich (Rg., Gab.; Weig., Rgb.); schlum-
pich (Ta.; NB. M.) = liederlich, nachlässig.

schlumpermiche, die (Rg.; Weig.; Gab.) =
schmutzige Frauensperson; nachlässig gekleidetes Frauenzimmer.

schlumps, der (Rb.) = Kothborte unten am Kleide
der Frauenzimmer.

schlung, der (Rg., Hbr., Weig.; NB. M.) =
Thalvertiefung, Wiesenthal. Mit md. Wechsel von g und
d = hd. schlund = Speiseröhre; verschlingender Abgrund
(Wgb. II. 597).

schlunke, die (Rg., Gab.) = eine Art schwarzer Semmel um 2 Kreuzer; auch „Schusterjunge" genannt.

schlure, die (A., Schöb.) = Spur, welche entsteht, wenn man z. B. frühmorgens durch bethautes Gras geht. Egerländisch die schlau = Spur im Getreidefelde, entstanden durch das Zusammentreten des Getreides. Bairisch schlä und schlau = Fährte, Spur (Schmell II. 495). Trotz der Aehnlichkeit scheint aber verschiedene Abstammung vorzuliegen, indem bairisch und egerländisch (schla, schlau) auf mhd. slage, (contrah. in slä) = Werkzeug zum Schlagen; dann Spur (besonders vom Huftritt der Pferde), Fährte zurückgeht, unser NB. schlure aber auf ein nd. slarren, slurren = schlürfen mit den Füßen, zurückzuweisen scheint. Vergleiche denselben Stamm in schlarfen, schlurfen, schlorpen.

schmäile, die (Rb., Umgebung) = Grasart. NB. schmejle (M.); wetterauisch schmele (Wgd. II. 606); bairisch die schmelchen (Schmell. II. 450) = langhalmiges Gras.

schmalchern (schmolchan, Rg., Tr.; Gab., Weig.); schmalkern (schmolkrn, Lbskr.) = schmieren, wie kleine Kinder zuthun pflegen, wenn man ihnen Schreibrequisiten gibt; schlecht schreiben. Auch NB. (M.) schmalgern = beschmieren (Schmell. II. 550); ebenda schmalgen = Speisen durcheinander mengen, unreinlich kochen. Wie im Dialect walgen und dessen Iterativ wal-g-ern neben hd. wal-z-en besteht, so scheint das bairische schmalg-en und schmal-g-ern neben hd. schmal-z-en einherzugehen, dessen Stamm schmal auch in schmel-z-en wiederkehrt. schmal-g-en hieße demnach ursprünglich = in Flüssigkeit zergehen. 2. transitiv und iterativ schmalgern = mit Flüssigkeit (flüssigem Fett = schmal-z) versehen.

schmalsta, adv. (Nemaus, Ketzelsdorf) = zeitig früh.

schmarchest (Rg., Henn.; Arn.); schmorchst (A., Ritschka) = zeitig am Morgen. Schlesisch schmarchst, schmarchsta (Whd. Btr. 85); entstanden aus ze morgens; kärnthnerisch zmorgenster, zabenster.

schmatz, der (schmotz, schmotzla, Trb.) = Kuß. Sonst guschla.

schmeck (Lbskr.); schmecke, die (Rg., Tr., Rgb., Grab.) = Blumenstrauß zum Riechen; Riechsträußchen. Meist Diminutiv schmeckla. Sonst auch richla von riechen, wie schmecke von SB. und bairisch schmecken = riechen (Schmell. II. 543). Daher auch der schmecker = Riecher = Nase.

schmecken (Hilb.) = riechen.

schmeckoster, die (schmecknstr, Rg.) = mehrfach geflochtene, mit Bandschleifen verzierte Weidenpeitsche, mit der am Ostermontage früh Mädchen von den Burschen aus dem Bette getrieben werden. Daher

schmeckostern = diesen Gebrauch ausführen. Schlesisch schmagöster; schmigoster, schmeckoster (Whd. Btr. 84). Das Wort kommt auch in Preußen, der Oberlausitz, in Nordmähren vor. Stieler 1402 deutet das Wort aus schmack = ferula, schmacken = mit Ruthen streichen. Dies ist wohl entlehnt aus polnisch smigać, smagać = peitschen (vielleicht davon auch unser schmitzen aus schmigzen = mit der Peitsche knallen, mit der Ruthe streichen?). Daraus erklärt sich die schlesische Doppelform schmigöstern schmagöstern. Der zweite Theil östern geht zurück auf eine Ableitungssilbe astern (z. B. schlesisch klabastern = prügeln). Das Wort scheint demnach dem Slavischen entlehnt zn sein, der Brauch ist aber ganz deutsch. Ueberall in deutschen Ländern findet sich der Brauch, diejenigen, welche die heilige Zeit verschliefen, zu strafen (Whd. Btr. 84). Im Rg. heißt auch der Ostermontag geradezu schmekostern; Kinder gehen an diesem Tage umher, indem sie Personen mit der Ruthe berühren und dazu eine gewisse Formel hersagen.

schmeißen (schmeißa, Rg.) = werfen.

schmele, die (schmejle, Rg., Gab., Weig., Rgb.; schwile, Tr.) = langhalmige Grasart. Siehe schmâile. NB. schmejle (M.).

schmetten, der (schmejta, Rg.), was norddeutsch „Sahne", in Oesterreich „Obers" heißt. Entlehnt aus slavisch smetana; schmejtakelle = Rahmlöffel.

schmêze (Grab.), schmetze, die (Rg., Hbr., Tr.) = Kuh, die braun und weiß gestreift ist. Auch strieme (ſiehe daſelbſt) zu schmitzen = ſchmieren, beſchmieren, färben (Schmell. II. 361); und der schmitz = entſtellender Flecken (Wgd. II. 607).

schmieren (schmêra, Rg., Br.). Redensart: A hôt sich'n schnîte geschmêrt = er hat ſich auf unrecht= mäßige Weiſe (bei einer Unternehmung) bereichert, großen Nußen gezogen; buttrschnîta schmêra; bekanntes Kinder= ſpiel, wobei man mit flachen Steinen über eine Waſſerfläche wirft daß ſie wie hüpfend dahingleiten. Vergleiche unter schießen den Ausdruck anta schissa.

schmirgelblume, die (schmêrchlblum, Laut.) = europäiſche Knopfblume (Pflanze). In NB. schmirchlblume = Sumpfdotterblume (M.). Bei (Schmell. II. 527 die schmirken = eine Art Schmalzblume. In Haupt's Zeitſchrift VI. 252 schmergel = caltha palustris. Auch ſchleſiſch Whd. Btr. 85.

schmirl, die (Rg., Gab.) = Sumpfdotterblume. Von ahd. smerila = Schmerblume.

schmitze, die (Grab.); schmîze (A., Gießh.) = Kuh mit ſchwarzen Streifen auf weißem Grunde. Ver= gleiche schmêze.

schmitz, der (schmîz, Rg.; Br.; A.; Hilb.; schmejz, D.=B.) = 1. das Endſchnürchen an der Peitſche, welches bei der Bewegung den Knall erregt; 2. der Schlag namentlich mit der Peitſche, überhaupt Hieb. 3. ſchwarze, blaue oder rothe Streifen in der gewebten Leinwand zum Zeichen, daß daſelbſt eine Anzahl von Ellen endet; 4. ein Stück Leinwand, das 6—7 Ellen in der Länge mißt; 5. Redensart: dar hôt an schmîz gemacht (Rg., Gab., Weig.; Br.; A., Gießh.) = er hat einen großen Vortheil bei einem Geſchäfte herausgeſchlagen. Vergleiche hd. verschmitzt. Von schmitzen = ſchlagen; mhd. smitzen = etwas Spißiges ſchnell bewegen; mit Ruthen hauen; 2. beflecken. schmitz auch bairiſch (Schmell. II. 561). ſchweizeriſch (Stald. II. 335).

schmotz, der (A., Gießh., Rg., Tr.) = Mus, beſonders von Pflaumen. Schleſiſch pflaumaschmotz (Kn.). Schwäbiſch schmotz = Fett, Schmiere (Birlinger, Wör= terbüchlein 82).

schnabel, der (schnôwl, Rg.) = der rinnenartige Anſatz an Kaffeekannen, Krügen. schnabelkrug. Siehe auch schnautze und schnuchze.

schnabelieren (schnoweliern, Rg.) = gut eſſen und trinken. In dem Gedichte „der Kermesvotr", ſagt der Gaſt zu demſelben: „on bin destholwe zo dir kumma, tëchtich zo schnoweliern. (Neuſchloſs).

schnacke, die (Rg.) = Schnecke. Kinderreime:

Schnacka, packa, zieh raus,
Zeich deine vier raus,
Wennst'se ne glei rauszeichst,
Schmeiß ich dich ai a Grobm.
Dat frassn dich die Robm,
Bleibste longe liegn,
Frassn dich die Fliegn.   (Arnau).

schnâke, die (Gr.-Bor.; Weig.); schnôke (Tr.); schnôk (Henn.) = Spaſs, luſtiger Einfall. nd. snake = luſtiger Einfall, von snacken = ſchwatzen, plaudern (Wgb. II. 610).

schnâkenvogel, der (schnôkavûchl, Henn.) = luſtiger Menſch, Spaſsvogel.

schnapen (schnâpa, Rg., Tr., Gab., Weig.); schnaupen (schnaupa, Krinsb.; Schatzlar) = den Naſenſchleim beim Athemholen hörbar durch die Naſe ziehen. Eines Stammes mit schnauben, schnaufen, schnuppern.

schnaperlein, das (schnaperla, Henn.) = fein thuendes, aufgeputztes Dorfmädchen. Bei Schmell. II. 587 der schnippel = Stutzer, Elegant.

schnappe, die (Rg.) = 1. Mund, beſonders vorlautes Maul. Meiſt Dim. schnappala. 2. (Ta., Frb.) das, was für Kinder bei einem Hochzeitsmahle abfällt (ſiehe gaibo); ai de schnappo gin. Von schnappen = mit dem Munde kurze klappende Bewegungen machen. 2. Ein von den Kurgäſten aus Reinerz öfter beſuchtes Gaſthaus zwiſchen dieſem Bade und Gießhübel. Bei Schmell. II. 577 die schnappen = Maul, Schnauze.

schnappen (schnoppm, D.-L.) = pfirſichblättrige Glockenblume.

schnapper, der (Rg., Gab., Tr., Weig.) = 1. Sprenkel, Sprengneß zum Vogelfange. 2. vorlautes, vorwißiges Maul.

schnapperich, der (schnopprich, Huttenborf) = Stoß, Schlag.

> An Dûdlsôk hôn mr vergassa,
> 's is dos schinste Instrument;
> Hansla, gî a hängt dat dîwa,
> Nimm a rô an thu a spiela;
> Gî em en Schnopprich o die Schnôt. (Munbstüd)
> Doss a brummt a ganza Tog.
> (Krippenlieb aus Huttenborf).

schnäpperlein, das (schnapprla, Rg.) = 1. kleiner Mund. 2. feine Dorfbirne. 3. Schublabe in Zimmergeräthen.

schnappig (schnoppich. Henn.); geschnappig (Gab., A., Wich., Rof.) = vorlaut, tedt im Reben. Vergleiche auch geschnatzig.

schnäpplein, das (schnappla, A., Rof.) = teckes, vorlautes Kind.

schnappmesser, das (schnoppmassr, Rg.) = Messer, bessen Klinge auf= unb zugeklappt werden kann.

schnappsack, der (schnoppsôk, Weig.; Hbr.; schnoppsâk, Gab., Tr.; A., Schöb.) = Tasche, Schultasche der Kinder. Eigentlich Reisesack (Schmell. II. 577).

schnarre, die (schnarre, schnorre, Rg., Gab., Weig., Rgb.) = 1. Instrument, um einen schnarrenden Ton herborzubringen; besonders jene Vorrichtung, beren sich die Kinder am Charfreitage zu den Tageszeiten, da sonst geläutet wird, bedienen. In SB. rätsche (Pr.); 2. schnarrend rebenbe Person; 3. schnarrenber Vogel. Besonbers Wachtelkönig; angeblich auch ber Krammetsvogel.

schnât, schnâte, die (schnôt, Henn., Hütt.; schnôte, Rg., Trb.; Komar) = 1. zum Pfropfen geschnittenes Reis. In bieser Bebeutung auch hd., wie überhaupt md. (Wgb. II. 614); 2. Schnauze, Maul, Mund besonbers vorlauter Personen. Munbwerk, Berebsamkeit im schlimmen Sinne, dar, die hout a schnâtla (Grab.)

= loses Maul. Vergleiche geschnatzig unter G. 3. oberster
Ansatz an einer Pfeife; auch Mundstück an Blasinstrumenten
(Dudelsack). Vergleiche die Verse unter schnapperich. In
NB. schnôte == Pfropfreis; Mundstück der Clarinette (M.).

schnâteln, ausschnâteln (Lbsfr.); aus-schnetteln
(schnëttan, Rg., Gab.; Br.; A., Wich.) = die über=
flüssigen Zweige eines Baumes ausschneiden, aussägen.
Bairisch schnaottn (Schmell. II. 584). In den öster=
reichischen Alpenländern graß schnattn = die Aeste der
Waldbäume ausbacken, ausschneiden, oder auch Tannen= und
Fichtenäste zu Streu hacken. Schmell. a. a. O. Zu
schneiden gehörig.

schnauchzer, schnauzer, der (Rg., Gab., Weig.,
Rgb.) = starker Schnurr=, Schnauzbart. Was ch in
schnauchzer anbelangt, vergleiche pluchze neben plauze,
schnuchze neben schnauze.

schnaupen (schnaupa, Rg., Gab.) = schneuzen.
nd. snuven = hörbar athmen, in Aufregung heftig athmen,
schneuzen. Vergleiche hd. schnaufen und schnauben.

schnecke, die. Kinderreime:
Schneck, pack, zieh die Hörner raus!
Wenn du se nej glei rausziehst,
Kumm ich mit dr Ufagôwl,
On zieh se dir raus.   (Hennersdorf).

Schnecke, Schnecke, schniede,
Zeig mr deine vüre (Fühler?),
Wennst mr se ne glei weisa warst,
Schmeiß ich dich ai a Grôwa u. s. f.
                              Gabersdorf.

Schnecke, verrecke!
Recke deine vier Hörner (Fühlhörner) raus!
                              (Reichenberg).

schneckelzieher, der (Rb.) = Tuchmacher; auch
Leinweber. Vergleiche schnicken = hin und her schnell
bewegen, schnellen (Schmell. II. 597).

schneekönig, der (schnikinich, Rg., Tr.) =
1. Zaunkönig, Zaunschlüpfer; 2. Abdruck des menschlichen
Körpers im Schnee, wie einen solchen Kinder gerne herzu=
stellen pflegen.

schneesieber, der (schnîsiwr, Grab.) = Geizhals.

schneider. Spottlieder auf den Stand der Schnei=
der sind allgemein zu finden. Vergleiche den Artikel meck,
meck. Spottverse:

> Schneider mek, mek,
> Die Hosa vul Dreck;
> Die Hosa vul Wonza.
> Dr Schneider muß tonza.   (Hennersdor:).

> Hopsa, heisa, wiedr wôs,
> Wie die Kotz a Schneidr fröß;
> Hätt dr Schneidr still gesassa,
> Hätt a (n) nej die Kotz gefrassa.
>   (Lauterwasser; Großbock; Hennersdorf).

schnellen (schnella, Rg., Rgb., Gab., Weig.,
Henn., Grab.) = 1. wie hd. Besonders von spielenden
Kindern = Bohnen schnellen. 2. weben, arbeiten auf dem
Webstuhle. Von dem Hin= und Herschnellen des Weber=
schiffchens. Vergleiche schneckelzieher und die Volksreime
unter dem Artikel Johannes.

schneller, der (A., Gießh.) = Messer mit rasch
zuschnappender Klinge.

schnellern (schnellan, Br.) = das Weberschiffchen
hin= und herwerfen. Siehe schnellen.

schnelzen (schnelza, Rg.) = schnellen; durch
raschen Stoß etwas in Bewegung bringen. In NB. schnelzen (intranf.), von Fischen = aus dem Wasser in die Höhe
schnellen (M.); ebenso tranf. wie oben.

schnetze (Rg., Rgb.); ne schnetze, eigentlich
nesch netze, doch in obiger Weise getrenut = nichts nütze.

schnieben (schnîwa, A., Wich.); schniepen (schni-
pa, Rg., Gab.); schniebern (schniwan, A., Gießh.) =
schnauben, die Luft durch die Nase hörbar einziehn. Die
Form schnieben, dazu schnob, geschnoben ist hd.; aber
wenig, in der hd. Umgangssprache wohl gar nicht ge=
bräuchlich; häufiger schnauben.

schnifalke, das; schnifella, das (Rg.) = Schnee=
glöckchen. falke entspricht hd. veilchen; fella entspräche einer
Diminutivform veilelein zu hd. veil = die Blume und

Pflanze viola (Wgd. II. 986). Was die Zusammenziehung veilelein in vella anbelangt, so stehen Analogien im Dialecte: bella = kleines Beil; kella = Käulchen.

schnippel, der schnipl, A., Schöb.) = penis, besonders von Kindern. Vergleiche noipl. Ein Knabe faßt den andern bei der Nase und stellt folgende Fragen: A.: Is der Schnipl (Noipl) drhême? B.: Ne, a is ai a Teich. A.: Wos mocht a'n dert? B.: Aier lên. A.: Wie viel denn? B.: Zwee. A.: Welch's gest mr denn, 's gude odr' s bîse? Sagt B: 's gude. so läßt A. die Nase des B. los; sagt er 's bîse, so schüttelt er dieselbe.

schnipsel, der? (Rg., Rgb., Gab.), liebkosende Bezeichnung für sehr kleine, niedliche Thiere und kleine Kinder.

schnipsen (schnipsa, Rg., Rgb., Weig., Gab.) = 1. kleine Abschnitzchen von Tuch, Papier u. s. f. machen. schnippen, schnippeln bei Schmell. II. 578 und Wgd. II. 620. nd. snippeln = in ganz kleine Stückchen zerschneiden (Schambach 200). 2. stehlen.

schnitt, der (schnît, Rg.) = Getreideernte. Sonst, als man das Getreide noch mit der Sichel abmähte, war es Sitte, daß die Gebirgsbewohner ins Flachland Böhmens sich im Sommer begaben, und sich als Schnitter verdingten (ai's land uf a schnît gin). In NB. (M. ai'n Niralande) gieng man gern in das Oberland (Ejwaland), die Gegend von der Elbe über Teplitz, Brüx, bis Saaz auf den Schnitt (uffn schnît).

schnitte, die (schnîte, Rg.) = flaches Stück Brot. butterschnitte. buttrschnîta schmêra siehe unter schmieren; das oberschnittlein ('s ejwaschnîtla, Tr.) = erster Anschnitt des Brotes. Sonst kleberlein (klawala, Rg.) kleberänftlein (klawaranftla, A., Gießh.), aufschneideränftlein (ûfschneideranftla, Rg.), krüstlein (krêstla, A., Wich.), stößlein (stîßla) genannt.

schnittlich, der (schnîtlich, Rg.; Br.; A.) = Schnittlauch. Ebenso schlesisch (Kn.); NB. (M.).

schnittmesser, das (schnîtmassr, Rg., Gab., Tr., Weig.) = Messer mit zwei Handhaben an den Enden, wie es der Wagner braucht.

schnitzer, der (Rg., Gab.) = gerades Messer mit dickem Heft, nicht zusammenlegbar; (Weig., Tr.) = ein eben solches Messer, aber mit geschweifter Klinge und scharfer Spitze.

schnörch, schnörche, die (Rb.) schnürche, schnörel (Rg., Trb.) = Schwiegertochter. Schlesisch schnürche, schnerche (Whd. Btr. 87); wetterauisch snorche und schnürch; Untermain schnörch (Wgd. II. 725); ahd. snurihha; Ableitung zu snur, schnur = lat. nurus.

schnorks, der (Rg., Weig.) = dürrer Mensch; auch Lustigmacher.

schnuchze, die (Rg., Gab., Tr.); schnuchz (Rg., Weig.) = rinnenartiger Ansatz an Näpfen, Töpfen, Kännchen u. f. f. Schnäuzchen. schnuchzanappla = ein mit einer schnuohze versehenes Näpflein.

schnudern (schnûdan, Rg., Br., A.) = den Nasenschleim hörbar durch die Nase ziehn. Schlesisch schnôdern, schnudern = schnauben, niesen, namentlich von Pferden; NB. schnûran (M.); egerländisch und bairisch schnudan = durch die verstopfte Nase Athem ziehen (Schmell. II. 573); schweizerisch schnodern = mit schniebendem Laute beriechen und schnudern = rotzen (Stalb. II. 344); nd. snut = Nasenschleim und snuteren = wie bairisch und egerländisch (Schamb. 201).

schnudrich, schnuderich, der (Rg., Weig.) = Nasenschleim. Bairisch der schnuder (Schmell. II. 573).

schnufer, der (schnjoufr. D.=B.) = Entzündung der Nasenschleimhaut, Schnupfen. Bairisch schnofeln, schnufeln = den Nasenschleim hörbar durch die Nase ziehn (Schmell. II. 573).

schnuffeln (schnuffan, Rg., Tr., Weig., Br.; schnuffln, Henn., Grad., Gr.-Vor.) = wiederholt schnaufend mit der Nase riechen; wittern (besonders von Hunden); herumschnuffeln = gewissermaßen die Nase überall hinstecken, um etwas zu erspüren. Bei Wgb. II. 623 schnuffeln und schnüffeln = eigentlich im Reden schnauben, durch die Nase reden; nd. snüff, snuffe = Nase, Schnauze.

schnuppen (Frb.) = schnupfen: Redensart schnuppt ihr söttn = Aba, so meint ihrs? (Frb.).

schnürche, die (Ta.); schnerche (Gr.-Bor.); siehe schnörch.

schnurpsen, NB. (M.) = mit hörbarem Geräusche etwas Hartes zerbeißen. Daher

schnürpslein, das (schnërpsla, Rg., Weig.) = ein „Bißchen", Stückchen wovon. Uebrigens auch zu vergleichen bairisch schnurpfen = zusammenschrumpfen.

scholze, der (Rg.) = Gemeindevorsteher in früheren Zeiten. Daher

schölzerei, die (Rg.); heutzutage heißen so noch gewisse Wirtshäuser. Ursprünglich = Haus und Hof des Schulzen mit Schankberechtigung. Ueber die Erbschölzereien siehe die Einleitung Seite 6.

Kinderreime:

Dort hendr „Schülza" Schüppa,
Hüts a Vüchlnäst;
An die verdammta Jünga
Sein schün wiedr drenn gewâst.

(Grablitz).

Auszählreime:

Ich on du on jenner
on du bist Scholza Bremmer.

(Alt-Rognitz).

schont (Rg., Pilnikau) = schon.

schöpfe, die (S. H. 148) = ein Gerüst, von dem aus man zur Strafe in das Wasser geschleudert wurde. Zu bairisch schupfen = mit einem kurzen Schwung aus dem Gleichgewichte und in Bewegung bringen (Schmell. II. 440); schwäbisch schupfen = stoßen. Bäcker, die sich in ihrem Gewerbe gegen die Gemeinde vergangen hatten, wurden in einen Korb gesetzt und mittels einer am Ufer aufgestellten Maschine ins Wasser geschleudert, jedoch durch eigens aufgestellte Leute wieder aus dem Wasser gezogen (poena, quae dicitur schupphe). (Birlinger 403, 404).

schôr. die (Rg., Hbr.) = 1. Pflugschar; 2. Reihe von Strohgebinden mit denen das Dach gedeckt ist. Bei Schmell. II. 445 die schar = aneinander gefügte, mit Schindeln benagelte Bretter, Reihe Schindeln am Dach. Daher auch schardach, scharnagel.

schorb und seltener schurb, der (Rg., Tr., Gab., Weig., Rgtz.) = 1. Trümmer eines zerschlagenen Topfes; 2. schlechter Topf, manchmal zerbrochener Topf; (gering= schätzig) jeder Thontopf; 3. Kuchen, der recht dünn, dabei hart ist. Auch sonst geringschätzig jeder Kuchen; a pôr scherwe, (schirwe. Schatzlar, D.=Brausnitz) kucha zor kermes backa; 4. (Einf.) = dürres Frauenzimmer. In NB. der schûrb, Mz. die schirwe (M. . schorb (Rg.) entspricht schurb: dies jedenfalls eine Ablautbildung zu einem ahd. Wurzelverbum scërpan (davon nhd. die scherbe). Praef. scirpu, Praet. Sing., scarp, Plur. „scurpumês" = in kleine Stücke zertheilen. Vergleiche scharben im alph. Verz.

schôrn (Rg., Henn., Br., A.); schürn (Rg., Tr., Trb., Rgtz., Grad.) = schaufeln; graben mit einer Schaufel; der schûrer = hölzerne Schaufel; schnischürer = der Schneepflug an Eisenbahnen. Schlesisch schorn = schaufeln, besonders Schnee (Whd. Btr. 87); schweizerisch (Stalb. II. 348); nd. schoren, schören = reißen, reiben. Bairisch schoren = mit der Schaufel, dem Spaten arbeiten (Schmell. II. 459); mhd. schorn (Lex. II. 771). In einem Spott= liede (Lauterwasser und Schödewtz) heißt es:

Do kumma die bimscha Pauern gefohrn,
On thun a Dreck zum Fenster naus schorn.

schorwrn (Rg., Grad.) = geräuschvoll arbeiten. Derselben Bedeutung wie äschern, orwren (siehe urbern). Wohl verkürzt aus scharwerken = Dienste leisten, je nach dem einen die Reihe trifft; Frohnarbeit leisten.

schosse, die (Rz.); die schôß (Ldskr.); schüsse (Rg., Gab., A., Gießh.); schüss (Rg., Henn.) = mit flacher Holz= oder Blechscheibe versehene Stange, mit welcher der Bäcker Brot, Kuchen und sonstiges Gebäck in den Back= ofen einschiebt (einschießt). Daher einschießen (ai-schissa, Rg.) = das Brot in den Backofen mit diesem Instrumente einschieben. Auch NB. schüsse, schlesisch schosse (Whd. Btr. 87).

schoß, der (S. H. 61) = Abgabe. Kurhessisch (Vilmar 367); bairisch (Schmell. II. 478); nd. schat (Schambach 181) = Schoß, Abgabe von Grundstücken. mhd. schôt = eine bestimmte Anzahl von Stücken, ein Getreidemaß (Lex. II. 773).

schoßkelle, die (schúßkell, Rg., Gab., Weig.; schúßkelle. Tr.) = Sitz des Fuhrmannes vorn am Lastwagen, von muschelähnlicher Gestalt, meist aus Weidenruthen geflochten.

schote, die (schúte, Parsch.) = weibliches Glied.

schottenkrämer, der (S. H. 135) = Händler mit Quark, Molken. Bairisch der schotten = Quark, der aus süßer Milch hergestellt wird (Schmell. II. 486); mhd. schotte (Lex. II. 774).

schouse, schouße, die (Rb.) = Spaß.

schrämen (schrǎma, Schatzl.); bergmännisch = Steinkohlenflöze untergraben, so daß der überhangende Theil dann durch seine Schwere von selbst herabfällt. mhd. schræmen = schräge machen, krümmen, biegen (Lex. II. 785); bairisch schräm, schrem = schräge, schief (Schmell. II. 601). Vergleiche schrîme im alph. Verz.

schranken, der (schranka, meist Mz. die schranka, Rg.) = mehrere Handvoll (hampfl) Flachs, die beim Raufen quer „verschränkt" übereinander gelegt werden. Zu hd. schränken = quer und übers Kreuz legen (Wgb. II. 937; Schmell. II. 609); mhd. und md. schrenken = schräg, kreuzweise, quer legen, setzen, stellen; ahd. screnhan, screncen = ein Bein stellen.

schräzen (schrǎza, Rg., Tr., Weig., Henn.) = stehlen, ausführen. Auch gläßisch schraza.

schrime, adj. (Rz.); schrîms, adv. (Rg., Hbr.) = schief. Bairisch schräm, adj.; üblicher in der Adverbialform schräms (Schmell. II. 601). Vergleiche schrämen.

schrôpen (schrôpa, Rg., Weig.); schropsen (Rg., Tr.); von Menschen = mit Geräusch etwas festes, hartes beißend essen (Brot, Aepfel); von Thieren (Mäusen) = etwas Festes z. B. Holz mit Geräusch benagen (A., Schöb.). Bei Schmell. II. 610 schrappen = schaben, scharren;

Bilmar kurhessisch Idiotikon 368 = kratzend schaben, z. B. gelbe Rüben, frische Kartoffeln. Bei Wbg. II. 637 schrapen. Vergleiche dazu bairisch schrafen = ritzen, kratzen. Ueblicher schrefeln (Schmell. II. 598). SB. schreweln = Krautstrünke in viele Theile der Länge nach durchschneiden; daher übertragen von Kindern = den ganzen Tag essen (Prach.). Vergleiche auch scharben.

schroten (schrûta, Rg., Hbr.) = wie hd. grob in Stücke zermalmen, zertheilen; insbesondere aber große Steine vermittelst eines eisernen Keiles, auf den man mit einem schweren Hammer (përdel) schlägt, zertrümmern.

schröter, der (schrîtr, Hbr.) = eiserner unten breitschneidiger mit Stiel versehener Keil, den man in die sogenannten Jahre des Steines einsetzt, während ein anderer mit dem schweren Hammer daraufschlägt.

schrötlein, das (schrîtla, Rg., Gab., Weig., Trb.) = ein Stück, Schnittlein wovon. a schrîtla gerejcht Flejsch = eine Schnitte geräuchertes Fleisch, wie man sie im Rauchfange hängen hat. In folgenden Kinderversen:

Eduatla, Quarksackla
Zwê Schrîtlan Flêsch;
Mir ês on dir ês
On Eduatlan kês. (Trautenbach).

schröwen (schrôwa, 3. Sing. a schrôbt; Rg., Gab.; Weig.) = mit hörbarem Geräusche an etwas Festem mit den Zähnen beißen, nagen. Vergleiche schröpen im alph. Verz. und bairisch schrafen, schrefeln. SB. schrêweln (Pr.).

schub, der (Rg., Tr., Gr.-Bor.); schübling, der (schîwlich, Rg., Henn., Grab., Br., A., Gießh.); schîflich (Rg., Gab.) = 1. Schiebvorrichtung aus Blech zum Abschließen des Ofenzuges; 2. Schublade in Zimmer= geräthen; 3. Schiebfenster.

schuck, der (Rg.) = Schuh. NB. schûch (M.); Egerländisch schouch; mhd. schuoch, md. schûch (Lex. II. 819); die schucköle (Br., A., Gießh., Rg., Grab.) = Schuhmacherahle; sonst örtel (örtla); siehe örtlein I.

schuckel, die (Lbsfr.) = die Schaukel und

schuckeln = schaukeln. Bairisch schucken = mit kurzem Schwunge in Bewegung setzen; schocken = in schwingender Bewegung sein: schwäbisch schockeln = schwingend bewegen (Schmell. II. 369). Vergleiche hd. schaukeln.

schülern (schillan. Rg.) = jemanden wie einen Schüler behandeln, belehren.

schulzeker, der (Rg.) = Schultasche der Kinder. Siehe zeker.

schummeln, beschummeln (Rb.); schumman (Rg., Br., A.) = betrügen. Das einfache schummeln heißt eigentlich = eilig thun (Wgb. II. 650); (verächtlich) hin- und herlaufen, bairisch bei Schmell. II. 420).

schunke. die (Rg., Weig.) = weibliches Schwein. Sonst im Rg. tschunkl (Lbsfr.); tschunkla (Rg.).

schüppe. die (scheppe, Rg., Gr.-A.) = der schupfenartige Anbau hinten an einer Gebirgsbaude. Die „Schuppe" enthält gewöhnlich den Brunnentrog und landwirtschaftliche Geräthe. hd. der schoppen, schuppen = überdeckter Raum zum Schutz (Wgb. II. 632).

schuppen = die Rinde eines Baumstammes stückweise abschneiden, daß der Saft bei Waldbäumen herausquellen kann.

schüppig (schippich. Rg.) = gefleckt; das ist wie mit „Schuppen" bedeckt. Siehe schippig.

schups, der (Rg., Br., A.) = gäher Stoß mit der Faust.

schupsen (schupsa, Rg., Br., A.) = stoßend fortschieben. Bairisch schupfen (Schmell. II. 440).

schur, der (Rg.) = Aerger, Neckerei. ich hô an schur mid om = ich habe Plage mit ihm. schur on schimpf hôn mit jemanda = nichts Gutes mit und an jemandem erleben. jemandem etwas zu schure thun (Lbsfr.) = etwas thun, um jemand zu ärgern. Auch NB. (M.) Zu scheren = belästigen. zu schüre gîn (Rb.) = vorgehen, sich ereignen. wos gît dort zu schure? = was geht dort vor?

s c h u r e n. der schurer = 1. schorn (siehe daselbst).
2. scheren, abschneiden mit der Schere. die hôre schürn
lôn. der harschûrer = Friseur. 3. = schüren, z. B.
ein Feuer. In einem Gedichte „Die heiligen drei Könige"
heißt es: Josef schor ein Feuerlein und machte dem
Kinde ein Breierlein (Altstadt). md. allgemein schurn
= mhd. schürn, nhd. schüren.

schürg, die (schie^rg, Hilb.) = Schubkarren. Von
schürgen (schërcha, Rg.; Br.) = stoßend schieben.
NB. schürchn (M.) Bairisch schorgen, schörgen, schurgen, schürgen = stoßen, schieben (Schmell. II. 467).
schurgen. schürgen; schurgkarren (Wgb. II. 652).
Schweizerisch schürggen = schieben und (Feuer) schüren
(Stald. II. 355). mhd. schürgen (Lex. II. 829). ahd.
scurgan, gekürzt aus scurakan = antreibend fortbewegen,
forttreiben (Wgb. II. 652).

schurigeln, schorigeln, schorîchln, transitiv und
reflexiv (Rg.) = ärgern, quälend anstrengen. NB. sich rim
schurigln (M.) Bei Wgb. II. 652 schurigeln = angestrengt
arbeiten lassen, mit Mühe und Arbeit quälen. Aus nd.
schûrêgeln, westerwäldisch schorgeln = plagen, quälen
(Schmidt 207). Scheint aus ahd. scurakan (siehe schürgen) hervorgegangen.

schurz, der (Rg., Hbr.) = Art primitiven Wehres,
um das Wasser im Bache zu stauen.

schürze, die (Ifgb.) = Geschlechtstheile der Hündin.

schuseln (schusan, Rg., Tr., Weig.) = achtlos
handeln, oberflächlich sein. Daher

schussel, der (Grab.), schusslich, der (Tr.) =
geschossener, gedankenlos handelnder Mensch. Wetterauisch
der schussel (Wgb. II. 653). Vergleiche scheußlich,
scheusel im alphabetischen Verzeichnisse.

schuster, der. Reime:

> Schuster on Schneider,
> Dos Lumpagesind,
> Zum Frassa, zum Saufa,
> Do sein se geschwind.
>
> (Hennersdorf).

Schuster meck meck,
Die Stiefl vull Dreck,
Die Stiefl vull Wonza,
Dr Schustr muß tonza.

(Hennersdorf).

Schustermêdla, Schneidermêdla,
Flëck mr meine Strëmpe;
Uwa a Kappla on onda a Kappla,
Mëtta nai 's schinste.   (Gießhübel).

Schuster, mu, mu!
Flick mr die Schuh!
Wenn wàn se fertigh sein?
Mann früh beim Mondenschein!

(Lauterwaſſer).

schütt, die (schît); 'n schît macha (Rg., Weig.)
= etwas mit einem Guß verſchütten.

schütz, der (schitz, D.-B.) = Damm. Sonſt

schütze, die (schëtze, A.) = Querbrett im fließenden
Waſſer, Bächlein, das Waſſer zu ſtauen. Auch NB. die schütze.

schütze, der (schëtze, A.) = Weberſchiffchen.

schwabe, der (schwow, Rg., Arn.; schwowe,
A.) = Küchenſchabe. der schwab, schwabenkäfer (bei
Adelung) = die Bäckerſchabe (Schmell. II. 619).

schwaden, der (schwodn, Hilb.; schwoda, Grab.)
= Lage gemähten Getreides (wohl auch gemähten Graſes).

schwadenpapp, der (schwodapapp, Rg., Hbr.)
= Gaſch aus schwaden (schwoda), d. i. Grasart panicum
mit eſsbarem Samen.

schwadern (schwödrn, Wich., Hilb.) = ſchnell
ſprechen, plappern. das geschwader (geschwodr). Ver=
gleiche auch schwudern. Bairiſch schwaderen (Schmell.
II. 624), ſchwäbiſch (Schmid 485), ſchweizeriſch (Stalb.
II. 357) = (von Flüſſigteiten) plätſchern; plaudern, ſchwaßen.

schwalme, die (schwolm, schwolme, Rg.; Br.;
A.) = Schwalbe. Schwäbiſch der schwalm (Schmell.
II. 632); kurheſſiſch (Vilmar 377); auch ſchweizeriſch.

NB. die schwolme (M.). mhd. der swalme bei Boner und swalm, entstanden mit Elision des b aus swalbm (Lex. II. 1333). Komm Mutter, komm on sich ock, sich, die „schwolma" join gor ferchterlich. „Das Gewitter" (Braunauer Mundart).

schwalmen, der (schwolma, Abersbach) = billiges Messer, dessen Heft aus Holz ist.

schwamp, der (schwomp, Rg.) = der Schwamm (in jeder Bedeutung). mhd. swamp = Schwamm, Pilz (Lex. II. 1334). ahd. suamb, suamp.

schwamperich (Grab.). Faule Eier sind sehwamperich.

schwampern (schwampan, Weig.) = 1. (von Flüssigkeiten) überlaufen. 2. schwanken wie auf moorigem Grunde. Auf einer nassen Wiese „schwampert" es, wenn man darüber geht. Wie bairisch schwammezen = locker sein, schwanken, einsinken (Schmell. II. 633).

schwappe, die (schwoppe, Rg., Tr., Gab.; Br.; A.) = klatschender Schlag, Ohrfeige, Backenstreich. die schwopp (Hilb.). Daneben auch die Form schwopse (Rgb.).

schwappern (schwoppan, Rg., Trb.) = Flüssiges überschütten, dass es klatschend auf den Boden fällt; überhaupt vergießen. In NB. auch = schwätzen, plappern (M.). Bairisch schwappen (Schmell. II. 643; Wgd. II. 661). NB. schwappeln (Drum.) = schwankend an und über den Rand des Gefäßes schlagen.

schwar, der (Rb., Rg.; A.; Br.; der schwarn, D.-B.) = Eiterbeule, eiternde Hauterhöhung. Bairisch der schwer, schweren (Schmell. II. 645). Wgd. II. 661 der schwären. NB. schwâ (M.). Von schwären = in Eiterung übergehen. Davon

schwarnich, Adj. (A., Wich., Rot.) = geschwürig.

schwarte, die (schworte, Rg.) = die äußeren Brettheile, die in der Brettsäge vom Stamme abgeschnitten werden; die Haut, auch des Menschen: ich gâ dr ês, doss dr dë schworte plotzt (Rgb.).

hasen-schwarte, die (hosaschwort. Rg., Weig.)
= Hasen'scharte, d. i. fehlerhafte Ausbildung der Lippen
neugeborener Kinder. scharte == spaltähnliche Oeffnung.

schwärzlein, das (schwarzla, Rg., Parschnitz)
= Floh.

schwefeln (schwafan. Rg.) = 1. herumreden,
Vieles, aber nicht eben Sinnvolles reden, oder viel reden,
um dadurch jemandem eine Lüge aufzubinden. 2. nächtlicher
Weile in Wirtshäusern herumziehen. So nannte sich ein
geselliger Club in Trautenau dereinst die schwaflbande.
In 1. Bedeutung ist es zu ziehen zu bairisch, österreichisch
schwaibeln = lügen, schwätzen (Castelli 252; Schmell.
II. 620). Dieses Wort schwaibeln hörte ich auch schon
in der Form schwalbeln (SB. Prachatitz). In 2. Bedeutung scheint es sich an hd. schweifen anzulehnen.

schwefelein, das (schwafala. Rg.) = Schwefel-
hölzchen.

schwengelborn. der (Rgb.); schwengelbrunn
(Weig.) = Brunnen, bei welchem durch Winden das
Wasser heraufgefördert wird.

schwenken. es schwenkt sich aus (Rg., Arns.)
= das Wetter heitert sich aus.

schwenker. der (Rg., Tr., Henn.; A., Wich.) =
1. leichter Rock, Ueberwurf. Schlesisch (Kn.). Sonst plant
(siehe daselbst). 2. (Rg.; Br.; A.) = Uhrpendel. 3.
(Grab.) = langer Stab.

schweppern (Rb. und Umgebung) = Flüssigkeit
vergießen, wenn dieselbe durch Bewegung an und über den
Rand des Gefäßes schlägt. Vergleiche schwappern im
alphabetischen Verzeichnisse. Bairisch schwappern (intransitiv)
(Schmell. II. 643). NB. schweppern und schwippern (M.).

schwer. Comparativ schwerner, Superlativ om
schwernsta (Rg., Trb.).

schweren, der (Lbsdr.) = Eiterbeule. Siehe
schwar.

schwerlein, das (schwerla, Rg., Tr.) = Uhr-
gewicht, gewöhnlich aus Eisen.

schwile, die (Rg., Tr.) = Schmiele (Grasart).

schwinge, die (schwin. Hilb.; schwing, Grab.) = 1. eine meist aus Holzspänen geflochtene Mulde für das Pferdefutter. 2. die schwengen (schwënga) = breite Sprossen, welche die beiden Leiterbäume am Leiterwagen verbinden.

schwingel, der (Rg., Tr., Henn.) = Schwindel. Wechsel von g mit d.

schwippeln (schwippan, Rg., Weig.) = (von Flüssigkeiten) wellenförmig überlaufen. dr tôp is geschwipplta vûl, voll zum Ueberlaufen. Vergleiche schwappern, schweppern und schwuppen.

schwippern (schwippan, A., Gießh., Wich.) = schwippeln.

schwips, der (Rg.) = leichter Rausch.

schwirblich (schwërblich. Rg., Tr.) = wirr im Kopf, übel zu Muthe (von Angetrunkenen, auch Kranken). Ein Adjectiv zu dem Substantiv der schwirbel = Wirbel, verworrene Menge, Schwarm, confuser Lärm (Schmell. II. 647). Bairisch auch schwurbel (Schmell. a. a. O.); ebenso NB. (M.). Daselbst auch das Adjectiv schwurwelig. schwurwlich. Egerländisch schwurwrlich. Das Zeitwort schwirbeln, mhd. swërben = sich wirbelnd bewegen (Lex. II. 1361).

schwitte, die (Ott., Ta.) = Schar, Menge, z. B. Kinder. Wohl von französisch la suite.

schwitzling, der (schwitzlich, Rg., Tr., Gab., Weig., Hbr.) = junger vorlauter Mensch. Man vergleiche dazu die Redensart: der ist noch nicht trocken hinter den Ohren, wenn man einen Grünschnabel bezeichnen will.

schwoid (Rg., Trb.) = links. schwoid rîwr, was sonst hist, bi in der Fuhrmannssprache.

schwudern (schwudan, Rg., Tr., Weig.; A., Gießh.) = viel reden, schwätzen. das geschwûdr = Geschwätz. Vergleiche schwadern im alphabetischen Verzeichnisse.

schwung. of a, ai a schwung brënga (Rg., Tr., Weig.) = jemandem auf die Beine helfen.

schwuppe, die (Rg.; A.) = schwanke Gerte,
biegsame Ruthe, meist Weidenruthe. schwuppe auch NB.
(M.) und schlesisch (Wbd. Btr. 89). die schwippe = das
Klatsch-Ende der Peitsche (Wgb. II. 672). mhd. swippe,
swoppe = Peitsche (Lex. II. 1380). ags. svip, altnordisch
svipa. Unsere Form schwuppe dürfte durch eine weitere
Verdumpfung des Stammvocals zu u aus der mhd. Form
swoppe entstanden sein.

schwuppen (schwuppa, Br.; Groß-Bor.) =
Flüssigkeiten durch Schütteln des Gefäßes verschütten.
Vergleiche schwippeln und schweppern im alphabetischen
Verzeichnisse.

schwupperich. mir is schwupperich (Rg.) =
mir ist übel zu Muthe, ich fühle mich beängstigt.

schwuppich (Ta.) = beklommen ums Herz. Von
schwupperich (Rg.). In NB. schwüppich (schwipsch) (M.).

schwurblich (Umgebung von Lösdr.) = wirr,
verwirrt im Kopfe. Siehe schwirbel im alphabetischen
Verzeichnisse.

schwutzen (schwutza, Rg., Tr., Gab., Weig.;
A., Rot., Wich.) = 1. Flüssigkeiten, auch Weiches, Brei-
artiges verschütten. Daher der schwutz = weicher flüssiger
Koth. gänseschwutz = Excremente der Gans. die
schwutze hön (Br.) = Diarrhöe haben. 2. viel reden.

sech. der, die, das seche (Ems.) = solch, dieser.
dar seche = der da.

sêche, die (Rg.) = Urin.

sêchen (sêcha, Rg.) = uriniren. sêchn (NB. M.).
Dasselbe was seihen, seigen. = Flüssigkeit durch einen
englöcherigen Körper durchrinnen lassen. sêchtasche (Rg.),
geringschätzige Bezeichnung einer Weibsperson. sêchoumße
(Rg.), sejebümß (Frd.) = gemeine Ameise.

sêcher, sêger. Siehe seiger.

sechtich, der (A., Gießh., Wich.); seichtich
(Br.) = 1. ein Lappen, Fetzen zum Durchseihen der Milch.
2. (bei Kindern) der aus der nicht gehörig zugeknöpften
Hose rückwärts heraushangende Theil des Hembdes.

seding, die (sédin. D.=B.); siding (sîdiu, Hilb.) = Häsin. Eine Bildung von dem persönlichen Fürworte „sie." Vergleiche die sie und die sîne = Kaninchen= weibchen. der bâr = Kaninchenmännchen.

sédla. das? (A., Schöb.) = Gericht, bestehend aus einer aus Semmeln, Gries und Milch bereiteten Suppe. Eine Art pappe (siehe daselbst), Gasch.

seele, die (sîle, Rg.). sich die sîle rausärchan = sich sehr ärgern. der ärchrt mich, dass mr die sîle am ellnbogn tanzt (Rgb.).

Seff (Rg.) = Josef. Wortspiel: Seffe, soi's Seffan, doss Seffe Seffan soit. doss Seffe a Hund 'nausjoit (Weckersdorf). Bekanntes Lied:

> Seff, blei dô (dou),
> Du wesst ju nê, wie 's Wâtr wërd.
> 's kôn wûl rêna, 's kôn a schnein,
> 's kôn a wiedr schinnr sein.
> Seff, blei dô (dou),
> Du wesst ju nê, wie 's wërd.
> (Trautenau, Trautenbach).

sëfflich, der. Siehe süffling.

segnen (senn'. senna. Rg., Tr., Rgb., Grab., Gab., Weig.); gesegnen (gesenn'. 2. Mittelwort gesäint) = 1. segnen. sâin gôt 's mittichassa (Sattel). 2. auf geheimnisvolle Weise, durch Hersagen von Sprüchen Krank= heiten heilen. Will z. B. jemand den Warnckel (siehe daselbst) weghaben, so soll er denselben „gesenn", was mit folgenden Worten geschieht: Warneckl. ich gesäin dich mi'm Tuchzëppl; wëllste nê wa'n wie Himml und Ade, vergîh liwr bâle.

segen, der (Rg., Rb.) = Beschwörungsformel zur Abwehr von Unglück oder um etwas zu erlangen. Ein Diebssegen aus Trautenau, der den Dieb in die Gewalt des Bestohlenen bringen soll, lautet:

Dieb Seegen zu Sprechen.

Im Namen Gottes V. S. und heil. Geistes, amen. Dieb, ich beschwöre dich bei der Kraft Gottes und bei seiner eigenen Allmacht, wider Sonn, Mond und Sternen, und daß gantze Firmamenth, den gantzen erdtboden, laub und graß, gelben blühenden kreydern und allen Sternen (oder Steinen?) unter Sich, über Sich, neben Sich beschwere dich nicht Nur in Meinem Hause, Sondern auch in Gärten, Wiesen und Feldern, Waß du Wirst stehlen. In Nahmen gottes V. S. und heil. Geistes, amen; Als beschwöre ich dich zum andern Malen, du Dieb, der du auch bist, es mag Sein, Vatter, Mutter, Bruder, Schwester, naher freundt oder feindt, so beschwere ich dich mit allen 12 Aposteln, mit allen hl. Engeln und allen Vögeln, die unter den Himmel Schwaben, mit diesen beschwere ich dich, daß du Stielle Stehest, in Meinem Hause, wie Christus am Stamme des Kreuzes gestanden ist. Im Nahmen gottes V. S. und heil. Geistes, amen; Als beschwere ich dich, Dieb, zum dritten und letzten mahl mit diesen Worten weil Christus die ganze Welt regieret und daß da ..... (unleserlich) ist, daß du mir Stehen must in den Meinigen und hersch Schaftl. Wäldern, biß ich komm und dich losen werde mit einer Ohrfeige, Apra, Apro, Ziz, Apra, Fulm. Apra ..... im Nahmen gottes V. S. und hl. geistes, amen.

de Anno 1723.

Beschwörung eines Pferdes.

Wenn sich ein Roß nicht beschlagen lassen will, so sagt man ihm ins Ohr folgende Verse, bei deren jedem man das Kreuz über das Pferd macht:

Kasper habe dich!
Melchor binde dich!
Baldes strecke dich!
(Reichenberger Gegend).

sehen. übersehen (Rg.) = durch den Blick einen unheilvollen, schädlichen Einfluß auf Menschen oder Thiere haben. Volksaberglauben. Wenn der Bauer seine Kühe austreibt, so spuckt er jeder über den Kopf, damit sie nicht „übersehen" werden (Weigelsdorf). Ungewaschene Personen oder solche, welche die Hand über die Augen halten und auf diese Weise sehen, oder diejenigen, die an den drei Hauptfesten zuerst Weißbrot essen, können jemanden „übersehen". Kopfschmerzen, Uebelkeit und andere kleine Krankheiten oder Unfälle sind die Folgen des „Uebersehens" (Gabersdorf).

seichtich. der. Siehe sechtich.

seidelbär, der (Henn.) = Zeidelbär, d. i. eine
Art kleiner, dem Honige nachgebender Bär. Denn zeideln
= Honigscheiben aus den Stöcken schneiden. zeidler =
Bienenzüchter. Schon ahd. zîdalâri. Redensart: grunza
wie a seidelbar.

seier, die (Henn.) = nasse Stelle auf Feldern.
Vielleicht zu sauer. denn solche Stellen heißen auch sauer-
oder surgalle (siehe daselbst).

seifen, der (Rg.); seiffen (S. H. 338) = Bach.
Elbseifen = der Quellbach, der am Fuße des Hohen Rades
entspringt. Krummseifen = Weißwasser, der andere Quellbach der Elbe, der sich oberhalb Spindelmühle mit ersterem
vereinigt. Thalseifen = Ortschaft am Südabhange des
Rehorngebirges. Hermannseifen = Ort an der Kleinen
Elbe. Seifenbach = Nebenbach, der zwischen Schwarzberg
und Forstberg entspringt und in Marschendorf mündet; er
heißt auch Klausenbach (siehe daselbst). Seifenthal =
ein Thal bei Harrachsdorf. (Vergleiche „Das Riesengebirge
in Wort und Bild", Heft 5, Seite 78). Schlesisch der
seifen = Bach (Whd. Btr. 89). mhd. der sîfe =
Bächlein, von einem Bächlein durchzogene Bergschlucht. Von
sîfen = tröpfeln, triefen (Lex. II. 912). Vergleiche in
unserem Dialecte sîfern = schwach regnen. Ebenso bairisch
und oberpfälzisch sifern und sîfeln = langsam, dünn durch-
oder herausfließen; sanft, fein regnen (Schmell. II. 232).

I. seiger, der (sejchr, Rg., Tr., Gab., Weig.;
sêchr, Freih.; sàijer, A., Gießh.; sàichr, Br.) =
Wanduhr, meist Schwarzwälder Uhr. Auch in NB.
sêcha (M.), seeger (Leipa). In diesen Gegenden
auch kirchensêcha (M.). Auch im Meißnischen und
in Schlesien. Zu nhd. sickern, welches ein Iterativ
ist. mhd. sîgen; ahd. sîkan, sîgan = sinken, tropfen
oder tröpfelnd sich abwärts bewegen. Ursprünglich
war der „seiger" wohl eine Sand- oder Wasseruhr
(sandseiger, S. H. 55), die durch das Durchsickern
des Sandes oder des Wassers durch eine enge Oeffnung
die Zeit anzeigte.

II. **seiger.** Adj. (sächr, Rg., Trb.; sejehr, Weig.), nur mehr vom Quark gebraucht = alt. mhd. seiger = langsam oder zäh tröpfelnd, matt, schal, besonders auch von umgeschlagenem, verdorbenem Weine: seiger wîn (Lex. II. 856).

sêler, der (Br.), sejlr (Tr.) = hölzerne Gallerie am Hause. Bairisch soler = offener Gang oder Altane um das obere Stockwerk eines Bauernhauses (Schmell. II. 261). Kurhessisch der solder = Boden, Decke des unteren, Fußboden des oberen Stockwerkes (Vilmar 387). mhd. der sülre, solre = Söller (bei Adelung), Boden über einem Gemache, Vorplatz, Flur im ersten Stockwerk, Laube (daher auch vurlejwe = Vorlaube, Rg., Gab.), Saal. Aus lateinisch solarium.

sêmla, das (Rg.) = der Streifen längs der Rinde unausgebackenen Brotes. Von saum. säumlein. Vergleiche schliff.

semme, die (Göhe) = Simse, Binse. mhd. semede, semde (Lex. II. 873).

semmelpilz, der (sàmlpilz, A., Sattel) = Art genießbaren Pilzes.

sende, die (Rg., Gab., Weig.); senfte (Tr.) = Flatterbinse. sendakränze werden als Verzierung über den Lampen oder über den Tischen an die Decke gehängt. NB. sente (M.). Aus dem Marke dieser Binsenart werden verschiedene Kleinigkeiten, Vögel u. s. f. hergestellt, die man an der Stubendecke über dem Tische aufhängt. Vergleiche semme. Auch mhd. sende neben semde, ahd. semida (Lex. II. 873).

sênerlich (Henn., Grab.); sejnrich (Br.; A., Gießh., Wich.); sènhoftich (A., Rot.); senrhoftich (A., Gießh., Wich.) = nach Speise oder Trank lüstern. Auch NB. sejnich (M.); daselbst auch das Zeitwort sich sénern (sejnan). mhd. senelich = von Seelenschmerz ergriffen, schmachtend.

senkelnadel, die (senklnüld. Henn.; senklnöle, Br.; A.) = Nadel mit großem Oehr ohne Spitze zum Einziehen von Schnüren in Betten.

sennen (senna, Rg., Tr., Rgb., Grab.: gesenn, A.) = auf geheimnisvolle, zaubrische Weise heilen. Siehe segnen.

sensenwurf, der (Rg.) = Senfenstiel.

sênze, die (Rg., Gab., Weig., Rgb.) = Sense. sênzaworf = Senfenstiel. Egerländisch die sai͞z = Sense. NB. sensnwurf (M.) = Handhabe am Stiel der Sense. Vergleiche auch wurf im alphabetischen Verzeichnisse.

ser = hd. sehr. Comparativ und Superlativ sernr, am sernsta (Rg., Tr., Rgb., Grab.).

sett, Pronomen = solch. der sette, sitte (Rg.); sütte (Rb.); ein settener (Hilb.). Auch schlesische Formen wie sitte, sette (Whd. Df. 141). Verstümmelungen aus sogethan, sothan (veraltet) = so beschaffen. Bairisch sottǝ, settǝ, a settǝnǝ (Schmell. II. 205).

setzen, aufsetzen. 'n decksta kôp ûfsetza (Weig.) wiberhaarig sein; überhaupt 'n kôp ufsetza (Gab., Rgb.) = aus Bosheit, Zorn widerstreben, Rath und gute Worte nicht annehmen.

sichen (Rb.); sicha (Rg., Tr., Kl.=A.) = suchen.

sichern (Jsgb.) = scharf nach einer Richtung sehen (vom Wilde).

sichte (Tr., Kl.=A.); söchte (Rb.); soichte und soichtje (Ta.), der, die, das = solcher, solche, solches. Hier ist von altem sogethan das zu ch gewordene g noch übrig. Als Beleg dafür führt Whd. Df. 141 die Form sochtân bei Laßberg, Liedersaal 2241, an: die sochtân unrecht an uns tuont.

sickeln (Rb., Ta.); sejkal (Hilb., Lbskr.) = langsam sein, langsam arbeiten. Wohl eins mit sickern = langsam durchtröpfelnd abrinnen (Wgb. II. 706; Vilmar, kurhessisches Jdiotifon 385).

sîd, sîde, die (Rg. allgemein) = Häcksel, Häckerling, ganz zerlegenes Stroh im Bette. Von sieden. Oberpfälzisch das gesott (g'sôd und g'sîd) = zum Absieden, Abbrühen bestimmter Abfall von ausgedroschenem und gereinigtem Getreide, Spreu (Schmell. II. 339). NB. sîde = vermittelst einer Schneidmaschine zerkleinertes Stroh, das

abgebrüht als Biehfutter dient (M.). Schlesisch der sod =
das Ausgesottene, Brühe (Whd. Btr. 90). Schwäbisch das
g'sod = Häcterling (Schmidt 496).

sider (Rb.; S. H. 253) = nachher, später; dersider
(Tr.) = seitdem. Kurhessisch sider = seit (Bilmar 383).
mhd. sider = nachher (Lex. II. 906), NB. daseira =
seitdem (M.). Schäbisch sider = seitdem (Schmid 494).
Schweizerisch sid = seit; side, sider = seither (Stald. II. 373).

sidesàkgrob (Gab.) oder sôksidegrob (Weig.),
übertragen auf Menschen = sehr grob.

sie, die (Rz.) = weibliches Kaninchen. Schlesisch
sie, sine (Whd. Df. 138). Bergleiche sine und här im
alphabetischen Berzeichnisse. Schweizerisch sie = Weibchen
eines Bogels (Stald. II. 373).

I. sifern (Rb.); sifan (Rg.; Br.; A.) = fein regnen.
   Bairisch sifern, sifeln = langsam, dünn durch= und
   herausfließen, sanft, fein regnen (Schmell. II. 231).
   Auch NB. sifan (M.). Jterativ zu mhd. sifen =
   tröpfeln, triefen (Lex. II. 912).

II. sifern (sifan, Br.) = zittern vor Kälte. In NB.
    zifern (zifan, M.); ebenso Rg. (Gab.). Siehe unter
    zifern.

I. silen (Rz.); sila (Rg.; Br.; A.) = wälzen. sich
   römsiln (Rz.) = sich träge herumwälzen auf einem
   Lager; vom Schweine: in einer Lache; vom Menschen
   auch: sich irgendwo müßig umhertreiben, aufhalten.
   versilen (Göhe), z. B. Geld = verschwenden.
   Schlesisch sülen = wälzen; sich besülen = sich
   beschmutzen durch Herumwälzen in Koth (Whd. Btr.
   96). Ebenso NB. (M.). Bairisch sich solen, vom
   Hirschen = sich zur Abkühlung in einer Lache wälzen.
   Bergleiche dazu kurhessisch das sol (Bilmar 387).
   die sühle bei Wgd. II. 857. mhd. soln und süln.
   ahd. solôn. Gothisch bisauljan. Bergleiche den
   Ausbruck sich besalben = anschmieren, sich selbst
   betrügen. Bairisch besulwern, besulbern = sich mit
   Koth beschmutzen (Schmell. II. 271). mhd. be-
   sulwern (Lex. I.). Rg. besëlwern.

II. silen (sila, sich, Tr.) = sich nach etwas sehnen.

simmet, der (Rg.) = Samstag. Wie samstag aus sabbathstag, so entsteht simmet aus sünnabend. mhd. sunabent. sunnen abent. sünabent (Lex. II. 1316). Auch NB. simt (M.); sömmt (Rb.).

simmriche, die (Br., Ott.); das simmriche (sc. getreide, Rg., Hbr., Weig.; als Substantiv auch das gesimmriche, Weig.) = Sommergetreide. 's simmriche un 's wintriche = Sommer= und Winterkorn (Gab.). Schlesisch sömmrig, simrig = den Sommer betreffend; simmrige sät (Whd. Btr. 92).

sine, die (Rg., Gab., Weig., Rgß.; A., Baß.; Rb.) = weibliches Kaninchen. Siehe sie.

sisslich, der (Henn.) = Mensch, der das von andern Gesprochene einem zuträgt; falscher Mensch. Von süß, süßlich. Unser sisslich aber = süßling.

sissenzich (Gab.); sissinzende (Rb.) = süßlich, süßschmeckend. Ableitung mit enz. Vergleiche brendrenzn, sauerenzn 2c.

Sitte, die (Ta.) = die Stadt Zittau in der säch= sischen Lausiß. Auch NB. Sitte (M.).

sims, der (Rg., Gab.; Br.; A., Wich.) = das Gesims um den Kachelofen in den Bauernstuben, auf welches man allerhand stellen kann.

siwalsch, Adj. (Rg., Gab., Weig., Tr., Grab.) = verwirrt, verdreht thuend, sich benehmend.

siwern (Henn.); siwan (Rg., Tr., Weig., Gab., Rgß.) = 1. fein regnen. 2. siwern (siwan, A., Gießß.) = vor Kälte zittern. Vergleiche sifern I. und II. Ebenso zifern im alphabetischen Verzeichnisse.

socher, der (Rg., Joh., Hbr.) = Knüttel, Prügel. mhd. die zoche und der zocher (Lex. III. 1145). Tirolisch der zochen = abgehauener und der Zweige entblößter Ast. Bairisch zochen den hund = ihm einen Querprügel an den Hals hängen (Schmell. II. 1079). Vergleiche auch zocher und tschachaner im alphabetischen Verzeichnisse.

sommer, der (summr, Rg.), daselbe was mai, d. i. ein mit bunten Bändern gepußter Wipfel eines Fichten= bäumchens, das die „Sommerkinder" (ursprünglich) am

Sonntag Laetare von Haus zu Haus tragen, wobei sie
Lieder singen. Es ist ein Frühlingsbrauch. An diesem
Tage wird auch der Tod (der Winter) ausgetrieben. Darauf
beziehen sich die Verse des Volksliedes: 'n Tud hann mr
ausgetrieben. 'n lieben Summr breng' mr wieder (Rb.).
Vergleiche das Lied „Dr Summr on dr Meia" unter dem
Artikel maien.

aus-sommern = mit dem „Sommer" umherziehen.

sommerkälblein, das (summrkalwla. Rg., Grab.;
summerkerwla. Rg., Arns.: A., Gießh., Wich.; summr-
karwla, Gab.);

sommerkäferlein, das (summrkâfrla, Tr.;
summrkâfala, Br.; summrkâfr, Gr.=Bor.);

sommermëzel, das (summrmézl, Frd.);

sommerwürmlein, das (summrwërmla, A.,
Rot.) = Marienkäfer, siebenpunktierter Johanniskäfer,
Kugelkäfer. Kinder lassen den Käfer am Finger bis ans
Ende laufen und singen, indem sie sein Fortfliegen abwarten:

Summrkerwla, flieh aus,
Dei Hoisla brit aus!
Dë Këndlan missa fosta,
's Brut leit aim Kosta;
's Blut loift aus der Rënne,
Dë Këndlan liche drënne.
Fliche weit ai 's Land!   (Schöbewy).

sommersprenkel, die. Mz. (Rg., Hbr.) =
Sommersprossen.

soppen. Siehe suppen.

sôstas (Rgb.); sôwest (A., Ritschka) = abends,
des Abends. In einer aus Alt-Rognitz gemeldeten Version
des schon unter Artikel gewulk erwähnten Spottliedes
„Wisst ihr denn, wu Trautna leit" heißt es: wenn se
(die Mägde) sôstas schlofa gin. In Laut. z'owert.

spalten (spâla, Rg., Gab.; auch spolla. Weig.,
und spalla, Tr.). Im Dialecte ist die ursprünglich starke
Form des (wie halten reduplicierenden Zeitwortes noch
insofern erhalten, als die 2. und 3. Singular den Umlaut

noch hat: du spellst (spältst wie hältst); a spellt (spält wie hält). In NB. du spillst, a spillt (M.).

spalt, der (Rg.) = durch Spalten, Schneiden entstandene Theil. äpfelspalten (äpplspàla) = die durch Zerschneiden des Apfels entstandenen Stückchen, die man meist bäckt, röstet.

span, der. Redensart: en spôn naihaua = das Vorhaben eines andern vernichten, seine Pläne durchkreuzen und die Ausführung hindern. a spânla ailên (Tr.) = gleichfalls ein Hindernis bereiten.

aus-gespann, das. Ausgespôn = Ort Haindorf im Königreichwalde. Wahrscheinlich gieng hier die Hauptstraße von Trautenau nach Königinhof.

spechtich (Rg., Arn.,; A., Rof.); spachtich (Henn.) = übel aussehend im Gesicht, schwächlich, schmächtig, hochaufgeschossen. Oberpfälzisch der, die spachten = Holzspan stärkerer Art; spachen = durch Austrocknung den Zusammenhang verlieren; daher spach = dürr; spachig = trocken, spröde (Schmell. II. 654). Kurhessisch spachern = zusammentrocknen (Vilmar 389).

spei, die (D.-B., Hilb.) = Mund, Maul.

speien. Redensart: speit ock of 'n Funken (sc. und nicht ins Feuer) = bei dem nützt so etwas nicht, da muß man energischere Mittel in Anwendung bringen.

speierlein, das (speierla, Komar) = ein klein wenig wovon. 's wächst kê speierla gros = es wächst nicht ein Halm Gras. a hôt kê speierla holz = er hat keinen Span Holz.

speil, der (Rg., Gab., Weig.) = Wursthölzchen. Bei Schmell. II. 662 speil = Schifer, Spreißel (Voc. v. 1618). Kurhessisch die speile = Spreizer, Querhölzer in Decken und Wänden (Vilmar 390). Bei Wgb. II. 756 der speiler = dünnes Spießlein von Holz zum Aufspießen von Würsten 2c. nd. die spîle = Bohnenstange, Prügel. Göttingisch spîle = ein zugespitzter dünner Pflock, womit die Würste zugesteckt werden (Schambach 204).

spelle, die (Grab.) = Spule, Spindel. Siehe spille.

spenser, der (Rg., Gab., Weig., Henn.) = kurze Frauenjacke.

sperfankel (Grab.); sperfunkl (Br.); sparfunkl (Wich.), der = Springinsfeld. Siehe fankel im alphabetischen Verzeichnisse.

sperlich, der (Rg.) = Sperling. sperlichderfla = Dorf Döberle. In Walddörfern hält sich bekanntlich der Sperling nicht auf wegen der Menge der Habichte. So auch hier. Uebrigens besteht eine Sage, nach welcher eine alte Zigeunerin die Spatzen, die den Kochkessel verunreinigt hatten, auf ewige Zeiten von dieser Stelle verwünschte. Heutzutage verspottet man die Bewohner solcher Walddörfer, dass sie nicht einmal imstande sind, ein paar Spatzen zu ernähren.

sperrauf, der (Hilb.) = gaffender Mensch.

sperrgusche, die (Rgb., Gab., Weig.) = Mensch, der mit offenem Munde gafft.

sperwerich (Rg., Gab., Weig.); sparwerich (A., Batz.) = verschieden gefleckt bei gleicher Vertheilung der Farbe. Hühner, Bohnen sind sperwerich. Das Gefieder des „Sperbers" ist sperwerich. Daher auch wohl der Ausdruck.

sperzeln (Kl.-A.); sperzan (Hbr.) = wiederholt spucken. spiëzal (Hilb.); spitzln (NB. M.). Bairisch sperzen, spirzen, spürzen, spürzeln = spucken, speien. spützen (Wgd. II. 786). mhd. spirzen und spirzeln (Lex. II. 1098). spirzen geht auf spiren aus spiwen. denn im 11. bis 12. Jahrhunderte vorkommenden Plural des Prätikates von speien zurück (Wgd. II. 786).

spiegel, der (Jsgb.) = After des Hirsches.

spielen. mitspielen (mitspila, Rg., Tr., Weig., Gab.; A., Gießh., Rok.; Löstr.) = jemandem durch Zauberkünste Schaden zufügen, auf geheimnisvolle Weise schaden. Hexen spielen dem Vieh mit.

spieß, der (Weig.) = Colostrummilch. Vergleiche spiz.

spieß. grillenspieß, der (gréllaspieß, Rg., Gab., Tr.; A., Gießh.) = hagerer Mensch.

spilla, das. Siehe spule.

spille, die (Rb.; Rg., Gö.) = Spindel. Schon ahd. die spillâ; mhd. spille (Lex. II. 1096). Davon

spillentrulle, die (spëlladrulle, Br.; spelladrolle, A., Deschnah) = gespenstische Erscheinung, mit der man Mädchen schreckt, die nicht fleißig spinnen; (Deschnah) überhaupt Gespenst, mit welchem man Kinder schreckt. Nach Simrock (Deutsche Mythologie Seite 381) gilt in Schlesien die spillaholla als eine gespenstische Frau, die Kinder mit sich in ihren Brunnen nimmt und sie neugeboren kinderlosen Eltern zuführt. Dies deutet auf die Göttin Holla hin, die in den Zwölften umherzieht. Sie tritt in die Spinnstuben ein, wirft eine Anzahl Spulen hinein, die bei Strafe abge= sponnen sein müssen. Der Ausdruck trulle (siehe unter T) ist ein verächtlicher Name, den die Göttin erhielt, wie sie denn auch sonst in Deutschland die Namen Stempe, Trempe (von stampfen und trampeln) = kurze, dicke, plumpe Person. Werre (= Maulwurfsgrille?) führt.

spinnen. verspinnen (Rg., Gab.) = durch eine Art Gegenzauber verhextes Vieh entzaubern; Krankheiten auf geheimnisvolle Weise heilen. Eine Kuh, die rothe Milch oder ohne Ursache plötzlich gar keine Milch mehr gibt, gilt als verhext; ihr ist „mitgespielt" worden. Die Milch einer solchen Kuh wird in einem neuen Gefäße gekocht. Darein werden verschiedene Gegenstände, die spitzig sind, geworfen, als Nägel, Glasspitter ꝛc. Das wird dann alles in ein Loch im Erdboden vergraben. Das Wort verspinnen scheint übrigens auf verspünden zurückzuführen sein. In NB. heißt es vuspinn'. Der Wunderdoctor bohrt ein Loch in eine Pfoste oder einen Balken im Wohnzimmer, spricht geheimnisvolle Worte in das Loch, wodurch die Krankheit (eines Menschen) hineingebannt werden soll, und verschließt die Oeffnung mit einem „Spund".

spinnenbaude, die (D.-B.) = Spinnengewebe. Sonst

spinnwebe, die. Redensart: spinnwêba sahn (Tr.) = betrunken sein. Auch NB. spinnwejwe (M.). Bairisch die spinnweben (Schmell. II. 675).

spirenzeln (spirenzan, Rg., Weig.) = fortwährend
etwas suchen, neugierig herumstöbern. Zu spüren gehörig.

spirenzel, der (Rg., Weig.) = Mensch, der überall
neugierig suchend herumstöbert.

spiritus, der (Lbsfr., Wildenschwert): Ein
angeblich aus einem kleinen Hühnerei, das nicht größer ist
als ein Taubenei (unrigel, siehe daselbst), durch die Leibes=
wärme eines Menschen, der das Ei neun Tage unter der
Achsel tragen und gewisse Formalitäten dabei beobachten
muß, ausgebrütetes, kleines, schwarzes Teufelchen mit Hörnern,
das in eine Flasche gesteckt werden kann. Ein solcher spiritus
bringt dem Besitzer Geld in Fülle. Nach längerem Besitze
artet er aber aus und muß an eine zweite Person ohne
deren Wissen (z. B. in einem Kleidungsstücke versteckt) verkauft
werden. Der letzte Besitzer ist dem Teufel verfallen. der
spiritus heißt čechisch rarašek. Vergleiche Simrock, Deutsche
Mythologie 459 ff.; Vernaleken 258.

spisslein, das (spëssla, Rg., Gab., Weig.) =
kleines spitzes Hölzchen. a spëssvala (Gab.), a spëssvl
(Weig.) Kraut = ein klein wenig davon, wohl so viel, als
man mit einem solchen „Spißlein" nehmen kann. NB. das
spissl = Spreißel. Von spieß = zum Stechen spitzaus=
laufendes, ganz schmales Holz (Wgb. II. 764). Davon

spisslich, der (Einf.) = junger Mensch, Grün=
schnabel. Wohl eigentlich: hochaufgeschossener, daher langer,
magerer, junger Mensch; denn NB. spiss'ch (M.) = dürr,
mager, hager. So auch bei Wgb. II. 765 spießig; bei
Schmell. II. 688 spissig.

spittern (spittan, Rg., Weig.), von glänzenden
Gegenständen = flimmern, glitzern. spitterig (spittrich,
Rg., Gab., Weig.), von der Sonne und sonstigen glän=
zenden Gegenständen = 1. flimmernd, glitzernd; 2. von
gesprenkelten Gegenständen = licht gefleckt, z. B. Eier.
Derselben Bedeutung wie sperwerich (siehe daselbst).

spitzich (Rg., Grab.) = dürr, hager, eingefallen
aussehend. spitzig hinter den ohren = eingefallen sein.
Vergleiche spisslich und spisslein.

spiwitzel, der (Rb.) = kleiner vorlauter Knabe.

spiz, der (Rg., Gab., Rgtz.; A.; spiß, Weig.) = Coloftrummilch, d. i. die erfte fette Milch einer Kuh nach dem Kalben. (Vergleiche bieß, biz, pîke, gîke, blêk). Meift zufammengefetzt: spizmilch; spizfüllsel, spizpfanka = Speifen aus biefer Milch. spîz fcheint aus bieß (fiehe bafelbft) mit Uebergang zu pîz mit unorganifch angetretenem s entftanden zu fein. Man vergleiche bieß und spieß, pîz und spîz.

spîzfinger, der (A., Sattel) = Zeigefinger.

spodel, die = Schachtel; Diminutiv das spedala (Kl.-A.) = Schächtelchen. Vergleiche schkodel aus italienifch scatola.

sprenkel, der (Rg., Gab., Weig.) = Sprengvorrichtung zum Vögelfangen. Vergleiche pums (sprengpums).

spule, die. Meift Diminutiv das spülelein (spilla, spëlla, Rg.) = kleine Spule, bie an die Spindel (die spille) geftedt wird. spillabôk, der (Rg., Kl.-A.) = firlein (fiehe bafelbft).

stâchen (stâcha, Rg., Gab., Weig., Rgtz., Komar); stâchern (stâchan, Rg.; Br.) = begehrlich fein nach etwas, etwas gierig erfehnen; namentlich von Kindern = nach Speife lüftern fein. NB. stâchan (M.). Kurheffifch stôkern = in allen Winkeln umherkriechen, im ganzen Haufe umherfteigen, alles durchfuchen (Vilmar 401). Göttingifch stôken und stôkern = worin herumwühlen, um etwas zu fuchen (Schambach 211).

stamm, der. Diminutiv stämmlein, das (stammla, Rg., Tr., Rgtz.) = 1. mehr ober weniger große Summe Geldes, mit welcher man anfängt (z. B. Karten) zu fpielen; auch NB. das stamml (M.). 2. a stammla porscha (Weig.) = ein Haufe meift gleichalteriger Burfchen, die als Gefellfchafter ftets bei einander find.

stammhaftig (stômhoftich, Rg., Trb., Gab., Tr.) = ftark, ftämmig (vom Menfchen). NB. stômhoftsch; a stômhoftsch weibvulk (M.) = ftämmiges Frauenzimmer.

stamper, der (Trb., Weig.). Diminutiv das stamperl (Rz.); stamperla (Tr.) = 1. Trinkglas, befonders Branntweingläschen (¹/₃₃ ℓ faffenb). NB. stampa (M.)

= kelchartiges Weinglas mit dickem Fuß, der kräftiges Aufstampfen aushält; so auch schlesisch (Whd. Btr. 93). 2.
stompr (Tr., Weig., Rgb., Henn., Grab.) = Werkzeug
zum Zerstampfen von Sauerkraut oder Erdäpfeln und Rüben,
die als Viehfutter dienen. Das Werkzeug besteht aus einem
Stiele, an dessen Ende ein entweder S-förmig oder kreisförmig
gebogenes geschärftes Eisen befestigt ist. Es finden sich auch
beide Formen vereinigt. Von stampfen.

ständer. der (standr. A., Gießh.; ständr, Tr.,
Gab., Weig.; Br.; standl, Wich.; standlik, Henn.) =
Wasserbehälter für den Hausgebrauch in Form eines Stell-
gefäßes aus Dauben, von welchen drei als Füße verlängert
sind. Schlesisch die stande, der ständer (Whd. Btr. 93;
Wgb. II. 795). ahd. stantâ, standa; mhd. stande.

ständer, die. Mz. (Jsgb.) = Beine der Rebhühner,
Störche, Dommeln. Von ahd. stantan = stehen.

ständelein, das (standrla, Rg.) = mit Musik oder
Gesang vor dem Fenster dargebrachte Huldigung.

stängeln (Jsgb., Jäg.) = dem Federwilde die
Beine zerschießen.

I. stänkern (stenkan, Rgb.; stankan, Tr., Gab.,
Weig.) = mit Neugier überall herumsuchen, um
etwas aufzufinden. Vergleiche stuchzen. remstänkan
(Rg.) = herumstöbern in den Sachen und dadurch
Unordnung herbeiführen. NB. rimstänkan (M.).
Schlesisch stankern (Whd. Btr. 93) = herumwühlen.
Schlesisch ausstankern: Rg. ausstänkan (Hbr.) =
durch Suchen und Wühlen ausfindig machen. Bairisch
herumstankern = müßig herumgehen oder laufen
(Schmell. II. 771). Schwäbisch durchstänkern =
vorwitzig etwas durchsehen (Schmid 507). Scheint
mit eingeschobenem n dasselbe, was stächern, ndl.
stökern, hd. stochern.

II. stänkern (stänkan, Tr., Weig., Rgb.), 1. von
Kindern = mit glimmenden Spänen spielen. Kinder
sucht man davon zurückzuhalten, indem man ihnen
droht, daß sie in der Nacht in das Bett pissen werden.
Ein Iterativ zu bairisch stenken (Schmell. II. 772).

ahd. stenchan; mhd. stenken (Ler. II. 1176) = stinken machen. 2. (wenigstens in NB. M.) = Uneinigkeit stiften. der stänker = Zwietrachtstifter. Auch schlesisch (Whb. Btr. 93). Ebenso obd. und md., nd. stenkern und stenkeraer (Schambach 209).

stantapejne (Rb.); stantapene (Rg., Gab.) = sofort, sogleich. Lateinisch stante pede = stehenden Fußes.

stäppich (stappich, Rg., Trb., Tr., Gab., Grab.) = mit Narben, besonders Blatternarben bedeckt, blatterstappich. Auch NB. (M.).

stär, der (stär, Weckersdorf); NB. stâ (M.); stär (stôr, Rg., Gab.; Br.); NB. stôr (Auscha) = Widder, Schafbock. stähr (Wgb. II. 792). Bairisch ster, des steren (Schmell. II. 776) und sterch, sterchen (Schmell. II. 781). Schweizerisch der sterchi = Zuchtstier (Stalb. II. 392). Schwäbisch stâr = Schafbock.

stär-, starbeutel, der (störbettl, Rg., Gab.; Br.) = Schnapsflasche mit Leder überzogen; auch ohne Ueberzug aus grünem Glase, wie solche die Steinbrecher haben. Eigentlich = Hodensack des Widders. Die Flasche ist nach der ähnlichen Form so genannt.

stärkblume, die (Rg., Laut.) = Pflanze Wiesenschaumkraut; (Weig.) = Gewitterblume. Auch wâtrblum genannt.

sterzepacher, der (Rg., Arns., Hbr.) = Pflanze Märzenbecher, gelbe Narcisse.

stät (Rg., Tr., Gab., Weig., Hbr.; Frb.); stäte (NB., M., Leipa); stäts (Hilb., D.-B.) = langsam, still, ruhig; bis ock stät. Auch SB. Bairisch stad (entsprechend hd. stät) = stille, sachte, leise. ahd. stâti; mhd. staete = feststehend, ununterbrochen dauernd.

I. staupe, die (S. H. 211) = Schandpfahl, an dem die Verbrecher gestäupt wurden. md. stâpe = Schandsäule. nd. stupe auch = Ruthe zur Züchtigung. Altfriesisch stupa = öffentliche Züchtigung mit der Ruthe (Wgb. II. 803).

II. **staupe, die** (NB. M.); **staupt** (Br.); **staupche** (Rb.) = eine nicht vereinzelt, sondern in ziemlicher Ausbreitung vorkommende Krankheit, auch leichte Krankheit. Bei Wgd. II. 803 staupe = überlaufender, schüttelnder Krankheitsfall. Auch schlesisch bei Scherffer. Wetterauisch die stäupe = Krampfanfall mit Gliederzucken.

stechörtlein, das (stechörtla, Rg.) = Ahle des Schuhmachers. Vergleiche ort, „örtlein".

stecken, der (stecka, Rg., Hbr.) = Rockenstock.

steignelperlein, das (D.-B.; D.-L.) = Mauerpfeffer.

steinbeißer, der (stēnbeißer, Rg., Tr., Grab.) = 1. Larve eines Netzflüglers, die als Fischköder gebraucht wird (Grab.). 2. eine gleichfalls als Fischköder an der Angel verwendete Larve, die man zwischen Steinen auf dem Grunde der Bäche findet. Sie ist von einer holzigen Masse umgeben. In NB. (M.) nennt man sie deshalb holzbock. 3. Blutegel (Tr.). 4. Kaulquappe (Ta.). 5. ein in der Litsche und anderen Gebirgsbächen vorkommender, walzenförmiger, blaßfleischfarbiger Fisch, der sich an die Steine ansaugt (Gab., Weig.). In letzter Bedeutung auch bei Wgd. I. 179 beißker = kleiner, eßbarer, im Schlamme und zwischen Steinen lebender und an diese sich ansaugender Fisch (cobitis fossilis).

steinrecke, die (stēnrecke, Welhotta) = lang dahin sich ziehender Steinhaufe, der durch das Aufklauben der Steine aus zu Feld hergerichtetem Waldboden und durch Aufschichten längs des Feldraines entstanden ist. Siehe recke.

steinwrich, ? (stēnwrich, Rg., Weig.; stēnbrich, Tr.) = felsige Stelle im Acker. steinwrich (Naspenau), sowohl eine felsige Stelle auf dem Felde als auch ein beim Volke beliebter Name der Ortschaft Hegewald.

stelle, die (Rg., Hbr., Gab., Weig., Grab.); die stell (D.-B., Hilb.); Diminutiv das stella = kleine Wirtschaft im beiläufigen Ausmaße von 10 bis 20 Strich. Sonst auch „Garten" genannt. In D.-B. und Hilb. heißt die stell überhaupt Bauerngut.

ge-stelle, das (Rg., Gab.) = Webstuhl. Siehe gezêe.

stellmacher, der (Gab., Tr., Hbr.; Br., Ott.) = Wagner.

stëlpa, stelperich. Siehe unter stülpen.

stenzen (Rb.); fortstenzeln (stenzan, Weig.) = jagen, treiben, forttreiben. Kurheffisch stenzen = forttreiben, fortjagen (Vilmar 399). NB. (M.). Scheint entstanden aus stänk-z-en mit z abgeleitet. Oberlausitzisch, schwäbisch, westerwäldisch stankern = forttreiben. stankern aber ist, da im schlesischen nk und ng häufig wechseln, auf stangern zurückzuführen, das ein Iterativ zu stangen ist. Letzteres aber steht im Verhältnisse des Ablautes zu ahd. stingan, stungan = stechen, stacheln, stachelnd antreiben (Whb. Btr. 93). Bairisch stengen = stoßen (Schmell. II. 771).

stêr, sterr (S. H. 316) = Widder. Siehe stär.

sterblich, der (Trb.) = Sauerampfer.

sterdel, sterdeln. Siehe stürdel.

sterz, der (Rg.; A.) = breiartige Speise aus Kartoffeln, Erdäpfelgasch; überhaupt Brei: apana-, hirsche-sterz. brûtsterz nennt man auch recht dicke Brotsuppe. Bairisch sterz, störz = Art dicken Breies (Schmell. II. 785).

sterzel, der (Rg., Gab.) = Stumpf eines abge-brochenen Baumstammes. Vergleiche sterzen III.

I. stërzen (stërza, Rg., Tr.) = 1. müßig sein. 2. (Br.) = wild umherlaufen (vom Vieh); von Mägden = den Dienst verlassen. Bairisch sterzen, störzen, stürzen = nicht bei der Stelle bleiben, müßig herumfahren, vagieren (Schmell. II. 786). mhd. stërzen = sich rasch bewegen, umherschweifen; der sterzer = der müßig umherfährt, Vagabund, Bettler (Lex. II. 1184). Vergleiche scherzen im alphabetischen Verzeichnisse.

II. stërzen (stërza, Rg.) in den Redensarten: bôk stërza (Tr., Gab., Weig., Henn.) = Purzelbäume schießen (Bock stürzen, von spielenden Kindern); in derselben Bedeutung bêm of a käf stërza (Grab.). Geht wohl auf hd. stürzen zurück.

III. **sterzen, die,** Mz. (Hbr.) = die zwei vom Pflug-
gängel auslaufenden Haltstangen, an denen der Land-
mann den Pflug regiert. Sonst riester (siehe daselbst).
Bairisch der starz (Schmell. II. 795). Kurhessisch
der sterz (Vilmar 399). Göttingisch der stert
(Schambach 210) = (eigentlich) 1. der Schwanz,
Schweif; 2. Pflug. Handhabe. mhd. stërz = Schweif,
Stengel, Stiel (Lex. II. 1183).

stibitzen (Rb.; stiwitza, Rg., Tr., Weig.; Br.;
A.) = stehlen. Bei Wgb. stipitzen = fein und listig
Kleinigkeiten stehlen.

stiffeln (stiffan, Rg., Tr., Gab., Weig., Rgb.)
= auf den Zehen trippeln; jemandem auf den Zehen
gehend nachfolgen, damit er es nicht hört (nachstiffan).
Bairisch herumstoffeln = vagari (herumschweifen)
(Schmell. II. 737). mhd. staffen (Lex. II. 1128);
staffen, stapfen (BM. II. 555). Vergleiche meine Bemerkungen zur inneren Wortbildung Seite 32 ff., wozu
stiffeln ein daselbst noch nicht verzeichneter Beleg wäre.

stiften (stifta, Rg.) = Unheil anrichten.

stilze, die (Rg., Kl.-A., Gab., Weig.; Br.) =
Stieglitz.

stipslein das (stipsla, Rg., Weig.) = kleines
Exemplar einer Sache. Vergleiche stibitzen, hd. stipitzen
= Kleinigkeiten stehlen.

stirnwand, die (Rg., Lbskr.) = die vordere
Wand, Giebelseite eines Hauses.

stittich, stittlich, Adj. (Rg., Trb., Arns., Tr.,
Weig.; Lbskr.) = gierig, überstürzt hastig, (beim Essen)
unbescheidene Gier zeigend. Bairisch stettig (von Pferden
und Ochsen) = nicht vom Fleck zu bringen (Schmell. II.
798). Wohl dasselbe, was hd. stetig, mhd. stætec =
andauernd, beständig (hier im Essen). Schlesisch stâte, Adverb
= 1. stets, beständig; 2. da das Beständige rasch zum Ziele
führt = rasch, schnell (Whd. Btr. 93).

stöbern (stiäbrn, Rb.; stejwan, stêwan, Rg.;
Br.; A.; stîwan, NB. M.) = 1. fein stauben. 2. fein
regnen oder schneien. 3. rasch laufen. **stêwrwâtr** (Trb.)

= Schneegestöber. Schlesisch stäubern, stöbern = stieben, namentlich vom Schneewetter (Whd. Btr. 93). 4. transitiv davonjagen, das ist stieben machen. Desgleichen schlesisch (Whd. Btr. 93). In NB. ist stiwan intransitiv, stejwan transitiv (M.).

stock, der (D.-B.) = Schürze. In NB. hemdstock = der untere Theil eines Hemdes.

stolpe. die (Rb.; Rg., Hbr.) = Halbstrumpf ohne Fuß. Vergleiche stülpen (stëlpa).

stolperwasser. das (Wich.), scherzhafte Benennung des Branntweins.

stöppel, der (Rg.) = 1. pôpel (siehe daselbst). 2. Kopf. 3. finstere Regenwolke. 4. Vorrichtung zum Verstopfen, Stöpsel. 5. Sauglappen, zumal kleiner Kinder. 6. kleiner Mensch. Redensart: Pêpl. huste ne Steppan (Stöppeln) gesahn? = kleiner Kerl, hast du nicht deinesgleichen gesehen? Pêplsteppl = kleiner Kerl. Schlesisch (Whd. Btr. 94) stöppel in denselben Bedeutungen.

stoppelfuchs. der (Rg., Tr.; Rz.) = Speise aus geriebenen Erdäpfeln, Erdäpfelkuchen.

stoppelwitwe (Br., Ros.) = Frauensperson, die, ohne verheiratet zu sein, ein Kind hat.

stoppelwitwer (Hilb.) = Mann, dem die Frau davongelaufen ist.

stören (S. H.) = sich gegen die Zunftordnung Arbeit verschaffen durch Hausieren oder Herumziehen von Ort zu Ort. In SB. und bairisch auf oder in die stör gehn (Schmell. II. 779). af d' stäia gäih (egerländisch) = sein Handwerk gegen Taglohn und Kost im Hause des Bestellenden treiben. der störer, sterrer (S. H. 89, 160) = Handwerker, der unbefugt ein Handwerk treibt; wie mhd. stoerœre (Lex. II. 1212). Heutzutage Handwerker, meist Schneider, der in den Häusern seiner Kunden arbeitet. die stör auch schweizerisch (Stalb. II. 400). Schwäbisch (Schmid 512). -

storsack, der (stôrsâk, Br.) = flache breite Flasche. Siehe stär, star.

stoß, der (Göhe) = Steinmaß, 6 Ellen im Geviert, ⁴/₄ Ellen hoch.

stößel, der (stißl, Rb., Frb.) = 1. Rockschoß. 2. (Lbsfr.) = erster Anschnitt des Brotes. Auch NB. stißl (M.).

stößelgeier, der (stißlageier, D.=B.) = Habicht.

stößer, der (stißr, Rg.; A.) = 1. Habicht. 2. wilder ausgelassener Junge.

stößern. rěmstißan (Gab., Henn., Grab.) = wild herumschieben.

strabanzen (Rb.); strabanza (A., Gießh.); strapanza (Rg., Trb.); strawanza (Rg., Tr., Gab.); strowonza (Weig.) = müßig umhergehen. NB. strawanzn (M.).

strabanzer, der (Rg., Rb.) = Umherläufer, Landstreicher, Vagabund. Zu mhd. strěben = eilen, sich heftig, rasch bewegen (Lex. II. 1227). Vergleiche das Folgende:

strabeln (Lbsfr.); stroábln (Rb. und Umgebung); strôwln (Rg., Henn.); strôwan (Rg., Tr., Weig.; Br.; A., Gießh.); stroáln (Rg., Trb.); stroán (Rg., Rgh.) = liegend (namentlich) mit den Füßen stoßen, mit Händen und Füßen zappeln. NB. strowln (M.). Bairisch strabeln (Schmell. II. 803). Schlesisch (Whd. Btr. 94). Schweizerisch (Stalb. II. 403). mhd. strabeln = zappeln (Lex. II. 1220). Zu mhd. strěben, md. strěven = sich heftig regen, bewegen (springend, hüpfend), zappeln (Lex. II. 1227). Dasselbe Wort wie das griechische strephein.

strahn (Rg., Tr., Gab., Weig., Trb.); strohn (Br.) = Gebinde von Garn oder Draht.

strázen (stráza, Rg., Rgh.; strêza, Weig.) = stehlen.

streichen (Hilb.), von Hunden = sich begatten. Schlesisch auch auf den strich gehn = feilen Dirnen nachgehen (Whd. Btr. 95).

streiten (Hilb.) = läugnen.

strempel, der (Rg.; Br.; A.); strempfl (S. H. 41) = 1. Stempel, Münzstempel, Prägstock. 2. kleines, stampfendes Kind. strempeln (strempan) = mit Stempel versehen.

streusel, der (Rg.) = Gemisch von feinem Mehl, Butter und Zucker, das auf die Kuchen (streuslkucha) gestreut wird.

streusen, sich (S. H. 120) = die Federn aus= einander sträuben, sich groß, breit machen. mhd. striuzen = sträuben, spreizen; auch sich streuszen (Lex. II. 1245).

strich. zu strich (strëch) kommen (Weig., Hbr., Tsch.) = gerade zurechtkommeu. In NB. das kommt ihm gestrichen (M.) = gerade recht, erwünscht.

strichen, der (strëcha, Rg., Tr., Gab., Weig., Rgb.) = die Zitze am Euter der Kuh, Ziege ꝛc. NB. (M.), schlesisch, oberlausitzisch strichen (Whb. Btr. 95). Bairisch strich und strichen (Schmell. II. 808). Schweizerisch (Stalb. II. 408). nd. strëke, strike (Schambach 214).

strieme, die (Rg.; Rb. Umgebung) = weißer Streifen, gestreifte Kuh, Schwiele. NB. der streim (strêm) = Streifen. Bei Wgb. II. 835 der strieme. Bei Ade= lung die strieme. Bairisch der striem, striemen und straim, straimen (Schmell. II. 813, 814). mhd. der strieme.

striet, der (Frb.) = Streit.

striffeln (striffan, Rg.) = etwas abstreifen, z. B. Haferkörner von der Rispe. Heidelbeeren und Preiselbeeren „striffelt" man mit einem kammartigen Instrumente ab, weshalb

striffelbeere (Rg., Rgb., Henn.) = Preiselbeere.

strômer, der (Rb.) = Vagabund. Bairisch stromer; strômen = herumlaufen (Schmell. II. 814). NB. (M., Leipa).

strôzkuchen, der (Hbr.) = Kuchen aus Hefenteig und Eiern.

strucks, der (Rg., Tr., Gab.; A., Rol.) = ein Baumwollengewebe aus schlechter Wolle.

strunze. die (Rg., Gab., Weig., Hbr.; Br.; Rb.)
= starkes, auch ungeschicktes, faules Mädchen. Schlesisch
strunze. im verächtlichen Sinne = Frauenzimmer, namentlich
faule strunze (Whd. Btr. 95). SB. die stranzn = lange
Weibsperson. Bairisch stranzen (Schmell. II. 817).
Kurhessisch die strunze (Vilmar 405) = faule Weibsperson. Von sich stranzen = a) sich strecken, dehnen
(aus Faulheit — vergleiche ranzen); b) herumlaufen.
Vergleiche streunen = herumvagieren. nd. die strüne =
Landstreicherin. Schwäbisch der strenzer = Faulenzer
(Birlinger 413).

stuchzen (stuchza, Rg. allgemein); stuchzeln
(stuchzan, A.) = neugierig suchend alles durchstöbern, um
etwas ausfindig zu machen. Vergleiche der Bedeutung nach
stänkern. NB. stucksn (M.) und dieses wahrscheinlich von
einem nd. stuckzen, dessen Stammwort stoken, stokern =
mit einem Stocke worin herumwühlen, um etwas zu suchen,
suchen überhaupt, in allen Winkeln suchen, kramen (Schambach 211). Vergleiche auch hd. stochern.

studentenröslein, das (studentarisla, Rg., Tr.,
Hbr., Grabl.) = Pflanze aus der Familie der Ranunkeln.

stufen, der (stuffa, Rg., Einf.). stufen machen
(stuffa macha) = sichtbare (besonders nasse) Fußspuren
hinterlassen. 's hot kenn stuffa bône, sagt man, wenn
der Weg ganz verschneit ist. a tritt nej aus a stuffa =
er geht sehr langsam. Auch von dem langsamen Gehen der
Zugthiere (Ochsen ꝛc.) gebraucht.

stuhl, der. Nebensart: 'a stuhl (Tr. bank) vor
die thür setza = jemandem den Gehorsam verweigern,
Hindernisse in den Weg legen; von Arbeitern = die Arbeit
kündigen. In NB. besonders von stützigen Kindern, die
den Willen der Eltern nicht erfüllen.

stülpen, die, Mz. (stelpa, Trb.) = Strümpfe
ohne Fuß. stulpen (stulpa, Tr., Hbr.) = 1. stelpa.
2. schlechte Stiefel. die stulpe, stülpe. clevisch stolpe =
hüllender Umschlag, oberer steifer Theil am Stiefelschafte.
Von hd. stülpen (Wgd. II. 845).

stülperich, der (stëlperich, Tr.) = Strumpf
ohne Fuß.

stürdel, der (sterdl, Rg.; Br.; A.) = 1. Holz-
schlegel, Stange, mit welcher man die Fische aus den
Höhlungen am Bachrande auftreibt. 2. Stiel, an dessen
Ende sich die durchlöcherte Scheibe befindet, womit man
Butter im Butterfasse schlägt (buttrsterdl, Weig., Gab.).
3. Quirl (apanasterdl), mit welchem man durch Quirlen
die Schalen von noch jungen Kartoffeln ablöst. Meist
primitiv aus dem Wipfel einer jungen, abgeschälten Fichte
hergestellt, deren kreisständigen Zweige bis auf eine gewisse
Länge abgeschnitten worden sind.

stürdeln (sterdan, Rg.; Br.; A.; stiëdal, Hilb.)
= mit einer langen Stange herumstoßen (rimstirdal, Rg.,
Kl.-A.). d in stürdel und stürdeln ist euphonisch, man
sollte erwarten stürl. In NB. tritt Metathesis (stilr) und
Assimilation ein stillan = stilren = stüreln. Von stören.
Schlesisch stirlen, stirdeln, sterdeln, der stirl (Whd.
Btr. 94).

stürze, die (stërze, Tr.; Br.; A., Gießh.) =
Deckel über einem Kochtopf. NB. stitze (M.). Schlesisch
stürze (Whd. Btr. 96). Von altem sturzen, ahd. bisturzen
= decken, bedecken.

stürzen (stërza, Rg., Hbr.) = 1. den Ackerboden
umwenden mittels des Pfluges (stürzacker); NB. stitzn,
stitzacka (M.). 2. die schlesisch auch vorkommende Form
für sterzen = scherzen, d. i. von ländlichen Dienstboten
= abziehen aus einem Dienst und in einen anderen
übertreten.

stützle, das, Mz. die stützlich (Lbskr.) =
Pulswärmer. Auch NB. stützl (M.).

suchern (Göhe), von Pflanzen = kränkeln, eingehen. Der Stamm such scheint im Verhältnisse des Ablautes
zu stehen zu dem gotisch siukan (Praet. ich sauk, wir
„suk"um) = krank sein. Verwandt mit hd. siechen.
Bairisch sochen = siech oder kränklich sein (Schmell. II.
214). Göttingisch suken = siechen, kränkeln (Schambach 218).

sudel, die (sutl) = Pfütze. Vergleiche âdel.

süffling, der (sifflich, sefflich, Rg., Tr., Gab.,
Rgb.) = Trunkenbold.

be-sulwern (Weig.); besülwern (besëlwern, Gab., Grab.) = beschmuzen. Vergleiche sich besülen = sich beschmuzen unter silen. Gothisch bisauljan. NB. sich besalben (basol'm, M.).

sunsherr, der (S. H. 289) = Schiedsrichter. Von sühnen.

sunum, der (D.-B.) = Samstag. Entstellt aus sonnabend. Vergleiche simmet.

sunz, der (D.-B.) = Abend.

suppe, die. geflickte suppe (Rg., Kl.-A.) = Suppe aus Wasser, Milch und Mehl.

suppen (soppa) = (Milch) wie Suppe mit dem Löffel essen; molka soppa. Hirtenlied·

Eitreiwa,
Brut schneida,
Buttr stecha,
Kase reiwa,
Molka soppa,
Eis Bette hoppa.
Juchê! (Gießhübel).

surgalle, die (Rb.; Rg., Weig., Gab.) = nasse Stelle in Wiesen, wo dann in der Regel sogenanntes „saures" Gras wächst. Vergleiche galle im alphabetischen Verzeichnisse.

U.

Überdöbern. Siehe unter D.

überfallen (Jsgb., Jäg.), vom Wilde = das Lappzeug überspringen.

überhandsweile (Rg.; Trb.; Tr.; Rgt). = hin und wieder. NB. (M.) = häufig.

überlei (NB. iwalê) = übrig, überflüssig. Kurhessisch überläng = überflüssig, abundans, superfluus (Vilmar). Bei Luther: ein überling wort. Schlesisch überlei (Whd. Vtr. 102); bairisch (Schmell. I. 20).

übermenichen. Siehe unter M.

übericke, das (Rg.; Hbr.; Henn.; Weig.) = das auf dem Rockenstock aufgesteckte spitze Holz, an welchem der abzuspinnende Flachs befestigt ist. Von über und ricke = was über dem ricke sich befindet. nd. rick, der und das = lange dicke Stange (vergleiche das Turngeräth reck). (Schambach 172); kurhessisch das reck (auch rick gesprochen) = Hakenleiste, Stange (Vilmar 324); schwäbisch der überrick = Obertheil des Spinnrockens (Schmid 433). Die Grundbedeutung von rick ist = gerade Richtung; Ding (Geräth), das gerade Richtung hat. Vergleiche gerecke und recke im alphabetischen Verzeichnisse.

überschar, die (Rg., Trb.; Welhotta) = ein Grundstück (Feld), das mit den übrigen Wirtschaftsgründen nicht zusammenhängt, vielmehr auf einer ganz entgegengesetzten, meist durch ein Thal getrennten Seite liegt. Auch in NB. (M.) heißt ein derartig gelegenes herrschaftliches Grundstück: auf der überschar (iwaschûã). Eigentlich heißt die überschar in Bergwerken s. v. a. was zwischen zwei Fundgruben, die mit einander rainen, übrig bleibt und ihre Zwischenwand bildet.

Überschargebirge, auch Rabengebirge, ist das vom Riesengebirge aus jenseits des Goldenölser Passes liegende Gebirge.

ubig (S. H. 114) = oberhalb. Vergleiche uppich; ubich (A., Ritschka).

ûff (Grab.; Tr.); **ûffe** (Gab.; Rgk.; Trb.) = offen.

ûmar. Siehe unmar.

nnäß, adj. (Rg.; Br.) = unmäßig, ungenügsam. Auch unäße. unäße viel = überaus viel. Siehe äße, aßich, unäße, unäßich unter A. Bei Vilmar, kurhessisches Idiotikon 423 hat uneszig die Bedeutung von: unappetitlich unreinlich, ekelhaft.

unêben (unejban, Trb.) = ungeheuer; ein unebnes fuder heu = ungeheuer großes Fuder. In NB. mit Negation: er ist kein unebener mensch = er ist ein im Umgange angenehmer Mensch.

unflath, der (unflouth, Rg.; Rb.) = 1. Ungeziefer; unflath haben = mit Ungeziefer behaftet fein. 2. ausgelassener Knabe. Auch NB. (M). Kurheffisch = ungezogener Mensch (Vilmar 423).

unfläthig (unflàtich, Rg., Hbr., Weig., Rgh.) = ungeheuer groß (A., Bahd.) = ungeschickt.

ungeamper, adj. (ungeompr. A., Rot.) von Personen = ungeschickt. Bairisch gampə, von Kleidungsstücken = nachgiebig, bequem; ṳ gampə = steif, unnachgiebig, ungelenk (Schmell. I. 914); schlesisch ungampern, ungamprich = ungeschickt, unbeha͵lich. Vergleiche gompen und ompern im alphabetischen Verzeichnisse.

ungeheuer, das (Rg., Weig.; Henn.; A., Wich.; Rot.) = leichter Ausschlag; nesselartiger Hautausschlag, bestehend aus weißen, schmerzhaft juckenden Blasen.

ungelt, das (S. H. 193) = Abgabe. Eigentlich ungeld = Abgabe von Einfuhr und Verkauf von Lebensmitteln, Vieh, Ware. mhd. das und der ungelt = Unkosten als Abgabe, widrige Abgabe.

ungeneußig (ungenaißich, Rg., Trb.) = ungenügsam, unmäßig im Genießen. un verstärkt den Begriff geneußig. Auch in NB. ung'neiß'ch (M.). Schmell. I. 1735 hält es zu ungenügsam.

ûnmâr (umàr. Hilb.) = zuwider. der oder jener is mer ûmar. mhd. unmære = unlieb, unwert, verhaßt, zuwider, gleichgiltig. Bei Schmell. I. 1636: unmar, unmare, unmehre.

unpass (Rg., Trb.; Henn.) = unwohl, kränklich. Im hd. häufiger die Form unpässlich. Vergleiche pass.

unsît. In der Verbindung: unsît viel aufladen hat es dieselbe Bedeutung wie unäß (siehe daselbst) = unmäßig. Zu mhd. unsitec, unsitelich = aufgebracht, zornig, ungestüm (Ser. II. 1938).

untadel, der (Rg.); untardl (Rb.) = Makel, Fehler. NB. untâtl (M.). mhd. das untertelein = Makel, Schandfleck (Ler. II. 1944). Auch tadel allein wird gebraucht: 's is kej tôdala drô (Rgh.). Egerländisch das untadrl.

untâr. adj. (Rg., Tscherm., Hbr., Joh., Gö.; Lusdorf bei Friedland) = ungeheuer; grob, dumm in Verbindung mit einem plumpen Benehmen; groß, ungeschickt, unbehilflich. a untârer karl (Kerl); mhd. untœre, undœre = mürrisch, unfreundlich, schmerzlich, unangenehm, unpassend (Lex. II. 1775); B. untarisch (Pr.).

unterkittig (undrkitig. Lbskr.; undrkîtich, Rg.; ondrkîtich, Komar; untrkîtch, Schönwald; undakitsch, NB. (M.) = eiterig schwürend unter der Haut. Nürnbergisch unterkethig, unterkettig = von innen heraus schwärend, eiternd (Schmell. I. 1310); bei Adelung unterköthig in Riemers griechischem Wörterbuch: unterködig, hyponomos. Zu der oder das kett = Quellwasser, das in einem Grundstücke aufsteigt.

uppich (Rg., Trb.); urich d. i. ubrich, undrich (A., Schöb.) = oberhalb. Ai sîwa Juhrn — bis „urich" de Uhrn; ai sîwa Wocha — bis „urich" de Knocha. (Spottvers).

uräßig = überdrüssig einer Speise. NB. urasch (M.); egerländisch uras; mhd. urez. ich werde urez = mir wird übel (Lex. II. 2003); ordressich, odrêßich, urdrejßich in derselben Bedeutung wie ungeneußich d. i. ungenügsam, namentlich im Essen. sich odress essn (Lbskr.) = sich überessen; zu viel essen, daß man der Speise überdrüssig wird. Auch übertragen: eine Person urdrejßich, odrêßich kricha = jemanden satt bekommen. Das d in den Formen odrêßich, ordressich, urdreißich erklärt sich aus der Verwechslung des Wortes uräßig mit dem gleichklingenden und zum Theil gleichbedeutenden Worte urdrüssig.

urbern (orwrn, Rg., Henn.; orwan, Br.; A., Rof., Wich.) = auf geräuschvolle Art arbeiten. mhd. urborn = als urbor d. i. Zinsgut handhaben, ausnützen, reflexiv: sich anstrengen (Lex. II. 2002). Auch NB. urwan = angestrengt arbeiten; rimurwan geräuschvoll arbeiten (M.). Siehe orbern.

urdrüssig (ordrêßich, A., Rof., Gießh.; Br.; ordrêßich. Rg., Henn., Grad., Rgb.; urdrêßich, Rg., Gab.) = 1. verdrießlich. bist odrêßich wie a Kutz ai a Sechswucha (Gießh.); 2. überdrüssig; 3. geizig. mhd. der urdruz = Ueberdruß, Unlust, Ekel (Lex. II. 2003).

urîgel, unrigel, der (Gegend von Wildenſchwert und Chozen); Dim. urlechla, das (A., Baßb.) = ein Hühnerei, das nicht größer iſt als ein Taubenei. Es iſt Gegenſtand des Volksaberglaubens. Damit es nicht ſchädlich wirke, wirft man es gewöhnlich über das Dach des Hauſes. Auch in NB. (M.) herrſcht dieſe Sitte. Unter Beobachtung gewiſſer Formalitäten kann aus dieſem Ei ein kleiner dienſt= barer Teufel (ſiehe spiritus) ausgebrütet werden. Bei den Cechen heißt der urigel = zaprdek. Das Wort urigel ſcheint aus ur und dem Diminutiv zu eig = Ei (eiglein) entſtanden zu ſein. Das g in ur-eigl (ein) wäre ein Ueber= reſt des urſprünglich conſonantiſchen Stammes: ahd. ei, Mz. eigir; ags. das äg. engliſch egg; altnordiſch egg; ſchwediſch ägg; urlêchla wäre eine mißverſtändliche Dimi= nutivbildung mit l nach ur. urigel wäre demnach = Urei.

ur'l, die (urdl, Hilb.); Diminutivform?: urla, das (Rg.) = Ahorn (acer platonoides); Urlakeppe, die, höchſter Punkt im Trautenauer Bürgerwalde. Siehe keppe; Urlasgrund, der, Seitenthal, das rechtsſeitig zur Aupa im Orte Groß=Aupa mündet. Vielleicht iſt url, urla nichts anders als eine Nebenform zu erle. Nach Popowitſch 110 heißt eine gewiſſe Erlenart au-erle, woraus url und urla zuſammengezogen zu ſein ſcheint.

urschen (urscha. Rg.) = verſchwenderiſch umgehen mit Speiſe und Trank; vergeuden. Das Wort kommt auch noch vor in den Formen: ärschln (Rg., Arnsb.); ürschln (îaschln, NB. M); arxa (A.); orxa (Br.; urasen (SB.). Schleſiſch urschen (Whb. Btr. 102; ſchwäbiſch ver-urau= ßen (Schmid 527); bairiſch uräßen, uräzen, urezen (Schmell. I. 134); oberpfälziſch urausten (Schmell. 134); öſterreichiſch uraßn (Caſtelli Wtb. 259). Vergleiche das oben angeführte uräßig; mhd. urezzen = devorare (Lex. II. 2003); ahd. urezan; gothiſch uzitan b. i. uz = aus, heraus und itan = eſſen.

ürte, irte, die (S. H. 351) = Zeche. Davon

ürtenfrei (irtafrei, A., Schöb., Rot.) = zechfrei, von der Zahlung der Zeche befreit. Schleſiſch ürte = 1. die Zeche. 2. das Verzehrte, Vertrunkene. 3. die Rechnung dafür. mhd. urte, ürte (Lex. II. 2014).

ûsterlich, der (Henn.) = Eichelheher.

V.

Vârten (Ta.; Rg., Hbr.); vâtu (Rz.); vâta (Henn); vâte (A.; Rg.) = voriges Jahr. Siehe fate.

valke (Henn.) = Märzveilchen. Vergleiche falk.

ge-vatterlein. das (gevatterla, A., Gießh., Wich.) = Wiesel. Siehe unter G.

veielein. das (veiela, O.-B.) = Märzveilchen.

veigel in Veigelstein = Felsgruppe auf dem Riesengebirgskamme zwischen dem Reisträger und den Schneegruben. Auf dem Gebirge verkauft man Steinchen („Veilchensteine") in Schachteln verpackt, bei deren Oeffnung ein veilchenartiger Geruch sich bemerkbar macht. Der Geruch rührt von einem Ueberzuge von Veilchenmoos (Chroolepus Jolithus) her.

vella. das. Entstanden aus veielein. Darunter versteht man jene Pflanze, die man auch sonst vulgär mit Veigel (Sommerveigel) bezeichnet.

verbehren (H. H. 193) = mit einer Abgabe belegen. mhd. die bern = Abgabe, Steuer (Lex. I. 196).

verbost (verbûst, Rg., Grab.; A.; Deschnay) = zornig, bösartig, vom Zorne ganz beherrscht.

verbüßen (Rg., Tr., Rgtz., Grab.) = verlieren, einbüßen. Vergleiche büßen.

verbutten (Rg., A.) = im Wachsthum zurückbleiben, verkümmern. Vergleiche butt III. 2 im alphabetischen Verzeichnisse.

verdreht (Rg., Trb.) = verkehrt; eigensinnig: ein verdrehter mensch.

verführen (Rb., Rg., Weig., Gab.); lärm, eine wirtschaft verführen = Lärm machen, Aufsehen erregenden Spectakel machen.

84

verharatschelt (A., Wich.), von Kindern = verzogen. Vergleiche das haratschel (Henn.) = verwöhntes Kind und herratscheln, harratscheln = verwöhnen im alphabetischen Verzeichnisse.

verhökern (Rb.) = verrenken.

verhoffen (Jsg.) vom Hochwilde = stehen bleiben, um aufmerksam zu horchen.

verkalupieren (Rg., Tsch., Hbr., Gab.) = sich verrechnen. Eigentlich vergaloppieren. In NB. kalupian = galoppieren. Also sich verrennen.

verknipeln, knipen. siehe unter K.

verla, das (Rg., Rgb.) = 1. Docht in der Nachtlampe. 2. Kinderspielzeug. Vergleiche ferla und firl im alphabetischen Verzeichnisse.

verläuken (verlêkn, Rb.; verlaikn, Ta.); verläukeln (verloikan, A.; verlêkln, Rg., Arn.) = läugnen, abläugnen. Auch NB. vu-leken (M.).

verleßlich (S. H.) = ausgelassen froh.

verliben, sich (ver-liwa, Rg., Hbr., Rgb.) = sich verloben, sich durch ein Gelübde verpflichten. Vergleiche die Verse unter dem Artikel gehalle:
Die (das Mädchen) wat sich wul „verliwa"
Ai Hannesas Hand.

verliesen (Rb.); wohl auch im Rg. vrlisa = verlieren. mhd. verliesen, ahd. far-, tirliosan. Der Dialect (auch NB. vulîsn, (M.); egerländisch valöisn) hat altes s beibehalten. Vergleiche friesen.

ver-morksen (Rb.) eine Sache, Geld nach und nach unnützer Weise verthun. Vergleiche murksen I. und II. im alphabetischen Verzeichnisse.

ver-morrt (Rb.) = verteufelt, verdammt. Vielleicht zu marren, merren = unbrauchbar machen; also vermorrt = zu Grunde gerichtet.

ver-nêsen (vernejsn, Rb.) = verdauen, Speisen mit gutem Appetite verzehren. Vergleiche den Artikel nêsen.

ver-plampern (verplompern) $=$ 1. verderben. 2. refler. verplompan (Hbr.) $=$ sich verſprechen, durch unvorſichtiges Reden ausplaudern.

verreiten (Rg.) $=$ verwerfen, durch unordentliches Umherwerfen verlieren. a hôt geld verrîta.

verrichten (verrechta, Rg.) $=$ 1. jemanden zurechtweiſen; etwas zurechtſeßen, ordnen, z. B. Haare; Kühen das Futter geben (Lbskr.), was in NB. (M.) beſchicken; 2. viel hermachen, viel Lärm machen.

ver-rünen (S. H. 188) $=$ verrammeln. mhd. verrunen-, rünen-, ronen $=$ mit ronen verdecken, ver=rammeln, verſperren (Ler. III. 207). Von mhd. die rone (Ler. II. 485), SB. bairiſch die rone, ronen, oder ron (Schmell. II. 116) $=$ umgefallener Baumſtamm, wie ſolche im Böhmerwalde noch jeßt häufig vorkommen. rone aber gehört wohl zu lateiniſch ruina (ruere $=$ ſtürzen).

versagen auf den lauf (Jfgb. Jäg.), $=$ vom Wilde $=$ hinken.

versennen (versenna, Rg.) $=$ auf geheimnisvolle, wunderbare Weiſe, durch Sprüche und Ceremonien, Krank=heiten heilen. Siehe segnen.

ver-specht (S. H. 119) $=$ infolge der Austrock=nung geborſten, zerriſſen (vom dürren Boden, vom Brote, der Haut an der Hand). Zu spachen, spachten (Schmell. II. 654) $=$ durch Austrocknung den Zuſammenhang ver=lieren. nd. spacken; kurheſſiſch spachern (Vilmar 389). mhd. spach $=$ dürr, trocken; spachen $=$ berſten machen, ſpalten (Ler. II. 1062).

versprechnis, das (A., Deſchnay) $=$ Verlobung. Anderwärts auch der verspruch NB. (M.).

ver-sülen (versîla, Rg.) $=$ etwas beim Herum=balgen oder herumwälzen verlieren. Siehe silen I.

ver-sust (Rb.) $=$ umſonſt.

ver-wichen, adv. (verwecha, A., Gießh., Rok.; Rg., Weig.; verwechens, Rg., Gab.; verwechas, Tr.) $=$ unlängſt, kürzlich, vor nicht gar langer Zeit.

ver-wimmert (Rg., Arns., Hbr.), zunächst vom Holze oder Baumstöcken = verwachsen; 2. von Thieren und Menschen = abgehärtet, unempfindlich. mhd. ver-wimmern, Zeitwort = verwachsen. Von wimmer. Siehe daselbst.

ver-wonst adv. (Rb.) = gierig. der hot aber verwonst gegassn.

verzehrte, die (A., Satt.) = Auszehrung, Schwindsucht.

vespern (faschpan, Arn.) = jausen. vesper, eigentlich = die vorletzte canonische Stunde (6 Uhr abends) und der betreffende Horagesang. Von lateinisch vespera = Abend. Hier die vesper = die um diese Zeit einge-nommene Zwischenmahlzeit.

vetter, der. növettern (Göbe) = sich jemandem vertraulich nähern, sich ihm anschmeicheln.

vierbeinlein, das (vierbénla-, bejnla, Rg., Br. A.) = 1. Eidechse (lacerta agilis). 2. (Tr., Trb.) Wassermolch (triton cristatus?). Man hält das Thier für giftig und glaubt, die von dem Thier berührte Körperstelle schwelle krankhaft auf.

vierfüsslein, das (vierfissla, A., Rof.; Rg., Hbr., Gab., Weig.) = Eidechse.

vispernätterlein. das (-nettla. Weig.) = Eidechse. Vergleiche fischpern in der Bedeutung „rasch hin und her-fahren.“

vogeltritt. der (vouchltrit. Rg., Gab.) = die kleinen dünnen Reiser der Waldbäume, wie sie auf dem Boden liegen.

volk (Rb.) als zweiter Theil von Zusammensetzungen: mannsvolk, das = Mannsperson; weibsvolk = einzelne Weibsperson. Mehrzahl: manns-, weibs-völker = Männer, Weiber. Ebenso NB. (M.), woselbst man nicht weibs-, sondern weib-volk, weib-völker hört.

voll (vûl, ôl. fl Rg.). 1. voll sein = schmutzig, beschmutzt sein; voll machen (sich, andere) = beschmutzen, verunreinigen; 2. voll sein = satt sein, genug haben, weil ganz angefüllt mit Speise oder Trank; 3. alle voll = ganz voll; 4. in Zusammensetzungen f'l: hamp-f'l, ar'fl = Handvoll, Armvoll, d. i. so viel man mit einer Hand fassen, in einem Arme tragen kann (Holz).

vollüstern (Rg., Tsch.) = vollmachen, beschmutzen, verunreinigen. dr junge hund hôt vollgelästert. Zu mhd. laster = Fehler, Makel (Ler. I. 1836).

vor, adj. (vur, Rg.) vore (Rz.); vorich (vurich, Gab.) = zuvor, kurz vorher, vorhin.

vorläube, die (vur-lejwe, Rg., Gab.) = erkerartiger Vorbau am 1. Stockwerke eines Hauses. Vergleiche dazu sêler im alphabetischen Verzeichnisse. mhd. vorloube = Vorhalle, porticus, vestibulum.

vorschlôn (vurschlôn, Rg.) vürschlô'n (Rg., Hbr., Weig., Gab.) = 1. den ersten Schlag beim Dreschen machen; die Garben das erstemal überdreschen. Ins hd. übersetzt vor-schlagen. Daher

vurschlêlan, die: Mz. (Weig.) = die Garben, die man das erstemal überdrischt. Vergleiche farscheln im alphabetischen Verzeichnisse.

vor-schnürlein, das (vorschniala, Br.; varschniala, A., Rof.) = das Schnürchen am Ende der Peitsche, das den schnalzenden, knallenden Ton verursacht.

vôrtel, vôrtl, das (Rg., Rgh., Weig.) = der Vortheil. das vôrtl weghaben = wissen, wie man eine Arbeit am geschicktesten ausführt.

vult, adv. (Henn.) = vollends.

W.

Wachlich, der (Rg., Trb., Gab.) = Pflanze, Wegerich.

wachelblatt, das (wachlblôt, Rgh.); wachlichblatt (wachlichblôt, Gab.) = Blatt vom Wegerich.

wackeln; römwackln jemandem am Unterfutter (Göße) = jemanden durch Stichelreden ärgern.

waffen. die, Mz. (Jfgb., Jäg.) = Hauzähne des Wildschweines.

wagenquenger, der (wênquengr, Rg., Weig., Arnš.).

wagengenger (woangengr, Rg., Gab., Grab.; wêngengr, Weig.); wagengerengel (woangerengel, Rg., Trb.) = Dornbreher (Vogel). Wbd. Btr. 103 führt an: wagenkrengel = Neuntödter, Dornbreher, von schlesisch krengeln (Wbd. Btr. 47) = kränken, quälen; der krengel = Quäler. Dasselbe bedeutet übrigens auch quengen = zwängen, beengen, ängstigen; wodurch der 2. Theil der Zusammensetzungen in woangerengl und wênquenger ihre Erklärung finden, da in der That dieser Raubvogel erst seine lebendig gefangene Beute an Dornen aufspießt (Dornbreher) und sie dann verspeist. Zu dem 2. Theile genger in woan-, wên-genger findet sich die mhd. Form waregengel (Ler. III. 687). Der erste Theil ware, der nicht mehr vom Volke verstanden wurde, ist also im schlesischen Dialecte zu wen, woan, im böhmischen Niederlande zu wôn (wônkrinklich, Schönfeld, Kunnersdorf) geworden, welche Wörter das hd. wagen bedeuten; deshalb habe ich den Dialectwörtern die hd. Form wagen — gegeben, obwohl sie mit dem Begriffe wagen gar nichts zu schaffen haben. mhd. der ware, Genitiv des warges = Mensch von roher, verbrecherischer Denk- und Handlungsweise, Wütherich. Gothisch vargs = Feind (in Gothisch launavargs = Feind des Lohnes, der Undankbare); altnordisch vargr = Wolf, Würger; daher ware-gengel = der wie ein ware das ist wie ein Wütherich, Wolf, Würger einhergehende; ware-quenger = der wie ein ware Zwängende, Aengstigende; warekrengel = der wie ein ware Quälende. Auch Schmell. führt (II. 999) die Formen an: Der Würger heißt bei Pictorius warckengel; Diefenbach 160ᵃ, Nemnich II. 323: lanius excubitor = wargengel, warkengel, würgengel. Bei letzterem könnte man an würg-engel denken als Engel des Todes, doch ist würg-engel abermals eine Verstümmelung aus würg-, ware-gengel.

wagenschmierblume, die (wênschmêr-, Weig., woânschmêr-blume, Gab., Grad., Tr.) = Pechnelke.

wahrche, die (Rb.) = Währung, Geltung.

waidloch, das (Jfgb., Jäg.) = Afterloch des Hirsches.

waidlöffel, der (Jfgb., Jäg.) = Zunge des Hirsches.

waidsack, der (Jfgb., Jäg.) = Magen des Hirsches.

walgern (wolgrn, Lbsfr., wûlchan, wulchan, Rg., Tr., Weig., Gab.) = walzend rollen, namentlich zähen weichen Körpern (wie Brot, Thon) eine walzenförmige Gestalt geben, indem man sie zwischen den Händen hin- und herrollt. Zusammenhängend mit wal-k-en. wal-z-en. Kurhessisch welgern = wälzen (Vilmar 446); NB. welkern (welkan) (M); schlesisch walgern, welgern, wulgern = wälzen, rollen, kneten, drücken (Whd. Btr. 103); mhd. walgern, welgern = wälzen, rollen,

walger, die (schlesisch) = durch Rollen Entstandenes, gerolltes Klümpchen (Whd. Btr. 103). In NOB. meist

wulger, die (wulchr, Tr., Henn.) = die durch Zusammendrehung zweier Fäden entstandene Verdickung; 2. Schmutzklümpchen. Meist Mz. wulchan und Diminutiv **wulchalan** (Rg.) = mit den Fingern zusammengewalkte Klümpchen (z. B. von weichem Brote).

wallisch (Lbsfr.) = verdreht, verrückt, dumm (von Menschen), ein wallischer Kerl; bi ock ne su wallisch (Rg.); wallsch (Weig.) = kurios, verrückt. Wohl nichts anders als wälsch, aus dem Lande der Walen-Romanen insbesondere der Italiener stammend; fremdländisch, mithin fremdartig, unsern Gewohnheiten zuwider, was uns dann dumm oder wenigstens sonderbar vorkommt.

walperabend, der (wolpr-ô'mt. Gab., Krinsd., Weig.; olprouwat. Henn.; olproumat, Tr.) = Walpurgisnacht. NB. wolpar-oubd (M.).

wampe, die (womp, Weig.; wompe, Gab., Rgß.; woumpe, Rb.); eigentlich = hangender häutiger Theil unten am Halse. Dann aber auch = weiche Seite des unteren Bauches; Bauch. Meist vom hangenden Bauche der

Kühe gebraucht, doch auch als roher Ausdruck für den Bauch des Menschen. Schlesisch wampe = Bauch, Leib (Whd. Vtr. 103). Ebenso kurhessisch (Vilmar 440); bairisch wamben, wampen (Schmell. II. 913); mhd. wambe, wampe, wamme = Bauch, Wanst (Lex. III. 665).

wampen (woumpm. Rb.); anwampen (ôwompa, Gab., Weig., Hbr.) = sich übermäßig anessen, den Magen übermäßig mit Speisen und Trank stopfen.

wampel, das (Rb.) = ordinäre Semmel um zwei Kreuzer.

wampes, der (Hilb.) = Bauch. Vergleiche wampe.

wand, die. Diminutiv 's wendla (A., Schöb.) = schmaler Raum zwischen dem in der Wohnstube der Bauern-häuser befindlichen Backofen und der Stubenwand. Dieser Raum dient meist zur Aufbewahrung von Holzspänen.

wange-bündlein, das (wangebendlla, A., Schöb.) = Bund leeren (ausgedroschenen) Roggenstrohes. wan scheint dasselbe zu sein, was kurhessisch wän. wôn (Vilmar 441) = fehlerhaft, mangelhaft. Auch Schmell. II. 916 führe Beispiele an, in welchen wan mit „leer" zu verhochdeutschen ist. mhd. wan = nicht voll, leer (Lex. III. 667).

wannet (Löskr.) = schief; wannete absätz; unge-schickt, plump; ein wanneter kerl. Im fränkischen Dialekt (dazu gehört auch schon der in der Landskroner Gegend) steht die Ableitung et = hd. icht zur Bildung von Eigen-schaftswörtern, die eine Aehnlichkeit bedeuten. wannet also eigentlich = wie mit wanen versehen, die wan. eigentlich = fehlerhafte Einbiegung in einem festen Körper. NB. wûne = Loch im Eise (Leipa); ebenso mhd. (Lex. III. 994).

warneckel, der (A., Vatz.); werneckel (A., Schöb.); waneckel (Rg., Arn.) = Geschwür in den Augenwinkeln, oder auf dem Rande der Augenlider. Meist „Gerstkorn" genannt. Man bespricht das Uebel mit folgenden Worten:

Waneckl!
Ich streich dich mi'm Bettzöppl;
Wenn de ne werscht wie a Haus,
Su kumm liwr gor ne raus.   (Arnau).

Bairisch die wern = Blutgeschwür im Augenlide (Schmell. II. 1002). Weigand II. 1098 führt an die werre, wetterauisch das werr; kurhessisch der wern und werner (Vilmar 450). mhd. nicht nachweisbar; ahd. die werra.

warnigen (S. H. 278) = warnen.

Warte, die (Rg.) auf de wörte gin = auf die Wallfahrt gehen. Wartha, ein berühmter Wallfahrtsort im Glatzischen.

wärtlich in hinterwärtlich (hinderwörtlich, Rg., Tr., Hbr., Grad., Rgb.) = 1. hinterrücks, von rückwärts; 2. hinterlistig. Bei Schmell. II. 1009 hinterwärtlingen, hinterwärtling. mhd. hinderwörtlingen, Adv. = rücklings (Lex. I. 1298); NB. hindawatlich (M.).

was (wös, Rg.) = seit, in der Zeit, da. das hab ich gemacht, was ich da bin.

waschel, das. in ohrwaschel (Rg.); Diminutiv ohrwaschla (A.) = Ohrmuschel.

wassergalle, die (Rb.) = theilweiser Regenbogen. Bei Wgd. 1. 607 regengalle = Stück Regenbogen. Vergleiche auch galle im alphabetischen Verzeichnisse.

wasserlei (S. H. 18) = welcherlei. Bei Wgd. II. 1057 waser = was für, waserlei = welcherlei. waser ist zusammengeflossen aus was der wäre. waserlei. nd. waterlei hat welcherlei zum Vorbilde und ist als was der lei anzusehen.

wasserstreiflein, das (-strefla, Rg., Gab., Rgb., Hbr.) = Fehler im Brote. Vergleiche schliff.

waß, der (S. H. 136) = Weizen. In NB. wöß (M.): älterneuhochdeutsch der weiß; mhd. der weize.

wastel, der (Rg.) = dicker Mann, Knabe. Oft auch in Verbindung mit dick: ein dicker wastel. wastel ist aus Sebastian entstanden. wastel auch bairisch (Schmell. II. 1043) und egerländisch. In Eger nennt man eine Steinfigur, darstellend einen Ritter, der auf dem Marktbrunnen steht, Röhrkastenwastel.

wasterhalben (Rb.) = weshalb.

wât. die (wôt, Rg., Tr., Gab., Tsch., Komar;
Diminutiv das wêtla; wode. Dubenetz; wût. Arnś., Rz.).
Mit Ableitungssilbe die wôtcht (Ta., Rg., Henn.) =
Kleid, Kleidung, Gewandung. Schlesisch wât, wôt (Whd.
Btr. 103); wat = Kleiderstoff, Kleid (Wgb. II. 1059);
kurhessisch das wôt = Kleidungsstücke (Vilmar 459);
bairisch wat; mhd. die wât: ahd. uuât. wat kommt vor
noch in nhd. lein-wand statt lein-wât. Die Form wôtcht
und das in NB. vorkommende wôtniche zeigen durch ihre
Ableitungssilben cht und niche (die hd. ung entsprechen)
den collectiven Sinn des Wortes an.

wâtsche. die (Rg.) = klatschender Schlag mit der
flachen Hand auf die Wange. Kurhessisch watsche (Vilm.
442); niederösterreichisch d' watschn (Seidel 361); wadschn
(Castelli 262); schlesisch (Whd. Btr. 104).

watscheln (Rg.) = wankend, schwankend, unbehilflich
gehen; enten watscheln.

wâtschlich (Rg., Trb., Gab., Henn., Rgtz.) =
wacklig, nicht fest, hin- und herschwankend. watscheln,
wutscheln = schwerfällig, schleppend und wacklich gehen
(Schmell. II. 1057; Wgb. II. 1060).

wâte, die (wôte, Ott.) = großes Fischnetz, das
von einem Ufer des Flusses zum andern reicht und strom-
aufwärts gewöhnlich bis zum nächsten Wehre gezogen wird;
bairisch die wat = Art Zugnetz mit einem Sack ohne Spiegel.
mhd. die wote, wade (Lex. III. 704); bei Wgb. II.
1059. Scheint zu waten zu gehören.

watschger, der (A., Schöb.) = Fettansammlung
am untern Bauche der Gans, wegen der Aehnlichkeit mit
einer Hängetasche. Denn bei Wgb. II. 1060 der wätscher
= Hängetasche, Mantelsack. Gewöhnlich aber wätschger
(bei Schönsleder). Auch älterneuhochdeutsch wetschger.
mhd. wâtsac = Umhängetasche (Lex. III. 706).

webe, die, in wind-, winds-wêbe wewe (Rg.,
Henn., Grad.) = zu Haufen vom Winde zusammengewebter
Schnee. Zu unserm nhd. wêhen = durch Luftströmung
fortbewegen. mhd. wæjen; angelsächsisch vâvan. Windsweb
heißt ein Ortstheil von Einsiedel bei Friedland.

wechselbalg, der (wachslbolg. Rg.) = Schimpf= name auf unordentlich gekleidete oder schlimme Kinder; überhaupt verächtlich für Kind. Eigentlich = ein noch dem Volksglauben von den Elben für ein von ihnen entwendetes wohlgestaltetes Kind untergeschobenes missgestaltetes, hässliches Kind mit dickem Hals und Kopf.

weda, weda! (Rg., Hbr.) rufen die Hirten, um das Vieh aufzumuntern, dass es fresse. Also weide, weide!

wedel, der (Jsg., Jäg.) = Schwanz des Hirsches.

wegziehen (Jsgb.) vom Federwilde = fortfliegen.

wehrteufe, die (wârteufe. Ott.) = die Vertiefung (teufe), die durch das über eine Wehrwand herabfallende Wasser entstanden ist. Bei Mühlen mühlteufe.

weich (wejch, Rg., Tr., Henn., Rgb.) mir is wejch = mir ist unwohl.

weichelt, das (wejchlt. Rg. allgemein) = das Weiche im Brote, die Krume, Schmolle.

weichtich, das ('s Wejchtich. Göhe) = ein Theil des Dorfes Dittersbach bei Friedland, so genannt wegen des nassen, weichen Bodens daselbst.

weidenkäfer, der (weidakâfr, Br., Ott.) = Maikäfer.

weife, die (wêfe, Rg., Gab., Rgb.; wêf, Weig.) = Holzgestell, auf welches Garn aufgewickelt wird.

weifen (wêfa) = 1. die Arbeit des Garnaufwickelns verrichten; 2. hin= und hertaumelnd gehen.

weinröhrlein, das (weinrêrla, Br.) = Schilf= stäbchen.

weiser, der (Rg., Weig., Gab., Br.) = 1. Uhr= zeiger; 2. Bienenkönigin. SB. und bairisch weisen = führen, geleiten. ahd. wîsan = anweisen, zeigen; angelsächsisch visian = zeigen, führen, lenken.

weisler, der (Rb.) = Uhrzeiger.

weisich in Zusammensetzungen: kreuz-, haufen= weisich = kreuzweis, haufenweis.

weiß, der (wejß. Rb.) = Weizen. wejßenes zoig = Backwerk aus Weizenmehl.

weiß'm, das (Rg., Hbr.); weiß⁰m (Gab., Rgß.) = Weibsbild. Vergleiche manz'm. weißm entstand aus weibs-name, md. wibes-nam. wibsnam = der wibes name = weibliche Person, da mhd. und nd. name umschreibend als „Person in bestimmter Stellung“ gebraucht wird (Wgd. II. 1068).

weispl, das (Rg., Henn.) = Weibsbild.

weiß-pflaume, die (Gab.) = Art gelber Pflaumen.

wenden (S. H. 267) = grenzen, enden: aus-wenden (S. H. 60) = aufhören, enden. Kurhessisch wenden = grenzen. Das slavische Wort „grenzen“ von polnisch granica; čechisch hranice hat diesen eigentlichen deutschen Ausdruck in der Schriftsprache verdrängt. mhd. wenden, wanden = anrühren, grenzen, sich enden, aufhören (Ler. III. 759). wenden ist ein Factitiv zu winden; gothisch vandjan.

wênquenger, der siehe wagenquenger.

werchen, wercha, das gewerche, wercheband siehe unter würgen.

werfen (Jigb., Jäg.), vom Dachse, Marder, Iltis, Wiesel = Junge zur Welt bringen.

werk, in Zusammensetzungen brich, prich, wruch; flachbruh, hampruh, vorwrich u. s. s.

werkstück, das (S. H. 266); so wird ein großer Mühlstein genannt. In NB. versteht man unter werkstücken große Bausteine, meist aus Sand, was man im Riesengebirge auch werkstein (werkstén, Weig.) nennt.

werka, werkn siehe wirken.

wermte, die? (Einsiedel) = die bittere Pflanze Wermut (absinthium). NB. warmt (M.). Von derselben Wurzel, welcher warm angehört; denn Kraut und Blumen des Wermuts galten sonst als den Leib erwärmende Mittel (Wgd. II. 1097).

werneckel, siehe warneckel.

wertel, der, siehe wirtel.

wesen, das (wasn. Göße); a hôt wiedr amól 's wasn = er thut wieder recht närrisch, verrückt.

wesselein, das (wessala. Rg., Tr., Weig., Rgß., Gab.) = Weichselkirsche. Sie heißt auch wesslkersche (Henn., Grab.).

wessel, der (Rgß.); wejzl. der (Henn.; Gab.; Weig.) = großer dicker Mensch, Mann. Diminutiv wessala. das = kleiner, aber dicker Mensch oder Hund.

wêtla, das, siehe wât.

wêtsch, der? (Grab.). Meist Diminutiv das wêtschla = krummbeiniges, in der Regel kränkliches Kind. Eigentlich wohl unbehelfen, schwerfällig gehendes Kind. Denn dieses wêtsch. sowie

wêtsche, die (Grab.?) = Kröte scheinen zu dem Worte wâtscheln (siehe daselbst) zu gehören. Vergleiche hutsche = Kröte, von schlesisch hutschen = schleppend gehen.

wetter, das (wâtr, Rg., Gab., Weig., Trb.) = Gewitter.

wetterhähnlein, das (wâtrhânla. Rg., Krinsb.) = kleiner Nachtschmetterling, Motte. Bei offenem Fenster kommen sie abends zum brennenden Lichte geflogen. Wenn de watrhânlan flicha, dû wêrds schine.

wetterleuchten (wâtrlechta. Rg., Trb., Grab., Rgß.) = 1. blitzen. Eine durch den Gedanken an den leuchtenden Blitz hervorgerufene, schon im 16. Jahrhundert übliche Umbildung aus dem alten wetterleich. wetterleichen (Wgd. II. 1104); mhd. leichen; gothisch laikan = springen. wetterleich bezeichnet also den springenden Blitz. In NB. versteht man unter wetterleuchten (wâtalechtn. M.) das Blitzen, das sich abendlich am Horizonte als Wiederschein eines fernen Gewitters zeigt, wobei man den Donner nicht hört. Bei Schmell. II. 1059 wetterleichen; vorarlbergisch weattr lôacha; 2. (bloß) watrlechta (Trb.). oder watrlechta gin (Rgß., Grab.) nennt man die abendlichen Besuche der Mädchen seitens der Dorfburschen.

wetzkieze, die (A., Rb.) = hohles längliches Holzgefäß oder hohles Ochsenhorn, in welchem der Grasmäher das Wasser zum Befeuchten des Wetzsteins hat. Vergleiche kitz im alphabetischen Verzeichnisse. Dasselbe bedeuten:

wetz-kumpf, der, ſiehe kumpf und

wetz-meste, die, ſiehe meste.

wibeln (Nb.) = in Menge herumlaufen, wimmeln, wie Käfer oder zappelige Kinder ſich haſtig hin= und her= bewegen. mhd. wibelen = wimmeln (Ler. III. 814); der wibel = Käfer; bildlich: regſames, zappeliges Kind. Daher auch

wibelsdick = dicht beiſammen ſich regend.

wichern (Frbl., Naſpenau) = klagen, weinerlich thun. Wohl desſelben Stammes wie hd. wiehern = wie in lachenden Tönen dröhnend ſchreien.

wicke, die (Tr.) = 1. (in der Hechelabtheilung der Spinnfabriken) eine Handvoll Werg. Auch froſch genannt; 2. Rolle zuſammengewickelten Werges (wicke, werg. Trb.); 3. Charpie. Bei Wgd. II. 1106, der wickel = Flachs oder Wolle um den Rockenſtock zum Abſpinnen; etwas Zu= ſammengedrehtes; und (Wgd. II. 1113) der wieche = Docht; gedrehte Charpie in eine Wunde. Wetterauiſch: der wiche und wicke; kurheſſiſch wike, der und die = Charpie= büſchel. Auch NB. die wicke (M.).

widem, die; widmat, widmet (S. H.); widmt (Br.); widmet (Gr.=Bor.); wimert (Grab., Hbr.); wimet (Trb.); widmut (Tr.) = Dotierung einer Kirche, eines Kloſters beſonders mit Grundſtücken; die zur Dotation einer Kirche geſtifteten Grundſtücke oder Gebäude, beſonders der Pfarrhof. mhd. der und die wideme, widem, widen (Ler. III. 821); bairiſch widem (wi'm und widn, widnt mitunter widum) = die zu einer Pfarrkirche geſtifteten nutzbaren Gründe (Schmell. II. 859); ſchwäbiſch in Flur= namen widum und widen (Birlinger 432). In Schleſien kommt die Form widemut vor. Vergleiche unſer nhd. Zeitwort widmen.

wildpat, der (Hbr.) = Wildling, wilder Junge.

wilprt, das (Ng., Trb., Gab., Weig., Ngtz., Henn.) = 1. Wimper; 2. (S. H. 49) Wildpret; 3. der wilpert = Wildfang. Auch NB. das wilpert (wilpat) = Wimper. Auch bairiſch die wilpräm = Augenbrauen (Schmell. II. 900).

wimmeln (Henn.); wimman (Rgh.) = fächeln; sich hin- und herbewegen. Hier namentlich von der durch übermäßige Hitze bewegten Luft in der Stube. Dasselbe was bairisch wachln; die stube ist wachlwarm.

wimmer, der (Rg., Tr., Hbr., Weig., Rgh., Arnsd., Tschermna, Grab.) = 1. mehrfach durchwachsener, also verwachsener, schwer spaltbarer Baumstamm, meist Baumstock; 2. (bildlich) verstockter Mensch. Bairisch der wimmer = a) Ringe, welche sich durch die jährliche Verhärtung des Splintes oder das jährliche Wachsthum um den Kern des Holzes bilden; b) knotiger, von einem erstickten Aste herrührender Auswuchs an einem Baumstamm. Maser, Knorren (Schmell. II. 912 und 913). mhd. wimmer, wimer = knorriger Anwuchs an einem Baumstamme (Lex. III. 896).

ver-wimmern = sich verwachsen, verhärten; verwimmert, besonders vom Holze; aber auch von rohen, gefühllosen Menschen. In NB. vu-wemmat (M.).

wimmerich, der (Rgh.) = verkümmerter, verwachsener, buckliger Mensch.

winddörrlein, das (wendderrla, A., Sott.) = verdorrtes junges Fichten- oder Tannenbäumchen.

windfang, der (Jsgb., Jäg.) = Nase des Hirsches.

wirblich (Rg., Henn.) = verwirrt im Kopfe.

wirken (wërkn, Rz.; wërka, Gab., Weig., Hbr., Grab.) = weben.

wirt, der (A., Deschnah); so wird besonders ein sparsamer Hausvater genannt. er macht einen wirt. Auch NB. (M.).

wirtel, der (wërtl, Rg., A.; wêtl, wêtla, Br.) = die radförmigen Scheiben am Ende der sogenannten Pfeifen. In einem Kinderspiele wird ein Knopf, eine Geldmünze, die man versteckt und die ein Kind suchen muß, steckawêtla (Weckersdorf) genannt. Bei Wgb. II. 1127 der wirtel = Spindelring. Auch bloß der wirte von dem spätalthochdeutsch Adjectiv wirt = gedreht, gebogen, welches mit lateinisch vertere = sich wenden, sich drehen; slavisch vrátiti stimmt.

wischen = strafen, wehe thun. Dazu

wischer (Rg., Gab., Tr., Grad.); Comparat. eines Eigenschaftswortes = weher, übler. Auch der superl. am wisch'stn kommt vor. Obiges wischen findet sich in NB. (Polzenthal; M.) ziemlich allgemein. 's hout 'n g'wischt sagt man (M.). wenn sich jemand arg und empfindlich verletzt hat. Bei Jarisch, Heimatsklänge S. 249; Drum wullt ar'n wischen = wollte ihn strafen, empfindlich züchtigen (für den Uebermuth). Bei Schmell. II. 1003, wirser, wirsest (wiəsa, wiəsəst). Comparativ- und Superlativform für die Begriffe weh, übel; mhd. wirs, wirser, wirsest = übler, schlimmer, schlechter (vergleiche nhd. unwirsch) und das Zeitwort mhd. wirsen = übler, schlimmer machen, schädigen, verletzen, ärgern (Lex. III. 932).

wischen (wischa. Tr.) = jemandem rasch eins auf den Mund versetzen.

wischper, der (Gab.); Diminutiv wischpala = kleiner Hund: auch Lockruf auf denselben.

wischperich, der (Henn., Gab.) = kleiner flinker Knabe. wischper und wischperich gehören wohl zu dem Zeitwort wischen = schnell sich fortbewegen; und somit sind wohl ursprünglich nur kleine flinke Hunde, Kinder gemeint. Vergleiche auch bischper.

wisslich, der (Rg., Gab., Henn.); wistlich (Trb., Weig.); fisslich (Grad.); rotwisslich; rotwistlich; rotfisslich = Rothschwänzchen. Siehe unter R.

wite, die (Rg., Weig., Gab., Trb.) = schwacher zäher Zweig (besonders Weide) zum binden. hd. wiede = als Band gedrehte Ruthe. Gehört zu weide; denn griechisch itea, ursprünglich witea = Weide. mhd. die wide = Weide (salix); schlesisch wide, wite (Whd. Vtr. 105); schweizerisch wied (Stald. II. 449).

ge-wite, das (Obr.) = Bauch der Wagenleiter, der wohl ursprünglich aus einem Weidengeflecht bestand.

witig, der (D.-B., Hilb.) = Schmerz, schmerzhafte Wunde. Z. B. halswitig. Das Wort findet sich im fränkisch-bairischen Dialecte in der Form wäiting (zāa´, kuapf-wäiting, Eger). Neubauer Idiotismen der Egerländer Mundart;

bairisch wêding (Schmell. II. 825); mhd. wêtac = leiblicher Schmerz, Leiden, Krankheit; (Ler. III. 804); schweizerisch wehtag, wehtat = Schmerz an einem Körpertheile (Stalb. II. 440).

wittmann, der (wittmôn), 1. Witwer; 2. jene Erhebung auf der Mitte des Brotes, die bleibt, wenn man dasselbe nicht gleichmäßig schneidet. Dasselbe heißt auch wittwerränktlein (witwerranttla, Hbr.).

woangerengel, der, siehe unter wagengengel.

wog, die (A., Batzd.) = starker Hebebaum. Das hd. die wage. Bei Schmell. II. 868 bedeutet die wag (ältere Sprache) eine Vorrichtung zum Spannen einer größeren Art von Armbrüsten. Im Rg., Hbr. wôgebêmla (das wagbäumlein) = Hebebaum.

wolchern (wolchan, A., Batzd.) = siehe walgern.

wolf, der = 1. Grasart, namentlich eine Art ziemlich trockenen niedrigen unansehnlichen Grases auf den Hochwiesen des Riesengebirges; 2. blasige Aufreibung des Fleisches (Rgb., Tr.); 3. der starke dunstartige Hauch, den das Eindringen kalter Luft in eine gewärmte Stube erzeugt (Gab.). Auch bei Whd. Btr. 106; 4. Spielzeug der Kinder, das gedreht, einen brummenden Ton von sich gibt; 5. scharfgezähnte Maschine zum Lockern der Wolle und zum Zerreißen von Stoffüberresten (Rb., Tuchmacherei).

wolkenschürger, der (wolkascherchr, Br., Grab.) = ungewöhnlich langer Mensch. Scherzhafte Bezeichnung.

wolle, die (Rg.). ai dr wûlle sein = bei einer Unterhaltung im besten lustigen Treiben sein; ai de wulle brenga = jemanden in Angst, Verlegenheit bringen; (Einsiedel) = ihn in Aufregung, Zorn versetzen.

wopse, die (Hbr.) = sumpfige Stelle auf der Wiese, die beim Betreten schwankt. Zu wippen = auf und niederschweben machen.

worbsen (Frbl.); worbsa (Rg., Hbr., Arns., Tr.); = wurpsa (Schatzlar) = einen Baum sammt den Wurzeln herauswerfen, umwerfen. Eine Ableitung zu dem Zeitwort (ältere Sprache) werbe, warb, geworbon = sich dreben, wenden. worbsen also = durch Drehen den Baum entwurzeln; schlesisch worbsen = beim Ringen fest fassen (Whd. Btr. 106).

worfen (worfa, Rg.) = durch Werfen mit der Wurfschaufel (worfschaft) das Getreide von Spreu reinigen.

worgsen (Frbl.) = mit Mühe Speisen hinunter= schlucken. Zu würgen = mühevoll schlucken. In NB. wurchn und wurgsn M.).

wormsch (Tr.) = wild; besonders von Pferden; der wurm ist eine Krankheit vieler Thiere; die schmerzliche Krankheit macht sie zuweilen wild.

wôt, wôte, wotcht, siehe wat, wâte.

wôtseln (wôtsan, Rg., Hbr., Gab., Rgtz.; wouzan, Trb.) = unbeholfen, schwerfällig gehen. Vergleiche watscheln im alphabetischen Verzeichnisse; österreichisch wuzeln = wälzen (Seidl Idiotikon 363); bairisch wuzeln = mit kleinen Schritten schnell gehen. Niederösterreichisch wätschgarn = schwerfällig gehen (Castelli).

wuchla, das (Trb.) in der Kindersprache = Hund. Auch in NB. wuch = Hund, oder Nachahmung des dumpfen Bellens (wuch, wuch).

wulcher. die (Rg., Tr., Henn.) = 1. die durch Zusammendrehung zweier Fäden entstandene Verdickung; 2. walzenförmiges Kothklümpchen. Siehe walgern.

wulcher-, wulgerholz (Hilb.) = Nudelwalze.

wûle, die (Ott.) = eine Vertiefung, gewöhnlich im Bette durch den Druck des menschlichen Körpers hervor= gebracht. In NB. wûle (M.) = Loch im Eise; NB. (Leipa) wune = Loch im Eise; schweizerisch die wohne = Schrund, Riß im Eise (Stalb. II. 456); schwäbisch und oberlausitzisch die wohn (Schmid 553); bairisch die wän = fehlerhafte Einbiegung in einem festen Körper (Schmell. II. 920); mhd. die wune = in das Eis gehauenes Loch (Ler. III. 994).

wul-end, wuland (Rg., Henn., Grab.) = ich glaube, daß ja; wulandne = ich glaube, vielleicht doch nicht. Aus wohl und ant. ent, ernt, ern; siehe ant im alpha= betischen Verzeichnisse.

wulla, das (Br., Rg., Tr., Gab., Rgb.) = Gans, Gänschen, Kindersprache.

wullock, wullocka (Rg.) = nicht wahr. Vergleiche gellock.

wunderballich (A., Gieß., Wich., Rot.) = schlecht aufgelegt (besonders früh beim Aufstehen). Substantiv die wundrballichkėt. Vielleicht aus wunderbarlich = hd. wunderlich.

wunderlich. Wenn ein Kind das andere neugierig fragt, was es in einem Gefäße trage, so erhält das fragende die abweisende Antwort: junga Wunderliche mit gàla Schwänza! (Br., A., Gießh., Rot.).

wunweide, die (S. H. 93) = Wiesenland. In der älteren Sprache die wunne, wunn = durch Sichel oder Sense zu gewinnendes oder abzuweidendes Gras (Schmell. II. 933); mhd. wünne, wunne = Wiesenland (Lex. III. 994). (Zu diesem wunne gehört auch unser „wonnemonat“ (Mai) = das ist also der Gras-, Wiesenmonat, weil im Mai die Wiesen gemäht werden).

wurf, der. in sensenwurf, der (sensaworf. Rg.) = Handhabe am Stiel der Sense. NB. wurf (M.); bairisch worb, warb (Schmell. II. 982); mhd. wurf und worp (Lex. III. 977).

wurm, der (worm). Meist Diminutiv das wërmla (Rg., A.) = Käfer. mhd. wurm = Wurm; auch fliegendes Insect (Lex. III. 1008).

wurstelhans, der (wurschtlhons, Göhe) = Hanswurst.

wuschen (wuscha, Rg.) = rasch unbemerkt vorübereilen. Nebenform zu hd. wischen = schnell sich fortbewegen, schlüpfen.

wuschinka, die (Henn.) = Festmahlzeit der Schnitter. Von čechisch (v obžinky.

wuschpern, bewuschpert (Göhe) = behend, flink, sie is su bewuschpert. sagt man, um das flinke, behende Wesen einer Frauensperson zu bezeichnen.

wüste (Einsiedel, Rg., Gab.) = 1. gedankenlos. Von Kindern und erwachsenen Menschen: a sitzt a su wiste dô (Gab.); 2. wiſt (Weig., Arns.) = geizig. Doch mhd. wüeſte = verſchwenderiſch.

wüsten (wista. Rg.) = verſchwenden; verſchwenderiſch wirtſchaften.

wustung. Name eines Dorfes bei Gablonz. Da im Dialecte iche. ige dem hd. ung entſpricht, ſo finden ſich noch folgende Formen: die wustiche (Hbr., Gab.) = Benennung von gewiſſen Wieſen; die wustige (Rg.) = Geſammtname für die bei Albendorf auf dem Gebirge zerſtreut liegenden Bauden: die wüstnich (Henn.) == Wieſe, auf der nicht viel Gras wächſt; die wustniche NB. (M.) = Name einer gewiſſen Wieſe; die wustliche (Grab.) = die wustliñ (Hilb.) = Hutweide. wustung, wustige, wustiche von mhd. wuostunge, wüestunge, wüestenunge = öde Gegend, Wüſte, Oedung (Lex. III. 983); wustniche von mhd. wüestenunge. l in wustliche iſt für n eingetreten.

wût, die (Rz.) ſiehe wât.

wûtsch, die (Henn.) = Kröte. Bei Schmell. ütsche, ütze. Vergleiche wétsche im alphabetiſchen Verzeichniſſe.

Z.

Zach. zach gân (geben) = achtgeben. Auch zech geben.

be-zachen, bezachten (Arns.) = ſehr genau zuſchauen, beobachten; im Geiſte überſchauen, überlegen. Ich hô mr'ſch ne su genâ bezacht. Vergleiche be-, gezechen. bezachten iſt ein Intenſivum zu bezechen. Siehe das folgende zechen.

zagel, der (zôrl. Rg., Hbr., Gab.; zêl, Arns.; zejl. Henn.; zojl. Br.; A.) = Schwanz, männliches Glied. Diminutiv das zella. Vergleiche katzenzagel, Rübenzagel, d. i. Rübezahl, der Berggeiſt des Rieſengebirges. zagel iſt ein altes Wort. Gothiſch das tagl = ein Haar; angelſächſiſch der tägel = Schwanz; engliſch tail; altnordiſch das tagl = Pferdeſchwanz. Urſprünglich alſo, wie noch beute bairisch (Schmell. II. 1089) = Haarbüschel am Schwanze. mhd. der zagel, contrahiert zail, zeil (Lex. III. 1019). Das Wort schwindet aus dem Hochdeutschen, weil es im mhd. die obscöne Bedeutung annahm. (Wgd. II. 1154).

zälen (zéla. Rg., Gab., Weig., Rgb.; remzáila, A., Schöb.) = 1. langsam arbeiten. 2. herumziehen. Scheint zu zagel (zêl, zäil) zu gehören. Bairisch zagln = schwänzeln (Schmell. II. 1090). remzéla. remzáila entspräche daher dem Begriffe „herumschwänzen", d. i. nichtsthuerisch umherschweifen.

zalmeise. die (Rg.) = eine Art Meise. Wörtlich übersetzt: Schwanzmeise.

zäm. gezäme (gezóme, Rg., Tr.; A., Gießh., Wich.) = zahm.

zaske. der (Br.) = Zeisig.

zaspel. die (Rg. zöspl; zaspel, S. H. 72) = gewisses Maß gehaspelten Garnes. Bei Wgd. II. 1160 die zaspel = 400 gehaspelte Fäden, jeder zu vier Ellen. md. im 15. Jahrhunderte die zaspille = eine Handvoll Garnes. Mit Ausstoßung des l vor sp aus zal-spille entstanden (zal = Zahl als Garnmaß und spille = Spindel). Vergleiche zwespel im alphabetischen Verzeichnisse.

zätschen. zerzätscht (zuzatscht. Hilb.) = verwöhnt, verzärtelt. Von Kindern. zätscheln = zärtlich, verwöhnend behandeln (Wgd. II. 1160). Bei Hans Sachs zetzen = foppen.

zaudern, sich (Lösfr.; Rg.) = sich necken mit kleinen Kindern und sie dadurch reizen. NB. zaudern (zauran); zaura d'sch uk nej mit dan kindan rim (M.). Ursprünglich zaudern = die Zeit vertändeln, langsam sein, nichts vor sich bringen (Wgd. II. 1161); bairisch zottern (zadən, Schmell. II. 1166).

zaufen (zaufm, Hilb.) = rückwärts gehen. Eigentlich zunächst vom Zugvieh: ohne Umkehr rückwärts gehen (Wgd. II. 1161; Schmell. II. 1087).

zanke, die (Gab.) = 1. vorspringender kleiner dürrer Ast an einem Baume; 2. (Rg.) = liederliche Dirne;

3. schlesisch (nach Schmell. II. 1109) zauken, zautschen = Maiglöckchen. In der letzten Bedeutung auch die zauke (M.).

zaum, der (Br.; Hirtenspiel) = Zaum.

Stapha: Nu, do dächt ich, ihr Brüdr, mr läta uns
hendr da Zaum,
Do hätt mr gor sehr en hübscha Raum.

ge-zäu, das, siehe unter G.

ge-zauz, das (Henn.) = Gewirr von Aesten und Aestchen, die auf dem Waldboden liegen. Zu zausen = hin und herschüttelnd zerziehen, verwirren.

ze (Rg.) = zu. ze strēch kumma = zurecht kommen. ze lichtn gin. Vergleiche lichten im alphabetischen Verzeichnisse.

zech. zech gan (Tr.) = acht geben. Vergleiche zach gàn.

zeche, die (S. H. 172) = Handwerksgilde. Ei= gentlich: Gesammtheit von Personen zu Dienst nach Reihen= folge. Namentlich im Bergbau: Gewerkgesellschaft, die sich abwechseln in der Tag= und Nachtschicht. Der Vorstand der Handwerksgilde hieß zechmeister.

ab-zechig (ōzechich, Br.) = abwechselnd, der Reihe nach. Z. B. abzechig an die Arbeit gebn.

um-zechig (ēmzechich, A.) = abwechselnd. um= wechselnd; eine Zeche um die andere. Schlesisch umzechig Whd. Glossar zu Heltei's Gedichten.

zecht-frau, die (A., Deschnay) = die Ehrendame, die der Braut beim Hochzeitsmale zur Seite sitzt. In NB. heißt sie nach einer Hauptfunction salzmeste. Gewisser= maßen eine von den im Dienste einer hohen Dame sich „abwechselnden" Ehrendamen.

zechen (zecha, Hbr.) = bemerken. host du's nê gezecht.

ge-zechen (Br.); be-zechen (Rg.) = genau beobachten, bemerken; jedenfalls auch im Geiste behalten, merken. Denn zechen ist das mittellateinische dicare =

aufs Kerbholz schneiden; in unserm Sinne: merken, Notiz nehmen (Wgd. II. 1163).

zeck (Rg.) = Lockruf auf Ziegen. zeckst aus! Ruf, um Ziegen oder auch kleine Kinder, die naschen, zu vertreiben.

zeidel, die (S. H. 194) = Reihe, Zeile. Auch NB. (M.).

zeidelbär, der (zeidlbar, Rgb.); brummen wie ein zeidelbär = unwillig, unwirsch sein und thun. der zeidelbär ist eine kleine dem Honige nachgehende Bärenart, von zeideln = Honigscheiben aus dem Bienenstocke schneiden.

zeisen. aus-zeisen (S. H. 182) = vom Eis frei machen. zeisen (eigentlich) = Verworrenes, Zusammenhängendes auseinander zupfen. mhd. zeisen = zupfen, zausen, besonders Wolle (Ler. III. 1051). Ebenso bairisch zaisen (zaəsn) (Schmell. II. 1154).

zeisgedank (Rg.) abgekürzt aus Gott sei es gedankt.

zeizel, das? (Rg.) = Trinnnkkächen für Säuglinge. Gehört zu zuzen, zuzeln, zutschen.

zêker, der (Rg., A., D.-B.) = Schultasche der Kinder; (Br.) Korbtasche, auch Kasten, in welchem der Zimmermann, der Fleischhauer seine Werkzeuge aufbewahrt; überhaupt jede aus Stroh verfertigte Tasche. Schlesisch zêker, zæker = breite Tasche aus Bast. Die Fleischer tragen im Zeker das Fleisch über Land, Hausfrauen kaufen damit ein. Auch oberlausitzisch; bairisch, kärnthnerisch. Bei Schmell. II. 1081 zecker, zegə = sackähnlicher, aus Bast, Stroh, Binsen u. dgl. geflochtener Korb. Schmell. sagt: zecker kommt wie die Moschen (možna) aus Böhmen, und meint, das Wort klinge an Cech an.

zêkern (zêkan, Rg.); zökern, Rb.; zejkan (NB. M.) = locken. Nach Schmell. II. 1090 bei Schlosser steirische Naturbilder Seite 19, zägern (zagan) = locken zu hd. ziehen.

zêlern, auf-zêlern (uf-zejlan, Rg., Tr., Rgb.) = aufhetzen durch Zureden, zu etwas zu bereden suchen. In NB. ût-sejlan (M.). Von mhd. zeln (in unserm nhd. erzählen) = mündlich mittheilen, sagen, sprechen, wovon zélern ein Jterativ ist = durch wiederholtes Sprechen, Reden jemanden zu etwas zu bestimmen suchen.

zend, zengst, zens (Rg.; Hilb., Rb., Rz.) = bis ans Ende (ze ende); entlang, längs. Im Rg., Rz., Rb. besonders zengst. Wechsel von d in g im mitteldeutschen Dialecte öfter vorkommend. NB. zend. zends, M.). zengst abinda; zengst nuf (Rg.); zens nüm (Hilb.); der zens naus (NB. bei Jar. Heim. 249) = sehr langer magerer Mensch. zengst ümmering (NB. Drum.). NB. zengst. Pr.; egerländisch zendst, zenzt. Zedwitz Gedichte.

zenken (zenka, A.) = absichtlich streiten.

zerren (Rg., Trb.; Ldskr.) = Kinder durch fort-währendes Necken böse machen. zerrnaser, zerrtasche = Mann, Frauensperson, die sich mit Kindern gerne neckend abgibt.

zeske, zesken, zeska, zesker, der (Rg.) = Zeisig. Schlesisch der zeiske (Wbd. Btr. 108); ud. zi-seke, zieske.

zetern (Rg., Weig.); de hindr zetrn im Frühjahre, wenn sie anfangen Eier zu legen. Nicht zu verwechseln mit gackern.

ge-zéter, das (Henn.) = Jammern, Klagen.

be-zétern (Rg., Weig., Henn.) = eine Sache bereden.

zeug, das. am zenge flicken (Einf.) = jemanden zu schaden suchen; zu zeuge, uf'n zeug, im zeuge sein (Ldskr., Rg.) = frisch, gesund sein. ins zeug nehmen = jemanden hernehmen, ihn gehörig auszanken.

zeug, das. zeig, (Weig.;) zoig, (Gießh.;) Dim. zoichla, (Br.); das gezeuke (siehe unter G. im alpha-betischen Verzeichnisse); gezoike (A., Rof., Wich); Dim. gezoikla (Gab.) = junges Mädchen. Vergleiche zauke. die zauck, zaugg = Hündin. Also wohl im obscönen Sinne zu nehmen: buhlerisches Mädchen.

gezeuge, das (gezojke, Rg., Tr.; A., Gießh.) = Schulsachen. Auch Schulzeug, Bücherzeug.

zich, die (Rg., Henn., Weig., Grab.; Br.); ziche (Rg., Tr., Trb., Gab.) = Bettüberzug.

ziege. ziegenbein. das (ziegebejn, Göße) = Kornblume,

ziegenbock, der (zichabŭk. Laut.).

Volksreime:

Zichabŭk, wŭ giste hi?

„Ai die Stód nŭch Bittrkli!“

Wart a bissla, wa mit dr gîn,

Wa vor Schuh on Strümp ozin.

Schuh on Strümpe hô ich nej,

Battln gin. (dos) mog ich nej:

Huck mich ŭf (on) trej mich hâim,

Bis ŏf a Ŭfnstain.

(Lauterwaſſer).

ziegenfleisch, das (zichaflejsch, Br.) = Pflanze Pechnelke.

ziegenlorbern (zichalorwan, Rg.) = die Excrementkügelchen der Ziege.

Ziegenrücken. der (Rg.), Bergzug im Riesengebirge mit ziemlich schneidiger Kante von Spindelmühle gegen den Brunnberg hin.

ziegentod, der (zichtŭd. A., Gießh.) = Pflanze Eisenhut.

ziemer, der (Einf.); zimmer (Br.) = 1. Krammetsvogel; 2. Bezeichnung für einen, der im Walde Holz zu stehlen pflegt.

zifern (zifan, Tr., Gab.) = vor Kälte zittern. Vergleiche sîwern und hifern. Schlesisch zifern, zivern (Whd. Btr. 109); bairisch zifern = leise ziehen, zwicken (Schmell. II. 1087); schweizerisch zifen = Noth, Mühe haben (Stald. II. 471).

zimmer, der (Rg.) = Baumstamm zum Bauen.

zimmlein, das (zimmla, Br.) = Katze.

zîne, die (Rb.; Rg., Trb.: Rz.); die zinn (pl zinna) (Rg., Grad., Hbr.) = 1. Zehe des menschlichen Fußes; 2. (die zîne. Dim. 's zînla) Knoblauchzehe d. i. ein zehenartiger Theil der Knoblauchkolbe.

ge-zinge, das (Göße) = Vorbergestell am Pfluge.

zip, der (Rg., Br., A.) = Hühnerkrankheit infolge des Fressens allzu heißer Speisen. a zip schleißa = mit einer Nadel die Haut von der Zunge des Hubnes reißen. Außerdem wird solchen Hühnern Butter mit Ruß vermengt eingegeben und eine Feder durch die Nasenlöcher gezogen. Bei Wgd. II. 1183 der zip = pips = Schnupfen d. h. Verstopfung der Nase mit Verhärtung der Zungenspitze bei Hühnern. zipf ist oberdeutsch; md. zipp; bairisch zipf (Schmell. II. 1144).

zippelpelz, der (Br., Hirtenspiel) = Schlafpelz. Ich möcht antsweder entlêfa, oder ihm men Zepplpelz verkêfa. Bei Jar. H. (Auschaer Mundart): Vôtr, kêft mr ock an Zepplpelz!

zippern (zippan, A., Gießh.) = schütteln. Fränkisch, oberpfälzisch zeppln, zeppern, zippern = einen in die Enge treiben, ängstigen, quälen, foltern (Schmell. II. 1141); schwäbisch (Schmid. 591); kurhessisch zöpeln = empfindlich züchtigen (Vilmar 472).

zipperich, adj. (Rg., Weig.) = 1. kränklich. Zu zip, gleichsam den zip habend. 2. (Rg.) arbeitsscheu (wohl infolge der Kränklichkeit).

zittriches (Rg., Gab., Rgß., Tr.; A., Wich.) = Sulz.

zocher, der (Rg., Hbr., Tsch., Bbf.); zacher (Weig.); zuchr (Rgß., Gab.); zuchrich (Gab.); sochr (Joh.) = Knüttel, Prügel. mhd. die zoche, der zocher (Lex. III. 1145); tirol. der zacher. Vergleiche socher im alphabetischen Verzeichnisse.

zöcken (Ta.) = schauen dass man fortkömmt. zöckst aus! sagt man Kindern, um sie fort zu jagen. zu ziehen. In NB. ausziehen = machen, dass man schleunig fortkömmt.

zôl, zôil, siehe zagel.

zôliche, die (?) = Ziel, das zu erreichen man sich vorgesetzt hat. 2. Zahlung (Rz., Rg., Hbr.)

zolker, die (Rb.); zŭlker (Rg.) = lang herab=
hängender Fetzen, Troddel. zŭlker, der (Lbstr.) = schlech=
tes, nichtswertes Tuch. Schlesisch die zolke, zulke = Zotte,
Lobe; zolker, zulker = Zotte, lumpichtes Gewand (Whd.
Btr. 110).

zolkern, zŭlkern (zŭlkan, Rg.) = 1. langsam,
saumselig gehen. Vergleiche klunkern. 2. lang herabhängen
z. B. das getreide zŭlkrt (Henn., Weig.) = das Ge=
treide wächst aus, oder die Blüten hängen lang wie zulkern
aus der Aehre.

zolkerbock, der (Rb.) = Mensch mit wirrhaari=
gem Kopfe.

stein-zölkerlein, die Mz. (stên-zelkrlan, Arn.)
= Mauerpfeffer.

zôrl, der, siehe zagel; kotzazorl siehe unter Katzenzagel.

zôsel, das (A., Gießh.) = die Leine, die an die
Zügel angeschnallt wird. Im Rg. auch zucksel, d. i. zuck-
seil. Daraus wohl auch das zôsl zusammengezogen.

ge-zôsl, das (Rg.) = unnützes Umherschlendern;
auch langsames Gehen.

zôseln (Romar; Grab., Henn.); zôsan (Tr.) =
langsam gehen, umherschlendern. Fränkisch, oberpfälzisch
zaschen, zäschen, zeschen (verächtlich) = ziehen, schleppen;
langsam arbeiten, schlendern (Schmell. II. 1158); öster=
reichisch die zaschen = faule Weibsperson (Castelli
Wtb. 271.

zostern (Rb., Ta.) = stottern.

zôstrich, der (Rb.) = Stotterer. De Zostriche,
Gedicht in Rb. Mundart v. B. Baier in „Jeschtenblumen"
Seite 42:

A Worschtlmohn dar hott san Stand
Grod gegenüber 'n grünen Kranz
's hout 'n de ganze Stohdt gekannt,
Mr nannt'n ock 'n „Zosterfranz."

zucht, die (Löstr.); zocht (Rg.) = Lärm, besonders der Kinder.

aus-zücken (S. H. 276) austrocknen. In NB. nennt man nicht ganz ausgebackenes Brot „zückig" (zick'ch); nach Schmell. II. 1081 zickt ein Getränk, wenn es anfängt, schlecht zu werden.

zuckerbeere, die (Henn.) = Preiselbeere.

zudel, zuttel. die (Rg.). Meist Mz. zúttan, auch zuta d. i. zoten = herabhängende Fetzen. Vergleiche zolker.

zulker, zulkern. siehe zolker.

zummel, der (Rg.) = Sauglappen der Kinder. Davon zummeln.

zumpel, der (Hilb.) = schmutziger Mensch.

zünderschwamm, der (Weig.) = Feuerschwamm.

zwei. Im Dialecte (Grad.) männlich zwîne: weiblich zwue; sächlich zwê.

zweiächsler, der (Rg.) = Zwischenträger, Mensch, der es mit keiner Partei verscherzen will; es also mit beiden Parteien hält.

zweiblüte, die (Rg., Weig., Gab., Rgh.) = Maiglöckchen.

zweipaxla, das (Rg., Tr., Grad., Weig.) = zwei zusammengewachsene Nüsse. Dann auch die Verwachsung mehrerer. Ebenso

zweitraube. die (zweitraue, Gab., Schatzlar).

zwerchholz. das (S. H. 204) = Querholz. Griff beim Bohrer. Von zwerch = quer.

zwespel, die (Grad.) = Garnmaß von 20 Gebinden. Vergleiche zaspel.

zwiesel, der (Rg., Gab.) = 1. gabeliger Ast. 2. (Tr.) = Verwachsung von (ursprünglich 2) Haselnüssen. 3. Gebirgsthal in der Nähe der schlesischen Baude. Von der Wurzel zwi = zwei.

zwîne, siehe zwei.

zwipplich (zwöpplich, Rb.) = verdrießlich.

zwirbelwind, der (S. H. 68) = Sturmwind. Von zwirbeln = drehen, herumwirbeln (Wgd. III. 1212); Nordfranken zwirbeln (Schmell. II. 1181); mhd. zwirben, zwirbeln (Lex. III. 1218).

zwischper Praep. (Henn., Grab.) = zwischen. zwischpr a benn (zwischen den Beinen).

zwiste, die (Henn., Gab.) = eine knotige, verdickte Vereinigung zweier Fäden. In NB. ist zwiste (M. eine Maschine, vermittelst deren die durch Spulen lose vereinigten Baumwollfäden schärfer zusammengedreht werden.

Nachträge und Berichtigungen
zum Wörterverzeichnisse.

Ahnherr, der (öner, D.=B.) = Großvater. Eger=
ländisch oana.

alcherte. Im Rg. (Henn.) kömmt auch noch die
Form ûlgort, entsprechend der bei Popowitsch 34 angeführten
Form algarte = Elster vor.

alter, die; in der Zusammensetzung niederalter, die
(Romar) = die unterste Garbenschichte des in die Banse
eingelegten Getreides. Siehe altern.

amstel, die, dràkomstl (Rg.) = schmutzige Person.

angresch, die (A., Gießh., Rock.) = Stachelbeere.
Auch SB. angrescht (Pr.). Niederösterreichisch agras
(Castelli Wtb. 39); bairisch der agraß, agrest = Brühe
aus unreifem Obst, ribes uva crispa (in Jiraseks salzburg=
ischem Forstibiotikon); mhd. agraz = Art saurer Brühe
(Lex. I. 28) aus mittellateinisch agresta, lat. acer = herb.

âr, der, (D.=B,) = Kaninchenmännchen. Vergleiche
hàr, sie, sine, sedin.

asch, die (D.=B.) = Eberesche.

äschern (Göhe) = jucken, grimmen. Unsr Kind
hôt a bîses kopphejtl, und dos thut's a su äschern.

aufreden, eine, einen, (D.=B.) = sich mit einer,
einem verloben. Im Egerland anredung (oariading) =
Verlobung.

ausgespann. Zu diesem Artikel S. 509 ergänze: In dieser auf dem höchsten Punkte der Straße gelegenen Ortschaft wurden die Vorspannpferde „ausgespannt."

ausschern (D.=B.) = auskratzen; auch einen Kern (Pflaumenkern) aus der fleischigen Umhüllung lösen. Bairisch scherren = scharren, kratzen (Schmell. II. 452); ahd. scerran mhd. scherren (Ver. II. 711). In der Neuhäuser Sprachinsel, wo man denselben Dialect spricht, singt man folgende vierzeilige:

Du olde Rumbumbel.
Du olde Lotern.
I hob di nur g'heirot't.
Zan Hejfa (Teyfe) ausschern.

(Diebling).

àzot, azörte (Komar). Die weite Verbreitung dieses Ausdruckes ist mir erst im Verlaufe der Arbeit bekannt geworden. Es findet sich egerländisch in den Formen enzot und anzot kumma = zum Vorschein kommen, sich zeigen; SB. intsad gehn = auf Besuch gehen, sich zeigen, sich sehen lassen. Bei Schmell. II. 223: i'n sad sein (Ob. Pfalz) = zugegen, vorhanden sein; i'n sad kumma = zum Vorschein kommen. Petters erklärt das Wort (enzat) als ein altes Particip vom mhd. enzetten = zerstreuen, wozu das mhd. barken fuoren ûf dem mer enzat ein Beleg ist. Schmeller II. 228 (unter Artikel sod = Rasen) will es hieher ziehen; in sod kommen hieße demnach auf den Plan kommen. Gradl (Archivar in Eger) ist der Ansicht, daß intsad, intsod auf in die sabt zurückzuführen sei, welches sabt eine eigenthümliche Bildung zu sehen wäre. Somit wäre intsad kumma = in Sicht kommen. Unter allen Vermuthungen, auch der meinigen, von deren Richtigkeit ich gerne absehe, scheint mir die von Petters die richtigste zu sein. . Denn unser azôte gin (siehe Artikel azôte gin im alph. Verzeichnisse) gebraucht man von Personen, die auf einer belebten Promenade hinter=, neben=, durcheinander gehen. Es ist also nicht an ein „Sichfort= bewegen" eines Haufens nach einerRichtung zu denken, sondern jedes Individuum tritt „einzeln," „abgesondert" sich bewegend aus der Menge hervor; es ist keine einheitliche in einer Richtung vor sich gehende Bewegung, sondern ein fortwährendes „Zerstreuen" der einzelnen Individuen.

bäh-affe, der (bä-offe, A., Gießh., Rot); bäh-hans (bä-hons, A., Gießh., Rot., Wich.); (buhanne, Rg.) = Gähnaffe. Wahrscheinlich Mensch, der den Mund aufsperrt, als wollte er „bäh" (Naturlaut) schreien.

bann. an-bannen (ô-bôna, Rg., Tr., Rgb., Gab.) = etwas anstellen, Unheil stiften. Vielleicht zu mhd. der ban = Untergang, Verderben (Ler. I. 119).

bannen. verbannen (verbôna, Rg., Prausnitz); in dem zweiten Mittelwort verbônt. a verbônter Junge = ein verdammter Junge. Zu mhd. verbannen = in den Bann thun, verfluchen, verwünschen (Ler. III. 71). Vergleiche den Artikel bonn Seite 101.

bär, der (D.-B.) = männlicher Hase. Bairisch der ber = männliches Schwein, Eber.

barfüßig. 's is a borfüssicha dô (Rg.), sagt man warnend zum andern, der einem etwas Wichtiges mittheilen will in Anwesenheit eines Dritten, dem man nicht recht traut.

barlich, der (D.-B.) = die Wiesenküchenschelle. Pflanze.

baum. aufbäumen (ûf-boima. Br.) = 1. das Garn auf den Webebaum bringen. 2. ûf-bêma (Rg., Rgb.); 's tutt ûf-bêma = Gewitterwolken ziehen auf. Vergleiche den Artikel gewitterbaum unter G.

baumhäckling, der (bâmbacklich, Rg., Henn.) boumhocker, der (D.-B.) = Specht. Vergleiche den Artikel baumbackler.

beisammen (b'somm', Göbe). Eine Schwangere ist noch b'somm' oder ganz vor der Entbindung. Hat sie entbunden, so heißt es: Se is azwê gangn oder se is allejn.

bitterich, der (bittrich, im alphabetischen Verzeichnisse) = der Bauch. Im fränkischen Dialecte Westböhmens (Theusing) bedeutet der bedrich eine großbäuchige Flasche zur Aufnahme von Säuerling. Bei Schmell. I. 311 der bütterich, bütrich (büdərə) = Fäßchen für 3—6 Maß Flüssigkeit zum Handgebrauche z. B. um daraus bei Feldarbeiten zu trinken. ahd. putirih; mhd. der buterich. büterich = Schlauch, Gefäß. Jedenfalls eines Stammes mit hd. die butte.

böhmschen (bimscha. Rg.) = unverständlich sprechen.

börschel, der (pjerschel. Ra) = Kopf. Vergleiche börschel unter Artikel beren II. Das sch ist weich zu sprechen. Petters schreibt peržel.

ver-boten. Bei uns sitt's heut ganz verboten aus = es ist keine Ordnung im Zimmer, weil noch nicht aufgeräumt ist.

brutsch. die (D.-B.) = Fratze, verzerrtes Gesicht. Vergleiche fränkisch bratschig. bratschet = breit, zerquetscht und brozen. das maul = es auseinanderziehen. Kurhessisch die brotze = vorstehende Lippe. Hängemaul.

bûne. die (Ra.), Bezeichnung für ein pfiffiges, dabei schlimmes Kind. In verstärkter Form bedeutet dasselbe der bünichl. Siehe alphabetisches Verzeichnis.

buschhündlein. das (büschhündl, Göhe). Meist Mz. = die Hunde des Buschmannes d. i. des wilden Jägers.

butig. das (D.-B.) = Tischtuch.

butschke, der (Ochsengraben) = der Bock.

Pallaz. der (A., Sattel) = ebenerdiger hölzerner Vorbau (Art Veranda) am Hause. Von lat. palatium. mhd. palas = Gebäude mit einem Gemache, zum Empfange von Gästen.

palzlein. das (palzla. Rg.) = Hammer aus Holz, wie er zum Klopfen des Fleisches in der Küche verwendet wird. Derselbe ist wohl an der Unterfläche eingekerbt, eingeschnitten oder mit „Falzen, Pfalzen" versehen. Also die eigentliche Form ptalzlein oder pfälzlein.

pelzen. aufpelzen (ûfpelza, Rg.) = jemandem eine Last, eine Zahlung aufbürden. In NB. (M.) pelzn. durchpelzen = jemanden durchprügeln, ihm eine Tracht Prügel auflegen; aufpelzen (ûfpelzn) jemanden eine Lüge. Bei Schmell. I. 397 pelzen. einen = ihm eins versetzen, es sei mit einem Schlag, Wurf oder Schuß. Englisch to pelt.

Eine übertragene Bedeutung des Wortes pelzen, belzen = pfropfen, welches pfropfen (pfrôpa, siehe weiter unten) in ähnlicher Weise gebraucht wird.

pfläumeln (pfloimln, Göhe) = arbeiten, ohne daß die Arbeit rechte Fortschritte macht. Mr worn er ock su wing loite hoier zun apunrausmachn; do kunnt mr pfloimln.

pföfe, der (Rg.) = Pfau. ahd. der phawo; mhd. der phawe aus lat. pavo.

pföfenzejl, d. i. Pfauenschwanz, Bezeichnung für einen langgestreckten Theil am oberen Ende des Ortes Lauterwasser.

pfröpen (pfrôpa, Rg.) = Kopfnüsse austheilen. Zu propfen = 1. wie hd. 2. einem einen heimtückischen Stoß beibringen. Nürnbergisch bei Schmell. I. 456.

plämpe, die (Ra.) = Gesicht (roher Ausdruck). Ich gah dr ejs ai de plämpe.

plederwetter. das (pladerwater. Rg.) = besonders Schneegestöber, das bei wehendem Winde vor sich geht.

plitscherig (plitscherich, Rg., Komar) = naß, zerweicht. Vom Erdboden, wenn auf demselben bei rascher Schneeschmelze eine Mischung von Schnee und Wasser entsteht.

plombier. der (A., Gießh.) = Barbier.

plume, die. Meist Mz. pluma (Rg.) = eine Art rötlicher Pflaumen, deren leicht lösliche Hülle bitter ist. Eine rein niederdeutsche Form mit anlautender Tenuis p statt oberdeutscher Aspirata pf. Niederdeutsch plume = Pflaume (Schambach 157).

pluppern (pluppan, Rg.) = in Aufregung sinnlos reden, plappern. Nebenform zu dem letzteren.

posch, der (D.-B.) = Tintenklecks.

pötsch. der (Göhe) = längliches Gebäck aus geringem Mehle im Verkaufspreise von zwei Kreuzern.

popinklein, das (pöpinkla, A., Schöb.) = Frühlingsschlüsselblume.

Zu podrei ergänze: die baderei = Badezimmer.

prutzeln (proutzan, Weig.) = plauschen.

pur. Redensart. etwas zu purem fleiße thun
(Gab.) = etwas zum Troße thun.

be-purtsam (bepurts'm, Komar) = eifrig im
Erwerben. A is bepurts'm = er geht mit Eifer dem
Verdienen nach.

preguren, die. Mz. (Rg., Arn.); preguren
machen = durch gewagte Unternehmungen sich hervorthun.
Eine Entstellung aus bravuren machen.

putzkern (putzkan, A., Schöd.), Kindersprache
= geben.

Dorfmézel, der (Forst) = Geschwulst der Ohrspeicheldrüse. Vergleiche den Artikel bauerlümmel (Gab.).

Täicher (Göbe) = schlüpfrig, naß. Der Erdboden
ist nach Regenwetter täeicher. Vergleiche teig im alphabetischen Verzeichnisse.

tâl, der (toul. D.-L.) = grünlicher Lettenboden.
Oberpfälzisch der tàl = Hafnerthon (Schmell. I. 597).
tál ist contrahiert aus tâhel, nürnbergisch tahen (tahha).
gothisch thaho = Thon.

talstrich (Arn.) = schlecht ausgebacken. Vergleiche
taltsch, taltschich im alphabetischen Verzeichnisse.

tämeln, tämern. Diese im alphabetischen Verzeichnisse
schon angeführten Ausdrücke sind wohl zu ahd. tumelôn,
mhd. tumelen = sich im Kreise drehen (taumeln) zu ziehen.

täpperarsch, der; tappsack, der (tôp-sôk. Rg.,
Arn.) = dummer, wie herumtappender Mensch. Bairisch
der tapp, tapper = ungeschickte, einfältige Person (Schmell.
I. 612). Zu tappen, figürl. = sich ungeschickt benehmen.

tentschel, der (A., Gießb.) = Pflaumenmus.
Zur Etymologie dieses Wortes vergleiche bairisch der däntsch,
däntschen = Backwerk aus Mehl, Eiern, Schmalz Milch;
Leckerbissen; und däntscheln = sich mit Kochen von Leckereien
abgeben (Schmell. I. 527).

ternze, die (tanze, Johnsdorf) = Partie Flachses,
die durch zwei cannelierte buchene Holzwalzen gelaufen ist.
Diese, von der gröbsten Faser gereinigt, wird zusammengedreht,
an den Enden verknüpft und von den Brechern gebrecht.

tillaxeln (Arn.) erscheint als Nebenform zu dem im alphabetischen Verzeichnisse angeführten tillazeln.

toppen. Das Wort erscheint in dem Volksreime:

Wenzeslaus.
„Topp" de Maus;
Maus ai's Luch.
Wenzl auuch. (Lauterwasser).

Bei Schmell; I. 613 heißt toppen = schlagen, klopfen, sich schnell bewegen (allerdings subjectiv gebraucht). Jedenfalls einer Wurzel mit tappen = tasten, mit der Hand, schlagen. Ein Einsender übersetzt übrigens toppen mit „haschen."

Toste. Telle, Taubenrand (toste, telle, tauwarand, Rgb.); Namen dreier Kräuter, deren Besitz angeblich gegen die Anfechtungen böser Geister schützen soll, da sie mit demselben Buchstaben beginnen.

toster, der und das (Rg., Arn., Marsch.) = dicker Schmutzfleck. Vergleiche toster, betostert, getoster unter T im alphabetischen Verzeichnisse.

treitschen (trejtchn = spritzen, verspritzen, eine Flüssigkeit; ôtrejtschn = anspritzen. Vergleiche treischen im alphabetischen Verzeichnisse.

trofschker, die (trotschka, D.-B.) = unförmlich gestalteter Fuß; der trôtscher = Mensch mit schwerfälligem Gange. Vergleiche den Artikel trôtsch im alphabetischen Verzeichnisse.

trüheleinscheib, die (trialascheib) = kleiner Schubkarren, wahrscheinlich mit hölzernem Kasten, Truhe. Also die kosta-rôtwer des Rg.

trumpfmarie, die (Rg., Grad., Hbr., Weig.) = eine Art Mandoline (Musikinstrument), nur mit einer Saite bespannt. Es hat den Ton einer Trompete, daher der Name trompe de Marie.

tschemper, der (D.-B.) = Zapfen. fichtentschemper. Diminutiv tschamperlich = kleine Zapfen.

tschêtsche, die (Rg.) = Frauenzimmer von unsittlichem Lebenswandel. Schwäbisch rheinisch die zatz

= Hündin (verächtlich), Weibsperson; NB. (bairischer Dialect) die zĕzn = zimpferliche Frauensperson.

tschitscherling, der (tschutscherlig, D.=B.) = kleiner Vogel. In NB. tschitschel, das (Kindersprache) = kleiner Vogel. Nach Pop. 633 heißt in Wien der Zaun=könig zitzerl, zizerl.

tschöp, der (Rg.) = scherzhafte Benennung eines Kindes, das sich albern beträgt. NB. tschappl = alberne Person. In Oberschwaben das tschaperle = nette Person (Schmell. I. 682).

tschöpern. (Rg., Arn.) = kränklich sein, kränkeln.

tschucken. Zur Etymologie ist richtig zu stellen, daß tschucken, welches Wort in Nordmähren und Schlesien auch in der Form schucken vorkömmt, eine Nebenform zu dem bairischen schaugen (i schaug, du schaugst) ist.

tschumpern auch tschimpern (Kindersprache) = harnen. Čechisch žumpa = Pumpe, Wasserbehältnis.

tûn. Redensart: ai em dûne (Rg.) = in einem fort, ohne Unterbrechung. Aeltere Sprache dôn und gedôn die = Spannung, Anstrengung (Schmell. I. 315). Oder vielleicht besser von mhd. der don, ton ' = Ton, Weise (Lex. I. 446); bei Schmell. I. 516 der don = Art und Weise überhaupt. Demnach ai em dûne = immer in derselben Weise.

Eckerleinbaum, der (ackerlabâm, D.=B.) = Buche. Nach der Frucht, den „Eckern" so genannt.

ergehn (sich drgin, Göhe) = sich in Zorn reden, sich erbosen im Reden.

Fatzke, die (fatzka, D.=B.) = Ohrfeige. Ver=gleiche fauze; čechisch facka.

finirl, das (Ra.) = geschwinder Mensch, behende Person. Vergleiche firl, ferla.

flemmen (flemma, D.=B.) — die Zunge aus Bosheit herausstrecken. Dasselbe Wort wie flennen = weinen; den Mund zum Lachen oder auch Weinen verziehen. Dies die ursprüngliche Bedeutung (siehe flennen im alphabetischen Verzeichnisse); dann überhaupt das Gesicht verzerren. Was die Form flemmen statt flennen anlangt, so hört man dieselbe auch anderwärts, wenn ich nicht irre in Leitmeritz: er hat geflemmt = er hat geweint.

flenn, die (D.=B.) = Mund. Hat dieselbe Wurzel wie mhd. vlans; vergleiche flansen (D.=B.; Hilb.) = Lippe.

flerren (Herrn, Rg., Weig.) = weinen; die Zähne fletschen. Vergleiche die flarre und flarren im alphabetischen Verzeichnisse.

be-fletschern (ba-fletschern, D.=B.) = mit Wasser bespritzen. Vergleiche fletschen 3 und fletzen im alphabetischen Verzeichnisse.

flitte, die (Göhe) = Instrument zum Aderlassen. Bairisch die fliede, flied = Laßeisen (Schmell. I. 788); ahd. fliedima; mhd. vliedeme = Aderlaßeisen (Lexer. III. 402). Grimm, Wtb. III. 1745, 1777, 1797, 1805. verzeichnet folgende Formen: flede, fliede, fliedeisen, fliedel, fliedme, fliete, flitte.

fritfrettala, das = Eidechse. Zur Etymologie Der zweite Theil wäre hd. frettelein oder frettchen; diese Formen können Diminutiva sein von das frett = Art Wiesel. Diese Thiere, Eidechse und Wiesel, haben allerdings nur die Schnelligkeit ihrer Bewegung gemeinsam. Das Wort frett leitet Wgb. I. 754 über das mittelniederländische foret, fret auf französisch furet, mittellateinisch furetum und volkslateinisch furo = Iltis (eigentlich Erzdieb von lateinisch fur = Dieb) zurück.

füsselnatter, die (fisslnottr, Göhe) = Eidechse.

fûzeln = foppen, (Ra.) hänseln, necken. Bairisch fozeln, fözeln = durch scherzhafte, besonders aber beißende ironische Reden jemand zum Besten haben, aufziehn, foppen (Schmell. I. 784). Oesterreichisch frotzeln.

Gä, die (Lusdorf) = Blattwanze. Zu den unter geile angeführten Formen tritt noch die angeführte. Egerländisch die gaûggel = Schildwanze, die auf den Himbeeren herumkriecht; bairisch die gachel, gackel; oberpfälzisch der gueg (gong) = die graue Wanze, Baumwanze, die stinkendste der Gattung: cimex griseus L.

gaumeln (D.=B.). Während des Hochzeitsessens warten kleine Kinder vor der Thür, um etwas von dem Mahle zu erhalten; sie „gaumeln." Vergleiche die gleichbedeutenden Ausdrücke gaibe, schnappe, kappke. Bei Wgd. I. 620 gäumeln = wornach lüstern sein; kärntherisch gaumen, gäumen (gaumin, gamin) = wornach begierig sein (Ler. kärnh. Wtb. 110); mhd. der gum = Maulaufsperrer (Ler. I. 1117); bei Schmell. (I. 911) gaimen, gaimezen = gähnen (den Mund aufsperren) und gaꝫmig = begehrlich, lüstern. Vergleiche den Artikel gämern im alphabetischen Verzeichnisse.

geiznich (Rg., Arn.) = geizig.

gedöne, die. Redensart: ai enner gedöne weg (Döberney) = ohne Unterbrechung, in einem fort. Mhd. die gedon, gedöne = Spannung, Anstrengung, Bemühung. Von dem Verb. donen = sich ausdehnen, ziehen, strecken.

gelangeln, g'langldig, adj. = genäschig. mhd. der gelange = Verlangen, Begierde, Sehnsucht (Ler. I. 805); ebenda. gelangig = verlangend. Bairisch der gelangen und der belangen. belangig und geläugig (blangi, glangi) (Schmell. I. 1490); SB. (bairischer Dialect) nur belangig sein = begehrlich sein nach etwas.

gelojne, das (Ra.) ein Collectiv, hd. mit der Mz. die Glieder (des Körpers) zu übersetzen. Ein Mann „hot storkes Gelojne."

genistel, das ('s g'nistl) = Nesthocker (bei den Vögeln).

gesutz, das (g'sutz) = langsame Arbeit. Bairisch sutzeln, eigentlich = saugen; sutzel = Ding, woran man saugt. Vergleiche zeizel, zeizlein.

begitscheln (Arn.) = begütigen, durch Schmeichelreden zu bestechen suchen. In der Zips gitscheln, vergitscheln = verhätscheln (Schmell. I. 966).

gjäke, die (Ra.) = Kehle; bei dr gjäcke packn. Vergleiche gäk und gäke.

gockeln (D.=B.) = taumeln, hin und herschwanken. Bairisch gäggln d. i. gäugkeln = gähe Bewegungen machen, bei welchen das Gleichgewicht verloren ist oder

ſcheint (Schmell. J. 882); ahd. gougalôn, mhd. gougelen
(Ler. II. 1060). Vergleiche gaukeln im alphabetiſchen
Verzeichniſſe.

gotzen (D.-B.) = ſtark, laut lachen. Vergleiche
gotzen von Hühnern = gackern, im alphabetiſchen Ver=
zeichniſſe.

grasmähder (grosmahder, Rg., Arn.) = lang=
beinige Spinne, Weberknecht.

hädechſe, die (Göhe) = Eidechſe. Vergleiche
hedax.

hädele, das; in grieß-hädele (Rg., Franzenthal)
= Grießbrei.

haller, der (Arn.) = Bauchwind. Man fertigt
Kinder, die durchaus etwas erzählt haben wollen, mit
folgenden Verſen ab:

's wor a mól a Món,
Da hieß Pimpón;
Pimpón hieſ a,
Gruße Haller ließ a u. ſ. ſ.

harwurm. harwürmer reiben (Marſchendorf).
In der 7. Woche nach der Geburt eines Kindes nehmen
die Hebammen eine Abreibung der Haut desſelben vor.
Dadurch ſoll die Haut des Kindes ſchön werden.

haſe. a is, ols wenn'n dr hôse gelackt hätt =
er iſt gut aufgelegt. Dieſelbe Redensart: NB. (M.) Dou
wur a, os wenn'n 's hâsl gelackt hütt.

holipern (Rg., Arn.) = hinterliſtig ein Geheimnis
entlocken.

holz rücken (Rg.) = das Fortſchaffen des Holzes
von einem Schlage, was gewöhnlich im Winter vermittelſt
Hörnerſchlitten geſchieht.

horn. Siehe den Artikel horn. Egerländiſch da
grouß horn = Januar; da kloi' horn = Februar; mhd.
horn = Januar, als der emporragende Anfangsmonat
(Ler. I. 1340).

hoſen. verhoſt. Zur Etymologie. Wahrſcheinlich
zu mhd. erhasen = furchtſam ſein wie ein Haſe (Ler. I. 635).

Jacheideln (Rg., Arn.) = in jüdiſcher Manier ſprechen und ſich benehmen, jüdeln.

Kabiſch adj. (kabſch. Rg.) = appetitlos. Bairiſch kabiſch = wähleriſch, heikel (Schmell. I. 1215); egerländiſch kawiſch = wähleriſch, ausklauberiſch, heikel, namentlich im Eſſen.

kälchen (Rg.) = mit Kalf tünchen. Wahrſcheinlich fomat auch das Wort der kalch (kolch) = Kalf vor. NB. kolch (M.); bei Schmell. I. 1240 kalch; ahd. chalch.

kaleſchern (Rg., Arn.) = laufen.

karlatken, die, Mz. (D.=B.) = Pflaumen.

kartauſe, die (kortauſe. Ra.) = Haarſchopf; Genick (?). ich war dich bei dr kortauſe näm'n.

kautzen (D.=B.) = bellen. Vergleiche **kachza** (Rg.); gau:n (NB. M.); bairiſch kauzn (Schmell. I. 1315).

klamm, die (klomm, Rg.); Elbklamm. Neben Elbklemme. Vergleiche Artikel klemme.

kläumeln. Zur Etymologie. Egerländiſch kläuweln; mhd. kliubelen zu kliuben = ſpalten, ſtückweiſe ablöſen, abpflücken (Lex. I. 1634).

kließen (D.=B.) = mit Schneebällen werfen. Zu kloß = Klumpen, Maſſe, beſonders runde: Kugel, Ball.

kloben, der (da klopm. D.=B.) = Stück Holz, das weidenden Kühen an den Hals gehängt wird, damit dieſelben nicht raſch laufen können, denn der herabhängende Kolben ſchlägt ihnen ſtets an die Vorderbeine. Siehe kloben im alphabetiſchen Verzeichniſſe.

kluben, der (D.=B.) = Bündel Flachs, beſtehend aus 30 buſen. Vergleiche der klobe und der büßen im alphabetiſchen Verzeichniſſe.

knolper, der (D.=B.) = ein inbezug auf ſeine Dicke kleiner Gegenſtand; kleine dicke Perſon. erdäpfel-knölperlein, das (arpflknolprla) = oberirdiſche Frucht der Erdäpfel. steinknölperlein (ſiehe steignelperlein im alphabetiſchen Verzeichniſſe) = Mauerpfeffer. knolper zu knolle = zuſammenhängende runde Maſſe. Vergleiche auch knül-perlein im alphabetiſchen Verzeichniſſe.

kölstern (Ra.) = ſtark huſten. Vergleiche kilstern im alphabetiſchen Verzeichniſſe.

krênz. die (krejnz, Grabl.) da ſitt neun Wûcha ai ejne krejnz von Menſchen, die unausgeſetzt auf einen Punkt hinſtarren. Vergleiche krênz im alphabetiſchen Ver- zeichniſſe.

krepenz, die (Ra.) = Zorn. don kricht a glai de krepenz.

Laufer, der (löfer, D.=V.) = ein Knopf, durch deſſen Mitte ein Stift geſteckt wird, und den ſpielende Kinder in drehende Bewegung ſetzen.

ljoutsch (D.=V.) = linkhändig. Zur Etymologie. Vergleiche lurtsch im alphabetiſchen Verzeichniſſe.

losch, die (D.=V.) = Hündin. Vergleiche lusche 2 im alphabetiſchen Verzeichniſſe.

lullen (lulla, Rg.), von kleinen Kindern = harnen. In NB. (M.) lullern (lullan) = mit einem gewiſſen Geräuſch aus einer Röhre fließen. die luller (lulla) = Röhre am Waſſerbehälter, aus welcher beſtändig Waſſer fließt.

Maiker, o maiker (Rg) = mein lieber. Vergleiche italieniſch mio caro.

malchter, der (D.=V.) = hölzernes Melkgefäß. Im Allgäu, Franken: der melter = Gelte zu Milch, Waſſer (Schmell. I. 1594); ſchwäbiſch der melter = ein kleines hölzernes Waſſerfäßlein (Birlinger 333); ſchweizeriſch melchter zu der älteren Form melchen, ahd. melchan, mhd. melchen = melken.

mangâre. (Vergleiche mangal, mangare, mangari im alphabetiſchen Verzeichniſſe) = zum Beiſpiel; beiläufig; meinethalben. Nach Petters in Leitmeritz Gymn.=Pr. 1864 entſtammt das Wort dem italieniſchen macari, magari und dies dem griechiſchen makari-e.

masch, der (Hilb.) = Dickicht. Möglich, daß es mit nd. marsch, auch masch, die, von lateiniſch mariscus Sumpf ein Wort iſt, das aber fruchtbares Land an einer Flußniederung bedeutet.

moliger, der (D.-B.) = Erdſalamander. Wohl aus moltiger: denn bairiſch moltig = ſtaubig von der molt, molten = zerriebene Erde, Staub.

mummel die (Rg., Marſch.) = Kautſchukaniaß an den Saugfläſchchen der Kinder. Vergleiche das Etymologiſche nach dem Artikel mummeln im alphabetiſchen Verzeichniſſe.

Netschker, der (netschka, D.-B.) = Kinn.

nifeln (Arn.) = naſerümpiend reden, ſich beklagen. Bei Schmell. I. 1731 nifeln, niffeln = durch die Naſe reden. Im Isländiſchen iſt nef = Naſe.

nindez (D.-B.) = nirgend. mhd. niener, niender = nirgend.

nipel, der (Arn., Jbbb.) = Naſe? Vergleiche den Artikel noipl = penis im alphabetiſchen Verzeichniſſe; ebenſo bei Schmell. I. 1714 nipper = penis.

njousln (D.-B.) = durch die Naſe reden. Vergleiche nüſcheln im alphabetiſchen Verzeichniſſe.

Ochsen (D.-B.), von Kühen = brünſtig ſein, rindern.

öhrlein, das (ihrl. Lusdorf) = Ohrwurm.

ortschaft, das (D.-B.) = Ortſcheit an der Zugwage. Vergleiche ortscheit.

ottig, der (D.-B.) = Pflanze, Wurmfarn.

Quirgler, der (D.-B.) = Quirl.

Rádau, der (Göhe) = Kurzweil, Scherz infolge luſtiger, durch Trinken von Bier oder Wein erregter Stimmung. Mr hottn an techtchn radau. Auch als Zeitwort: Mr hon g'radaut. Scheint aus dem üblicheren randal, randalieren entſtellt.

ringelreiten (Ra.). Wenn ein Kranker mit dem Tode ringt, ſo ſagt man: Etz gît's em's ringlreitn.

rodehackabier. Dieſes mir nicht gemeldete Wort iſt von fremder Hand meiner Sammlung einverleibt worden. Es ſoll ein ſpeciell Marſchendorf angehöriger Ausdruck ſein und ſcherzhaft in Anlehnung an das Wort spaten-bier entſtanden ſein, indem man ſtatt spaten rodehacke ſetzte.

roulez, der; ackerroulez (D.=B.) = Pflug mit schmaler Schar. Cechisch roulec = Pflugreute.

rumbumbel, die (Diebling bei Neuhaus), Spottname. Vergleiche die unter ausschern bereits angeführten Verse:

Du olde Rumbumbel,
Du olde Lottern! u. s. w.

Vergleiche rukunkel, runkunkel und ronguol im alpha=
betischen Verzeichnisse.

Salend, das, Mz. die salender (Arn.) = Tuch=
kante, Tuchleiste. In NB. (M.) sâlband. Nach Schmell.
II. 265 am Untermain das selb-end = das Zettelende an
Geweben. Kurhessisch das selb-ende oder silb-ende
(Vilmar 382). Holländisch selfende, selfkant. Es
bedeutet das dem Tuche selbst (selb) eigene, nicht geschnittene,
natürliche Ende.

sallich (Gr.=Bor.) = damalig. Vergleiche salt im
alphabetischen Verzeichnisse.

schân. Die mir eingesendete Uebersetzung mit „schau!"
habe ich bereits im alphabetischen Verzeichnisse mit einem
Fragezeichen versehen. Nach Ansicht anderer dient schan
zum Ausdrucke ungeduldiger Erwartung und ließe sich mit
der Interjection na! übersetzen: Schan! werd's bale? =
Na! wird's bald?

scheckel, schoikla (Rg.) = leichtes Baumwoll=
gewebe. Bei Schmell. II. 366 die schegken = eng
anschließender Leibrock. Ebenda II. der schalk, schaig,
Diminutiv schälklein. schaigkl = eine Art Kamisol, das
von Mannspersonen unter dem Rock getragen wird. Auch
das weibliche Geschlecht hat seinen schalk oder sein
schälklein. Ebenda II. 467 wird aus einer Kleiderordnung
vom Jahre 1626 erwähnt: Geprämte röck und „schärkel"
der bauernweiber. In SB. bedeutet schaigkl ein leichtes
Männerkleidungsstück; kurze Jacke; ebendaselbst schêrko
= grobes Gewebe aus Schafwolle und Leinen auf Kleiderstoffe.

scheideweg, der (Rg., Irb.) = Schmaus, der
den Beschluß der ländlichen Rockenstubensaison bildet.
Vergleiche lichten und rocken.

schimphütte, die (Arn.) = Abort.

schiwenz, schibenz, die (Arn.). Redensart: dar is a schun of ollen schiwenzn rëm = hat sich schon überall herumgetrieben. Vergleiche dazu das Zeitwort schiwenzen (Rg., Gab.) = unnütz umherstreichen. Siehe alphabetisches Verzeichnis. Dieses schiwenzen scheint eine Ableitung auf enz wie brendrenzen u. s. w. zum intransitiven Zeitworte schieben, das im Dialecte die Bedeutung von „eilig sich bewegen" hat.

Schlêse, die (Rg., Gr.=A.; Kl.=A.; Albendorf, Kolbendorf) = Schlesien.

schlinne, die (Rg., Arn.) = Schlehe. Auch NB. (M.).

schmodern (D.=B.) = albern reden. g'schmodr, das = dummes Reden. Bei Schmell. II. 544 schmädern (schmádən) = schmettern, schwatzen, plaudern.

schmorgel, der (Ra.) = Angst, Respect. NB. schmirghl (M.)

schnäkl, der (schnôkl, Ra.) = Spottname auf Kinder. Wohl ursprünglich: spashafter, lustiger Mensch. Vergleiche die schnâke und schnakenvogel im alphabetischen Verzeichnisse.

schnäuzel, das (schnoizl, Ra.) = rinnenartiger Ansatz an Töpfen, Krügen. Vergleiche schnuchze im alphabetischen Verzeichnisse.

schöflich (schouflich, Ra.) = elend, schlecht. Von hebräischem schafal = niedrig, gering.

seier, die (Henn.) = nasse Stelle. Siehe alphabetisches Verzeichnis. Zur Etymologie wäre zu vergleichen egerländisch das g'säia = sumpfiger Wiesengrund, auf welchem Riedgras und Binsen wachsen. Dieses zu mhd. der saher = Sumpfgras, Schilfrohr.

siên (zweisilbig, Rg.), die = Kaninchenweibchen. Vergleiche die sie, sine, sedin im alphabetischen Verzeichnisse.

siffeln. absiffeln (ô-siffal. D.=B.) = mit einem stumpfen Messer etwas abschneiden. Bairisch süffeln = gleiten, aufstreifen mit den Füßen auf der Erde (Schmell. II. 231). mhd. siffeln = gleiten, mit den Füßen schleifen (Lex. II. 912).

simmerlich. der (Joh.) = Ziege oder Kalbin, die trotz des entsprechenden Alters nicht trächtig wird. Wohl sömmerling.

sôlbank. die (Rg., Arn.) = behauener Stein, welcher das Eindringen des Fensterschweißes in das Mauer-werk hindern soll.

sôlmehl. das (Rg., Arn.) = dunkles geringes Mehl, Schwarzmehl. Schwäbisch sal. Adjectiv = von abgeschossener Farbe, matt, schmutzig, schwarz, dunkel (Schmell. II. 253). mhd. sal. Genitiv salwes = dunkelfarbig, welk, trübe, schmutzig (Lex. II. 576).

spicke. die (Rg., Marsch.) = Knochenöl, das bei der Bereitung der Sulze gewonnen wird. Bei Wgd. II. 762 die spieke = Lavendel und spieköl = Lavendelöl.

spickwand, die (Göße) = Riegelwandbau, Wand aus Balkengesperre, das mit Lehm ausgefüllt ist.

steig. der (D.-B.) = Fußweg.

steinricke, die (stejnröcke. Ra.) = Gericht aus gekochten Erbsen und Graupen.

strüzelein. das (struizala. D.-B.) = Wecken, weckenartige Semmel.

stutz. der (Rg., Arn.) = Muff, d. i. walzenförmiges hohles Pelzwerk zum Schutze beider Hände gegen Kälte.

ge-südel. das (g'suidl. D.-B.) = langsames Thun, Arbeiten. Wahrscheinlich zu sülen. Vergleiche sîlen im alphabetischen Verzeichnisse. In NB. sîln = langsam arbeiten; der silsák = langsam arbeitender Mann (M.).

süßinstner (Ra.), von Flüssigkeiten, die in Säure übergehen; süßinstner Geruch = süßsäuerlicher Geruch. Wohl zu einem Zeitwort süßinzen gehörig.

Überlik. das (D.-B.) = das auf dem Rockenstock aufgesteckte spitze Holz, an welchem der abzuspinnende Flachs befestigt ist. Vergleiche überricke im alph. Verzeichnisse.

ungehorm. Adjectiv (Ra.) = grob: ungehorme loite. mhd. der ungehirm = Ungestüm, Rohheit, Gewalt, Unheil. Das Adjectiv ungehirme hat mhd. mehr die Be-deutung von „rastlos, nicht ablassend" (Lex. II. 1836 und

1837). Schlesisch ungehirm = ungeheuer groß (Whd. Btr. 36).

unverworrn (Rg., Weig.) = ungeschickt, unbehülflich. unverworrn thun (Arn.) = erheuchelte oder auch wirkliche Unkenntniß einer Sache an den Tag legen.

Wändlein, das (wannla, D.-B.) = der gewöhnlich mit Steinen gepflasterte Theil vor den Fenstern des Hauses.

watschern (wotschkan, Weig. = zwitschern.

weiberkrieg, der (weiberkrejk, D.-B.) = gemeine Heide (Erica vulgaris).

winderlich, Adj. (D.-B.) = verdrießlich, wunderlich.

womst, das (Rg., Arn.) = beleibte Frauensperson. Verächtliche Bezeichnung einer solchen. Von wambe, wampe, wamme, wamst, wanst = ursprünglich Unterleib, Bauch von Thieren und verächtlich auch von Menschen; dann das wambs, wammas (Ober-Pfalz) = das Leibchen, Corset, ein Kleidungsstück, das zunächst den Unterleib und den Rumpf bedeckt. Davon ein Zeitwort sich anwammsen (Obermain) = sich voll anfressen, sich dick ankleiden. In zweiter Bedeutung auch NB. öwommsn (M.).

womstich (Rg., Arn.) = aufgebracht, zornig.

worngebund, das (Rg., Arn.) = zusammenge-bundenes Nachrechsel auf abgeernteten Getreidefeldern. Vergleiche wangebündlein im alphabetischen Verzeichnisse.

wusch, der (Ra.'; dem kinde word zu viel wusch (zu viel Freiheit) gelossen. In NB. wuschn = rasch und geräuschlos sich bewegen. unterm wusche etwas thun = im Geheimen etwas thun. Vergleiche hd. entwischen. In SB. (bairischer Dialect) der wisch = etwas schnell sich Bewegendes, daß man nicht unterscheiden kann, was es ist. Vergleiche irrwisch = Irrlicht. Schmell. II. 1058 erwähnt witschen, wütschen, wutschen = sich rasch, eilig bewegen, huschen.

Zauforzen, die, Mz. (D.-B.) = die Blätter der Herbstzeitlose.

zeizlein, das (zeizla, Rg., Arn.) = mit einem Mundstück versehenes Trinkkännchen für kleine Kinder.

Bairisch zuzeln (Schmell. II. 1168). Kurhessisch zützen = saugen (Vilmar 473). der zuzel = Sauglappen.

zembe. zembe thun (Ra.) = verzärtelt, auch affectiert, nobel thun. du best sehr zembe = du bist sehr zart, empfindlich, affectiert. Kurhessisch zimber = zimperlich (Vilmar 470). Bairisch zimper = delicat, zart im Benehmen, gewöhnlich mit dem Nebenbegriff des etwas Affectierten (Schmell. II. 1126).

zepplich, Adjectiv (Ra.) = ungeduldig. Zu bairisch und SB. zeppeln = sich unruhig hin- und herbewegen.

zespeln in dem Particip Präsentis zesplnde (Ra.) = ungeduldig. Bairisch zaspen, zaspeln = die Füße bewegen, scharren. Vergleiche lateinisch cespitare = unruhig hin- und herfahren.

zwespeln in dem Particip Präsentis zwesplnde (Ra.) = ängstlich. Schweizerisch wespeln = haftig hin- und herfahren.

Verbesserungen.

Seite 6, Zeile 13 von oben lies südöstlich statt jenseits.
   „ 10,   „ 12 „   „   „   krouägn statt kronagn.
   „ 11,   „ 11 „ unten „   Sprachschatze statt Sprachenschatze.
   „ 20,   „ 2 „   „   „   û (lang ô): der topf st. û: der (lang ô) topf.
   „ 24,   „ 9 „ oben „   hd. lang ñ statt û.
   „ 29,   „ 8 „ unten „   eh statt eh.
   „ 32,   „ 9 „ oben „   ahd. statt mhd.
   „ 32,   „ 11 „ unten „   durchgemacht hat statt durchgemacht.
   „ 32,   „ 5 „   „   „   Ableitungen und Zusammensetzungen
                            statt Abl. in Zus.
   „ 37,   „ 5 „   „   „   grisst statt grissl.
   „ 38,   „ 15 „   „   „   collectivum statt collectioum.
   „ 38,   „ 5 „   „   „   drmacha statt drmachn.
   „ 48,   „ 17 „ oben „   alerte statt allerte.

Fehler im alphabetischen Verzeichnisse.

Seite 55 unter Artikel Adam lies Eva musst de Scherwlan heimtrejn.
   „ 55   „   „   Adam lies Altseblowitz statt Altfreblowitz.
   „ 60   „   „   alt b lies oltfranksch statt altfranksch.
   „ 62   „   „   enge lies bair. ôgn und Hilb. ôgal
                  statt bair. u. Hilb. ôgn.
   „ 69   „   „   äscherment lies Eipe statt Esche.
   „ 70   „   „   unäßich lies äßich statt ßich.
   „ 70   „   „   atseht lies Pop. (= Popowitsch) statt Pope.
   „ 73   „   „   bowe lies Slavischen statt slavischen.
   „ 79   „   „   bäsen lies wetterauisch statt Wetterauisch.
   „ 86   „   „   2. aufbéren ist nach auf den Fußboden aufberen
                  ein Punkt zu setzen.
   „ 87   „   „   4. berl lies beren statt berem.
   „ 92   „   „   bisen lies tirolisch statt tirolerisch.
   „ 101 „   „   born lies md. Dialecten statt mh. Dialecten.
   „ 104 „   „   brandréte lies: welches reit mit nhd. bereit
                  zusammenhängt.

Seite 106 unter Artikel brät lies ewer-brät. töp-brät.

„ 106 „ „ gebräte lies gebünstete statt gedunstete.

„ 106 „ „ brauen lies gebräut statt gebraut.

„ 107 „ „ breiorbr lies breu-urbar statt breuur-bar.

„ 114 „ „ bünkel u burg lies kärntnisches statt kärnthnerisches.

„ 132 „ „ picklich lies Vierzeiligen statt vierzeiligen

„ 145 „ „ fort-poschentan lies poschentan statt poshentau.

„ 157 „ „ ding lies: sowohl für die weiblichen st. der weiblichen.

„ 158 „ „ diwich lies Getreide statt Gedreide.

„ 166 „ „ damplachter lies mhd. dämelle statt uhd. dum-elle.

„ 167 „ „ talken lies tolek statt vdolek.

„ 168 „ „ getalper lies Seite 32 ff. statt s. Heft 15 u. 16, S. 16.

„ 169 „ „ remtampern lies S. 32 ff. statt s. Heft 15 u. 16, S. 16.

„ 171 „ „ tären lies dæren statt dœren.

„ 172 „ „ untätelein lies untætelin statt untœtelin.

„ 173 „ „ täufen lies = taufen statt tänfen.

„ 174 „ „ tausend lies nàma statt néma

„ 176 „ „ tille lies Pfeil-, Speerspitze statt Pfeil = Sperrspitze.

„ 183 „ „ tragend lies Seite 17 ff. statt Heft 15 u. 16, S. 11.

„ 184 „ „ trampeln lies Seite 32 ff. statt Heft 15 u. 16, S. 16.

„ 201 „ „ eigen lies: Muttr! Môlkn, Mottn Achn hottn.

„ 204 „ „ emern lies Aufnäherin statt Aufnähmerin.

„ 204 „ „ emzechig lies ümzechig = umwechselnd, und von mhd. die zeche statt von die zeche.

„ 208 „ „ Eva lies Eva sirt zum Faustr statt Fenstr.

„ 212 „ „ faulaus lies Etz treibt der faule Hérta aus.

„ 216 „ „ fibich lies Trift statt Trisl; und unten fibich-wäig statt fibuch-wäig.

„ 217 „ „ fidelu lies ógeicha statt ogeigehn, und Die Etymologie von fiedeln = geigen statt Geige.

„ 222 „ „ flåen und flämschen lies vlæen, vlæn, vlæjen statt vlœen, vlœn, vlœjen; und vlæmisch statt vlœmisch.

„ 224 „ „ fleischergang lies: Der Ausdruck bei Lichtwer.

„ 224 „ „ flennen lies: Vgl. flausen. flennen (flenn', NB. M.) sowohl in der Bedeutung „weinen", als auch „den Mund zum Lachen verziehen."

„ 225 „ „ flescheln lies mhd. vlans statt uhd. vlans.

„ 225 „ „ 2. gefletze lies Verschütten statt Beschütten.

„ 229 „ „ geforre lies: Siehe Artikel firl und gefirre.

„ 230 „ „ Franz, Kinderreime: Führ se dreimöl statt dreimel.

„ 238 „ „ galle lies unter der galli = Fehl statt fehl.

„ 241 „ „ gauß lies: was beide hohlen Hände fassen können.

„ 248 „ „ gemäre lies mhd. mæren statt mœren.

„ 253 „ „ gesuppe lies: durch Familienband Verwandte statt verwandte.

„ 254 „ „ geratterlein lies wies'chl NB. M. statt wie'schl.

„ 254 „ „ gewantig lies: Man vgl. dazu die Form hinlig (Hilb.) = hindling.

„ 255 „ „ gewulk lies Nàma se statt Nämen se.

„ 256 „ „ gibo lies: weil die sonst zusammengeschlagene Winde erst auseinandergesperrt werden muß.

Seite 263 unter Artikel grampeln lies chramph statt chrampo.
„ 266 „ „ gratschen lies grotscha statt gnotscha.
„ 266 „ „ gratschen Ztw. lies Praeteritum grath st. praethisch.
„ 267 „ „ grausam lies grausm statt grausn.
„ 268 „ „ grempel setze zwischen Bischen und Brotbröschen einen Beistrich.
„ 278 „ „ haben lies honn; Rb. Einsiedel statt Einzahl.
„ 278 „ „ hackel lies: stechen, stechend verwunden statt stecken, steckend verwunden.
„ 280 „ „ haiern lies kärntnisch hain statt hoia.
„ 286 „ „ hür II lies: Schlesisch her statt von her.
„ 286 „ „ harbänder lies die Verbindungsbalken statt den B.
„ 288 „ „ hau lies: In dieser Bedeutung statt in diese B.
„ 290 „ „ heilig lies zrschlen statt zeschlen.
„ 291 „ „ heimlein lies zwar statt war.
„ 293 „ „ hemma lies mhd. üm statt mhd. um.
„ 300 „ „ himmelsziege lies himmelsziege statt himmelziege.
„ 300 „ „ himmelsziege lies wän gô äs denn stat: wann.
„ 300 „ „ himmelväterlein lies himmelväterlein statt himmels-v.
„ 301 „ „ hindling lies hinlig statt hilig
„ 305 „ „ hökern lies: in der Regel langsam statt in der langsam.
„ 307 „ „ hópi lies Ohren statt Erden.
„ 310 „ „ hübel schalte nach Erderhöhung „entstanden" ein.
„ 312 „ „ hutschel lies die Schaukel statt Schaukeln.
„ 313 „ „ J lies Jegha und iasl statt Jeghe und iesl.
„ 318 „ „ jökel lies Diminutiv statt Dim. mit.
„ 326 „ „ käsenäpflein lies Malvensame statt Malvenfonne.
„ 329 „ „ kaute lies Flachswickel statt Flachswinkel.
„ 334 „ „ kirmesvater lies krestiern statt kresliern.
„ 342 „ „ klinze lies klenze statt kenze.
„ 344 „ „ kluft lies klüftchen statt kluftchen.
„ 346 „ „ knacker lies knockr statt knochr.
„ 346 „ „ knackig lies knockerich statt knackerich.
„ 349 „ „ knipeln lies verknipeln statt verknippeln.
„ 351 „ „ knotzen lies schlesisch knutzen statt kautzen.
„ 352 „ „ knutschen lies: knuetschen (Hilb.) == weinen. Vgl. knitschen und knautschen.
„ 355 „ „ krähenfuß lies Pflanze statt Planze.
„ 357 „ „ krankheit lies krankt statt kkrant.
„ 364 „ „ krözen lies rümrabazen statt rumrabazen.
„ 366 „ „ kuckuksblume lies Ejuba reptans statt Ajuba.
„ 373 „ „ längen lies quiren statt quaren.
„ 373 „ „ lappern lies: in kleinen Zügen Flüssigkeiten schlürfen; essen. Der Hund löprt (Rof.).
„ 375 „ „ lätich lies sein lebtag statt dein lebtag.
„ 377 „ „ lawrieren lies Weiterbildung statt Weitausbildung.
„ 380 „ „ lérig lies lérig statt lérig und heißen statt he.
„ 382 „ „ lichtwerk lies lichtwerich statt luhtwerich.
„ 392 „ „ maien lies méa statt méo.
„ 394 „ „ malter lies malter st. malte und mortere st. morterl.

Seite 415 unter Artikel nächten lies richtig:

In NB. Nächtn, wie da Mouudn schén,
Rumpelt's uf da Brücke u. ſ. f.

„ 416 „ „ näppleinspieler lies Zweiächſler ſtatt Zweiächſeln.
„ 416 „ „ narkeln lies nurkeln (Lbdſr., Rb.) ſtatt nnkkeln.
„ 418 „ „ näspe lies näspe ſtatt näpse.
„ 427 „ „ nascheln lies ſe spürtn nn ſtatt se spürtn wu.
„ 428 „ „ nütig lies egerländiſch noudigh ſtatt nandigh.
„ 429 „ „ ölgötz lies Statne ſtatt Statur.
„ 432 „ „ quäm lies hd. ſtatt W.
„ 434 „ „ quätschen lies Eine Nebenform ſtatt vou Nebenform.
„ 436 „ „ quingen lies quinga' ſtatt cuinga.
„ 437 „ „ rad lies radla ſtatt radl.
„ 441 „ „ rapsen lies NB. rapsn ſtatt ropn.
„ 443 „ „ raudelbeere lies: Vgl. ran- und rauche-beer.
„ 447 „ „ retter lies: retter, der (Rg.) = Sieb, Kornſieb.
Vgl. reiter. howr-, howarettr, kornrettr = Haſer-,
Kornſieb. Diminutiv rettla (Hbr.) u. ſ. f.
„ 448 „ „ ridscheit lies der Deichſelgabel ſtatt Deichſel.
„ 452 „ „ rounerich lies Im Niederländiſchen ſtatt Im
Niederlaude.
„ 454 „ „ rübenstöckl lies libichsteckl ſtatt libischstöckl.
„ 465 „ „ schelle IV lies: Schelle b. i. ringartige ſt. ſchellen b. h.
„ 475 „ „ schlecht lies mhd. sleht ſtatt mhd. das sleht.
„ 479 „ „ schliffen lies Juchsbau ſtatt Flachsbau.
„ 488 „ „ schniſalke lies: ſo ſtehen Analogien im Dialecte
zur Seite: bella = kleines Beil.
„ 499 „ „ schwinge lies 2. die schwingen ſtatt schwengen.
„ 505 „ „ sänze. Der Paſſus Zeile 7 u. 8 von oben: NB.
sensenwurf (M.) = Handhabe am Stiel der Senſe
u. ſ. f. iſt unmittelbar hinter sensenwurf, der (Rg.)
= Senſenſtiel — zu ſetzen.
„ 506 „ „ silen lies von Hirſchen ſtatt vom Hirſchen.
„ 509 „ „ speil lies Schieſer ſtatt Schifer.
„ 510 „ „ sperzeln lies: den im 11. und 12. Jahrhundert
vorkommenden Plural des Praeteritums ſtatt
denn und Praetilates.
„ 519 „ „ stören lies mhd. stoerære ſtatt stoerere.
„ 523 „ „ stürze lies ahd. bisturzan ſtatt bisturzen.
„ 526 „ „ untadel lies mhd. untætelin ſtatt untætelein.
„ 527 „ „ unterkittig lies ſchwärend ſtatt ſchwürend.
„ 527 „ „ uppich lies uwrich ſtatt undrich.
„ 527 „ „ uräſſig lies urdreißlch ſtatt urdreißich.
„ 531 „ „ versülen lies Herumwälzen ſtatt herumwälzen.
„ 532 „ „ voll lies v'l ſtatt öl.
„ 536 trenne wan-gebündlein ſtatt wange-bündlein.
„ 536 unter Artikel wangebündlein lies führt ſtatt führe.
„ 538 „ „ wate lies mhd. wate ſtatt wote.
„ 540 „ „ werk lies prich, wrich; flachbrich, hamprich
ſtatt prieh, wrach; flachbrah, hampruh.
„ 549 „ „ zätschen lies zärtlich ſtatt zärlich.

Seite 552 unter Artikel zend lies Wechsel von d und g statt d in g.
„ 560 „ „ ausscherrn lies Vierzeilige statt vierzeilige.
„ 561 „ „ Täicher lies täicher statt täeicher.
„ 566 „ „ tschitscherling lies tschitscherlig statt
tschutscherlig.
„ 571 „ „ ljoutsch lies: Zur Etymologie vergleiche lurtsch.
„ 571 „ „ mangäre lies: Nach Petters (im Leitmeritzer
Gymn.-Progr. 1864) entstammt . . . .
„ 571 „ „ masch lies: lat. mariscus = Sumpf.